文学论丛

当代美国女权文学批评家研究

金莉 等著

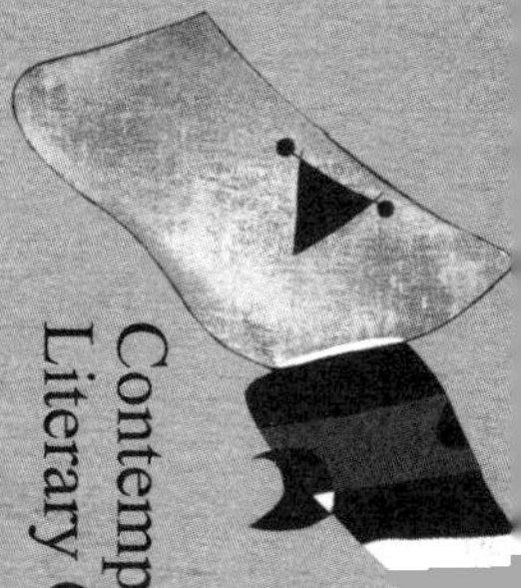

Contemporary American Feminist Literary Critics

文学论丛

北京大学出版社
PEKING UNIVERSITY PRESS

图书在版编目(CIP)数据

当代美国女权文学批评家研究/金莉等著.—北京:北京大学出版社,2014.9

(文学论丛)

ISBN 978-7-301-24569-9

Ⅰ.①当…　Ⅱ.①金…　Ⅲ.①妇女文学—文艺理论家—研究—美国—现代　Ⅳ.①K837.125.6

中国版本图书馆CIP数据核字(2014)第170664号

书　　名:当代美国女权文学批评家研究

著作责任者:金　莉　等著

责 任 编 辑:张　冰

标 准 书 号:ISBN 978-7-301-24569-9/I·2800

出 版 发 行:北京大学出版社

地　　址:北京市海淀区成府路205号　100871

网　　址:http://www.pup.cn　　新浪官方微博:@北京大学出版社

电 子 信 箱:zbing@pup.pku.edu.cn

电　　话:邮购部 62752015　发行部 62750672　编辑部 62754149
出版部 62754962

印 刷 者:三河市北燕印装有限公司

经 销 者:新华书店

650毫米×980毫米　16开本　35.25印张　636千字

2014年9月第1版　2014年9月第1次印刷

定　　价:72.00元

目　录

绪论：

当代美国女权文学评论的多维视野与发展趋势

当代美国女权文学批评在女权运动的第二次浪潮中应运而生，是女权运动从政治领域向文化和文学领域不断深化的必然结果。女权文学批评也受到20世纪上半叶女权主义作家的影响，人们通常把弗吉尼亚·伍尔夫(Virginia Woolf)和波伏娃(Simone de Beauvoir)视为女权文学批评的先驱，伍尔夫的《一间自己的房间》(*A Room of One Own*，1929)和西蒙·德·波伏娃的《第二性》(*The Second Sex*，1949)对于后来女权文学批评的发展都具有重要的启迪作用。女权文学批评从女权主义立场出发，重新审视了文学传统、文学史和文学作品，挑战了以男性中心文化偏见为根基的文学经典，有着鲜明的政治性和巨大的颠覆性。它广泛借鉴了西方流行的包括马克思主义、精神分析、结构主义、解构主义等批评理论与方法，提出了富有创新意义的理论和观点。在经历了近半个世纪的发展与嬗变之后，女权主义文学批评已经成为美国文学批评中极富有革命精神的组成部分，不但取得了令人瞩目的成果，也积极推动了社会进步。

对于美国女权主义文学批评的分期，学界众说纷纭。多数学者同意女权主义文学批评前两个阶段表现了对于体现了父权文化意识的男性文本的批判，以及对于女性文学文本的挖掘与评价这一说法，但对于之后的女权文学批评如何分段并没有达成共识。伊莱恩·肖沃尔特(Elaine Showalter)曾提出女权文学批评的三段论说。她认为，女权批评第一时期聚焦于"揭示文学实践中的厌女现象"；第二个时期集中于"挖掘女性自己的文学"；[①]第三个时期为女权主义理论思考和建构时期。苏珊·古芭(Susan Gubar)指出了女权批评的四个阶段，但其内容与肖沃尔特所述有所不同。古芭把前三个阶段称为：批判、挖掘、产生差异，而第四个阶段是理论的介入。古芭将其称之为"元批评分歧"，同时指出这三个阶段又因为理论的介入而黯然失色。[②]

---

① Elaine Showalter, *The New Feminist Criticism: Essays on Women, Literature, and Theory*. New York: Pantheon, 1985. pp. 5—6.

② Susan Gubar, "What Ails Feminist Criticism?" *Critical Inquiry* 24. 4 (Summer, 1998): 885—886.

古芭认为，虽然女性之间的差异受到强调，但这种强调必然带来对于性别概念本身所引起的对于类别的质疑，而这种自反性的理论化又会削弱女权文学实践所赖以生存的"女性"这一词语。古芭从两个方面探讨了这一阶段对于"女性"类别进行消解而造成的对于女权批评的削弱：女权批评既被非裔和后殖民主义批评家指责为把具有特权的白人女性加以普遍化，又被后结构主义抨击为关于女性身份的幼稚的本质主义。尽管族裔身份和后结构女权主义并不是总能取得一致意见，但它们一起把"女性"变成了一个无效词汇。[①]

为更好地梳理女权文学批评的发展，本文不以惯用的阶段论作为本文的框架，亦不试图阐释各流派之间的差异，而拟从宏观的角度梳理阐释女权主义文学批评的多维视野和发展趋势。盖因为一、女权文学批评没有固定的发展模式，在其几十年的发展过程中，也在不断挑战、反思和纠正自己，它并非是"铁板一块"的统一体，而是充满矛盾与各种交锋的场域；二、当代女权文学批评的各个流派和分支并没有十分明晰的线性时间截点，各种观点穿插交织，很难将其明确地按时间分段；三、女权主义批评并非是独自作战的封闭式理论系统，而是在坚守其性别意识的同时，广泛吸收了马克思主义、后现代主义、后殖民主义、酷儿理论、空间理论等一系列对现代社会与思想界产生重大影响的理论视角，形成了自身的综合理论系统，有力推动了多元化身份政治话语的发展；四、女权主义文学批评与女权文学理论常常无法断然分开，许多理论观点建立在对于文学文本批评的基础之上。本文将集中描述女权文学批评的多维视角，力图把握其发展脉络，梳理其内在关系，并探讨其总体发展趋势。

揭露男权文本"厌女现象"，提高女性性别意识

女权主义文学批评是从批判充满性别偏见的男性文本开始的。它力图揭露普遍存在的由男性主宰的文化和文学中所反映出来的性别歧视，并建立一种颠覆性的阅读方式，以此提高女性读者的政治觉悟。这即是肖沃尔特所提出的两类女权批评的第一类——女权主义批评（the feminist critique），它审视传统男性文本和文学中的反女性偏见，努力改变人们对于既定文本的理解，使读者意识到男性文学的性别符号的意义。这种批评关注的是作为读者的女性，其主题包括文学中女性的形象和原型，文学批评中

---

① Susan Gubar, "What Ails Feminist Criticism?" *Critical Inquiry* 24.4 (Summer, 1998): 885—886.

对于女性的忽略和错觉，以及男性建构的文学历史中的分歧等等。

这一时期女权批评的开拓性作品为凯特·米利特(Kate Millett)的《性政治》(*Sexual Politics*，1971)。米利特以男性经典文本为性政治的依据，披露了文学中的性别偏见和性暴力，解构了经典文学作品中被贬损的女性角色的塑造过程。米利特对于女权文学的重要贡献在于她首先把女性视角引入文学批评。米利特选择了亨利·米勒(Henry Miller)、诺曼·梅勒(Norman Miller)、让·热奈特(Jean Genet)以及D. H. 劳伦斯(D. H. Laurence)等四位男性作家的文学文本，详细分析了作品中表现出来的性别歧视及其作品中性政治的积淀痕迹，试图说明文学是社会意识形态的反映，作家对两性关系的认识同父权制思想有着不可割裂的关系。通过分析性别权力关系，即大男子主义的性暴力以及女性遭受的压迫，米利特对四位男性作家的"阳物崇拜"态度给予了严厉谴责。女权评论家苏珊·考普曼·科尼隆(Susan Koppelman Cornillon)主编的论文集《小说中的女性形象：女权主义视角》(*Images of Women in Fictions*：*Feminist Perspectives*，1972)也是这一类作品的典范，在当时再版多次。在这部论文集里，多名作者审视了19世纪和20世纪的文学作品(其中包括女性作品)，考量了这些作品中对于女性形象虚假的形象塑造。作者指出，只有解构虚假女性形象，真实再现女性形象，才能提高女性读者的意识，为她们提供角色榜样。

毫无疑问，这一时期的文学批评具有强烈的政治色彩，"个人的即为政治的"成为当时的流行口号。女权评论家朱迪丝·菲特里(Judith Fetterley)在其极具影响力的作品《抗拒的读者：评美国小说的女性主义方法》(*The Resisting Reader*：*A Feminist Approach to American Literature*，1978)中明确指出，以往的男性文本往往采用一种以男性为阅读对象的叙述策略，女性被迫去认同文本中压迫女性的性别偏见。"在这类小说中，女性读者被要求认同一种与她相对立的自我；她被要求反对她自己。"[①]鉴于此，菲特里提倡一种变革的阅读方式，她呼吁女性成为抗拒的读者，力图培养真正从女性视角进行阅读、拒绝与压迫者合作的女性读者。阿德里安娜·里奇(Adrienne Rich)则在其发表于1972年的文章《当我们这些死者醒来：作为再审视的书写》("When We Dead Awaken：Writing as Re-Vision")中提出了"重新审视"这一重要观点。在里奇看来，重新审视文学经典，重新审视文学经典中的女性形象，对于女性来说，不仅仅是自我认识，也是拒绝男权

---

① Judith Fetterley, *The Resisting Reader*：*A Feminist Approach to American Fiction*. Bloomington：Indiana University Press，1978. p. xii.

统治带来的自我毁灭。该论文标题取自易卜生的戏剧《当我们这些死者醒来》。里奇在文中尤为强调了“我们”。“头一次，这种苏醒是一种集体现实；睁开自己的眼睛再也不是件孤独的事。”①在这篇论文中，里奇流露出对女性团结起来进行斗争的期许。

在这一阶段，女权主义者撰写了大批对于性别化的作品的重新解读，揭示了这些作品如何参与了父权社会中性别意识形态的建构。女权评论家把矛头直指男权统治的“文学经典”，指责以往的文学经典总是以男性标准为唯一标准，以男性创作主题作为美国文学的唯一主题。这种经典的制定和垄断使得女性作家在文学史上“集体失忆”，从而被男性掌控的批评文本所边缘化，甚至被排斥在外。这一时期的女权文学批评大大提高了女性读者对于长期以来经典文学所具有的性别歧视特点的认识。

挖掘女性文学文本，定义女性文学传统

随着对于学界男性偏见的抨击而来的是对于被遗忘的女性作家和被边缘化了的女性文学传统的挖掘。女权主义批评开始转向挖掘和定义女性自己的文学传统，包括寻找和再版那些被湮没和被遗忘的女性作家及作品，以及对于女性生活、创造力、风格、体裁、主题、形象等性质的重新定义。在发表于 1979 年的《走向女权主义诗学》(“Towards a Feminist Poetics”) 一文中，肖沃尔特提出了“女作家批评”(gynocriticism) 这一具有创新意义的名称，女权文学批评从而进入第二阶段。② 肖沃尔特总结道，“女权主义批评的第二阶段就是发现女性作家有她们自己的文学，其艺术的重要性以及历史和主题的连贯性，均被我们文化中占主导地位的男性价值观所湮没”③。这一类女权批评关注的是作为作家的女性，即把女性作为文本意义的产出者，并且关注女性文学的历史、主题、体裁和结构。它的主题包括女性创作的心理机制、个人或群体的女性文学职业的发展轨迹、文学史，以及对于单个作

---

① Adrienne Rich, “When We Dead Awaken: Writing as Re-Vision.” *College English* 34.1 (1972): 35.

② June Howard, “Feminist Differings: Recent Surveys of Feminist Literary Theory and Criticism.” *Feminist Studies* 14.1 (Spring, 1988): 171.

③ Eliane Showalter, “Introduction,” in *The New Feminist Criticism: Essays on Women, Literature, and Theory*. Ed. Elaine Showalter. New York: Pantheon Books, 1985. p. 6.

家或作品的研究。[1]因为英语中不存在针对这类批评的专有名词，所以肖氏自己将它称之为“女作家批评”。[2] 女作家批评的目标是建立一个用来分析女性文学的女性框架，发展建立在女性经历研究基础之上的新模式，逐渐创建女性文学的分析方法和基于女性经历的阐释模式。[3]

因为早期的文学经典中女性文学作品十分鲜见，这一阶段女权主义批评家的首要任务是使大批被尘封和遗忘的女性作品重见天日。美国文学经典化过程始于20世纪初，此时文学教学在美国开始职业化，“知识分子”阶层应运而生。出自文化价值的评定要求和学科的发展需要，文学经典的衡量便成为了一项核心工作。[4] 然而，经典的建构过程并非仅是学术性的，它必然受到非文学因素的影响，意识形态也在这一过程中留下其痕迹。到了20世纪中期，经典文学书目基本固定，而因为文学经典的标准是建立在以男性为中心这一基础之上的，被收录的几乎清一色的是白人男性的书写宏大叙事的作品。而这些作品也变成衡量经典的圭臬，其特定的主题、修辞、结构等被普遍化为统一的美学标准，后来的作品必须在这些方面与之进行互文才能获得认可，进而跻身经典行列。久而久之，这些互文的作品便构成了一个“经典”的场域，以不同方式撰写的作品被排斥在场域之外，被认为是美学价值缺乏的次品。原本的差异被转化成为了价值的优劣，显示出这一文学景观根本的严重种族和性别歧视特征和排他性。

在这一时期，觉醒了的美国女权主义文学评论家对于西方文学传统进行了再审视，揭示了文学经典中把男性经验作为标准规范、把女性视为他者和异己的歧视性现象。对于现有文学经典的挑战就成为一个重要的前沿阵地，成为女权评论家的重要议事日程，随之而来的则是对于经典的重新定义和建构。正是在这种思想指导下，大批曾经驰骋文坛如今却不见踪影的女作家得以重新出现在人们的视线之中，她们的作品也被重新挖掘了出来。大批的女性作品在这一时期得以再版，最先出版的是白人中产阶级女性的作品，如凯特·肖班(Kate Chopin)的《觉醒》(*The Awakening*)、夏洛特·帕

---

① Eliane Showalter, "Towards a Feminist Poetics," in *Modern Literary Theory: A Reader*. 3rd. ed. Eds. Philip Rice and Patricia Waugh. London: Arnold, 1996. p.99.

② 这种译法参照韩敏中教授的译本，《她们自己的文学：英国女小说家：从勃朗特到莱辛》，浙江大学出版社，2012年。

③ Eliane Showalter, "Towards a Feminist Poetics," in *Modern Literary Theory: A Reader*. 3rd. ed. Eds. Philip Rice and Patricia Waugh. London: Arnold, 1996. p.100.

④ See Paul Lauter, *Canons and Contexts*. New York: Oxford University Press, 1991. pp.27—31.

金斯·吉尔曼(Charlotte Perkins Gilman)的《黄色糊墙纸》("The Yellow Wallpaper")这些具有明显反叛意识的作品。之后女权评论家们还再版了一系列的女性作品丛书。20世纪80年代末拉特格斯大学出版社出版了《美国女性作家丛书》(American Women Writers Series),收录了一批早已从市面上消失的19世纪初到20世纪初的畅销女作家的作品,其中包括19世纪的著名作家哈利耶特·比彻·斯托(Harriet Beecher Stowe)的《老城乡亲》(*Oldtown Folks*)、范妮·弗恩(Fanny Fern)的《露丝·霍尔》(*Ruth Hall*)、奈拉·拉森(Nella Larsen)的《流沙》和《逾越种族线》(*Quicksand and Passing*)等等。菲特里在1985年编著的《供应品》(*Provisions*)是一部在1830年至1865年之间美国女性创作的作品选集,收录了16位女性作家的作品,体裁涵盖了这一时期由女性创作的散文、随笔、信函、短篇小说。而随着女权文学批评的不断深入,诸多其他族裔的、非中产阶级的作家和作品也浮出了地平线。非裔女作家艾丽斯·沃克(Alice Walker)在这一历史性的挖掘运动中做出了重要贡献。她于20世纪80年代将20世纪30年代美国哈莱姆文艺复兴时期的黑人女作家佐拉·尼尔·赫斯顿(Zola Neal Hurston)带入人们的视线,并致力于使赫斯顿进入美国经典文学殿堂。她找到并重修了赫斯顿的墓地,整理了赫斯顿付印与未付印的主要作品并为此作传,多方寻访关于赫斯顿的第一手资料,将她的主要文学理念带入文学批评领域。正是由于沃克的努力,赫斯顿如今得以作为美国黑人女性文学的先驱跻身美国文学大师的行列。

桑德拉·M. 吉尔伯特(Sandra M. Gilbert)和苏珊·古芭(Susan Gubar)在女性文学的挖掘方面也是功不可没。她们两人合作编撰的《诺顿女性文学选集》(*The Norton Anthology: Literature by Women: The Traditions in English*)是对女权文学和女权批评的重要贡献。该选集于1985年首次出版时收辑了七百年来150多位以英美作家为主的妇女作家的作品,许多被历史湮没的女作家被发掘出来。近三十年来《诺顿女性文学选集》一直是许多大学里的英语教材,享有很高声誉。《诺顿女性文学选集》(1996年)第二版增至170多位作家,而2007年的两卷本的第三版更是将所收录的作家增加到219名。《诺顿女性文学选集》的出版说明历史上女性一直在进行着丰富多彩的文学创作,只是因为父权文化的压制她们才多被噤声。这一选集的出现使得许多妇女作家从"隐"到"显",进入英美文学的经典行列。此后还有由琳达·瓦格纳-马丁(Linda Wagner-Martin)和戴维森·卡西(Cathy N. Davidson)合编的《美国妇女写作牛津读本》(*The Oxford Book of Women's Writing in the United States*, 1995),也包含了女性创作的各种不同体裁的作品。这些作品为美国女性文学再现文坛，也为美国女性文学的教学和研究，以及美国女性文学批评提供了便利。

在这一时期，其他族裔的女权文学评论家也为女性多元文学的复兴做出了努力。1977 年，在亚利桑那州的弗拉戈斯塔夫举行的美国印第安文学研讨会上，葆拉·艾伦(Paula Allen)主持了首次美国印第安文学课程设置研讨会。1983 年，会议的成果——艾伦主编的《美国印第安文学研究：评论文集和课程设计》(*Studies in American Indian Literature: Critical Essays and Course Designs*)出版，成为美国印第安文学学科的奠基之作，为美国印第安文学作为一门学科进入大学课堂打下了基础，其收录的评论性文章达到了当时美国印第安文学研究领域前所未有的深度和广度。1988 年出版的由特伊·戴安娜·雷沃列多(Tey Diana Rebolledo)、艾林达·冈萨雷斯-贝里(Erlinda Gonzales-Berry)、特蕾莎·马奎兹(Teresa Marquez)共同编辑的《女性的声音：新墨西哥女性作家作品选集》(*Las Mujeres Hablan: An Anthology of Nuevo Mexicana Writers*)是首部墨西哥裔女性文学选集。这部选集题材广泛，包括小说、诗歌、口头故事、视觉艺术作品等等，展现了女性在墨西哥文化形成过程中的重要作用。为了保持作品的原汁原味，雷沃列多保留了西班牙语作品，从而最大限度地反映了墨西哥裔文学在拉美文化和美国文化影响下的双重特性，也忠实反映了这部文集的主题，即面临被美国文化同化的挑战，墨西哥裔文学如何保持自己原有的文化特性。这部文集还收录了相当数量的当代墨西哥裔女性作品，对墨西哥裔女性文学的发展起到了促进作用。1993 年，雷沃列多又和亚利桑那大学西班牙语教授伊莲阿娜·里贝洛(Eliana Rivero)一起编辑出版了《无穷界限：墨西哥裔美国女性文学选集》(*Infinite Divisions: An Anthology of Chicana Literature*)。作为一部大型的墨西哥裔女性文学选集，全书收录了从 19 世纪 80 年代到 20 世纪 90 年代 56 名墨西哥裔女性作家的诗歌、小说、散文、戏剧等共 178 篇。诸多有代表性的墨西哥裔美国女作家的作品都被收录其中。

2001 年，黄秀玲(Sau-ling Cynthia Wong)与华盛顿大学美国族裔研究学者斯蒂芬·墨田(Stephen H. Sumida)合作，编写了《亚裔美国文学资源指南》(*A Resource Guide to Asian American Literature*)一书，为学习和研究美国华裔文学的学生、教师和学者提供了十分有益的参考资料。《亚裔美国文学资源指南》的条目内容深入，信息量丰富。为了提高可读性和实用性，条目不仅包括作品的出版信息、概述、评论、作者生平背景介绍、文本写作的历史语境、主题、评论等，还包括了教学重点和建议、互文链接、参考书目资源、其他资源、本单元写作参考书目等，成为亚裔美国文学的学生很好的入门指南，也为亚裔美国文学教师和学者提供了帮助。《亚裔美国文学资源指南》的出版促进了亚裔美国文学在美国大学的教学和普及，从而也“推动了亚裔美国文学被认定为一个独立的学术领域”。[①]

正是在女权主义学者们长期的不懈努力下，早期的美国女性文学作品重现地平线，当代女性文学创作蓬勃日上，美国女性文学批评亦已成为美国文学批评中的热学。

勇于实践，建构女权主义文学批评视角

在挖掘女性文学文本的同时，女权批评家发现，她们之前所接受的学科训练无法应用到她们对于女性文学的评论上，因为她们在以往的批评作品中看到的更多的是对于女性和女性作品的否定。因而，在努力证实女性文学创作传统的存在的同时，女权文学批评更重要的任务是建构从女性视角出发的批评标准和批评观点。20 世纪 70 年代以来一大批女权文学批评作品涌现出来，这些批评作品为之后女权文学批评的发展奠定了良好的基础。

较早的一本从女性视角定义女性作品的著作是帕特里夏·迈耶·斯帕克斯（Patricia Mayer Spacks）的《女人的想象》（*The Female Imagination*，1975）。由于社会想象建构出的女性形象和经历与女性的现实切身感受往往不符，女性渴望了解同性群体的真实经历。有鉴于此，斯帕克斯撰写了《女人的想象》，探寻女性共有的经历，寻找女性表达情感的习惯方式，挖掘女性自我描述的潜在模式。斯帕克斯将想象作为切入点，分析包括了简·奥斯汀（Jane Austern）、埃伦·格拉斯哥（Ellen Glascow）、夏洛特·勃朗蒂（Charlotte Bronte）、弗吉尼亚·伍尔夫（Virginia Woolf）、玛丽·麦卡锡（Mary McCarthy）等欧美女性作家笔下的 80 余部作品中所反映出的女性创作主题，展现父权文化中的女性困境。斯帕克斯走进女性世界，剖析女性问题，致力打破女性自我发展和自我实现的社会枷锁，促进女性的解放和发展。虽然该书因其研究重点集中于白人中产阶级妇女作家而被后来的女权批评家所诟病，但该书的开拓意义不容置疑。

艾伦·莫尔斯（Ellen Moers）的《文学女性》（*Literary Women*，1976）也是早期以性别作为分类依据进行文学研究的著作之一。她在书中集中梳理了浪漫主义运动以来英美法几十位女性作家的作品，还以此与男性作家的

---

① Morris Young, "Growing Resources in Asian American Literary Studies." *College English* 69. 1 (2006): 75.

作品作为对比。莫尔斯指出，长期以来，文学中的性别问题并没有得到重视，所以她致力于在性别视角下探寻女性的文学创作策略。《文学女性》没有局限于文本，而是结合作家的个人经历和社会历史背景，通过追溯女性作家写作的历史，结合女性书写中较具普遍性的主题和风格，将女性书写置于比较视野下进行考察，从而明确女性书写的意义。《文学女性》全面考量了女性文学的发展历史，同时兼顾了主题的相关性，围绕文学书写传统、社会意义和女性话语权等重要主题展开论述，对于女权文学批评的建构亦有开山辟路之功效。

翌年出版的伊莱恩·肖沃尔特的《她们自己的文学》(*A Literature of Their Own*, 1976)堪称女权文学批评的经典作品。肖沃尔特从挖掘被湮没了的女性作品入手，试图整理出女性自己的文学传统，建立女性自己的文学批评体系。肖沃尔特在该书中涉及上百名被排斥在文学经典之外的英国女性文学作家，从整体的视角审视女性经历和女性文学，具有深远意义。她还在此书中将女性创作分为三个阶段，审视了女性文学的发展历程。肖沃尔特把女性文化视为一种亚文化，其观点是建立在这样的认识基础之上的，首先是因为女性写作来自女性共同的生理体验：青春期、行经、性萌动、怀孕分娩、更年期闭经等等，这些经历为女性带来强烈的认同感；同时，女性作家更是因为她们作为女儿、妻子和母亲的社会角色以及所受到的局限被联结在一起，形成一种非自觉的文化联系。另外两位从女性视角审视女性文学的批评家是桑德拉·M.吉尔伯特和苏珊·古芭。她们在其批评著作《阁楼上的疯女人：女作家与19世纪的文学想象》(*The Madwoman in the Attic: The Woman Writer and the Nineteenth Century Literary Imagination*, 1979)中回顾了西方历代文论家、批评家文学观念中的性别歧视意识，指出历代作家文本中的女性呈现出或天使或怪物的极端化形象。两位学者随后从哈罗德·布鲁姆关于“影响的焦虑”(anxiety of influence)的心理现象出发，引申妇女作家在父权文化中形成的特殊“作者身份焦虑”(anxiety of authorship)，并以此作为分析妇女作家的生存状态、创作心理、作品中的意象构建、情节结构与人物关系等的切入点。尽管以上两部著作都以探讨英国女性作家为主，但其主题对于初期的女权文学批评不无巨大的指导意义。

这一时期从女权视角聚焦美国女性文学的评论著作开始涌现。尼娜·贝姆发表于1978年的批评论著《女性小说：关于由女性创作、关于女性、为女性而作的美国小说指南，1820—1870》(*Woman's Fiction: A Guide to Novels by and about Women in America, 1820—1870*)审视了19世纪20年代至70年代女性作家对于美国文坛的贡献，开拓了19世纪美国女性小说研究的先河。贝姆在书中涉及48位女性作家的130部小说，重点评价了12位高产而且畅销的作家以及她们的作品。贝姆声称，因为这些作家的创作，小说成为当时最受欢迎的文学作品。这一文学形式的流行使得写作成为女性的职业，阅读成为女性的娱乐形式。当人们今天试图去挖掘和理解女性经历时，文学史中被遗忘的这一部分内容尤其有用。① 因为这些倡导女性自立的故事给予19世纪被囿限于家庭的广大女性以希望，使得她们至少得以在文学作品中看到自己理想实现的可能性，读起来令人鼓舞，广受读者欢迎。1993年，乔伊丝·W.沃伦编辑(Joyce W. Warren)的《(另外的)美国传统:19世纪女作家》(*The* [*Other*] *American Traditions*: *Nineteenth-Century Women Writers*)出版。书名中带括号的"另外的"意指该书所反映的文学传统有别于长期以来在美国文学研究中占据统治地位的男性传统，同时，"另外的"一词也表明了19世纪女性的"他者"身份。而括号则彰显了沃伦的立场，即这些女作家应被作为主体来研究，而不是男作家的映衬。②沃伦指出，"阶级、种族、性别偏见都会影响文学评判；不同历史时期提供不同的评价标准，意识形态的侧重点决定哪部作品入选经典"③。19世纪的这些女作家们以她们的作品向美国个人主义的性别发起挑战，批判了虽然标榜机会均等、但事实上只有中产阶级白人男性才有机会的社会制度。沃伦强调这些作品所代表的观点是被主流社会定义为"他者"的人，首先基于性别，也包括种族和阶级，其主题对主流观念和传统造成了威胁。将这些"他者"作家排除在经典之外，是一种政治行为，而非美学。④文集收录了多篇女权批评论文，指出，"任何关于19世纪文学的严肃研究都不能再将女性作家排除在外，或只选取凤毛麟角的几个代表"⑤。

虽然美国白人女权评论家在美国女性文学批评中立下了汗马功劳，但黑人女权评论家很快脱颖而出，对黑人女性文学传统及时进行了梳理。黑人评论家芭芭拉·克里斯琴(Barbara Christian)早在1980年就发表了《黑人女性小说家——一种传统的发展:1892—1976》(*Black Women Novelists*:

---

① Nina Baym, *Woman's Fiction*: *A Guide to Novels by and about Women in America*, *1820—1870*. 2nd ed. Urbana: University of Illinois Press, 1993. p. 11.

② Joyce W. Warren, ed., *The* (*Other*) *American Traditions*: *Nineteenth-Century Women Writers*. New Brunswick, NJ: Rutgers University Press, 1993. p. ix.

③ Ibid., p. 2.

④ Ibid., p. 15.

⑤ Nancy Walker, "Review of *The* (*Other*) *American Traditions*: *Nineteenth-Century Women Writers*, ed. by Joyce W. Warren." *American Studies* 35 (1994): 170.

The Development of a Tradition, 1892—1976），而她的研究则始于70年代初。克里斯琴的著作可谓研究美国黑人女性小说的开山之作[①]，内容涵盖了黑人女性近百年小说的历史，其全面性和系统性在以后多年内都无人能够超越[②]。克里斯琴强调，黑人女性作家面对种族和性别双重压迫，在斗争过程中孕育发展了黑人女性意识、自我身份以及黑人女性艺术创作美学。这种战斗策略和精神代代传承发展，终于在民权运动前后造成了当代黑人女性创作的繁荣景象。1992年，克劳迪娅·泰特的评论专著《政治欲望的家庭寓言：世纪之交的黑人女主角文本》（*Domestic Allegories of Political Desire: The Black Heroine's Text at the Turn of the Century*）出版，这一著作关注的是美国南方后重建时期的黑人女作家的家庭小说。长期以来，因不符合评论界对"黑人文学"即反抗白人压迫的"抗议文学"的定位，这类小说一直遭到忽视。泰特关注这类小说，意在使当代读者认识到这类小说有其价值所在，并且对于这些作品进行了重新定义："这些小说中的理想化家庭生活是维多利亚时代的基本文化象征，代表了公民理想和繁荣"，在19世纪用以指代"恰当的社会秩序"，而黑人女作家尤其喜用这种象征来促进非裔美国人的社会进步。[③] 1995年面世的《哈莱姆文艺复兴中的女性》（*Women of the Harlem Renaissance*）为谢丽尔·A. 沃尔（Cheryl A. Wall）修正美国黑人文学和文化史的一部力作。沃尔从性别角度重新审视了哈莱姆文艺复兴历史，为哈莱姆复兴运动增添了一个重要维度——女性创作，从而拓展了原先"哈莱姆文艺复兴"褊狭专断的定义。沃尔对于这一时期女作家群体的批评，既凸显了这些女性作家之间的相互影响和姊妹情谊，从而揭示出这些女性文本间形成的"她们自己的文学"之有机脉络关系，也发掘、展现了被白人逻各斯-菲勒斯中心主义经典以及黑人男性中心批评所屏蔽、消声和抹杀的女性作家及其文本。沃尔通过大量的史实还原了当时的历史真相，展现了女性对于新黑人文学的贡献。

华裔女性文学批评也颇有建树。上世纪80年代，虽然亚裔美国文学的创作已经崭露头角，但并没有引起学术界的重视。1982年，金惠经（Elaine H. Kim）出版了专著《亚裔美国文学：作品及社会背景介绍》（*Asian*

---

① Rita B. Dandridge, "Review of *Black Women Novelists: The Development of a Tradition*." *MELUS* 9. 3 (1982): 77.

② Mary Helen Washington, "Review of *Black Women Novelists: The Development of a Tradition*." *Signs* 8. 1 (1982): 177.

③ Claudia Tate, *Domestic Allegories of Political Desire: The Black Heroine's Texts at the Turn of the Century*. New York: Oxford University Press, 1992. p. 5.

American Literature: An Introduction to the Writings and Their Social Context)，这是美国文学评论史上第一部专门研究亚裔美国文学的学术专著，从此结束了亚裔美国文学少人问津的尴尬局面。《亚裔美国文学》以时间为顺序，研究了由中国、日本、韩国和菲律宾后裔用英语创作的关于美国生活经历的有代表性的文学作品，涉及的作品题材广泛、时间跨度大，包括从19世纪40年代一直到当代的小说、自传、诗歌、戏剧等。金惠经将亚裔美国作家分为两代人，并深入分析了两代作家对待种族主义文化的不同态度。《亚裔美国文学》一书大大拓宽了亚裔文学研究范围，除了较为知名的亚裔文学作品外，金惠经还介绍和评论了一些不太知名的作品，尤其是之前未被学者涉及的一些韩裔美国作家和作品。《亚裔美国文学》是美国第一部研究亚裔美国文学的学术专著，将这一领域的研究向前推进了一大步，具有里程碑式的意义。黄秀玲1993年出版的《解读亚裔美国文学：从必需到奢侈》(*Reading Asian American Literature: From Necessity to Extravagance*)为亚裔美国文学评论的又一部经典著作。作者选取了亚裔美国作家创作的小说、自传等作品，以主题研究为切入点，试图确定一个统一的亚裔美国文学传统。黄秀玲认为，美国其他主要有色人种的文学，如印第安、墨西哥裔美国文学等虽然也被异国化，但是都不像亚裔文学那样被视为直接来自亚洲的移植品。所以，"亚裔美国批评家更有义务来引导讨论的方向使其脱离异国化，而且还有义务确保'美国'一词不被轻易地从'亚裔美国人'中删去"。[①]黄秀玲认为，在研究亚裔美国文学文本时，既要注意边缘化文学的独有文本特征，又要提倡"视文本而定"的阅读方法，将亚裔文学作品放置在普遍语境中分析这些文本中的美国性。

林英敏(Amy Ling)出版于1990年的《世界之间：华裔女作家》(*Between Worlds: Women Writers of Chinese Ancestry*)也是华裔美国女性主义文学批评中一部备受瞩目的论著，"世界之间"业已成为人们论及华/亚裔和其他少数族裔含混的身份问题时不可避免的表述方式。这本专著既具有文学批评的性质，又具有文学史的性质。它的时间横跨了一个世纪，以女性主义的视角多方位分析了18位女性作家及其作品，其涵盖面之广、资料之翔实，为"华裔美国女性文学"这一陌生学术领域的引导推广起到了相当大的作用，林英敏以时间顺序和华裔女性文学主题的发展相结合为研究线索之举也对

① 黄秀玲：《解读亚裔美国文学：从必需到奢侈》，詹乔、蒲若西、李亚萍译，中国社会科学出版社，2007年，第16页。

之后这一领域文学选集的编撰和批判专著的撰述产生了一定的影响。[①] 而她与作家、批评家林玉玲（Shirley Geok-lin Lim）合编的《解读亚裔美国文学》(*Reading the Literatures of Asian American*，1992）则预示了后现代语境下的亚裔美国文学批评正逐步摆脱政治化的族裔性批评桎梏，向跨民族主义视角的转向。两位编者在该选集的引言中指明，亚裔美国文学创作与批评已经不再是简单地追求“表达自己、引起关注”，不再继续坚持“明确的、同质的”族裔认同，而是为了展现“多样的、多元的、多声音的、有特色的”亚裔美国文学话语。[②]该选集中的论文跨越了族裔、性别、民族界限，肯定了族裔、性别、民族这些概念的非确定性，标志着亚裔美国文学批评跨越了“文化民族主义”，正朝着“文化多元主义”迈进。[③]

1995年，《雪中歌唱的女人们：墨西哥裔美国女性文学之文化分析》(*Women Singing in the Snow*：*A Cultural Analysis of Chicana Literature*)出版。作为第一部全面研究和探讨墨西哥裔美国女性文学史的学术专著，它为墨西哥裔美国女性文学评论的发展做出了开创性的贡献。墨西哥裔女作家经常使用“空白页”来象征她们被白人和父权文化忽视的文学创作能量，书名中雪的意象即来源于此。《雪中歌唱的女人们》整理和剖析了19世纪中期到20世纪90年代墨西哥裔美国女性文学的社会、文化和历史发展脉络，研究了对墨西哥裔女性文学影响重大的神话原型，探讨了具有代表性的作品和墨西哥裔美国女性文学研究的理论问题，为墨西哥裔美国女性文学的发展构建了必要的文学批评框架。

肖沃尔特对于美国文学批评做出的另一大贡献在于她那部于2009年面世的美国女性文学史《她的同性陪审团：从安妮·布雷兹特利特至安妮·普鲁克斯的美国女性作家》(*A Jury of Her Peers*：*American Women Writers from Anne Bradstreet to Annie Proulx*)。在这部涵盖了美国女性文学发展的全过程的开山之作中，肖沃尔特梳理了250位女性作家在三个半世纪中所取得的文学成就。作者以女性作家与文学市场的关系为脉络，勾勒了女性作家从被评判到进入文学陪审团的艰难道路。美国文学传统上由男性把持着重要刊物和出版社，发表确定标准和品味的书评，编写美国文学的历史和

---

① 译文参考程爱民、邵仪、卢俊：《20世纪美国华裔小说研究》，南京：南京大学出版社，2010年，第263页。

② Amy Ling and Shirley Geok-lin Lim, eds. *Reading the literatures of Asian American*. Philadelphia: Temple University Press, 1992. p. 9.

③ 周郁蓓：《亚裔美国批评与现代、后现代理论》，《南开学报》2009年第5期，第48页。

论述，确定入围经典书目的著作。女性在编委会、学术委员会、学校领导职位方面一直被排除在外。肖沃尔特一再强调社会环境对于艺术创作的重要性，揭示了许多才华横溢的女性作家如何在社会期盼的角色和繁重的家务劳动的压力下，其潜力未能得到充分发挥的真实故事。肖沃尔特在分析这一现象的根源时一针见血地指出，这些女性作家或许需要一个她们自己性别的陪审团来评论她们的作品，解释其作品中的象征与涵义，呈现其作品与读者的持续相关性。[①] 肖沃尔特这部文学史无疑是对于长期以来文学史中存在的性别歧视所进行的有效矫正，也是她为了展现美国文学发展全貌做出的努力。肖沃尔特强调说，三百多年来，来自于不同族裔、不同阶级、不同宗教信仰的美国女性取得了骄人的文学成就，还有两位女作家获得诺贝尔文学奖。[②] 今天任何评论美国文学的作品，已经无法忽视女性所取得的文学成就。但美国文学史上一个奇怪的现象是，除了极个别人，19 世纪的女性作家绝大多数长期不被人所知，20 世纪的大多数作家长期以来也被打上“次等作家”的烙印。直到 20 世纪 70 年代之后，美国学界才挖掘和再版了大批被遗忘、被忽视、被湮没的女性作品，美国女性作家的作品才进入公共视线。肖沃尔特指出，虽然文学批评的场景已经发生巨大变化，女性仍然需要自己的文学史、文学批评和文学经典，以保证对于女性创作的公平，以及女性在美国文学传统中的地位。得益于 20 世纪 70 年代美国女权主义批评的蓬勃发展，肖沃尔特创作了这部评介美国女性作家的巨著，梳理了美国女性文学发展的脉络，为读者呈现了一个更加完整的美国文学景观，对于美国女性文学批评的发展意义重大。

跳过雷区，探索女权主义理论话语体系

自 70 年代末、80 年代初开始，在经历了女性形象批评、女性文学经典的挖掘和女性文学传统的建构之后，女权批评进入了理论的反思和理论话语的建构。伊莱恩·肖沃尔特在自己的《新女权主义批评》(*The New Feminist Criticism*, 1985)一书中把向理论的转向视为这一时期女权文学成果最为显著的特征。这一时期的女权理论建构成就斐然，从宏观视角对于文学批评的现状进行了理论的反思。女权评论家剖析了长期以来批评界把

---

① Elaine Showalter, *A Jury of Her Peers: American Women Writers from Anne Bradstreet to Annie Proulx*, 2009. p. xi.

② 两位荣获诺贝尔文学的美国女性作家分别是赛珍珠(1938 年)和托尼·莫里森(1993 年)。

女性文学排斥在经典之外的现象，指出以往的文学经典把男性创作主题视为代表美国文学的唯一主题，这种高度性别化的文学批评几乎完全忽视了女性对于美国文学的贡献。而这种对于经典的制定权和话语权的垄断，势必把女性文学排斥到边缘，甚至置于文学经典之外。女权批评家们也对女权主义的思想和文化渊源进行了梳理，以此探讨女权理论体系建构的各种可能性，对于日后女权批评的发展具有深远的影响。

安妮特·科洛德尼(Annette Kolodny)发表于1980年的《通过布雷区的舞蹈：对女权主义文学批评理论、实践和政治的几点看法》(“Dancing Through the Minefield: Some Observations on the Theory, Practice and Politics of a Feminist Literary Criticism”)是一篇“对女权思想发展具有里程碑意义的文章”。[①]《通过布雷区的舞蹈》宏观透视了女权批评现状，指出社会对于女权批评的种种责难，构成了女权批评登上主流批评列车路径上的雷区。克罗德尼勾画了今后女权批评的发展路径，期望化解对女权批评的排斥，将女权批评平安送上列车。克罗德尼强调，女权批评的重任之一就是打破学术界的美学成见，建立新的美学标准。

在发表于1979年的《走向女权主义诗学》(“Towards a Feminist Poetics”)一文中，肖沃尔特提出了“女作家批评”(gynocriticism)这一具有革命意义的名称。肖沃尔特指出，女权批评可以分为两类，一类可以被称为女权主义批评(the feminist critique)，第二类女权批评即女作家批评。在文中，肖沃尔特追溯了女性文学的创作历程，提出了著名的女性文学创作三段论。第一阶段为“女性的”阶段，从1840年出现男性笔名开始，直到1880年乔治·艾略特去世。在这一阶段中女性创作“表现出对于男性文化的主流传统的摹仿，并将其对于女性本质的观点加以内化”。[②] 女性创作的第二阶段为“女权的”阶段，这一阶段从1880年开始，直到女性获得选举权的1920年。这一阶段的女性创作以抗议男性标准和价值观、倡导女性权利和价值观、要求自主权为特征。这一阶段与美国女权政治运动相吻合，表明女性创作与女性政治行为的重要关系。女性创作的第三阶段为“女人的”阶段，即从1920年到现在，这是一个自我发现的阶段。“女性在此拒绝了之前的摹仿

① Anne Goodwyn Jones, “A Landscape of Her Own.” Review of *The Land before Her: Fantasy and Experience of the American Frontiers*, 1630—1860, by Annette Kolodny. *American Quarterly* 37. 4 (1985): 619.

② Eliane Showalter, “Towards a Feminist Poetics,” in *Modern Literary Theory: A Reader*. 3rd. ed. Eds. Philip Rice and Patricia Waugh. London: Arnold, 1996. p. 107.

和抗议，两种对于对立面的依赖，而把女性经历作为自主艺术的源泉，把女权主义的文化分析延伸到文学的形式和技巧。”①在两年后发表的《荒野中的女权批评》(“Feminist Criticism in the Wilderness”，1981) 一文中，肖沃尔特又一次强调了女权批评的两种模式，即女权批评和女作家批评。她指出，欧美各个国家的女性文学理论侧重不同，以马克思主义为核心的英国女权批评强调压迫，以心理分析见长的法国女权文学理论突出压抑，而以文本分析见长的美国女性文学理论则侧重表达。② 但这些文学理论都是以女性为中心的研究，都在试图把女性从置她于劣势的原型中拯救出来。肖氏指出，女性文学理论使用了四种差异模式——生理的、语言学的、心理分析的、文化的——来定义和区分女性作家和女性文本的质量，每种模式代表了一种以女性为中心的女权批评。③ 以女性文化为模式的理论最为肖氏所推崇，这种理论模式吸收了关于女性身体、语言和心理的观点，但又对这些观点与其社会背景的关系进行了阐释。

尼娜·贝姆发表于 1981 年的文章《陷入困境的男性情节剧：论美国小说理论如何将女性作家排除在外》(“Melodramas of Beset Manhood: How Theories of American Fiction Exclude Women Authors”)在学界引起巨大反响。贝姆质疑道，为何 19 世纪曾经“笑傲江湖”的女性作家在 20 世纪文坛上几乎全部销声匿迹？是因为这些作品缺少文学价值而无法成为经典吗？贝姆认为是 20 世纪美国文学界以父权文化为统治的文学理论所造成的后果，是后来出现的文学理论对于早期女性文学充满性别歧视的判断。鲁宾逊在其著名的评论文章《叛逆我们的文本》(“Treason Our Text”)中也对妇女文学进行了独特的评价和思考，她对现有的经典文学标准提出质疑，指出经典文学对妇女文学的忽略。她同时也审视了女性主义批评潜在的影响和对经典标准的冲击，强调女性主义批评带来的挑战，不是简单、重复性地抨击，而是一系列可以替代男性主导地位以及公认标准态度的选择。

1984 年，乔伊丝·W. 沃伦出版论著《美国纳齐苏斯：个人主义与 19 世纪美国小说中的女性》(*The American Narcissus: Individualism and Women in Nineteenth-Century American Fiction*)，分析了美国文学中个人主义思想的矛

---

① Eliane Showalter, “Towards a Feminist Poetics,” in *Modern Literary Theory: A Reader*. 3rd. ed. Eds. Philip Rice and Patricia Waugh. London: Arnold, 1996. p. 107.

② Elaine Showalter, “Feminist Criticism in the Wilderness.” *Critical Inquiry* 8.2 (Winter, 1981): 186.

③ Ibid., pp. 186—187.

盾性及其对于女性造成的后果。她在书中强调,虽然美国人鼓励自由、进取的开拓精神,女性却被要求成为所谓"真正的女人":虔诚、纯洁、顺从、以家庭为中心。女性不是"美国梦"的做梦者,只能是"美国梦"所要达到的目标,"美国梦"是专属于白人男性的梦。女性处于被使用的地位,要么为男性的成功提供劳动,要么作为男性成功的衡量标准。在个人主义神话中,所谓"个人"其实仅指盎格鲁—撒克逊裔白人男性,女性及印第安人、黑人等少数族裔都被视作"个人"的对立面——"他者",从而没有其位置。美国文化中的"个人主义神话"在 19 世纪达到巅峰,而"正是对个人的强调使得美国女性的个人身份不被认可",[①]对"个人"的膜拜抹杀了美国女性作为"人"的存在。沃伦的观点一针见血地指出了美国女性被这一神话排斥在外的缘由。

约瑟芬·多诺万(Josephine Donovan)的成名作《女权主义理论:美国女权主义思想传统》(*Feminist Theory: The Intellectual Traditions of American Feminism*)于 1985 年出版。在尚未有理论基础的美国女权文学批评摸索着前行的时候,多诺万的《女权主义理论》通过从思想上追根溯源,为女性主义理论建立起自己的家园,为后来的女权主义研究者提供了宝贵的参考文献。作者在书中将女性主义思想发展置于历史的长河中,从历史的视角把握了女性主义思想脉络。作者分析了不同阶段女性主义思想特点及女性主义思想的不同分支,紧扣其时代背景下的哲学思潮,剖析其内在联系,并在纵观史今的基础上,对其在整个女性主义思想发展中的地位做出了客观评价,也是备受推崇的女权理论著作。

陶丽·莫伊(Toril Moi)的《性别/文本的政治:女权主要文学理论》(*Sexual/Textual Politics: Feminist Literary Theory*, 1985)诞生于女性主义运动第二次浪潮的顶峰时期,从方法论和理论的政治意义上对女性主义批评进行了审视,为女权理论建构中极为重要的著作。莫伊强调该书"既不是对各种女性主义批评研究的概述",也不是"对女性主义文本的研究或对文学作品的解读",[②]而是着力于"对理论进行诉求",[③]体现了从"文学批评"到"理论"的过渡。莫伊以政治性为落脚点分析了盎格鲁—美国女权主义和法国女权主义理论,亦非常强调文本的美学价值。她认为女权主义批评的

① Joyce W. Warren, *The American Narcissus: Individualism and Women in Nineteenth-Century American Fiction*. New Brunswick: Rutgers University Press, 1984. p. 4.

② Toril Moi, "Preface." *Sexual/Textual Politics: Feminist Literary Theory*. London: Methuen, 1985. p. xiii.

③ Toril Moi, "Afterword." *Sexual/Textual Politics: Feminist Literary Theory*. p. 175.

重要任务之一是解构政治性与美学价值两者之间的对立，关注美学价值中的政治性以及政治方法中的美学价值。莫伊对肖沃尔特建立的女性文学传统的方法进行了批评，认为她与其他一些女性主义批评者都没有逃脱传统的审美价值的束缚。莫伊在该书中也悉心分析了法国女权主义理论，特别是强调了法国女权主义与马克思主义女权主义的关系。除波伏娃之外，莫伊还重点介绍了海伦·西苏(Helene Cixous)、露丝·伊里加蕾(Luce Irigaray)、朱丽亚·克里斯蒂娃(Julia Kristeva)这三位新一代法国女权主义者，认为她们的作品代表了法国女权主义理论的主要趋势。与法国女权主义者相比，美国女权主义者更加关注妇女在现实中的生存状况与妇女受压迫的历史，更加重视政治行为和社会实践，更加聚焦于文化与历史分析，强调文学批评的宗旨在于改善妇女的社会地位与处境。而法国女权主义更加注重文本的特点分析、专注于妇女的创作研究。对于法国女权主义来说，“女性”是一种话语建构和表达形式，与政治活动和压迫性的日常经历毫无关系。但法国女权主义者对于理论的重视和对于语言和话语的探索，促进了美国女权主义理论的建构，增强了美国女权批评的理论性。这一特点在女权批评进一步学院化和体制化的过程中更为凸显。

强调差异，走向多元批评模式

女权文学批评在80年代初进入了一个强调差异的阶段。这种差异是多元的，它既包括两性之间的差异，也包括美英法国女权文学批评理论之间的差异；既包括族裔之间的差异，也包括阶级之间、区域之间的差异，甚至还包括性取向的差异。成熟之后的女性主义批评走出对于自我的关注，把目光投向历史和外界，在建构女性传统和谱系之外积极联合其他亚文化，为女性批评加入了种族、阶级、帝国、性取向等多元维度。80年代之后的女权文学批评，出现了多元纷呈的不同批评模式。

女权文学批评起源于学院派的主流白人中产阶级女权主义评论家，她们从性别的视角，抨击了文学批评中的男权政治，对于女权文学批评的深入发展，对于提高社会的性别意识，对于改善女性的生存环境起到了不可估量的作用。但随着运动的深入，女权文学批评阵营内部出现了越来越多的不同声音，女性美学的合法性在80年代遭受了质疑，引发了评论界对其本质主义倾向的反思。以往曾经引领整个女性运动、为女性权益大声疾呼的主流女性主义受到质疑和挑战，强调差异的呼声越来越高。女权文学批评中的族裔、阶级和性取向维度日趋明显，呈现出一种复杂而又不统一的多元现象。少数族裔女性评论家指责学术界的“女权主义”只反映了白人中产阶级女性的立场，忽视了其他种族女性的声音。黑人和其他少数族裔女权评论家、工人阶级女权评论家，以及女同性恋女权评论家认为，不能以白人女权主义语境中的“妇女”概念来理解所有妇女，因为它无法反映所有（如第三世界、无产阶级、有色人种、女同性恋者等等）女性群体的独特性和生存状况。这些来自女权主义内部的挑战迫使主流女性主义在使用理论武器对男权统治进行瓦解和抨击的同时，不得不回过头来进行自身反省，倾听来自女性阵营内部的以往失声女性的话语。性别差异影响到种族、经济、宗教和区域之间的差别。反之，种族、经济、宗教和区域的差别也为性别研究带来不同的视角，造成了女性之间的区别。在对于同性恋的研究中，评论家们探讨了异性恋的社会建构、女同性恋欲望的心理模式，以及对于同性恋憎恶的根源。在族裔研究中，评论家们探讨了种族与性别的刻板模式之间的关系、非裔美国女性文学史的独特拐折点、种族主义对于性别关系的影响等等。在日益蓬勃的后现代殖民主义研究影响下，虽然在一些人的心目中，强调女权主义思想的多样性就代表了对于具有政治统一性的女权主义运动的分裂与削弱，但女权理论中错综复杂的关系以及不同流派之间的歧异恰恰表现了女权主义健康发展的现状及其巨大的思想活力，也为女权主义面对与挑战各种议题提供了机遇。

非裔女权主义者首先对于“铁板一块”的白人主流女权主义进行了挑战。贝尔·胡克斯（bell hooks）尖锐地指出，“中产阶级白人妇女将她们自己的利益斗争变成整个女性运动的主要核心，她们在使用一种‘共同’言辞的同时，将她们自己的境遇变成了所有女性的境遇，因而是‘压迫’的同义词”①。黑人女权主义者认为，黑人妇女所承受的父权体制是不同于白人妇女的，她们蒙受压迫不仅由于她们是女性，还由于她们是黑人。有鉴于此，黑人女权主义批评家必须独辟蹊径，创立适用于解决黑人妇女特殊问题的黑人女权主义，以期在性别抗争和种族抗争同时进行的过程中建立黑人妇女独特的身份。黑人女权主义者对于白人女权主义者进行了质疑：我们必须问问白人女权主义者，当你们说“我们”的时候，你们到底指的是谁？在她们看来，“我们”一词经常被白人、异性恋、中产阶级女权主义者挪用来使她们的经历作为所有女性的普遍经历。白人女权主义者在镜子里面凝视自己，

---

① hooks, bell, “Black Women: Shaping Feminist Theory ,” in *The Black Feminist Reader*. Eds. Joy James and T. Denean Sharpley-Whiting. Massachusetts: Blackwell, 2000. p. 134.

然后把自己的意象投射到别人身上。[①]胡克斯的代表作《难道我不是女人吗？黑人妇女与女权主义》(*Ain't I a Woman: Black Women and Feminism*, 1981)是一部集女权主义与种族主义话题综合讨论的专著。胡克斯指出，在大多数文学作品尤其是女性主义文学中，男性通常指的是白皮肤的男性，妇女通常指的是白皮肤的女性，黑人则通常是男性。如此一来，黑人女性只能获得黑人男性和白人女性的历史，她们自己的历史则被排除在历史之外。当代的黑人妇女之所以不能团结起来进行维权斗争，是因为黑人妇女放弃了女权斗争，在性别斗争和种族斗争中过分依赖种族斗争，以为只要种族斗争胜利了，性别问题自然就会解决。胡克斯强调："我的生活经验告诉我，这两个话题从来都是不可分割的，自我出生的那一刻起，两个因素就决定了我的命运，一个是我生来是黑人，另一个是我生来是女人。"[②]在现代女权运动和种族运动兴起的过程中，黑人妇女要么必须接受种族歧视，与白人妇女联合进行性别斗争；要么必须忍受性别压迫，与黑种男人联合进行种族斗争；而当以上这两部分人的斗争在20世纪上半期和中叶分别取得了显著成果以后，黑人妇女却仍处在社会的最底层，始终没有独立的身份、没有自己的声音。胡克斯指出黑人妇女在美国历史上自始至终是白种男人、白种女人，以及黑种男人欺压的对象，在以上三个人群争取各自利益的斗争中，黑人妇女分别被拉进了战斗的阵营，却在最后的斗争成果中没有取得任何属于自己的权益，仍处于失声的境地。她呼吁白人妇女和黑人妇女只有摒弃女性阵营内部的种族歧视和阶级利益纷争，才可能真正联合起来，反抗男权社会的统治。

1981年，安扎杜尔与彻里·莫拉格(Cherríe Moraga)共同编辑出版了《这座桥被唤作我的背：激进有色人种女性的作品》(*This Bridge Called My Back: Writings by Radical Women of Color*)，象征着之后十年中对于白人女权主义者的一系列指责和批评的开始。该书为女权主义的经典作品，收录了来自不同民族、种族、阶层和文化背景，特别是有色人种同性恋女权主义者的作品，对传统的女权主义理论，即所谓主流白人中产阶级女权主义提出了挑战。安扎杜尔和其他有色人种女权主义者要求白人中产阶级女权主义者承认并改正她们的种族主义、阶级歧视、性取向歧视等。这部文集也开

---

① Susan Gubar. "What Ails Feminist Criticism?" *Critical Inquiry* 24.4 (Summer, 1998): 893.

② bell hooks, *Ain't I a Woman: Black Women and Feminism*. Boston: South End Press, 1981. p.12.

创了酷儿理论研究的先河，虽然许多文章的视角是有色人种同性恋的视角，却结合了种族、阶级和性别等因素，体现了多重身份的特点。安扎杜尔既强调差异，也强调团结。“我们没有共同的意识形态，也没有相似的解决办法”，但是，“各种肤色的第三世界的女性、女同性恋们、女权主义者们、具有女权主义倾向的男人们”却可以团结起来，使社会达到平衡。① 其实，尽管这部作品的出发点在于“与白人女性建立联系”，但实际上更是起到了“分裂”的作用。②如果黑人女性被用来作为黑人男性（在民权运动中）与白人女性（在女权运动中）携手走过的桥，拒绝担负这一角色就意味着要挺胸站起来，从隐身变为可见，建立有色女性的权利和视角。1987 年，安扎杜尔又出版了《边土/*La Frondera*：新梅斯蒂扎》（*Borderlands*/La Frontera：*The New Mestiza*），呼吁建构梅斯蒂扎意识（新女性混血意识）。作为生活在美墨边境的奇卡纳，安扎杜尔饱受身份困境—族裔、性别、性取向等等。生活在几种文化交汇处的边土，安扎杜尔发现这几种都没有给她归属感，于是她只能将家安在了边土。边土既指美国德克萨斯州与墨西哥的实际边界地区，也是心理、性/性别，以及精神的边土，是文化冲突与交汇的地区。在这样的空间产生的新梅斯蒂扎意识是一种整体的、非二元对立的思维模式，它不是以排他、而是以包容来定义自己。

20 世纪 80 年代，艾丽斯·沃克创立了“妇女主义”（womanism）这个词汇，以特指所有具有非洲血统的黑人女性所追求的一种不同于主流白人（或中产阶级）妇女的女性主义。沃克的“妇女主义”揭示了美国非裔妇女在男权统治下的特殊遭遇，她们遭受着来自性别和种族的双重压迫，在性别斗争中面临着与白人中产阶级妇女不一样的境遇，理应采取不一样的策略。“妇女主义”这个概念的提出展现了主流/白人女性主义以普及化为掩饰的霸权，为女性主义的发展在性别问题的讨论之余融入种族话语拓展了新的思路。不仅如此，在沃克笔下，“妇女主义者”既可以是同性恋者，也可以是异性恋者。她继承“统一主义”传统，摒弃“分离主义”倾向，以确保整个人类（包括男女两性）的生存和完整为己任，为同性恋女性在女权主义运动中的作用进行了呼吁。在沃克眼里，最具代表性的黑人妇女艺术就是“百纳被”。百纳被由众人制作，由众多图案、颜色各异的布片拼接而成。这种制作过程

① Anzaldúa, “La Prieta,” in *The Gloria Anzaldua Reader*. Ed. AnaLouise Keating. Durham: Duke University Press, 2009. p. 50.

② Susan Gubar. “What Ails Feminist Criticism?” *Critical Inquiry* 24. 4 (Summer, 1998): 886—887.

本身既暗示了黑人妇女支离破碎的主体，又强调了黑人妇女的姐妹情谊、团结友爱，还代表了黑人妇女精神上的解放和完整，以及获得的崭新的艺术生命。

为有效改变黑人女性文学批评的匮乏局面，黑人女权评论家芭芭拉·史密斯(Barbara Smith)撰写了《走向黑人女权主义批评》("Toward a Black Feminist Criticism",1977)一文。她在文中声称，"面对那些把黑人女性完全排除出他们的文学作品以及他们现实生活的人，我要挑战他们，并促使他们改变态度；我还想鼓励黑人女性深入钻研[黑人女性]文学，为这个文学的存在而欢欣鼓舞；我想激发她们着手运用鲜明的女权主义方法来审视这个文学中的性别政治和种族政治；我的最终目的是黑人妇女的解放，即，更多的自由、更多的尊重、更多的选择，不再那样的无形、不再遭受如此多的暴力和生活中的非人待遇，做充满活力的黑肤色的女性的人"①。史密斯着力将黑人妇女生活的政治状况、写作的内容以及作为艺术家的生存状况按不同方式联系起来，探究证明黑人女权主义批评的必要性，以及黑人女同性恋作品如何反映了黑人妇女文化的现状以及所有黑人妇女所遭受的沉重压迫。这种建构黑人女权批评的拓荒充满风险，因为她无论是从女权主义角度去探讨黑人女作家，或者从任何视角评论黑人女同性恋作家，都会触犯禁忌。十年之后的1987年，芭芭拉·克里斯琴撰写了《理论竞赛》("The Race for Theory")一文，以反对愈演愈烈的理论狂热对于黑人以及所有有色族群的文学创作和批评产生的危害。克里斯琴一针见血地指出，掌控话语权的主流学者们把理论当作了争赶学术时髦、牟取文化资本、巩固自己话语权的利器。他们根本对文学、文本和作家本身不屑一顾，而是热衷于推起一波又一波的理论新潮，你方唱罢我登场，进行令人眼花缭乱的"理论竞赛"。而一些研究黑人女性文学的学者，要么感到自己没有资格去探讨"自己的文学"，要么也硬着头皮跟风去写些自己都不懂的艰深晦涩的文字。克里斯琴揭批了理论竞赛背后的险恶用意：遏制和打压黑人等有色人种族群以及女性文学创作与研究的兴起，以证明有色人种和女性文学或研究的"边缘性"。克里斯琴承认，黑人文学尤其是黑人女性文学批评，需要理论的创新发展，但是这并不意味着要被那些"新哲学家们"牵着鼻子走。克里斯琴巧妙地利用了英语中"竞赛"(race)一词的双关意义——"种族"，自豪地宣称有色种族也是"the race for theory"——"理论的种族"。他们的创造力不仅在于文学创作，

① Barbara Smith, "Reply to Deborah Chay." *New Literary History* 24. 3 (1993): 654.

也体现在对理论的开创和发展上。克里斯琴坚信，文学理论不应该和人民的生活、人民的鲜活语言分离；理论化过程应该与文本研读密不分家，离开文本的理论就不是文学理论。而且，理论化应该扎根到有色种群的历史、他们的传统、他们的文学中去发现、总结、建构和发展。

加亚特里·斯皮瓦克也为探讨种族在女权阵营的重要性提供了理论支持。她将后殖民主义视角引入传统女性主义批评，尖锐地指出西方精英女权批评家在分析第三世界女性问题时，流露出种族和阶级优越感。在《帝国主义与性别差异》（“Imperialism and Sexual Difference”，1986）一文中，斯皮瓦克批判了西方女权主义者在致力于全球的女性解放运动中，忽略了“第三世界”女性的特殊经历。斯皮瓦克一直致力于寻找一种能描述某个特定社会群体或个人的经验与历史的批评话语。基于这个愿望，斯皮瓦克创造了“属下”这个概念。斯皮瓦克的女权理论并不局限于性别问题的讨论，她把以往两性之间的矛盾放诸女性阵营之内，拓展至种族、文化之外，重点揭示第一世界与第三世界女性之间的文化对立。斯皮瓦克从女性内部讨论种族、民族问题的角度对女权主义的总体发展具有重要的意义。

除了性别维度之外，女权主义评论家也在评论中强调了阶级和族裔的维度。莉莲·鲁宾逊坚称性别只有置于族裔和阶级的关系中进行研究才有意义。她的这一观点在《性别、阶级和文化》（*Sex, Class, and Culture*, 1978）中得到明确阐释。鲁宾逊在谈到决定女性社会地位和身份时，认为阶级扮演着极为重要的角色，而她认为这一点在伍尔夫的作品《一间自己的房间》中并没有得到充分地探讨。

多年以来，美国土著文学研究在学界中一直居于弱势地位，具体表现在高校中土著教师和博士生项目的稀少、登载其文章的学术杂志的匮乏，以及其他学者对于土著文学的忽略等等，这一现象造成了罗伯特·艾伦·沃利尔（Robert Allen Warrior）所说的那种“智力的无家可归”，因为土著学者“不属于任何地方”。[①] 美国土著文学研究真正始于 20 世纪 70 年代末，而葆拉·艾伦（Paula Allen）的《圣环：重新发现美国印第安传统中的女性特征》（*The Sacred Hoop: Recovering the Feminine in American Indian Traditions*, 1986）从女权主义视角对土著文学进行了阐释，成为土著女权文学批评实践的重要著作。艾伦在《圣环》中力图证实女性神灵和女性在印第安文化中的重要作用，强调了女性文化传统对于印第安人文化继续生存的

---

① Robert Allen Warrior, “A Room of One’s Own at the ASA: An Indigenous Provocation.” *American Quarterly* 55 (2003): 683.

重要意义。艾伦在论著中分析了美国印第安文学代表人物的作品，指出印第安男性文学强调殖民过程带来的变化，以及这些变化所导致的异化和对印第安人消亡的焦虑感，而印第安女性文学的主题则是延续、适应和存活。因此，“当我们把美国印第安文学研究的重点从以男性为轴心转为以女性为轴心后，神奇的事情就发生了”，叙事的“重点就会是延续而不是灭亡”，也会把去殖民化从“悲观主义变为乐观主义、从绝望变成希望”。① 该书成为美国印第安文学、印第安历史研究和印第安妇女研究的经典著作。

虽然许多早期的女权主义批评著作中都没有论及女同性恋以及她们的文学，但在女权文学评论向纵深发展的时期，这一群体必然发出自己的声音。尤其是在强调差异的70年代末和80年代，女同性恋成为女权主义诉求的激进表现形式。女同性恋强调同性恋身份绝不仅仅是“性选择”，而是一种反抗男权统治的政治态度，是对于社会建构的异性恋的彻底摒弃。在大多数社会中，妇女的定义要取决于她与男性之间的附属关系。而女同性恋者因为在性方面摆脱了对于男性的依附，她们的存在就从根基上动摇了社会对于妇女身份的规定。一般女权主义理念强调女性在经济、政治方面的独立，而女同性恋则把矛头直指妇女在性方面对男人的依附从属被动关系，造成对于父权性政治最为激进的攻击。② 女同性恋文学批评认为，一个女人的身份不应该仅仅通过她与男性世界和男性文学传统的关系来加以定义，女性之间的紧密联系是女性生活中的重要因素；一个女性的性趋向和情感趋向极大地影响到她的意识、乃至于她的创作。女同性恋视角为批判和分析父权社会的政治、语言和文化提供了新的视角。③

阿德里安娜·里奇在1980年发表的论文《强迫性异性恋与女同性恋存在》（“Compulsory Heterosexuality and Lesbian Existence”）曾震动女权主义思想界。里奇将母亲身份斥为一种社会建构，指出异性恋也是一种强迫性的非自然状态。里奇认为，女权批评中对于女同性恋存在的抹杀不仅是反女同性恋的，其后果也是反女权主义的。她的目标是要促使异性恋女权主义者去审视异性恋，将其看作“剥夺女性权利的一种政治制度”，并做出某些改变。同时，里奇也希望“其他女同性恋能够感受到女性认同（woman

---

① Paula Gunn Allen, *The Sacred Hoop: Recovering the Feminine in American Indian Tradition*. Boston: Beacon, 1986. p. 262.

② Barbara Christian, “No More Buried Lives.” p. 199.

③ Bonnie Zimmerman, “What Has Never Been: An Overview of Lesbian Feminist Literary Criticism.” *Feminist Studies* 7. 3 (Fall 1981): 452.

identification)及女性联盟(woman bonding)的广度和深度”。[①] 这些观点在当时无疑是激进的,它们向那种自称为所有女性代言,实际上却是异性恋、中产阶级白人女性的观点发起了共同挑战。[②]在《赞比:我名字的新拼法》(*Zami: A New Spelling of My Name*, 1982)中,女同性恋黑人作家、评论家奥德丽·洛德(Audre Laude)大声疾呼:“不能仅仅满足于女性的团结,我们是不同的。不能仅仅满足于女同性恋者的团结,我们是不同的。不能仅仅满足于黑人的团结,我们是不同的。不能仅仅满足黑人女性的团结,我们是不同的。不能仅仅满足于黑人女同性恋者的团结,我们是不同的。”[③]女同性恋力图通过释放被父权异性恋中心价值体系所压制的女性潜力和能量,达到女性各个方面的自我实现,来塑造一个崭新公平宽容的新世界。她们毫不妥协的革命精神,也是极具进步意义的。

邦妮·齐默尔曼(Bonnie Zimmerman)发表于1981年的文章《史无前例:女同性恋女权批评概述》(“What Has Never Been: An Overview on Lesbian Feminist Criticism”)也是阐述女同性恋观点的重要作品。齐默尔曼特别指出,早期的女权主义批评中有意忽略了女同性恋的存在,女同性恋的文章直到70年代末才在《符号》、《边界》这类杂志上出现,而在早期的女权文学批评论文集中也几乎没有从女同性恋视角写作的文章。正因为如此,女同性恋批评家不得不寻求其他表达路径,努力构建一种女同性恋批评视角。[④] 与此同时,女同性恋批评家也在为女同性恋们寻找自己的文学传统,并且开始分析女同所创作的作品中女同意象、刻板模式和神秘存在,以及文体和文学理论。在不长的时期内,女同性恋批评家已经开始展示一种独特的女同美学的存在。齐默尔曼指出,一代女同性恋女权主义者在20世纪70年代成长起来,她们通过指出多年来“不可言说”的女同性恋的存在打破了文学批评的局限。这个过程与女权文学批评平行,实际上许多开拓性的女权批评家都是女同性恋者。作为一个男权统治的学界中的女性,女同性恋从一个“他者”的视角探讨了女同性恋的写作和阅读方式。作为一个由异性

---

① Adrienne Rich, “Compulsory Heterosexuality and Lesbian Existence,” in *The Norton Anthology of Theory and Criticism*. Ed. Vincent B. Leitch. New York: Norton, 2001. p. 1591.

② Vincent B. Leitch, ed., *The Norton Anthology of Theory and Criticism*. New York: Norton, 2010. p. 1588.

③ Audre Lorde, *Zami: A New Spelling of My Name*. Trumans burg: Crossing, 1984. p. 226.

④ Bonnie Zimmerman. “What Has Never Been: An Overview of Lesbian Feminist Literary Criticism.” *Feminist Studies* 7.3 (Fall 1981): 453—454.

恋统治的学界的女性，女同性恋提出了对于充分理解女性现状和创作至关重要的观点。

对于差异和多元的强调也导致许多白人女权评论家对于女权主义进行了反思，一个极好的例证便是伊莱恩·肖沃尔特发表于1991年的美国女性文学评论专著《姐妹们的选择：美国女性写作的传统与变化》(*Sister's Choice: Tradition and Change in American Women's Writing*)。作为《她们自己的文学》的姊妹篇，肖沃尔特以美国特有民间手工艺术中带有各种线条图案的被子为象征，梳理了美国女性文学的发展演变过程，强调了美国女性文学中的多元色彩。她在这部著作中通过广泛的文学概述和文本分析，探讨了诸多美国女性作家的创作，追溯了美国女性写作的发展过程。肖沃尔特在此充分展示了女性创作在种族、阶级和性选择方面的多样性，并将研究聚焦于这些女性文本的历史性和多元文化性。特别值得指出的是，肖沃尔特在著作中使用了拼贴被的隐喻来形容美国女性文化与创作，因为拼贴被就是把不同的碎布连缀在一起做成的，女性文学史也是由不同风格、不同种族和不同阶级的女性作家的创作汇集在一起而成的。肖沃尔特认为，拼贴被已经成为比起传统的"大熔炉"更为确切的美国文化特征。这一点在女性写作向多元文化拓展的不断变化的过程和技巧上尤其如此。肖沃尔特显然超越了早期妇女研究中对于种族和族裔因素的忽视，她在书中特别强调，美国女性创作的历史要"学会理解和尊重每个姐妹的选择"。[①]

评论家辛妮德·麦克道毛特(Sinead McDermott)指出，性别与种族、阶级、族裔和文化场所的复杂叠覆说明仅仅聚焦于性别是无法恰当地处理我们的文学文本和我们活生生的身份的。[②] 因此，当前的女权主义文学批评更多地呈现出一种开放的形式，一种像苏珊·斯坦福·弗里德曼(Friedman, Susan Stanford)所建议的那样，"既超越性别又不忘却性别"[③]的批评模式。也唯有如此，女权文学批评才能在更加良性的轨道上前进。

---

① Elaine Showalter, *Sister's Choice: Traditrons and Change in American Women's Writings*. Oxford: Clarendon Press, 1991. p. 175.

② Sinead McDermott, "Notes on the Afterlife of Feminist Criticism." *PMLA* 121. 5 (Oct. 2006): 1731.

③ Susan Stanford Friedman, *Mappings: Feminism and the Cultural Geographies of Encounter*. Princeton: Princeton University Press, 1998. pp. 17—18.

消解中心，打破高雅文学与通俗文学之界限

当代女权主义文学批评兴起之际正值后现代主义在西方盛行之时，后现代主义所提倡的“去中心”、“解构主义”等都对于女权文学批评带来一定影响，当代女权文学批评所呈现的一个重要维度，就是打破了高雅文学与通俗文学的界限。女权批评家不仅关注经典文学，也把目光转向通俗文学，不仅关注小说、戏剧和诗歌，也关注其他体裁的作品，以及以其他艺术形式创作的作品。

马琳·S. 巴尔(Marleen S. Barr)在这一方面做出了突出贡献。巴尔认为后现代文学经典里虽然包括了女性作家，但有不少女性作家由于从事了非主流的文学体裁写作，被排挤在主流文学之外。例如不少女权主义理论家就将科幻小说视为类型小说(genre fiction)而忽视它，以至于“女性主义科幻小说成为女性主义理论的‘他者’”。[①] 巴尔率先将科幻题材与女性主义理论结合，开拓了通俗文学的女性主义视角。她在其论著《女性主义虚构：空间/后现代小说》(*Feminist Fabulation: Space/Postmodern Fiction*, 1992)中谈到，自己选取的女性主义科幻小说是处于双重边缘地带的文学形式。从题材上说，科幻小说无疑属于大众文化，长期徘徊在主流文学之外；从所讨论的人物来说，女性又无疑是男权社会的弱者。巴尔指出，尽管某些西方主要女权批评家强调了后现代与科幻小说之间的联系，但没有人将女性主义科幻小说包含在后现代文学之内。她强调后现代小说必须承认包括科幻小说、超自然主义小说、乌托邦小说等在内的女性主义文本。

丽莲·鲁宾逊的论著《神奇女侠：女性主义和超级英雄》(*Wonder Women: Feminisms and Superheroes*, 2004)聚焦于美国漫画中的超女形象。鲁宾逊探讨了神奇女侠形象所蕴含的意义，同时巧妙地把漫画人物这种被流行文化所疏忽的部分置于希腊神话、社会政治历史、文学、经济、艺术历史、媒体研究、性别研究以及后现代主义理论的语境之中。鲁宾逊指出在传统的美国漫画书文体中，超级女英雄几乎不存在。但是，在20世纪70年代，随着女权运动的兴起，妇女人物角色也随之出现。鲁宾逊以“神奇女侠”(Wonder Woman)为这些漫画人物命名，进而阐述了神奇女侠是如何映射并进一步发展古老神话中女神形象的特征的。鲁宾逊笔下这些被赋权的女性超级英雄，不仅仅是女性的榜样，也反映了女性地位的改变。她通过对于通

① Marleen S. Barr, “Preface.” *Feminist Fabulation: Space/Postmodern Fiction*. Iowa City: University of Iowa Press, 1992. p. xvii.

俗文化和文学的人物形象分析，开辟了女权文学批评的新视野。

简·汤普金斯（Jane Tompkins）也在关于西部文学与文化的研究中表达了自己的女性主义观点。她的《极地之西：西部的内在生活》（*West of Everything: The Inner Life of Westerns*，1992）从小说、图画、影视各个方面分析了有关美国西部的话语对美国民族想象的影响。美国的民族身份在很大程度上建基于那段极大改变了年轻共和国面貌的西部经历。西部作为一个文化概念，在流行小说、绘画、广播、影视等各艺术领域中都得到了深度表现。汤普金斯指出，西部叙事所创造的西部神话是一个"有关男性暴力的叙事"，崇尚暴力、张扬征服感。女性的场所，如家庭和教堂，在西部叙事中被完全驱逐了。这种反女性文化的使命决定了西部叙事的语言特征。在西部叙事中，男性发展了自己独特的言说方式，其缄默成为男性拒绝女性文化、对抗人际交流、确立自足主体性的方式。总之，西部叙事在叙事意象、主题和语言特征都与当时女性作家创作的感伤小说呈现出截然相反的特征。

雪丽·塞缪尔斯（Shirley Samuels）很早就关注视觉文化和文学之间的关系。发掘早期史料中的图片、政治宣传册上的卡通漫画、雕像和照片所承载的文学文化意义成为其学术研究的重要组成部分。2004年，塞缪尔斯出版了专著《正视美国：图解美国内战》（*Facing America: Iconography and the Civil War*），以文学研究学者的角度分析美国内战留下的图片、照片等视觉资料，并得出结论：美国内战标志着美国国民象征由女性化（女神哥伦比亚）转为男性化（山姆大叔），这一转变也体现在了19世纪美国小说、诗歌、政治漫画等各种文学体裁中。在书中，塞缪尔斯对内战中的各种图像资料，特别是表现战场真实情景的照片进行了具体的分析解读。尽管那时摄像技术仍然处于起步阶段，战地记者还是通过大量照片，以一种全新的方式将严酷的现实从前线带到后方。这些来自战壕、河流、农场以及已经沦为战场的城镇的照片满足了公众对于信息的渴望。内战中无数死伤士兵的照片更加深了男性的替代忧虑：由于男性受到战争的摧残，女性将要走出家门，占领传统的男性领地并最终替代男性。

金惠经（Elaine H. Kim）在关注亚裔美国文学的同时，还将自己的研究延展到视觉艺术领域。2003年，她与艺术史学者玛戈·町田（Margo Machida）和视觉艺术评论家莎伦·沟田（Sharon Mizota）合作编撰了《新鲜话题/勇敢凝视：关于亚裔美国视觉艺术的对话》（*Fresh Talk/Daring Gazes: Conversations on Asian American Art*）一书，从跨文化的视角阐释介绍了亚裔美国视觉艺术的发展史。该书汇集了活跃在当代艺术领域的亚裔美国艺术家创作的艺术作品，也收录了一批著名艺术家和学者撰写的关于这些作品的评论文章，个人解读和理论分析相得益彰，忠实地反映了当代亚裔美国艺术创作和评论的多元化特质，证明了亚裔美国艺术是一个富有活力的、多维的，也是充满矛盾冲突的领域。另一位华裔美国女性评论家林英敏(Amy Ling)也认为，当下亚裔美国文学创作日臻成熟，呈现出前所未有的异质性与复杂性，族裔性模糊、含混的作品日渐增多，主题与体裁亦日渐丰富，因而亚裔美国文学/艺批评也应与时俱进，不再拘泥于"抗议文学"的批评范式，而应着眼于展现出"亚裔美国"这个社会性的建构整体内部蕴含的多样性、多民族性与多元文化性，强调文学作品的文化内涵与艺术张力，并重新审视亚裔美国创作与美国主流文学传统之间的互动、协调关系。她于1999年编著出版了《黄色之光：繁荣的亚裔美国文艺》(*Yellow Light: The Flowering of Asian-American Arts*)，选择了17个亚裔美国文学/艺研究中颇具争议的问题，将对于来自不同国家与地区、分属不同时代的亚裔美国作家、艺术家的采访，编辑整理集结成册。此选集首度将各类亚裔美国艺术家的声音纳入学术研究范畴，展现了在90年代多元化的文化景观中，不同领域的亚裔美国艺术家们共同创造的亚裔艺术之繁华。林英敏认为，"亚裔美国"社会是一个由多元文化、多重声音、多重民族构成的欣欣向荣的有机整体，是孕育着更多超越族裔性界限、具有普遍意义、展示亚裔美国文化独特魅力的佳品的希望之乡。

传记文学也是20世纪后期备受女权评论家关注的体裁。琳达·瓦格纳-马丁(Linda Wagner-Martin)撰写的《"命运垂青的陌生人"：格特鲁德·斯泰因和她的家人》呈现给读者一个全新的斯泰因的形象，而不是一个现代主义偶像的标签。瓦格纳-马丁关于斯泰因与两个哥哥、同性恋人，以及那些现代主义作家和艺术家的关系的描述为读者提供了了解这位几乎是"人们还没有读过的最为著名的文学大家之一"[①]的大量资料。在这部传记发表之前，格特鲁德·斯泰因的名字和存在基本上只与那些著名的男人相关联时才有意义。即使她的作品得到考虑，也被认为是一种自我放纵的产物，根本不能和她在培养现代主义的男性天才方面的贡献相提并论。瓦格纳-马丁坚持将斯泰因的传记写成"一个女性的生平"，为读者展现了一个复杂的、多维的、作为"现代主义之母"的斯泰因形象，也为传记写作这个曾经不被视为严肃文学的体裁开辟了新天地。

---

① Brenda Wineapple, *Sister Brother: Gertrude and Leo Stein*. New York: Putnam's, 1996. p. 398.

拓展外延，将文学研究与文化研究相结合

当代女权文学批评的另一明显趋势为文学研究与文化研究的有机结合。女权学者将文学文本置于某一特定文化语境之中，以此展现文学文本所反映的文化现象，以及文学在文化体制内的功能和社会权力运作模式中的作用，她们在文学文本和文化间徜徉穿梭，打破了文学与文化之间的界限，为文学批评开辟了新的疆界。这种把文学研究和文化研究相结合的做法通常有两种模式：或是研究文化的女权主义学者把文学文本作为女权思想模式来加以研究，或是女权学者们使用文化研究和文化分析理论来研究女性写作的产出和接受。[①]

女性文学与市场的关系、女性与流行小说的关系、女性作品与文化机制的关系是多名女权评论家的关注点。玛丽·凯利(Mary Kelley)的代表作《私有女性，公共舞台：19 世纪美国的家庭文学》(*Private Woman, Public Stage: Literary Domesticity in Nineteenth-Century America*, 1984)就是一部从文化和历史视角研究 19 世纪女性作家的力作。凯利对 12 位 19 世纪美国女作家出版和未出版的作品，以及日记、信件和新闻报道等 200 多份史料，进行了筛选和提炼，以揭示出这些作品中"独立或共享的因素"[②]。她以此评价了 19 世纪的畅销女性作家，并通过"文学家居性"的概念阐述了女性作家在家庭生活和公共生活的夹缝中求得体面生存的困境，以及在此种困境中构建的双重身份和矛盾态度。简·汤普金斯的《轰动的设计：美国小说的文化机制，1790—1860》(*Sensational Design: The Cultural Work of American Fiction, 1790—1860*, 1985)，从文化研究的角度分析了文学文本的价值和经典形成的过程。汤普金斯从读者接受的理论视角，力图证明那些"公认"的经典作品不过是后世读者根据自身的政治需要所运作的结果；而那些在发表之时得宠于大众的流行小说有其符合当时读者品味的美学价值，却随着社会语境的变迁消逝在历史之中，后世读者自然无法意识到它们的经典性。汤普金斯最后得出结论，经典并非天然形成的，文学价值乃是机制化的产物。卡西·戴维森(Cathy Davidson)撰写的《革命与文字：小说的兴起》(*Revolution and the Word: The Rise of the Novel in America*, 1986)

---

① Sinead McDermott, "Notes on the Afterlife of Feminist Criticism." *PMLA* 121.5 (Oct. 2006): 1733.

② Mary Kelley, "Preface." *Private Woman, Public Stage: Literary Domesticity in Nineteenth-Century America*. New York, Oxford: Oxford University Press, 1984. p. xii.

则从小说的角度探讨了文化现象。戴维森认为，文学不仅是纸面的文字，而是一个繁杂的社会、政治、文化生产的过程。她的重点是研究小说如何通过作家、印刷商、出版商、书商、小贩、图书馆和读者的共同作用而进入早期美国文化。在书中，戴维森探讨了文学文化在建国初期的政治社会激荡大潮中的作用，审视了小说这一文学体裁在不同阶层、不同性别的读者（特别是女性读者）的日常生活中扮演的角色，首次提出美国建国与美国小说兴起的同步性。① 《革命与文字》研究范围涉及美国建国早期（1789—1820）的各类小说及与小说写作、出版、发行相关的各种史料，研究方法既包括对原始档案的定量定性的社会学研究方法，也有文化和文学解读。戴维森从跨学科角度研究美国小说兴起，为以后的学者提供了一种新的研究视角和方法。

尼娜·贝姆将自己的研究置于美国文化的大背景之中，从不同角度研究了女性作家创作对于美国社会与文化发展的贡献。她的论著《小说、读者与评论家：对于内战前美国小说的反应》（*Novels, Readers, and Reviewers: Responses to Fiction in Antebellum America*，1984），以发表在 20 多本杂志上的 2000 多篇书评为基础探讨了美国内战前社会对于小说的接受情况。贝姆的重点是书评中反映出来的关于小说的假设和标准，以及对于小说的文化期待。她于 1995 年发表的《美国女性作家与历史作品，1790—1860》（*American Women Writers and the Work of History: 1790—1860*）则将研究视角指向历史作品领域，探讨了 19 世纪创作的大批各种体裁的历史作品。她指出，这一时期的女性充分利用了关于共和主义和共和国女性角色的观点为自己找到了阅读和写作历史作品的理由。她在 2001 年发表了《美国女作家和 19 世纪科学：关联方式》（*American Women of Letters and the Nineteenth-Century Sciences: Styles of Affiliation*），分析了 19 世纪美国女性与科学的关系。尼娜·贝姆探讨了美国女性写作对于 19 世纪广泛传播的科学知识的回应。虽然无法成为科学家，美国女性坚持认为她们可以懂得科学，并且参与有关科学的话语建构。贝姆对于这些为女性传播科学知识的女作家表示出极大兴趣，她们致力于提高女性的才智，其科学作品曾出现在教材、小说、诗歌、医学杂志、指导书籍和畅销杂志上。

劳伦·布兰特（Lauren Berlant）的《女性的抱怨：美国文化情感的未竟事业》（*The Female Complaint: The Unfinished Business of Sentimentality in American Culture*, 2008），着眼于 20 世纪早期到中期美国大众文化中女

① Jeffrey Walker, "The 'Idea' of the New World in American Fiction." *American Quarterly* 39. 4 (Winter, 1987): 637—641.

性大众媒体的兴起和发展，探讨了如斯托的《汤姆叔叔的小屋》在内的一批通过讲述“真爱”的故事与读者或观众建立亲密感的小说和改编作品，涉及的作品包括多部诗歌、散文、剧本和小说。布兰特援引了大量文学文本和影视改编资料，但她并非要梳理20世纪美国女性文学和文化史，而是围绕亲密公共空间的概念，考察这些作品中呈现的美学范式的普适化与超越、情感的共享与疏离，以及未来生活幻想的政治隐喻。

文学与文化现象中种族歧视一直为非裔学者所关注。海瑟尔·卡比(Hazel Carby)的《重构女性气质：非裔美国女性小说家的兴起》(*Reconstructing Womanhood: The Emergence of the Afro-American Woman Novelist*, 1987)是从文化视角分析文学作品的典型事例。卡比在此运用斯图尔特·霍尔的文化批评理论，解读一直被主流评论界忽视的19世纪中叶到20世纪30年代非裔美国女性作家和社会活动家的小说和非虚构作品，修正了学术界对于这段时期非裔美国女性文学的错误观点，对这一阶段的非裔美国女性文学的研究做出了突出贡献，该书成为美国黑人文学和文化以及美国女权主义文学批评的重要著作，被认为是“非裔美国女小说家研究的里程碑”。贝尔·胡克斯的文化批评理论聚焦通俗文化现象中的种族问题。她在《想念：种族、性别与文化政治》(*Yearning: Race, Gender, and Cultural Politics*, 1990)一书中指出，“我们生产的文化批评，是在白人至上的背景下诞生的”。[①] 胡克斯批判当代文化批评的通病是忽视这些批评产生的时代背景，是具有种族主义和性别歧视倾向的。胡克斯认为当代文化批评主要还是男性白人主导的，他们规定了这门学科的内容、体例、规范和话题，迫使黑人不得不接受这样的理论研究方法，因而白人与男性仍是学术领域的独裁者。白人惧怕黑人以自己的方式书写，惧怕黑人话语会让自己在文化研究领域失掉控制权。[②]在胡克斯的文化批评中，影评占据了相当大的比重，[③]以关注种族话题为显著特点。胡克斯认为，在美国大众文化中，广大群众对种族问

① bell hooks, "Liberation Scenes: Speak This Yearning," in *Yearning: Race, Gender, and Cultural Politics*. Boston: South End Press, 1990. p. 11.

② bell hooks, "Culture to Culture: Ethnography and Cultural Studies as Critical Intervention," in *Yearing: Race, Gender and Cultural Politics*. Boston: South End Press, 1990. pp. 129—130.

③ 参看胡克斯的专著《从胶片到真实：电影中的种族、性别与阶级》[bell hooks, *Reel to Real: Race, Sex, and Class at the Movies*. New York: Routledge, 1996]。其他未收录到专著中的影评还包括："Stylish Nihilism: Race, Sex, and Class at the Movies," "Counter-Hegemonic Art: Do the Right Thing," "Representing Whiteness: Seeing Wings of Desire" 等。

题的感知和异族通婚现象的接受能力仍是有限的；美国主要的文化环境仍然是男性的、白人的。

结　语

在 20 世纪初，女权主义文学批评已经从一个"被边缘化和贬值的分离的研究形式"成为"更为宽泛的文学与文化工程的一个重要方面"。[①] 从社会文化批评到审美和文本批评、从反抗传统文学中的性别歧视到建构自己的文学传统和理论体系、从寻求平等到强调差异、从以白人中产阶级女性为主导的运动到不同族裔、不同阶级、不同性取向的女性的全面参与，从后现代女性主义到后殖民主义女性主义，女权主义文学批评不仅是文学批评，也是政治批评，更是对于西方文化和意识形态的变革，它的广泛涉猎、多维视角、跨学科性、多元文化性，以及与其他理论的对话和互动使之成为 20 世纪后期以及 21 世纪以来一支最具活力的批评力量。

参考文献

Allen, Paula Gunn. *The Sacred Hoop: Recovering the Feminine in American Indian Tradition*. Boston: Beacon, 1986.

Anzaldua, Gloria, ed. *Borderlands*/ La Frontera: *The New Mestiza*. San Francisco: Aunt Lute, 1987.

——. *this bridge called my back: writings by radical women of wolor*. Eds. with Cherríe M. Moraga. Watertown: Persephone, 1981.

——. *this bridge we call home: radical visions for transformation*. Eds. Keating. New York: Routledge, 2002.

Beauvoir, Simone de. *The Second Sex*. Harmondsworth, Middlesex: Penguin, 1972.

Benstock, Shari, ed. *Feminist Issues in Literary Scholarship*. Bloomington: Indiana University Press, 1987.

Butler, Judith. *Gender Trouble: Feminism and the Subversion of Identity*. New York: Routledge, 1990.

Carby, Hazel V. *Reconstructing Womanhood: The Emergence of the Afro-American Woman Novelist*. New York: Oxford University Press, 1987.

Castillo, Debra A. *Talking Back: Toward a Latin American Feminist Literary Criticism*. Ithaca: Cornell University Press, 1990.

---

① Sinead McDermott, "Notes on the Afterlife of Feminist Criticism." *PMLA* 121.5 (Oct. 2006): 1731.

Christian, Barbara. *Black Feminist Criticism: Perspectives on Black Women Writers*. New York: Pergamon Press, 1985.

——. *Black Women Novelists: The Development of a Tradition, 1892—1976*. Westport, CT: Greenwood Press, 1980.

——. "The Race for Theory." *Cultural Critique* 6 (1987): 51—63.

Cixous, Helene. "The Laugh of the Medusa." Signs 1. 4 (1976): 875—893.

Donovan, Josephine. *Feminist Theory: The Intellectual Traditions of American Feminism*. New York: Ungar, 1985.

Eagleton, Mary, ed. *Feminist Literary Criticism*. London: Longman, 1991.

——, ed. *Feminist Literary Theory: A Reader*. 2nd ed. Oxford: Blackwell, 1996.

——. "Who's Who and Where's Where: Constructing Feminist Literary Studies." *Feminist Review* 53, Speaking Out: Researching and Representing Women (Summer, 1996): 1—23.

Friedman, Susan Stanford. *Mappings: Feminism and the Cultural Geographies of Encounter*. Princeton: Princeton University Press, 1998.

Faludi, Susan. *Backlash: The Undeclared War against American Women*. New York: Crown Publishers, 1991.

Fetterly, Judith. *The Resisting Reader: A Feminist Approach to American Fiction*. Bloomington: Indiana University Press, 1978.

Friedan, Betty. *The Feminine Mystique*. New York: Norton, 1963.

Gaard, Greta and Patrick D. Murphy, eds. *Ecofeminist Literary Criticism: Theory, Interpretation, Pedagogy*. Urbana and Chicago: University of Illinois Press, 1998.

Gallop, Jane. *Around* 1981: *Academic Feminist Literary Theory*. London: Routledge, 1992.

Gilbert, Sandra M. and Susan Gubar, eds. *Feminist Literary Theory and Criticism: A Norton Reader*. New York and London: W. W. Norton & Company, 2007.

——. *The Madwoman in the Attic: The Woman Writer and the Nineteenth Century Literary Imagination*. New Heaven: Yale University Press, 1979.

Gubar, Susan. "What Ails Feminist Criticism?" *Critical Inquiry* 24. 4 (Summer, 1998): 878—902.

hooks, bell. *Ain't I a Woman: Black Women and Feminisms*. Boston: South End Press, 1981.

——. *Feminist Theory: From Margin to Center*. Boston: South End Press, 1984.

Howard, June. "Feminist Differings: Recent Surveys of Feminist Literary Theory and Criticism." *Feminist Studies* 14. 1 (Spring, 1988): 167—190.

Huhndorf, Shari. "Literature and the Politics of Native American Studies." PMLA 120. 5 (Oct., 2005): 1618—1627.

Kemp, Sandra, and Judith Squires, eds. *Feminisms*. Oxford: Oxford University Press, 1997.

Kolodny, Annette. "Dancing Through the Minefield: Some Observations on the Theory, Practice and Politics of a Feminist Literary Criticism." *Feminist Studies* 6. 1 (Spring 1980): 1—25.

Lauter, Paul. *Canons and Contexts*. New York: Oxford University Press, 1991.

McDermott, Sinead, "Notes on the Afterlife of Feminist Criticism." *PMLA* 121. 5 (Oct. 2006): 1729—1734.

Messer-Davidow, Ellen. "The Philosophical Bases of Feminist Literary Criticisms." *New Literary*

History 19.1, Feminist Directions (Autumn, 1987): 65—103.

Moi, Toril. *Sexual/Textual Politics: Feminist Literary Theory*. London: Methuen, 1985.

Ruthven, K. K. *Feminist Literary Studies: An Introduction*. Cambridge: Cambridge University Press, 1984.

Showalter, Elaine. *A Literature of Their Own: British Women Novelists from Bronte to Lessing*. London: Virage, 1978.

——. "Feminist Criticism in the Wilderness." *Critical Inquiry* 8 (1981): 179—206.

——, ed. *The New Feminist Criticism: Essays on Women, Literature, Theory*. New York: Pantheon Books, 1985.

——. *Sister's Choice: Traditions and Change in American Women's Writing*. Oxford: Clarendon Press, 1991.

——. "Toward a Feminist Poetics," in *Women Writing and Writing About Women*. Mary Jacobus, ed. London: Croom Helm, 1979. 22—41.

Smith, Barbara. "Toward a Black Feminist Criticism," *Conditions: Two* 1.2 (Oct., 1977): 25—44.

Warrior, Robert Allen. "A Room of One's Own at the ASA: An Indigenous Provocation." *American Quarterly* 55 (2003): 681—687.

Warhol, Robyn R. and Diane Price Herndl, eds. *Feminisms: An Anthology of Literary Theory and Criticism*. New Brunswick: Rutgers University Press, 1991.

Woolf, Virginia. *A Room of One's Own*. Harmondsworth, Middlesex: Penguin, 1929; 1933; 1993.

Zimmerman, Bonnie. "What Has Never Been: An Overview of Lesbian Feminist Criticism," in *Making a Difference: Feminist Literary Criticism*. Eds. Marjorie Pryse and Hortense J. Spiller. Bloomington: Indiana University Press, 1985.

鲍晓兰主编,《西方女性主义研究评介》,生活·读书·新知三联书店,1995年。

林道明,《多维视野中的女性主义文学批评》,中国社会科学出版社,2004年。

盛宁,《20世纪美国文论》,北京大学出版社,1994年。

张京媛主编,《当代女性主义文学批评》,北京大学出版社,1992年。

张岩冰,《女权主义文论》,山东教育出版社,1998年。

葆拉·G.艾伦(Paula Gunn Allen)
(1939—2008)

葆拉·G.艾伦为著名美国印第安文学评论家、诗人、作家、社会活动家,在多个领域取得了卓越的成就。作为印第安作家和诗人,她创作的文学作品已经成为美国印第安文学基础文本的重要组成部分。作为研究美国印第安文化、文学的学者和评论家,她整理编辑的数本印第安文学选集促进了美国印第安文学的研究和发展;她撰写的印第安文学评论专著,尤其是《圣环:重新发现美国印第安传统中的女性》(*The Sacred Hoop: Recovering the Feminine in American Indian Traditions*,1986)和《冲出居留地:关于冲破居留地和文学经典边界的思考》(*Off the Reservation: Reflections on Boundary-Busting Border-Crossing Loose Canons*,1998),极大地提升了人们对美国印第安文学,尤其是美国印第安女性文学的研究和理解。作为一名社会活动家,艾伦积极参与女权主义运动、同性恋权利运动、反战和反核武器运动。艾伦把自己的一生都贡献给了美国印第安文学的创作和研究工作,是美国印第安文学界和美国文学界举足轻重的人物。

1939年10月,葆拉·G.艾伦出生于美国新墨西哥州中部的阿尔伯克基城,在北部小镇库贝洛长大,库贝洛毗邻印第安人的拉古纳居留地、阿克玛居留地和锡沃利国家森林。艾伦的表妹即美国著名印第安女作家莱斯利·马蒙·西尔科(Leslie Marmon Silko)。艾伦的母亲是混血儿,有着苏格兰裔美国人、印第安拉古纳人、德国犹太人血统,父亲是一名黎巴嫩裔美国人。用艾伦自己的话说,她成长的背景是"各种文化的交汇"。[①] 艾伦在许多采访中说过,最常萦绕在她心中的是家门前的那条路。那条路一边指向印第安土著居住的大山,代表着她的美国土著血统,另一边指向"高速公路,……西方的都市世界",代表了西方文化的"文明"的力量。在她大部分的创作和研究生涯中,葆拉试图调和两个目的地之间的矛盾。正如艾伦自己所说,"与普通美国人相比,我的生活混乱、没有秩序,美国土著人、墨西哥裔美国人、

① Paula Gunn Allen, "The Autobiography of a Confluence," in *I Tell You Now: Autobiographical Essays by Native American Writers*. Eds. Brian Swann and Arnold Krupat. Lincoln: University of Nebraska Press, 1987. p. 145.

黎巴嫩裔美国人、德国裔美国人、异教徒、天主教徒、新教徒、犹太人等各种因素掺杂在一起",因为她自己本身就是"多种文化的产物",可以"印证作为文化桥梁的痛苦"。①这种复杂的出生和成长环境为她日后印第安文学的创作和研究产生了决定性的影响。

艾伦早期在天主教学校接受教育,后来进入科罗拉多女子大学学习,两年后离开学校,结婚生子,后又离婚,返回家乡阿尔伯克基城。之后,她跟随诗人罗伯特·克里利(Robert Creely)学习,期间迷上艾伦·金斯堡(Allen Ginsberg)、丹尼斯·莱夫托夫(Denis Levertov)和黑山派诗人,这些都是她早期文学创作模仿的对象。20世纪60年代,艾伦进入俄勒冈大学学习,攻读英语学士和硕士学位。1966年,艾伦在俄勒冈大学获得英语学士,1968年在该校获得艺术硕士学位。1969年,艾伦进入新墨西哥大学攻读博士学位。入校时,她告诉研究生部主任她想攻读英语博士学位,从事美国印第安文学研究,但是校方告诉她没有这个研究领域,所以1975年艾伦获得的博士学位专业为美国研究,这是世界上第一个美国印第安研究方向的高级学位。获得博士学位后,艾伦曾先后在路易斯堡大学、圣地亚哥州立大学、圣马特奥大学、圣弗朗西斯科州立大学、新墨西哥大学、加州大学伯克利分校和洛杉矶分校任教,并继续从事美国印第安文学研究和创作。

早在20世纪60年代在俄勒冈大学学习期间,艾伦就对印第安文学的创作和研究产生了浓厚兴趣。当时艾伦研读了一些印第安作家的作品,其中N.斯科特·莫马戴(N. Scott Momaday)的著作《黎明之屋》(*House Made of Dawn*,1968)对她的影响最为深远。②她说《黎明之屋》"把故乡带回到我心中",③促使艾伦下决心从事印第安文学的创作。同时,莫马戴的作品也是艾伦从事美国印第安文学评论的重要动力。艾伦曾在一次访问中这样谈及从事印第安文学评论的初衷:"我开始写评论是因为没有人可以读懂我的作品,也没有人可以读懂莫马戴或者其他什么人的作品,所以我开始自己评论文学作品,因为没有别的途径可以获得读者。"④

---

① Ann E. Reuman, "Paula Gunn Allen," *Dictionary of Library Biography*. vol. 175: *Native American Writers of the United States*. Ed. Kenneth Roemer. Washington, D. C.: A Bruccoli Clark Layman Book, The Gale Group, 1997. p. 4.

② N.斯科特·莫马戴(N. Scott Momaday),美国著名印第安作家,其著作《黎明之屋》(*House Made of Dawn*)出版于1968年,是第一部获得普利策文学奖的美国印第安文学作品。

③ "Hubbell Medal 1999," "Paula Gunn Allen," <http://als—mla.org/HMAllen.html.>

④ John Purdy, " 'And Then, Twenty Years Later ...' ": A Conversation with Paula Gunn Allen." *Studies in American Indian Literature* 9.3 (1997): 6.

在早期的创作和研究工作中,艾伦个人生活的变迁和文学界的偏见给她带来了很多困扰。三次婚姻的动荡给艾伦的生活带来了很多烦扰。在学术研究方面,文学界、学术界和出版商起初并不认同艾伦的印第安审美视角,纷纷要求她遵守西方传统文学标准,但是艾伦并没有动摇把自己的创作根植于印第安文化传统的决心。经过刻苦努力,艾伦终于克服了这些困难,其创作和研究工作开始取得成果。

20 世纪 70 和 80 年代,艾伦先后出版了五本诗集《盲狮》(*The Blind Lion*, 1974)、《小狼的白日之旅》(*Coyote's Daylight Trip*, 1978)、《我膝间的大炮》(*A Cannon Between My Knees*,1981)、《星孩》(*Star Child*, 1982)、《影子乡间》(*Shadow Country*, 1982)。其中《影子乡间》使她在美国文学界崭露头角,获得前哥伦布基金会国家图书奖荣誉奖。1983 年,艾伦又出版了自传体小说《拥有影子的女人》(*The Woman Who Owned the Shadows*),这是美国最早的以印第安女性为中心人物的当代小说之一。

1977 年,艾伦的印第安文学研究工作也取得了重要成果。那年夏天,由现代语言协会(MLA)和美国全国人文学科捐赠基金会(NEH)主办的美国印第安文学研讨会在亚利桑那州的弗拉戈斯塔夫举行。艾伦参加了会议并主持了首次美国印第安文学课程设置研讨会。这次会议是美国印第安文学研究史上的一次重要会议。会后,美国印第安文学研究协会(Association for the Study of American Indian Literatures)成立。1983 年,会议的成果汇集成一部开创性著作,就是由艾伦编辑的《美国印第安文学研究:评论文集和课程设计》(*Studies in American Indian Literature: Critical Essays and Course Designs*)。这是第一部关于如何讲授美国印第安文学的著作,也是美国印第安文学学科的一部奠基之作。

《美国印第安文学研究:评论文集和课程设计》一书把数量庞大、种类繁杂的印第安文学进行了合理有效的分类,并对每一分类进行了简明扼要的评述。第一部分《口头文学》阐述了印第安口头文学的特点,尤其是口头文学的两种基本形式:仪式和神话;第二部分《个人叙事、自传和过渡文学》探讨了自传作为印第安文学中的过渡形式是如何衔接口头文学和书面文学的;第三部分《美国印第安女性文学》介绍了印第安女性作家撰写的自传,分析了传统和现代美国印第安文学中反复出现的带有女性特征的人物、象征和意象;第四部分《现当代美国印第安文学》收录了 1772—1959 年间美国印第安人所写书籍目录和其他几篇讨论印第安文学作品的评论性文章;第五部分《美国文学中的印第安人》研究了美国作家小说中的印第安人物;最后一部分《资源》详尽地罗列了印第安学者和非印第安学者研究美国印第安文学的研究成果。前五部分的每一部分后分别列有课程设计建议和阅读书目。这部著作收录的论文如苏珊·斯卡贝利(Susan Scarberry)的《祖母蜘蛛女神的生命线》("Grandmother Spider's Lifeline")①和帕特里夏·卡拉克·史密斯(Patrick Clark Smith)的《小狼奥提兹》("Coyote's Ortiz")也具有很高的学术价值。

现在看来,虽然出版于1983年的《美国印第安文学研究:评论文集和课程设计》一书在收录的作品目录上有所遗漏,课程设计建议和阅读书目稍显粗略,但是该著作却是美国印第安文学研究的重要里程碑,为美国印第安文学作为一门学科进入大学课堂铺平了道路,收录的评论性文章达到了当时美国印第安文学领域前所未有的深度和广度,是艾伦为美国印第安文学教学与研究做出的重要贡献。

1986年,艾伦将自己多年撰写的关于美国印第安文学的评论文章整理汇集起来,出版了她的第一部重要评论专著《圣环:重新发现美国印第安传统中的女性特征》(*The Sacred Hoop: Recovering the Feminine in American Indian Traditions*)。在这部著作中,艾伦把文学和历史结合起来,对有关历史文件和美国印第安文学进行了详尽的研究,该书成为美国印第安文学、印第安历史研究和印第安妇女研究的经典著作。

自从白人殖民者进入美洲大陆以来,印第安人的历史就被忽略了,尤其是印第安妇女的历史几乎完全消失。在印第安传统社会中,女性占有重要地位,在社会体系中拥有很大的权力。信奉男权主义的欧洲殖民者来到美洲大陆后,剥夺印第安女性的权力,强迫印第安人采用父系文化,是欧美殖民者对美洲印第安部落实施殖民化的重要一步。他们推行男权主义文化,挑战部落管理机构中女性的地位,试图清除美洲印第安女性的声音,致使女性在印第安土著社会的中心地位被削弱,甚至被抹杀。在五百年的殖民统治中,印第安女性的故事一直被遗忘。

艾伦的《圣环》力图重新发现女性在印第安文化中的重要作用。圣环是印第安文化中的重要象征,象征着宇宙万事万物融为一体,是一个女性象征。在印第安文化,尤其是普韦布洛族人的传说中,思考女神、太阳父亲、玉米母亲是最主要的三个神灵。其中"思考女神"(Thought Woman),也叫"蜘蛛女神"(Spider Woman)是最重要的,因为她是创世者。宇宙"最早始于思考

① 在印第安普韦布洛人和纳瓦霍人的神话传统中,祖母蜘蛛是世界的创造者。宇宙在她的思索中形成,万物都是由她编织而成的。

之神，思考之神的名字叫女人”[①]。她代表着“原初的力量——制造和关联的力量”[②]和“自我繁衍和再繁衍的力量”[③]。女性神灵在印第安文化中的重要意义是印第安人“确知他们的存在是有意义的，知道她是他们的中心，也知道她就是生存的圣环”。[④]妇女不仅是印第安社会的创世者，更是印第安社会的管理者。艾伦认为“美国印第安各个部落的社会制度，无论有多么不同，都是注重仪式感、建立在以灵魂为中心、以女性为中心的世界观上的”。[⑤]鉴于女性在印第安传统文化起源和制度中的中心地位，艾伦把印第安文化称为“女性文化”(gynocratic culture)。

艾伦认为重新确立女性神灵和女性在印第安传统文化中的中心地位的重要意义还在于女性文化传统可以成为印第安人继续生存的动力。艾伦研究了印第安社会中男性和女性的力量对比关系，认为在欧美殖民者的男权主义没有出现之前，印第安女性和男性生活在和谐互补的文化中，双方通过拥有不同的力量享受平等。从宗教象征意义上来看，印第安男性宗教仪式重点在于生命的短暂和变化，而女性宗教仪式重点在于生命的永恒和延续。因此，如果重新找回女性传统，印第安文化就会继续生存。

女性文化对印第安文学的意义也同样。艾伦分析了几位美国印第安文学的代表人物，如莱斯利·马蒙·西尔科(Leslie Marmon Silko)、詹姆斯·韦尔奇(James Welch)、N. 斯科特·莫马戴(N. Scott Momaday)、乔伊·哈乔(Joy Harjo)、温迪·罗斯(Wendy Rose)等人的作品，认为印第安男性文学强调殖民过程带来的变化，以及这些变化所导致的异化和对印第安人消亡的焦虑感，而印第安女性文学的主题则是延续、适应和存活。因此，“当我们把美国印第安文学研究的重点从以男性为轴心转为以女性为轴心后，神奇的事情就发生了”，叙事的“重点就会是延续而不是灭亡”，也会把去殖民化从“悲观主义变为乐观主义、从绝望变成希望”。[⑥]

《圣环》出版后，引起了轰动，也引来了很多争议。包括著名学者埃尔薇拉·普利塔诺(Elvira Pulitano)、印第安作家杰拉德·维泽诺(Gerald Vizenor)等在内的许多学者都认为艾伦只是简单地把性别本质主义倒转过

① Paula Gunn Allen, *The Sacred Hoop: Recovering the Feminine in American Indian Traditions*. Boston: Bacon Press, 1992. p. 1.

② Ibid., p. 17.

③ Ibid., p. 99.

④⑤ Ibid., p. 1.

⑥ Ibid., p. 262.

来,是另一种形式的性别本质主义。还有些学者认为艾伦研究的样本过于狭窄,资料仅来源于自己出生成长的美国西南部普韦布洛族克瑞斯人的生活,因此结论不能代表整个美国印第安人。[①]尽管存在一些争议和质疑,该著作还是取得了巨大成功,它开启了印第安文化和文学的研究风潮,被公认为"美国印第安人性别和文化研究的奠基之作"[②]。艾伦也以此书奠定了自己在美国印第安文学和印第安妇女研究中不可动摇的地位。

《圣环》出版之后,艾伦又整理出版了自己的两本诗集《命运之神》(*Wyrds*,1987)和《生活是致命的疾病:诗集》(*Life is a Fatal Disease: Collected Poems 1962—1995* ,1988),同时还整理了当代和现代美国印第安文学,编辑出版了三本印第安文学选集:《蜘蛛女神的孙女:美国印第安女性作家传统故事和现代作品》(*Spider Woman's Granddaughters: Traditional Tales and Contemporary Writing by Native American Women*,1989)、《龟之声:美国印第安文学 1990—1970》(*Voice of the Turtle: American Indian Literature, 1900—1970* ,1994)、《龟之歌:美国印第安文学 1974—1995》(*Song of the Turtle: American Indian Literature,1974—1995* , 1996)。其中选集《蜘蛛女神的孙女》填补了文学选集中没有印第安女性创作的作品或者关于印第安女性的作品这一空白,为此艾伦还获得了 1990 年美洲图书奖。艾伦的这些整理编辑工作"勾勒出了印第安文学史,展现了印第安文学经典",[③]为促进印第安文学的发展做出了杰出贡献。

1998 年,艾伦出版了美国印第安研究和女性研究的又一力作——《冲出居留地:关于冲破居留地和文学经典边界的思考》(*Off the Reservation: Reflections on Boundary-Busting, Border-Crossing Loose Canons*)。这部专著选录了艾伦之前未发表的关于传统和当代印第安文化、文学等 19 篇论文,虽然没有明确统一的主题,但是所有的文章都围绕着后哥伦比亚时代和当代印第安人如何保持自己的文化特性展开。艾伦认为,由于欧洲殖民者地到来,后殖民时代的印第安人现在是"多种血统和多种文化的混合体","21 世纪的印第安人面临的重要问题之一就是我们这个多文化民族——无论作为美洲土著还是美国印第安人——将如何在加入国际社会的同时保持

① Yvonne J. Milspaw, "Review of *The Sacred Hoop: Recovering the Feminine in American Indian Tradition.*" *Journal of American Folklore* 103. 408 (1990): 246.

② Annette Van Dyke, "A Tribute to Paula Gunn Allen (1939—2008)." *Sail* 20. 4 (2008): 69.

③ M. Charlene Ball, "The Value of the Trickster." *Lesbian Review of Books* 7. 1 (2000): 19.

我们的‘印第安性’”。[①]

《冲出居留地》第一部分《巫婆/女性哲学》(“Haggles/gynosophies”)共有10篇文章。在这一部分,艾伦继续强调她一直坚持的印第安文化中的女性气质和印第安文化中女性的重要性。艾伦认为,印第安传统文化对于地球、土地的深刻理解使得印第安社会成为“女性哲学社会”(gynosophic society),而且现在这种女性哲学也是“现代美国印第安社会的特征”,这才是印第安文化与西方文明最根本的不同之处。[②]第二部分《命运/文字体系》(“Wyrds/orthographies”)主要研究美国印第安文学。艾伦认为美国印第安文学主要有三个主题:历史、政治和美洲土著传统。当代印第安作家“正处在现代与永恒的交界处”,“拥有无限可能”。[③]除此之外,艾伦还在这一部分论述了印第安文学中口头叙事传统和当代文学评论文章之间的关系。她认为两者之间的区别并不像传统意义上的那样分明。“总体看来,评论文章——确实是‘非虚构’的写作——其实是讲述故事的另外一种方法”,只是在这些故事形式中,“概念取代了人物”。[④] 为了证明自己的观点,艾伦以讲故事的形式完成了一篇评论性文章。她的观点和实践对于一直在寻找学术研究和传统故事之间联系的美国印第安学者来说是非常关键的。艾伦在这一部分探讨的另一重要问题是学术界经常争论的文学经典问题。艾伦批评了只有被西方学术权威列入‘经典’的作品才是值得阅读的文学的观点。艾伦指出,虽然已经有越来越多的学校开始讲授边缘人群,如女性、同性恋者、非西方作家和有色人种作家的作品,但是“学术精英们只是以一种恩赐的、讥讽的态度无奈地教授这些作品”,“学术权威们顽固不化,还在为他们有限的智慧感到自豪”。[⑤]艾伦认为真正生动深刻的文学是那些敢于创新、富有魄力的边界作家们创作的。这些边界作家属于多个族群,生活在迥然不同的地区,拥有生活在多个族群的边界,拥有跨越边界的意识,所以“他们的作品可以跨越文学、文化、意识形态的边界”,“拥有多样性、更广大的审美意识和更广泛的潜力”,[⑥]而主流学者们并没有能够很好地对这种新文学进行研究。在第三部分《边界/叙事》(“La Frontera/Narrativities”),艾伦再次回到自己

① Paula Gunn Allen, *Off the Reservation: Reflections on Boundary-Busting, Border-Crossing Loose Canons*. Boston: Beacon, 1998. p. 6.

② Ibid., p. 9.

③ Ibid., p. 11.

④ Ibid., p. 10.

⑤ Ibid., p. 165.

⑥ Ibid., pp. 165—166.

的故乡印第安普韦布洛人生活的美国西南部,把个人历史、家族历史、印第安普韦布洛人的神话传说、美国历史融合起来,追溯了自己女权主义研究方法的来源。这一来源就是她的家乡普韦布洛族的克瑞斯部落对于知识的认识,以及部落文化中的女性特质。同时,虽然艾伦批判西方男权主义文化,但是她并不走极端,而是欢迎跨印第安和西方文化的交流。

《冲出居留地》出版后,在学术界引起巨大反响,当然也免不了一些争执。一些学者认为该书的某些结论过于笼统和武断,缺乏严密系统的论证,[①]但是瑕不掩瑜,《冲出居留地》一书不仅是美国印第安文化和文学研究的重要学术著作,也是女性研究和多文化研究的经典著作。

艾伦在美国印第安文学创作和研究方面的重大贡献为她赢得了众多奖项,包括美国国家艺术基金会奖(1977)、美国印第安文学奖(1990)、大众和美国文化协会颁发的苏珊·考普曼奖(1990)、维斯塔写作奖(1991)、南加州妇女理解文学奖(1992)、美国现代语言协会颁发的美国文学研究终身成就哈贝尔奖章(1999)、莱南文学写作奖(2007)等。

1999年,艾伦从加州大学洛杉矶分校退休。2008年5月29日,艾伦因病在加州布拉格堡家中去世。艾伦坚持不懈的文学创作、评论和研究为美国印第安文学研究、妇女研究和美国文学研究作出了重大贡献。正如1999年杰伊·B.哈贝尔奖委员会颁奖词中所说,"如果仅仅说葆拉·G.艾伦多才多艺,对美国文学产生了重要影响,这未免过于简单,低估了她的地位和重要性。事实上,这样评价葆拉·G.艾伦才是准确的:作为作家和诗人,她的作品建立了美国印第安文学的基础文本;作为评论家和人类学家,她的成果带动了美国印第安文学研究、加深了学术界对美国印第安文学的理解。全世界学术界都没有多少人可以担得起这份评价,更勿论美国文学界了"。[②]

主要作品(按出版年代排序)

"The Psychological Landscape of *Ceremony*." *American Indian Quarterly* 5.1 (1979): 7—12.

"A Stranger in My Own Life: Alienation in American Indian Prose and Poetry." *Newsletter of the Association for Study of American Indian Literatures* 7.2 (1980): 3—19.

Shadow Country. Los Angeles: Amer Indian Studies Center, University of California, 1982.

Studies in American Indian literature: Critical Essays and Course Designs. New York: Modern

---

① Barbara Kitt Seidman, "Review of *Off the Reservation: Reflections on Boundary-Busting, Border-Crossing Loose Canon*." *Magill Book Reviews* 2000. *Academic Search Premier*, EBSCO *host*.

② "Hubbell Medal 1999," "Paula Gunn Allen," < http://als—mla.org/HMAllen.html. >.

Language Association of America, 1983.

The Woman Who Owned the Shadows. San Francisco: Aunt Lute Books, 1983.

"Who Is Your Mother? Red Roots of White Feminism."*Sinister Wisdom* 8.4 (1984): 34—46.

[Ed.]*Spider Woman's Granddaughters: Traditional Tales and Contemporary Writing by Native American Women*. Boston: Beacon Press, 1989.

Grandmothers of the Light: A Medicine Women's Sourcebook. Boston: Bacon Press, 1991.

The Sacred Hoop: Recovering the Feminine in American Indian Traditions. Boston: Bacon Press, 1992.

"Storysherd."*Studies in American Indian Literatures* 4. 4 (1992): 3—14.

[Ed.]*Voice of the Turtle: American Indian literature, 1900—1970*. New York: Ballentine Books, 1994.

[Ed.]*Song of the Tturtle: American Indian literature, 1974—1994*. New York: Ballentine Books, 1996.

Off the Reservation: Reflections on Boundary-Busting, Border-Crossing Loose Canons. Boston: Beacon Press, 1998.

参考文献

Allen, Paula Gunn. "The Autobiography of a Confluence." *I Tell You Now: Autobiographical Essays by Native American Writers*. Eds. Brian Swann and Arnold Krupat. Lincoln: University of Nebraska Press, 1987. 141—154.

Ball, M. Charlene. "The Value of the Trickster." *Lesbian Review of Books* 7.1 (2000): 19—20.

Bruchac, Joseph. "I Climb the Mesas in My Dreams." *Survival This Way: Interviews with American Indian Studies Poets*. Tucson: University of Arizona Press, 1987. 1—21.

Castro, Michael. *Interpreting the Indian*. Albuquerque: University of New Mexico Press, 1983. 33—36.

Coltelli, Laura. Interview. "Paula Gunn Allen." *Winged Words: American Indian Writers Speak*. Lincoln: University of Nebraska Press, 1990. 11—39.

Draper, James p. "Paula Gunn Allen," in *Contemporary Literary Criticism*. vol. 84. Detroit: Gale Research, 1995. 1—47.

"Hubbell Medal 1999," "Paula Gunn Allen."<http://als—mla. org/HMAllen. html.>

Jenkins, Linda Walsh. "A Gynocratic Feminist Perspective and the Case of Kopit's Indians," in *Theatre and Feminist Aesthetics*. Eds. Karen Laughlin and Catherine Schulaer. Madison: Fairleigh Dickinson University Press, 1995. 82—99.

Milspaw, Yvonne J. "Review of *The Sacred Hoop*: Recovering the Feminine in American Indian T—47raditions." *Journal of American Folklore* 103.408 (1990): 245—247.

Purdy, John. "'And Then, Twenty Years Later ...': A Conversation with Paula Gunn Allen." *Studies in American Indian Literature* 9.3 (1997): 5—16.

Reuman, Ann E. "Paula Gunn Allen," *Dictionary of Library Biography*. vol. 175: *Native American Writers of the United States*. Ed. Kenneth Roemer. Washington, D.C.: Gale, 1997. 11—20.

Seidman, Kitt. Barbara. "Review of *Off the Reservation: Reflections on Boundary-Busting, Border-Crossing Loose Canons.*" *Magill Book Reviews* 2000. Academic Search Premier, EBSCO host. <http://www.ncslibrary.org/uslibrary_tutorials/EBSCO/Framed_Magill.htm>

Teuton, B. Christopher. "American Indian Women: Nurturing American Indian Cultural and Political Continuance." *NWSA Journal* 15.2 (2003): 123—134.

Van Dyke, Annette. "A Tribute to Paula Gunn Allen (1939—2008)." *Sail* 20.4 (2008): 68—75.

——. "Paula Gunn Allen." *Notable Native Americans*. Ed. Sharon Malinowski. Detroit: Gale Research, 1995. 6—9.

伊丽莎白·埃蒙斯(Elizabeth Ammons)
(1948—)

美国女性主义评论史的核心问题之一便是“女性文学”的性质。早在19世纪中期,女性创作便蔚为成观,使得霍桑(Nathaniel Hawthorne)失态抱怨“美国如今完全沉迷于一伙该死的乱写乱画的妇女”。20世纪初的评论家弗雷德·路易斯·帕蒂(Fred Lewis Pattee)用“女性化的50年代”形容当时女性创作的盛况。帕蒂开创了从作者的性别入手、将作品视为其生理结构和生活经历之延伸的文学批评方法,将女性作品定义为情感泛滥型的“次类别”。[①] 但“女性文学”作为一个学理概念出现于20世纪70年代美国女权运动对男性文学传统的批判和对抗。这个新的艺术分类发挥了政治功能,致力于构建迥异于男性征服逻辑的“女性美学”,却也带来了值得深入探究的问题,如以性别为基础的女性文学定义是否犯了本质主义的错误,女性美学的性属政治与其他政治诉求之间的关系等。这些讨论是评论家伊丽莎白·埃蒙斯的主要学术研究内容。

埃蒙斯的学术生涯开始于“妇女解放运动”兴起之时。她在辛辛那提大学完成本科和研究生学习,于1966年获文学硕士学位。毕业后,她分别在华盛顿大学、康奈尔大学和纽约州立大学担任了一年的讲师。1970年她赴伊利诺伊大学攻读博士学位,四年后获哲学博士学位,自此踏入学术界。1976年她在塔夫茨大学谋得教职并从教至今,自1996年起开始担任塔夫茨大学哈里特·费伊文学讲席教授。三十多年来,她的研究紧密呼应女权主义思想的发展,也随之经历了立场和视角的变化。伊莱恩·肖沃尔特(Elaine Showalter)指出,所有的亚文化创作都经过了模仿、反抗和自我发现这三个阶段。[②] 女权主义批评作为男权文化中的亚话语亦是如此。在埃蒙斯进入学术圈之时的70年代,女性主义话语开始宣扬女性特有的生理特征,信奉性别分离主义。而成熟后的女性主义批评走出自恋的偏执,把欣赏自我镜像

---

① 金莉:《文学女性与女性文学:19世纪美国女性小说家及作品》,北京:外语教学与研究出版社,2004年,第2—8页。

② Elaine Showalter, *A Literature of Their Own: British Women Novelists from Brontë to Lessing*. Beijing: Foreign Language Teaching and Research Press, 2004. p. 13.

的目光重新投向历史和外界,在建构女性传统和谱系之外积极联合其他亚文化,为女性批评加入了种族、阶级、帝国等维度。最近女性主义又与生态批评合流,致力于维护弱势群体的环境正义和整个人类的环境福祉。埃蒙斯的学术立场也可相应分为女权主义、文化批评和环境保护三个阶段。

20世纪60、70年代美国爆发的政治运动(民权运动、妇女解放运动、同性恋"造反")引发了评论界一个引人瞩目的转向,即从强调纯文本分析的新批评转向政治批判。坚持多元思想的评论家指责说,传统评论话语建构的人类主体性是抽象而统一的美学概念,这种"人性"意识是政治权力创造的神话。欧洲白人男性成为抽象人性的代表占据了经典的舞台,其文化帝国主义色彩压制了弱势群体的声音和多元文化的政治诉求。女权主义评论家在这种批判中发挥了先锋作用。美国的女权主义者自1848年在纽约州北部的塞涅克·福尔斯村召开美国历史上第一次妇女代表大会并通过了吁求妇女解放的《情感宣言》(*Declaration of Sentiments*)之后,直到20世纪70年代才真正在理论层面思考和总结女性体验。女性主义批评以女性的生存状态为讨论对象和最终旨归,力图从性别角度对男性传统诗学范式进行修正。初入学术界的埃蒙斯顺应时代潮流,采取了激进的女权主义立场,其评论致力于揭露文学作品中潜藏的男权思想,宣扬构建脱离了男权文化架构的女性美学。

埃蒙斯揭露女性作家作品中男权思想的文章主要以1976年发表的分析伊迪斯·沃顿(Edith Wharton)的《童话爱情和〈礁石〉》("Fairy-Tale Love and *The Reef*")为代表。女权主义的反抗意识发展到一定程度后,对女性独立极为看重,甚而转向女性身体,建构了一套自闭的生存话语。于是性成为女性主义批评的中心问题,[①]男权体制中的爱情和婚姻也受到严厉批判。《童话爱情和〈礁石〉》便揭示了《礁石》中的女性对于爱情和婚姻的幻想,以及整个幻想的虚妄和压迫性。小说中的安娜和索菲分别代表了传统女性和反叛女性在男权社会中的处境:安娜不得不压制自己的激情,索菲不得不在经济上依赖男性。安娜是"贵妇般压制的典范",曾把前任丈夫当做白马王子、拯救者和英雄,一直对婚姻充满向往。她是小说中的"睡美人"原型,等待唤醒自己的王子。她的追求者乔治从表面看对应着童话王子形象:他年轻、文雅、谙于处世之道,还是外交官。沃顿在未发表的书稿中曾将安娜和

① Reginald Dyck, "The Feminist Critique of Willa Cather's Fiction: A Review Essay." *Women's Studies* 22 (1993): 265.

乔治共处的地方命名为“睡美人舍”，很能说明这个问题。[1]乔治的吻点燃了安娜的想象力，唤醒了她的情欲。但无情的事实是，这个“王子”是个伪君子，与安娜继子的爱人索菲曾有一段情爱。他的名字(Darrow)暗示了“双重标准”：男性在性爱问题上的为所欲为是对“整个女性群体的欺骗和蔑视”[2]。但安娜害怕失去自己的童话幻想，再次成为唯唯诺诺、一心取悦男性的女性。小说的结构和气氛描写与安娜的童话幻想相辅相成：安娜陷于无爱婚姻之时，背景是阴郁肮脏的城市；安娜营造与乔治的童话世界时，背景梦幻美好；到了安娜幻想破灭时，周围景色再次变得阴暗压抑。埃蒙斯认为，小说的结尾并没有讽刺安娜本人，而批判了许多女性被教导去相信的童话幻想，即压迫她们、鼓励她们相信爱情和婚姻会拯救她们的文化观点。而索菲在小说中是安娜的对立面，务实、“现代”，不得不为了经济保障而订婚，但最后为了自由和幸福取消了婚约。在小说中，她和安娜既对立又一致，代表着同一个“女性”身份——童话中等待王子英雄拯救的女性。安娜是睡美人，索菲则是灰姑娘。女性总是为了某一方面的满足而失去了最宝贵的自由。作为男性代表的乔治有“男性的占有本能”，他扮演着皮革马利翁的角色，按照自身意愿塑造女性。在他眼里，女性只有贵妇和妓女两类，每一类都必须屈从于他的欲望或教导之下。埃蒙斯总结道，文化中持久存在的女性拯救的神话，在现实中拥护男性统治、占有和特权。这个现实便是沃顿小说中女性的“礁石”。

在揭示男权文化对女性的压迫和塑造之外，埃蒙斯参与建构女性美学，将女性特质构建成有别于男权的等级压迫和个人中心的异质美学。这种立场拥护并强化了“性别分离主义”。早在19世纪末，性别分离主义便在美国盛行。当时男女各有其“合适的领域”，男性占据公共的、政治的、文化的空间，而女性占据着私人的、家庭的、自然的空间。20世纪70、80年代的女权运动重复了这一思想。埃蒙斯在《朱厄特的〈白苍鹭〉中的暴力形式》(“The Shape of Violence in Jewett's ‘A White Heron’”，1980)一文中的分析是典型的例子。故事中的乡村小女孩和下乡打猎的城市男子是两种美学的代表。埃蒙斯认为，朱厄特用童话式的文体表现了城镇/农村、科学/感性、文明/自然、男性/女性价值的对抗，展示了女性美学的优越。在《回旋环行：朱厄特〈尖尖的枞树之乡〉的女性地理》(“Going in Circles: The Female

① Elizabeth Ammons, “Fairy-Tale Love and *The Reef*.” *American Literature* 47.4 (1976): 617.

② Ibid., 620.

Geography of Jewetts's *The Country of the Pointed Firs*",1983)中埃蒙斯还讨论了女性美学独特的回环型的叙事特色。性别分离主义还体现在《〈汤姆叔叔的小屋〉中的女性角色》("Heroines in *Uncle Toms' Cabin*",1977)一文中。小说有意识地利用了当时女性作为"屋子里的天使"的身份,将男权体系中被压制的女性特质转化成为积极理念,将女性塑造成男性的道德模范和启发者。小说中的男性大多是奴隶贸易者和厌女主义者,家庭女性则是真正完美的人:她们展现出的女性特质与信仰、希望、慈善、仁慈、自我牺牲等基督美德紧密相连,身体和思想纯洁无瑕,充满爱意,顺从信奉上帝律令的世俗权威,将家庭视为神圣和不可侵犯的机构。小说通过弘扬女性美学参与了社会政治,表达了远离奴隶制的完美社会理想。换言之,"女性哺育"为一个新的民主时代打下了基调。这种女性美学理想在小说对角色的性别错置处理中得到了明显体现。小说有两个性别错置:一是将小女孩伊娃处理成耶稣形象,二是将黑人汤姆处理成女性形象。圣化的女孩伊娃、女性化的黑人、世俗的母亲,这三类角色彼此相异,也互相补充,叠加成为女性耶稣的角色。埃蒙斯指出,斯托夫人将小说主要角色刻画为维多利亚典型女性、并将汤姆叔叔女性化是精明的政治策略。这样做利用了当时流行的女性美德崇拜,避免了中产阶级白人读者依照黑人定势形象而对小说产生反感,以一种非暴力抵抗的方式弘扬了女性美学。①

女性美学的合法性在80年代遭受了质疑,引发了评论界对其是否属于本质主义的反思。少数族裔评论家指责学术界的"女性主义"只反映了白人中产阶级女性的立场,忽视了其他阶级和种族女性的声音。埃蒙斯参与了这场讨论,对美国女性创作的考察也从单个女作家扩展到整个女性文学传统,致力于考察其构成的复杂性。美国文学传统以前都从男性作家作品为中心和出发点进行建构,导致整个文学史按照男性作品的特点被化成不同的流派和分期。在这个文学史中,女性作家永远是不符合标准、没有合适位置的外人。埃蒙斯认为,评论家应该换一个视角,从女性作家作品为出发点重新审视文学史。这首先能够重新理解女性作家作品,意识到那些作品的复杂的历史语境;其次能够在一些作家之间建立新联系,如伊迪斯·沃顿和杰西·福赛特。通过女性作品间的呼应、对照和改写,可以更好地理解作品对婚姻的批判、爱情和男性拯救的童话色彩、母女关系中的冲突和隔膜、女

---

① Elizabeth Ammons, "Heroines in *Uncle Toms' Cabin*." *American Literature* 49.2 (1977): 172—173.

性感受到的阶级和性属冲突、女性间的竞争与分化等主题。[①] 这些对女性传统的深入思考体现在埃蒙斯学术生涯的巅峰之作《矛盾的故事：二十世纪之交的美国女性作家》(*Conflicting Stories: American Women Writers at the Turn into the Twentieth Century*,1991)一书中。

《矛盾的故事》摆脱了女性美学构建初期的理想化,更加关注不同女作家创作的历史、社会和个人背景的差异,初步体现了文化批评的趋势。全书以11章的篇幅分析了弗朗西斯·艾伦·哈珀(Frances Ellen Harper)、夏洛特·帕金斯·吉尔曼(Charlotte Perkins Gilman)、萨拉·奥恩·朱厄特(Sarah Orne Jewett)、艾里斯·邓巴-尼尔森(Alice Dunbar-Nelson)、凯特·肖班(Kate Chopin)、葆琳·霍普金斯(Pauline Hopkins)、格特鲁德·斯泰因(Gertrude Stein)、玛丽·奥斯丁(Mary Austin)、水仙花(Sui Sin Far)、薇拉·凯瑟(Willa Cather)、哀悼鸠(Humishuma)、杰西·福赛特(Jessie Fauset)、沃顿(Edith Wharton)、安吉亚·叶莎思嘉(Anzia Yezierska)、艾伦·格拉斯哥(Ellen Glasgow)、伊迪斯·萨默斯·凯利(Edith Summers Kelly)、奈拉·拉森(Nella Larsen)等19、20世纪之交女作家群创作的叙事特色、情节设置,以及沉默、自由、艺术、仇恨、僭越等主题。这些作家年龄、种族、阶级、宗教、区域各不一样,教育、钱财、特权和机会也不均等,但是她们被相同的性属、历史背景和自我定义联系在一起,体现出相同的创作特征。女性创作与"政治气候"紧密相连,政治气候决定着大众的文化期待,决定着多少女性能够成为在出版市场里占有一席之地、哪些女性能够成为"伟大"作家、她们能够涉及哪些话题。[②] 这政治气候的表现之一便是"学术界"的出现。当时文学评论开始职业化,并为中上层阶级的白人男性所占据。如1909年现代语言协会主席在大会上呼吁建立"男性文化的理想",对女性创作表现出明显排斥。而那些世纪之交的女作家们具有浮现的、共享的、反叛的自信,与被"真正女性"(True Womanhood)所约束的19世纪前辈大不一样,最重要的差别就是对"艺术家"身份的追求。之前的女性作家不过将写作视为贴补家用的营生,从未将自身创作提高到艺术的高度。而"新女性"作家们则勇敢地闯入以往由男性作家占据的艺术殿堂,追求艺术的荣光。这一差别决定了她们作品共同具有两个主题:一、勇于尝试激进的叙事

---

① Elizabeth Ammons, "New Literary History: Edith Wharton and Jessie Redmon Fauset." *College Literature* 14.3 (1987): 211—212.

② Elizabeth Ammons, *Conflicting Stories: American Women Writers at the Turn into the Twentieth Century*. New York: Oxford University Press, 1991. p. vii.

形式实验;二、尽管彼此相互矛盾,这些作品最终都落脚到其时女作家共同关心的权力话题上,即对机制化暴力的揭示、对女性的性剥削和女性失语之间的关系探讨、对女性艺术家身份的迷恋、对重新回归母亲世界的渴求、对种族主义的侵蚀(尤其是白人女性对有色人种女性的欺凌)的反抗、对付多层次歧视的难度等。[①]因此,埃蒙斯对建构女性美学是否重复了男性中心主义知识建构的本质化、排他性、绝对化做出了回答:在女性仍被边缘化的历史条件下,过度淡化两性差异的危险性更甚于性别分离主义,客观上犯了与权力同谋、固化女性沉默的错误。女性创作"在主流文化的私人场所——常常是遭贬抑和忽视的场所——进行书写,她们作品体现的价值观,更重要的是它们所采取的形式,比经典作品需要更深入的语境知识(才能理解)"。[②]女性与语言的关系不同于男性:男性用"笔"创造的书写文本反映观察分析的知识,注重权威性和唯一性;而女性的口头文本或仪式文本反映身体感受的知识,是需要互动和参与的言说方式。[③]

埃蒙斯指出,以往文学研究最大的问题是没有有色人种女性,其次是分期僵化,无法涵盖女性作家之间的传承关系。[④] 虽然有建构统一的女性美学的必要,但必须充分考虑不同群体女性的差异性。在世纪之交的女性群体中,有两个团体引人注目:一是中产阶级白人女性,另一个是黑人女性。那些生活宽裕的中产阶级女性通过女性俱乐部、反私刑运动、选举权运动等不仅提高了自我教育,还积极介入了公共生活,获取公共权力。随着社会从强调私人关系网的农业经济转向非个人化的城市经济,中产阶级女性也发生了变化。她们拒绝传统的女性角色,走出家门参与公共事务,将自己视为职业女性,晚婚、不婚或婚后少生或不生孩子。黑人女性和她们的白人姐妹非常类似,在职业、教育等方面取得了骄人成就。不同的是,她们不是极力反叛维多利亚社会性别规范的家庭主妇,而是奴隶的女儿或孙女。种族制度下的美国没有将女奴当成纯洁的道德天使,而是生产和孵化的动物。所以,黑人新女性并不反对将女性圣洁化的性别规范,反而对之极力拥护,以待洗刷被强加于自身的道德污名。对于黑人女性道德纯洁性的强调,是白人中产阶级女性和黑人女性群体最大的区别。这一区别造成了她们艺术立场的

---

① Elizabeth Ammons, *Conflicting Stories*. pp. 4—5.

② Marilyn L. Williamson, "Toward A Feminist History." *Signs* 10.1 (1984): 136—147.

③ Elsa Nettels, *Language and Gender in American Fiction: Howells, James, Wharton and Cather*. Houndmills: Macmillan, 1997, pp. 5—26, 124—142.

④ Elizabeth Ammons, *Conflicting Stories*, p. 15.

不同。白人女性作家面临的矛盾是，对男性艺术传统的认同便是对女性身份的弃离。在遵循男性艺术模式时，她们也成为了彼此的威胁。而对于黑人女性作家来说，情况更加复杂。所有的编辑和评论者都是白人，绝大部分买书阅读的人群也是白人。黑人女作家必须首先考虑如何既取悦这一权力集团，同时也植根于黑人群体，表达自身作为个体女性的艺术视野。这也是少数族裔女作家共同面对的创作处境。

《矛盾的故事》发表之后，埃蒙斯愈加关注社会历史背景对作家创作的影响，评论方式发生了从女权主义到文化批评的显著变化。19、20世纪之交正逢美国进步主义时代（Progressive Era），当时的女性创作势必带有进步主义话语的影响。进步主义结合了共和主义、社会主义和自由主义的主张，反对放任，强调适当的监管，致力于“在国内和国外两个层面追求改进”。① 这套话语与当时美国的多元文化和帝国构建进程息息相关，以“美国例外论”为基础，对移民、种族和帝国等问题多有论及。此语境下的女性文学想象也带有种族和帝国色彩。埃蒙斯在论文《凯瑟和新经典：〈旧美〉与帝国问题》（“Cather and the New Canon：‘The Old Beauty’ and the Issue of Empire”，1996）中指出，多元文化“不仅意味着差异，也还意味着矛盾和权力争斗，以及对压迫层级的认识”②。美国文化不是存在于真空或想象的完美之中，而是社会和政治所决定的权力关系中。埃蒙斯通过对凯瑟、沃顿和福赛特三位作家的分析揭示了美国女性文学想象与权力话语的合谋。

埃蒙斯认为，凯瑟是反多元文化主义者。移民和多元文化对凯瑟来说，是造成美国分崩离析的根源。她在1922年声称“世界分为两半”，引起了评论界的广泛猜测。埃蒙斯认为，这反映了凯瑟渴望回到之前的白人父权霸权和西方主导地位的心态。这种心态与当时的反欧洲中心主义的多元文化思潮格格不入，凯瑟在多元文化新经典中的位置也因此十分尴尬。故事《旧爱》中对“未曾改变”的地方和时间的怀旧就表现了对欧洲全球帝国霸权的怀念。故事采用了殖民经历作为叙事的大框架，主角加布丽埃尔也象征帝国：她来自法国殖民地马提尼克，她的父亲是英国殖民地巴巴多斯的殖民者。《〈我的安东妮亚〉和黑人艺术》（“*My Antonia* and African American Art”，1999）一文则揭示了凯瑟的种族主义态度。《我的安东妮亚》对黑人钢

---

① Alan Dawley, *Changing the World: American Progressives in War and Revolution*, Princeton: Princeton Univeristy Press, 2003. p. 2.

② Elizabeth Ammons, “Cather and the New Canon: ‘The Old Beauty’ and the Issue of Empire.” *Cather Studies* 3 (1996): 257.

琴师参孙有一段典型描写：

> 那是一种亲切柔和的黑人的嗓音，就像我记得在很小的时候听到过的那种嗓音，带着驯良奉承的腔调。他的脑袋也长得像黑人，简直没有后脑勺，耳朵后面除了剪短的羊毛似的卷发下面起褶的颈子外，什么也没有。如果他的面孔不是那么和蔼愉快的话，那就会使人感到讨厌。

这段描写呼应了当时的黑人刻板印象——温顺、弱智、劣等，体现了凯瑟对种族话语的内化。

在埃蒙斯的分析框架下，沃顿的创作也体现了种族主义立场。与平民主义的凯瑟相比，属于上层阶级的沃顿曾号称自己是“狂热的帝国主义者”。但她的作品从表面上看只描写贵族生活的爱恨情仇，与种族问题毫无关涉。埃蒙斯在《受威胁的白色神话和〈伊坦·弗洛美〉》(“The Myth of Imperiled Whiteness and *Ethan Frome*”,2008)中深入挖掘了潜藏的种族因素。小说《伊坦·弗洛美》采取了白人本土主义者的立场，对有色人种移民美国表达了强烈焦虑，强化了20世纪初十年在美国、尤其是新英格兰地区流行的“受威胁的白色”神话。针对种族融合的趋势，沃顿通过语言和文学的理论表达了一种极其保守、本质主义的美国公民范式，以“纯粹的英语”、压制“小说中纯粹的混乱”。[①] 小说背景是冬天雪地的小村庄，刻画了一个三角感情悲剧。伊坦·弗洛美与妻子西纳毫无感情，与寄居在他家的马蒂产生了感情。两人相约私奔，却因车祸重伤。最后三人一起被困于每况愈下的村庄农场中。埃蒙斯指出，从相貌和性格描写可知，男主人公伊坦是白人清教徒。他生活在充斥着“外国人”的环境里，他妻子西纳就是异族代表。她的脸色是亚洲人的“蜡黄”，名字是东欧的(Zenobia)，在小说中总是与病痛和死亡联系。这些因素在一战爆发前的政治气氛中具有诸多能够引发疑虑的含义，指代着无法归化的移民。她成了伊坦和“白色的”马蒂(马蒂的姓氏是“银色”Silver)之间的障碍，造成了当时美国社会普遍担忧的“种族自杀”。从1880年代到1915年，有超过两千万的移民在美国定居成家，进一步加强了美国本土主义情绪。1911年阿尔伯特·布希奈尔·哈特(Albert Bushnell Hart)在《芒西杂志》(*Munsey's Magazine*)上发表《清教种族要灭绝了吗?》(“Is the Puritan Race Dying Out?”)的论文，1916年麦迪逊·格兰特(Madison Grant)发表了《伟大民族的逝去》(“The Passing of the Great Race”)的论文。

---

① Elizabeth Ammons, “The Myth of Imperiled Whiteness and *Ethan Frome*.” *New England Quarterly* 81 (2008): 8.

这些论述声称，外来移民导致了新英格兰人生育率下降。[①]小说《伊坦·弗洛美》就表现了这种优生学的"堕落"，用趋向破败、分崩离析的农场和房子象征美国本土，体现了20世纪初期强烈的反移民焦虑。

问题复杂性在于，接受种族主义话语的在白人群体外还有黑人群体。移民浪潮在心理上给白人本土主义者造成焦虑，给黑人带来的却是工作机会的威胁。同为弱势群体的移民和黑人由于生存压力而心生芥蒂。埃蒙斯在论文《杰西·福赛特的〈眠者觉醒〉和黑人对移民的焦虑》("Jessie Fauset's *The Sleep Wakes* and Black Anxiety about Immigrants"，2008)中详细探讨了这个历史语境对黑人女性创作的影响。1920年福赛特在《危机》(*The Crisis*)杂志上发表《眠者觉醒》时，以布克·T. 华盛顿(Booker T. Washington)为首的一派与白人本土主义者联盟，将移民视为黑人劳工的威胁，甚至将新移民们称为"外国罪犯"。一些黑人创办的杂志和报刊也采取了反移民的态度，将移民描绘成各种刻板印象，"中国人是崇拜偶像的大烟鬼，日本人背信弃义，墨西哥人懒惰，意大利人则是乱扔炸弹的无政府主义者"，认为"黑黝黝的意大利人、冷漠愚笨的斯拉夫人、不干不净的犹太人、希腊人、土耳其人和亚述人是传统、习俗和文明方面与我们迥然不同的民族，很难有希望认同或服从我们的国家体制或理想"。[②] 而杜波伊斯(W. E. B. Du Bois)认为黑人与移民之间建立政治联盟才是最好的选择。他1910年发表的名文《白人的灵魂》("The Souls of White Folks")中将反黑人与反移民归为同一类的种族主义。杜波伊斯领导的《危机》杂志表达了同一立场，致力于对抗各种形式的种族主义。担任杂志文学编辑的福赛特在《眠者觉醒》中也认为反黑人与反移民的种族主义具有体系的互联性。在小说中，浅肤色的女主人公艾米在告诉丈夫自己有黑人血统后，立刻被剥夺了妻子身份，被骂成是妓女。这一角色变化揭示了种族主义经济体系下女性的经济角色：白人女性是彰显丈夫经济地位的符号，而黑人女性则是性工作者。婚姻被视为女性合法的卖淫，而华盛顿鼓吹的黑人应该依靠白人体系获得经济来源也被视为经济卖淫。艾米对这一本质的认识便是"眠者的觉醒"。她的觉醒还在于认识到美国的种族主义与西方帝国主义是相连的，对黑人的压迫应该放在整个国际的框架之中加以理解。

---

① Elizabeth Ammons, "The Myth of Imperiled Whiteness and *Ethan Frome*." *New England Quarterly* 81 (2008): 13—14, 28.

② Elizabeth Ammons, "Jessie Fauset's *The Sleep Wakes* and Black Anxiety about Immigrants." *African American Review* (2008): 467.

近来,埃蒙斯的学术兴趣转向了生态批评。目前,整个人类社会都意识到环境问题的严重性,力图重建与自然的关系。1963 年,蕾切尔·卡森(Rachael Carson)发表里程碑作品《寂静的春天》(*The Silent Spring*),标志着现代生态时代的开始,带动了大众尤其是女性环境意识的提高。[①] 学术界在 80 年代开始在生态理论和女性理论之间建立联系,倡导对已有生态理论进行女性主义批判,更好地贯彻环境正义运动的宗旨。生态女权主义致力于建立尊重自然、男女平等的"新道德价值和社会结构"。这些价值和结构弘扬多元化和差异性,强调所有生命的"自在"价值,以"关怀、爱、友谊和相互依存"为核心要素。实现这一目标依赖于摈弃霸权式的文化思维,考虑不同政治团体的关切,实现生存空间的合理分配。这一立场在文学评论中得到了体现,很多经典作品得到了再阐释。埃蒙斯在 2007 年的"文学与环境研究协会"(Association for the Study of Literature and the Environment)的年会上做了《西蒙·奥狄斯的环境正义小说》("Simon Ortiz's Environmental Justice Fiction")的发言。从 2009 年开始,她频繁地在大学讲坛、学术年会、工作坊等各种场合发表有关环境正义的论述。其新专著《勇敢的新言:文学如何拯救地球》(*Brave New Words: How Literature Will Save the Planet*, 2010)则采用了一个独特的角度,梳理了美国文学传统中的实践主义,呼吁 21 世纪人文科学实践主义的复兴,切实改变人类环境。她以批评后结构主义开始,明确反对其没有道德底线的解构立场,因为这导致人类能力运用的不可能。埃蒙斯重视实践,力图从美国文学之中解读出文学想象对实际社会的改造实践。她以从废奴运动到文化多元主义、再到环境主义的运动潮为主线,分析了斯托夫人(Harriet Beecher Stowe)、大卫·沃克(David Walker)、威廉·阿普斯(William Apess)、莱斯利·西蒙·西尔科(Leslie Simon Silko)等人的作品,探讨了他们的作品对当时社会政治和历史的影响。这一切有力地展示了文学的实际意义。

概括说来,埃蒙斯学术生涯的三个阶段虽然相对独立,各有侧重,却相辅相成。三个阶段共同的特点是具有强烈的现实关怀,以鲜明的反霸权姿态积极参与到对当时社会主流理念的批判之中,为弱势群体争取权利和扩大他们的生存空间。从女权阶段到文化阶段,再到生态阶段,埃蒙斯不断前行,反思自身固有立场可能具有的本质主义倾向,最终表现出对所有群体和所有个体的政治关怀。

---

① Michael B. Smith, "'Silence, Miss Carson!' Science, Gender, and the Reception of *Silent Spring*." *Feminist Studies* 3 (2001): 743.

主要作品(按出版年代排序)

"The Business of Marriage in Edith Wharton's *The Custom of the Country*." *Criticism* 16 (1974): 326—338.

"Fairy-Tale Love and *The Reef*." *American Literature* 47.4 (1976): 615—628.

"Heroines in *Uncle Tom's Cabin*." *American Literature* 49.2 (1977): 161—179.

"Edith Wharton's *Ethan Frome* and the Question of Meaning." *Studies in American Fiction* 7 (1979): 127—140.

Edith Wharton's Argument with America. Athens: Univesity of Georgia Press, 1980.

[Ed.]*Critical Essays on Harriet Beecher Stowe*. Boston: G. K. Hall, 1980.

"Cool Diana and the Blood-Red Muse: Edith Wharton on Innocence and Art." *American Novelists Revisited: Essays in Feminist Criticism*. Ed. Fritz Fleischmann. Boston: G. K. Hall, 1982. 209—224. (Rpt. in *Norton Critical Edition of The Age of Innocence*. Ed. Candace Waid. New York: Norton, 2003.)

"Going in Circles: The Female Geography of Jewetts's *The Country of the Pointed Firs*." *Studies in the Literary Imagination* 16 (1983): 83—92.

"Infanticide and Other Ways of Mothering in Anne Redmon's *Music and Silence*." *Texas Studies in Language and Literature* 25 (1983): 343—363.

"Jewett's Witches." *Critical Essays on Sarah Orne Jewett*. Ed. Gwen L. Nagel. Boston: G. K. Hall, 1984. 165—184.

"The Engineer as Culture Hero and Willa Cather's First Novel, *Alexander's Bridge*." *American Quarterly* 38 (1986): 746—760.

"Stowe's Dream of the Mother-Savior: *Uncle Tom's Cabin* and American Women Writers before 1920." *New Essays on Uncle Tom's Cabin*. Ed. Eric J. Sundquist. Cambridge: Cambridge University Press, 1986. 155—195.

"The Shape of Violence in Jewett's 'A White Heron'." *Colby Library Quarterly* 22 (1986): 6—16.

"New Literary History: Edith Wharton and Jessie Redmon Fauset." *College Literature* 14.3 (1987): 207—218.

"Gender and Fiction." *The Columbia History of the American Novel*. Ed. Emory Elliott. New York: Columbia UP, 1991. 267—284.

"The New Woman as Cultural Symbol and Social Reality: Six Women Writers' Perspectives," in *The Cultural Moment: 1915*. Eds. Lois Palken Rudnick and Adele Heller. New Brunswick: Rutgers University Press, 1991. 82—97.

"Men of Color, Women, and Uppidity Art at the Turn of the Century." *American Literary Realism* 23 (1991): 14—24.

Conflicting Stories: American Women Writers at the Turn into the 20th Century. New York: Oxford University Press, 1991.

[Ed.]*Short Fiction by Black Women, 1900—1920*. New York: Oxford University Press, 1991.

"Material Culture, Empire, and Jewett's *Country of the Pointed Firs*." *New Essays on The Country of the Pointed Firs*. Ed. June Howard. Cambridge: Cambridge University Press, 1994. 81—100.

[Ed.](with Annette White-Parks) *Tricksterism in Turn-of-the-Century American Literature: A Multicultural Perspective*. Hanover, NH: University Press of New England, 1994.

"Edith Wharton and the Issue of Race." *Companion to Edith Wharton*. Ed. Millicent Bell. Cambridge: Cambridge University Press, 1995. 68—86.

"Expanding the Canon of American Realism." *Cambridge Companion to American Realism and Naturalism*. Ed. Donald Pizer. Cambridge: Cambridge University Press, 1995. 95—114.

"Cather and the New Canon: 'The Old Beauty' and the Issue of Empire." *Cather Studies* 3. Ed. Susan Rosowski. Lincoln: University of Nebraska Press, 1996. 256—266.

[Ed.] (with Valerie Rohy) *American Local Color Writing, 1880—1920*. New York: Viking, 1998.

"*My Antonia* and African American Art." *New Essays on Willa Cather*. Ed. Sharon O'Brien. Cambridge: Cambridge University Press, 1999. 57—84.

"*Uncle Tom's Cabin*, Empire, and Africa." *Approaches to Teaching Uncle Tom's Cabin*. Eds. Elizabeth Ammons and Susan Belasco. New York: MLA Publications, 2000. 68—76.

"Freeing the Slaves and Banishing the Blacks: Racism, Empire, and Africa in *Uncle Tom's Cabin*." *Harriet Beecher Stowe's Uncle Tom's Cabin: A Casebook*. Ed. Elizabeth Ammons. New York: Oxford University Press, 2007. 227—246.

"The Myth of Imperiled Whiteness and *Ethan Frome*." *New England Quarterly* 81 (2008): 5—33.

"Jessie Fauset's *The Sleep Wakes* and Black Anxiety about Immigrants." *African American Review* (2008): 461—476.

Brave New Words: How Literature Will Save the Planet. Iowa City: University of Iowa Press, 2010.

参考文献

Dawley, Alan. *Changing the World: American Progressives in War and Revolution*. Princeton: Princeton University Press, 2003.

Dyck, Reginald. "The Feminist Critique of Willa Cather's Fiction: A Review Essay." *Women's Studies* 22 (1993): 263—279.

Nettels, Elsa. *Language and Gender in American Fiction: Howells, James, Wharton and Cather*. Houndmills: Macmillan, 1997.

Showalter, Elaine. *A Literature of Their Own: British Women Novelists from Brontë to Lessing*. Beijing: Foreign Language Teaching and Research Press, 2004.

Smith, Michael B. "'Silence, Miss Carson!' Science, Gender, and the Reception of *Silent Spring*." *Feminist Studies* 3 (2001): 733—752.

Williamson, Marilyn L. "Toward A Feminist History." *Signs* 10.1 (1984): 136—147.

金莉:《文学女性与女性文学:19世纪美国女性小说家及作品》,北京:外语教学与研究出版社,2004。

格洛丽亚·安扎杜尔(Gloria Anzaldúa)
(1942—2004)

格洛丽亚·安扎杜尔为享誉国际的墨西哥裔美国作家、诗人、文化理论家、社会活动家。她是最早公开宣布自己的奇卡纳[1]同性恋身份的人,在奇卡纳女性主义以及酷儿理论方面都有很高造诣,为奇卡纳女性主义思想创始人。她以一个同性恋墨西哥裔美国人的视角,争取自身及其他少数族群的权利,同时又反对仅仅基于种族、出身,或性取向而对人做出简单划分,提出人人都要有一种新的梅斯蒂扎(*mestiza*)[2]意识。

安扎杜尔于1942年9月26日出生在一个墨西哥移民家庭,为白人、墨西哥人和印第安人的混血儿,其祖辈已在南德克萨斯的里奥格兰德山谷牧场生活了六代。安扎杜尔15岁时,父亲去世,她只好在农场做工贴补家用,同时,继续高中及大学学业。安扎杜尔是家里唯一一个接受了高中以上教育的人。她于1969年获得了泛美大学的英语、艺术与中学教育学士学位,后担任教职,所教学生包括学龄前儿童、特殊教育学生、高中学生等。1972年,安扎杜尔获德克萨斯州大学奥斯汀分校的英语与教育硕士学位。之后,安扎杜尔在一所为移民开办的中学教书。1974年,安扎杜尔回到德克萨斯大学奥斯汀分校攻读比较文学专业博士学位,开始接触女权主义研究、同性恋研究以及奇卡诺研究等,并投身各种要求平等权利的社会运动。除上课外,安扎杜尔把许多时间都用来写作。由于研究美国墨西哥文化受阻,加之安扎杜尔希望全心致力于写作,1977年她决定辍学。之后,安扎杜尔边在旧金山州立大学和圣克鲁斯教书,边在加州大学圣克鲁斯分校做些研究。在她生命的最后27年里,安扎杜尔除了在大学间或兼职外,把主要精力放在了写作和社会活动上。

安扎杜尔获奖颇丰,包括前哥伦布基金美国图书奖(1986),拉姆达女同

---

① 奇卡纳指美籍墨西哥裔妇女,男性被称为奇卡诺,本是美国白人对墨西哥移民的蔑称。

② Mestiza/mestizo,指西班牙和印第安的混血儿,前者指女性,后者指男性。安扎杜尔提出的"新梅斯蒂扎"意识可意译为"新女性混血"意识。参见刘玉:《种族、性别和后现代主义——评美国墨西哥裔女作家格洛丽亚·安扎杜尔和她的〈边土:新梅斯蒂扎〉》,《当代外国文学》2004年第3期,注释1。吕娜:《论安扎杜尔之"新女性混血意识"》,《社会科学战线》2009年第12期《世界文学与比较文学》,注释2。

性恋小出版社奖(1991),女同性恋权利奖(1991),美国国家艺术基金会小说奖(1991),莎孚成就奖(1992),美国研究协会终生成就奖(2001)。安扎杜尔于 1987 年出版的代表作《边土/*La Frondera*:新梅斯蒂扎》(*Borderlands*/La Frontera: *The New Mestiza*)[①]被《图书馆期刊》(*Library Journal*)评选为 1987 年度 38 部最出色的书籍之一,后又被《热望心灵书评》(*Hungry Mind Review*)及《厄特尼读者》(*Utne Reader*)评为 20 世纪最佳百部书籍之一。

安扎杜尔自小身体欠佳,由于荷尔蒙失调,婴儿期开始来月经,6 岁进入青春期,1980 年做了子宫切除术。身体上的异常使安扎杜尔对人与人之间的差异非常敏感,对那些被排斥在主流之外、视为异常的人充满同情。这对她的思想发展及写作或有重大影响。2004 年,安扎杜尔因糖尿病并发症去世,距离她获得加州大学圣克鲁斯分校的博士学位仅差几个星期。安扎杜尔留下了许多还未发表的已完成或将近完成的作品,其中有些已经过仔细修改。[②] 若上天假以她更多年华,相信安扎杜尔会在文学、文化、社会活动等领域取得更大成就。

20 世纪 60、70 年代,在民权运动与女权运动的引领下,美国社会中的非主流族群,包括黑人及其他少数族裔、女性、同性恋等都开始审视自己在美国这个多元社会中的身份和地位。这些运动在提升非主流人群的社会、政治、经济地位的同时,也产生了更多的矛盾和困惑。随后兴起的社会运动不仅要求平等的权利和机会,更将注意力投向社会对非主流族群的承认和尊重。在这一背景下,安扎杜尔将她的作品视为“新”文化的结果,新的故事,新的形象,要从内部意识层面转变价值观和信仰。[③]

1981 年,安扎杜尔与彻里·莫拉格(Cherríe Moraga)共同编辑出版了《这座桥被唤作我的背:激进有色人种女性的作品》(*This Bridge Called My Back*: *Writings by Radical Women of Color*)。该书为女权主义的经典作

---

① 原书名为 *Borderlands*/La Frontera: *The New Mestiza*,在刘玉的文章中译作《边土:新梅斯蒂扎》,在吕娜的文章中译作《边土:新女性混血意识》,二人均省略了西班牙语 La Frontera。笔者认为安扎杜尔之所以用英西两种文字作为标题,意在强调边土的多重身份。安扎杜尔的文章往往多种语言并用,而且她总是要求编辑保留非英语,不作翻译。故笔者认为书名中的西班牙语应予保留。至于 mestiza 一词,安扎杜尔的处理方式等同于英语,故在中译本中采用音译“梅斯蒂扎”。

② 关于安扎杜尔的生平参见 Analouise Keating, ed., *The Gloria Anzaldúa Reader*. Durham and London: Duke University Press, 2009. p. 4. 和 Vincent B. Leitch, ed., *The Norton Anthology of Theory and Criticism*. New York: Norton, 2010. p. 2095.

③ Gloria Anzaldúa, “La conciencia de la mestiza: Towards a New Consciousness,” in *The Norton Anthology of Theory and Criticism*. Ed. Vincent B. Leitch. New York: Norton, 2010. pp. 2096-2097.

品，收录了来自不同民族、种族、阶层和文化背景，特别是有色人种同性恋女权主义者的作品，对传统的女权主义理论，即所谓主流白人中产阶级女权主义提出了挑战。安扎杜尔和其他有色人种女权主义者要求白人中产阶级女权主义者承认并改正她们的种族主义、阶级歧视、性取向歧视等。这部文集开创了酷儿理论研究的先河，虽然许多文章的视角是有色人种同性恋的视角，却结合了种族、阶级和性别等因素，体现了多重身份的特点。这部文集所收录作品的形式也多种多样，包括诗歌、信件、论文、访谈等。多元是这部文集的鲜明特色。安扎杜尔在第二版序言中写道："我们已经意识到在斗争中我们不是孤立的，各自为战的，我们——白人黑人异性恋同性恋女性男性——是相互关联、相互依存的。"①

安扎杜尔收在这部文集中的"自写史"(autohistoria)②《褐女娃》("La Prieta")，将其身份置于多重世界中，拒绝效忠于某一种身份、某一类人群。

> "你应效忠于奇卡诺运动③，"与我同种族的人说。"你应效忠于第三世界，"我的黑人和亚洲朋友说。"你应效忠于你的性别，女性，"女权主义者说。我还要效忠于同性恋运动、社会主义运动、新时代、超自然。还有我对文学、对艺术家世界的忠诚。我是什么？"一个有马克思主义和神秘主义倾向的第三世界同性恋女权主义者。"④

安扎杜尔既强调差异，也强调团结。"我们没有共同的意识形态，也没有相似的解决办法，"但是，"各种肤色的第三世界的女性、女同性恋们、女权主义者们、有女权主义倾向的男性们"却可以团结起来，使社会达到平衡。⑤ 这篇文章也可以说是安扎杜尔的酷儿理论宣言。

另外一篇收录在《这座桥被唤作我的背》中的安扎杜尔的文章为她写给第三世界女作家的信《用母语说》("Speaking in Tongues: A Letter to Third World Women Writers")。在这封信里，安扎杜尔重点谈了如何写作以及写作的力量。安扎杜尔拒绝服从白人中产阶级女权主义者的期望，拒绝使用

---

① Gloria Anzaldúa, "Forward to the Second Edition of *This Bridge Called My Back*," in *The Gloria Anzaldúa Reader*. Ed. AnaLouise Keating. Durham and London: Duke University Press, 2009. p. 72.

② "自写史"(autohistoria)为安扎杜尔自创的名词，指有色人种女性对传统西方式自传的改写。"自写史"主要记录作者的个人经历，同时也讲述他人的故事，着重挖掘个人和文化意义，力求社会公正的自觉意识。

③ 奇卡诺运动为20世纪60年代到70年代间美籍墨西哥人的民权运动。

④ Gloria Anzaldúa, "La Prieta," in *The Gloria Anzaldúa Reader*. p. 45.

⑤ Anzaldúa, "La Prieta." 2009. p. 50.

她们的语言。“我们必须把自己的书写以及第三世界女性的书写置于首位。”[①]写作的过程是“创造灵魂”的过程,[②]不应仅是纸上功夫,而应发自内心,安扎杜尔称之为“有机写作”,[③]不是作者写出她要写的,而是她所写的主题自动转化为文字,达到作者所没有预期的文字。

如艾丽西亚·阿尔巴(Alicia de Alba)所说,由《这座桥被唤作我的背》开始,美国的有色人种女性“开始听到第三世界女权主义政治的呼声”。[④] 科迪莉亚·坎德莱丽亚(Cordelia Candelaria)则称赞该书为“女权主义以及有色人种女权主义运动史上的一个里程碑”。[⑤]

安扎杜尔最有影响力的作品则为她在1987出版的《边土/*La Frondera*:新梅斯蒂扎》(*Borderlands*/La Frontera: *The New Mestiza*)。这部安扎杜尔独立完成的作品的文体也是多样的,集诗歌、回忆录、散文、论文为一体,模糊了各个文体之间的界限,在形式上首先彰显了梅斯蒂扎意识。安扎杜尔剖析了生活在边土地带上人们的生活状况、心理、语言和文化意识,提出要以一种新的梅斯蒂扎意识,即新女性混血意识,取代白人所推崇的种族纯洁。

贝丝·贝里拉(Beth Berila)在评论《边土》一书时指出,“文化及国家之间的暴力割裂是国际政治的产物,对混血女性的身体产生了真实的影响”。[⑥]这种影响体现在对混血女性的歧视性压迫。安扎杜尔以她自己的经历讲述了生活在美墨边境的奇卡纳的困境。在盎格鲁—美国文化为主导的学校,安扎杜尔因她的血统而受到歧视。而在墨西哥—美国文化的家庭,安扎杜尔又因她的女性身份受到歧视,她不愿像其他女孩子那样服从父权社会的种种要求,更愿意读书、画画、写作。公然宣称自己是个同性恋更是对奇卡诺文化的挑战。生活在几种文化交汇处的边土,安扎杜尔发现任何一种文化都没有给她归属感,没有家的感觉,于是她只能走出家门,自立家门。

安扎杜尔将家安在了边土。边土既指美国德克萨斯州与墨西哥的实际

① Gloria Anzaldúa, “Speaking in Tongues: A Letter to Third World Women Writers,” in *The Gloria Anzaldúa Reader*. Ed. AnaLouise Keating. Durham and London: Duke University Press, 2009. p. 29.

② Ibid., p. 30.

③ Ibid., p. 33.

④ Alicia Gaspar de Alba, “*Tortillerismo*: Work by Chicana Lesbians.” *Signs* 18. 4 (1993): 957.

⑤ Cordelia Candelaria, “Una vela por Gloria/ a Candle for Gloria.” *Frontiers* 25. 3 (2004): 2.

⑥ Beth Berila, “Unsettling Calls for National Unity: The Pedagogy of Experimental Multiethnic Literature.” *MELUS* 30. 2 (2005): 32.

边界地区，也是心理、性/性别，以及精神的边土，是文化冲突与交汇的地区，其作用在于“模糊边界，是矛盾、紧张、过渡、及智性扩张的场所”。[①] 生活在边土虽令人痛苦，却也提供了矛盾与冲突相互转化的可能性。在这样的空间产生的新梅斯蒂扎意识是一种整体的、非二元对立的思维模式。“在墨西哥文化中，她要学会做印第安人，从盎格鲁的角度看，她是墨西哥人。她学会了应对多种文化。她有多重人格，以多重方式生活——没有什么是要被抛掉的，不论是好是坏还是丑，没有被拒绝的，没有被放弃的”。[②] 如珍尼弗·埃尔南德斯(Jennifer Browdy de Hernandez)所说，安扎杜尔欲将“构成了她身份的各种亚文化融合在一起”，打造一个新世界，即她在《褐女娃》中提出的“左撇子的世界”(El Mundo Zurdo)，一个由“圈外人”组成的世界。[③] 新梅斯蒂扎不是以排他，而是以包容来定义自己。卡罗琳·伍德沃德(Carolyn Woodward)认为《边土》一书的核心观点是“奇卡纳女性必须让人们听到她们的声音，因为她们以及其他边土居民的观念可以愈合世界的伤痕”。梅斯蒂扎意识则是要“消解这种囚禁她的客体与主体的割裂，并向世人展示二元对立如何被超越”。[④]

《边土》一书是用西班牙语、奇卡诺西班牙语、英语，及当地俚语写成。科迪莉亚·坎德莱丽亚(Cordelia Candelaria)指出安扎杜尔这样做是要“迫使只会英语的读者被迫体验许多移民常常感到的语言疏离感”。[⑤] 埃尔南德斯认为安扎杜尔将她的自传的语言视为“战场”，这种“多语言主义也使她的自传成为她的多重身份的语言家园”。《边土》一书因而也成为一个“代表她的多元自我并付诸实际的文本家园”。[⑥]

该书一出版即获巨大成功，1999年再版时，评论界将该书称作一个分水

---

① Anne Donadey, "Overlapping and Interlocking Frames for Humanities Literary Studies: Assia Djebar, Tsitsi Dangarembga, Gloria Anzaldúa." *College Literature* 34.4 (2007): 23.

② Gloria Anzaldúa, "La conciencia de la mestiza: Towards a New Consciousness," in *The Norton Anthology of Theory and Criticism*. Ed. Vincent B. Leitch. New York: Norton, 2010. p. 2100.

③ Jennifer Browdy de Hernandez, "On Home Ground: Politics, Location, and the Construction of Identity in Four American Women's Autobiographies." *MELUS* 22.4 (1997): 33.

④ Carolyn Woodward, Review of *Borderlands/La Frontera The New Mestiza*. *NWSA* 1.1 (1989): 531—532.

⑤ Cordelia Candelaria, "Una vela por Gloria/ a Candle for Gloria." *Frontiers* 25.3 (2004): 3.

⑥ Jennifer Browdy de Hernandez, "On Home Ground: Politics, Location, and the Construction of Identity in Four American Women's Autobiographies." *MELUS* 22.4 (1997): 34—35.

岭,“在多个学术领域并且对许多艺术家和作家都产生了重大影响”。[①] 德布拉·卡斯蒂略(Debra Castillo)认为该书使“奇卡诺/奇卡纳研究”转变成了“边界研究”(border studies),该书的出版又正赶上学术界方兴未艾的跨国界研究,其影响力因而远远超出了种族或女权主义研究,在许多人文学科领域都起到了“重置方向”的深远作用。[②] 虽有学者提出梅斯蒂扎,或边土意识不应被泛化,安妮·多纳蒂(Anne Donadey)则更强调边界研究的普适性,将安扎杜尔的理论运用到跨学科、跨文化的研究中。[③]埃伦·吉尔-戈梅茨(Ellen Gil-Gormez)也认为安扎杜尔关心的不仅是生物学意义上的混血,混血意识应被置于更广阔的视域下。吉尔-戈梅茨还指出了安扎杜尔与其他理论家的区别,即安扎杜尔将现实与抽象“平等看待”,现实与抽象“相互作用,使个体得以看到自己的转变”。其重要性在于不再是“为理论而竞赛”,而把重心转移到“个体如何自己应用理论,这种应用将会产生更大的政治意义”。[④] 毕竟,安扎杜尔不仅是一位理论家,更是一位社会活动家。伍德沃德则在肯定《边土》一书的同时,也建议安扎杜尔,对中心观点的分析可再深入系统些,梅斯蒂扎意识如何摧毁了二元对立?安扎杜尔所描述的意识里的转变与以往的意识里的转变相比有何异同?[⑤]

安扎杜尔在《边土》中所表达的宗教观也引起了评论家的兴趣。安东尼·里奥伊(Anthony Lioi) 通过对其中一章《进入蛇体》(“Entering into the Serpent”)的分析,深入探讨了安扎杜尔的宗教观。里奥伊称安扎杜尔为“天主教散文家”。在这片异教与天主教并存的边土,尽管安扎杜尔并非正统派天主教徒,墨西哥美国天主教仍是构成安扎杜尔宗教观的主要来源之一。里奥伊认为在安扎杜尔的作品中所体现出的阿兹特克印第安、纳瓦印第安、天主教、新异教灵性主义等并不意味着正统派的失败,而是表现了“奇卡纳女权主义内在灵性的普适性”。安扎杜尔作为一个“有着许多国家又没有国

---

① Cordelia Candelaria, “Una vela por Gloria/ a Candle for Gloria.” *Frontiers* 25. 3 (2004): 3.

② Debra A. Castillo, “Anzaldiia and Transnational American Studies,” *PMLA* 121. 1 (2006): 260—261.

③ Anne Donadey, “Overlapping and Interlocking Frames for Humanities Literary Studies: Assia Djebar, Tsitsi Dangarembga, Gloria Anzaldúa.” *College Literature* 34. 4 (2007): 33.

④ Ellen M. Gil-Gomez, “Performing ‘La Mestiza’: Lesbians of Color Negotiating Identities.” *Journal of Lesbian Studies* 4. 2 (2000): 23—24.

⑤ Carolyn Woodward, Review of *Borderlands/La Frontera The New Mestiza*. *NWSA* 1. 1 (1989): 532.

家”的人，她的宗教身份也应从这个角度加以理解。[①] 虽然安扎杜尔否认自己是天主教徒，按照天主教的标准来看，她也不是一个天主教徒，但她在作品中却使用了大量天主教的象征，特别是瓜达露佩圣母（Virgin of Guadalupe）。[②] “安扎杜尔将圣母形象拆分成各个组成成分，以对抗种族主义和帝国主义的二元对立，这种二元对立使奇卡纳在墨西哥和美国文化的夹缝中陷入困境。”[③]安扎杜尔改写了传统意义上的三位一体，将瓜达露佩圣母和印第安文化中的“被强奸的女人”（la Chingada）[④]和“哭泣的女人”（la Llorona）[⑤]这三个母亲形象合为新的三位一体。童贞女圣母为正面形象，人民的保护者。“被强奸的女人”是隐蔽的羞辱和背叛的形象，被她自己的孩子们抛弃。“哭泣的女人”则代表奇卡诺民族的精神。这三个形象是不可分割、互为映射的。她们象征着奇卡诺文化内部的割裂，即公开的自豪感、私下的自我憎恨，以及对逝去的文化及未来的探索。安扎杜尔将这三个形象融为一体就是要弥补这种割裂。[⑥] 这三个形象中，“被强奸的女人”是古老的印第安阿兹特克文化和后来的西班牙殖民主义者都不断压制的。安扎杜尔将这一形象等同于阿兹特克神话中的地母神（Coatlicue）。[⑦] 地母神是生命与死亡之神，也是众神之母，身穿蛇裙，颈戴骷髅项链。蛇在西方文化，特别是基督教文化中是与性紧密相连的，是恐惧的对象，是要压抑的性冲动。提升地母神的地位可以说是安扎杜尔对传统父权社会的公然挑战。

1983 年，安扎杜尔在接受琳达·斯玛克勒（Linda Smuckler）采访时，坦

---

① Anthony Lioi, “The Best-Loved Bones: Spirit and History in Anzaldúa’s ‘Entering into the Serpent’.” *Feminist Studies* 34. 1/2(2008): 74－75.

② 1531 年 12 月 9 日，圣母在山上向当地的一位普通农民若望·迪埃葛显灵，让他转告主教在他们所站的地方建一座教堂。主教要求标记，以证明讯息为真。若望回到山上告知圣母，圣母让他摘下身后的玫瑰花，若望摘下花放在衣襟里。当他打开衣襟要给主教看玫瑰花时，却发现只有印在衣襟上的圣母像。圣母显灵后，越来越多的土著居民皈依了天主教。

③ Lioi, pp. 77－78.

④ “被强奸的女人”，一般指墨西哥印第安女子马林切（Malinche）。16 世纪西班牙征服墨西哥后，印第安部落将马林切等女子进贡给殖民者的统帅赫尔南多·科尔特斯（Hernando Cortés）。由于良好的语言天赋，马林切成为科尔特斯的翻译、秘书兼情人。她为科尔特斯生下了长子马丁，通常认为马丁是第一位奇卡诺。

⑤ 在中美洲传说中，“哭泣的女人”指一位叫玛莉亚（Maria）的美丽女子。在比较通行的版本里，玛莉亚为了和自己所爱的男人在一起，溺死了自己的孩子们。终遭爱人拒绝后，玛莉亚自尽而亡。在天堂门口，她被告知只有找到了她的孩子们，她才可以进天堂。于是玛莉亚四处游荡，一边哭泣，一边寻找自己的孩子们。

⑥ Anthony Lioi, “The Best-Loved Bones: Spirit and History in Anzaldúa’s ‘Entering into the Serpent’.” *Feminist Studies* 34. 1/2(2008): pp. 87－88.

⑦ Ibid., p. 85.

言她与印度教的地母迦梨、阿兹特克神话中的罪恶与净化之神(Tlazoltéotl)以及地母神更为亲近。“她们大多与性、巫术和被压抑相关。在我的一生中,我觉得我身上那些恶的成分总是被惩罚、被驱逐,我想让它们重见天日。”“人们使蛇成为最恶毒、最可憎、最恐怖的动物,所以我才要以它作为灵魂的象征”。“这些神是非常同性恋的神祇。她们不按规则行事。至于瓜达露佩圣母,我从来就没有真正喜欢过她。”[①]安扎杜尔认为她所要做的不是要刻意反抗,而是融合。

1990年,安扎杜尔编辑出版了《打造面孔,打造灵魂:有色女性主义者之批评及创见》(*Making Face, Making Soul/Hadendo Caras: Creative and Critical Perspectives by Feminists of Color*)。在序言中,安扎杜尔首先对书名做出了解释。对印第安纳瓦族而言,人来到世上就是要“创造自己的‘脸’(身体)和‘心’(灵魂)”。[②] 灵魂用来说话,身体用来做事。该书的目的正在于使更多的有色女权主义者的声音能够被世人听到,使世人因而了解这些女性“如何为了自己的身份而抗争,如何打造人与人之间的联系,如何修复折断的肢体”。[③] 安扎杜尔明确提出本书所针对的读者群是所有种族的女权主义者,包括女性和男性。种族主义,特别是白人女权主义者的种族主义是安扎杜尔批判的重点。她宣称“那些实行种族主义的人——美国所有的白人——都是他们自己的白人意识形态的牺牲品,并因此受到伤害”。[④]有色人种的言说和书写,“不仅仅是反抗传统的白人的方式和文本,还要反抗一种占据主导的存在模式,反抗以白人为参照的架构”。[⑤]

坎德莱丽亚指出该书所涉及的主题包括性歧视、种族主义、灵性、多语言主义,以及文化和多民族身份。安扎杜尔在书中“继续打造她所致力于基于多样(diversity)的团结”。[⑥] 笔者认为与其说是基于“多样”,不如说是基于“差异”(differences)。安扎杜尔认为强调“多样(diversity)和多元文化主义(multiculturalism)”,其实是在逃避彻底推翻种族主义。[⑦] 只有在承认差异、

---

① Gloria Anzaldúa, “Spirituality, Sexuality, and the Body: An Interview with Linda Smuckler,” in *The Gloria Anzaldúa Reader*. Ed. AnaLouise Keating. Durham and London: Duke University Press, 2009. pp. 93—94.

② Gloria Anzaldúa, “Haciendo caras, una entrada,” in *The Gloria Anzaldúa Reader*. p. 125.

③ Ibid., p. 125.

④ Ibid., p. 129.

⑤ Ibid., p. 133.

⑥ Cordelia Candelaria, “Una vela por Gloria/ a Candle for Gloria.” *Frontiers* 25. 3 (2004): 3.

⑦ Anzaldúa, “Haciendo caras, una entrada.” p. 132.

承认不同的基础上，才可能有真正的尊重，才可能有真正的团结。多样、多元这样的字眼只是一层温和的面纱，掩盖了问题的症结所在。

2002年，安扎杜尔与安娜路易斯·基汀(AnaLouise Keating)共同编辑出版了文集《这座桥我们称之为家：转换的激进前瞻》(*this bridge we call home: radical visions for transformation*)。这部两卷本文集收录了知名作家、艺术家、学者的作品，也收录了许多尚无名气的作家的文章，既收录了有色女作家，也收录了白人作家和男性作家的作品。87位作家的声音融合在一起，架起了一座人与人之间新的桥梁。安扎杜尔在序言中称这部文集旨在继续由《这座桥被唤作我的背》开始的对话，既要重新审视旧的观点，也要开创新的理论。上一座桥的重点是"别人对我们做了些什么(牺牲品)"，这座新桥则侧重于把有色女性作为主体，探讨"我们在对彼此做些什么，对遥远国度的人、对地球环境做些什么"这样的问题。[①] 安扎杜尔强调该书的目的并非以差异来区分我们与他们，但也不能粉饰。"尽管许多人以排他来定义自己，我们却要以我们包含了什么来定义自己——这就是我所说的新部落主义。"[②]与安扎杜尔编辑的前两部文集相比，这部文集更强调人与人之间的"相互联系"(interconnection)。"从生物学意义上说，我们共有一个基因库，只是些许有些不同，以及表面上的文化和基因差异；我们和所有的生命都是相互联系的。"[③]随着人生阅历的增长，安扎杜尔的思想愈发深刻，早年的愤怒逐渐平息，由强调差异转向了差异基础上的共生与相互联系。

正如安扎杜尔的其他作品一样，《这座桥我们称之为家》一出版即引起极大反响。坎德莱丽亚称赞这部文集"表达了尽快使被边缘化的，特别是女性的声音从被忽视、被扭曲的边缘移到意识中心的迫切诉求"。[④] 奥萝拉·摩西罗(Aurora Morcillo)则特别指出该书出版时，美国刚刚经历了9·11恐怖袭击。在这一特殊时刻，我们尤其需要将"他者"人性化(humanize)。当今世界的挑战是全球化，这部书"意在加强未知者之间的理解"，因此在这个全球化的时代尤为及时。[⑤]

由于安扎杜尔身处几种文化交汇处的边土地带，使她得以从自身特殊

---

① Gloria Anzaldúa, "(Un) natural Bridges, (Un) safe Spaces," in *The Gloria Anzaldúa Reader*. Ed. AnaLouise Keating. Durham and London: Duke University Press, 2009. p. 244.

② Ibid., p. 245.

③ Ibid., p. 248.

④ Cordelia Candelaria, "Una vela por Gloria/ a Candle for Gloria." *Frontiers* 25.3 (2004): 3.

⑤ Aurora G. Morcillo, Rev. of *this bridge we call home: radical visions for transformation*. *NWSA* 17.1 (2005): 234—235.

的文化背景,并结合亲身经历和感受,为女权主义研究和酷儿研究等提炼出许多令人耳目一新的概念和理论,包括前文已经提及的"边土"(Borderlands)、"梅斯蒂扎"(Mestiza)、"新部落主义"(New Tribalism),还有诸如"尼潘特拉"(Nepantla,夹缝空间)、"尼潘特勒拉斯"(Nepantleras,中间人)、"诺斯/奥特拉斯"(nos/otras,互为主体)、"地母神状态"(Coatlicue State,羞于面对分裂、拒绝新知等心理状态)等。基汀编辑的《格洛丽亚·安扎杜尔读本》(*The Gloria Anzaldúa Reader*,2009)的附录中对安扎杜尔的重要概念和理论做了简介。爱玛·佩雷斯(Emma Pérez)则专门著文论述了安扎杜尔主要理论。

安扎杜尔不是一位将自己囿于书屋的理论家,她还是一位教育家和社会活动家。从70年代早期起,安扎杜尔就积极参与了学生运动、奇卡诺/奇卡纳运动、农民运动、女权主义运动、LGBT(女同性恋—男同性恋—双性恋—跨性别者)运动、和平运动等。安扎杜尔一直提倡一种"灵性行动主义"(spiritual activism)。这看似矛盾的两个词,在安扎杜尔看来是不可分割的。"灵性行动主义是着眼于社会改变的灵性,倡导关联性世界观,并运用这种整体性世界观改变自己和自己的世界。"[①]安扎杜尔所说的改变包括两个层面,个人的改变和社会的改变。这两种改变都是以内心,即灵性的改变为前提,同时相互作用于彼此。"斗争总是内在的,然后在外在领域表现出来。首先必须对我们的处境有所意识,然后才是内心的改变,继而是社会的改变。如果我们的头脑中没有变化,那么在'真实'世界,什么都没有发生。"[②]基汀认为安扎杜尔这种着眼于社会实践的灵性行动主义是符合21世纪时代需要的,不论是女权主义者还是其他社会活动家都可从中借鉴。[③] 安扎杜尔的灵性行动主义体现了"知行合一"的精神,理论不是最终目的,行动必以内心的灵性改变为源头。安扎杜尔的作品在大学课堂上被广泛阅读,但她的影响力却远远超出了学术界。

主要作品(按出版年代排序)

[Ed.] (with Cherríe M. Moraga) *This Bridge Called My Back: Writings by Radical Women of Color*. Watertown: Persephone, 1981.

Borderlands/La Frontera: *The New Mestiza*. San Francisco: Aunt Lute, 1987.

---

① AnaLouise Keating, "'I'm a citizen of the universe': Gloria Anzaldú's Spiritual Activism as Catalyst for Social Change." *Feminist Studies* 34.1/2 (2008): 54.

② Gloria Anzaldúa, "La conciencia de la mestiza: Towards a New Consciousness". p. 2106.

③ Analouise Keating, "I'm a citizen of the universe". p. 54.

[Ed.]*Making Face, Making Soul*/Haciendo Caras: *Creative and Critical Perspectives by Women of Color*. San Francisco: Aunt Lute Foundation, 1990.

Friends from the Other Side/Amigos del Otro Lado. Illustrated by Consuela Méndez. San Francisco: Children's Book Press, 1993.

Prietita and the Ghost Woman/Prietita y La Llorona. Illustrated by Maya Christina Gonzalez. San Francisco: Children's Book Press, 1995.

Interviews/Entrevistas. Ed. AnaLouise Keating. New York: Routledge, 2000.

[Ed.] (with AnaLouise Keating) *this bridge we call home: radical visions for transformation*. New York: Routledge, 2002.

The Gloria Anzaldúa Reader. Ed. AnaLouise Keating. Durham and London: Duke University Press, 2009.

"La conciencia de la mestiza: Towards a New Consciousness." *The Norton Anthology of Theory and Criticism*. Ed. Vincent B. Leitch. New York: Norton, 2010. 2098—2109.

参考文献

de Alba, Alicia Gaspar. "*Tortillerismo*: Work by Chicana Lesbians." *Signs* 18. 4 (1993): 956—963.

Berila, Beth. "Unsettling Calls for National Unity: the Pedagogy of Experimental Multiethnic Literature." *MELUS* 30. 2 (2005): 31—47.

Browdy de Hernandez, Jennifer. "On Home Ground: Politics, Location, and the Construction of Identity in Four American Women's Autobiographies." *MELUS* 22. 4 (1997): 21—38.

Candelaria, Cordelia. "Una vela por Gloria/ a Candle for Gloria." *Frontiers* 25. 3 (2004): 1—3.

Castillo, Debra A. "Anzaldiia and Transnational American Studies." *PMLA* 121. 1 (2006): 260—265.

Donadey, Annel. "Overlapping and Interlocking Frames for Humanities Literary Studies: Assia Djebar, Tsitsi Dangarembga, Gloria Anzaldúa." *College Literature* 34. 4 (2007): 22—42.

Gil-Gomez, Ellen M. "Performing 'La Mestiza': Lesbians of Color Negotiating Identities." *Journal of Lesbian Studies* 4. 2 (2000): 21—38.

Keating, AnaLouise. "'I'm a citizen of the universe': Gloria Anzaldúa's Spiritual Activism as Catalyst for Social Change." *Feminist Studies* 34. 1/2 (2008): 53—69.

——. ed. *The Gloria Anzaldúa Reader*. Durham and London: Duke University Press, 2009.

Leitch, Vincent B. ed. "Gloria Anzaldúa." *The Norton Anthology of Theory and Criticism*. New York: Norton, 2010.

Lioi, Anthony. "The Best-Loved Bones: Spirit and History in Anzaldúa's 'Entering into the Serpent'." *Feminist Studies* 34. 1/2(2008): 73—98.

Morcillo, Aurora G. Review of *this bridge we call home: radical visions for transformation*. *NWSA* 17. 1 (2005): 233—235.

Pérez, Emma. "Gloria Anzaldua: La Gran Nueva Mestiza Theorist, Writer, Activist-Scholar." *NWSA* 17. 2 (2005): 1—10.

Rooney, Ellen. ed. *The Cambridge Companion to Feminist Literary Theory*. Cambridge:

Cambridge University Press, 2006.

Woodward, Carolyn. Rewiew of *Borderlands/La Frontera The New Mestiza*, by Gloria Anzaldúa. *NWSA* 1.1 (1989): 530—532.

刘玉,《种族、性别和后现代主义——评美国墨西哥裔女作家格洛丽亚·安扎杜尔和她的〈边土:新梅斯蒂扎〉》,《当代外国文学》2004 年第 3 期,第 154—158 页。

吕娜,《论安扎杜尔之"新女性混血意识"》,《社会科学战线》2009 年第 12 期《世界文学与比较文学》,第 157—161 页。

玛琳·巴尔(Marleen Barr)
(1953—)

玛琳·巴尔,全名玛琳·桑德拉·巴尔(Marleen Sandra Barr),美国知名科幻文学批评家,纽约州人,现为美国福德汉姆大学通信与媒体研究系[①]教授。巴尔因其对科幻文学研究的卓越贡献而荣获1997年科幻小说研究协会(Science Fiction Research Association)颁发的“朝圣者奖”(Pilgrim Award)[②]。玛琳·巴尔的主要贡献在于她对科幻文学进行的女权主义批评。她编纂的《未来的女性:批评选读》(*Future Females: A Critical Anthology*)为学界公认的女权主义科幻研究开山之作。[③]

玛琳·巴尔的主要作品包括:小说《咳,先锋!》(*Oy Pioneer!*, 2003);专著《女权气质的异己:幻想小说与女权主义理论》(*Alien to Femininity: Speculative Fiction and Feminist Theory*, 1987)、《女权主义虚构:空间/后现代小说》(*Feminist Fabulation: Space/Postmodern Fiction*, 1992)、《迷失在空间中:探索女权主义科幻小说与超越》(*Lost in Space: Probing Feminist Science Fiction and Beyond*, 1993)、《体裁裂变:文化研究的一种新话语实践》(*Genre Fission: A New Discourse Practice for Cultural Studies*, 2000);编著《未来的女性:批评选读》(1981)、《未来的女性,下一代:女权主义科幻小说批评中的新声音与新速率》(*Future Females, The Next Generation: New Voices and Velocities in Feminist Science Fiction Criticism*, 2000)、《展望未来:科幻小说与新千年》(*Envisioning the Future: Science and the Next Millennium*, 2003)、《非裔未来女性:黑人作家绘制科幻小说最新浪潮的轨迹》(*Afro-Future Females: Black Writers Chart*

---

① Department of Communication and Media Studies.

② 朝圣者奖(Pilgrim Award):由科幻小说研究会(Science Fiction Research Association)颁发,奖给在科幻小说研究领域做出终身贡献的学者,以及致力于增进社会对科幻小说理解的个人。朝圣者奖创立于1970年,根据美国科幻文学研究者J. O. Bailey的启发性著作《时空里的朝圣者》(*Pilgrims Through Space and Time*)而命名。第一届朝圣者奖的获得者即是贝利本人。(参考“百度百科—朝圣者奖”:<http://baike.baidu.com/view/1107163.htm>以及“Wikipedia-Pilgrim Award”:<http://en.wikipedia.org/wiki/Pilgrim_Award>)。

③ 参见“Wikipedia-Marleen S. Barr:<http://en.wikipedia.org/wiki/Marleen_Barr>”。

Science Fiction's Newest Wave Trajectory, 2008)、《阅读科幻小说》(*Reading Science Fiction*, 2009)。

玛琳·巴尔的文学理论建树主要在于创立"女权主义虚构"(Feminist Fabulation)概念。美国著名女权主义作家马芝·皮尔西(Marge Piercy)在为巴尔的论著《迷失在空间中:探索女权主义科幻小说与超越》作序时提到:"巴尔有着锋利、好奇和恶作剧般的头脑。"[①]大体上就是夸奖巴尔的聪明智慧和机警灵变。她对巴尔创造"女权主义虚构"的思维大为赞赏。她说正是巴尔的机灵,把乌托邦小说、奇幻文学、科幻文学汇总到一起,全部纳入"女权主义虚构小说"的范畴,才使以往为主流文学忽略的科幻小说得以与其他主流文学作品一起,进入学术评论家的视野,从而在主流文学中赢得一席之地。皮尔西认为巴尔的这个归类思维极具灵巧和智慧,成功解构了父权和主流文学的垄断,为传统文学与大众文学之间建构了桥梁。[②]

巴尔的"女权主义虚构"概念经历了数十年的生成和发展,理论思路清晰地反映在她的几部学术专著与论文集里。下面我们就按时间顺序来了解这一术语最初诞生时的构想和后来衍生出的多重外延。

《女性气质的异己:幻想小说与女权主义理论》是巴尔第一部较有影响力的理论专著,是她的"女权主义虚构"诞生之前比较集中反映其女性主义思想的论著。巴尔率先将科幻题材与女权主义理论结合,开拓了通俗文学的女权主义视角。巴尔在前言中谈到,自己选取的女权主义科幻小说是处于双重边缘地带的文学形式。从题材上说,科幻小说无疑属于大众文化,长期徘徊在主流文学之外;从将要讨论的人物来说,女性又无疑是男权社会的弱者。"幻想小说的男性批评家应多关注所研究体裁的重要浪潮;女性批评家应同时给予这一能为女性开启更多可能性的体裁更多关注。"[③]巴尔在这部著作里联系法国心理学、女权理论,以及相关医学理论展开论述,全书以文本细读为主要内容,共三个部分。第一部分"社团"以不朽的女权主义社团、充当父亲角色的女性、和女性时光穿梭者为主要议题。第二部分"女英雄"以心理发展的新原型——妇女主义者和科幻小说中的女勇士为主要研究对象。第三部分"性别与繁衍"以阳物崇拜假象与母性繁衍的力量为主要研究话题。

巴尔指出,当代的女性幻想小说家主要通过三大主题展现自我:社团、

---

① Marge Piercy, "Forward: Marleen Barr's Lost and Found," in *Lost in Space: Probing Feminist Science Fiction and Beyond*. By Marleen S. Barr. Chapel Hill & London: The University of North Carolina Press, 1993. p. ix.

② Ibid., pp. ix—xi.

③ Marleen S. Barr, *Alien to Femininity: Speculative Fiction and Feminist Theory*. New York: Greenwood Press, 1987. p. xii.

英雄主义、性/生殖。在第一章中,巴尔重点讨论朱迪斯·玛瑞尔(Judith Merril)、苏兹·麦基·查纳斯(Suzy McKee Charnas)、小詹姆斯·提普垂(James Tiptree, Jr.)、乔安娜·拉斯(Joanna Russ)、E·M. 布罗纳(E. M. Broner)等作家笔下不朽的女权主义团体。巴尔指出,女权主义幻想小说文本与女权主义小说一样,视性别问题为社会问题。以上作家从各种各样的女性社团出发,积极探索性别问题的出路,有的与男性成婚,有的与男性展开战斗。这一章从社会角度探讨了科幻小说的性别问题。第二章是小詹姆斯·提普垂与朱迪斯·费特利(Judith Fetterley)之间的对比研究。巴尔认为,提普垂通过改变生物种类在人类与非人类之间构建了第三实体。而费特利的作品对上述策略亦有映射。这一章从生物学角度解释了科幻文学的性别问题。第三章从历史角度出发,重点研究马莱斯· 梅瑟(Marlys Millhiser)、奥克塔维亚·巴特勒(Octavia Butler)、菲莉丝·爱森斯坦(Phyllis Eisenstein)、玛吉·皮尔西四位作家创造的女性时间旅行者。她们共有的命运是必须在一个与自己所在的世界迥异的新团体中生存下来,因而采取了重重违背男性社会举止符号的行动,这恰恰是女权主义的新发展。第四章的讨论则由前一章的被动形象转换为主动的女英雄。巴尔借用爱丽丝·沃克(Alice Walker)的"妇女主义",把帕米拉·萨金特(Pamela Sargent)、杰奎琳·利登堡(Jacqueline Lichtenberg)、玛西亚·J. 贝内特(Marcia J. Bennett)、安·麦克斯韦尔(Ann Maxwell)、奥克塔维亚·巴特勒、辛西娅·菲利斯(Cynthia Felice)、康妮·威利斯(Connie Willis)等作家笔下的女性人物汇聚到一起讨论。巴尔指出,当女性把自己的切身体验与别人的经验聚集起来时,她们就取得了与男性同样的"英雄主义"。第五章选取了阿达·梅尔(Ardath Mayhar)、杰西卡·阿曼德·萨尔蒙松(Jessica Amanda Salmonson)、菲利斯·安·卡尔(Phyllis Ann Karr)、琳·艾比(Lynn Abbey)等作家笔下的以武力而胜的"女英雄"人物。巴尔指出,女性人物使用的剑和巫术是对抗男性统治的另一种方式。这些作家把剑术与女性特质结合在一起,创造出了既能成为女剑士也能成为母亲的女英雄人物。第六章研究了伊丽莎白·A. 琳(Elizabeth A. Lynn)、马里恩·艾莫·布拉德利(Marion Aimmer Bradley)等作家笔下的机器人、外星人、计算机遥控装置、程序等构思,以揭露"阳物崇拜"的假象。最后一章关注文学与生活中的妇女生育话题。科幻小说中的女性有一些也成为生育工具,但不少作家,例如佐伊·菲尔贝恩(Zoe Fairbairns)、凯特·威廉(Kate Wilhelm)、乔迪·斯科特(Jody Scott)、凯瑟琳·马尔库塞(Katherine Marcuse)等在创作中探讨了机器对女性生产的正面和负面影响。巴尔最后强调女性应在现实世界中争取权力。

可以看到的是,巴尔在这部书中更多地谈论科幻小说的边缘地位,把科幻小说题材与女权主义理论结合在一起研究,大体确立了接下来近二十年中的研究方向;而她明确提出解决科幻小说与女权主义的双重边缘化问题,则是在后来的几部专著中实现的。

《女权主义虚构:空间/后现代小说》(*Feminist Fabulation: Space/Postmodern Fiction*, 1992)是马琳·巴尔学术生涯中极为重要的一部专著,正像书名所揭示的,巴尔在这本书的写作阶段已突破了前面提到的初级阶段,明确了建立"女权主义虚构"(feminist fabulation)概念的策略。巴尔在这本专著的开篇写到:"以外太空为背景而作为一颗行星出现的地球是新近的一种视野,它能使人们以外围的眼光观察自己。但是我们依旧在这个新景观里添加了父权的印记。"①她引用"先驱者号"太空飞船里搭载的关于地球人类的描述——"男性高瞻远瞩善于沟通,女性体格娇小内向寡言"。——指出,人类在向想象中的太空邻居介绍自己时,也无可避免地带有男性中心局限,"男性是占统治地位的人类形式;而女性则是从属于男性的,是沉默的'他者'"。②

巴尔与以往女权主义批评家的不同之处在于,她认为后现代文学经典里虽然包括了少许女性作家,但女性作家阵营内部也出现了分化——有不少女性作家由于从事了非主流的文学体裁写作,被排挤在主流文学之外。"女权主义理论经常视女权主义科幻小说为一种不为人知的、令人恐惧的、怪物一般的存在,认为它疯癫、不正常、不纯粹。女权主义科幻小说是女权主义理论的'他者'。"③后现代文学因而也成为一种有中心、有等级的文学,"……排斥了一种较大范围的女权主义写作,将她们贬为类型小说(genre fiction)④"。⑤

巴尔指出,通过西方主要女权批评家的论著可以看到,尽管她们中的少

---

① Marleen S. Barr, "Preface: Having 'Hunavit,'" in *Feminist Fabulation: Space/Postmodern Fiction*. Marleen S. Barr. Iowa City: University of Iowa Press, 1992. p. xi.

② Ibid., pp. xi–xii.

③ Ibid., p. xvii.

④ Genre fiction:类型小说。根据维基百科以及我国相关学者的研究,类型小说通常与通俗小说混用,与纯文学小说相对立,是为特定读者书写的、有固定情节套路的一种文学形式。相较于纯文学小说,我们经常会认为类型小说是比较简单、单薄、缺乏深度的一种文类。特别是其中的公式化情节,更阻碍了读者与作者认知这个世界丰厚形象的可能。根据董乐山的《再谈美国通俗小说》,美国类型小说大致包括:言情小说、侦探小说、政治小说、哥特小说、科幻小说。根据覃思的《从一名之立看翻译之忠实原则——〈致青年科幻作家的一封信〉译文选段评析》一文,Genre fiction 有两种中文译法,比较忠实原意的是"通俗小说",而若根据字面意思则应译为"类型小说"。两者之间有着继承关系,"通俗小说"的说法现在已较少使用,"类型小说"似乎是其继承者。详见覃思:《从一名之立看翻译之忠实原则——〈致青年科幻作家的一封信〉译文选段评析》,原载《大众文艺(理论版)》,2008 年第 9 期。http://www.douban.com/group/topic/5193445/.

⑤ Marleen S. Barr, "Preface." p. xiii.

部分强调了后现代与科幻小说之间的联系，但没有人将女性主义科幻小说包含在后现代文学之内。她认为“后现代小说必须认识到一种女性书写新体裁的出现——女权主义虚构作品，其中既包括当前被认同隶属于主流文学的作品，又包括科幻小说、超自然主义小说、乌托邦小说，以及男性作家书写的女权主义文本”[①]。这就是“女权主义虚构小说”。巴尔说，“女权主义科幻小说”(feminist SF)的叫法已经过时了，应以“女权主义虚构”(feminist fabulation)取而代之，并将科幻小说纳为其中，成为一种独立的虚构文学类型。而“女权主义虚构”也能完美地化解女权主义理论与科幻小说之间的矛盾。

从全书的内容上看，《女权主义虚构》聚焦女权主义小说，从三个方面探讨女性与空间的问题。第一部分“重申经典空间”从欧美女权主义文学批评和怪物形象的经典化入手；第二部分“重写性别化的空间”以短故事《一个飞翔的梦想》(“A Dream of Flying”)等三个科幻短篇入手讨论；第三部分“重解叙述空间”以女性主宰的三种叙述形式——迟疑、个人经历、变形展开讨论，还涉及性别与“文学枯竭论”[②]的关系等主题。巴尔希望通过这本书表达她对流行形式能够影响文化建构的信仰。除了文字文本，巴尔也借助某些现代艺术展中展出的画作和雕塑，游刃有余地穿梭于强权与边缘、高等艺术与低级艺术之间。

第一章叙述了巴尔创造“女性主义虚构”的历程。第二章将当代女权主义虚构者与传统女性文学相结合，讨论了现代女性文学先驱伊萨克·迪内森(Isak Dinesen)、佐拉·尼尔·赫斯顿(Zora Neale Hurston)、弗吉尼亚·伍尔芙(Virginia Woolf)与她们的后现代女儿玛丽·卡拉克(Mary Caraker)、乔安娜·拉斯(Joanna Russe)、爱丽丝·谢尔顿(Alice Sheldon)、小詹姆斯·提普垂之间的联系。第三章关注“飞翔”话题。巴尔讨论了希拉里·马斯特斯(Hilary Masters)、奥克塔维亚·巴特勒、卡洛尔·希尔(Carol Hill)、瓦莱丽·麦纳(Valerie Miner)、马芝·皮尔西等女权主义作家的飞翔主题，论证父权统领的飞行领域出现可替换性别的可能。该章讨论范围涉及二战中的女飞行员及外星人侵飞行员等。第四章关注内部空间。巴尔选取了琳·艾比、马里恩·艾莫·布拉德利、帕米拉·萨金特三位超自然小说家笔下女性与房屋的关系。巴尔还论证了夏洛特·帕金斯·吉尔曼(Charlotte Perkins Gilman)是影响当代两位探索空间、家庭、超自然关系主

① Marleen S. Barr, “Preface.” p. xii.

② The literature of Exhaustion.

题的小说家唐纳德·巴塞尔姆(Donald Barthelme)和琳蒂·尔曼(Lynne Tillman)的先驱。第五章指出文学构想男女平等社会的局限性。巴尔首先列举盖尔·戈德温(Gail Godwin)笔下的女人们和索尔·贝娄(Saul Bellow)创作的男人们试图建立异性平等之恋的失败,继而分析多丽丝·莱辛(Doris Lessing)、帕米拉·萨金特、琼·丝隆采乌斯基(Joan Slonczewski)等人创作的乌托邦中的男性与女性社会。巴尔最后总结道,无论是在高等文学还是低等文学作品中,创造一个男女平等的社会仍然还是一个梦想。第六章选取托马斯·兰多尔菲(Tommaso Landolfi)、菲利普·罗斯的作品论证女主人公在勉强接受男性故事创造者的影响之余,亦重塑了自我。这一章还详细研究了玛格丽特·阿特伍德(Margaret Atwood)、戴安·约翰逊(Diane Johnson)、马芝·皮尔西等作家笔下的女性对父权定义的反叛。巴尔在最后一章中指出,女性为男性中心的文学补充了新的活力。凯特·肖班(Kate Chopin)和伊丽莎白·斯图亚特·菲尔普斯(Elizabeth Stuart Phelps)是当代女性文学的先驱。[①]

《迷失在空间中:探索女权主义科幻小说与超越》(*Lost in Space: Probing Feminist Science Fiction and Beyond*, 1993)是马琳·巴尔的又一部重要理论著作,包含她创立"女权主义虚构"之前和之后的多篇论文。巴尔在这本书中详细叙述了自己选择女权主义科幻小说为研究对象的思想历程。全书分为两大部分,第一部分为女权主义虚构理念产生之前的文学,具体包含传统女权主义科幻小说、小说中的女权主义艺术家、科幻小说传统、科幻小说中的女性形象、科幻小说中的男人、女权主义科幻小说中的孕育与权力主题。在这一部分里,作者抛开女权主义虚构的概念,单纯讨论女权主义科幻小说,以一些不为人知的科幻作家,例如小詹姆斯·提普垂、杰西卡·阿曼德·萨尔蒙松等创作的短故事为细读文本。第二部分为女权主义虚构理念之后的科幻小说,具体研究主题包括纳入女权主义虚构小说中的女权主义科幻小说、反父权的虚构小说、人文主义与反人文主义文本、外星人、太空飞船与文化串联。全书的研究文体涵盖电影、小说、乌托邦文学等。这一部分跨越女权主义小说的局限,研究女权主义虚构批评的模式。这是巴尔论证的重点,紧贴她的"女权主义虚构"阅读实践,因此研究范围也不再局限于科幻小说,其中也包含了索尔·贝娄这样的主流作家。巴尔重点陈述了"女权主义虚构"的定义、意义、形成过程。爱特伍德、贝娄、勒奎恩、拉

---

① Marleen S. Barr, "Preface." pp. xxi—xxiv.

什迪等作家都被巴尔划作“女权主义虚构者”。她把这些多样的作家群结合在一起，目的就是对女权主义虚构概念作明确诠释——既包括女性也包含男性，既包含边缘科幻作家也包含主流作家。巴尔通过贝娄、拉什迪等主流男性作家都曾呼吁关注女性的事实证明，“女权主义虚构”为目前处于双重边缘地位的女权主义科幻小说进入后现代经典提供了堂而皇之的理由。①

《体裁裂变：文化研究的一种新话语实践》(*Genre Fission: A New Discourse Practice for Cultural Studies*, 2000)写于《迷失在空间中》之后，是另一部重量级学术专著，在批评观点上对上一部有继承和发展，“描画了一个新的批判写作风格，一种新的阅读方法论”。② 巴尔认为学术批判实践很少有活力进行自我批判与演进，一些批评方法已日益变得陈旧，甚至于某些大学出版社开始拒绝出版文学批评专著了。巴尔在《体裁裂变》中所说的“裂变”(fission)就意在重新激活理论批评，在传统文学批评的基础上建立一种新的读者阅读实践理论。像不少后现代理论学者一样，巴尔认为解构之后的世界需要重构。③ “体裁裂变关乎一个多样化理想国(heterotopia)目标：旨在分析‘乌托邦的一个后现代景象’，其中的社会基于容纳各种差异而建，各种形式的言论允许同时存在，异质性也不会引发冲突。……一种宏大的混合。”④

《体裁裂变》包含三个部分：第一部分“私密生活：和平共存”讨论两性在私密生活中达成和平共存的可能性。其中第一章通过展现麦克斯·爱珀尔(Max Apple)、索尔·贝娄、埃德加·艾伦·坡(Edgar Allan Poe)、琳·雷德格雷夫(Lynn Redgrave)等作家的作品构成一个变装文本群组。他们都通过在创作文本中注入个人经历的方式直面传统、白皮肤、男性为特点的经典的影响。第二章主要讨论有关美国国家身份建立的几个传奇：圣城(Camelot)、《星际迷航》(*Star Trek*)、《超人》(*Superman*)，并在此基础上讨论公众人物杰奎琳·肯尼迪(Jackie Kennedy Onassis)的私人生活。巴尔试图在研究女性新角色的基础上重读以上建国神话。巴尔在第三章中对比研究了部分作家创造的女性种群与男性群落，其中女性小说家包括玛格丽

---

① Marleen S. Barr, *Lost in Space: Probing Feminist Science Fiction and Beyond*. Chapel Hill & London: The University of North Carolina Press, 1993.

② Marleen S. Barr, “Introduction: ‘The Grand Mix’ or Who Wears the White Hats When the Barbie Liberation Organization Strikes Back?” in *Genre Fission: A New Discourse Practice for Cultural Studies*. Iowa City: University of Iowa Press, 2000. p. ix.

③ Ibid., p. x.

④ Ibid., p. xii.

特·阿特伍德(Margaret Atwood)、玛丽莲·弗兰奇(Marilyn French)、乔伊斯·卡洛尔·欧茨(Joyce Carol Oates)、玛芝·皮尔斯;男性小说家包括约翰·巴斯(John Barth)、约翰·厄普代克(John Updike)、菲利普·罗斯(Philip Roth)。

第二部分"公共展示:两性景观"认为公众展示相当于充满情欲的注视。其中的第四章以荷兰窗艺文化里的阿姆斯特丹妓女形象为主题,探索乌托邦与恶托邦的观察视野。第五章以纽约和洛杉矶两个城市分别作为男性和女性的象征,探讨城市是如何相异与重叠的。第六章聚焦一群身为美国中产阶级的宇航员,他们参与的阿波罗项目视月球为女性和延伸的郊外。

第三部分"最主要的话语:首次"则陈述一种特殊话语首次出现的问题。其中第七章讨论文学批评第一次将拉美小说与科幻小说匹配,探讨阿娜·卡斯蒂略(Ana Castillo)等三位小说家笔下的模糊了科学与虚构边界的人物。第八章以犹太民族文学为主讨论种族与宗教问题。第九章以大屠杀文学为研究主题,巴尔在这一章里广泛援引了希拉·芬奇(Sheila Finch)、索尔·弗里德兰德(Saul Friedlander)、杰弗里·哈特曼(Geoffrey Hartman)、劳伦斯·兰格(Lawrence Langer)、雪莉·西泽曼(Sherri Szeman)、乔治·斯坦纳(George Steiner)等小说家与批评家的创作指出,大屠杀文学是某种意义上的时间旅行故事,与科幻小说有着显著的共同点。

从这本书的研究范围可以看到,巴尔对传统理论研究的发展前景做了相当广阔的拓展和延伸,既包含了以往文论的主要研究视角,又毫不犹豫地将最先进的犹太文学、大屠杀文学、科幻文学等纳入主流讨论范围。她希望以科学、种族、大众文化因素冲击旧有研究体制的愿望跃然纸上。①

除了论文专著,马琳·巴尔还参与编纂了多部科幻小说论文集,比如由麦克米伦出版社出版的《阅读科幻小说》(*Reading Science Fiction*, 2009)。这是一部研究科幻小说发展历程及主要批评的权威读物,具体内容包含:一、科幻小说综述:定义科幻小说、科幻小说发展过程、科幻小说的叙事策略;二、科幻小说与大众文化:科幻小说电影、科幻小说中的计算机、科幻小说与电子游戏;三、科幻小说的理论视角:科幻中的性别问题、马克思主义与科幻小说、后殖民主义视角阅读科幻小说、拉美视角的国际科幻小说;四、教室里的科幻小说阅读:科学、乌托邦与后现代、科幻小说与科学技术研究的跨学科对话;五、科幻小说与各类学科:神经科学小说、科幻小说中的物理

---

① Marleen S. Barr, "Introduction." pp. xii－xiii.

学、科幻小说与生物学、科幻小说与哲学、科幻小说与互联网等。

作为本书的编者之一，巴尔在序言里说道，自己是同事眼中的先锋女权主义科幻小说学者，而自己则认为是嫁了一个“外星人”的女权主义科幻学者。[①] 她愉快地回忆了自己开始阅读科幻小说源于丈夫讲的一则有关外星人的家乡故事；父亲书柜里有关外星的书籍也是启蒙她对科幻产生兴趣的一个主要原因。[②] 巴尔更回忆自己持续数十年对科幻的热爱是源于大的社会历史发展背景——科幻面向未来的主题吸引着她在这条道路上奋勇探索。她在这篇简短的前言中号召眼望未来的年轻人都加入到阅读科幻小说的行列中来。

《展望未来：科幻小说与新千年》(*Envisioning the Future: Science Fiction and the Next Millennium*, 2003)是巴尔主编的另一部科幻批评论文集。巴尔在前言中谈到，千年的概念引发她思考有关未来的话题，科幻文学恰恰与这个思路吻合。“讨论未来的最好途径就是通过已知——过去和未来。”[③]依据这个思路，巴尔将全书的科幻研究论文按时间顺序罗列。第一部分“过去将来时”追溯到18世纪科幻小说刚刚产生的时代，与当今世界的科幻话题做链接。第二部分“一般将来时”探讨主题包括叶夫根尼·扎米亚京(Yevgeny Zamyatin)的《我们》等反乌托邦小说。第三部分“将来完成时”畅想未来女权主义的发展——“超女权主义者”(superfeminist)、公元3000年时的爱情与性爱，以及人类遥远未来赛博空间里的女性话题；第四部分“批判的未来”则综合谈论科幻小说批评在未来的发展。

纵观马琳·巴尔的写作风格，叙事严谨，思路广阔。她在每一部专著里，每一本论文集的综合介绍部分，都分门别类地告知每一部分的内容，并且将各部分之间的结合关系告知读者，又可见其细心与周详。其对科幻小说中女性话题的关注及策略又表现出无畏的反强权意识。马琳·巴尔是后现代文学与后现代文学批评的积极拓展者，是大众文学的密切关注者与支持者。

---

① Marleen S. Barr, "What's a Nice Baby boomer Literary Scholar Like Me Doing Reading Fiction Like This?" in *Reading Science Fiction*. Eds. James Gunn, Marleen S. Barr, and Matthew Candelaria. Palgrave: Macmillan, 2009. p. 3.

② Ibid., p. 4.

③ Marleen S. Barr, "Preface: American Science Fiction; or 'What Happened to the Flying Cars?': Science Fiction/Millennia/Culture," in *Envisioning the Future: Science Fiction and the Next Millennium*. Ed. Marleen S. Barr. Middletown, Connecticut: Wesleyan University Press, 2003. p. xi.

主要作品(按出版年代排序)

"The Road Test." *The English Journal* 71. 6 (Oct., 1982): 54—55.

Alien to Femininity: Speculative Fiction and Feminist Theory. New York: Greenwood Press, 1987.

"News from Somewhere: Feminist Utopias by Frances Bartkowski." *Science Fiction Studies* 17. 3 (Nov., 1990): 401—404.

Feminist Fabulation: Space/Postmodern Fiction. Iowa City: University of Iowa Press, 1992.

Lost in Space: Probing Feminist Science Fiction and Beyond. Chapel Hill & London: The University of North Carolina Press, 1993.

"When It Deconstructed, or Gender, Lies, and Videotape." *Social Text* 36 (Autumn, 1993): 81—83.

Genre Fission: A New Discourse Practice for Cultural Studies. Iowa City: University of Iowa Press, 2000.

Future Females, The Next Generation: New Voices and Velocities in Feminist Science Fiction Criticism. Lanham, Md.: Rowman & Littlefield, 2000.

"Detonating the Boundaries: Science Fiction Culture by Camille Bacon-Smith." *Science Fiction Studies* 28.1 (Mar., 2001): 124—125.

"Preface: American Science Fiction; or 'What Happened to the Flying Cars?': Science Fiction/Millennia/Culture," in *Envisioning the Future: Science Fiction and the Next Millennium.* Ed. Marleen S. Barr. Middletown: Wesleyan University Press, 2003.

[Ed.] *Envisioning the Future: Science Fiction and the Next Millennium.* Middletown: Wesleyan University Press, 2003.

Afro-Future Females: Black Writers Chart Science Fiction's Newest Wave Trajectory. Columbus: Ohio State University Press, 2008.

[Ed.] (with James Gunn and Matthew Candelaria) *Reading Science Fiction.* Palgrave: Macmillan, 2009.

参考文献

Wikipedia-Pilgrim Award: <http://en.wikipedia.org/wiki/Pilgrim_Award>。

百度百科—朝圣者奖: <http://baike.baidu.com/view/ 1107163 .htm>。

"Barr, Marleen S.," in Wikipedia-MarleenS. Barr: <http://en.wikipedia.org/wiki/Marleen_Barr>.

Bartkowski, Fran. "In Response to Marleen Barr." *Science Fiction Studies* 18.2 (July, 1991): 302—303.

Gubar, Susan. "Feminism and Utopia: Women and Utopia: Critical Interpretations by Marleen Barr; Nicholas D. Smith; Daring to Dreaming: Utopian Stories by United States Women, 1836—1919 by Carol Farley Kessler." *Science Fiction Studies* 13.1 (Mar., 1986): 79—83.

Gunn, James, Marleen S. Barr, and Matthew Candelaria, eds. *Reading Science Fiction.* Palgrave: Macmillan, 2009.

Pearson, Wendy. " 'Throw This Book!': Marleen Barr's Claim to Revitalize Literary Criticism." *Science Fiction Studies* 28.3 (Nov., 2001): 448–451.

Piercy, Marge. "Forward: Marleen Barr's Lost and Found," in *Lost in Space: Probing Feminist Science Fiction and Beyond*. By Marleen Barr. Chapel Hill & London: The University of North Carolina Press, 1993.

覃思:《从一名之立看翻译之忠实原则——〈致青年科幻作家的一封信〉译文选段评析》,《大众文艺(理论版)》2008年第9期。<http://www.douban.com/group/topic/5193445/>

尼娜·贝姆(Nina Baym)
(1936—)

尼娜·贝姆为美国著名女性评论家,在美国文学批评、美国女性研究、美国文学史和美国女权文学理论诸方面都具有很高的学术造诣。她于1936年出生于新泽西州的普林斯顿,毕业于名校,先后获得康奈尔大学的学士学位、拉德克里夫学院的硕士学位和哈佛大学的博士学位。贝姆于20世纪60年代起到伊利诺伊州大学任教,曾经是伊利诺伊大学香槟分校英语系的斯宛伦德系主任和人文学科周年纪念教授,还担任过该校文理学院的人文学部主任,现为伊利诺伊大学香槟分校的英语荣休教授。她在学界影响力广泛,目前担任《诺顿美国文学选集》总主编,《美国季刊》、《美国文学》、《新英格兰季刊》、《塔尔萨女性文学研究》等重要文学批评杂志的编委,也曾担任过许多美国早期女性作品的再版本的主编。贝姆的学术生涯硕果累累,她是美国文学、美国文学史、美国女权文学批评领域好几部开拓性作品的作者,共发表过8部著作,60多篇学术文章和130多篇书评。贝姆也曾获多种荣誉,包括古根海姆基金会奖、全国人文科学捐赠基金奖、美国大学妇女协会奖、梅隆基金会奖等,并于2000年荣获美国现代语言协会颁发的2000年杰伊·B.哈贝尔美国文学终身成就奖。作为美国著名女权主义评论家,贝姆在长达40年的学术生涯里专注于对于美国女性创作的研究,其重要贡献包括开拓了19世纪美国女性小说研究的先河;对于20世纪美国文学经典排斥女性的现象做出了精辟分析;对于19世纪各类女性创作进行了全方位的探索。贝姆的批评理论与实践为美国女权主义文学批评具有开拓意义的尝试,建构了富有性别意识的批评话语,丰富了美国女权主义批评的成果。

贝姆的文学批评生涯起步于20世纪60年代末,早期研究主要集中在19世纪美国文学领域。她撰写过两部关于19世纪著名作家纳撒尼尔·霍桑的论著:《霍桑创作生涯的形式》(*The Shape of Hawthorne's Career*)和《解读〈红字〉》(*The Scarlet Letter: A Reading*)和一系列的论文,从多个角度对霍桑与其他的19世纪上半叶的作家进行了研究。或许正是在对于19世纪上半叶男性美国作家的研究中,尤其是对于这些作家作品中的女性角色分析中,贝姆开始转而思考由女性作家塑造的女性角色,从而开始对于女性作家的关注。贝姆在研究中注意到这样一个不争的事实,即19世纪的美国文坛上活跃着一大批女性作家，而这些作家在 20 世纪的美国文学研究中几乎全部销声匿迹。19 世纪女性作家驰骋文坛的事实也在霍桑于 1854 年写给自己的出版商的信中得到证实，他在信中表达了对于这些大获成功的女性作家的愤懑。如今霍桑的这封信已经成为 20 世纪女权主义文学批评家们最常引用的文本之一。正是出于对女性作家占领文学市场的不满，导致霍桑发出此言："美国如今完全沉迷于一群该死的胡写乱画的女人。当大众品味被她们的垃圾所吸引时，我便没有成功的机会，而即使我达到成功也会感到羞愧。"[①]当然，19 世纪女性文学的繁荣在别的作品中也有体现。约翰·D. 哈特(John D Hart)发表于 1950 年的论著《畅销书》(*The Popular Book*)也指出了 19 世纪中叶女性在文坛上的主导地位；莱尔·赖特(Lyle Wright)关于 20 世纪之前发表的美国小说的三卷(1965、1969、1972)书目中，包含了上千部女性小说书名；而哈佛大学出版社的前三卷《著名美国女性》中列举了 162 名在 1900 年前去世的女性作家。[②]照此看来，19 世纪的美国社会的确涌现出一大批"胡写乱画的女人"，她们备受读者爱戴，成为当时文坛上独领风骚的一代。

遗憾的是，在 20 世纪很长一段时期内，这些曾经风生水起的女性作家在文坛上匿迹不见，也从书店和课堂中消失，以至于造成美国文学在 20 世纪上半叶被男性一统天下的局面。贝姆意识到并决心改变这一现状，于美国女权运动风起云涌的 1978 年发表了具有深远意义的批评论著《女性小说：关于由女性创作、关于女性、为女性而作的美国小说指南，*1820—1870*》(*Woman's Fiction: A Guide to Novels by and about Women in America, 1820—1870*)，重新审视了 19 世纪 20 年代至 70 年代女性作家对于美国文坛的贡献，为其正名，以广视听，由此开拓了 19 世纪美国女性小说研究的先河。贝姆在书中涉及 48 位作家的 130 部小说，将 19 世纪美国文学中"被遗忘的一代"(the lost generation)挖掘出来。贝姆重点评价了 12 位高产而且畅销的作家：凯瑟琳·塞齐威克(Catharine Sedgwick)、玛利亚·麦金托什(Maria McIntosh)、E. D. E. N. 萨斯沃斯(E. D. E. N. Southworth)、卡洛琳·李·亨兹(Caroline Lee Hentz)、苏姗·沃纳(Susan Warner)、安娜·沃纳(Anna Warner)、玛利亚·卡明斯(Maria Cummins)、安·斯蒂芬斯(Ann

---

① Nina Baym, "Again and Again, the Scribbling Women," in *Hawthorne and Women: Engendering and Expanding the Hawthorne Tradition*. Eds. John L. Idol Jr. and Melinda M. Ponder. Amherst: University of Massachusetts Press, 1999. p. 21

② Nina Baym, "Rewriting the Scribbling Women." *Legacy* 2. 2 (Fall, 1985): 5.

Stephens)、玛丽·简·霍姆斯(Mary Jane Holmes)、马里昂·哈兰德(Marion Harland)、卡洛琳·切泽博罗(Caroline Chesebro)和奥古斯塔·伊万斯(Augusta Evans),对于她们的文学创作进行了积极中肯的评价。贝姆声称,因为这些作家的创作,小说成为当时最受欢迎的文学作品。这一文学形式的流行使得写作成为女性的职业,阅读成为女性的娱乐形式。当人们今天试图去挖掘和理解女性经历时,文学史中被遗忘的这一部分内容尤其重要。① 因为这批作品是美国文化传统的重要组成部分。

贝姆在分析了这批小说成功的原因时说,这批小说都是由女性创作,又是为女性创作的,其内容揭示了这些作品畅销的秘密。因为许许多多这类小说都讲述了一个共同的故事:一个被剥夺了依靠的年轻女子如何在社会上自立。这些女子通过自己的奋斗,最终实现自我、达到成功,即获得幸福美满的婚姻和家庭。贝姆把这些小说定义为讲述了"考验与成功"的故事的作品。② 它们之所以受到女性读者的欢迎,就是因为它们与女性读者的生活息息相关。女主人公的磨难,来自因其低下社会地位所带来的虐待、贫穷、疾病、残暴、剥削、背叛等等。虽然作者们的"解决方式"有所不同,但是这些作品都强调了女主人公对于困境的克服,以及女性自我的建构和个人价值的实现。这些作者相信女性有机会也有责任通过改变自己来改变自己的生存环境,这些倡导女性自立的故事给予19世纪被囿限于家庭的广大女性以希望,使得她们至少得以在文学作品中看到自己理想实现的可能性,读起来令人鼓舞,广受读者欢迎。

文学评论界经常使用"感伤小说"或"家庭小说"来形容19世纪女性创作。贝姆指出,所谓的感伤小说,就是指感情高于一切的小说。但在1820年之后出版的这些女性小说中,作者把沉浸于感情作为女性成长的最大诱惑和危险之一,她们不愿意接受、也不愿意让她们的读者接受当时流行的女性必定是软弱无能和逆来顺受、必定成为性牺牲品的观点。诚然,这种小说弥漫着"家庭生活崇拜"的情调,这是因为,一来当时的女性领域就是家庭,女性小说弘扬了无论男性或女性都能从建立在爱情、相互支持与相互负责的家庭关系中找到幸福与满足的观点。女性因其高尚的道德品质对于建立一个和谐、美满的家庭具有关键作用,这样的幸福则可以构成一个平等、美好的社会的基石。在一个女性被视为商品和性工具的商业社会里,在一个女

① Nina Baym, *Woman's Fiction: A Guide to Novels by and about Women in America, 1820—1870*. 2nd ed. Urbana: University of Illinois Press, 1993. p. 11.

② Ibid., p. 17.

性被束缚在家庭领域的社会环境下，这类作品暗示了女性影响的前所未有的扩展。

然而，在传统的文学批评中，"19世纪女性作家的成功成为她们文学作品低劣的标志，成为庸俗与商业价值观凌驾于高雅艺术之上的佐证"[①]。在强调这些作品对于美国女性的重要意义时，贝姆也承认，这些小说缺少"伟大的文学作品"所须拥有的美学、智力和道德的复杂性与艺术性，她也没有从中发现一个被遗忘的简·奥斯汀或乔治·艾略特，甚至没有一部作品可以与《红字》这样的作品比肩。但贝姆强调说，那些用来定义美国文学佳作的所谓"纯粹"文学标准，都具有男性中心论的偏见，即，"把捕鲸船而不是缝纫小组视为社区的象征；把颐指气使的母亲、泼妇般的妻子和背信弃义的情人而非专横的父亲、施虐的丈夫和玩弄女性的求婚者作为讽刺的目标；美国文学经典展示了对于正在成年的男性所面临的危机的不同寻常的同情，却对于处于同一生长阶段的女性的危机缺少怜悯之心"[②]。从这一角度来看，文学作品是否成为经典，与文学经典标准的制定密切相关。

以撰写《抵抗式的读者》名闻学界的女权评论家朱迪斯·菲特里(Judith Fetterley)撰文写道，贝姆的《女性小说》是第一部从一种不同的假设和信念写成的19世纪美国女性文学史，它完全不同于弗雷德·L.帕蒂(Fred L. Pattee)的《女性化的五十年代》(*The Feminine Fifties*, 1940)和赫伯特·罗斯·布朗(Herbert Ross Brown)的《美国的感伤小说，1789—1860》(*The Sentimental Novel in America, 1789—1860*, 1940)。[③] 而贝姆论著中所涉及的历史时期，正是男性评论家称之为"美国文艺复兴"的时期，在传统的文学史中这一时期的女性作家成为"隐身人"。贝姆以研究这些作品来纠正对于这些作品的意义的否定，历史地建构了一大批19世纪中产阶级女性作家所采用的策略。贝姆指出，这些小说代表了一种"温和的、有限的、实用的女权主义"。[④]贝姆的目的是使这些作品进入20世纪读者的视线，引起人们对于19世纪女性小说的关注。尽管她未能使这些作品都成为经典，但毫无疑问她的努力使得美国女性作家研究被学界所接受。[⑤]伯纳德·罗森塔尔(Bernard Rosenthal)指出，贝姆不是第一位研究这些作家的人，但是她是第

---

① Nina Baym, "Rewriting the Scribbling Women." *Legacy* 2.2 (Fall, 1985): 4.

② Nina Baym, *Woman's Fiction*. p.14.

③ Judith Fetterley, "Commentary: Nineteenth-Century American Writers and the Politics of Recovery." *American Literary History* 6 (1994): 602—603.

④ Nina Baym, *Woman's Fiction*. p.18.

⑤ Nina Baym, "Rewriting the Scribbling Women." p.8.

一位认真对待这些作家的人,她不仅提出了阐释她们的理论,还促使人们将其作品置于美国文学经典之列。由此,贝姆成为20世纪后半叶第一位为19世纪女性文学传统正名的女权评论家,其《女性小说》也成为美国女权文学批评的经典之作。[①]

正是在对于女性文学的研究中,贝姆提出了这样的质疑:那些当初为霍桑诟病的女性作家如今何在?为何她们曾经"笑傲江湖"而在20世纪文坛上几乎全部销声匿迹?是因为这些作品缺少文学价值而无法成为经典吗?贝姆认为是20世纪美国文学界父权统治的文学理论所造成的后果。从这一论点出发,贝姆在1981年发表了在学界造成轰动效应的文章《陷入困境的男性情节剧:论美国小说理论如何将女性作家排除在外》("Melodramas of Beset Manhood: How Theories of American Fiction Exclude Women Authors")。贝姆指出,学界现存的一个怪异现象是,尽管19世纪中期之后女性作家从销售角度来看曾经在美国文学创作中占据领先地位,但直至1970年,美国经典书目中没有任何女性小说家的作品。贝姆阐释了这一现象产生的原因。其一,一些颇有影响力的评论家对于女人成为严肃作家怀有根深蒂固的偏见;其二,他们对于女性作家可以创作出优秀作品持怀疑态度;最后,是与性别有关的局限性,这些局限性并非来自产生这些女性作家的文化现实,而是后来出现的文学理论对于早期文学充满性别歧视的判断。这一判断的中心思想是美国文学经典作品必须具有"美国性"。

何谓"美国性"?首先,作品的主题必须是关于美利坚民族的,作者在其作品中必须着力描绘美国独有的经历和特征的某个方面。而颇有些令人费解的是,这种流行的文学理论认为真正的美国文学必须把批判美国文化和社会作为自己的主要任务,而19世纪的女性作家对此不是持有批判态度,反而表现出一种文化的赞同,因此女性作家及其作品在男权文学理论和文学史中被视为是障碍和阻力,"女性作家是作为敌人进入美国文学史的"[②]。女性文学作品被排除在文学经典之外缘由于此。贝姆据此提出,在这种理论模式下,男性作家创作出反映了美国文化本质的情节剧,陷入困境的男性象征了文化的张力。这种美国性的本质主义理论构成了一批20世纪重要美国文学批评作品的主线:F. O. 麦迪森(F. O. Matthiessen)的《美国文艺复兴》(*The American Renaissance*, 1941)、亨利·纳什·史密斯(Henry Nash

① Bernard Rosenthal. "Review." *The New England Quarterly* 51.4 (Dec., 1978): 578.

② Nina Baym, "Melodramas of Beset Manhood: How Theories of American Fiction Exclude Women Authors." *American Quarterly* 33.2 (Summer, 1981): 130.

Smith)的《处女地》(*Virgin Land*, 1950)、查尔斯·菲德尔森(Charles Feidelson)的《象征与美国文学》(*Symbolism and American Literature*, 1953)、R. W. B. 路易斯(R. W. B. Lewis)的《美国亚当》(*American Adam*, 1955)、理查德·蔡斯(Rechard Chase)的《美国小说与其传统》(*American Novel and Its Tradition*, 1957)、丹尼尔·G. 霍夫曼(Daniel G. Hoffman)的《美国小说的形式与寓言》(*Form and Fable in American Fiction*, 1961)等等。这些批评作品一起建构了关于美国文学的神话。

这个被美国文学评论界建构的神话讴歌了一个与特定社会环境分离的美国个体所进行的抗争,弘扬了在这片新大陆上一个不受历史和社会事件束缚的独立个人可以获得完整自我定义的精神。这个神话将个人置于社会之上,社会对于人的本性是第二位的,对于个人具有破坏性的压力,个人是作为社会的敌人而存在的。贝姆认为,只有在拥有大片荒野的美国这些奇异怪想才成为可能,只有在文学作品中也才更为可信。随着美国西进运动的进展,个人与社会的冲突变得日益凸显。这种冲突在19世纪的作家库珀的皮袜子系列作品(Leatherstocking Series)中就有反映,之后在20世纪又演变成诸如杰克·凯鲁亚克(Jack Kerouac)的《在路上》(*On the Road*, 1957)、约翰·厄普代克(John Updike)的《兔子,跑吧》(*Rabbit Run*, 1960)这样对于不受约束的空间的向往或是对于逃避的渴望。在这类作品中,马克·吐温的《哈克贝利·费恩历险记》(*Adventures of Huckleberry Finn*, 1885)颇有典型意义,男孩哈克为了逃脱社会的约束,开始了他与逃奴吉姆沿着密西西比河的漂流。在小说结尾,哈克拒绝再次被收养,决定继续其漂泊不定的自由生活。哈克的决定被称为体现了美利坚民族精神:拒绝被"教化",不满足现有的社会环境,渴望逃离约束。而在这些故事中,具有侵犯性、局限性和破坏性的社会经常是由女性所代表的,所以在男性作品中女性往往成为男性实现自我、追求自由的障碍,成为限制男性个性发展的社会的代言人,而塑造了承担家庭责任、拒绝逃避的女性的作品反而被摒弃于反映美国特征的文学经典之外。贝姆文章的意义就在于此,她从根本上质疑了美国文学史的撰写标准,一针见血地指出了多年来把女性排除在外,或是使其边缘化的美国文学神话的本质。《陷入困境的男性情节剧》已经成为美国女权主义文学批评的经典文本,在美国文学经典修正过程中发挥了巨大的作用。

尼娜·贝姆具有广泛的学术兴趣和深厚的批评功底,她将自己的研究置于美国文化的大背景之中,从各个角度研究了女性作家创作对于美国社会与文化的发展的贡献。贝姆于1984年发表了《小说、读者与评论家:对于内战前美国小说的反应》(*Novels, Readers, and Reviewers: Responses to Fiction in Antebellum America*),以发表在20多本杂志上的2000多篇书评为基础探讨了19世纪美国内战前社会对于小说的接受情况。贝姆的重点不是这些书评,而是书评中反映出来的关于小说的假设和标准,以及对于小说的文化期待,贝姆试图以此"记录关于小说的真实美国观点"。[①] 贝姆关注的是19世纪40年代至60年代的美国社会,一个对小说和虚构作品充满敌意的时代已经过去的社会。这些绝大多数为匿名的书评,关注的不是意象或象征,而是作为"小说的形式要素"的"叙事情节"。贝姆在分析中指出,19世纪的评论者高度评价那些具有"原创性"的人物塑造,在一个提倡个人主义的时代,书评作者极力颂扬那些具有个性的人物。但是,在一种鼓励男性把自己作为独立个人的意识形态中,女性被认为要为受到个人主义威胁的社会凝聚力负责任。贝姆在自己的《女性小说》中曾经指出,当时的女性小说多讲述了女性在父权社会里寻求自我发展的故事,鼓励女性作为有潜力和独立性的个人,但当时的文学评论却认为这些故事探讨的是女性如何保持性属身份,这些女性如何作为"女人"的故事。贝姆强调当时的书评似乎都没有意识到在评论这些小说时运行着两种截然不同的评价体系。

贝姆的女性研究没有止于小说。她于1995年发表了《美国女性作家与历史作品,1790—1860》(*American Women Writers and the Work of History: 1790—1860*)一书,将研究视角指向历史作品领域,探讨了19世纪创作的大批各种体裁的历史作品。贝姆以她一贯的扎实学风,在研究中涵盖了150位女性作家的350部作品,包括被人们所熟知的莉迪亚·查尔德(Lydia Child)、哈里特·比彻·斯托(Harriet Beecher Stowe)和萨拉·黑尔(Sarah Hale),以及萨利· 安德森· 哈斯汀(Sally Anderson Hastings)和汉娜·弗莱格·Gould(Hannah Flagg Gould)这些对当代读者来说相对陌生的人。贝姆在自己的论著中把历史的范围扩大到历史教材、传记、回忆录、历史题材小说、戏剧、诗歌、游记,以及传教士的宗教历史故事,因而把历史置于19世纪美国知识生活的中心。虽然作者大多是新英格兰地区的盎格鲁·新教徒或是他们的后裔,但是她们的社会地位、政治观点和职业大相径庭。贝姆在书中表达的一个重要观点是,无论这些女作家持何种观点,她们强调拥有对于政治和公共事务的看法的权利,并且使用这种权利来宣传自

---

① Nina Baym, *Novels, Readers, and Reviewers: Responses to Fiction in Antebellum America*. Ithaca: Cornell University Press, 1984. p.14.

己的观点。[①] 这一时期的女性充分利用了关于共和主义和共和国女性角色的观点为自己找到了阅读和写作历史作品的理由。贝姆展示了历史阅读和写作使得女性很容易适应共和国母亲范式。贝姆消解了关于公共与私人两个不同领域的意识形态，力图证明两者之间的界限并非那样泾渭分明，置身于私人领域的女性通过撰写这些作品直接和广泛地参与了国家公共生活的话语。受到启蒙运动中关于两性智力平等以及维多利亚时代关于女性具有道德优势的观点的影响，美国女性作家认为女性在历史上可以承担更为重要的角色。贝姆的研究使得“我们开始看到女性对于国家言论的参与是如何修正了美国思想倾向的”[②]。这部论著是贝姆关于19世纪女性和文学的第四部著作，贝姆在此继续揭示了美国女性在19世纪美国社会的在场，其研究的广度和深度令人们赞叹。

贝姆研究的下一个女性创作领域是科学。贝姆在2001年发表了《美国女作家和19世纪科学：关联方式》(*American Women of Letters and the Nineteenth-Century Sciences: Styles of Affiliation*)分析了19世纪美国女性与科学的关系。科学在19世纪的美国得到广泛传播和发展，极大地改变了公众对于知识的理解。随着科学对于社会发展的意义日益显见，许多知识女性也努力把科学观点纳入女性的视野。尼娜·贝姆探讨了美国女性写作对于科学的回应。虽然无法成为科学家，美国女性坚持认为她们可以懂得科学，并且参与有关科学的话语。女性利用她们与出版业的联系，宣传了对于针对大众的科学知识的传播。她将一批19世纪的女作家以人们意想不到的方式联系到一起：艾米拉·菲尔普斯(Almira Phelps)、萨拉·黑尔(Sarah Hale)、凯瑟琳·比彻(Catherine Beecher)、苏姗·菲尼莫·库珀(Susan Fenimore Cooper)、伊丽莎白·凯利·阿加西斯(Elizabeth Cary Agassiz)、爱玛·维拉德(Emma Willard)、玛利亚·米歇尔(Maria Mitchell)和艾米莉·狄金森(Emily Dickson)。这些来自新英格兰地区的知识女性，但都曾书写过与科学有关的作品。贝姆对于这些为女性传播科学知识的女作家表示出极大兴趣，她们致力于提高女性的才智，其科学作品曾出现在教材、小说、诗歌、医学杂志、指导书籍和畅销杂志上。例如，19世纪著名的女性杂志主编萨拉·黑尔于1830—1870年之间在她的杂志《戈丁妇

---

① Nina Baym, *American Women Writers and the Work of History, 1790—1860*. New Brunswick: Rutgers University Press, 1995. p. 40.

② Louise L. Stevenson, Review of *American Women Writers and the Work of History, 1790—1860*. *The William and Mary Quarterly* 53.4 (Oct. 1996): 847.

女杂志》(*Godey's Lady Book*)上登载了大批以科学为内容的文章,她虽然不相信女性能够在科学领域做出原创性贡献,但强调了提高女性才智的重要性,以及科学技术对于家庭生活的实际意义。凯瑟琳·比彻[1]也在其多次再版的畅销著作《家政指南》(*Treatise on Domestic Economy*, 1841)中强调了与家务有关的科学知识。当然,并非所有女性都对科学发展欢欣鼓舞,著名诗人艾米莉·狄金森虽然在诗作中不断涉及科学话题并使用科学意象,却把它们作为自己抗争宗教和父权统治的工具。总之,贝姆的著作"概括了19世纪女性作家使用的与科学建立关联的策略,也分析了这种关联方式的意识形态和实用价值的局限"。[2] 值得称颂的是,贝姆在这部作品中从文本分析转向作家背景分析,范围扩大到美国文化史的研究。该书的意义还在于它为生态女权主义者提供了历史研究视角,这种视角在那些反对科学和强调精神化的女性作家作品之中都有体现。[3]

2011年,贝姆发表了《美国西部女性作家:1833—1927》(*Women Writers of the American West, 1833—1927*),进一步拓展了美国女性研究的疆界。首先,贝姆将研究范围延伸到一直以来属于"男性作家、男性探险家和男性成长历程"的特权领地,集中探讨了美国女性西部作家及其作品。[4] 长期以来,西部写作中女性作家的名字一般仅出现在括号、脚注和参考书目中。而贝姆的《美国西部女性作家》着力展现了女性作家与这一领域的关联性。贝姆通过查阅文学史和文化史、选集、传记辞典、学术论文与专著、出版书目、参考书目、出版商的书籍广告、女性作家作品中对于其他女性作家的引用,以及各类网站进行了全方位的搜寻,找到了出版于1833年至1927年间出自343名女性创作的640本关于美国西部的作品。对于这些作品,有些已经具有相当多的研究成果,还有一些在近年来才受到学界关注。但是绝大多数早已遭受被尘封的命运。这些从事西部写作的女性有作家、新闻作者、自由撰稿人和编辑,也有教师、社区活动家、俱乐部女性和地方历史学家。在这个群体当中,既有多年笔耕不辍、拥有多部作品的女性,也有人将毕生精力倾注于一部作品。但贝姆的研究说明西部文学绝非像人们通常所认为的那样,是一个只有男性参与的领域,她的研究成果也又一次雄辩地证实了"女

---

① 凯瑟琳·比彻为19世纪美国著名作家哈里特·比彻·斯托(斯托夫人)的姐姐,著名女性教育家。

② Richard Menke, "Review." *Isis* 94.2 (June 2003): 385.

③ Ann B. Shteir, "Review." *South Central Review* 21.2 (Summer, 2004): 80.

④ Christine Bold, "Annie get your pen." *Times Literary Supplement* (July 8, 2011): 8.

性在被认为应该是无声的地方发出了自己的声音，并且做了她们被认为不应该去做的事情”[①]。

贝姆努力从女性如何再现西部、如何自我展现的角度来介绍这些作品。从题材上来看，女性作家的西部作品较少涉及男性西部作品中、尤其是后来的西部影视作品中常见的对暴力、枪战和死亡的描述，而更关注女性的故事。这些作家丝毫不认为西部是仅属于男性的主题，而把自己的创作看做是对于西部定居的真实记载。美国西部作品中具有共性的主题是其体现的“天赋命运”：美国的西部开发注定它会将自己的边界不断向西延伸，直至太平洋海岸。但在女性笔下，对于西部荒野的这种占领是以和平昌盛为宗旨，以家庭、农场和商业的发展为目标的，而不是为了炫耀征服和暴力，更不是张扬男性气概和个人英雄主义。西部女性写作的共同特点是表现出对于落户西部、发展西部、繁荣西部的“共同目的”的关注，以及对于女性的坚强意志的歌颂。西部女性作品再现了女性在开放西部的历史使命中作为男性的伙伴的经历，在女性作家的笔下西部成为一个女性也被给予成长和发展空间的地方。这些女性作品展示了女性是如何通过在一个新的定居之处从事家务来为自己和家庭创建一种西部生活的，她们也因此改变了西部。女性对于家庭、农场、商业的西部发展起到了至关重要的作用，而在这个过程中，女性也变得更加健康、活跃、有用、比起她们位于东部的姐妹们更多地参与了社会。“西部的发展使得女性成为新人。”[②]远离东部城市文明和欧洲高雅文化传统，西部更有效地摆脱了在东部城市逐渐形成的等级观念和文明社会的繁文缛节，并非出身名门的普通女性也因而有机会自由发展、实现自我。“新夏娃，与新亚当一样，将会在美国获得自己的发展机遇。”[③]

贝姆对于西部女性作家研究的另一创新之处在于她对于领域和体裁的跨越。在研究西部作品时，自然会涉及对于西部的定义。西部的范围和边界是一个不固定的、具有多种文化真实性的概念。随着西进运动的进展和西部边疆的移动，西部的含义也在不断变化，而关于西部的写作，就会包含许多不同的声音。而这些具有特色的西部，组成了德克萨斯、加利福尼亚、犹他、新墨西哥等人们称为西部的广大地区。贝姆在书中强调了区域对于文学创作的意义以及不同区域文化的极大差异，也以地域为分界划分了书

①② Nina Baym, *Women Writers of the American West, 1833—1927*. Urbana: University of Illinois Press, 2011. p. 2.

③ Ibid., p. 9.

中章节。贝姆以此为前提为读者介绍了西部女性作家是如何再现了自己所在区域的,从而有效展示了西部写作的多样性。贝姆在该书中介绍的各类作品包括小说、戏剧、诗歌和短篇故事,也有回忆录、传记和游记,还有传教小册子、政治作品等等。西部作品显示了女性在公共领域的活动能力,她们参与各种与西部利益有关的活动,施展了她们的才能。贝姆在研究中发现,出自少数族裔作家之手的西部书籍凤毛麟角、颇为少见,她在自己书中所涉及的大多数作者都是具有一定社会地位的女性,绝大多数为具有"撒克逊-盎格鲁"血统的女性,即英格兰人、苏格兰人、威尔士人、爱尔兰人的后裔。在上述所有的作家中,只有 19 位其他族裔女性(包括华裔、非裔、墨西哥裔和美国土著),占书中所涉及作家总数不到百分之六。考虑到长期以来西部少数族裔作家的边缘社会地位,这样的发现似乎也是在预料之中的。少数族裔作家很少具备发表长篇作品的政治和经济条件,难怪她们能够出版的著作如此少见。贝姆的这部作品也获得学界的肯定。纽约大学的 S. K. 伯纳丁指出,作为 19 世纪美国文学和女性创作研究的奠基式人物的贝姆,在这本著作中同时丰富了两个领域。她在之前对于女性小说和女性历史作家的挖掘性工作基础之上,这一次又把视线转向美国女性书写的各类西部作品。[①] 著名女性评论家伊莱恩·肖沃尔特在该书封底的推介语中则称,"作为老西部女性创作的第一部全面的指导性书籍,这部作品必将成为一部标准和经典文本"。

作为美国文学研究领域的著名学者,贝姆自 1985 年起担任了在美国文学教学中应用范围最为广泛的《诺顿文学选集》第三至第八版的总主编,这也是美国文学领域中最受人尊重的工作,因为总主编的评判力将直接影响到广大学生读者对于美国文学全面的理解。《诺顿文学选集》的不断再版过程也反映了美国文学研究领域的发展趋势。《文集》在继续关注组成经典的文本的同时,也随着人们对于影响到文学史的社会、政治和文化力量的不断深入理解,收录了那些在近年来才表现出其重要性的文本。[②]《文集》在选材上最令人瞩目的变化就是对于美国文学经典的不断拓展,最有代表性的是少数族裔文学(土著印第安人的口头文学是一个很好的佐证)和女性文学在选集中比例的明显提高。这种变化有力展示了美国文学的多元性以及在过去四十年来美国文学研究领域的丰硕成果。作为总主编的贝姆自然功不可没。

回顾过去几十年的美国文学界,最大的变化莫过于因为女性作家的发

---

① S. K. Bernardin, "Review." *Choice* (October, 2011): 300.

② Citation of Hubbell Medal 2000. http://als—mla.org/HMBaym.htm.

现和挖掘对于经典带来的变化，它极大改变了人们对于文化和社会的理解，也由此产生了一大批美国女性作家研究的优秀学术成果。在2000年现代语言协会颁发给贝姆的杰伊·B.哈贝尔美国文学终身成就奖的表彰辞中，贝姆被称之为女性研究领域“无以比拟的开路先锋”。她的许多著作和文章已经成为关于19世纪女性写作的批评经典。她不仅在对于“美国文艺复兴”时期的重要作家的重新评价中成为领军人物，也因为她对于经典的评论和对于19世纪的女性研究，成为美国文学批评中的排头兵。贝姆的作品深刻持久地改变了美国文学史的书写。① 女性评论家鲍尔·M.戴尔(Bauer M. Dale)曾这样评价贝姆，在长达40年的学术生涯里，贝姆的研究天衣无缝地衔接在一起，似乎她从一开始就对于自己的学术持有十分清楚的认识。②的确，贝姆的学术研究令人联想到美国文化中具有主题图案的百衲被。从作为作者的女性、到作为读者的女性，从撰写历史的女性、到传播科学知识的女性，从东部城市的女性、到西部荒野的女性，贝姆始终围绕着美国女性写作的主题，不断扩大自己的研究范围，逐渐绘制出一幅色彩斑斓、衔接自然的关于美国女性的完整画面。

主要作品(按出版年代排序)

"Thoreau's View of Science." *Journal of the History of Ideas* 26 (1963): 221—234.

"The Women of Cooper's Leatherstocking Tales." *American Quarterly* 23(1971): 698—709.

The Shape of Hawthorne's Career. Ithaca, NY: Cornell University Press, 1976.

Woman's Fiction: A Guide to Novels by and about Women in America, 1820—1870. Ithaca, NY: Cornell University Press, 1978. (2nd ed. 1993)

"Melville's Quarrel with Fiction." *PMLA* 94.5(Oct. 1979): 909—923.

"Melodramas of Beset Manhood: How Theories of American Fiction Exclude Women Authors." *American Quarterly* 33.2 (Summer 1981): 123—139.

"The Madwoman and Her Languages: Why I Don't Do Feminist Literary." *Tulsa Studies in Women's Literature* 3.1/2 (Spring-Autumn, 1984): 45—59.

Novels, Readers, and Reviewers: Responses to Fiction in Antebellum America. Ithaca, NY: Cornell University Press, 1984.

[Ed.] *Norton Anthology of American Literature*. 3rd through 8th editions. New York: Norton, 1985—present.

"Rewriting the Scribbling Women." *Legacy* 2.2 (Fall 1985): 3—12.

---

① Citation of Hubbell Medal 2000. http://als—mla.org/HMBaym.htm.

② Dale M. Bauer, "The Shape of Baym's Career." *American Literary History* 17.4 (Winter 2005): 646.

The Scarlet Letter: *A Reading*. Boston: Twayne [Masterworks Series], 1986.

"The Feminist Teacher of Literature: Feminist Teacher?" *Papers on Language and Literature* 24.3 (Summer, 1988): 245—264.

"Mercy Otis Warren's Gendered Melodrama of Revolution." *South Atlantic Quarterly* 90 (1991): 531—554.

"Between Enlightenment and Victorian: Toward a Narrative of American Women Writers Writing History." *Critical Inquiry* 18.1 (Autumn, 1991): 22—41.

Feminism and American Literary History: *Essays*. New Brunswick: Rutgers University Press, 1992.

"Theorizing the Nation: American Literary Study Today." *Modern Philology* 91.1 (1993): 60—74.

"Delia Bacon: Hawthorn's Last Heroine." *Nathaniel Hawthorne Review* 20.2 (Fall 1994): 1—10.

American Women Writers and the Work of History. New Brunswick: Rutgers University Press, 1995.

"The Agony of Feminism: Why Feminist Theory Is Necessary After All," in *The Emperor Redressed*: *Critiquing Critical Theory*. Ed. Dwight Eddins. Tuscaloosa: The University of Alabama Press, 1995. 101—117.

"Hawthorne's *Scarlet Letter*: Producing and Maintaining an American Literary Classic." *Journal of Aesthetic Education* 30.2 Special Issue: Distinguished Humanities Lectures II (Summer, 1996): 61—75.

"Women's Novels and Women's Minds: An Unsentimental View of Nineteenth-Century American Women's Fiction." *NOVEL*: *A Forum on Fiction* 31.3. Thirtieth Anniversary Issues: III (Summer, 1998): 335—350.

"Again and again, the Scribbling Women." In *Hawthorne and Women*: *Engendering and Expanding the Hawthorne Tradition*. John L. Idol Jr. and Melinda M. Ponder, eds. Amherst: University of Massachusetts Press, 1999. 20—35.

American Women of Letters and the Nineteenth-Century Sciences: *Styles of Affiliation*. Brunswick: Rutgers University Press, 2001.

"Plenary Speech." *Legacy* 19.1 (2002): 1—4.

"Revisiting Hawthorne's Feminism," in *Hawthorn and the Real*: *Bicentennial Essays*. Ed. Millicent Bell. Columbus: The Ohio State University Press, 2005. 107—124.

Women Writers of the American West, *1833—1927*. Urbana: University of Illinois Press, 2011.

参考文献

Bauer, Dale M. "The Shape of Baym's Career." *American Literary History* 17.4 (Winter 2005): 646—652.

Davison, Cathy. "The Resisting Critic and the Politics of Reception." *American Quarterly* 37 (1985): 285—291.

Dobson, Joanne. "Reclaiming Sentimental Literature." *American Literature* 69 (1997): 263—288.

Donovan, Josephine, ed. *Feminist Literary Criticism*: *Explorations in Theory*. Lexington: University Press of Kentucky, 1976.

——. *Feminist Theory*: *The Intellectual Traditions of American Feminism*. New York:

Ungar, 1985.

Eddins, Dwight, ed. *The Emperor Redressed: Critiquing Critical Theory*. Tuscaloosa: University of Alabama Press, 1995.

Hirsch, Marianne, and Evelym Fox Keller, eds. *Conflicts in Feminism*. New York: Routledge, 1990.

Jacobus, M. ed. *Women Writing and Writing about Women*. London: Croom Helm, 1979.

Fetterley, Judith. "Commentary: Nineteenth-Century American Women Writers and the Politics of Recovery." *American Literary History* 6 (1994): 600—611.

Idol, John Jr. and Melinda M. Ponder, eds. *Hawthorne and Women: Engendering and Expanding the Hawthorne Tradition*. Amherst: University of Massachusetts Press, 1999.

Kolodny, Annette. *The Lay of the Land*. Chapel Hill: University of North Carolina Press, 1975.

Register, Cheri. "Literary Criticism." *Signs* 6.2 (Winter, 1980): 268—282.

Showalter, Elaine. "Towards a Feminist Poetics," in *Modern Literary Theory: A Reader*. 3rd. ed. Eds. Philip Rice and Patricia Waugh. London: Arnold, 1996. 99—108.

Tompkins, Jane. *Sensational Designs: The Cultural Work of American Fiction, 1790—1860*. New York: Oxford University Press, 1985.

Warhol, Robyn R. and Diane Price Herndl, eds. *Feminisms: An Anthology of Literary Theory and Criticism*. New Brunswick: Rutgers University Press, 1991.

Welter, Barbara A. "The Cult of True Womanhood." *Dimity Convictions: The American Woman in the Nineteenth Century*. Columbus: Ohio University Press, 1976. 21—40.

劳伦·布兰特(Lauren Berlant)
(1957—)

劳伦·布兰特于1985年在康奈尔大学获得文学博士学位，此前一年，她已在芝加哥大学英语语言文学系成功获得教职，开启了至今二十多年的学术生涯。如今，身为该系讲席教授的布兰特，在通俗文化、公共政治、女性主义和性别研究等领域建树颇丰，并多次荣获学术奖项，包括1993年诺曼·福斯特(Norman Forster)年度最佳论文奖、2001年美国出版界最佳编著奖，以及2011年美国比较文学学会勒内·韦勒克(René Wellek)著作奖等重要奖项，是美国重要的女性主义理论家、文化研究学者和公共知识分子。她以“民族情感”(national sentimentality)为主题的“三部曲”围绕公民身份的情感构成因素这个核心主题，广涉美国19世纪以来的审美价值取向、亲密关系变革、文学文化表征和政治历史事件，对身份政治、情感理论、女性主义、文化研究都产生了广泛深远的影响，并奠定了她在美国女性文学、文化和情感政治研究领域的地位。2011年出版的获奖新著《残酷的乐观主义》(*Cruel Optimism*)将批评视野进一步拓展到大西洋两岸，研究二战后欧美的文学、艺术和电影电视作品，揭示美好生活的幻想如何将人们束缚在不同的私密和政治规范性行为中，不仅就情感和公共政治关系进行了理论建构，而且对个人的日常生活选择、如何解决当前社会困境都具有现实意义和实践价值。

作为芝加哥著名的公共知识分子，布兰特创建了芝加哥情感研究团体(Chicago Feel Tank)，吸引了一批政治活动家、艺术家和学者，就公共政治领域与情感世界等问题展开了理论探索和批评实践。他们认为，情感并非与政治无关，恰恰相反，情感能为政治提供一种特别的批评和审美视角，而女性主义正是这种情感视角不可或缺的构成因素。布兰特在美国文学理论权威期刊《批评探索》(*Critical Inquiry*)于2003年召开的研讨会上发表了一项题为“批评探索：平权文化”(Critical Inquiry: Affirmative Culture)的声明，介绍了芝加哥情感研究团体的起源和宗旨，并先后在芝加哥组织了三次国际性的政治游行，参与者都是胸怀政治抱负但又对当前局势持悲观主义态度的人，其中当然不乏女性知识分子。此外，布兰特在担任《批评探索》期刊编辑期间，主编文集《亲密关系》(*Intimacy*)、《我们的莫妮卡，我们自己：克林顿与国家》(*Our Monica, Ourselves: Clinton and the Affairs of State*)

和《同情：一种情感的文化与政治》(*Compassion: the Culture and Politics of an Emotion*)，深入探讨了集体依附和情感、社会归属的不同形式、公民身份的构成，以及在法律、规范和幻想的共同作用下，亲密关系中的情感政治和情感效力。布兰特还参与创办了芝加哥大学的性别研究中心，曾担任中心主任，除开设性与伦理、女性主义理论、女性主义与公共领域等多门课程之外，还带领博士生展开文学、电影、文化、政治、社会等多种跨学科的项目研究，对该中心的学科建设贡献卓著。

1991 年出版的《民族幻想的解剖：霍桑、乌托邦与日常生活》(*The Anatomy of National Fantasy: Hawthorne, Utopia, and Everyday Life*)是布兰特"民族情感"三部曲的第一部，她从社会政治、日常生活、性关系和性文化等多个层面考察霍桑的作品，重点分析小说《红字》中展现的公民归属感和相互关系的不同构成模式，并从女性主义角度"在美国文化的民主社会空间中对女性政治媒介进行历史描述和理论阐释"[①]。布兰特认为，霍桑的成功在于他将个体生活和情感欲望融入对公共生活的描述，揭示美国清教社会的弱点，也就是集体身份的危机。作为文学家，布兰特用高雅的文化形式书写了民族文化的时代叙事；作为批评家，她用冷峻的笔触向包括白人种族主义和男权意识在内的主导意识形态发起了挑战。

布兰特认为有两个美国，一个是以法律和政府机构为调节媒介的政治实体，另一个是由抽象记忆构成的乌托邦的"美国"。在这种假设的公共关系中，集体行为不断激发出一系列情感、形象、习俗、民族认同等叙事，进而生产出集体拥有的幻想生活。布兰特用"民族象征"(national symbolic)的概念界定霍桑小说开启的"后乌托邦"(post-utopian)和"原民族主义"(proto-nationalist)的场域，反思了美国公民身份的建构，同时也揭示了个体如何陷入越来越抽象的乌托邦身份认同之中。在清教占主导的美国社会，以法理为基础的政治生活和以道德良心为基础的世俗生活之间存在着一个内部的、家庭性质的非政治空间，女性主义试图在这个空间中争取生存的可能。如果女主人公胸前佩戴的红色大写字母 A 代表集体维护清教权威的政治意图，从对通奸的事实和天使的原罪到对乌托邦美国的多种阐释，就不但提供了"反文化、反记忆的素材"，[②]而且成为了挑战父权秩序的女性主义象征。

---

① Lauren Berlant, *The Anatomy of National Fantasy: Hawthorne, Utopia, and Everyday Life*. Chicago and London: University of Chicago Press, 1991. p. 9.

② Russ Castronovo, "Review of *The Anatomy of National Fantasy: Hawthorne, Utopia, and Everyday Life*." *American Literature* 64. 1 (March, 1992): 161.

布兰特认为，政治体制的权力依附于单一的、男性的乌托邦想象，女性必须脱离这种抽象的政治夙愿，在男性权威、清教道义、民族想象的框架之外寻求自己的身份认同，因此，民族失忆同身份认同一样，都是公共身份的调节媒介。

任何关于公民身份的认同与建构的论述都离不开公私领域的分化问题。布兰特的第二部专著《美国女王去华盛顿：论性与公民》(*The Queen of America Goes to Washington City*: *Essays on Sex and Citizenship*, 1997)着重探讨了里根时代私有生活侵占公共生活的文化、政治和社会现象。女性主义的惯用口号"个人的即政治的"("the personal is political")进入公共领域后变成了相反的"政治的即个人的"("the political is personal")，[①]也就是说，政治和私有的界限瓦解了，两者统统融入公共的隐秘世界，这是由性、分娩、流产、色情等私密形象，婚姻和家庭的价值观以及个人的道德情感构成的一个世界。因此，以个体或家庭为单位的私人生活不仅越来越多地成为政治行动主义和社会文化研究的焦点，而且更直接关乎美国理想公民的形象和行为准则。

布兰特在书中探讨了在美国文化中举足轻重的亲密关系及其相关概念，在文学、法律和大众媒介中搜集案例，历数美国公民身份私有化过程中的重要形象，从不断追求美国梦的阿甘、丽萨·辛普森(Lisa Simpson)[②]，到传承与危机并存的酷儿群体和酷儿文化，再到安妮塔·希尔(Anita Hill)[③]控告性骚扰的法庭证词，布兰特勾勒出美国里根时代的政治文化谱系。她对众多文学和社会形象细致入微的描述和深刻的分析，为读者开启了重新思考美国公民和民族政治的批评空间。在这个空间里，公共知识分子可以就阶级、种族、性和性别矛盾等问题展开批判，保守派和右翼自由党可以对政治问题进行分析和采取行动，哲学家和思想家也可以发表理论宣言，对乌托邦理念中的世俗、色情和政治因素予以睿智的分析和调侃。

布兰特在序言中谈到她在选取通俗文本的篇目时遭到质疑的事。一次

---

① Amy Robinson, "Review of *The Queen of America Goes to Washington City*: Essays on Sex and Citizenship by Lauren Berlant; Becoming-Woman by Camilla Griggers." *Signs* 25. 3 (Spring, 2000): 932.

② 丽萨·辛普森(Lisa Simpson)是美国动画情景喜剧《辛普森一家》(The Simpsons)中的卡通形象。

③ 安妮塔·希尔(Anita Hill)，美国律师，法学教授。1991年希尔指控时为美国最高法院大法官候选人克莱伦斯·托马斯(Clarence Thomas)对其进行性骚扰一案轰动全美。

演讲后，有人评论说："我很欣赏你的想法，但我痛恨你的文献。"[①]布兰特认为，时下从事大众文化研究的学者普遍受到批评和谴责，这是因为他们割断了经典文本与传统理论的亲密关系，不仅更加严重地"威胁了已经岌岌可危的人文学科"，甚至贬低了"整个知识生活"的价值。[②] 布兰特利用这个契机，对"日常生活的普通事物进行反政治的研究，发展相应的批评模式和概念机制，将公共领域日常交流中被废弃的材料视为建构、体验和描述美国普通公民身份的重要文献"，而恰恰由于这些材料的普遍性、偶然性和临时性，才需要文化研究学者用跨学科、多元化的方法和视角展开批评实践。

在考察公民身份的构成何以私有化的同时，布兰特还特别关注身份政治中的盲点，探讨了身份认同和差异的批评话语是如何直接参与了后本质主义和后结构主义的。尽管出于集体想象的视角，布兰特自己对公民身份的批评有时会发生动摇，有时甚至会丧失她一直持续关注的盲点，这不但引发读者的认同感，也暴露了她自己的认同取向。《美国女王去华盛顿：论性与公民》中每一章都选取一个颇有争议的公共形象，突出了去华盛顿这一朝圣之旅的集体形象。华盛顿是民族国家的政治中心，去华盛顿就意味着拉近了个人向往与代表着个体希望的公共社会之间的距离。在特权日趋消退的互应文化体系中，真正代表美国民族形象的并不是具有劳动能力的成人，而是美国的婴儿或儿童。他们尚未卷入世俗化和性别化的过程，尚未受到大规模消费市场的浸染，尚未参与种族、阶级和性别之间的战争。归根到底，婴儿或儿童的形象融汇了关乎民族身份的一系列复杂的焦虑和欲望，也就是说，他们未来的公民身份和主体性、他们的亲密关系和利益关系、他们的身体、个体身份和英雄主义叙事，将决定美国的未来。而当下民族文化的乌托邦想象生产的抽象形象却危机四伏，究竟什么样的形象可以作为未来理想公民的模式，并对其加以巩固和具体实现，这必然成为当前政治话语争论的焦点和法制实践的参照依据。

布兰特在最后一章中分析了歌剧中女主角的形象，由此入手对黑人女性表征的女性主义叙事展开了讨论。就黑人女性主义借用少数主体性话语这一点而言，布兰特似乎面临着在身份政治中重新把自我与他者对立起来的危险，然而，正是这种危险说明布兰特并没有停留在问题的虚幻表面，而深入到了问题的实质，探讨了与此相关的亲密关系问题及其公共政治影响。

---

① Lauren Berlant, *The Queen of America Goes to Washington City*: *Essays on Sex and Citizenship*, Burham, N. C.: Duke University Press, 1997. pp. 11—12.

② Ibid., p. 12.

总之,布兰特拒绝将自己限制在单一的公民身份政治的理论话语中。她在这部论述性与公民身份关系的著作中着重说明了一个问题:公共领域,无论属于同性恋的少数群体,还是属于女性的属下阶层,它始终是一个具有党派纷争性质的场所,在缺乏一种共享的道德、伦理和政治价值体系的情况下,真理和权力总是处于不断竞争、协商和调和的动态进程中。

"民族情感"三部曲的最后一部《女性的抱怨:美国文化情感的未竟事业》(*The Female Complaint*: *The Unfinished Business of Sentimentality in American Culture*, 2008),着眼于20世纪早期到中期美国大众文化中最典型的"私密公共空间"(intimate public)——女性大众媒体的兴起和发展。大众文化对女性亲密关系和情感的商业化再现都依据一个前提,那就是女性本质上具有一定的共性,即渴望也需要建立情感上的亲密关系。以女性为主要消费对象的书籍报刊和影视很容易引发一种幻象,在主人公与读者/观众之间建立情感上的沟通与共鸣,不仅增强了故事叙述的真实性,也让个体读者产生了属于一个更大女性群体的归属感,激发了对美好生活的向往和克服一切困难的勇气。因此,布兰特认为,"女性消费文化意味着自己的生活也属于一种社会性的东西,尽管个体同所属性的关系是有限、偶然、模糊、具有拒绝性质的"[①]。

随着女性小说等大众文化形式在女性读众中广泛流通,由男女读众构成的"亲密公共空间"也弥漫着一种共感。事实上,布兰特用"亲密公共空间"这个术语把亲密关系和公众联系起来,而公众指的是"消费共同文本和物的陌生人"。[②]一方面,从这个定义可以看出布兰特认为"亲密公共空间"是资本主义机制的一部分,它出现在"市场向大量的消费者开放的时候","并宣称能够传播表达这些人的核心兴趣和欲望的文本和物"。[③]作为资本主义消费市场的副产品,"亲密公共空间"并没有脱离公共政治和社会,相反,提供了反思意识形态和确认身份所属的场所。另一方面,布兰特也认可第一人称的自我倾诉在这个空间的构成中起到的重要作用。"某种公众关系具有亲密性的前提是存在一种预期,也就是它的消费群体拥有相同的世界观和情感知识,都来源于他们共享的历史经验。"[④]布兰特并没有把亲密关系狭义地定义为个人叙事和自传形式,相反,它强调广义上共享的历史经验、世界

---

① Lauren Berlant, *The Female Complaint*: *The Unfinished Business of Sentimentality in American Culture*, Durham and London: Duke University Press, 2008. p. x.

②④ Ibid., p. viii.

③ Ibid., p. 5.

观、知识体系。她认为对当代消费大众而言，“所有的叙事形式都可以解读为集体经验的自传”。[①]但这是否意味着所有的叙事都具有亲密性，只要有共同的社会经验和知识结构就能建立起亲密关系呢？诚然，对于身处男权社会的女性和其他被压迫的属下阶级而言，个人借助媒体进入公众视野的主动行为象征着她/他在社会政治领域里的成就，“多样化的个人生活叙事融入公共和个体关系当中，本身就向包括出版、广播、博物馆、新媒体等在内的社会结构的主导媒介提出挑战”，[②]但是否能得到陌生公众的认同，这还要取决于意识形态的阐释、历史社会环境的影响等因素，可以说，只有在集体身份相对稳定的情况下，对亲密公众的界定才是可行的。

消费市场的比喻暗示了读者作为消费者的选择权，他们或认同于符合自己世界观的亲密公众，或将其视为他者。尽管中间媒介传达的信息旨在维护集体身份的稳定性，但它绝不是单一的，而是具有选择性的、变化的，因此这种具有亲密性的知识和情感往往局限于一个群体内部，而不是跨越不同群体的，同时也强化了已有的公共群体的分化和差异，布兰特称之为亲密公共空间的流通性。个体经验通过各种媒介的传播的确在一定程度上提供了创造新的集体认同和亲密公共空间的可能。然而，这个空间能否实现其具有真正政治实践意义的认同，抑或只是徒有其表，这不仅取决于个体经验与公共领域的关系，还需结合当前的社会文化环境做出判断。

布兰特深入美国公共领域的性文化、性别政治和亲密关系的交叉领域探讨女性文化。她指出：“女性文化同政治是并置关系，因为同很多非主导群体的大众文化一样，女性现实主义的感性存在于临近政治的地方，很少有跨越政治的联盟，而直接参与政治实践则更少，因此，几乎不会出现把情感回应和概念重构作为津津乐道的政治成就的批评声音。”[③]这种并置关系必然会导致模糊的效果，政治领域一方面似乎会削弱女性文化的情感价值，另一方面也为女性文化在公共领域的广泛渗透提供契机。虽然女性在男权主导的公共环境中不受重视，但女性主体借助亲密公共空间的传播却可以产生内部认可、获得文化发展、建立社会归属感，她们介入社会的方式代表了众多属下阶层进入公共领域的方式，使得整个民族国家成为情感投入和情

①③ Lauren Berlant, *The Female Complaint*. p. 5.

② Gabriele Linke, “The Public, the Private, and the Intimate: Richard Sennett's and Lauren Berlant's Cultural Criticism in Dialogue.” *Biography* 34.1 (Winter 2011): 24.

感认同的场域。

就女性在亲密公共空间的情感叙事而言,“女性的抱怨”这个主标题可谓确切。布兰特细读美国的女性文学作品、考察它们在通俗文化中的戏剧和电影改编情况,结合文学批评和历史阐释的双重视角,分析女性浪漫幻想和实际经验落差之间的伤感和失落。一方面,女性叙事中的抱怨主题往往凸显权力差异,把女性遭遇的苦难归咎于男性的错误,公私分化、男女分立的社会环境,以及不利于女性整体发展的意识形态。另一方面,女主人公不畏艰苦、在困境中求生存的自强精神也树立了正面形象,激发亲密公众的乐观主义情绪。因此,女性抱怨的话语模式引导人们进入了失望与希望并存的公共空间,使他们得以重新审视私人乃至政治生活中复杂、难以确定的种种因素。美好生活的幻想总是令人充满期待,虽然现实中依然遭遇无奈,但怨声载道的同时,情感与知识并生,随着人们对世界的理解逐渐加深,走出困境、实现梦想的信念也越来越强。正是在这种理性与感性交汇、知识积累与批评态度结合的情况下,女性抱怨的叙事才在生存、繁荣、超越世俗政治的道路上越来越深入。

布兰特前三章集中讨论通过讲述“真爱”的故事与读者或观众建立亲密感的小说和改编作品。她从斯托夫人《汤姆叔叔的小屋》的原著开始,依次探讨了电影《国王与我》(*The King and I*)、《小酒窝》(*Dimples*)、《廊桥遗梦》(*The Bridges of Madison County*),以及莫里森的小说《宠儿》(*Beloved*)对《汤姆叔叔的小屋》的改编和改写,重点分析了关于民主和爱情的乌托邦叙事。第四章作为过渡章节,主要研究艾达·克莱德·克拉克(Ida Clyde Clark)[①]的《汤姆叔叔需娶妻》(*Uncle Tom Needs a Wife*),试图阐明对剧变的恐惧如何导致了强化控制以减少国家和社会突变状况的必要性。第五章到第七章从女性大众文化的感性视角出发,探究几乎不需要努力就应该达到和保持的“正常”生活的范式,涉及的作品包括艾德娜·费博(Edna Ferber)[②]的《演艺船》(*Show Boat*)、范尼·赫斯特(Fannie Hurst)[③]的《模拟

---

① 艾达·克莱德·克拉克(Ida Clyde Clarke, 1878—1956),美国女权运动者,参与了一战前妇女普选权运动,还著有《美国女性和世界战争》(*American Women and The World War*, 1918)。

② 艾德娜·费博(Edna Ferber, 1885—1968),美国小说家、戏剧家。小说《演艺船》(*Show Boat*,1926)曾获普利策奖,并被改编为音乐剧。

③ 范尼·赫斯特(Fannie Hurst, 1889—1968),美国20世纪上半叶著名的畅销书小说作家。小说《模拟生活》(*Imitation of Life*)曾多次被改编为电影。

生活》(*Imitation of Life*)、奥利弗·希金斯·普劳蒂(Olive Higgins Prouty)[①]的女性主义戏剧《扬帆》(*Now, Voyager*),多萝西·帕克(Dorothy Parker)[②]的诗歌、散文和奥斯卡获奖剧本《一个明星的诞生》(*A Star Is Born*),费·威尔顿(Fay Weldon)[③]的小说等等。布兰特援引了庞大的文学文本和影视改编资料,但她并不是要梳理20世纪美国女性文学和文化史,而是围绕亲密公共空间的概念,考察这些作品中呈现的美学范式的普世化与超越、情感的共享与疏离,以及未来生活幻想的政治隐喻。正如布兰特在序言末尾写到的,"情感的未竟事业作为批评实践,就如同在所属空间里追寻更好的生活,同样是问题连连乃至虚无缥缈的,但这并不影响它在情感上的持久效力"。[④] 生活之艰,世事难料,最有效的适应方式就是不断地促发改变,只有这样,"结局才能转变为开始"。

出版跨度近二十年的"民族情感"三部曲把美国政治领域当做情感空间,一种依附与认同的空间形式,不但充满了意识形态和认知模式,也包含着人们同生活的世界建立互惠关系的渴望。公众群体是感性的,因为他们之间的纽带不只是冷漠、物质的经济交换关系,也会因为共同的情感认同而与陌生人建立模糊的集体关系,这就需要乐观积极的对美好生活的共同向往。

布兰特在《残酷的乐观主义》(*Cruel Optimism*,2011)一书中描述的就是伴随美好生活的幻灭而产生的"残酷的乐观主义"。"残酷乐观主义的关系发生在你希望得到的东西恰恰成为阻碍你成功的因素的时候。"[⑤]这里的乐观主义并不是指乐观主义的情绪,而是情感依赖的结构,它能够让丧失根基、支撑和立足之处的人们在日常生活的危机中得以幸免甚至走向繁荣。而这种乐观主义的依赖之所以是残酷的,是因为竭力获取的目标在给予人们希望的同时也让实现这个目标变得愈发困难,因而使危机更加严重。布兰特在书中探讨的"残酷乐观主义"的关系所指广泛。它可以是一种物品、一种爱恋、一种积极向上的生活幻想,或者一个政治计划本身,但最重要的

---

① 奥利弗·希金斯·普劳蒂(Olive Higgins Prouty,1882—1974),美国小说家、诗人,代表作是描写心理疗法的小说《扬帆》(*Now, Voyager*,1941),后被改编为舞台剧、电影和广播剧。

② 多萝西·帕克(Dorothy Parker, 1893—1967),美国诗人、短篇小说作家、批评家、讽刺作家,她以诙谐幽默的笔触、睿智敏锐的洞察力、生动刻画并揭露了20世纪美国大都市的种种弊端。

③ 费·威尔顿(Fay Weldon, 1931—)英国小说家、散文家、戏剧家。她因在作品中经常刻画被父权制压迫的女性形象,被视为女性主义作家。

④ Lauren Berlant, *The Female Complaint*. p. 31.

⑤ Lauren Berlant, *Cruel Optimism*. Durham and London: Duke University Press, 2011. p. 1.

还是在道德伦理、个人私密和经济领域多方面不断受挫中对于美好生活的祈望。

布兰特在书中分析了20世纪90年代到现在的大众媒体、文学、电影、电视和音像资料。分析表明,随社会现实的变化而产生的个人和社会效力越来越小,乐观主义情感逐渐幻灭,最终会引发历史中枢的反应。这些逐渐削弱的对美好生活的允诺和希冀包括:积极向上的倾向、稳定的工作、政治和社会平等,以及长久保持的亲密关系。乐观的希望是人们积聚理想并确立自我乃至整个世界的价值的方式。布兰特所要考察的正是当希望面临破灭时人们的反应,包括愤懑抑郁、与世隔绝、实践行动、厌世主义、乐观态度、激进进取以及上述各种情绪的结合。她同时追溯了在这个过程中诞生的亲密公众,他们来自不同的个体、经济和社会状况,传播和交流各自最理想的生活方式。书中每一章都讲述一个曾经滋养着生活幻想的乐观环境以及这种幻想如何日渐消退的故事。"残酷乐观主义"关系的根基和历史意识可能产生于人对环境的适应和改变的过程之中,对此,布兰特提出了三个主要观点。

第一,历史的当下首先是一种情感认知。作为不断经历变化的时间类型,其范式来源于个体和公众处置事件、所处情形的过程,因此,作为衡量标准的各种因素本身往往都是不确定的,但就共同的历史现实感而言,其内涵和外延从根本上都是政治性的。布兰特认为,在应付不确定性、偶然性和危机的过程中,不同的历史现实呈现不同的类型,其中最重要的是她称之为"僵局"的时间范畴。在一般意义上,僵局意味着某人的某种情况无法向前发展。布兰特引申了这个概念,以描述结构变动中的"想象的僵局,继续生活在当下的世界里,却无所适从",[①]面对工作、私人和公共政治生活的根基不断瓦解的危机,人们"需要对周围环境保持高度的敏感和警觉,从而吸收有助于澄清情况的事实材料"。[②] 布兰特从不同的阶级、种族、性和性别方式出发,探讨不同社会处境的人们在危机中的情感分配和自我管理。布兰特还指出20世纪90年代以来,传统的国家自由资本主义的幻想面对不断深化的社会危机,不得不放弃美好生活的乐观想象,出现了以情景悲剧、危机电影等为代表的新的审美形式,在追溯具有历史特定性的主导审美形式的发展之外,还分析了社会习俗的普遍范式与审美类型的关系。

---

① Lauren Berlant, Jay Prosser, "Life Writing and Intimate Publics: A Conversation with Lauren Berlant." *Biography* 34.1 (Winter 2011): 183.

② Lauren Berlant, *Cruel Optimism*. p. 4.

第二，鉴于大众危机的情感因素会影响当下的历史感，布兰特试图从具体的审美形式和社会环境出发，分析个体情感活动中表现出的共性和应对危机的反应模式。她认为研究20世纪欧洲现代性的日常生活理论已经不足以描述当前大多数人的生活方式，因为世界上大部分城市人口都生活在无孔不入的大众文化和日新月异的多媒体技术的环境中，他们所面临的公共生活压力和无形的危机冲突是前人所不可比拟的，因此布兰特关注的并不是由资本主义制度组建的日常生活，而是“资本主义无法决定的，由很多其他力量共同作用的日常生活”，[①]更确切地说，她认为日常生活是充斥着危机的僵局，人们需要发展新的技能才能应对各种各样的压力和挑战，寻找走出困境、继续生活的模式，而这些新的模式最终会成为日常生活的审美和行为范式。

第三，布兰特认为，描述个体和大众遭受灾难的时候，应该避免使用创伤理论和创伤叙事。在批评理论和大众文化研究中，创伤常常被用来界定打破常规生活的历史瞬间，强调非同寻常的震惊体验、灾难性的重创、甚至失忆的危机。然而，日常生活在布兰特看来是多重历史的交汇，这就意味着人们必须习惯于应对各种生活的打击，当这些突如其来的变化摆在人们面前迫使他们去适应的时候，应该用“危机体系”和“危机普遍性”的概念去描述，特别要注意情感冲击采取什么样的传导媒介和形式。布兰特指出，“危机并不是历史意识的例外，而是根植于日常普遍性的过程当中，它伴随着叙事发展，述说着压倒一切的势头”。[②] 她在书中用具体的实例说明为什么历史语境下的适应逻辑比非常规的特例更有效，特别针对不断破灭的生活幻想，布兰特用大量的描写困境、叙述转型的文学文化作品来说明不确定的危机中也隐含着成功的机遇。在呈现个体与公共生活关系的同时，探讨了在变动中的历史时刻，资本流通、自由主义政治、异性恋家庭、积极美好的生活幻想等具有跨民族实践价值的普遍现象和核心问题。

总之，布兰特在《残酷的乐观主义》一书中从情感和审美形式两个方面描述了充满危机、偶然性和不确定性的历史当下，当日常生活理论和创伤理论不足以解释人们应对危机、处理生活变数的时候，布兰特提出要结合个体拥有的不同阶级、种族、民族、性别等社会关系，用“残酷乐观主义”的概念揭示个体和公共生活中的困境，这就是她构建的历史当下的情感理论。

可以说，布兰特的学术事业都建构在情感研究之上，但她并没有局限于

---

① Lauren Berlant, *Cruel Optimism*, p. 8.

② Ibid., p. 10.

空洞狭隘的理论研究,而是跨越了精英文学与文化研究的学术背景,模糊了个体生活与公共政治的分裂范式,考察了性别矛盾与女性身份的特殊视角,从道德、私密、政治、文化等多个社会层面分析社会关系和公民身份的构成。布兰特提出的"亲密公共空间"和"残酷乐观主义"等概念有助于人们理解资本主义社会的公共政治领域和个人日常生活,使人们在应付危机中的社会变革时清楚自己所处的环境,并在情感上采取积极的应对措施。从这个意义上,布兰特的研究对象和预期目标已远远超越了女性(权)主义的限定领域,而具有了跨越种族、民族、性别和阶级界限的人类情怀。

主要作品(按出版年代排序)

"Queer Nationality." *boundary* 2, 19.1 (Spring 1992): 149—181.

"Sex in Public." *Critical Inquiry*, 24.2 (Winter 1998): 547—567.

"Critical Inquiry, Affirmative Culture." *Critical Inquiry* 30.2 (Winter 2004): 445—451.

"Slow Death." *Critical Inquiry* 33.4 (Summer 2007): 754—780.

"Starved." *South Atlantic Quarterly* 106.3 (2007): 433—444.

The Anatomy of National Fantasy: Hawthorne, Utopia, and Everyday Life. Chicago and London: University of Chicago Press, 1991.

The Queen of America Goes to Washington City: Essays on Sex and Citizenship. Burham, N.C.: Duke University Press, 1997.

[Ed.] *Intimacy: A Special Issue*, *Critical Inquiry* 24.2 (Winter 1998).

Venus Inferred, with Laura Letinsky, Chicago: University of Chicago Press, 2000.

[Ed.] (with Lisa Duggan) *Our Monica, Ourselves: The Clinton Affair and the National Interest*. New York: New York University Press, 2001.

[Ed.] *Compassion: the Culture and Politics of an Emotion*. London, New York: Routledge, 2004.

The Female Complaint: The Unfinished Business of Sentimentality in American Culture. Durham and London: Duke University Press, 2008.

Cruel Optimism. Durham and London: Duke University Press, 2011.

参考文献

Amy Robinson, "Review of *The Queen of America Goes to Washington City: Essays on Sex and Citizenship by Lauren Berlant*; *Becoming-Woman by Camilla Griggers*." *Signs* 25.3 (Spring, 2000): 931—934.

Gabriele Linke, "The Public, the Private, and the Intimate: Richard Sennett's and Lauren Berlant's Cultural Criticism in Dialogue." *Biography* 34.1 (Winter 2011): 11—24.

Lauren Berlant, Gorden Greenwald, "Affect in End Time: A Conversation with Lauren Berlant." *Qui Parle: Critical Humanities and Social Sciences* 20. 2, (Spring/Summer 2012):71—89.

Lauren Berlant, Jay Prosser, "Life Writing and Intimate Publics: A Conversation with Lauren Berlant." *Biography* 34.1 (Winter 2011):180—187.

Lauren Berlant, *The Anatomy of National Fantasy*: *Hawthorne*, *Utopia*, *and Everyday Life*. Chicago and London: University of Chicago Press, 1991.

——, *The Female Complaint*: *The Unfinished Business of Sentimentality in American Culture*. Durham and London: Duke University Press, 2008.

——, *The Queen of America Goes to Washington City*: *Essays on Sex and Citizenship*. Burham, N. C.: Duke University Press, 1997.

——, *Cruel Optimism*. Durham and London: Duke University Press, 2011.

Linke, Gabriele. "The Public, the Private, and the Intimate: Richard Sennett's and Lauren Berlant's Cultural Criticism in Dialogue." *Biography* 34. 1, (Winter 2011): 11—24.

Freibert, Lucy M. "Review of *The Anatomy of National Fantasy*: *Hawthorne*, *Utopia*, *and Everyday Life* by Lauren Berlant." *Signs* 18. 3 (Spring, 1993): 684—688.

Russ Castronovo, "Review of *The Anatomy of National Fantasy*: *Hawthorne*, *Utopia*, *and Everyday Life*." *American Literature* 64. 1 (Mar., 1992): 160—161.

Wiegman, Robyn. "Review of *The Queen of America Goes to Washington City*: *Essays on Sex and Citizenship* by Lauren Berlant." *American Literature* 70. 4 (Dec., 1998): 918—919.

卡西 · N. 戴维森(Cathy N. Davidson)
(1941—)

卡西 · N. 戴维森是美国著名文学评论家、文学编辑,曾任美国研究协会主席(1993—1994)、《美国文学》杂志第一位女性主编(1988—1998);现任杜克大学英语系教授,杜克大学约翰 · 霍普 · 富兰克林人文学院跨学科研究教授,是该校人文、艺术、科学与技术高级合作实验室(HASTAC)的创建者之一。

1941 年,戴维森生于芝加哥,本科就读于埃尔姆赫斯特学院,后在纽约州立大学宾汉顿分校获得文学硕士和博士学位,又在芝加哥大学从事博士后研究,随后先后任教于密歇根大学和杜克大学,并获得埃尔姆赫斯特学院及西北大学荣誉博士学位。2010 年,由奥巴马总统提名,戴维森出任美国全国人文学会委员。①

戴维森的学术生涯大致可以分为两个阶段。在 20 世纪 70 至 90 年代,其主要研究方向是文学研究(特别是美国早期文学研究)与文学编辑。戴维森撰写的《革命与文字:小说的兴起》(*Revolution and the Word: The Rise of the Novel in America* 1986, 2004)②被美国文学研究学者奉为圭臬;她主编了牛津大学出版社出版的《美国早期女性作家丛书》,并与琳达 · 瓦格纳 · 马丁(Linda Wagner-Martin)合编了《牛津美国妇女文学指南》(*The Oxford Companion to Women's Writing in the United States*)和《牛津美国妇女文学选集》(*The Oxford Book of Women's Writing in the United States*)等美国女性文学研究权威参考书目;她还与埃默里 · 艾略特(Emory Elliott)一起主编了《哥伦比亚美国小说史》(*Columbia History of the American Novel*, 1991)。在担任《美国文学》主编期间,戴维森大量编辑并发表女性文学评论文章,极大推动了女性文学研究的发展。1998 年,戴维

---

① Cathy Davidson, Nominee for Member, National Council on the Humanities. ＜http://www.whitehouse.gov/the－press－office/2010/12/07/president－obama－announces－more－key－administration－posts＞.

② 1986 年戴维森出版本书后,在学界引起轰动。2004 年,戴维森详细阅读参考大量对本书的评论后,综合自己近 20 年学术研究的发展,修订再版了这部论著。

森成为杜克大学第一位跨学科副教务长。此后，戴维森主要致力于跨学科前沿领域研究，是探索数码时代新学习方式的创新网络的合办人之一，并定期撰写有关新媒体、学习方式及创新的网络日志。出于本书研究目的，本文将主要集中研究戴维森在文学方面，特别是女权文学评论方面的成就。

戴维森的主要研究方向为美国文学史、妇女文学和跨学科研究。她学识渊博，善于将文学、历史、社会学、哲学等学科综合运用，其研究内容浩瀚繁杂、广泛深刻。以美国早期文学，特别是早期女性文学为中心的美国文学经典重构和相关文学编辑工作一直是她文学研究领域的重心。戴维森在这两个领域也取得了辉煌的成就："戴维森的研究工作使美国早期历史和文学研究成为一个崭新的复杂深刻的研究领域"[①]；她经过不懈努力和斗争，改变了《美国文学》杂志的男性主编和男性文学的传统统治，为女性文学研究进入主流学术批评领域和美国文学经典重铸做出了巨大贡献。

戴维森的代表性论著《革命与文字》在开篇即阐明她的书与传统的文学评论不同。戴维森认为，文学不仅是纸面的文字，而是一个繁杂的社会、政治、文化生产的过程。她的重点是在研究小说如何通过作家、印刷商、出版商、书商、小贩、图书馆和读者的共同作用而纳入早期美国文化。《革命与文字》是首部从文学史的角度研究妇女写作的著作。在书中，戴维森探讨了文学文化在建国初期的政治社会激荡大潮中的作用，检视了小说这一文学体裁在不同阶层、不同性别的读者(特别是女性读者)的日常生活中扮演的角色，首次提出美国建国与美国小说兴起的同步性。[②]《革命与文字》研究范围涉及美国建国早期(1789—1820)的各类小说及与小说写作、出版、发行相关的各种史料，研究方法既包括对原始档案的定量定性的社会学研究方法，也有综合运用当代文学、哲学和历史研究理论的文学解读。

早在1976年，戴维森就开始准备创作《革命与文字》。当时关于美国早期妇女文学研究仍是学术研究空白，图书馆馆藏中"几乎找不到早期女作家的名字，更谈不到检索书目"。[③] 由于美国妇女结婚后改用丈夫的姓氏，很多早期女作家由于结婚、再婚造成了姓氏变化，"妇女结婚后连名字都消失了，

---

① Cynthia S. Jordon, "Book Review: *Revolution and the Word*." *Early American Literature* 24. 1 (1989): 73—75.

② Jeffrey Walker, "The 'Idea' of the New World in American Fiction." *American Quarterly* 39. 4 (Winter, 1987): 637—641.

③ Cathy N. Davidson, *Revolution and the Word: The Rise of the Novel in America*. New York: Oxford University Press, 2004. p. x.

又怎么能检索到她的作品?"[①]为了获得某些不知名早期女作家及作品的原始材料,戴维森必须要去历史学会查寻女作家的父亲、丈夫,甚至儿子的相关资料。经过不懈努力,戴维森挖掘整理了100多部早期小说,然后依据种种线索在档案馆里查阅小说的不同版本,书上留下的各种手写赠言、标注、旁注和当时的评论、书信和日记等能反映出当时读者阅读小说的感受的相关材料。"戴维森综合运用各种数据,建构了早期小说阅读的社会场景和文学语境。"[②]《革命与文字》首开先河,"从跨学科角度研究美国小说兴起,为以后的学者提供了一种新的研究视角和方法"[③]。

在《革命与文字》中,戴维森认为:虽然美国革命并没有"记得妇女"[④],但有一场"安静的阅读革命"悄悄进行,并在美国革命后期改变了美国。18世纪后期,小说的发展带来了写作的民主化,从而产生了戴维森所说的"阅读革命"。这场革命的成功主要是因为以下两个原因:首先,小说促进了教育的发展。由于小说的存在和流通,人们认识到识字的重要性,同时由于小说中描写的有学识的好处,人们更愿意接受教育。"小说是读者(特别是女性读者)进入更广泛的文学和智力活动、了解社会政治事件的手段。"[⑤]由于小说是19世纪流行的廉价商品,那些无法进入男性专属精英大学教育的人们,特别是妇女,通过小说认识了一个更为广大的世界。"对于一个大多数人只有初等文化程度的读者群来说,小说具有其独特的吸引力:它既不像诗歌那样伤感多情,又不像宗教小册子那样晦涩无味。阅读小说为女性提供了一种她们从传统教育制度中所得不到的文化教育。[⑥]"

其次,小说本身具有的颠覆性虽然并没有提供解决社会不公平问题的极端手段,但作者在文本里质疑并挑战了当时的男尊女卑的社会制度。按照80年代开始盛行的新历史主义者的看法,历史的叙述并不等同于历史的事件本身,任何一种历史的描述都只能是一种历史的叙述(historical

---

① Cathy N. Davidson, *Revolution and the Word: The Rise of the Novel in America*. p. x.

② Carol J. Singley, "Reading Independence." *NOVEL: A Forum on Fiction* 23. 2 (Winter, 1990): 199—202.

③ John B. Hench, "Book Review: *Revolution and the Word*." *Journal of the Early Republic* 8. 2 (Summer, 1988): 192—193.

④ 语出艾比盖尔·亚当斯(Abigail Adams),美国第二任总统约翰·亚当斯的妻子。她在亚当斯在费城出席新大陆会议时写信给丈夫,提醒他在开会时注意妇女社会地位和权益的保护,否则可能引发美国的第二次革命。

⑤ Cathy N. Davidson, *Revolution and the Word: The Rise of the Novel in America*. p. 19.

⑥ 金莉:《玛利亚的传统价值和夏娃的独立意识——十九世纪中叶美国妇女作家及其笔下的女性形象》,《美国研究》1996年第1期,第105—122页。

narrative)或撰史,或叫做元历史(metahistory),其科学性和客观性是大可值得怀疑的。因为在撰史的背后起到主宰作用的是一种强势话语的霸权和权力的运作机制。历史既然如此,更不用说有着更为丰富的审美艺术特征的文学史了。戴维森运用新历史主义批评理论分析指出,美国革命后进入政治和社会动荡时期,各种社会矛盾由此产生:美国自称建国于自由之基,而此时也为了维护政权的稳定,开始限制和镇压自由。在这一时期,小说的潜在颠覆性使它成为一种质疑社会制度的安全手段。感伤小说暗中挑战了父权社会结构,关注了在没有政治和法律权利下的女性的社会地位;流浪小说呈现了社会和政治不公,但又曲折隐晦地提供若干出路而非挑起革命;哥特小说瓦解了人性优点,摧毁了理性和信仰这两个美国民主之源。在美国建国初期,教育通常都发生在固定的机构(包括教会、学校、家庭),由掌握知识话语权的人输出,而小说阅读却是自主的教育。早期美国小说通过创作、流通,为这些自我教育者提供了表达自己建设新国家的政治和文化的论坛。

20世纪70年代末80年代初,女权主义方兴未艾、解构主义思潮盛行、以新历史主义批评为代表的文化研究逐渐走向繁荣。在这样的背景下,戴维森以《革命与文字》这部"富有挑衅性的著作"[①]向文学经典构成提出挑战。文学经典泛指具有典范性、权威性的著作,具有极高的美学价值,并在漫长的历史中经受考验而获得公认地位的伟大文本。确定一部文学作品是不是经典,并不取决于广大的普通读者,而是取决于下面三种人的选择:文学机构的学术权威,具有影响力的批评家,受制于市场机制的广大读者大众。首先,一部作品写出并要想成为经典,就必须得到出版和发行,并要引起批评家的注意,然后在得到批评家的认可之后才能逐步引起文学研究者的关注,最后它成为经典之重要标志便是进入大学的文学教科书和载入文学史。戴维森认为文学经典的建构是为了塑造某种美国文学的特定形象,而这一文学形象(男性个人主义英雄)又服务于对美国历史形象的建构。"我们精心遴选作家、作品和读者,用他们来印证我们希望构建的历史。"[②]美国早期文学塑造的妇女、穷苦大众和持不同政见者形象显然不符合经典建构背后隐藏的权力需求,因此被排除于经典文学之外。

《革命与文字》的出版在学界引起了强烈反响。劳伦斯·比尔(Lawrence

---

① Joyce W. Warren, "Book Review: *Revolution and the Word*." *Women's Studies* 15 (1988): 435—449.

② Cathy N. Davidson, *Revolution and the Word: The Rise of the Novel in America*. New York: Oxford University Press, 1986. p. 259.

Buell)称赞它"涵盖广泛、论述深入、观点独到,是迄今为止研究美国早期文学的最佳著作"[①];J. A. 里奥·李梅(J. A. Leo Lemay)认为这部著作"史料丰富,见解深刻,是目前关于美国早期小说发展的最为深奥、全面和有趣的书"[②];卡罗尔·J. 辛格利(Carol J. Singley)指出,戴维森综合运用了尼娜·贝姆(Nina Baym)在《小说、读者和评论家》(*Novels, Readers, and Reviewers*)中对感伤小说的研究方法、贾尼斯·拉德维(Janice Radway)在《读浪漫传奇》(*Reading the Romance*)中对读者的分析、参考了伊恩·瓦特(Ian Watt)的同名文化研究论述《小说的兴起》、以后结构主义为理论支撑,"为迟缓的美国文学理论和批评领域注入了新鲜的血液——《革命与文字》观点清晰、研究范围明确、研究方法多样化,是当今少有的优秀论著"[③]。迈克尔·T. 吉尔默(Michael T. Gilmore)则指出,戴维森的研究使美国早期文学得到重新审视,一批作家被纳入了经典作家行列。"在戴维森之前,美国还没有学者像英国文学批评家那样对本国文学流变进行过如此详尽的历史性解读。她开辟了一个崭新的丰富庞大的新领域,必将有很多后来者继承她的研究。"[④]的确,自《革命与文字》发表后,大量研究美国早期文学的论著出现[⑤],一些早期女作家和作品的价值得到了重新评估。之后,戴维森又相继发表了《阅读在美国:文学和社会历史》(*Reading in America: Literature and Social History*)、《爱之书:作家和他们的情书》(*The Book of Love: Writers and their Love Letters*)等相关著作,并主持编写了牛津大学出版社出版的《美国早期女性作家丛书》,与人合编了《牛津美国妇女文学指南》和《牛津美国妇女文学选集》等美国女性文学研究权威参考书目。戴维森引领了美国早期文学研究,特别是妇女文学研究的方向,促进了文学经典重构的进程。

戴维森在文学评论和编辑方面取得的成就使她在美国文学研究领域声名赫赫。1988年,她接受了时任杜克大学英语系主任斯坦利·费什(Stanley Fish)的任教邀请,并出任由杜克大学主办的美国文学权威研究杂志《美国文

---

① Laurence Buell, "Book Review: *Revolution and the Word*." *American Literature* 60. 2 (1988): 286.

② J. A. Leo Lemay, "Book Review: *Revolution and the Word*." *The William and Mary Quarterly* 46. 2 (Apr., 1989): 415—417.

③ Carol J. Singley, "Reading Independence." 199—202.

④ Michael T. Gilmore, Review of *Revolution and the Word*. *The New England Quarterly* 60. 3 (Sep., 1987): 484—486.

⑤ 详见 *Revolution and the Word: The Rise of the Novel in America* 附录注释。

学》的第一位女性主编。戴维森在回忆性文章《不！雷霆之声》（"No! In Thunder"）中详细回忆了她步步荆棘的就任之旅。"我顶着'女权主义者'、'理论批评家'、'文化研究学者'、'跨学科研究学者'、'经典重构的推进者'这些骇人的头衔在文化战争最激烈的时期来到杜克，出任《美国文学》杂志的主编，把自己推向这场战争的最前线。在1988年，你只有两种选择——恐龙（传统的拥护者）或怪兽哥斯拉（一切西方文化的破坏者），没有中间道路。[①]"

戴维森初到杜克就拜访了长期担任《美国文学》主编的艾德·凯迪（Ed Cady）。当被问及上任后是否打算改变杂志封面时，戴维森清楚地认识到这是对她执掌《美国文学》之后发展方向的试探。自1929年创刊以来，《美国文学》一直沿用着模糊粗糙的"权威的主流学术期刊"的灰绿色封面，杂志风格一贯保守，其发表的文章也以传统的男性白人经典文学研究为主。戴维森深知她的主编工作会面临包括工作合同、杂志顾问委员会和美国语言学会（MLA）的美国文学分会（ALS）[②]设置的各种传统规范的限制，决定从改变封面来传达变革的信息。在通过杜克大学的考察后，戴维森接到ALS专家组的面试要求，理由是要和她商讨《美国文学》的发展规划。在等待面试时，戴维森遇到了一生中最怪异的经历："我前面的一位著名的美国研究学者，也是即将面试我的专家团的一员，旁若无人的对另一位年轻学者说：'卡西·戴维森——你不认得她？女巨人！六英尺、大骨架、又高又壮、头发蓬乱。就是那种放荡女人。'我耐心地等他滔滔不绝地讲了5分钟后走上前做了自我介绍。他的脸一下子变得死灰。我不知道这样的诋毁是针对我本人还是出于他内心（对女性担任这份工作）的恐惧。"[③]

在这一不愉快的经历后，戴维森又被告知已经有一部分保守的美国研究学者反对ALS聘请女性担任《美国文学》主编，并准备在戴维森面试结束后与ALS谈判。"我面对的考官是清一色的白种男人。我昂起头，像《红字》中的赫斯特·普林接受拷问一样回答他们提出的所有问题，从基本的美国文学常识（日期、文本、作家）到谁获得了普利策奖。他们还至少三次要求我出示杜克的聘任合同，并反复询问我的薪金问题。"面对羞辱，戴维森奋起反抗，她要求ALS道歉，否则便诉诸法律。事件最后以ALS面试官逐一向戴

---

① Cathy N. Davidson, "No! In Thunder," *American Literature* 76.4 (Dec. 2004): 665.

② 美国文学分会（ALS）是美国现代语言学会（MLA）内部规模最大的一个分支，资助出版《美国文学》杂志、每年承办MLA年会美国文学研讨会。[http://als-mla.org/]

③ Cathy N. Davidson, "No! In Thunder." p.667.

维森道歉而收场,"为这一明显带有性别歧视色彩的博士生答辩式的面谈感到羞愧"[①]。

尽管面对种种阻力和干扰,戴维森在担任《美国文学》主编长达十年的期间取得了非凡的成就。杂志封面首先改变了面貌——由一贯的模糊粗糙的灰绿色变成每期都有调整的简约明亮的色彩;编辑委员会也吸收了少数族裔和女性编辑加入;增加了女性文学研究和族裔文学研究的发表比重;更加重视多元化理论研究;扩大了经典文学研究范围。作为主编,戴维森努力回答每封严肃学术讨论信件,既不取悦逢迎,也不逃避争端。她还以《美国文学》主编和美国研究学会会长的身份,谴责里根-布什时代的美国人文基金会(National Endowment for the Humanities)和美国艺术基金会(National Endowment for the Arts)的政治化倾向。在戴维森的领导下,1998年《美国文学:再没有分割的领域》专刊被美国学术期刊编辑委员会(The Council of Editors of Learned Journals)授予年度最佳专刊奖,1999年,戴维森获得年度最佳编辑奖。[②] 戴维森在回忆这段主编生涯时指出:"我将永远感谢这段经历,感谢我的同事们和我一起使这份权威的杂志走向新的方向,为它注入了新鲜的血液,在一个需要勇气的时代选择勇敢。我为现在的《美国文学》感到骄傲。"[③]

获得年度最佳专刊奖的《再没有分割的领域》代表着戴维森作为文学编辑的最高成就,收录了包括琳达·K.科伯(Linda K. Kerber)、朱迪斯·菲特里(Judith Fetterley)、马杰瑞·普莱斯(Marjorie Pryse)等著名女权主义批评家的文章,也体现了戴维森一贯的女权主义批评立场。2002年戴维森和她的同事杰瑟敏·哈彻(Jessamyn Hatcher)经过编辑修订,撰写了前言导读,将其出版成书,并被纳入杜克大学"下一代新浪潮"丛书出版。

戴维森在前言中介绍,"分割的领域"是一个暗喻,是描述历史形成的性别观念,区分男女不同的社会、情感和职业领域。按此说法,男性占据公共领域、女性占据私人领域。这一领域划分在西方一直存在,在19世纪的美国得到进一步发展。19世纪美国社会按照分割领域模式运作,象征女性领域的感伤、家庭、壁炉都成了国民价值、荣誉和灵感的来源。对女性领域的认可代表清教式(男性)价值的衰落,19世纪女性文学、思想和社会活动达到历史新高点是因为"女性领域"成为具有国家性的重要文化特征。分割领域观

---

① Cathy N. Davidson, "No! In Thunder." pp. 668—669.

② [http://www.celj.org/distinguished_editor; http://www.celj.org/best_special_issue]

③ Cathy N. Davidson, "No! In Thunder.": p. 675.

点的一个错误观念是：软弱(powerlessness)即是美德。戴维森指出：权力和美德并非按照性别统一分配。性别是身份构建的主要因素，但并非唯一因素。一个对奴隶疾言厉色的残暴的女主人可能是一个慈爱的母亲。[①]《再没有分割的领域》正是对"分割的领域"这一概念的反驳：分割的领域这一意识形态贬低了私人领域的价值；私人领域不仅是性政治和性压制的基本领域，而且对公共领域有着不容忽视的影响。无论是强调两性相同还是强调两性相异的女权主义者都认为，在精神与肉体、理性与感情、文化与自然、公众与私人这些划分中，男性总是自然而然地被划在好的一方，女性则被划在坏的一方。强调相同的一派女权主义者认为，女性在精神、理性、文化、公共领域同男性拥有相同的能力，或者说可以同男性做得一样好；而强调相异的女权主义者则认为，女性的肉体、感情、自然和私人领域的特征不仅同男性的那些特征同样重要，而且可能更有价值。戴维森指出，"分割的领域"这种二元对立论会造成一种对立的逻辑：国家与家庭对立、政治生活与私人生活对立、女性与理性对立。

戴维森在书中继续探讨了经典构建问题。她分析指出，文学作品经典化——作品被收入学校教材或占据文学评论的焦点——是一个审美和政治的命题。文学经典构成也存在着分割的领域。1941 年，F. O. 麦迪森(F. O. Matthiessens)划时代的巨作《美国的文艺复兴》(*American Renaissance*)[②]提出：爱默生、梭罗、梅尔维尔、霍桑和惠特曼五位作家主导了 19 世纪美国文学的复兴，随后新批评学派又通过文本细读，证明了这五位白人男性作家作品的经典性。1977 年，安·道格拉斯(Ann Douglas)在《美国文化的女性化》(*The Feminization of American Culture*)[③]一书中又强化了分割的领域这一概念：18 世纪晚期，强硬阳刚的清教徒文化逐步让位于文雅的女性化的文化版图，从而产生了 19 世纪感伤小说的流行。道格拉斯的论述激起了对这一概念的新的一轮讨论。其中尼娜·贝姆的《妇女小说：美国女性文学指南 1820—1870》(*Woman's Fiction: A Guide to Novels by and about Women in America 1820—1870*)[④]展示了 19 世纪妇女小说的大致风貌，质疑了文学经典的入选原则；简·汤普金森(Jane Tompkins)则用翔实的史料证明了斯

---

① Cathy N. Davidson and Jessamyn Hatcher, *No More Separate Spheres*! Durham: Duke University Press, 2002. p. 12.

② F. O. Matthiessens, *American Renaissance: Art and Expression in the Age of Emerson and Whitman*. New York: Oxford University Press, 1968 [1941]. p. 681.

③④ Cathy N. Davidson and Jessamyn Hatcher, *No More Separate Spheres*! p. 15.

托夫人的《汤姆叔叔的小屋》(*Uncle Tom's Cabin*)不只是一部感伤小说,还有重要的政治意义,而霍桑对那些乱写乱画的畅销书女作家的谴责是荒谬的,霍桑本人的成就也是通过男性特权和结盟获得的。①

戴维森认为,贝姆和汤普金森对挖掘美国女性文学做出了巨大的贡献。"女性研究学者随后展开了大量档案挖掘整理,编辑再版工作,从而使那些湮没的19世纪女性作家作品重新回到读者的视野。权威学术出版机构出版了系列的女性文学作品和批评,从而彻底改变了美国文学经典的传统概念。"②

回顾戴维森的文学研究生涯,她是一名杰出的文学评论家和文学编辑,大力促进了美国女性文学研究的发展,为将女性文学纳入经典做出了巨大的贡献。她富有创新精神的跨学科全景式研究方法为女性文学研究开辟了一条宽阔的道路;她不屈不挠的斗争精神挑战了传统学术话语霸权,为更多的女性研究学者提供了学术发表、交流的最高学术平台,也体现了她作为一名人文学者的社会责任感。

如今的戴维森更多以人文学者、跨学科研究专家出现在美国学界。她在杜克大学倡导实行的"焦点计划"提出:学习是为了开启学生对基本概念、原理及其相互关系的理解。参与焦点计划的学生从大一开始接触人文、自然科学和社会科学的相关学科,富有强烈的好奇心和学术探究使命感。教授们引导学生从不同的视角研究同一概念或原理,引导学生发现问题、提出质疑。在质疑中,学生重新定义概念、进行推理和验证。虽然大部分的重新定义和验证以失败告终,但是学生们逐渐领悟到:概念是可以沿不同方向深化和改变的,这种深化和改变可以产生感知与改变世界的理念。

由此可见,戴维森在杜克进行的高等教育改革也是她一贯奉行的勇于创新、兼容并包的学术精神的延伸与发展。正如戴维森本人所说:"当今时代需要人文学科的发展,正因为科技飞速发展,我们才更要思考人性。"③

主要作品(按出版年代排序)

"The Power of Sympathy Reconsidered: William Hill Brown as Literacy Craftsman." *Early American Literature* 10 (Spring 1975): 14—29.

(Co-author with Arnold E.). "Carrie's Sisters: The Popular Prototypes for Dreiser's Heroine." *Modern*

① Cathy N. Davidson and Jessamyn Hatcher, *No More Separate Spheres*! p. 15.

② Ibid., p. 17.

③ Cathy N. Davidson, "Envisioning the Humanities in a Digital Age." *Keynote address* on 15 August 2001, the opening night of the Duke-Di Tella workshop, "Globalization and the Humanities."

Fiction Studies 23 (Fall 1977): 385—407.

"Oedipa as Androgyne in Thomas Pynchon's *The Crying of Lot* 49." *Contemporary Literature* 18 (Winter 1977): 38—50.

"'Circumsexualocution' in Henry James's *Daisy Miller*." *Arizona Quarterly* 32 (Winter 1977): 335—355.

(Co-author with Arnold E. Davidson). "Margaret Atwood's *Lady Oracle*: The Artist as Escapist and Seer." *Studies in Canadian Literature* 3 (Winter 1978): 171—177.

"Kept Women in the House of Mirth." *The Markham Review* 9 (Fall 1979): 10—14.

[Ed.] [with E. M. Broner] *The Lost Tradition: Mothers and Daughters in Literature. New York*: Frederick Ungar, 1980.

"The Popular Roots of Major American Novels." *Kansai American Literature* (Japan) 27 (Fall 1980): 16—43.

[Ed.] *Canada's Women Writers*. Special issue, *Journal of Popular Culture* 15 (Winter 1981).

[Ed.][with Arnold E. Davidson]. *The Art of Margaret Atwood: Essays in Criticism*. Toronto: House of Anansi Press, 1981.

"The Matter and Manner of Charles Brockdon Brown's Alcuin." *Critical Essays on Charles Brockdon Brown*. Ed. Bernard Rosenthal. Boston: G. K. Hall Publishing, 1981. 71—86.

[Ed.] *Critical Essays on Ambrose Bierce*. Boston: G. K. Hall Publishing, 1982.

"Flirting with Destiny: Ambivalence and Form in the Early American Sentimental Novel." *Studies in American Fiction*. 10(Spring 1982): 17—39.

The Experimental Fictions of Ambrose Bierce: Structuring the Ineffable. Lincoln: University of Nebraska Press, 1984.

"The Resisting Critic and the Politics of Literary Reception." *American Quarterly* 37 (1985): 286—291.

Revolution and the Word: The Rise of the Novel in America. New York: Oxford University Press, 1986.

"The Reprint Phenomenon." (review essay), *Women's Review of Books* 4.1 (1986): 7—9.

"Female Authorship and Authority: The Case of Sukey Vickery." *Early American Literature* 21 (1986): 4—28.

"Education, Literacy, and the Politics of Sentimental Fiction." *Women's Studies International Forum* (Great Britain) 9 (1986): 5—8.

[Ed.] *Early American Women Writers Series*. New York: Oxford University Press, 1987.

(with Arnold E.). "Decoding the Hemingway Hero in *The Sun Also Rises*," in Wagner-Martin, Linda (ed). *New Essays on The Sun Also Rises*. New York: Cambridge University Press, 1987: 83—108.

Ideology and Genre: The Rise of the Novel in America. Worcester: American Antiquarian Society, 1987.

[Ed.] *Reading America*. Special issue on the history of literacy and the history of books in America, *American Quarterly* 40.1 (Apr. 1988).

[Ed.] *Reading in America: Literature and Social History*. Baltimore: Johns Hopkins University

Press, 1989.

[Ed.] (with Emory Elliott). *Columbia History of the American Novel*. New York: Columbia University Press, 1991.

"PH Stands for Political Hypocrisy." *Academe* (September/ October 1991): 8—14.

The Book of Love: Writers and their Love Letters. New York: Plume, 1996.

"Love Letters for My Grandmother." *The Women's Review of Books* 10.2 (Nov. 1992): 12—13.

Thirty-Six Views of Mt. Fuji: On Finding Myself in Japan. New York: Dutton-Signet, 1993.

Preface. *Kelroy* by Rebecca Rush. New York: Oxford University Press, 1993. xi—xxiii.

"Loose Change: Presidential Address to the American Studies Association." *American Quarterly* 46 (June, 1994): 123—138.

"Tatami Room." *Eloquent Obsessions: Writing Cultural Criticism*. Ed. Marianna Torgovnick. Durham: Duke University Press, 1994. 76—95.

"Preface."*A New England Tale* by Catherine Maria Sedgwick. New York: Oxford University Press, 1995. vii—x.

[Ed.] [with Michael Moon] *Subjects and Citizens: Nation, Race, and Gender from "Oroonoko" to Anita Hill*. Durham: Duke University Press, 1995.

[Ed.] [with Linda Wagner-Martin] *Oxford Book of Women's Writing in the United States*. New York:Oxford University Press, 1995.

[Ed.] [with Linda Wagner-Martin] *Oxford Companion to Women's Writing in the United States*. New York: Oxford University Press, 1995.

"Critical Fictions." *PMLA* Guest Column and Forum, PLMA, Oct. 1996. 1069—1072.

Closing: The Life and Death of an American Factory. New York: Norton, 1997. (With photographs by Bill Bamberger).

[Ed.](with Jessamyn Hatcher)*No More Separate Spheres!* Durham:Duke University Press, 2002.

"No! In Thunder," American Literature 76.4(Oct. 2004): 655—675.

"Blamed For Change." *International Journal of Learning and Media* 1.3 (Summer 2009): 11—18.

参考文献

Baym, Nina. *Woman's Fiction: A Guide to Novels by and about Women in America (1820—1870)*, Ithaca, Cornell University Press, 1979.

Buell, Laurence. "Book Review: *Revolution and the Word*," *American Literature* 60.2 (1988): 286.

Cathy Davidson, Nominee for Member, National Council on the Humanities. <http://www.whitehouse.gov/the—press—office/2010/12/07/president—obama—announces—more—key—administration—posts>.

Davidson, Cathy N. and Linda Wagner-Martin, eds.. *Oxford Book of Women's Writing in the United States*. Oxford: Oxford University Press, 1995.

——. *Oxford Companion to Women's Writing in the United States*. Oxford: Oxford University Press, 1995.

Davidson, Cathy N. and Jessamyn Hatcher, *No More Separate Spheres!* Durham:Duke University

Press, 2002.

Douglas, Ann. *The Feminization of American Culture*, New York: Knopf, 1977.

Gilmore, Michael T. "Book Review: *Revolution and the Word*." *The New England Quarterly* 60. 3 (Sep., 1987): 484-486.

Hench, John B. "Book Review: *Revolution and the Word*." *Journal of the Early Republic* 8. 2 (Summer, 1988): 192-193.

Jordon, Cynthia S. "Book Review: *Revolution and the Word*." *Early American Literature* 24. 1 (1989): 73-75.

Leo Lemay, J. A.. "Book Review: *Revolution and the Word*." *The William and Mary Quarterly* 46. 2 (Apr., 1989): 415-417.

Matthiessens, F. O. *American Renaissance: Art and Expression in the Age of Emerson and Whitman*. New York: Oxford University Press, 1968 [1941].

Singley, Carol J.. "Reading Independence." *NOVEL: A Forum on Fiction* 23. 2 (Winter, 1990): 199-202.

Tompkins, Jane. *Sensational Designs: The Cultural Work of American Fiction, 1790—1860*, New York: Oxford University Press, 1985.

Walker, Jeffrey. "The 'Idea' of the New World in American Fiction." *American Quarterly* 39. 4 (Winter, 1987): 637-641.

Warren, Joyce W.. "Book Review: *Revolution and the Word*." *Women's Studies* 15 (1988): 435-449.

金莉,《玛利亚的传统价值和夏娃的独立意识—19世纪中叶美国妇女作家及其笔下的女性形象》,《美国研究》1996年1期,第105—122页。

http://als-mla.org/

http://www.whitehouse.gov/the-press-office/2010/12/07/president-obama-announces-more-key-administration-posts

http://www.celj.org/distinguished_editor

http://www.celj.org/best_special_issue

安·德赛尔(Ann duCille)
(1949—)

安·德赛尔是当代非裔美国女性文学、女权主义理论及文化研究的重要学者。她本科毕业于美国布里奇沃特州立学院,在1988年和1991年分别获布朗大学美国文明史专业的硕士和博士学位。德赛尔1996年至1999年在加利福尼亚大学圣地亚哥分校任美国与非裔美国文学研究教授,1999年至2011年在康涅狄格州的卫斯理大学任职,曾担任英语系主任,现已退休。德赛尔著有两部论著:《肤色贸易》(*Skin Trade*,1996)和《婚姻习俗:黑人女性小说的性别、文本与传统》(*The Coupling Convention: Sex, Text, and Tradition in Black Women's Fiction*,1993)。除了这两本书,德赛尔还发表了大量关于种族(尤其是非裔美国人)、大众文化、黑人女权主义理论等方面的论文。正在进行中的学术研究有《黑人女权主义读者》(*The Black Feminist Reader*,已与牛津大学出版社签约),《非显性消费:劳动、休闲与黑人中产阶级文化》(*Inconspicuous Consumption: Labor, Leisure, and Black Middle-Class Culture*),亦与牛津大学出版社签约,《技术颜色:黑色与大众想象》(*Technical Color: Blackness and the Popular Imagination*)等。身为批评家的德赛尔在20世纪70年代中期到80年代中期也曾创作和发表过多首诗歌。

德赛尔为黑人文学批评(尤其是黑人女性文学批评)做出了重要贡献。一直以来,被认为是白人中产阶级传统的婚姻情节很少受到非裔美国文学评论家的关注。对于那些在历史上被剥夺了法律地位的人们来说,婚姻意味着什么?在几代人被剥夺了合法婚姻的背景下,黑人妇女作家小说中所书写的婚姻传统是怎样的?德赛尔在《婚姻习俗:黑人女性小说的性别、文本与传统》这本书中提出并回答了这些问题。萨拉·布莱尔(Sara Blair)认为《婚姻习俗》是黑人女权主义文学理论的重要成就,是90年代的重要批评文献。[①] 这本书继承了但又不同于芭芭拉·克莉丝汀(Barbara Christian)具有开创性的《黑人女性小说家》(*Black Women Novelists*)和海瑞尔·卡尔比

---

① Sara Blair, "Feeling, Evidence, and the Work of Literary History: Response to duCille." *American Literary History* 12. 3 (Autumn, 2000): 466.

(Hazel Carby)的《重建女性特质》(*Reconstructing Womanhood*),这三本书都被称为黑人女权主义批评传统的重要典籍。德赛尔指出,学者们忽略了19世纪到20世纪40年代黑人女性小说中的"婚姻情节",即她所指的"那些突出爱情关系,包括求爱、欲望、追求、赢得爱情并最终结成婚姻或至少订婚的小说模式"[①]。在德赛尔看来,黑人女性小说具有把婚姻或者两性结合作为一种颠覆和抗议的文学传统。她从女权主义的理论和批评视角对19世纪和20世纪早期黑人女性作家的小说进行了重新解读,重点关注婚姻情节所体现的父权观念和男女关系问题。

德赛尔在书中引言("Introduction: Conventional Criticism and Unconventional")陈述自己的研究目标为"追溯反抗婚姻主题的非裔美国女性小说文学史,阐释小说的创作背景,特别关注当时的社会政治危机及影响"[②]。她认为非裔美国女性小说的核心在于性别关系的体现、对婚姻和家庭机制的赞美或者批判、女性为捍卫个人美德与父权社会秩序或无序抗争的叙述等。埃伦·M. 维诺尔(Ellen M. Weinauer)指出,德赛尔在《婚姻习俗》中有两个研究目标:一是她想"追溯文学历史上非裔美国女性小说对婚姻主题的反抗";二是探究那些"被抹杀、处在传统之外"的小说对于"黑人女性小说的批判性建构"[③]的意义。黑人作家赋予婚姻的各种社会和政治内涵、体现种族意愿的婚姻情节及形式等都是德赛尔研究这些文本的基本要素,她致力于重新修正并恢复被掩盖的主题和文学史。非裔美国女权主义评论家所创立的一系列"真实黑人"与"真实女权主义"文本的原则在德赛尔看来具有讽刺意味。她认为这些评论家都戴着本质主义和局限性观点的批评眼罩。在这本书中,德赛尔旨在通过分析美国黑人女性小说中婚姻主题的重要性和复杂性,来为我们揭开这些眼罩。

德赛尔重点关注的是非裔美国研究、文学历史,以及探讨非裔美国文学文本与新千年背景下非裔美国文化研究之间的关系问题。[④]《婚姻习俗》全书共六章,分为两部分(第一至第三章为第一部分,后面三章为第二部分),都关注了婚姻、性别及黑人女性内涵的关键特点。第一部分追溯了从非裔美

① Ann duCille, *The Coupling Convention: Sex, Text, and Tradition in Black Women's Fiction*. New York: Oxford University Press, 1993. p. 13.

② Ibid., p. 4.

③ Ellen M. Weinauer, "Review of *The Coupling Convention: Sex, Text, and Tradition in Black Women's Fiction*." *MELUS* 22.1 (1997): 137.

④ Ann duCille, "Where in the World Is William Wells Brown? Jefferson, Hemings, and the DNA of American Literary History." *American Literary History* (Fall 2000): 459.

国作家第一部小说——威廉姆·威尔斯·布朗(William Wells Brown)的《克劳特尔,或总统的女儿》(*Clotel; Or, The President's Daughter*, 1853)的出版到世纪之交的文学史。《克劳特尔》讲述了混血奴隶库尔(Currer)以及她跟美国总统托马斯·杰弗逊(Thomas Jefferson)生的两个混血女儿艾尔西萨(Althesa)和克劳特尔(Clotel)的悲惨经历。德赛尔认为,布朗的这部小说在婚姻情节的发展过程中具有关键性意义,也是她所研究对象文本中唯一的黑人男作家作品。[①] 1802年记者詹姆斯·汤姆森·卡伦德尔(James Thomson Callender)公开了杰弗逊和女奴萨利·海明斯(Sally Hemings)的关系。长久以来,杰弗逊与海明斯的关系被视为黑人种族歧视、身份政治的现实形式,但《克劳特尔》一直被学术界边缘化,在学界占有很少甚至没有一席之地。实际上,这部小说在非裔美国文学评论界的缺席与美国历史上海明斯及其后代被排除在杰弗逊家族之外是一致的,都与父权、历史、种族等问题相关。然而,由于这部小说的历史非真实性及其对白人感伤小说的模仿,使得众多评论家认为它并没有真正书写黑人经历。小说中刻画的浅肤色黑白混血儿所具有的聪明、善良和人性化是获得白人资本主义文明和中产阶级平等地位的名片。而且,混血儿人物角色被认为是反女权主义的,她们的无处不在是对真正黑人女性特质的侮辱。德赛尔指出,应该把布朗的这部小说看作美国多元化文学史中不可忽视的文本。

德赛尔在第一章《婚姻习俗:爱情婚姻小说观》("The Coupling Convention: Novel Views of Love and Marriage")里探究了婚姻情节的普遍性,并基于文学文本详述了婚姻传统。通过对布朗《克劳特尔》的解读,她讨论了布朗如何颠覆传统婚姻情节,为《婚姻习俗》这本书提供了研究范式。德赛尔在第二章《19世纪90年代的文学无激情与黑人女性问题》("Literary Passionlessness and the Black Woman Question in the 1890s")中讨论了世纪转折期的黑人女性作家出于政治和宗教目的如何进一步修正了婚姻情节和感伤形式。通过分析安娜·朱莉·库珀(Anna Julie Cooper)、宝林·霍普金斯(Pauline Hopkins)和弗兰西斯·哈珀尔(Frances Harper)的作品,德赛尔阐释了这些作家对女性政治地位和女性未来等问题的态度。德赛尔同意

① 德赛尔在这本书中对布朗《克劳特尔》的重读,是在之前发表的论文《威廉姆·威尔斯·布朗在哪里? 杰斐逊、海明斯与美国文学历史的DNA》("Where in the World Is William Wells Brown? Jefferson, Hemings, and the DNA of American Literary History")基础上扩展修改而成。

黑人女权主义评论家海瑞尔·卡尔比(Hazel Carby)[①]和克劳迪娅·泰特(Claudia Tate)的观点,赞成重读那些曾经被认为仅仅是同化和推行主流文化观念的小说。德赛尔重点研究了霍普金斯的《抗争力》(*Contending Forces*,1900)和哈珀尔的《爱欧拉·雷若伊》(*Iola Lery*,1892)。通过分析这两部小说,德赛尔提出,19世纪很多小说家的文化协商并非是接受白人社会维多利亚时期观念的同化,而是要求重新书写父权制。尽管当时的社会传统声称尊重和维护真正的女性气质,却奴役了整个黑人种族,贬低了黑人女性的身份地位。在这一章德赛尔还尝试建构性别情感和种族意识,因为19世纪黑人女性作家通常只拥有其一。在她看来,女性欲望不是被社会移位,而是存在于被规范、被埋没、被暗示为一种更安全的政治场所和稳定神圣婚姻的形式之中。在第三章《理想状态下的女人、男人和婚姻》("Women, Men, and Marriage in the Ideal Estate")中,德赛尔分析了19世纪90年代的黑人女性作家是如何受到主流道德和宗教意识形态的影响的。德赛尔认为,婚姻在这一时期被体现为一种拯救与保护的关系。对于包括宝林·霍普金斯、弗兰西斯·哈珀尔、艾玛·邓海姆·凯莉(Emma Dunham Kelley)、艾米利亚·琼森(Amelia Johnson)在内的女性作家来说,婚姻成为一种"乌托邦式的伙伴关系"和"提升种族地位的场所"[②]。这个时代的小说具有含蓄表现性别关系、提倡纯洁女性气质、赞美婚姻是精神性结合等特点。德赛尔主要解读了哈珀尔的《爱欧拉· 雷若伊》、霍普金斯的《抗争力》和艾玛·邓海姆·凯莉的《麦格达》(*Megda*,1891),这三部小说通过不同情节设计表现了基督教精神的结合主题。女作家们在小说中专注于基督教布道,或是把男性和婚姻边缘化,或是把男性塑造为积极支持姐妹情谊、女性共同体的女性化形象等。

在《婚姻习俗》的第二部分(包括第四、五、六章),德赛尔分析了非裔美国女性小说第二次兴盛时期的福赛特、赫斯顿和拉森的作品中对黑人女性重新性别化的特点,涉及的文本包括杰西·福赛特(Jessie Fauset)的处女作《疑惑》(*There is Confusion*,1924)和佐拉·尼尔·赫斯顿的最后一部小说《萨沃尼的六翼天使》(*Seraph on the Suwanee*,1948)。德赛尔指出,这些文本都把婚姻看作"情感束缚、性交易和男性统治模式,其中充满了不忠、暴力

---

① 卡尔比本人对德赛尔《婚姻习俗》的评价是:这本书是一个很好的例子,属于正在兴起的一种研究趋势,是超越非裔美国研究与美国文化和文学评论的历史性探究。

② Ann duCille, *The Coupling Convention: Sex, Text, and Tradition in Black Women's Fiction*. p. 112.

和背叛"[1]。具体来讲,德赛尔认为20、30、40年代的非裔美国文化及复杂的社会政治条件既影响了当时的文学,而且也在其中得到反映,体现了经典与传统、文学与种族及性别之间的关系。

在凯·杰克森·埃萨(Kai Jackson Issa)看来,该书第四章《黑人性爱的蓝色音符:二十、三十年代的性别与文本》("Blue Notes on Black Sexuality: Sex and the Texts of the Twenties and Thirties")"最具启发性"[2]。德赛尔在这一章梳理了当时女性作家的作品与经典蓝调音乐及哈莱姆文艺复兴的关系,特别关注了这一时期的种族主义和原始主义问题。德赛尔认为,除了赫斯顿,很多女作家对性别和种族关系的叙述都被当时的蓝调音乐家如贝西·史密斯(Bessie Smith)和玛·瑞内(Ma Rainey)的表演掩盖了,她们的音乐才是那个时代的代名词。德赛尔集中探讨了福赛特、拉森和赫斯顿把婚姻作为批判黑人中上层社会的肤色意识、阶级划分、社会传统和性别关系的隐喻。她指出,赫斯顿从默默无闻到成为经典作家的经历,以及她作为一个知识分子和女权主义者在学术界被发现与崛起的过程,都使重新评估她生活和作品既及时又必要。福赛特和拉森都认为,婚姻具有限制女性选择和狭隘定义女性角色的性别偏见。她们是第一批公开探讨黑人女性感官、欲望以及分娩对女性身体、精神健康及独立的影响的非裔美国女作家。德赛尔关注的问题是应该如何继续定位、批评、归类以及构建几个世纪以来的黑人女性作品。她自己的回答是,"或许我们可以从艾丽斯·沃克(Alice Walker)那里得到启发:为了达到对文学尽可能最好的理解,我们必须培养母亲的花园"[3]。

第五章《杰西·福赛特与内拉·拉森的资产阶级与蓝调婚礼钟声》("The Bourgeois, Wedding Bell Blues of Jessie Fauset and Nella Larsen")重点关注了福赛特、拉森小说中的性别和女性意识,以及作家们把黑人女性身体写入文学的方式。在第六章《祛除浪漫:激情、父权与现代婚姻情节》("Stoning the Romance: Passion, Patriarchy, and the Modern Marriage Plot")德赛尔通过分析拉森的《流沙》(*Quicksand*)、康奈尔·维斯特(Cornel West)的《生是容易》(*The Living Is Easy*,1996)、赫斯顿的《她们眼望上苍》

---

① Ann duCille, *The Coupling Convention*. p. 113.

② Kai Jackson Issa, "Review of *The Coupling Convention*: *Sex, Text and Tradition in Black Women's Fiction*." *Callaloo* 18.2 (1995): 526.

③ Ann duCille, "The Mark of Zora: Reading Between the Lines of Legend and Legacy." *The Scholar and Feminist on Line* 3.2 (March 2005). www.barnard.edu/sfonline/ghost/hurston/index.htm.

(*Their Eyes Were Watching God*, 1937)和《萨沃尼的六翼天使》,讨论了女性性别和女性意识问题。德赛尔重点剖析了婚姻、性别与非裔美国女性小说发展的密切关系。她指出,如果福赛特和拉森是联结19世纪90年代缺乏激情的文学与开放性现代文学的转折性作家,赫斯顿就是贯穿19世纪和20世纪初期的重要作家。赫斯顿的小说属于当代黑人女权主义把性别作为女性受压迫根源的批判性文本。

德赛尔的这本书跨越1853年到1948年90多年时间,探讨了当今文学研究所涉及的性别、主体、种族以及经典等主题,为黑人女性小说研究提供了新范式。她在书中既追述了过去历史上对文本的解读,也预见了将来的文本书写和阐释,是非裔美国文学研究的重要经典。然而,在埃伦·M.维诺尔看来,德赛尔在这本书中重新评价黑人女性作家的方式,正好属于德赛尔自己所反对的那种二元思维方式。她尝试重读那些被误读的作品的努力使她的解读完全属于之前的语境,并没有认可文学和意识形态相互作用的复杂性以及文学不能仅限于一种解读这一事实。但维诺尔依然较为客观地指出,德赛尔的研究不仅让我们重新解读这些作家及其作品,也让我们深入理解那个特定的时代。[①] 尽管德赛尔的最终成果没有她所预期的那样成功,她还是让我们听到了"政治"文学所发出的声音。玛茜·简·克诺夫(Marcy Jane Knopf)评价道,《婚姻习俗》实际上是对非裔美国文学史的重建。

德赛尔对奴隶制体制下的家庭和婚姻体制的关注还体现在《非裔美国文学史上的婚姻、家庭及其他"特殊体制"》("Marriage, Family, and Other 'Peculiar Institutions' in African-American Literary History")这篇论文中。德赛尔在此文中研究了在长达250年的奴隶制时期的婚姻和家庭如何成为特殊体制,指出关于奴隶制对非裔美国人婚姻和家庭关系影响的争论分成两派观点:有些人认为奴隶制不仅破坏了婚姻和家庭体制,也摧毁了奴隶的信念和道德观念;也有人坚持尽管残酷的奴隶制使奴隶成为囚犯,他们还是找到特殊的方式待在一起,彼此相爱,结成长期婚姻和家庭关系。德赛尔认为,奴隶的被迫分离、合法婚姻的不可能、核心家庭结构的解散都是奴隶制带给奴隶婚姻和家庭的问题。这种体制下的"奴隶女家长制"指母亲而不是父亲,奴隶无法扮演家庭保护者和供养者这样传统角色、失去父权优势的黑人男性只是附属品而已。黑奴小屋也不是丈夫统治妻儿的父权世界,反而女人才是奴隶家庭的一家之主,尽管这个费力操劳的角色并不意味权

---

① Weinauer, Ellen M. "Review of *The Coupling Convention: Sex, Text, and Tradition in Black Women's Fiction*." *MELUS* 22.1 (1997): 140.

力而是责任。

除了对文学文本的研究,德赛尔对黑人女权主义文学理论的建构也做出了重要贡献。她模仿海明威的短篇小说《弗兰西斯·麦孔博的短暂快乐生活》("The Short Life of Francis Macomber")的题目,写下了题为《黑人女权主义理论的短暂快乐生活》("The Short Happy Life of Black Feminist Theory")的文章。在文中,德赛尔解析了海明威这篇短篇小说人物所处的非洲世界为何在过去的七十年引起白人评论者的极大兴趣。德赛尔发现,海明威的文本通过动物意象和被贬低的妻子传达意义,而对故事中其他人物如非白人扛枪者、打手、搬运工和当地的男侍童进行消音处理。德赛尔质问,为什么那头受伤的狮子都被赋予了声音和人称而那些非白人却没有话语权?这些土著人在自己的土地上没有声音和评论者无视这一事实更是让人疑惑。在文章结尾,德赛尔提出,黑人女权主义理论研究不能忽略白人男性的文本,批评不能仅局限于所划定的特定区域,现在是开辟新领地的时候了。

《剑桥女权主义文学理论指南》(*The Cambridge Companion to Feminist Literary Theory*, 2006)收录了德赛尔的论文《关于经典:焦虑历史与黑人女权主义文学研究的崛起》("On Canons: Anxious History and the Rise of Black Feminist Literary Studies")。在文中德赛尔指出,黑人女权主义文学研究跟广义上的"女权主义"概念有着复杂关系。女权主义运动早期所普遍认为的"女人"指的是美国东部的中上层社会白人妇女,并不包括拓荒女性、土著印第安妇女、贫穷白人、移民妇女和女奴——她们非人的处境只是为这些白人女权主义者提供了灵感,她们所受的压迫成为白人女性在家庭中所受待遇的隐喻。实际上,被女权主义运动排除在外、被边缘化的黑人女性对性别和种族平等有着更深切的体会。德赛尔认为,评论界从未充分肯定黑人女权主义文学的漫长历史对当今的女权主义思想、运动、主流女权主义话语以及黑人女权主义批评和理论的影响。黑人妇女没有经历过白人女性那样依赖男人或服从男性权力的传统,她们所拥有的是那些在新世界还没有被摧毁的自我依赖、姐妹情谊和女性互助的传统。白人和黑人女性追求的权利不同,白人女性争取的是财产、法律权利和政治权利,而黑人女性根本无法担任妻子和母亲的传统性别角色,无法享受爱自己的丈夫和孩子的奢侈。德赛尔回溯了18世纪时,争取拥有对自己身体、劳动、欲望的权利的运动领袖、诗人、演说家路西·泰利·普林斯(Lucy Terry Prince)在其诗歌《法庭争战》("Bars Fight", 1746)中讲述了白人邻居约翰·诺伊斯(John Noyes)对她一家的欺侮。这位曾是奴隶的黑人妇女普林斯被排斥在"女人"

行列之外，却争取到大多数白人妇女还未享受到的代自己丈夫发言、进入公共空间的权利，表现了黑人女性的决心和独立精神。玛利亚·斯图亚特(Maria Stewart)是19世纪美国第一个发表公开演讲的女性。她鼓励女性认识和实现自己的才智、社会能力和政治潜力。玛丽安·沙德·凯利(Mary Ann Shadd Cary)①是她所处时代的政治、社会和知识界的重要活动家，致力于废奴、女权、节制、公共教育、迁移运动、女性社区的黑人民族主义等活动。德赛尔之所以使用“焦虑历史”(Anxious History)这个术语，是因为无数的黑人女性曾致力于废奴运动、女性权利、投票权、争取性别与种族平等的斗争，然而历史却遗忘了这些黑人女性的名字和她们所奉献的事业。

关于黑人女权主义文学研究，德赛尔在这篇文章中还引用传记学者简·路德斯(Jane Rhodes)的观点，“19世纪很少有非裔美国女性创作出经得起时间考验的文本，缺少文献资源是造成书写黑人女性历史的最大困难和最大障碍”②。尽管如此，黑人女性作家在小说中还是描述了对各种压迫形式如强奸、性剥削以及受禁的种族间性关系的抵制。哈利耶特·威尔逊(Harriet Wilson)的《我们的黑鬼，一个自由黑人的生活写照》(*Our Nig; Or, Sketches from the Life of a Free Black*, 1859)书写的是关于白人女性和黑人男性种族间的禁忌话题。德赛尔指出，威尔逊不仅是第一个非裔美国人也是第一个美国作家出版这类跨种族婚姻题材的小说。哈利耶特·雅克布斯(Harriet Jacobs)在其自传《一个奴隶女孩的生活事件》(*Incidents in the Life of a Slave Girl*, 1861)中，大胆控诉了文明社会歧视和压迫黑人女性的价值系统，很快成为鼓励19世纪黑人妇女反抗运动的经典文本。哈珀尔积极参与当时反对奴隶制、争取平等权利的运动的同时，还创作了多卷本的诗歌、文章、演讲，以及四部小说。她还发表了非裔美国人第一篇短篇小说《两次求婚》(“The Two Offers”, 1859)，叙述了婚姻关系中女性的选择和反奴隶制的活动。德赛尔评论道，尽管哈珀尔在早期黑人女权主义文学研究中常被批判过度模仿感伤道德主义，她对种族意识形态与性别传统的颠覆性批判预示了100年后黑人女权主义的崛起。这些早期的作家和活动家为以后反抗种族歧视和性别压迫运动树立了榜样。历史地看，黑人女性和其他有色人种女性都需要面对、理清并区分开她们所承受的种族和性别身份

① 她是非裔美国女性中第一个发表和编辑报纸 *Provincial Freeman*，第二个成为律师的人。

② Ann duCille, “On Canons: Anxious History and the Rise of Black Feminist Literary Studies,” in *The Cambridge Companion to Feminist Literary Theory*. Ed. Ellen Rooney. Cambridge: Cambridge University Press. 2006. p. 35

的压迫。区分性别和种族身份正是黑人女权主义研究从开始到现在一直面临的棘手问题,德赛尔强调这样的区分很难做到。

德赛尔后期的研究主要集中在像芭比娃娃、辛普森案件、秀兰·邓波这类非文学文本的大众文化现象。针对肤色平等这一观念如何与美国黑人社会和经济现实相适应这一话题,德赛尔在《肤色贸易》这本书中梳理了非裔美国女性与美国主流文化的关系,涉及了从芭比娃娃的种族化设计、辛普森案件,以及非裔美国女性作家作品在学界的接受情况等问题。《肤色贸易》除了《前言:你说的"我们"指的是谁,科莫·萨毕?》("Prologue: What You Mean 'We', Kemo Sabe?")和《后记:越苦越怨》("Epilogue: The More Bitter the Whine")以外,还收集了德赛尔的五篇文章(分别为本书的第一至五章)。除了关于芭比和辛普森案件的两篇文章,其他章节都是对之前所发表论文的扩展,主要论及文学和学术界。赫尔曼·品森(Hermine Pinson)评论道,"《肤色贸易》代表了黑人女权主义学者和文化评论者眼中的全球化市场下种族和性别的消费"。[①] 德赛尔在前言中指出,"种族和它的远亲——民族——已经成为资本主义和学术的重要商品"[②]。她探究了种族与文化商品化、自由主义者所谓的文化多元化与保守派所坚持的政治严肃性、女权主义文本和男权式解读、学界高层理论与大众文化之间的关系。

从孩子的玩具世界到学界和司法系统,德赛尔在书中通过大众文化形象阐释肤色、身体结构及其他显性差异所体现的种族和性别问题。第一章标题为"玩具理论:黑人芭比与异类深度游戏"("Toy Theory: Black Barbie and the Deep Play of Difference"),探究了文化与商业贸易之间的关系,得出大规模生产会导致种族身份不断走向同一的结论。德赛尔提出了芭比娃娃会对小女孩产生什么影响,怎么解释芭比的设计主旨以及为什么美只是停留在肤色表面等问题。她认为这些问题的根源在于社会主流通过所宣传的"理想女性形象"来简化不同种族、民族、性别差异的审美观。德赛尔以芭比娃娃来探讨种族与性别差异的商品化,[③]认为芭比是当代商业文化性别化、种族化的标志形象。她指出曼特尔公司(Mattel, Inc.)使用性别、种族、文化差异标志来销售女性、白人、黑人、亚洲和西班牙等芭比娃娃,而这些娃娃的

① Hermine Pinson, "Review of *Skin Trade*." *Signs* 29.1 (1998): 138.

② Ann duCille, *Skin Trade*. Harvard University Press, 1996. p.7.

③ 跟这个话题相关的还有德赛尔发表的两篇论文:《黑人芭比与差异的深度游戏》("Black Barbie and the Deep Play of Difference")和《色彩与娃娃:多元文化芭比与差异的商业化》("Dyes and Dolls: Multicultural Barbie and the Merchandising of Difference")。

受欢迎程度显示了人们对主流文化所阐释的自我的内化程度。在第二章"怪物，她书写：种族与性别意识阅读问题"("Monster, She Wrote: Race and the Problem of Reading Gender-Wise")中，德赛尔讨论了像莫里森和沃克这样的女性作家在黑人男性评论家中所引起的愤怒。许多黑人男性评论家都以美国主义、爱国主义及民族主义的名义，批判女作家误读黑人男性并以伤害整个种族的代价来定位女性自我身份。德赛尔认为，黑人民族主义否认性别主义跟白人民族主义否认种族歧视是一样的，她希望黑人女性能够超越黑人男性的性别主义而写作。

第三章以"真实黑人女性的隐匿"("The Occult of True Black Womanhood")为题，德赛尔在此分析了赫斯顿的《他们眼望上苍》从绝版到成为准经典的过程。这部小说现今已有七种版本，享有多种荣誉，被归入主流历史、社会科学、文学与美国研究课程大纲以及成为非裔美国研究和女性研究的经典文本。[①]当代黑人女权主义理论家贝尔·胡克斯(bell hooks)称当今为"他者的商品化"或"吃掉他者"[②]的颠覆性时代。胡克斯在其《黑色形象》(*Black Looks: Race and Representation*, 1992)中指出，"在商品文化中，民族成为调味品，只为迎合主流白人文化这道主菜"[③]。在胡克斯看来，大众文化推进了认可种族差异能带来愉悦的观念，甚至通过剥削黑人女性的身体促进和推动他者的商品化。在曾经被孤立和隔离的黑人女权主义研究领域，黑人女权主义学者们是否面临被学术界——"黑人、白人、男性、女性、艺术家、学者、历史学家及解构主义者们"的"彩虹联盟"边缘化的危险？鉴于种族和性别的双重身份，黑人女性不仅仅是"第二性"或后现代的"他者"，也是最底层的种族，最受压迫、最边缘化、最异常以及最典型的载体。针对目前黑人女性成为大量文学和历史研究对象的现象，德赛尔探索了这一现象背后所揭示的问题及引起的后果。但她反对划分属地，反对种族、文化及性别本质主义，反对把非裔美国研究当做斯皮瓦克所说的"黑色黑人"("black blacks")的私有财产。值得一提的是，德赛尔赞誉白人女权主义学者伊丽莎白·埃蒙斯(Elizabeth Ammons)在其《矛盾的故事：世纪之交的美国女性作家》(*Conflicting Stories: American Women Writers at the*

---

① 德赛尔在这一章所表达的观点跟发表的论文《真实黑人女性的隐匿：批评行为与黑人女权主义研究》("*The Occult of True Black Womanhood: Critical Demeanor and Black Feminist Studies.*" Signs 19:3 (*Spring* 1994): 591—629.)一致。

②③ *Ann duCille*, "*The Occult of True Black Womanhood: Critical Demeanor and Black Feminist Studies.*" Signs 19:3 (*Spring* 1994): 592.

Turn Into the Twentieth Century,1992)中对非裔、亚裔、印第安人、犹太裔以及白人美国女性作品的解读,认为她为非裔女性文学研究提供了可借鉴模式。

第四章"话语与过程:后殖民与非裔中心论"("Discourse and Dat Course: Postcoloniality and Afrocentricity")极具启发性地揭示了身份政治是如何成为办公室政治的。德赛尔发现,在美国大学的英语系里,后殖民研究比非裔美国研究更占优势。德赛尔声明,作为一个非裔美国人,她既不支持非裔中心主义也不反对后殖民主义,但致力于解构后殖民研究和坚持反帝国主义立场。德赛尔同意杜·波依斯(Du Bois)的观点,认为 20 世纪的主要问题就是肤色差异,很明显这也会继续成为 21 世纪的问题。第五章题为《越黑越有味道:O. J. 辛普森与种族压迫游戏》("The Blacker the Juice: O. J. Simpson and the Squeeze Play of Race"),德赛尔以对待芭比娃娃同样的方式,审视了围绕辛普森案件的大众言论,认为这个案子的大部分报道都是建立在种族歧视基础上的话语政治。她以《新闻周报》(*Newsweek*)和《时代》(*Time*)为例,分析媒体视角下的辛普森案件,探究了种族、性别、资本之间的混合与碰撞。

《肤色贸易》引起了学界的广泛关注。评论者赫尔曼·品森(Hermine Pinson)指出,德赛尔呼吁当代人继承前辈遗留下来的使命,继续反对民族压迫、种族仇恨、偏执、反犹太主义、性别歧视、异性恋以及新纳粹主义。在品森看来,德赛尔对肤色贸易的反抗是为了解构这个国家根深蒂固的肤色、阶级和性别体制。[①] 凯特·福尔布鲁克(Kate Fullbrook)指出这是一部批判当今美国把种族滥用为文化商品的文集,每篇文章都透露着德赛尔的个人立场、剖析能力和政治诉求,同时也显示了最高的新闻报道水平和最严格的学术标准,最大程度地吸引了各类读者。德赛尔围绕两个关键问题:种族的重要性,以及种族意义如何体现,探索了大众社会、学界、司法系统对种族与性别意义的阐释及商业化现象。瑞塔·比沃尼(Rita M. Bienvenue)指出,德赛尔富有思想内涵的分析为理解关于种族和性别的一系列棘手问题提供了可靠参考。

根据安娜·伊芙瑞特(Anna Everett)和其他电影理论家的观点,电影产业的起源植根于或者依赖于再现他者尤其是黑人种族偏见。作为现代科技产品,电影叙述与其他艺术形式如文学和音乐有很大差异,按照伊芙瑞特的

---

① Hermine Pinson, "Review of *Skin Trade*." *Signs* 29. 1(1998): 139.

话来说,电影"更广泛、更具体地宣传了美国白人至上的政治话语"①。在论文《阶级的颜色:大众想象的种族划分》("The Color of Class: Classifying Race in the Popular Imagination")中,德赛尔探讨了大众文化背景下黑人中产阶级的家庭观念。电影(以及后来的电视)已经成为研究种族形象的重要渠道,它们的诞生促进了重建后美国反黑人情绪和吉姆·克鲁(Jim Crow Laws)②种族隔离体制的发展。莫里森在《黑暗中的游戏》(*Playing in the Dark—Whiteness and the Literary Imagination*, 1993)一文中所塑造的"美裔非洲人—由美国独有的黑暗、他者、警示、欲望混合组成"③,与理查德·赖特(Richard Wright)半个世纪以前提出的"黑人是美国的"这个隐喻具有极大的相似性。德赛尔指出,在白人主流意识里,黑人等同于底层他者。德赛尔还列举了著名非裔美国知识分子如康奈尔· 维斯特(Cornel West)、帕特丽夏· 威廉姆斯(Patricia Williams)及贝尔·胡克斯(bell hooks)的经历:当他们越界跨入保守的、只许白人出入的场所时被错当做底层社会的他者——"黑人"。上流社会背景下的底层生活、底层他者是主流社会之外(或被鄙视)的象征形象,但对"主流文化想象的构成"④不可或缺。德赛尔最后得出结论,白人被赋予了高于其他种族的权利。这不仅是白人主流文化审美观的问题,还是一种关于谁体现他者的肤色的选择。只要愿意,白人身体也可以充当低等他者,而黑人身体永远只是低等他者。

德赛尔对美国非裔女性文学、女权主义理论及文化研究做出了重要贡献。她以之前被忽略的文学主题如婚姻、家庭等为线索,把历史上许多女性作家的文学作品串在一起,研究了美国黑人女性文学。通过叙述白人与黑人、男性与女性、主流与边缘的相互影响与融合,德赛尔挑战了建立在语言和经历基础上的黑人女权主义理论的单一性。她的成就并不局限于非裔美国女权主义文学批评,还扩展到大众流行文化领域。不管是审读黑人芭比娃娃的种族和性别政治或者秀兰·邓波电影内在的种族歧视问题,德赛尔的研究都没有脱离文本细读和非裔美国文学、历史和文化的背景。通过各种方式,她探讨了当今社会种族与性别的商业化现象,评析了美国主义、非裔中心主义、多元文化主义以及女权主义的观点,其观点对美国文学、文化理论研究具有重大意义。

---

① Ann duCille, "The Color of Class: Classifying Race in the Popular Imagination." *Social Identities* 7.3 (Fall 2001): 410.

② 美国 1876—1975 年间各个州颁布的关于黑人权利的法律。

③④ Ann duCille, "The Color of Class: Classifying Race in the Popular Imagination." p. 412.

主要作品(按出版年代排序)

"'Who Reads Here?' Back Talking with Houston Baker." *Novel: A Forum on Fiction* (Fall 1992): 97—105.

"Blues Notes on Black Sexuality: Sex and the Texts of Jessie Fauset and Nella Larsen." *Journal of the History of Sexuality* 3 (Jan. 1993): 418—443.

"Phallus(ies) of Interpretation: Toward Engendering the Black Critical 'I.'" *Callaloo* 16 (Summer 1993): 559—573.

The Coupling Convention: Sex, Text, and Tradition in Black Women's Fiction. New York: Oxford University Press, 1993.

"Dyes and Dolls: Multicultural Barbie and the Merchandising of Difference,"*differences* 6:1 (Spring 1994): 46—68.

"The Occult of True Black Womanhood: Critical Demeanor and Black Feminist Studies." *Signs* 19:3 (Spring 1994): 591—629.

"Postcoloniality and Afrocentricity: Discourse and Dat Course,"in *The Black Columbiad: Defining Moments in African-American Literature and Culture*. Eds. Werner Sollors and Maria Diedrich. Cambridge: Harvard University Press, 1994. 28—41.

Skin Trade. Cambridge: Harvard University Press, 1996.

"Where in the World Is William Wells Brown? Jefferson, Hemings, and the DNA of American Literary History." *American Literary History*. 12.3 (Fall 2000): 443—462.

"The Color of Class: Classifying Race in the Popular Imagination." *Social Identities*. 7.3 (Fall 2001): 409—419.

"Looking for Zora." Cover review essay, *New York Times Book Review*. 5 January 2003: 12—13.

"Multicultural Barbie and the Merchandising of Difference," in *The Black Studies Reader*. Ed. Jacqueline Bobo. New York: Routledge, 2004: 265—260.

"The Mark of Zora: Reading Between the Lines of Legend and Legacy." *The Scholar and Feminist Online* 3.2 (March 2005). Ed. Monica Miller. www.barnard.edu/sfonline/ghost/hurston/index.htm.

"On Canons: Anxious History and the Rise of Black Feminist Literary Studies," in *The Cambridge Companion to Feminist Literary Theory*. Ed. Ellen Rooney. Cambridge: Cambridge University Press, 2006.

"Marriage, Family, and Other 'Peculiar Institutions' in African-American Literary History." *American Literary History* 21.3 (2009): 604—617.

"The Short Happy Life of Black Feminist Theory." *Differences: A Journal of Feminism* 21.1 (2010): 32—47.

参考文献

Blair, Sara. "Feeling, Evidence, and the Work of Literary History: Response to duCille" *American Literary History*. 12.3 (Autumn, 2000): 463—466.

Issa, Kai Jackson. "Review of *The Coupling Convention: Sex, Text and Tradition in Black*

Women's Fiction." *Callaloo* 18. 2 (1995): 526—528.

Knopf. Marcy Jane. "Review of *The Coupling Convention: Sex, Text, and Tradition in Black Women's Fiction*." *Belles Lettres: A Review of Books by Women*. 10. 2 (Spring 1995): 80—83.

Pinson, Hermine. "Review of *Skin Trade*." *Signs* 29. 1 (1998): 138—141.

Rooks, Noliwe. "Writing Race, Selling Culture: Review of *Skin Trade*." *Novel: A Forum on Fiction* 31. 2 (1998): 271—272.

Rooney, Ellen, ed. *The Cambridge Companion to Feminist Literary Theory*, Cambridge: Cambridge University Press, 2006.

Weinauer, Ellen M. "Review of *The Coupling Convention: Sex, Text, and Tradition in Black Women's Fiction*." *MELUS* 22. 1 (1997): 137—141.

约瑟芬·多诺万(Josephine Donovan)
(1941—)

约瑟芬·多诺万,美国著名女权主义思想家和文学批评家,自然环境及动物保护者。多诺万在许多领域都卓有建树。她对女权主义思想的传统从历史与哲学的根源进行了探索和梳理;对早期女性文学及19世纪女性作家的现实主义传统做了开创性研究,为促进女性作品进入美国文学经典做出了不可或缺的贡献;她推动了生态女权主义文学理论的发展,并率先倡导了女权主义动物关爱伦理,以此丰富了女权主义伦理思想。她将女权理论与文学批评结合起来,为确立女性文学的传统做出了不懈的努力;她对人类环境的女权主义关怀又使她为环境伦理注入了新的血液。

多诺万1941年出生于马尼拉,但在珍珠港事件爆发前几个月随母亲撤离了菲律宾。其父作为美国军队的一名上尉,一直滞留在菲律宾,直至1942年被日军所俘,成为战犯。为了促使读者了解战争的罪恶,多诺万于1998年将父亲的这段回忆整理出版。1962年,在欧洲度过大学三年级的生活后,她以优等成绩毕业于宾夕法尼亚州布林莫尔学院,主修历史。毕业后,她做过《华盛顿邮报》和《时代》杂志社新闻编辑部的职员,在纽约以北一家小报社担任过记者。同时,她在哥伦比亚大学修完了文学创作课程。1967年和1971年,她在威斯康星大学麦迪逊分校分别获得比较文学方向的硕士和博士学位。多诺万曾在几所大学担任过教职,还在波士顿的G. K. 霍尔出版社担任过编辑,最近作为缅因大学奥罗诺分校的教授退休。

多诺万的成名作《女权主义理论:美国女权主义思想传统》(*Feminist Theory: The Intellectual Traditions of American Feminism*)于1985年出版。如果说上个世纪80年代初期的美国女权批评还没有理论基础,"尚是在理论风暴中摸索着前行的孤儿",[①]女权理论则更是荒野中四散的珠子,亟待慧眼拾起并用适当的线使之串联起来。多诺万的《女权主义理论》的划时代意义正在于它把握了这一时代需求。这部著作通过从思想上追根溯源,为女权主义理论建立起自己的家园,为后来的女权主义研究者提供宝贵的参

① Elaine Showalter, "Feminist Criticism in the Wilderness." *Critical Inquiry* 8.2 (Winter, 1981): 180.

考文献。该书一经出版，即成为女权主义的基本理论著作，备受国内外女权主义研究者的推崇，在许多大学里成为女权主义课程的必备教科书。该书于1992年和2000年再版[①]。1992年第二版增加了“试图说明最近女权主义理论的主要导向”[②]的第八章，该章总结了各派女权主义理论中的分歧，讨论了后现代主义对女权主义运动的破坏作用，对生态女权主义的发展给予了尤为全面的阐述。2000年第三版时该章题为“走进21世纪”，基本保持了原有内容。作者在书中将女权主义思想置于历史的长河中，“为女权主义者提供可资使用的过去”。[③]历史性成为贯穿全文的女权主义思想脉络。该书沿着时间之轴分为八个章节，首先是18世纪启蒙时期的自由主义女权主义，然后是19世纪的文化女权主义、女权主义和马克思主义，20世纪的女权主义和弗洛伊德学说、女权主义和存在主义、激进女权主义、20世纪文化女权主义的道德蓝图，最后是对21世纪女权主义的展望。在分析每一阶段女权主义思想特点及女性主义思想的各个分支时，作者没有简单地罗列事实，而是紧扣其时代背景下的哲学思潮，剖析其内在联系，并在纵观史今的基础上，融入自己的思考，对其在整个女权主义思想发展中的地位做出客观评价。

多诺万在《女权主义理论》中不遗余力地分析了男性主导的传统西方哲学对女权主义理论的影响。作为父权社会夹缝中的产物，女权理论不可避免地与当时的主流思潮有着千丝万缕的联系。在分析18世纪启蒙时代的自由主义女权主义思想时，多诺万看到受培根、牛顿、笛卡尔、洛克等人的影响，理性得到了倍加推崇，而“主观世界：情感及与审美和道德价值相关的非理性领域却被忽视了”，[④]因而，这一时期的自由主义女权主义的主要特点也体现在对理性深信不疑，认为女性同男性一样有理性推理能力，只不过她们需要教育提供一定的帮助。作者以玛丽·沃尔斯通克拉夫特（Mary Wollstonecraft）的著作《为女权辩护》（*A Vindication of the Rights of Woman*，1792）为例说明自由主义女权主义者旨在呼吁女性像男性那样通过

---

① 该书的2000年版已由赵育春翻译，江苏人民出版社2003年出版，中译本书名为《女权主义的知识分子传统》。

② Josephine Donovan, “Preface to the Expanded Edition.” *Feminist Theory: The Intellectual Traditions of American Feminism*, new expanded ed. New York: The Continuum, 1997.

③ Naomi Scheman, “Review: The Force of Reason.” *The Women's Review of Books* 3.1 (Oct., 1985): 15.

④ Josephine Donovan, *Feminist Theory: The Intellectual Traditions of American Feminism*. new expanded ed. New York: The Continuum, 1997. p. 3.

批评思维训练“从服务于男性的既定从属角色中解放出来”。[①]然而,在向男性看齐的过程中,与生儿育女有关的私人空间遭到贬抑,女性不自觉地认同了男性对自己的统治。由此,自由主义女权主义使自己陷入困境,最终在“文化女权主义”那里得到转向,从而获得新的活力。同样,在分析文化女权主义时,多诺万将文化女权主义试图建立母权制乌托邦的理想看作是对充满男权思想的社会达尔文主义的回应。随后,多诺万深入分析了玛格丽特·富勒(Margaret Fuller)、夏洛特·帕金斯·吉尔曼(Charlotte Perkins Gilman)等文化女权主义者的文学文本及理论著作,指出文化女权主义者强调女性不同于男性的特质,致力于寻找女性自身的价值,而非成为男性那样的人。但对差异的强调不可避免地会使女性重新处于从属于男性的危险中。文化女权主义不得不极力证实女性生活的私人领域足以“改变操纵公共领域的具有破坏性的男性意识”。[②]多诺万认为“第二次女权运动浪潮中的理论家越来越趋于文化女权主义立场,这一趋势在20世纪80年代尤为显著”[③],因此在第七章里,她进一步对其进行了讨论。在将女权主义分成自由主义女权主义和文化女权主义两大阵营后,多诺万在随后的三章里直接将女权主义与西方三大理论:马克思主义、弗洛伊德学说、存在主义哲学对置,阐述了女权主义理论与它们之间的关联及其发展。多诺万将代表典型的男性经历与视角的马克思主义思想与弗洛伊德学说引入女权主义理论中,难免遭到质疑。[④]但她环环相扣,逻辑严密的分析以及精辟的观察使人不得不正视其中的联系。

该书的另一特点是对各派女权主义理论之间的界线与关系的把握。玛丽·林登·尚利(Mary Lyndon Shanley)指出,“我们完全有理由质疑多诺万将不同材料归入启蒙自由主义女权主义、文化女权主义、女权主义与马克思主义……等章节时依据的原则”。[⑤]该书出版时正值“自由主义女权主义”、“激进女权主义”、“文化女权主义”等概念广为传播、其含义却日趋含混不清之时,多诺万在使用这些分类时显然面临着如何界定它们、使之各得其所的问题。“激进女权主义”与“文化女权主义”之间的界线尤为令人棘手。1983

① Josephine Donovan, *Feminist Theory*. p. 11.

② Ibid., p. 62.

③ Ibid., p. 63.

④ See Diane Price Herndl, "Review of *Feminist Theory: The Intellectual Traditions of Feminism*." *Tulsa Studies in Women's Literature* 13. 1 (Spring, 1994): 167—170.

⑤ Mary Lyndon Shanley, "Review of *Feminist Theory: The Intellectual Traditions of American Feminism*." *Signs* 13. 1 (Autumn, 1987): 175—178.

年，爱丽丝·厄柯尔斯（Alice Echols）撰文讨论"文化女权主义"时，认为它源于"激进女权主义"，是其后期变异，在论及两者差别时指出"激进女权主义者将女性的生物特征看成障碍，有时反映了女性身体从文化上遭受的贬抑；文化女权主义则将其看作强有力的资源"[①]。1984年艾伦·威利斯（Ellen Willis）在"'激进女权主义'与'女权主义激进主义'"一文中分析了激进女权主义如何自1975年让位于文化女权主义的历史过程，认为文化女权主义在试图解决激进女权主义没能完成的任务。[②]多诺万在《女权主义理论》一书中把握住了两者之间的关系，将20世纪的文化女权主义置于激进女权主义之后，并在激进女权主义章节的最后部分用"文化分离主义者"概念引出文化女权主义者，强调其作为和平主义者和生态整体论者的文化特征。由此，使读者顺利过渡到对于文化女权主义的讨论中。同时，多诺万也意识到女性主义理论不可能整齐划一地归入自由主义女权主义、激进女权主义、文化女权主义等界线分明的圈地，女权主义理论家也不可能绝对归属于哪一派系。因此，我们不难理解伊丽莎白·凯蒂·斯坦顿（Elizabeth Cady Stanton）在第一章和第二章里同时成为主要人物；凯特·米利特（Kate Millett）既在第四章"女权主义与弗洛伊德学说"中不可或缺，又是第六章"激进女权主义"中的关键人物。

此外，该书在分门别类地缕析女权主义思想的发展时，既从宏观上对几个世纪以来的女权主义理论研究成果进行了综述和总结，也尽可能地保全了各路女权主义者的多元声音。该书中出现的女权主义理论家自18世纪到20世纪末两百多年中多达两百多位，可见作者涉猎之广。在每个章节大的框架下，作者为其中的思想者保留了争鸣的声音。例如，在第四章"女权主义与弗洛伊德学说"中，多诺万一方面讨论了波伏娃（Simone de Beauvoir）、凯特·米利特、舒拉米斯·费尔斯通（Shulamith Firestone）等对弗洛伊德学说中的厌女思想及其为男性的统治地位寻找心理学上的托辞所做的深刻批判；另一方面也介绍了盖尔·鲁宾（Gayle Rubin）、朱丽叶·米切尔（Juliet Mitchell）、南希·乔多罗（Nancy Chodorow）等心理批评家对弗洛伊德学说的利用及改造。此外，在讨论朱丽亚·克里斯蒂娃（Julia Kristeva）、海伦·西苏（Helene Cixous）、露丝·伊里加蕾（Luce Irigaray）等法国女权主义学

---

① Alice Echols, " Cultural Feminism: Feminist Capitalism and the Anti-Pornography Movement." *Social Text* 7 (Spring-Summer, 1983): 37.

② See Ellen Willis, "Radical Feminism and Feminist Radicalism." *Social Text* 9/10 (Spring-Summer, 1984): 91—118.

者的理论时,多诺万既看到她们对父系象征界的共同批判以及对前俄狄浦斯阶段母女关系的强调,也充分展示了她们在女权思想上不同的侧重点。因此在短短20多页的章节中,众多的声音在作者的安排下形成多音部的对话,使心理分析批评下的女权主义思想获得多方位的展示。

如果说该书还有未尽之处,那么正如娜奥米·斯科曼(Naomi Scheman)所指出的,该书囊括的主要女权主义理论家的视角没能"积极地挑战白人及异性恋的规范",[①]同性恋、黑人等群体的声音在女权主义理论中仍处于边缘地位。此外,在后现代主义思潮遍地开花的今天,多诺万在最后一章中对其的不信任与批评对于那些热衷于文化批评的女权主义者来说也难免让人感到不安。

多诺万不仅对女权主义思想传统感兴趣,她的历史与文学教育背景注定了她在女权主义文学批评方面取得成就。早在1972年,她就在《女权主义文体批评》("Feminist Style Criticism")一文中开始了其女性主义批评的实践。该文引起另一女权批评家安妮特·克罗德尼(Annette Kolodny)的关注,认为它是篇"不错的文章","从方法论上(为女权主义文学批评)起了个头"[②]。其后的1975年,多诺万敏锐地把握住了70年代女权主义文学批评对理论的呼唤,编辑出版了《女性主义文学批评:理论上的探索》(*Feminist Literary Criticism: Explorations in Theory*)一书,"为女权主义文学遭受到的误解与恶意中伤做出解释与辩护"[③]。该书虽然被克罗德尼指责为"反映了伊莱恩·肖沃尔特早期的发现:即女权批评的连贯性更多地体现在意识形态上而非方法论上,"[④]但它作为女权文学批评早期的理论著作,与帕特里夏·迈耶·斯派克斯(Patricia Meyer Spacks)的《女性的想象》(*The Female Imagination*,1976)、艾伦·莫尔斯(Ellen Moers)的《文学女性》(*Literary Women*,1978)、伊莱恩·肖沃尔特(Elaine Showalter)的《她们自己的文学》(*A Literature of Their Own*,1978),以及桑德拉·吉尔伯特和苏姗·古芭(Sandra Gilbert and Susan Gubar)的《阁楼上的疯女人》(*The Madwoman in the Attic*,1979)一起使女权主义文学理论在70年代末转向了女性作家批评

---

① Naomi Scheman, "Review: The Force of Reason." *The Women's Review of Books* 3.1 (Oct., 1985):15.

② Annette Kolodny, "Some Notes on Defining a 'Feminist Literary Criticism'." *Critical Inquiry* 2.1 (1975): 77.

③ Josephine Donovan, "Editor's Preface to the First Edition." *Feminist Literary Criticism: Explorations in Theory*. 2nd ed. Kentucky: The University Press of Kentucky, 1989.

④ Annette Kolodny, "Literary Criticism." *Signs* 2.2 (Winter, 1976): 413.

(gynocritics),即侧重于挖掘女作家作品,寻找女性文学传统。1983 年,代表多诺万在文学批评实践上的硕果之一的《新英格兰乡土文学:女性的传统》(*New England Local Color Literature*: *A Women's Tradition*)面世。该书一反传统的文学批评对女性作家作为"乡土作家"的歧视性定位,将乡土文学置于"女性的文学现实主义"或"女性自我认同的现实主义"框架中,通过分析 19 世纪五位新英格兰女作家哈里特·比彻·斯托(Harriet Beecher Stowe)、露丝·特里·库克(Rose Terry Cooke)、伊丽莎白·斯图亚特·菲尔普斯(Elizabeth Stuart Phelps)、萨拉·奥恩·朱厄特(Sarah Orne Jewett)和玛丽·威金斯·弗里曼(Mary E. Wilkins Freeman)的作品,"再现了一度被忽视的女性乡土文学的传统,指出它对美国文学发展至关重要的作用,并建立了其美学价值"[①]。多诺万在该书中提出了一些重要概念,如"女性自我认同的现实主义文学",她认为这是体现女性自我经历与价值观的现实主义,是对女性生活中的真实体验的再现,因而有别于传统的男性自我认同的文本。因此,多诺万将乡土作家与美国文学的现实主义传统联系起来,关注女作家背后的个人经历与文学的关系。此外,多诺万聚焦于五位作家作品中体现的"女性乌托邦",认为这一反映了女性不同于男性统治制度下的价值观的世外桃源,兴起于斯托夫人的小说,[②]然后经过朱厄特登峰造极的表现,最终在弗里曼那里遭到毁灭。她认为此后的作家薇拉·凯瑟(Willa Cather)、伊迪斯·沃顿(Edith Wharton)等则回归到父权文化的内部进行写作。[③]多诺万在该书中对当时尚处于边缘地位、鲜为人注意的 19 世纪女作家作品进行了重新评估,"为改造文学史这一必不可少的工作做出了贡献,"[④]最终促使更多的美国女作家进入文学课堂,成为文学经典的一部分。

此后的十多年里,多诺万没有中断过对女性文学传统及女性文学中现实主义的研究。1999 年的著作《妇女与小说的兴起,1405—1726》(*Women*

---

① Deborah Lambert, "Review: Matrilocal Color." *The Women's Review of Books* 1.2 (Nov., 1983):18.

② See Josephine Donovan, "Harriet Beecher Stowe and the Emergence of a Female Arcadia," in *New England Local Color Literature*: *A Women's Tradition*. New York: Frederick Ungar, 1983. pp. 50—67.

③ 多诺万在 1989 年的著作 *After the Fall*: *The Demeter-Persephone Myth in Wharton, Cather and Glasgow* 中进一步讨论了女性作品中母系制的终结,认为这是女性作家的生存之计。

④ Josephine Donovan, "Harriet Beecher Stowe and the Emergence of a Female Arcadia." p. 19.

and the Rise of the Novel, 1405—1726)代表了多诺万在这一领域的学术新发展。该书起源于作者1982年在塔尔萨大学给研究生开设的“妇女与小说的兴起”讨论课。其后作者阅读了大量早期女性作家作品,最终在多年的学术积累后完成了该书。与伊恩·瓦特(Ian Watt)的《小说的兴起》针锋相对,多诺万在该作中强调女性书写在小说兴起中所起的作用,并将女性的现实主义文学传统追溯到12至15世纪,因而“对小说正统的女性主义和历史主义观进行了意义重大、见识过人而及时的介入,”[①]为重构女性文学史,寻找女性文学的传统掀开了重要的篇章。该书中,作者结合巴赫金的对话理论,分析了15世纪和18世纪初之间包括法国、西班牙、英国的欧洲女作家作品,提出“框架式中篇小说”(将一系列独立的故事通过精心安排的叙事框架串在一起的集子)是现代长篇小说的前奏,或者说是长篇小说的早期表现形式。多诺万认为早期的女作家认识到这一文类中的对话性质,从而将这一框架用来表达其女性主义立场。此外,多诺万指出这些女作家在其书写中频繁使用了情境推理法(casuistical reasoning),即通过个体的情境化的案例颠覆抽象的统一的教条,从而使女性得以表达自己的真实处境,抵制无所不在的厌女意识。多诺万强调,长篇小说的优势即在于表现个体的境遇,而非模糊个人真实生活的抽象事实,因此早期女作家在将女性的生活具体化的过程中“不仅促成了长篇小说这一文类的形成,而且促进了意识形态的转换,即动摇了统治者的权威”[②]。多诺万对情境性与个体性的关注与吉利根的“关爱伦理”可以说是一脉相承[③],但她将其与长篇小说中的现实主义传统联系起来,使人不觉耳目一新。同时,多诺万讨论了早期女作家在写作中使用的批判性反讽、戏仿等策略,说明她们在写作中使用了“反理论的颠覆性现实主义”,[④]以期形成个体的伦理意识,最终使女性成为自我愿望与欲望的主体。《妇女与小说的兴起》将女性从感伤主义小说的领地带入现实主义小说的视界,再现了早期西方女性主义者在打破沉默的坚冰中所起的作用,并“通过将早期女小说家统一在框架式小说作者中,为早期女性小说研究学者

---

① Ros Ballaster, “Review of *Women and the Rise of the Novel*.” *Modern Philology* 99.4 (May, 2002): 636.

② Josephine Donovan, “Introduction.” *Women and the Rise of the Novel, 1405—1726*. London: Macmillan Press, 1999. p. xi.

③ 本文后部分对吉利根的“关爱伦理”作了进一步介绍。

④ Josephine Donovan, “Conclusion,” *Women and the Rise of the Novel, 1405—1726*. p. 146.

展示了前所未有的景观”。[①]

近年来多诺万的另一重要研究领域是生态女权主义。她为90年代兴起的生态女权主义理论注入了新的思想。她认为西方文学与文学批评基本上是统治者的文本，话语中被统治者要么被删减，要么作为物化的客体存在。对于生态女权主义者而言，文本应被看做“再现事物的媒介，而非起‘删减’作用的机制”。[②] 因此，还原万物本来面目，使之成为具有主体性的“你”，是生态女权主义文学的重要使命。同时，多诺万分析了许多女性作家，包括多萝西·华兹华斯（Dorothy Wordsworth）、萨拉·奥恩·朱厄特、维吉尼亚·伍尔夫（Virginia Woolf）等人的文本，说明她们在写作中没有使用拟人、寓言或其他比喻方法扭曲自然万物，而是将它们还原为活生生的存在，成为“你”，从而使许多文本中缺席的所指恢复生命。多诺万强调，生态女权主义批评家、作家、学者及教师的任务在于“促使人们注意到环境的生命性，并将其当作独立的具有差异性却是可知的实体而予以尊重”。[③]至此，多诺万从认识论和道德实践上为理解文学及文学批评的生态意义做出了独到的探索。

对生态女权主义的关注使多诺万在动物保护方面更进了一步，提出将女权主义关爱伦理应用于动物的保护上。女权主义关爱伦理起源于卡罗尔·吉利根（Carol Gilligan）1982年的著作《不同的声音》（*In a Different Voice*），该书将女性带入了心理学世界，使女性开始以不同于男性建立在公正基础上的抽象伦理观来建构自己的伦理。这一女权主义伦理基于女性自己的生活经历，强调责任与联系，被吉利根称作“关爱伦理”。吉利根认为女权在做出道德判断时，不是基于抽象的权利及正义思考，而是基于对特定现实的复杂性的了解。吉利根的女权主义关爱伦理对多诺万影响深远，以至其1996年与卡罗尔·亚当斯（Carol J. Adams）合编了《超越动物权利—对待动物的女权主义关爱伦理》（*Beyond Animal Rights: A Feminist Caring Ethic for the Treatment of Animals*），2007年又出了《动物伦理学中的女权主义关爱传统读本》（*The Feminist Care Tradition in Animal Ethics: A Reader*）一书。在《超越动物权利》的“引言”中，作者通过分析动物权利理论存在的问题，强调关爱伦理比起权利话语更适于动物，“人类和动物的关系

---

① Mark Koch, Review of *Women and the Rise of the Novel*. *The Sixteenth Century Journal* 32.1 (Spring, 2001): 241.

② Josephine Donovan, “Ecofeminist Literary Criticism: Reading ‘The Orange’.” *Hypatia* 11. 2 (Spring, 1996): 162.

③ Josephine Donovan, “Ecofeminist Literary Criticism. p. 181.

应该贯穿于充满关心、滋养、同情与爱的伦理中,而关爱理论将是其实现的基础"[①]。多诺万认为传统的西方哲学中有一股关注情感的暗流,但长期以来遭到理性主义者的压抑。通过挖掘这股暗流,多诺万将女权主义伦理与西方哲学沟通起来,使女权主义关爱伦理中的"同情"(sympathy)得到更多的理论支撑。[②]此外,多诺万强调女权主义者一定要将关爱伦理建立在政治视域内,"唯有受到正确的政治观的统领,它才可能得到有效实施"[③]。在人类日益感受到全球环境危机的今天,多诺万希望通过唤醒大众的"同情性反应",关心动物个体遭受的痛苦。多诺万的努力使得90年代备受瞩目的环境伦理获得新的导向,不再受限于抽象的实用主义和基于权利的动物保护论,从而为人类更好地善待动物与环境从哲学上提供了一条可行的出路。

作为一位经历了20世纪60年代风风火火的女权运动、见证并促进了女权主义理论与文学批评不断发展的女权主义中坚人物,多诺万与时俱进的思想及其身体力行的实践成为女权运动发展中尤为宝贵的资源。几十年来,多诺万笔耕不辍,出版了七部专著、五部编著,发表了数十篇论文,其作品已被翻译成五种语言,备受学界和读者的好评。在女权理论与文学批评成就已经蔚为壮观的今天,我们不能不对她的开创性思想表示敬意。

主要作品(按出版年代排序)

"Feminist Style Criticism," in *Images of Women in Fiction*. Ed. Koppelman-Cornillon. Bowling Green, Ohio: Bowling Green Popular Press, 1972. 341—354.

[Ed.] *Feminist Literary Criticism: Explorations in Theory*. Lexington: University Press of Kentucky, 1975,1989.

"Feminism and Aesthetics." *Critical Inquiry* 3. 3 (Spring 1977): 605—608.

"The Silence Is Broken," in *Women and Language in Literature and Society*. Eds. Furman Borker and McConnell-Ginet. New York: Praeger, 1980. 41—56.

"A Women's Vision of Transcendence: A New Interpretation of the Works of Sarah Orne Jewett." *Massachusetts Review* 21. 2 (Summer 1980): 365—380.

"Beyond the Net: Feminist Criticism as a Moral Criticism." *Denver Quarterly* 17. 4 (Winter 1983): 40—57.

---

① Josephine Donovan and Carol J. Adams, eds., "Introduction," *Beyond Animal Rights: A Feminist Caring Ethic for the Treatment of Animals*. New York: Continuum, 1996.

② See Josephine Donovan and Carol J. Adams, eds. "Attention to Suffering: Sympathy as a Basis for Ethical Treatment of Animal," *Beyond Animal Rights: A Feminist Caring Ethic for the Treatment of Animals* (New York: Continuum,1996):147—169.

③ Ibid., p. 160.

New England Local Color Literature: *A Women's Tradition*. New York: Ungar, 1983.

"Sarah Orne Jewett's Critical Theory," in *Critical Essays on Sarah Orne Jewett*. Ed. Gwen L. Nagel. Boston: G. K. Hall, 1984. 212—225.

"Toward a Women's Poetics." *Tulsa Studies in Women's Literature* 3. 1/2 (Spring/Fall 1984): 99—110.

Feminist Theory: *The Intellectual Traditions of American Feminism*. New York: Ungar, 1985.

After the Fall: *The Demeter-Persephone Myth in Wharton*, *Cather and Glasgow*. University Park, Pa.: Pennsylvania State University Press, 1989.

Gnosticism in Modern Literature: *A Study of Selected Works of Camus*, *Sartre*, *Hesse*, *and Kafka*. New York: Garland, 1990.

"Animal Rights and Feminist Theory." *Signs* 15. 2 (Winter 1990): 350—375.

Uncle Tom's Cabin: *Evil*, *Affliction*, *and Redemptive Love*. Boston: Twayne, 1991.

"Women and the Rise of the Novel: A Feminist-Marxist Theory." *Signs* 16. 3 (Spring 1991). 441—462.

"Everyday Use and Moments of Being: Toward a Nondominative Aesthetic," in *Aesthetics in Feminist Perspective*. Eds. Hilde Hein and Carolyn Korsmeyer. Bloomington: Indiana University Press, 1993. 53—66.

"Breaking the Sentence: Local-Color Literature and Subjugated Knowledges," in *The* (*Other*) *American Traditions*. Ed. Joyce Warren. New Brunswick, N. J.: Rutgers University Press, 1993. 226—43.

[Ed.] (with Carol J. Adams) *Animals and Women*: *Feminist Theoretical Explorations*. Durham, N. C.: Duke University Press, 1995.

[Ed.] (with Carol J. Adams) *Beyond Animal Rights*: *A Feminist Caring Ethic for the Treatment of Animals*. New York: Continuum, 1996.

"From Avenger to Victim: Genealogy of a Renaissance Novella." *Tulsa Studies in Women's Literature* 15. 2 (Fall 1996): 269—288.

"Ecofeminist Literary Criticism: Reading the Orange." *Hypatia* ll. 2 (Spring 1996): 161—184.

"Attention to Suffering: A Feminist Caring Ethic for the Treatment of Animals." *Journal of Social Philosophy* 27. 1 (Spring 1996): 81—102.

"Women and the Framed-Novella: A Tradition of Their Own." *Signs* 22. 4 (Summer 1997): 947—980.

Women and the Rise of the Novel, *1405—1726*. New York: St. Martin's Press, 1999.

"A Cause of Our Own," in *The Politics of Women's Studies*: *Testimony from Thirty Founding Mothers*. Ed. Florence Howe. New York: The Feminist Press, 2000. 93—103.

"Women's Masterpieces," in *Challenging Boundaries*: *Gender and Periodization*. Eds. Joyce W. Warren and Margaret Dickie. Athens: University of Georgia Press, 2000. 26—38.

"'Miracles of Creation': Animals in J. M. Coetzee's Work." *Michigan Quarterly Review* 43. 1 (Winter 2004): 78—93.

"Feminism and the Treatment of Animals: From Care to Dialogue." *Signs* 31. 2 (Winter 2006): 305—329.

[Ed.] (with Carol J. Adams) *The Feminist Care Tradition in Animal Ethics: A Reader*. New York: Columbia University Press, 2007.

"Local-Color Literature and Modernity: The Example of Jewett." *Tamkang Review* 38. 1 (December 2007):7—26.

参考文献

Ballaster, Ros. "Review of *Women and the Rise of the Novel*, by Josephine Donovan." *Modern Philology* 99. 4 (May, 2002):636.

Echols, Alice. " Cultural Feminism: Feminist Capitalism and the Anti-Pornography Movement." *Social Text* 7 (Spring-Summer, 1983): 37.

Koch, Mark. "Review of *Women and the Rise of the Novel*, by Josephine Donovan. *The Sixteenth Century Journal* 32. 1 (Spring, 2001):241.

Kolodny, Annette. "Some Notes on Defining a 'Feminist Literary Criticism'. "*Critical Inquiry* 2. 1 (1975): 75—92.

——. "Literary Criticism." *Signs* 2. 2 (Winter, 1976): 404—421.

Lambert, Deborah. "Review: Matrilocal Color." *The Women's Review of Books* 1. 2 (Nov., 1983): 18.

Scheman, Naomi. "Review: The Force of Reason." *The Women's Review of Books*, 3. 1 (Oct., 1985):15.

Shanley, Mary Lyndon. Rev. of *Feminist Theory: The Intellectual Traditions of American Feminism*, by Josephine Donovan. *Signs* 13. 1 (Autumn,1987):175—178.

Showalter, Elaine. "Feminist Criticism in the Wilderness." *Critical Inquiry* 8. 2 (Winter, 1981): 179—205.

Willis, Ellen. "Radical Feminism and Feminist Radicalism." *Social Text* 9/10 (Spring-Summer, 1984):91—118.

朱迪斯·菲特里（Judith Fetterley）
（1938— ）

朱迪斯·菲特里为美国著名女权主义评论家，多年来执教于纽约州立大学阿尔伯尼分校。她对于女权文学批评的最重要贡献在于她在崛起于70年代末的女权主义批评中率先挑起了“抗拒式读者”的大旗，对于美国经典文学作品进行了颠覆性的女权主义解读，并且锲而不舍地从政治和美学的角度对于书写女性经历的女性创作进行了挖掘和研究。其作品《抗拒式读者：关于美国小说的女权主义阅读方法》（*The Resisting Reader*：*A Feminist Approach to American Fiction*，1978）为美国女权文学批评的扛鼎之作，在培养女性读者的性别意识、抵制男权政治过程中起到了举足轻重的作用。她主编的《供应品：十九世纪美国女性作品选》（*Provisions*：*A Reader from* 19th*-Century American Women*，1985）对于长期以来被美国文学传统忽略或湮没的19世纪女性作品的挖掘具有开拓意义，其中长篇序言亦成为早期美国女权批评中颇有见地的作品。她还主编了《诺顿美国女性区域作家选集：1850—1910》（*American Women Regionalists*，*1850—1910*：*A Norton Anthology*，2005），撰写了《不合时宜的写作：区域主义、妇女与美国文化》（*Writing out of Place*：*Regionalism*，*Women*，*and American Literary Culture*，2005）等作品，对于美国女性区域作品进行了不懈地探索，在建构美国女性文学传统方面卓有建树。

朱迪斯·菲特里出生于纽约市，幼时在加拿大城市多伦多度过一段时光，1948年随家人来到美国印第安纳州的富兰克林市定居。菲特里在斯沃斯莫学院获得学士学位，后于1969年获得印第安纳大学文学博士学位。菲特里的教书生涯起步于宾夕法尼亚大学，她于1967年至1973年在此执教。之后她来到纽约州立大学的阿尔伯尼分校教书，目前为该校的英语和妇女研究教授，其研究领域为美国文学、女性作家、文学史、同性恋理论、教学法。

菲特里积极投身于美国女权运动第二次浪潮中兴起的女权文学批评运动，其女权批评生涯大体可分为三个阶段。《抗拒式读者》是她对于美国主流文学传统的一枚重磅炸弹，矛头直指对以男权为中心的批评界，以及这种压制对于女性读者所造成的伤害，在学界反响极大，至今仍是她最有影响的批评作品。之后，菲特里的学术方向转向19世纪女性文学这一当时仍为学界边缘化的领域。有感于当时市面上19世纪女性作品的极度匮乏，菲特里和另外两位女权批评家乔安妮·多布森和伊莱恩·肖沃尔特一起，在1986年至1993年期间主编了一套19世纪女性作家代表作品，作为拉特格斯大学出版社美国女性作家丛书出版。该丛书的出版对于19世纪女性文学的重见天日意义非凡，也在女权文学批评中发挥了重要作用。女权批评家通过这套丛书的出版，为美国19世纪女性文学在美国文学传统中的再现提供了文本，为19世纪女性文学研究打下了基础。此外，菲特里还成立了美国东北部地区19世纪美国女性作家研究工作坊，将19世纪女性文学的爱好者和学者召集在一起，定期对19世纪女性作品进行研讨。菲特里研究的第三次转向为美国女性区域作家。近年来她将批评视角延伸到19世纪末的女性区域作品，与另一女权批评家玛乔丽·普赖斯一起主编了诺顿美国女性区域作品选集，并撰写了批评专著，成为这一学术领域的积极倡导者。她们将美国女性区域作品与美国文学传统中的现实主义进行比较研究，挑战了以往美国文学史中的传统定义，坚持女性区域文学是具有与美国现实主义同等重要的文学流派，竭力揭示这些作品的美学与政治意义。令人赞叹的是，菲特里每每涉足女性文学批评的前沿阵地，披荆斩棘，为后来者搭桥铺路，她不仅将精心挑选的文本提供给读者和学者，还以自己敏锐的批评眼光触及文本背后的文化和社会现象，对此进行深刻的剖析。她对于美国女性作家的研究往往独辟蹊径，成为美国女权文学批评的一位当之无愧的学术领军人物。

菲特里的《抗拒式读者》诞生于美国女权文学批评的初期，是一部立场鲜明的女权主义文学批评著作，也为美国女权批评家揭露主流文学文本的男权中心主义实质提供了批评方法。菲特里在该书中首先旗帜鲜明地表明了自己的观点。美国女权批评家凯特·米利特(Kate Millett)在《性政治》(*Sexual Politics*)一书提出，两性问题也是政治问题，菲特里在这部著作里面也提出了两个命题，其一，“文学的问题即政治问题”；其二，“美国文学是男性化的文学”。[①] 菲特里的基本观点是，美国女性生活在一种父权文化之中，美国文学界由男性掌控。在菲特里看来，美国文学经典几乎全部是由男性作品组成的，这些文本中的绝大多数都表现出某种男性偏见，而美国学界一直把男性经历作为普适性价值。菲特里认为，美国文学界的批评权力一

---

① Judith Fetterley, “Introduction.” *The Resisting Reader: A Feminist Approach to American Fiction*. Bloomington: Indiana University Press, 1978. pp. xi—xii.

直被掌控在男性手中，更有甚者，男性读者会自然认同作品中对于男性的形象塑造，而女性在阅读这些作品时却被迫去反对自己。男权政治统治下的美国文学不容许女性参与对于文学意义的解读，"它强调文学的普适性，同时又把这种普适性从男性的角度加以定义"。[①]"在这样的文学作品中女性读者被迫参与到她自己被排除在外的经历当中，她被要求与一个被定义为与她敌对的自我相认同，她被迫与自己相对立。"[②]阅读因此成为一种政治行为，阅读美国文学作品就等同于阅读男性作品。美国学界一直坚持把男性经历等同于美国人的典型经历，那么女性读者与美国文学的关系就成为问题，她们自然成为了美国文学的对立面。

以这种批评观点为基本框架，菲特里在该书中对美国文学中八部男性经典作品（包括四个短篇和四个长篇）进行了重新解读，四个短篇是华盛顿·欧文的《瑞普·凡·温克尔》（"Rip Van Winkle"）、霍桑的《胎记》（"The Birthmark"）、舍伍德·安德森的《我想知道为何》（"I Want to Know Why"）和福克纳的《献给艾米莉的玫瑰》（"A Rose for Emily"）。四部长篇是亨利·詹姆斯的《波士顿人》（*The Bostonians*）、菲茨杰拉德的《伟大的盖茨比》（*The Great Gatsby*）、海明威的《告别武器》（*A Farewell to Arms*）和诺曼·米勒的《美国梦》（*The American Dream*）。菲特里列举了男性作品中男性主人公试图摆脱女性影响力的美国梦例证——从瑞普·凡·温克尔的睡梦直到斯蒂芬·罗杰克噩梦般的白日。在试图逃离作为社会的象征的女性的过程中，美国男性文学作品中的女性或被杀、或被诋毁，或被理想化。菲特里书中一些立场鲜明的观点为读者留下了深刻的印象。例如，菲特里指出，《瑞普·凡·温克尔》这个故事是美国文学诞生的标志，亦是美国文学持久神话的第一个典范。这是一个没有女性的男性世界、一种理想的美国领地、一个逃离了家庭所代表的各种局限和责任的永久性男性童年、一种由其他男性陪伴的荒野冒险生活，也是后来出现的哈克贝里·费恩的前驱。在对于这些美国经典文学作品的解读中，菲特里披露了美国文学界长期以来所表现出来的"厌女症"。她指出，美国文学一直被定义为是关于男性、并且是由男性创作的，从而把占一半人口的女性的经历和视角排除在外。女性读者必须忘记自己是女性，必须像男性一样阅读。美国文学由于受到男权意识的统治而未能为美国女性提供关于她们自己可被接受的形象。女性一直生活于一种语言体系和文学当中，这种体系假定作家和读者都是男性的，女性读者因

---

① Judith Fetterley, "Introduction." *The Resisting Reader*, p. xi.

② Ibid., p. xii.

此在思维、阅读和写作中都必须与男性认同。如此来看,"美国主要小说作品包含着对于女性读者的一系列设计,又因为这些设计是无形的而颇具影响"[①]。

菲特里呼吁以一种新的眼光、一种女性的眼光来进行阅读,以纠正之前的误读。"既然文学是政治的,那么文学批评也是一种政治行为。"菲特里认为,"女权批评是一种政治行为,它的目标不仅是解释世界,而更是要通过改变读者的意识以及她们与作品的关系来改变世界"[②]。鉴于此,菲特里提出了"抗拒式读者"的口号。抗拒式的读者拒绝采用迫使她来反对自己女性主体的阅读立场。菲特里强调说,女性作为读者、教师和学者,一直被迫以男性的视角和价值观来进行思考,与男性的视角进行认同,把男性的价值体系视为正常的和法定的,而这种价值观本质上就是厌女的。这种阅读将女性的自我经历分裂开来,因为男性自我与非男性的自我是二元对立的。"很显然,女权批评家的第一个行动就是要成为一个抗拒式的而不是认同式的读者,通过对于这种认同的抵制,开始把根植于我们自身的男性思维祛除的过程。""女权批评代表了一种声音的发现和恢复,一种独特的和强有力的声音。"[③]菲特里非常重视女性意识的培养,因为"意识就是力量"。"披露和质疑存在于我们社会并在我们文学中得到证实的关于女性和男性的各种观点和神话,就要对文学中所包含的权利体系进行探讨甚至是改变。这种探讨和改变只能在一种与我们目前文学的截然不同的意识之下进行",[④]女权批评就提供了包含这种意识的观点。如此一来,菲特里的作品就成为身陷于美国文学的男性荒野中的女性生存指导手册,用来鼓励女性不再以男性的眼光看待自己、对待自己独特的经历,拒绝成为唯唯诺诺的读者,成为抗拒式的读者。

菲特里的《抗拒式读者》当年在学界曾引起轰动,尽管有人批评她以革命热情代替了批评思维。今天看来,菲特里的女权批评在当时的情境下是难能可贵的,其可贵之处在于她完全从一个新的视角颠覆了传统的美国文学批评套路,为文学文本分析提供了一种崭新的模式。在构建这种新的阅读模式以及以这个模式进行文本细读方面,菲特里也是十分成功的。[⑤] 诚

---

① Judith Fetterley, "Introduction." *Resisting Reader*, p. xi.

② Judith Fetterley, "Preface." *Resisting Reader*, p. viii.

③ Judith Fetterley, "Introduction." *Resisting Reader*, pp. xxii－xxiii.

④ Ibid., p. xx.

⑤ Miriam N. Kotzin, "Review." *College Literature* 8.1 (Winter, 1981): 112.

然，当年的菲特里还是把女性作为一种涵盖一切的类型对待，忽略了不同阶级和种族的女性的变数，但她所提倡的批评模式开拓了读者、尤其是女性读者的视野，具有颠覆性的革命意义。菲特里曾说，她希望自己的作品能够"促进对话、讨论、辩论、重读、以致修正"[①]。毫无疑问，她的著作为女性对于自己长期以来受支配的地位的反叛开辟了道路，为女性颠覆菲勒斯批评权威、进行革命性的阅读奠定了基础，也为美国女权文学批评做出了重要贡献。

早期的女权主义文学批评首先是针对男性文本的。这种女权批评视角将男性的文本作为靶子，揭露男性文本中对于女性的歧视，并以此提高女性觉悟。而之后的美国女权文学批评的重要成就，便是从对于男性文本的颠覆性阅读转向对于女性文学创作的研究，而这一转向在很大程度上把学界的注意力吸引到曾经饱受男权文学批评忽视的美国19世纪女性文学创作。美国著名批评家苏姗·哈里斯(Susan Harris)曾经指出，19世纪女性文学是一个从边缘移往中心的学术领域。对于19世纪女性文学的研究领域可分为三个发展阶段——从20世纪70年代开始的对于19世纪女性文本的必要挖掘过程；随后展开的改变了人们对于19世纪美国文学与文化的理解的批评分析；以及在这一过程中建立对于新的阐释范围的重新评价。21世纪初发表的几部作品的发表充分展示了这一领域所取得的成就。[②] 菲特里和玛乔丽·普赖斯(Marjorie Pryse)两位批评家对于美国19世纪女作家的定位与解读，正是哈里斯所指出的19世纪女性作家研究第三阶段的重要成果。

研究女性文本的前提是要挖掘出被男权文学史湮没的19世纪女性文学作品，为当代19世纪女性文学批评提供可供研究的文本。[③] 菲特里这一研

---

① Judith Fetterley, "Preface." *Resisting Reader*, p. viii.

② Sharon M. Harris, " 'A New Era in Female History': Nineteenth-Century U. S. Women Writers." *American Literature* 74.3 (Sept. 2002): 604.

③ 菲特里和另外一位女权批评家乔安·舒茨(Joan Schulz)在1982年发表的一篇对话中，对美国文学选集中女性作家的存在进行了调研。她们指出，70年代之前的文学选集中，女性作品仅占4%—10%，而20世纪70年代末至80年代初出版的三部文学选集《诺顿文学选集》(1979)、《麦克米伦文学选集》(1979)、《兰登书屋文学选集》(1981)中，女性作家的作品也不过占7%—14%。例如，《兰登书屋文学选集》中所包含的145名作家中，只有28位是女性，而在长达4200页的选集中，只有295页是女性作品。同样，在《诺顿文学选集》所包含的131名作家中，女性占29名，在长达5000页的文本中，女性作品仅占700页。而更为惊人的是，所有这些选集的编辑中，没有一位是女性。See Fetterley, Judith and Joan Schulz. "A Melus Dialogue: The Status of Women Authors in American Literature Anthologies." *MELUS* 9.3 (Autumn, 1982): 3—17.

究转向源自她在1978年的美国现代语言协会年会上的感受。当时只有极少的19世纪女性作家的作品仍然在版。而流行的文学选集当中的19世纪女性作家只有艾米莉·狄更斯。菲特里后来感慨道，如果当时对女性作品感兴趣的人有足够的耐心的话，还可以在旧书店的"垃圾堆"里找到几本第一版的19世纪女性作品。[①]菲特里在1985年编著的《供应品》便是根据这一需求而应运而生的。"通过挖掘使其显现，通过实物来证实其存在。"[②]编者的初衷是出版能够摆满一个书架的19世纪女性作家经典作品，祈望通过这一举动，来展示19世纪女性作品的存在，并满足渴望了解19世纪女性作品的读者需求。

《供应品》是一部关于美国女性在1830年至1865年之间创作的作品选集，收录了16位女性作家的作品，体裁涵盖了在美国浪漫文学时期由女性创作的散文、随笔、信函、短篇小说。菲特里选材的目的十分明确，她表白了自己为何青睐于除了长篇小说以外的其他上述体裁作品。她认为，小说节选无法完整体现作品所关注的主题、情感力量以及艺术形式。而更为重要的是，对于菲特里来说，小说不是19世纪美国女性的最佳文学成果。在菲特里看来，因为小说是19世纪女性创作的"大"形式，是当时最为严肃和最具文学性的形式、是最受欢迎和利润最高的形式，也是最适于获得功名的形式，因而也最容易受到男性文学传统的干预。菲特里指责小说已经成为一种"被高度程序化、受到主题和形式的传统束缚的"文学形式，因而破坏了女性的现实主义写作，而她选择的女性作家则采用了一种不是"那么形式化、那么做作的、那么预先设定的，因而对于她们来说是更加开放、易变、可塑的形式进行创作"。[③]她强调女性对于变革的关注以及她们的现实主义写作是她们最大的贡献，她们用于表现女性经历的现实主义手法，不是对于男性作家现实主义文学创作的补充，而是对此的破坏。菲特里认为，[④]19世纪的美国女性创作了一批"内容丰富多样和令人激动的"的作品，但如果人们无法从市面上找到这些文本，就不会有读者群；没有读者群，则不可能有高质量的文学批评。所以，女权批评家的第一要务，就是要使这些作品与读者见面。使这些作品的再版成为把这批文学作品在美国文学史版图上现身的第一步。

---

①② Judith Fetterley, "Plenary Remarks." *Legacy* 19.1 (2002): 6.

③ Judith Fetterley, "Introduction," *Provisions*. pp. 14—15.

④ Ibid., p. 1.

菲特里发现，她在这部文学选集中所收录的文学作品，在现存的19世纪美国文学领域中根本不见踪影。即使在美国文学史、文学选集或是现代语言协会杂志(PMLA)的年度参考书目中，除了斯托之外，其他作家也已全部销声匿迹。其根本原因，菲特里分析道，美国19世纪文学研究的概念框架之中存在着一种概念混淆，即把“美国”、“作家”和“男性”等同起来，因而美国的编辑和评论家们在记录和描述美国文学的发展时，断然不会去考虑美国女性作品，这些作品根本不在他们的视野之中。[①] 与美国女性文学作品不同的是，美国男性文学似乎更“去政治化”、更“去社会化”，而注重于个人的、私有的、心理的，他们的文本也倾向于指涉、面对和探讨他们自己的心理领域。女性作品常常是因为描述某种社会问题而显得狭隘，男性作品则因探索某种心理空间而具有“普世”意义。如此一来，要把19世纪美国女性作品纳入美国文学的通盘审视之中，就需要对于美国主题和视角进行重新定义，就需要读者与女性认同，并且从一个女性的视角审视世界。有意思的是，菲特里声明，她在研究过程中发现，19世纪的女性作家并没有哈罗德·布鲁姆提出的所谓“影响的焦虑”，而表现出对于其创作的自信。

在该书长达40页的序言里，菲特里叙述了她编写这部选集的目的，并表明了其鲜明的女权主义观点。她认为进入美国文学定义中的19世纪美国女性作品，将成为性别政治和文学批评两者之间关系的极好试验场。[②] 菲特里对于19世纪美国女性文学做出了以下判断：美国女性作家在这一时期的创作中表现出对于文学创作的自我意识；美国女性很早就出现于美国文学场景之中；女性对于把女性和女性经历作为她们写作的对象表现出一种坦然；“现实主义的兴起”一直以来被视为是美国内战之后的重要文学事件，但美国女性作家早在美国内战之前就采用了现实主义的创作手法等等。选集当中所包括的美国女性作家，其中多人都在不同程度上参与了19世纪的美国社会运动，对于话语带来改变的力量深信不疑。她们的创作表现出对于社会不公正的敏感和抗议，尽管由于社会所宣扬的“无私奉献”的女性道德所带来的压力，使得她们有意回避公开抗议女性所经历的不公正，但是她们对于这些压迫的意识在文本中一览无遗。她们采取了一种迂回的手段，或是把这种压迫作为与表面文本相冲突的次文本，或是以文本中的文本的形式进行再现。

① Judith Fetterley, "Introduction," *Provisions*. p. 18.

② Ibid., p. 2.

如果说，菲特里颇有新意的选材令人耳目一新的话，这部作品的编排也值得我们关注，作为美国女权批评的早期作品，菲特里对于选集中所包含的每位作家进行了较为详细的关于生平和创作生涯的介绍，为读者提供了阅读她们文本的背景资料。因为多年来美国文学评论界对于女性的排斥，使得这些女性作家对于大多数读者来说都是陌生的。此外，菲特里在每篇文选后面还提供了两个参考书目，一是作者的作品目录，以飨有兴趣进一步阅读的读者之所需，二是研究参考文献资料，以备研究者使用。为进一步方便读者，每一部分之后，还附有一个简短的“背景”目录，介绍了同期发表的其他作品。这种穿插式的背景材料对于把选集中的作品置于19世纪美国文学的大视野之中进行审视极有帮助。

难能可贵的是，作为一部出版于1985年的文学选集，菲特里收录的作品体现出对于种族和阶级的考虑，打破了早期美国女权文学批评中仅仅关注白人中产阶级女性的做法。选集中既有黑人作家对于“肤色更浅”的姐妹兄弟们的呼吁，也有其他黑人女性的声音，而白人女性作家丽贝卡·哈丁·戴维斯（Rebecca Harding Davis）描写铁厂工人生活的作品《铁厂生涯》（“Life in the Iron Mills”，1861），也说明19世纪的女性作家对于除了中产阶级之外的经历和价值观的描绘，展示她们广阔的创作范围。

尽管19世纪女性所处的政治、经济、社会、文化地位使得她们无法享有男性在各个方面的特权，但她们的确以自己的方式进行了大量的创作、反映了女性的经历和感受。菲特里对于美国19世纪女性作品的挖掘和解读说明，创造力不是男性的特权，19世纪女性不仅以手中的笔丰富了美国文学，也理应在美国文学殿堂里占据一席之地。

从19世纪女性文学研究入手，菲特里继而把自己的学术视野聚焦于19世纪女性区域作家。而这一研究出于拓展女性文学传统、替美国女性文学正名的目的。菲特里与另外一位女性批评家玛乔丽·普赖斯于1992年合作编撰了《诺顿美国区域作家文学选读：1850—1910》（*American Women Regionalists, 1850—1910*），两位编者在前言中开宗明义：“通过这部选集的编撰，我们宣称19世纪美国女性作家中还存在着一种传统，我们将其称之为区域主义。这种区域主义成为一个探索性的术语，它对于以下诸类写作实践进行了命名：女性小说的特征、家庭意识形态的价值观，以及感伤文学的认识论,但是区域文学在其历史、范围和效果方面又有别于以上各类体裁。"[①]而作为这一研究项目的有机组成部分,两位作者在2003年又联手发表了评论专著《不合时宜的写作:区域主义、女性、美国文学》(*Writing out of Place: Regionalism, Women, and American Literary Culture*)。在这部评论专著中,两位作者考量了一批长期以来在美国文学中被认为是"不合时宜"的文学作品,并且把这些作品作为一种批评对话的场所。因为区域主义作品质疑了美国文学中关于文学史、诗学、主题、体裁和阅读策略的诸多文化假设,其中许多文本都与人们常见的关于"美国的"和"美国文学的"观点相左。

菲特里与普赖斯探讨了女性区域主义这类在此之前被美国文学史忽略的19世纪写作,即女性区域主义写作。以往的美国文学史把这类作品称为乡土文学作品,而两位作者则强调区域主义与乡土文学属于截然不同的文学谱系。她们首先确定了区域文学的边界,声称区域文学起源于美国内战之前,始于东部的哈里特·比彻·斯托等人,而非传统文学史中所说的老西南部。在体裁和写作风格上,这些区域女作家把重点放在随笔(sketch)这种体裁上,而不是关于女性生活的小说。而随笔的叙事人经常是这些女性领域的居住者,她们以仔细倾听的方式加强这些作品的读者和这些作品所描绘的生活之间的关系。在美国内战之后,包括爱丽丝·卡里(Alice Cary)、玛丽·E.威尔金斯·弗里曼(Mary E. Wilkins Freeman)、萨拉·奥恩·朱厄特(Sarah Orne Jewett)、格蕾丝·邓巴-奈尔森(Alice Dunbar-Nelson)、水仙花(Sui Sin Far),以及玛丽·奥斯丁(Mary Austin)在内的女性区域作家塑造了一批作为文化诠释者的叙事人,由她们作为常常被城里人视为"不合时宜"(out of place)的小地方或乡下的代言人。有别于包括布雷特·哈特(Bret Harte)、乔治·华盛顿·凯布尔(George Washington Cable)、哈姆林·加兰(Hamlin Garland)和马克·吐温(Mark Twain)在内的乡土作家的是,区域主义作家不是把区域人物角色作为东部城里人讽刺挖苦的对象,而是从内部展现区域经历,因而谋得读者的同情与认同。

两位女性评论家的目的十分明确,她们之所以把这类作品归类为区域主义文学传统,一是强调地点对于这些作品的创作、接受和内容的影响,更是希望通过这个名称去构建一种与现实主义平行、因而具有同等重要潜力

① Fetterley and Marjorie Pryse, eds. "Introduction." *American Women Regionalists, 1850—1910: A Norton Anthology*. New York: Norton, 1992. p. xii.

的文学类型。[1] 她们认为,19世纪女性作家把区域主义作为一种与传统的浪漫主义和现实主义同样的叙事实践、作为一种供替代的美学和文化视角加以定义。美国文学传统把区域文学和乡土文学均视为次要文学体裁,以至于它无法挑战与男性认同的现实主义的重要性。两位作者则声称,"区域文学不仅是一种关于地方的文学,更是关于心理的文学",它是一种"对于美国现实主义历史具有颠覆意义的反叙事"[2]。菲特里和普赖斯认为,以女性作家为主体的19世纪区域写作,是美国文学的重要组成部分,长期以来被埋没在现实主义和乡土文学的体裁堆中,因此,她们的目标就是把这些作家从这些体裁之中解放出来。

《不合时宜的写作:区域主义、女性、美国文学》分为十一个章节,在《重新定义》这一章里,作者阐述了本书对于读者的意义:"更为重要的是,区域文本为21世纪的读者提供了一个场所,他们可以由此思索为了文化和经济剥削而创造区域的后果。"[3]书中所涉及的其他章节包括区域主义在美国文学史中的地位、区域主义写作风格的起源、区域写作的主题、定义这类写作形式的惯例、关于区域主义的女权认识论、区域中的种族、阶级和问题、同性恋理论等等。需要指出的是,作者没有试图撰写一部文学史,或是通过撰写分析文章来谋篇布局,她们选择了区域主义文本所引发的批评和理论问题展开讨论,这些问题既涉及常见的文学批评话题,也具有理论或文化研究特征。

文本分析是这些章节的关键部分。既然区域写作基本上是一种女性写作,那么就应该既从文学的也从女性的立场对此加以审视。作者正是利用文本来强调区域文学中女权分析和地点的关联性的。在作品的最后一个章节,作者结合心理分析理论和治疗理论,指出区域文学可以使得读者变得更加具有同情心。在美国文学传统中,关于征服和勇敢的男性故事一般都是关于那些没有社区意识的个人的,情感则一直被认为是一种缺点,被贬损为"感伤主义"。作者指出,区域文学为读者提供了同情的典范,以此可以作为读者生活的"情感辅导"。正是通过这种对于被认为是"非美国化"的作品的褒扬,作者又一次挑战了关于美国文学的定义,呼吁阅读这些"非美国性"的

---

① Judith Fetterley, "'Not in the Least American': Nineteenth-Century Literary Regionalism." *College English* 56.8 (Dec., 1994): 882.

② Donna M. Campbell. "Review." *Legacy* 21.1 (2004): 97.

③ Fetterley, Judith and Pryse. *Writing out of Place: Regionalism, Women, and American Literary Culture*. Urbana, IL: University of Illinois Press, 2003. p.30.

美国文学作品。作者建议把区域主义文学作为文本与读者之间的叙事联系方式来加以研读，而因此改变美国的文学史和文化。这种研究将“创建一个区域文学的阅读群体，并由此激发一场在美国文学史中至今还未显现的批判性对话”①。

从提倡对于男性文学文本的颠覆性阅读，到对于19世纪女性文学的研究，直到对于女性文学传统的不断拓展，菲特里不断撞击着传统学术界的森严壁垒。她并非热衷于边界的跨越，而是从传统的领域入手，在批评范围和观点上不断标新立异，通过全新角度的探索和敏锐的学术眼光，见人之所未见，言人字所未能言，从而获得了学术上的高度与深度，成为美国女权主义评论家行列中的佼佼者。

主要作品(按出版年代排序)

"The Sanctioned Rebel." *Studies in the Novel* 3 (1971): 293—304.

"The Struggle for Authenticity: Growing up Female in 'The Old Order.'" *Kate Chopin Newsletter* 2.2 (1976): 11—19.

" 'The Temptation to Be a Beautiful Object': Double Standard and Double Bind in *The House of Mirth*." *Studies in American Fiction* 5 (1977): 199—211.

The Resisting Reader: A Feminist Approach to American Fiction. Bloomington: Indiana University Press, 1978.

"Little Women: Alcott's Civil War." *Feminist Studies* 5.2 (Summer, 1979): 369—383.

"Mark Twain and the Anxiety of Entertainment." *Georgia Review* 33 (1979): 382—391.

"Impersonating *Little Women*: The Redicalism of Alcott's 'Behind a Mask.'" *Women's Studies* 10.1 (Jan. 1983): 1—13.

"Who Kills Dick Diver? The Sexual Politics of *Tender Is the Night*." *Mosaic: A Journal of the Interdisciplinary Study of Literature* 17.1 (Winter 1984): 111—128.

[Ed.] *Provisions: A Reader from 19th-Century American Women*. Bloomington: Indiana University Press, 1985.

"My Antonia, Jim Burden, and the Dilemma of the Lesbian Writer," in *Gender Studies: New Directions in Feminist Criticism*. Ed. Judith Spector. Bowling Green, OH: Popular, 1986. 43—59.

[Ed.] *Clovernook Sketches and Other Stories*. [American Women Writers Series], Rutgers Umiversity Press, 1987.

[Ed.] (with Marjorie Pryse) *American Women Regionalists, 1850—1910: A Norton Anthology*. New York: Norton, 1992.

① Fetterley, Judith and Pryse. *Writing out of Place: Regionalism, Women, and American Literary Culture*. Urbana, IL: University of Illinois Press, 2003. p. 2.

"Willa Cather and the Fiction of Female Development," in *Anxious Power: Reading, Writing, and Ambivalence in Narrative by Women*. Eds. Carol J. Singley and Susan Elizabeth Sweeney. Albany: State University of New York Press, 1993. 221—234.

"Commentary: Nineteenth-Century American Women Writers and the Politics of Recovery." *American Literary History* 6 (1994): 600—611.

"'Not in the Least American': Nineteenth-Century Literary Regionalism." *College English* 56 (1994): 877—895.

"'My Sister! My Sister': The Rhetoric of Catherine Sedgwick's *Hope Leslie*." *American Literature* 70.3 (Sept. 1998): 491—516.

"On 'Reading New Readings of Regionalism.'" *Legacy: A Journal of American Women Writers* 15.1 (Winter 1998): 45—52.

"Dreaming the Future of English." *College English* 6.6 (July 1999): 702—712.

"Plenary Remarks." *Legacy* 19.1 (2002): 5—9.

(with Marjorie Pryse) *Writing out of Place: Regionalism, Women, and American Literary Culture*. Urbana, IL: University of Illinois Press, 2003.

"Teaching and 'My Work.'" *American Literary History* 17.4 (Winter 2005): 741—752.

"On the Politics of Literature," in *The History of Reading: A Reader*. Shafquat Towhead, Rosalind Crone, and Katie Halsey, eds. London: Routledge, 2011. 93—98.

参考文献

Baym, Nina. "Melodramas of Beset Manhood: How Theories of American Fiction Exclude Women Authors." *American Quarterly* 33.2 (Summer 1981): 123—139.

——. *Woman's Fiction: A Guide to Novels by and about Women in America, 1820—1870*. Ithaca: Cornell University Press, 1978.

Brodhead, Richard. *Cultures of Letters: Scenes of Reading and Writing in Nineteenth-Century America*. Chicago: University of Chicago Press, 1993.

Fetterley, Judith and Joan Schulz. "A MELUS Dialogue: The Status of Women Authors in American Literature Anthologies." *MELUS* 9.3 Ethnic Women Writers III (Autumn, 1982): 3—17.

Harris, Susan K. *19th-Century American Women's Novels: Interpretive Strategies*. Cambridge: Cambridge University Press, 1990.

——. "'A New Era in Female History': Nineteenth-Century U. S. Women Writers." *American Literature* 74.3 (Sept. 2002): 603—618.

Lauter, Paul. *Canons and Contexts*. New York: Oxford University Press, 1991.

Renker, Elizabeth. "Resistance and Change: The Rise of American Literature Studies." *American Literature* 64 (June 1992): 347—365.

Richter, David H., ed. *The Critical Tradition: Classic Texts and Contemporary Trends*. 3rd ed., Boston: Bedford/St. Martin's, 2007.

Robinson, Lillian S. "Treason Our Text: Feminist Challenges to the Literary Canon." *Tulsa Studies in Women's Literature* 2 (Spring 1983). Rpt. in *Feminisms*. Eds. Robyn Warhol and Diane Price Herndl. New Brunswick: Rutgers University, 1991. 212—226.

Tompkins, Jane. *Sensational Designs: The Cultural Work of American Fiction, 1790—1860.* New York: Oxford University Press, 1985.

Showalter, Elaine, ed. *The New Feminist Criticism: Essays on Women, Literature, and Theory.* New York: Pantheon Books, 1985.

Sundquist, Eric J. "Realism and Regionalism." *Columbia Literary History of the United States.* Ed. Emory Elliot. New York: Columbia University Press, 1988. 501—524.

Warren, Joyce, ed. *The (Other) American Traditions: Nineteenth-Century Women Writers.* New Brunswick: Rutgers University Press, 1993.

简·安妮·盖洛普(Jane Anne Gallop)

(1952—)

简·安妮·盖洛普是美国当代具有重要国际影响的女权主义文学批评与理论家,威斯康星大学密尔沃基校区英语与比较文学特聘教授。盖洛普的研究范围很广,跨学科的交叉研究成就了盖洛普的最主要的理论特色。除了心理分析和女性主义之外,萨德[1]和萨德式心理研究、女性主义文学批评、教学法、性骚扰、同性恋理论、摄影术等都是其研究兴趣所在。盖洛普在个人网页中宣称:她所有的创作都可以被理解为“将细读方法持续应用于理论文本。在过去的35年间她一直在教她的学生这种理论的细读法”。[2] 盖洛普是年轻一代女权主义理论家中最杰出的声音之一,对解读包括雅克·拉康(Jacques Lacan)、西格蒙德·弗洛伊德(Sigmund Freud)、罗兰·巴特(Roland Bartes)、露西·伊里加蕾(Luce Irigaray)、雅克·德里达(Jacques Derrida)等在内的心理分析和后现代的学者的作品和理论产生了重要的影响,是“一个优秀的女性主义、后结构主义和精神分析的理论家”。[3]

盖洛普于1952年5月4日出生在明尼苏达州的德卢斯市。1969年,盖洛普获得福特基金会的博士课程项目的资助,于1972年在康奈尔大学获得学士学位,1976年在该校获得法国文学博士学位。时至今日,盖洛普仍然在反复探讨她在上个世纪70年代所撰写的关于萨德等人的博士论文的话题。[4] 盖洛普认为,尽管写在18世纪,萨德的作品对今天仍关系重大,因为

---

① 萨德侯爵,全名为当拿迪安·阿尔风斯·法兰高斯·迪·萨德(Donatien Alphonse François,Marquis de Sade),1740年6月2日出生于巴黎,1814年12月2日逝世于巴黎附近,是一位法国贵族和一系列色情和哲学书籍的作者,尤其因其所描写的色情幻想和他所导致的社会丑闻而出名。由于他的作品中有大量性虐待情节,被认为是变态文学的创始者;后来的学者把主动的虐待症命名为萨德现象(Sadism),即施虐症。萨德现象(Sadism)与表现被虐心理的马索克现象(Masochism)合称为sadomasochism,简称为SM,即指性虐待症、虐恋。

② “Jane Gallop,” 2011/10/11. < http://janegallop.com/index.php? /project/biography/>.

③ John Schilb, “Review: Histories of Pedagogy.” *College English* 61. 3 (Jan., 1999):345.

④ 该论文在1981年正式出版,即:《交叉点:与巴塔耶、布朗肖和克洛索瓦斯一起解读萨德》。(*Intersections: A Reading of Sade with Bataille, Blanchot, and Klossowski*. Lincoln: University of Nebraska Press, 1981.)

关于女性的概念经历了几个世纪却改变无多。另外，博士论文的选题和交叉研究的写作方式一直是盖洛普所遵循的研究思路。毕业后，盖洛普在法国的葛底斯堡大学担任讲师，一年后转到俄亥俄州的迈阿密大学法语系任教。1985—1987 年，盖洛普在莱斯大学担任人文科学教授，1987—1990 年，担任赫伯特·奥崔人文科学教授，开设妇女研究课程，并于 1989—1990 年期间担任法语和意大利语系主任。自 1990 年起，盖洛普一直在威斯康星大学密尔沃基校区任教，1992 年起担任英语与比较文学特聘教授。她还曾担任明尼苏达大学(1987 年)、达特茅思大学(1991 年)、约翰·霍普金斯大学(2006 年)的客座教授。2011 年，盖洛普任芝加哥心理分析中心的指导教师。1983 年，在和迪克·布劳 (Dick Blau)相识四年之后，二人开始共同生活，成了生活中的"长期伙伴"。① 迪克当时有个 12 岁的女儿，后来二人育有一双儿女。这三个孩子不时地进入盖洛普的作品，成为盖洛普将生活作为文本细读的创作手法的重要载体。盖洛普至今已经出版 9 部专著，发表了上百篇文章，产生了巨大的学术影响力。

运用细读法对心理分析和女权主义进行双重解读贯穿了盖洛普创作和研究的始终。面对女权主义和心理分析的论争，盖洛普拒绝站在任何一边，而是作为一个持不同意见者进入了这场纷争。女权主义和心理分析的第一轮论战开始于 20 世纪 20、30 年代。当时主要是在心理分析阵营内部进行的，讨论的重心是弗洛伊德式的范式对于女性心理的歪曲套用和不合时宜。在 70、80 年代，这一争端再次出现，不过这一次的论争则主要是在女权主义的阵营进行，批评的范围大大拓宽，不仅对弗洛伊德式的"女性特质"理论进行了抨击，而且对于心理分析作为一门科学对其他领域的众多问题的阐释提出了质疑，如权利、阶级和压迫等。这一阶段，心理分析受到了女权主义者全方位的挑战。朱丽叶·米歇尔(Juliet Mitchell)在 1974 出版的《心理分析和女权主义》(*Psychoanalysis and Feminism*)中就曾明确提出，"摒弃心理分析和弗洛伊德作品对于女权主义来说是致命的"，而且"如果我们对于理解妇女所受的压迫感兴趣的话，我们就更不能对之视而不见"。② 盖洛普创作之初正是女权主义和心理分析论证的时代。面对激烈的纷争，盖洛普主张辩证看待这一问题的两个方面，提出重新评估"当代女权主义理论和雅

① 即"longtime partner"。盖洛普的感情生活也许从另一个侧面体现了其激进的女权主义思想。

② Juliet Mitchell, *Psychoanalysis and Feminism*. New York: Pantheon Books, 1974. p. xv.

克·拉康的心理分析”[1]。一方面,盖洛普试图使女权主义放弃其本质论以及对于女性本质的各种坚持,避免陷入生物学主义,因为这样只会颠倒男性/女性的等级制,而不会消除这一等级制;另一方面,她致力于使心理分析承认其政治含义,这样就可以拒绝承认心理分析的任何中立的立场。《女儿的诱惑:女权主义和精神分析》(*The Daughter's Seduction: Feminism and Psychoanalysis*,1982)具体体现了盖洛普关于这两种理论的关系的看法。

《女儿的诱惑:女权主义和精神分析》是为盖洛普带来国际声望的主要著作之一。该书的封面照片是作者提供的,在半明半暗的背景中,一个女孩脸上是一幅心照不宣但又充满质疑的暧昧表情。这个女孩显然又是作为人类之母的夏娃,因为她已经吃了手中拿着的苹果。事实上,这个兼女儿—夏娃于一身的女孩并不是一个具体的女儿或一个母亲,而是女权主义,面对着心理分析这个“父亲”的诱惑的“女儿”。作品标题的前半部分回应和对抗了弗洛伊德的女性患者在接受心理疗法时所回忆的父亲的诱惑,以及弗洛伊德本人在关于歇斯底里的研究中所分析的和在后来的写作中所论述的父亲的诱惑。第二部分标题是对朱丽叶·米歇尔的《心理分析和女权主义》的颠倒表述。明确表述的“女儿的诱惑”和暗指的“父亲的诱惑”赋予了盖洛普书中所谈论的诱惑以复数的形式(seductions),即这种诱惑是两种理论的相互诱惑。盖洛普意在运用女儿—女权主义和父亲—心理分析这种理论上的“相互”诱惑来改变心理分析和女权主义之间的关系,带来“或许会产生某种真正变化的联系”。[2] 盖洛普的批评策略范式是异性交合,不过是以一种父亲、母亲、女儿参与其中的独特的、乱伦的方式。通过使用心理分析/女权主义/英语/法语/传统/后现代/男性/女性等不同的话语,盖洛普设计了拉康、弗洛伊德、欧内斯特·琼斯(Ernest Jones)[3]、露西·伊里加蕾、埃德娜·西苏(Helene Cixous)、朱丽亚·克里斯蒂娃(Julia Kristeva)、朱丽叶·米歇

① Jane Gallop, *The Daughter's Seduction: Feminism and Psychoanalysis*. Ithaca: Cornell University Press, 1982. p. xi.

② Ibid., p. xii.

③ 欧内斯特·琼斯(Ernest Jones 1879—1958年),英国心理学家,弗洛伊德的朋友和强烈支持者。1903年,琼斯获得伦敦大学医学学位。后来,在德国慕尼黑大学学习神经学和精神病学的期间,琼斯发现了弗洛伊德的著述。1905年,琼斯开始从事精神分析。1908年,琼斯结识了弗洛伊德,同年,他移居加拿大的多伦多并成为一个精神科门诊的主管,后来成为副教授。他多次去往美国,做精神分析的演讲。1911年,他协助建立了美国精神分析协会。1913年,琼斯回到伦敦,创建了伦敦精神分析协会(London Psycho-Analytical Society)(后来成为英国精神分析协会)。他还创办了《国际精神分析杂志》,并任编辑。可以说,琼斯在很大程度上促成了英国、加拿大和美国的内科医生和其他科学家对于精神分析原理的接受。

尔、萨德以及其他一些人之间的"邂逅"，探讨了作为主要能指的菲勒斯的作用、父系法律以及父亲/作者的名字、女人的需求等一系列的问题。盖洛普的论述是通过解构一个永恒的父权制体系下的游戏来进行的。在这个游戏中，根据父权制的游戏规则，父亲成了律法，女儿则顺从于律法（即顺从于父亲），父亲要求女儿放弃她对他的欲望，女儿对于这一要求的顺从实际是在以一种位移的形式遵从父权制的游戏规则，承认父亲的父系法律，由此，女儿在无意中成了继续父权制统治的同谋，使其成为周而复始的永恒。盖洛普由此指出，揭开父女之间的这层隐含的勾结的神秘面纱是女权主义的任务，完成这一任务不是通过主张永恒的女性特质，而是揭露父女双方在内的这个游戏。如果女儿不再屈服于或摒弃父亲，而是主动诱惑他，以此拒绝给予他的性器官以任何象征意义上的特权，那么，旧的等级制就会瓦解，而不仅仅是颠倒过来。盖洛普"把文本作为身体"阅读，"一个没有被理想化也没有被同一化的身体，而是对交媾开放的身体"。[①] 盖洛普通过转换她的主人公写作的场景来篡取他们的话语，通过就她所质疑的文本中已经提出的不恰当的问题再提出"不恰当的问题"，以一种高度颠覆性的方式来处理这些文本。利用心理分析阐释的优势，盖洛普强调了小的细节、个体的事例和随机的小错误来揭示排斥和欲望之间、防范和吸引之间的潜在关系，使父亲—心理分析师和女儿—女权主义者在一个复杂的反复的移情惯例之下彼此相斥又相吸。盖洛普用她特有的越界手法解构了意识形态所赋予他们的想象的面纱。通过对于菲勒斯/阴茎和"差异焦虑"的讨论，盖洛普论证，心理分析之父不是像他表面看起来那么有力（脱去了外衣的弗洛伊德作为家庭女教师回归），而女权主义女儿要比她们自己所认为的更为具有两面性和强大（克里斯蒂娃则以菲勒斯母亲的形象亮相）。[②]

在第二部作品《阅读拉康》(*Reading Lacan*, 1985)中，盖洛普进一步阐释了女权主义和心理分析，即：对"拉康主义和女权主义"的双重阅读，从而质疑通过幻想和想象所赋予阴茎的权威。盖洛普对拉康的阅读被认为是其最具有影响力的作品。她在序言中谈到，一个读者指出她并不精通该主题。从这个假定的非权威的女权主义立场，运用拉康来解读拉康，盖洛普对拉康的《拉康选集》(*Ecrits*)中的几篇文章进行了阅读。她对《拉康文选》中最著名的几篇论文中最难的句子进行了文本的自由联想。盖洛普认为，拉康的

① Gallop, *The Daughter's Seduction*. p. 39.

② 参见 *The Daughter's Seduction* 第八章。

著名的菲勒斯能指是"介于阳性和阴性之间的一个名词"①:由于打印错误,1966年版的《拉康文集》在这个关键名词前的冠词印成了阴性的"la",而不是阳性的"le"。盖洛普在理论分析过程中不断插入自传、对"妇女研究"的沉思、梦境,以及题为"序言故事"(prefaStory)"文中故事"(interstory)和"后记故事"(postory)的短文,用来标明故事会不时打断理论分析,从而出现文本断裂。甚至文本故事的标题会再次被打断,然后结合成另一种隐喻文本。比如,"序言材料"(Prefatory Material)被分为两部分:"序言故事"(PrefaStory)和"序言理论"(PrefatHEory)。合在一起看,这两个词的中间大写字母部分拼出来"SHE"。这些精心安排的写作手法暗示了盖洛普对拉康文本阅读的方向,即女权主义阅读,她的阅读最后会融合成为一个"她"故事,女性会再次通过大写的"她"恢复其主体性。在"PrefatHEory"中,"HE"使人们联想到"man",人文研究的传统的研究对象,从而使女性失去了自身的性别而成为了"man"的一部分。盖洛普通过在全书当中交替使用"she"和"he"而使"man"再次性别化,变成性属研究对象。盖洛普的阅读习惯是模仿拉康的语言风格,通过自己的文本表现来重复她正在阅读的拉康的作品中的机制。于是作为被分析文本作者,拉康出现在盖洛普的文本中,盖洛普即是她自己文本的作者,又是拉康文本的读者,阅读变成读者和作者之间的竞技场。同时,作为症候读者的盖洛普和作为与拉康的"父亲之名"的权威相抗衡的女权主义作者的盖洛普之间也存在着张力。盖洛普对拉康的阅读不是为了精通他的逻辑,并由此获得幻想出来的菲勒斯的权威,而是采用拉康的令人费解的风格作为其移情阅读的起点和终点,进行症候阅读,关注出现在拉康、弗洛伊德以及其他批评家和她自己文本中的意义延误、捕捉错字、误译、双关语和悖论。精神分析的话语激情使她实现了一种彰显的政治阅读,美学和政治的不寻常组合使她的书成为一部杰作。

《通过身体思考》(*Think Through the Body*,1988)收录了盖洛普20世纪70年代中期到80年代中期约十年间发表的论文,站在女性的立场从多重角度对作为知识领域的身体进行了全新思考,对弗洛伊德提出了指控,即"分析师根据自己的想象的欲望构建文本"②。盖洛普再次对不同的理论家进行了交叉的跨学科、跨时代的研究。从18世纪大名鼎鼎的萨德到当代的后结构主义批评家罗兰·巴特,从露西·伊利格瑞等"新法国女权主义者"

① Jane Gallop, *Reading Lacan*. Ithca: Cornell University Press, 1985. p.131.

② Jane Gallop, *Thinking through the Body*. New York: Columbia University Press, 1988. p.29.

到南希·弗莱德(Nancy Friday)[①]、雪儿·海蒂(Shere Hite)[②]等美国女性性行为作家,从弗洛伊德和拉康的心理分析到女权主义文学批评,这些人再次在盖洛普的文本中济济一堂。通过对在当代西方思想界产生了深刻影响的文学与社会科学研究文本的细读,盖洛普表达了对于女性、身体、欲望、语言、文学与政治等诸多问题的深入思考。盖洛普在前言中声称自己受到艾德里安娜·里奇(Adrienne Rich)的《女人的诞生》(*Of Woman Born: Motherhood As Experience and Institution*)的启发:他们"终于开始通过身体思考了"[③]。盖洛普的"目的是捍卫类比和隐喻的运用"[④]。将所有论文连接起来的共同主线是在作品的标题中所宣称的欲望,即"通过身体思考",主题之一就是思想(男性的、单一的、主导的、菲勒斯的、抽象)和身体(女性的、多边的、像阴唇一样多功能的、沉默的)的多重分裂。[⑤]《通过身体思考》中最有争议的文本是封面上的一个正在分娩的女人的照片(盖洛普在儿子麦克斯出生时的照片)。[⑥] 这张照片捕捉到了婴儿的头从身体中出来的那一瞬间,相机捕捉到了婴儿、医生的头和护士的头,却唯独使本来为照片主体的女人的头没有出现。这本书的最后一篇文章讨论了这个封面可以解释和隐藏书中的哪些东西。在重新编辑出版这些从前的文章过程中,盖洛普希望重新审视这些文章出生时的样子以及揭示她自己思想成长的阶段。作品的标题的含义是,因为"有一个思想/身体之间的分裂" 阻止"思想的秩序"完全包围身体,[⑦]思考本身已经成为一种痛苦的抗争,公共的和私人的、严肃的和非严肃的、客观的和主观的彼此无法分开。这张照片的寓意成了盖洛普在

---

① 南希·弗莱德(1933—),美国作家,因以女性性行为和性解放为创作题材而著称。弗莱德的作品如《我的秘密花园,禁花》(*My Secret Garden, Forbidden Flowers*)等使之跻身女性主义性爱先锋的行列。她认为,女性往往是在一种理想的妇德观之下成长,这已经落后于时代了,而且具有很强的限制性,对于女性的隐秘的生活的公开能够帮助女性真正享受自己的生活。

② 雪儿·海蒂(1942—),性教育家和女性主义者。她的性学作品如《海蒂女性性学报告》等主要集中于女性性行为,探讨个体如何看待性体验以及性体验对个体的意义。1958 年,海蒂放弃了美国国籍,成为德国公民。

③ Adrienne Rich, *Of Woman Born*. New York: Bantam Books, 1977. 2011/10/7. http://www.historyisaweapon.com/defcon1/richofwomanborn.html.

④ Elizabeth Wright, "An Ideological Reading of Narrative." *Poetics Today* 11. 2 (Summer, 1990):437.

⑤ Ann Snitow, "Review: Textual Intercourse." *The Women's Review of Books* 7. 1 (Oct., 1989):13

⑥ 对于这一点,盖洛普本人在 2003 年发表的《和他的照相机的生活》中进行了肯定,详细描写了该照片的背景和寓意。

⑦ Jane Gallop, *Thinking through the Body*. p. 2,4.

一系列的阅读中奉行的原则。为此,盖洛普以自传的方式安排文章的顺序,概括了她作为文学批评家的发展历程,仿佛每个阶段都是她的书写的身体在经历一场身体的和心理的成熟,而这种成熟是和她自己的成长分不开的。开篇部分是盖洛普在研究生阶段写的关于罗兰·巴特的文章。她说,她的编辑曾经不想把这篇文章收录进去。第二章"肛欲的身体"描写了她在思想成长中的恋母情节阶段对从前的一个教授的留恋:"我想成为学术人物的欲望,一种从父亲的位置去演讲的欲望。"①一篇关于萨德的《卧室里的哲学》("Philosophy in the Bedroom")的文章被认为是性启蒙和失去天真的一部分,表明了盖洛普在职业生涯的这一阶段对将女人从思想世界排除出去的教学传统的依赖。第四章,也是中心一章,将母亲作为其主题:萨德让母亲的沉默和谢尔·海特声称让妻子们和母亲们能够讲她们的性行为的主张。在书的这一部分,盖洛普将自己的自传和最近的美国女权主义批评史并置。她说,"从和男人认同的双性同体到传统女性特质的重新评估的过渡是美国女权主义批评运动从早期到70年代末期的特点"②。

似乎是为了对女权主义的发展进行总结,大部分时间在交叉路口安排心理学家和女权主义者"邂逅"的盖洛普在1991年出版了《1981年前后:学院派女权主义文学理论史选编》(*Around 1981: a Selective History of Academic Feminist Literary Theory*,1991),对1981年前后女权主义文学批评作品进行了选编。1981年是美国女权主义文学批评被认为取得了学术上的尊重和体面性,并且开始流行的年代。在强调了伊莱恩·肖沃尔特(Elaine Showalter)在英语研究中的中心地位的同时,盖洛普记载了安妮特·科劳德尼(Annette Kolodny)、豪田斯·史彼勒(Hortense Spillers)、凯瑟林·斯廷普森(Catharine Stimpson)和莉莲·罗宾逊(Lillian Robinson)等女权主义批评家的成绩和风靡一时,并指出她们所有的人都在探讨理论和学术、多元主义和传统。《1981年前后:学院派女权主义文学理论史选编》所选编的作品截止到1987年。1985年,桑德拉·吉尔伯特(Sandra M. Gilbert)和苏珊·格巴(Susan Gubar)的女性主义成果《诺顿女性文学选读》(*The Norton Anthology of Literature by Women: The Traditions in English*)出版。至1987年,针对女性写作的文集已经开始大量问世。同时,盖洛普本人在这一年获得了终身教职。盖洛普以女权主义理论在学术界的胜利和自己作为女性的职业生涯的成功来论证,包括她自己在内的美国女

① Jane Gallop, *Thinking through the Body*. p. 21.

② Ibid., p. 71.

权主义者通过撰写法国女权主义理论而发达，因为法国女权主义理论在当时的美国是一种趋势和时尚。盖洛普认为，这一成果是女权主义理论的胜利，但不是女权主义革命的胜利。[①] 在20世纪70年代初期的美国大学中，“关于文学中的女性的课程绝大多数都是研究男性作品中的女性陈腐形象”[②]。学院派的女权主义文学理论家倾向于通过开设课程进入女权主义，而不是通过生活经历、愤怒、意识觉醒、颠覆性的愉悦和对妇女的爱。结果，太多的情况是，职业上的野心使行动主义流产了。盖洛普很明智地注意到用“性属研究”取代“妇女研究”的错误所在。在“性属研究”中，妇女绕来绕去仍然把精力放在男性身上，保留男性的文化权威。在“妇女研究”中，妇女是中心。盖洛普对早期行动主义觉醒时期的女性先辈们进行了分析，对其赞誉有加，尤其是对苏珊·考普曼·科尼隆(Susan Koppelman Cornllon)在70年代初期发表的《小说中的女性形象：女权主义的视角》(*Images of Women in Fiction: Feminist Perspectives*)进行了褒奖，认为这部作品很严肃地把文学看做是生活的向导，而非理论的抽象。《1981年前后》对学院派女权主义进行了深入研究和反省，记录了女权主义驱动力和紧迫感的丧失。

《通过身体思考》和《女儿的诱惑》都是对萨德、弗洛伊德、拉康、西苏和伊利格瑞文本进行女权主义和心理分析交叉处的细读，《被指控为性骚扰的女权主义者》(*Feminist Accused of Sexual Harassment*, 1997)则是对一个女人的细读。在所有著作中，盖洛普的《被指控性骚扰的女权主义者》是最简短的。根据她自己的亲身经历，盖洛普在这部作品中提出了自己的性骚扰理论，并对教学法进行了别具一格的探讨。显然，《被指控性骚扰的女权主义者》引起关注的原因之一是因为它报导了盖洛普自己遭遇的一个绯闻。标题中所指的女权主义者就是盖洛普本人。1992年她被两名女学生指控性骚扰。最终，盖洛普的大学排除了其中一名学生对她的指控，认定她对另一

① 如朱丽亚·克里斯蒂娃的“符号话语”：《符号学：解析符号学研究》(1969)、《小说文本：转换式言语结构的符号学方法》(1970)、《诗学语言的革命》(1974)、《中国妇女》(1977)、《妇女的时间》(1979)、《从爱开始：心里分析与信仰》(1987)、埃莱娜·西苏的“女性写作”：《新生儿》(1975)、《美杜莎的笑声》(1975)、《阉割还是斩首》(1976)、《从无意识场景到历史场景》(1986)；露西·伊里加蕾的“女人腔”：《他者女人的反射镜》(1974)、《此性非一》(1985)以及伊莱恩·肖尔瓦特的“重建女性文学史”：《她们自己的文学》(1978)、《妇女疾病》(1985)等都是这一时期法国学术女权主义理论家的名作。当时的美国女权主义者对这些理论进行了大量的研究。

② Toril Moi, *Sexual/Textual Politics: Feminist Literary Theory*. London: Methuen, 1985. p. 42.

名学生的行为属于“两厢情愿的恋爱关系”[1]。但是盖洛普还是违反了校规：和其他几所学校一样，盖洛普的大学也禁止师生的两性关系，即使这种关系是两厢情愿的。“哪种女权主义者会被指控性骚扰呢?”盖洛普的答案是：“那种女权主义者……那种……不尊重学术和性之间的界限的那种。”[2]正如玛戈特·钱宁(Margot Channing)在几十年前就建议的：“系好你的安全带，将是一个颠簸的夜晚。”[3]“女权主义者被指控，然后被宣布无罪”是盖洛普努力去讲述的故事，这样，“每个人都能够理解性骚扰现在是什么状况”。[4]盖洛普指出，性骚扰不再仅仅和那些要求女下属以性交易来交换工作的稳定性的禽兽般的男性上司密切相关，而是在形式上具有了潜在的“无限”可能性，“演员表也扩大了”，因为性骚扰的行为者不必是上司；同事可以骚扰，甚至下属也可以。而且性别也是一个变量：越来越多的案例涉及一个男人声称被性骚扰或一个女人被指控性骚扰。对于盖洛普来说，最糟糕的是，一个女权主义者能够被指控，而且双方自愿的性行为也被包括在性骚扰范畴。针对这种“膨胀”[5]，盖洛普提出现在学校里所界定和运用的性骚扰概念对于性和知识的传播来说都是愚蠢的、压制性的和致命的。盖洛普试图通过《被指控为性骚扰的女权主义者》，“捍卫师生之间的关系，证明女性主义者不可能进行性骚扰”。[6]盖洛普认为，性骚扰政策和法律不应该和教授和研究生之间的两厢情愿的关系有任何瓜葛，理由有两个：首先，法律不应该拒绝承认成年女性渴望和同意实施性行为的权利。“否定妇女的同意权强化了我们作为客体而非欲望主体的地位。”[7]认为所有和教授的性关系都是性骚扰的政策是基于这一保护性的假设基础之上的，即“妇女不知道自己想要什么，而处于更高位置和拥有更多知识的人更知道我们想要什么”[8]。盖洛普的立场是，成年女性，即使是年轻的成年女性，知道而且也应该能够根据自己的愿

---

① Jane Gallop, *Feminist Accused of Sexual Harassment*. Durham, N. C.: Duke University Press, 1997. p. 34.

② Ibid., p. 12.

③ Joseph Mankiewicz, *All About Eve*. Los Angeles: 20th Century Fox, 1950. 玛戈特·钱宁(Margot Channing)是剧中的女一号。该剧由约瑟夫·L. 曼凯维奇(Joseph L. Mankiewicz)执导，根据玛丽·奥尔(Mary Orr)1946 年的短篇小说《夏娃的智慧》(“The Wisdom of Eve”)改编。

④⑤ Jane Gallop, *Feminist Accused of Sexual Harassment*. p. 7.

⑥ Janet Malcolm, “It Happened in Milwaukee.” *New York Review of Books* (October, 1997): 8.

⑦ Jane Gallop, *Feminist Accused of Sexual Harassment*. p. 38.

⑧ Ibid., pp. 38—39.

望行事。她的第二个观点是，教授和学生之间的情爱，甚至是性关系，是良好教学的核心——创作和获得知识。她认为性行为应该是教学不可或缺的部分。盖洛普通过自传的形式回忆了自己的女权主义和妇女研究方面的教育以及在这些运动的早期对她进行的色情指控，讨论了近几年针对她的案例，并且对在此之前、其间和之后的行为自我辩护。[①] 社会应该如何来看待和界定大学教师对学生的性骚扰？盖洛普写作的目的就是“开启当代公共文化的学术话语……用各种将会挑战老练世故的读者，使他们思考，尤其使他们质疑的叙述来开启这一话语”[②]。

同一经历再次成为盖洛普的另一部著作《轶事理论》(*Anecdotal Theory*,2002)的话题。盖洛普所称之的这件“轶事”是本书的前半部分的核心内容。不过，这一次，盖洛普不是强调故事本身，而是将事实留在后面，集中于事实被处理的方式，通过解构这件轶事来构建理论。通常情况下，轶事与理论有着幽默和严肃、具体和概括、琐碎和总体、短小和恢宏等完全相反的内涵。盖洛普实际在使人们明白轶事、理论和理论化之间的关系。本书中最具有启蒙性的文章是关于拉康和德里达的《两个拉康的故事》。几乎所有的段落都以一个时间性的表述开始，将文章分析置于时间之中，使不同时间背景下的段落构成一个故事，然后以同样方法把几件轶事连接起来。首先，盖洛普参加了德里达的一个讲座；然后，她做了一个梦；再次拜访德里达和拉康；她读了一篇文章，等等。每一次，她对德里达对拉康的理解都会改变并且会用不同的角度去审视。慢慢地，她形成了自己的理论—关于理解这两位理论家和她自己的理论。盖洛普说，她想创造一种和20世纪80年代末、90年代初的晦涩的“原理论”相比“更为文学”的理论话语[③]。盖洛普在努力扩展批评理论的领域，具体来说，就是表明个人的声音如何能够在理论中出现，而且成为理论，“理论是如何通过将主题理论化而存在下去的”[④]。于是，盖洛普的分析将叙事理论和读者反应以及心理分析理论结合在一起，成功地使自己置身于事件之外，能够使其具有理论的益处。盖洛普表明超越轶事而又不会忽视轶事能够丰富理论的形成以及理论如何在被应用于琐碎的小事时获得其视角和相关性，抽象变成真实，概括获得了具体的韵味。

---

① Billie Wright Dziech and Linda Weiner, *The Lecherous Professor: Sexual Harassment on Campus*. Chicago Illinois: University of Illinois Press, 1990. p. xviii.

② Jane Gallop, *Feminist Accused of Sexual Harassment*. p. 7.

③ Jane Gallop, *Anecdotal Theory*. Durham, NC: Duke University Press, 2002. p. 2.

④ Ibid., p. 11.

在2011年的新作《作者之死:在时间中阅读和写作》(*The Deaths of the Author: Reading and Writing in Time*)中,盖洛普重拾了文学批评理论中关于"作者之死"的话题。对于这个四十年前提出后至今被人们津津乐道的话题,盖勒普给出了自己的见解,受到了理论界的一致好评。作为后结构主义的一个口号,"作者之死"在文学理论中广为人们熟知,作为对作者的一种"解职"而受到广泛争论。盖洛普对自己的创作缘由进行了解释。她认为,不管人们是否喜欢"作者之死"这种说法,"每个人都想当然地认为它指的是作者不再重要了"①。于是,盖洛普开始从死亡的角度而不是从抽象的角度来思考"作者之死"。她认为,对于各类文学理论家来说,作者之死并不意味着作者不重要了,而是意味着各种情况。意味着被作者的鬼魂缠绕、意味着作者死了之后你对她的思念、意味着作为一个作者你真的害怕被淹没在过去而被淘汰等等。盖洛普说,每个人都在运用死亡这一词汇,却不去考虑死亡真正意味着什么。"我几乎感觉到自己好像正在努力回到过去,将这一术语和死亡所意味着的很多事情连接在一起。我几乎感觉好像我正努力跳回时间之中或者很难知道要做什么。这些词是在时间的一瞬间写就的,他们不会变,但是我是活的,所以我一直在变。所以作者还活着,但是在某些方面作者已经死了,我此处指的是从不随着时间前进的意义上说的。"②这部作品再次通过对文学理论家罗兰·巴尔特、德里达、伊芙·赛菊寇(Eve Kosofsky Sedgwick)③、斯皮瓦克(Gayatri Chakravorty Spivak)等人作品的细读,表明作者之死最好被理解成一种与时间的关系,不仅对于读者,对于作者尤其如此。通过把作者的理论上的、实际上的和隐喻的死亡联系起来,她使得读者能够采取更为充分的措施来驱除作者之死对于读者和作家的影响,以及对于阅读和写作的影响。

---

①② Shanna Nichols and Liana Eisma, "Q&A: Jane Gallop puts death back in Authorship." *Scarlet & Black* (April 22nd, 2011) http://www.thesandb.com/features/qa-jane-gallop-puts-death-back-in-authorship.html.

③ 伊芙·赛菊寇(Eve Kosofsky Sedgwick, 1950—2009)是酷儿理论的创始人之一,被称为"酷儿理论教母"或"酷儿理论女皇"。她深受福柯、巴特勒、女性主义、精神分析和后结构主义的影响,作品涉及主题涵盖酷儿操演性与表演、实验性写作、普鲁斯特作品研究、非拉康学派的精神分析、佛教与教育、汤普金斯和克莱恩的情感理论,以及物质文化(尤其是纺织品文化)等。她的代表作包括《男性之间:英语文学与男性社交同欲》(*Between Men: English Literature and Male Homosocial Desire*, 1985)、《暗柜认识论》(*Epistemology of the Closet*, 1990)、《倾向》(*Tendencies*, 1993)、诗集《胖的艺术与瘦的艺术》(*Fat Art, Thin Art*, 1994)、《关于爱的对话》(*A Dialogue on Love*, 1999)、《令人心动的感觉:情感、教育与操演性》(*Touching Feeling: Affect, Pedagogy, Performativity*, 2003)等。

正如盖洛普1981年出版的博士论文《交叉点:与巴塔耶、布朗肖和克洛索瓦斯一起解读萨德》的标题所体现的,交叉点是一种互文性。它不会给予既定的作者以特别的关注,或者去观察建构一部作品的框架并且将这部作品和另一部作品区分开来,而是把文本和赋予文本的名称看做是生动的多重关系网的影响。在盖洛普的所有作品中,我们都能看到这些交叉点,不同的国家、不同的背景、不同的语言和不同领域的批评家和作家不断地"邂逅",于是,盖洛普以"细读法"编织了一张理论和文学的复杂的网络。作为"正在使细读法存活下去的少数批评家之一,"[①]盖洛普从不同的角度对不同的作家进行分析,但最后殊途同归,即:随着个人和传记著作插入和打断她自己的文本分析,盖洛普揭开她所研究的作家的网络,显示他们如何彼此相交,如何和她自己相交。这些不同的写作风格,冲突和互补性,表明盖洛普是一个作者,一个活着的、思想不断变化与更新的作者,一个活在时间中的作者,并且"在整个的创作过程中是一个欲望主体,在述说着自己作为女权主义理论家、批评家和心理分析理论家的渴望"。[②]

主要作品(按出版年代排序)

"Impertinent Questions: Irigaray, Sade, Lacan." *SubStance* 9.1 (1980):57—67.

Intersections: A Reading of Sade with Bataille, Blanchot, and Klossowski. Lincoln: University of Nebraska Press, 1981.

The Daughter's Seduction: Feminism and Psychoanalysis. Ithaca: Cornell University Press, 1982.

"Writing and Sexual Difference: The Difference Within." *Critical Inquiry* 8.4 (Summer, 1982):797—804.

"Beyond the Jouissance Principle." *Representations* 7 (1984):110—115.

Reading Lacan. Ithaca: Cornell University Press, 1985.

Thinking Through the Body. New York: Columbia University Press, 1988.

"Heroic Images: Feminist Criticism, 1972." *American Literary History* 1.3 (Autumn, 1989): 612—636.

Around 1981: a Selective History of Academic Feminist Literary Theory. New York: Routledge, 1991.

"A Tale of Two Jacques." *Discourse* 14.3 (Summer 1992):152—166.

"Sex and Sexism: Feminism and Harassment Policy." *Academe* 80.5 (Sep.—Oct., 1994):16—23.

---

① 此处为李·艾德尔曼(Lee Edelman)对盖洛普的评价,见 *The Deaths of the Author: Reading and Writing in Time* (Durham: Duke University Press, 2011)封底。李·艾德尔曼为《没有未来:酷儿理论和死亡驱动器》(*No Future: Queer Theory and the Death Drive No Future: Queer Theory and the Death Drive*) (Duke University Press, 2004) 的作者。

② Amy Morgan. "Review". *Hypatia*. Vol. 7, No. 3 (Summer, 1992):215.

"The Teacher's Breasts." *Discourse* 17.1 (Fall 1994): 3—15.

"Women' in Spurs and Nineties Feminism." *Diacritics* 25. 2 (Summer, 1995): 125—34.

[Ed.] *Pedagogy: The Question of Impersonation*, ed. Bloomington: Indiana University Press, 1995.

Feminist Accused of Sexual Harassment. Durham: Duke University Press, 1997.

"Roundtable: Restoring Feminist Politics to Poststructuralist Critique." *Feminist Studies* 27. 3 (Autumn, 2001): 679—707.

Anecdotal Theory. Durham: Duke University Press, 2002.

Living With His Camera. Durham: Duke University Press, 2003.

[Ed.]*Polemic: Critical or Uncritical*. New York: Routledge, 2004.

"Introduction: Envy." *Women's Studies Quarterly* 34. 3/4 (Fall-Winter, 2006): 12—21.

"Around 1991." *Romanic Review* 101. 1/2 (Jan-March 2010): 129—139.

"Close Reading in 2009." *ADE Bulletin* 149 (May 2010): 15—19.

The Deaths of the Author: Reading and Writing in Time. Durham: Duke University Press, 2011.

"Precocious Jouissance: Roland Barthes, Amatory Maladjustment, and Emotion." *New Literary History* 43. 3 (summer 2012): 565—582.

参考文献

Barthes, Roland. *Camera Lucida: Reflections on Photography*. Trans. Richard Howard. New York: Hill, 1981.

Bruner, Belinda. "Review Essay: Pedagogical Method or Another Mark on the Bedpost?" *Feminist Teacher* 11. 1 (Spring/Summer 1997): 55—60.

Cornllon, Susan Koppelman. *Images of Women in Fiction: Feminist Perspectives*. Bowling Green: Bowling Green University Popular Press, 1973.

Dziech, Billie Wright and Linda Weiner. *The Lecherous Professor: Sexual Harassment on Campus*. Chicago: University of Illinois Press, 1990.

Malcolm, Janet. "It Happened in Milwaukee." *New York Review of Books* (October, 1997): 8—9.

Mankiewicz, Joseph. *All About Eve*. Los Angeles: 20th Century Fox , 1950.

Mitchell, Juliet. *Psychoanalysis and Feminism*. New York: Pantheon Books, 1974.

Moi, Toril. *Sexual/Textual Politics: Feminist Literary Theory*. London; New York: Methuen, 1985.

Morgan, Amy. "Review." *Hypatia* 7. 3 (Summer, 1992): 212—216.

Nichols, Shanna and Liana Eisma. "Q&A: Jane Gallop puts death back in Authorship." *Scarlet & Black* (April 22nd, 2011) <http://www. thesandb. com /features/qa—jane—gallop—puts—death —back—in—author —ship. html>

Rich, Adrienne. *Of Woman Born*. New York: Bantam Books, 1977. 2011/10/7. <http://www. historyisaweapon. com/defconl/ richofwomanborn. html>.

Sanger, Carol. "The Erotics of Torts." *Michigan Law Review* 96. 6 (1998): 1852—1883. <http://www. jstor. org/stable/1290107>.

Schilb, John. "Review: Histories of Pedagogy." *College English* 61. 3 (Jan., 1999): 340—346.

Snitow, Ann. "Review: Textual Intercourse." *The Women's Review of Books* 7. 1 (Oct., 1989): 13—15.

Wright, Elizabeth. "An Ideological Reading of Narrative." *Poetics Today* 11. 2 (Summer, 1990): 437—442.

苏珊·K.哈里斯(Susan K. Harris)
(1945—)

弗雷德·雷维斯·帕蒂 (Fred Lewis Pattee) 曾将女性创作大放异彩的19世纪50年代称为“女性化的五十年代”,[①]那么“女权运动、女性写作和女权批评携手共进”的20世纪80年代更应担得此名。女性意识不仅在行动层面(女权运动)和情感艺术层面(女性写作)、在当时的社会文化生态中占据显著位置,更在理论层面(女权批评)有了提高,成为一种具有自觉意识的身份话语体系。相较于以往的女权批评,80年代的女权主义者“经历了女性形象批评、女性文学经典的挖掘和女性文学传统的建构”,开始“着眼于理论的反思和理论话语的建构”。[②]在反思和建构过程中,女权评论家们面临的两个主要问题是:女性文学作为一个概念得以成立的合法性是什么? 如果成立,该如何解析女性文学中的独特美学,使之摆脱“胡写乱画”抑或“二流经典”的标签,[③]迈进真正的经典行列?

“女性文学”这个概念是否属于本质主义颇具争议。很多有色人种、中下层阶级、同性恋等弱势群体女性批评家声称,学界使用的“女性”概念只反映了主流的白人中产阶级女性的利益主张,忽略了阶级、种族、性取向等因素,从而与男性中心主义一样属于霸权思维。这一质疑拷问了“女性文学”概念的立场和范围,但并未就此否定其存在的合法性。虽说学界至今尚存分歧,但大抵承认“女性传统并非是由于生理、身体或心理而决定的女性想象力,从而导致的一种女性特有的写作方式”,也“无法脱离种族、国家、地域、阶级、时代等而独立存在”,但“女性在社会中具有劣势这一共同经历”使

---

① Fred Lewis Pattee, *The Feminine Fifties*. New York: D. Appleton-Century Company, 1940.

② 金莉:《美国女权运动·女性文学·女权批评》,《美国研究》2009年第1期,第62,77页。

③ “胡写乱画”(scribbling)出自霍桑就当时女性创作占领市场的抱怨(Nathaniel Hawthorne, *Letters of Hawthorne to William Ticknor*, 1851—1864, vol. 1, Newark, NJ: Carteret Book Club, 1910, p. 75),而“二流经典”(second canon)借自 Phyllis Frus, and Stanley Corkin, “Review: Cather Criticism and the American Canon,” *College English* 59.2 (1997): 206—217, p.213。评论家自19世纪中期便已建构起来的把小说分为高雅和通俗的双层评判系统一直持续到20世纪后期。在这个系统中,女性作品被视为远逊于男性经典的二流作品。

得女性创作在主题、形式、意象、修辞等方面体现出某些共同特征。[①] 基于这一立场,女性文学批评势必需要摒弃鼓吹"超越时空的经典性"的传统(男性)评论方式,重新建构一种将性别政治考虑在内的批评方法,恢复作品中的女性声音。在这方面,简·汤普金斯(Jane Tompkins)和苏珊·哈里斯(Susan Harris)是贡献甚著的姐妹花。汤普金斯的名著《轰动的设计:美国小说的文化机制,1790—1860》主张"一个读者借以理解文学作品的语境总是政治性的,因为它们总是涉及偏好、利益、品味和信仰等一系列并非普世的、而与特定读者自身情况有关的因素"[②]。这一立场也可视为苏珊·哈里斯整个学术主张的总结,是其女性文学批评方法论的理论基调。

苏珊·哈里斯是美国堪萨斯大学美国文学与文化专业的乔伊斯暨伊丽莎白讲堂杰出教授。她的大学时代恰逢"妇女解放运动"期间,即美国女权运动的第二次浪潮。这段特殊的背景对她以后从事女性文学批评颇有影响。她 1968 年毕业于俄亥俄大学安提阿学院,获社会学学士学位。后来求学于斯坦福大学攻读传媒硕士。最终她选择从事文学研究,考入康奈尔大学攻读美国文学专业,并于 1977 年获文学博士学位。她的专长是 19 世纪经典作家马克·吐温研究,研究领域包括 19 世纪美国女性小说及读者群研究,以及有关国家身份、公民身份、种族的文学话题。

哈里斯的学术研究与女权主义批评史大体相合,也可分为三个阶段。第一阶段以男性创作为批评对象,致力于揭示二元对立性别话语对男性作家造成的影响,以及这一影响在男性文学作品中的表现。第二阶段意图建立一个客观评价女性文学的模式,考虑社会、文化、经济、政治等背景对女性作品的创作、出版与接受的影响,综合考量女性作品中的结构、修辞、意象、思想等所蕴含的独特美学。第三阶段则超越性别视角,从更广阔的国际视角探究美国人的身份形成问题。第一阶段和第二阶段并不遵循严格的时间顺序,而相互交织,互相启发;第三阶段则相对独立,更加关注民族和国家身份政治,所研究的对象也从单纯的文学文本转向教科书等大文本,体现出鲜明的文化转向特征。

哈里斯第一阶段研究主要是男性作品中的女性形象批评,分析男性作家对性别符码的遵从以及对女性越界行为的抗拒。在他们笔下,女性争取自身权利、宣泄自身欲望、追求自身身份等的诉求是违背道德的败坏行为。

---

① 金莉:《20 世纪美国女性小说研究》,北京:北京大学出版社,2010 年,第 6—10 页。

② Jane Tompkins, *Sensational Design: The Cultural Work of American Fiction, 1790—1860*. New York: Oxford University Press, 1985, p. 9.

不过,哈里斯后来超越了这一过于普遍化和脸谱化的立场,认识到男性作家对女性角色并非单纯采取恶意的态度,他们身为作家的敏感和同情不断地冲击他们身为男性对女性越界行为的憎恶与惧怕。矛盾感受造成了他们创作的复杂性。哈里斯这一思想转变体现在《马克·吐温的坏女人》、《刻画鲭鱼的四种方式:马克·吐温与劳拉·霍金斯》和《恶性的对立:性别和作家的偏执:德莱塞的〈第二次选择〉、豪威尔斯的〈伊迪莎〉和海明威的〈弗朗西斯·麦康伯短促的幸福生活〉》三篇文章中。

《马克·吐温的坏女人》属于典型的女权主义批评早期的女性形象批评,分析男性经典作品中性别话语对女性功能的定义以及对"坏女性"的定性。它以马克·吐温的《镀金时代》和《傻瓜威尔逊》为研究对象,分析了违反性别规范的女性角色劳拉和罗克珊娜。根据19世纪"真正女性"(True Womanhood)性别符码,女性应该虔诚贞洁、驯良持家。[①] 女性的主要功能是"庇护所",为在外打拼从而对世界充满异化感的男性提供慰藉。因此,房屋便是女性身份的一个绝佳比喻。女性应是房屋中的道德天使,体现休憩、稳定和家庭伦理关系。那些企图追寻自我实现的"坏女人"则违反了这一象征和角色定位,与躁动、旅行和孤儿身份联系在一起。这个文化思维一直延续到20世纪,在薇拉·凯瑟(Willa Cather)的《迷失的夫人》(*A Lost Lady*, 1923)和玛丽莲·罗宾逊(Marilynne Robinson)的《持家》(*Housekeeping*, 1980)中有鲜明体现。在吐温的两部小说中,劳拉和罗克珊娜都挑战乃至颠覆了当时社会对女性的文化期待,变成极具行动力和报复心的"坏女人"。按照哈里斯的说法,她们成为了在文化框架之内游荡的"恶作剧精灵"(trickster)。[②]《镀金时代》中的劳拉意志力坚强、富有勇气和抱负——对男性来说,这些品质是领导人潜质的证明;但对女性则是违背性别道德的致命特征。劳拉最大的"罪行"便是摈弃了"屋子里的天使"角色,侵入到男性公共空间,实施不属于女性的社会权力。她用自己的美色当诱饵,诱骗甚至胁迫一些国会议员按她的意愿行事。要求旧情人与她私奔未果后,甚至当众枪杀了他,后被关进疯人院。在吐温的男性目光下,劳拉是邪恶的,不仅因为她丧失了自己的贞操,更因为她篡夺了男性的权力。她以美色换选票的行为使男性的公共权力运作丧失了神圣性、减弱了对私人领域中女性的控制力,被玷污乃至降格成为交换游戏。本是符号和客体的女性获得了能动

---

① See Barbara Welter, "The Cult of True Womanhood, 1820—1860." *American Quarterly* 18.2 (1966): 151—174.

② Susan K. Harris, "Mark Twain's Bad Women." *Studies in American Fiction* 13.2 (1985): 162.

性，参与塑造了社会景观。在公共空间枪杀男性的行为是权力行使的极端形式。女性的越界往往被认为是疯癫，导致空间的缩小和丧失，最终以死亡结束。这是劳拉被关进疯人院后死亡这一细节背后的文化原因。到20世纪中期，西尔维娅·普拉斯(Sylvia Plath)的小说《钟形罩》(*The Bell Jar*, 1963)从女性视角更加鲜明地表现了此主题。

吐温笔下的另一位恶作剧精灵是《傻瓜威尔逊》中的黑人女仆罗克珊娜。在小说中，"好"女人的代表是瑞秋姨妈。她是南方的文化语境中"家庭"这个意象的主要体现者，自觉地将主人家庭的分支和继承、家族自豪凝聚在一起。她在黑奴解放后依然留在了老房子里做厨子，继续扮演着南方神话中黑人"保姆"的形象。罗克珊娜则是瑞秋姨妈的对立体。和劳拉一样，她遭受了男人的背叛：她首先被主人当做商品卖给一个"白人贵族"；那个白人占有了她，在她生子之后却将她抛弃；更难以接受的是，她的儿子汤姆长大后也拒绝认她，甚至将她卖到更南方。罗克珊娜在一系列的男性背叛中不断成长，变得非常独立，将自我的需要置于主人的利益之上。遭到儿子背叛后，她威胁他若不听话便用刀捅死他。她对儿子的暴力威胁完全偏离了母亲角色，对女性行为规范进行了彻底的颠覆。在20世纪后期托尼·莫里森(Toni Morrison)的《秀拉》(*Sula*, 1973)和《宠儿》(*Beloved*, 1987)中，这被当作对男权社会最决绝的抗议方式。吐温的刻画却体现了他所在的时代对女性"恶作剧精灵"的不宽容。

女性形象批评有助于当下读者认识到男性经典作品中的性别话语，但哈里斯在随后的学术研究中意识到这种方式过于简化男性作家与性别话语之间关系。她在《刻画鲭鱼的四种方式》一文中分析了《镀金时代》中女性形象刻画的复杂性，认为吐温在小说中以四种相互抵牾的方式赋予了女主人公劳拉·郝金斯不同角色：一个堕落的纯真女孩、一个男性权力幻想的受害者、一个美国文化英雄、马克·吐温的另一自我。对这些刻画模式的分析有助于揭示19世纪70年代吐温可能接触到的性别话语。"堕落的纯真女孩"角色体现了当时女性未能满足社会期待后的遭遇，在小说中主要以修辞手法体现。小说中的男性都以个体的身份发声，但劳拉的出场却是经由他人的转述方才得以实现，而且用词符合真正女性的群体特征。小说对她的骄傲、自立与激情的刻画则与读者公认的"非女性"特征一致。哈里斯指出，"她的身份建基于读者通过阅读其他文本已经得到的有关女性的特征"①。

① Susan K. Harris, "Four Ways to Inscribe a Mackerel: Mark Twain and Laura Hawkins." *Studies in the Novel* 21.2 (1989): 142.

换言之,吐温对劳拉的刻画与当时感伤小说构成了互文本,契合当时的固定模式。“男性权力幻想的受害者”形象则通过主题体现出来。19世纪女性创作的一个重要类别是道德文学,巧妙利用了当时女性“道德天使”这一角色,将女性刻画成男性欲望和恶行的受害者,以此间接体现女性萌生的反抗意识。《镀金时代》无疑受到了道德文学的影响,不同之处是出自男性作家之手,融合了男性创作传统的主题。劳拉作为吐温的代言人,或多或少地扮演了“美国英雄”和吐温的文学自我的角色。男性文学传统强调美国“亚当”的独立性,刻画个体对“女性化”文化压制的反叛和逃离。自华盛顿·欧文(Washington Irving)的《瑞普·凡·温克》(“Rip Van Winkle”, 1819)中的同名主人公始,“皮袜子系列”(“Letherstocking series”)中的南蒂·班波、《白鲸》(*Moby Dick*, 1851)中的伊希梅尔、《哈克·贝利·费恩历险记》(*The Adventure of Huckberry Finn*, 1884)中的哈克等构成了一个厌女的英雄谱系。劳拉强行闯入了这个谱系:她离开小镇去华盛顿闯荡、寻求运气和权力的举动模仿了19世纪年轻男性的惯常做法。在很多时候,吐温让她充当了自己的文学自我,发挥着承担自己的社会恐惧的功能。如劳拉在公共演讲受挫的情节实质上体现了吐温对穷困时不得不当众演讲的无奈和惧怕。但尽管如此,吐温还是像“杀死一条鲸鱼一样”为劳拉选择了一个死亡的结局:她枪杀了自己的前情人,被腐败的法庭释放,最后在忏悔自己整个人生的“净化”仪式后死于“心脏病”。这四种角色虽然相互矛盾,却相互渗透,共同体现了男性作家刻画女性形象时受到各种话语影响的复杂性。

哈里斯对男性作家刻画女性角色的复杂性进行了持续研究,并将之命名为他们的“偏执”。《恶性的对立:性别和作家的偏执》选取了德莱塞的《第二次选择》、豪威尔斯的《伊迪莎》和海明威的《弗朗西斯·麦康伯短促的幸福生活》三部作品为研究对象,分析了男性作家对性别话语的继承、他们对这一继承的不安,以及他们作为男性对自己笔下不幸女性的害怕。虽然这三部小说背景和主题迥异——豪威尔斯的作品背景置于19世纪末的美西战争,德莱赛描述了20世纪初小镇生活的骚动,而海明威的作品呈现了一个自由空间中的性别关系——但在女权视角的观照下都内化了二元对立的性别话语,将男性与能动、女性与被动相联系,从侧面反映了女性在权力空间的边缘化:她们被剥夺了身体的移动性、有效的言说能力、体验的自由等。

德莱赛的《第二次选择》刻画了一个驯良女性雪莉小姐。她沉默、没有主见,爱上了浪荡子亚瑟后却被抛弃。于是她强迫自己接受了无趣却稳重的追求者巴顿,重新回到中下层阶级的模式化生活,陷入情感的绝望。小说试图从一个当时主流文化意义上“好”女性(也是“失败者”)的视角来叙述故事，并让读者同情这一声音。哈里斯认为，虽然德莱赛对此表示了一定程度的批判，但女主人公的绝望结局显示了他对性别价值的接受。豪威尔斯的《伊迪莎》则超越了私人体验的范畴，反映了作者对于女性言说行为的偏执性批判。读了很多流行小说和"黄色新闻故事"(yellow journalism)[①]的伊迪莎注意到了男性与女性的差别：男性一定要把自己的信念付诸行动，而女性觉得一件事只要被言说后便结束了。换言之，女性通过语言来感知世界，与实践并无关系。所以伊迪莎模仿读过的报纸和小说的说法，用"美德"之类的词语为由逼迫爱好和平的未婚夫上战场，结果导致他牺牲。她追求"正确的"说话方式，陈词滥调成了她表达爱国的途径。在豪威尔斯看来，伊迪莎的错误在于没有现实经历，导致自己的语言艺术变得致命；因此，浮夸的、将现实理想化的"虚假艺术"败坏了人们的道德。[②]但在哈里斯看来，伊迪莎错误的根源恰恰是由当时社会所造成。伊迪莎虽然没有行动权利，却拥有言说的能力、自我意愿和充沛的能量。在她那里，语言成了行动的替代，并被用来强迫男性承担后果。这使她偏离了"顺从"美德，成为致未婚夫于死地的"坏女人"。她的"可恶"之处在于具有控制性，借用超验理念的力量，胁迫男性采取自己想要的行动，参与到理念之战中去，切实地对现实世界进行了塑造。豪威尔斯对伊迪莎的指责，正是他自己接受性别规范的结果。

海明威刻画女性形象最具洞察力，却也最为偏执。麦康伯的漂亮妻子玛格特跟随丈夫和他的朋友们去草原打猎。男性打猎时，她坐在车里，随意地发表着评论。从表面看，玛格特不过是男性注视的对象，也没有行动力。但与豪威尔斯笔下的伊迪莎一样，她也通过言说来控制男性，甚至更加主动和无情。打猎是体现男性气概的仪式，玛格特却通过语言摧毁了丈夫的公共形象，乃至整个打猎行为的话语体系，象征性地剥夺了男性的性能力和生命。她完全是男性的对立他者，威胁着整个男性自我得以建构的性别话语系统。哈里斯不仅揭示性别话语系统的存在，而且进一步揭示了它给男性作家造成的偏执。在认同男性价值观的作家眼中，能够使用语言对男性造成实质性伤害的女性是绝大的威胁。这影响了他们文本中的女性表征，以及这些女性的最终结局。这些因素便是女权主义评论应该着重关注的研究对象，最终达到"同时理解(历史性的)并反抗(非历史性的)一个由文化建构

---

① "黄色新闻"起源于19世纪末的美国，指通过夸张甚至捏造的手法来渲染新闻事件的取向。

② Susan K. Harris, "Vicious Binaries: Gender and Authorial Paranoia in Dreiser's 'Second Choice,' Howells' 'Editha,' and Hemingway's 'The Short Happy Life of Francis Macomber'." *College Literature* 20.2 (1993): 75.

的具体实践”①。

哈里斯第一阶段的研究秉承了女权主义批评的根本立场,有助于破除男权意识形态、重新认识女性的社会角色和社会功能,但方法论过于拘泥于女权思想的限制,有缺乏历史性之嫌。这种轻视历史情境的评论方式伤害了小说本身自有的思想力量和审美情趣,因为任何男性作家创作的小说,用同样的视角和方法去解析,得到的结论势必雷同。尽管哈里斯在此前的方法论论文中提倡要重视语境和历史对作家创作的决定性影响,她在文学评论的实际操作中却没有避开唯理论化和女性本质论的窠臼。这种现象在19世纪80年代已经引起有色人种和中下层阶级女性批评家的注意,掀起了“女性”研究是否属于“本质主义”的论战。

女权批评内部的论战并没有得出标准结论,却促使女权评论家们纷纷提出自己的批评方法。哈里斯第二阶段的研究便致力于建立女性文学评论的根本理念和操作模式。性别政治影响到了女性文学的审美评价和读者接受,导致其被排除在文学经典之外。女权文学评论家的重要任务便是为女性文学洗刷传统评论加之的“污名”,解析其内蕴的独特思想和艺术价值。哈里斯的文章《“它好在何处?”:评价19世纪美国女性小说》便围绕如何重新评价被传统经典排除在外的19世纪美国女性小说,提出了“解析”(process)女性文学的具体方法。她认为,文学本身既是创造性的,也是对社会思潮的回应。因此,文学批评的基础是语言、意识形态和社会变化三个方面。评论家应该将女性作品置于当时不断变化的社会思想语境之中,考察其在何种意义上赋予社会性的语言以新的意义、呼应着当时的社会话语、并参与塑造社会景观的过程。通过这种方式,评论家可以深入探讨女性文学作品在与当时和后世读者的互动过程中所创造出的道德和美学认知。

哈里斯选择的研究对象是1840—1870年间的“感伤小说”(sentimental novel)。她指出,“在对任何一本19世纪感伤小说进行评价之前,必须先确定文本所参与的辩论所常用的词汇、文本本身的立场,以及这些立场通过文本结构呈现出来的方式”②。换言之,重新评价19世纪女性文学的首要步骤是了解当时女性创作面临的社会期待和标准论调,在此基础上判定作品的回应。这一步骤意在厘清小说创作语境的语言、意识形态和社会条件三个基础要素。而分析女性创作的主要聚焦点有两个:结构和语言。从这两个

---

① Susan K. Harris, “Vicious Binaries.” p. 79.

② Susan K. Harris, “‘But Is It Any Good?’: Evaluating Nineteenth-Century American Women’s Fiction.” *American Literature* 63.1 (1991): 46.

聚焦点分析小说，都需要包含三个方面的内容：一、语境：将文本置于其得以生产的时代中考察；二、修辞：考察叙事者／被叙事者的合约关系，以及文本运作的方式及其文化重要性；三、反思：寻找意识形态变化，参与建构一种具有自觉意识的文学史等诸多行为的痕迹。①

哈里斯发现，感伤小说的结构和主题经常发生冲突：从结构上讲，感伤小说顺从了当时的社会期待，经常以女主人公出嫁这一"幸福结尾"结束；但从主题上讲，小说又经常通过情节、叙述者旁白、修辞模式等方式颠覆表面的和谐与顺从，隐约地表现出女性反叛和独立的思想。哈里斯对这一隐晦的冲突作出了解释。当时女性作家具有"创作身份的焦虑"(anxiety of authorship)：她们从事写作并非意图闯进向来为男性把持的艺术殿堂，而是为了养家才不得已为之的行为。像霍桑那样将自己关在阁楼近十年练习创作的行为对于男性是了不起的艺术献身精神，对于女性来说则是"疯女人"不负持家责任的恶行。因此，女性作品非常依赖市场。但是，男权意识形态构造出的性别话语决定了编辑和读者的品味，任何冒犯性别规范的文字都将被视为违反市场策略而受到压制。女性作家们不得不考虑出版商、书商、评论家和消费读者群的意见，至少在表面上将自己笔下的主人公塑造成贤妻良母。结构和主题的冲突引发了读者情感和认知的差异，为读者考察文本提供了复杂的模式：一种模式反映了"公共"价值观念，通过结构的闭合隐喻女性的附属地位；另一种则折射了"私人"诉求，呼吁女性独立，造成了结构上的开放。对这些小说的解析和判定，取决于当时的读者采取何种模式解读文本。现在的评论家必须同时考虑这些模式的存在，且需辨析这些模式之间的互动关系，系统分析文本在自我主张和社会意识形态规则之间取得平衡的程度。哈里斯提出，在重新评价这些小说时，现代读者应该探究"功能性"和"历史性"的问题：从体裁上讲，它们作为虚构作品是否比散文或其他更平白的文类更能传达女性抱负的"精神真实"？从主题上讲，作为表达女性作家个人意愿的文本，它们有何种吸引人的力量？这些力量是关乎性爱的、道德的、美学的，抑或是情感的？对面向的读者群能起到什么样的作用——比如是否能让当时读者了解女性作家的生存境况和精神追求？文本吸引现代读者的是同样的力量吗？小说给当时读者造成的认知或情感上的差异，其审美力量对于现代读者是否依然适用？②

评价女性小说的另一任务是分析文本的语言，考察文本通过语言参与、

① Susan K. Harris, "'But Is It Any Good?'" p. 59.

② Ibid., pp. 52—53.

挪用、改造多样性社会意识形态的方式，以便读者评判文本结构并对文本进行颠覆性阅读。语言不仅构成了文本中的客观真实，还参与塑造性别和自由主体。“感伤小说”的名字本身就表明了激烈的语言战争。现代读者反感感伤小说的原因之一就在于其“感伤语言”(sentimental language)。男性经典的主题经常是自我与社会的冲突、强调自我对社会的征服或逃离，其语言自然非常简洁强硬。相比之下，女性作品中的感伤语言显得过于铺陈和“做作”。同时，感伤语言内部也存在冲突。一方面，感伤语言需要“为女性创造一个神圣空间”，一个专属于她们的私人领域，通过构造一套特定的意象和语法为“女性”这个存在概念进行表征。另一方面，它将女性主人公置于世界/历史的语境之中，暗示着女性在男性主导的权力话语中的边缘位置。这两者的冲突源自女性作家的自我身份。女性文本呈现的不是自我与腐败社会的冲突，而是自我与自我的内在冲突——即女性的社会自我与个人自我的冲突：一个是社会所要求女性的“无我”存在，另一个是踏进权力和存在领域的“尼采式”自我。女性小说的语言通过对两者冲突的刻画为文本提供美学和道德动力，使读者意识到女主人公自我意识逐步成熟的过程。其动能包括如下方面：一、塑造女性形象，探索女性本质；二、作为政治武器改变读者意识；三、预示着女性主义潜文本的存在。因而，女性小说的存在本身就是一场关乎社会性别的语言战争。现代评论家应该考察文本中语言如何有效地介入社会问题、呈现小说主题、刻画女性个人欲望与群体身份的差异、传达作者立场。①

总而言之，重新评价19世纪女性感伤小说，便是考察“语境、修辞和反思”三者之间的复杂关系，以及这种关系如何影响了文本的生成、流通与接受。哈里斯将之细化为如下几个问题：

1. 作者在多大程度上意识到她笔下的主人公在男权社会中的地位？换言之，小说是否意识到了社会性别政治的存在，并有意采取了一种或同谋、或抵制的立场。

2. 作者采取了何种主题、叙述、语言的模式来调和女主人公的自我实现与压制女性自我和创造力的社会需求之间的对立？

3. 小说中的“语言争论”是什么？即小说通过何种方式将不同的话语束缚在同一个场域(文本)之中，使之发生关系、甚至互相消解的？

4. 角色到底有何功能，作者采取什么独特方式“标记”出那些角色，呈现

① Susan K. Harris, "'But Is It Any Good?'" pp. 56—57.

给读者?

5. 作者采取了什么技巧、风格来表现其关心的主题?

6. 作者如何平衡艺术创作与市场期待之间的对立?

7. 小说在互文意义上的“完整图景”(intertextual gestalt)如何? 它建基于哪些其他的文本,又如何将其他文本的影响化为自身的独特特征?

8. 小说如何预示了后来的意识形态或政治争论? 如何影响了后来的女性创作?

就这八个问题而言,问题1—2体现了社会语境(context)对文本的塑造作用;问题3—6涉及文本(text)对社会语境的压力的艺术对抗;问题7—8则展现女性创作这一亚文化现象超越时代限制的共性,探讨文本间的互文(intertext)关系。哈里斯对前两者着墨甚多,较少涉及女性文学之间的互文以及建基于此的女性文学史建构问题。原因可能是19世纪的女性创作刚刚兴起,而且女性作家缺乏自觉的艺术意识,在此历史条件下讨论女性文学史的建构并无意义。这一命题只有到了20世纪才具有探讨基础。“新女性”出现后,女作家不再怀疑自己的作家身份,勇敢地宣称自己作品的艺术性。她们与19世纪前辈的不同之处在于其面临着两个文学传统:一是男性作家的经典文学史,另一是作为亚文学的女性文学史。她们期盼像文学“父亲”那样追求艺术,但时而感受到文学“母亲”经受的性别歧视。这种选择的彷徨被桑德拉·吉尔伯特和苏珊·格巴称为“嗣属情结”(complex of affliation),导致了20世纪女性文学的特征是“对父亲的欲望在我们这个时代有时表现为愤怒地、怀旧地和充满负罪感地维护父亲之名,有时表现为无意识地篡夺父亲之位,有时则表现为恐惧而又充满负罪感地安抚受损的父亲之威”①。

哈里斯的名著《19世纪美国女性小说:解释的策略》(*19th-Century American Women's Novels: Interpretive Strategies*, 1990)是她对女性文学,尤其是19世纪女性小说的评论模式探索的集大成者,提出了当时文本存在“公共文本”与“私密读者”的冲突、导致文本意义存在“多层面解读”之可能的著名命题。以往20世纪的评论家对19世纪女性小说的看法颇有偏颇。以帕蒂为代表的早期评论家认为那些作品充满了“过度”(excess)和滥情(heart),内容混乱无序、脱离现实生活。这些评论呼应并强化了男性社会对女性创作的文化预设:女性的涂鸦证明了她们的易感性和非理性,目的在于

① Sandra M. Gilbert and Susan Gubar, *No Man's Land: The Place of the Woman Writer in the Twentieth Century*. New Haven: Yale University Press, 1988. p.171.

对美国男性进行文化去势。① 到了20世纪70年代中期,以尼娜·贝姆(Nina Baym)为代表的女性批评家们开始批驳女性作品具有"内在歇斯底里"的论调,在继续讨论作品内在美学的同时,开始从文化研究的角度关注社会语境对女性作家创作的影响。她们的评论努力拓展了美国文学经典,将许多蒙尘的女性作品从历史的罅隙中挖掘出来,重新置于评论界的考量之下。不过,这些女性评论家依然深受传统的文学评论影响,将"控制性"、"历史性"、"宏大性"等男性文学标准视为圭臬,致使女性文学纵然具有独特的美学价值,也难免沦为"二流经典"。在哈里斯看来,针对19世纪女性小说的既有评论都忽视了一个关键环节:当时的"读者接受"。她在考察了19世纪读者的私人信件和日记后认为,当时读者与20世纪评论家具有相同的、甚至更强的阅读能力,她们(当时女性小说的读者群多是中产阶级女性)能够从文本中辨别出"结构"与"叙述"的张力——亦即"公共文本"与"私密读者"的冲突。哈里斯以感伤小说为例指出,小说的开头和"幸福结尾"是符合当时社会性别文化期待的固定结构,它们作为一种叙事策略,功能在于掩护颠覆了主流性别意识形态的中间部分。中间部分创造了一个女性"场"(arena),隐晦地体现了男性文化压迫下的女性独立、能动、心计的敏锐和情感的复杂。这些特征从作者驾驭语言的方式可以看出来。比如,传统评论认为很啰嗦的部分,目的在于隐藏而非冲淡其中的女性声音;人际动词的"滥用"在男性看来是属于权力的激烈争斗,在女性读者看来却只是强调极端的情感互动。②总而言之,19世纪女性小说在主题和叙事框架中隐藏着激进的颠覆,而当时的(女性)读者能够解析并接受(女性)作者的密码式创作,并能够从结构与文本叙事之间的张力中获得阅读愉悦。这便为文本的"多层面解读"提供了可能。

这一结论是哈里斯为女性小说评论模式建构做出的贡献。《19世纪美国女性小说:解释的策略》以苏珊娜·罗森(Susannah Rowson)的引诱小说《夏洛特·藤布尔》(*Charlotte Temple*, 1791)开始,到薇拉·凯瑟(Willa Cather)的《啊,拓荒者!》(*O Pioneers*! 1913)结束,详细探讨了19世纪美国女性小说的创作过程和阅读过程,以文化的视角建构了那个时代的女性小说史。

《哈里特·比彻·斯托〈牧师的求婚〉中的女性想象》一文是哈里斯对自

---

① Susan K. Harris, *19th-Century American Women's Novels: Interpretive Strategies*. New York: Cambridge University Press, 1990. p. 2.

② Ibid., pp. 20—23.

己女性文学评论方法的一次实践。此文分析了《牧师的求婚》中的“内部”(空间内部以及人物内心)意象,致力于挖掘小说中潜藏的女性意识。小说叙述了一个传统的爱情故事:玛丽·斯伽德与英俊却不信上帝的年轻人詹姆斯·马文相爱。詹姆斯出海下落不明,玛丽的寡母说服她与教区里最受尊敬的牧师塞缪尔订婚。当已经皈依宗教的詹姆斯重新出现后,玛丽出于对责任和义务的考虑,拒绝取消与牧师的婚约。但在老处女、裁缝普利西小姐和马文家的自由女奴坎黛丝的帮助下,牧师主动撤销了婚约,相爱的年轻人终成眷属。从表面看,小说循规蹈矩地将女主人公刻画为“虔诚、贞洁、顺从、持家”的完美女性,将最后的幸福结局都建立在男性皈依宗教的基础之上。但哈里斯发现,小说中存在以男性为中心的主情节和以女性为中心的次情节,而小说的深层意图潜藏在次情节之中。线性发展的主情节将女性定义为男性的附属,依赖男性获得自身存在的意义,例如伺奉耶稣的教徒、忠于爱人的女子、宗教和政治结构中驯良的臣属等。次情节则通常发生在男性缺席或被边缘化的时刻,体现了一种独特的“女性想象”,彰显着不同于男性生存观的、通过相互关系得以定义的女性存在。① 可能因为避免本质主义的嫌疑,哈里斯没有直接定义“女性想象”,而探讨了它的表现形式和特征。在《牧师的求婚》中,玛丽与配角维吉尼·德·弗朗提娜互为映像和衬托,共同体现了19世纪女性想象的内容。弗朗提娜初为人妻,但对父母安排的婚姻和已届中年的丈夫毫无兴趣,产生了出轨的萌动。这一情节设计呼应了当时社会对包办婚姻的文化讨论,体现了19世纪女性创作对18世纪道德说教小说的改写,反思了父母专权对女性美德的影响。寡母凯蒂对玛丽婚姻的干涉行为是另一例证,暗示对性欲望的忽视与压制终究会引起道德的丧失,委婉地表达了性在女性想象中的重要位置。而女性想象的显著特色之一是空间比喻,将女性身份与空间意象联系在一起。在小说中,自从凯蒂守寡后,整个房间都是通过女性类比得以描述。玛丽存在的场所往往是半公共的客厅和私密的阁楼闺房这两个空间。公共空间和私人空间意味着不同功能角色的扮演:公共房间要求玛丽接受群体话语和群体价值,积极参与话语的意义生产和再生产;而在私人空间中,她可以超越时代和地方的限制,做着最本真的梦想。哈里斯将女性想象与空间相联系的思路呼应了20世纪70年代后理论界的“空间转向”,介入了性别政治与空间生产的性别地理学探讨。性别地理学认为,男性总是对应宽阔的、光亮的、独立的、公共

① Susan K. Harris, "The Female Imaginary in Harriet Beecher Stowe's *The Minister's Wooing*." *The New England Quarterly* 66.2 (1993): 180.

的、生产的、政治的、文化的优位空间，而处于权力弱势的女性则限于狭窄的、黑暗的、依赖的、私人的、生育的、家庭的、自然的劣位空间。冲破空间束缚的能力是个人主义传统中塑造男性独立人格的方式，女性移动力的缺失直接导致了自身的隶属地位。①

值得注意的有趣现象是，哈里斯的学术之路与美国另外一名女权评论家简·汤普金斯如出一辙：在旗帜鲜明地为女性文学正名、倡导女性美学之后，两人都转向了文化研究。汤普金斯在1992年出版了《极地之西：西部的内在生活》(*West of Everything: The Inner Life of Westerns*)一书，从小说、图画、影视等方面分析了西部话语对美国民族想象的影响。哈里斯则在21世纪初完成了这一转型。在堪萨斯大学英文系的研究生项目导师介绍栏里，她这样介绍自己：

> 21世纪的第二个十年，我更加深入地探讨美国文化中的国家身份、移民、种族和宗教问题。……我的教学一直秉承立足于历史的原则，要求学生将阅读置于更广阔的历史和文化语境中进行思考。……我的新书，《上帝的仲裁者》将我带离美国的地理边疆，从其他国家的视角去观看美国，而我对视角的不同非常感兴趣。我期盼在一个更广阔的全球语境中，进一步研究美国人的自我认知、国家认知，以及他们的文学创作。②

哈里斯所说的新书是2011年发表的《上帝的仲裁者：美国人和菲律宾人，1898—1902》(*God's Arbiters: Americans and the Philippines, 1898—1902*)，主要探讨马克·吐温及其同时代人的国家身份意识、美国公民身份意识，以及他们对美国在世界舞台上所扮演角色的焦虑。此书的一大特点是突破了传统文学评论单纯研究小说文本的局限，对象包括国会演讲、专栏文章、读者来信、布道、杂文、小说、诗歌等"大文本"题材。其主要观点是，19、20世纪之交的美国对自身的定位是"白人新教国家"，这一国家认同在对外政策层面催生了两个对立立场：扩张主义者意图用美国形象去塑造世界，将扩张视为美国的"天赋命运"；反帝国主义者则极力反对将拥有异族居民

---

① 空间理论的先驱是法国社会学家列菲弗尔(Henri Lefebvre, 1901—1991)，其著作《空间的生产》(*The Production of Space*, 1974)探讨了空间的生产与再现问题。关于性别地理学的讨论，参见Jane Rendell, et al., eds, *Gender Space Architecture: An Interdisciplinary Introduction*. New York: Routledge, 2000以及Doreen Massey, *Space, Place and Gender*. Cambridge: Polity, 1994.

② http://www.english.ku.edu/people/harris-susan-k/index.shtml，查阅于2013年2月22日。

的地方(菲律宾)吸纳为联邦州,担忧异族成为美国公民会损害美国的种族纯洁。① 该书认为,这两派尽管观点相异,但实质上秉承同一种以"美国例外论"为基础的白人新教身份话语。

《上帝的仲裁者》一书获得了学界的赞赏,偶有批评其对马克·吐温的文学分析与全书的文化分析不一致,对新教和天主教之间的区分不够等。②值得考究的问题是,作为女权评论家,哈里斯在这本专著里没有体现任何的女性意识。其实,女性在帝国进程中发挥着有别于官方的作用,使得充满歧视和血腥的征服过程蒙上了温情的面纱。③因此,对国家构建进程中性别因素的忽视成了哈里斯最近学术研究中一个耐人寻味的特点,与在文化转向后继续坚持女权主义立场的汤普金斯形成了鲜明对比。这种对比暗示了女权主义批评的内部分化,也对其未来提出了拷问:在身份研究日益转向民族、宗教、阶级等文化领域之时,以性别为基础的研究立场是否还应该被坚持?回首整个女性文学批评进程,历史似乎完成了一个有趣的、却不无尴尬的循环。

主要作品(按出版年代排序)

Mark Twain's Escape from Time: A Study of Patterns and Images Missouri, 1982.

"Mark Twain's Bad Women." *Studies in American Fiction* 13.2 (1985): 157—168.

"Four Ways to Inscribe a Mackerel: Mark Twain and Laura Hawkins." *Studies in the Novel* 21.2 (1989): 138—153.

19th-Century American Women's Novels: Interpretive Strategies. New York: Cambridge University Press, 1990.

"'But Is It Any Good?': Evaluating Nineteenth-Century American Women's Fiction." *American Literature* 63.1 (1991): 43—61.

"Vicious Binaries: Gender and Authorial Paranoia in Dreiser's 'Second Choice,' Howells' 'Editha,' and Hemingway's 'The Short Happy Life of Francis Macomber'." *College Literature* 20.2 (1993): 70—82.

The Courtship of Olivia Langdon and Mark Twain. New York: Cambridge University Press, 1996.

God's Arbiters: Americans and the Philippines, 1898—1902. New York: Oxford University Press, 2011.

① 类似梳理参见 Eric T. L. Love, *Race over Empire: Racism and U. S. Imperialism, 1865—1900*. Chapel Hill: The University of North Carolina Press, 2004.

② Andrew Hebard, "Review." *The Journal of American History* 99.1 (2012): 322.

③ 例证之一参见 Eliza Riedi, "Women, Gender, and the Promotion of Empire: The Victoria League, 1901—1914." *The Historical Journal* 45.3 (2002): 569—599.

参考文献

Frus, Phyllis, and Stanley Corkin. "Review: Cather Criticism and the American Canon." *College English* 59.2 (1997): 206-217.

Hebard, Andrew. "Review." *The Journal of American History* 99.1 (2012): 322.

Love, Eric T. L. *Race over Empire: Racism and U. S. Imperialism, 1865—1900.* Chapel: the University of North Carolina Press, 2004.

Massey, Doreen. *Space, Place and Gender*. Cambridge: Polity, 1994.

Pattee, Fred Lewis. *The Feminine Fifties*. New York: D. Appleton-Century Company, 1940.

Rendell, Jane, et al., eds, *Gender Space Architecture: An Interdisciplinary Introduction*. New York: Routledge, 2000.

Riedi, Eliza. "Women, Gender, and the Promotion of Empire: The Victoria League, *1901—1914.*" *The Historical Journal* 45.3 (2002): 569-599.

Tompkins, Jane. *Sensational Design: The Cultural Work of American Fiction. 1790—1860.* New York: Oxford University Press, 1985.

Welter, Barbara. "The Cult of True Womanhood, 1820—1860." *American Quarterly* 18.2 (1966): 151-174.

金莉,《20世纪美国女性小说研究》,北京:北京大学出版社,2010年。

金莉,《美国女权运动·女性文学·女权批评》,《美国研究》2009年第1期。

金莉,《文学女性与女性文学:19世纪美国女性小说家及作品》,北京:外语教学与研究出版社,2004年。

卡罗林·G.海尔布伦(Carolyn G. Heilbrun)(1926—2003)

卡罗林·G.海尔布伦，犹太裔美国著名女权主义文学批评家、侦探小说作家、当代女权运动的先驱。海尔布伦的一生充满矛盾：她倡导女性寻求自由解放，反抗男性霸权，系统阐释了女权文学批评的重要概念"双性同体"(androgyny)[①]，但在个人生活中她挚爱自己的婚姻和家庭；她在哥伦比亚大学任职30多年，是哥大英语系第一位取得终身教职的女性，却始终没有归属感，在66岁时以辞职抗议哥大学术领域的性别歧视；她是知名教授、文学评论家，却又隐姓埋名，以阿曼达·克罗斯(Amanda Cross)为笔名，先后创作发表了14部通俗侦探小说。2003年海尔布伦去世，《纽约时报》、《洛杉矶时报》等主流媒体都发表讣闻，赞扬她为妇女解放运动做出的杰出贡献。

1926年1月，卡罗林·G.海尔布伦出生在新泽西州东奥兰治市的一个富裕的犹太家庭，是家中的独女。海尔布伦本科就读于著名的卫斯理女子学院。在卫斯理求学期间，海尔布伦就展现了非凡的文学天赋，赢得了《大西洋月报》(*Atlantic Monthly*)主办的短篇小说竞赛大奖。1945年，还在读大学二年级的卡罗林嫁给了詹姆斯·海尔布伦(James Heilbrun)，两人相伴终生并养育了三个子女。詹姆斯终生支持妻子的事业，海尔布伦也称自己的婚姻是"一生中最幸运的因素"。[②] 1947年海尔布伦以优异成绩毕业后前往纽约。在短暂从事广播、出版工作后，海尔布伦进入哥伦比亚大学深造，并于1951年获得文学硕士学位，1959年获得文学博士学位。自1960年起，海尔布伦在哥大英语系任职，并于1972年取得终身教职。在30多年的学术生涯里，除了短期前往其他大学担任客座教授之外，海尔布伦一直执教于哥伦比亚大学。1993年，为了抗议哥大英语系在聘任教师制度、招收研究生等事件上长期存在的性别歧视现象，海尔布伦愤然辞职。此后，海尔布伦继续著书立说，并担任多所大学客座教授。2003年10月，海尔布伦在自己的寓所自杀，并留下一张字条："旅途走完了。爱你们。"

海尔布伦的学术生涯以80年代为界，在此以前，她是谨慎保守的女权主

---

① Androgyny，也有译为"双性人格"。

② Carolyn G. Heilbrun, *Reinventing Womanhood*. New York: Norton, 1979. p.17.

义者,提倡性别和解,努力进入主流文学批评圈。80年代后,海尔布伦开始变得激进,先后出版了一系列专著和文章倡导妇女解放,并积极从事女权活动,在学界和公共领域都取得了非凡的成就。

海尔布伦早期保守谨慎的女权思想体现在她70年代出版的两部代表性作品中,即《朝向双性同体的认同》(*Toward a Recognition of Androgyny*, 1973)和《重塑女性》(*Reinventing Womanhood*, 1979)。在《朝向双性同体的认同》一书中,海尔布伦系统研究与阐释了"双性同体"(androgyny)的概念。双性同体这个词来源于希腊词:男性(*andro*)和女性(*gyn*)。海尔布伦将其定义为"一种两性性别特征及由男女两性表达出的人类本性冲动不再被刻板认定的情形"。[①] 海尔布伦将"双性同体"的概念引入文学批评研究。她指出,在《伊利亚特》(*Iliad*)、《奥德赛》(*Odyssey*)、《安提戈涅》(*Antigone*)等希腊神话中都有双性同体的暗流涌动;基督教教会的发展历史也多处涉及了双性同体的理想境界而非强调性别疆界。[②]海尔布伦赞同塞缪尔·泰勒·柯勒律治(Samuel Taylor Coleridge)的观点:"伟大的头脑都是双性同体的。"[③]她认为伟大的小说都是反传统的,"今天的震惊到了明天就成了平常",[④]强调在塞缪尔·理查森(Samuel Richardson)、简·奥斯汀(Jane Austin)、勃朗特姐妹(Emily and Charlotte Brontë)、乔治·艾略特(George Eliot)、亨利·詹姆斯(Henry James)和亨利克·易卜生(Henrik Ibsen)等伟大作家的作品中都存在双性同体的思想。最后,海尔布伦又集中研究了以弗吉尼亚·伍尔夫(Virginia Woolf)为代表的活跃于20世纪前20年的布卢姆茨伯里派(Bloomsbury Group),指出这一英国艺术家和学者团体所从事的艺术探讨和取得的成就是双性同体概念的完美体现,并承认自己对"双性同体"的研究灵感的主要起源即是伍尔夫在《一间自己的房间》中的著名论断"做一个纯粹的男人和女人都是错误的,要做男性化的女人或女性化的男人"。[⑤]海尔布伦认为,当今时代"双性同体"的伟大著作还没有出现。男性作家拒绝在作品中体现任何女性特征,而女性作家们"开始公开抗议自身所处的男权体制,因而她们的作品更应该归类在女权作品而不是双性同体的著作"[⑥]。

---

① Carolyn G. Heilbrun, *Toward a Recognition of Androgyny*. New York: Norton, 1993 [1973]. p. x.

② Ibid., p. 20.

③ Ibid., p. x.

④ Ibid., p. 56.

⑤ Virginia Woolf, *A Room of One's Own*. New York: Harcourt, 1957 [1929]. p. 102.

⑥ Carolyn G. Heilbrun, *Toward a Recognition of Androgyny*. p. 170.

海尔布伦提出的“认同(recognition)”观点奠定了其前期保守谨慎的学术基调。在这部著作里,海尔布伦以“性别和解”和“平衡”为主调,突破了性别对立的传统思维框架,试图达到超越性别的新境界。她提出两性之间不应该彼此对立,而是应该你中有我、我中有你。无论在神话、宗教还是在哲学和文学中,打破性别疆界的“双性人格”都应该是一种最崇高的完美理想,因此女性文学评论自然也该摆脱其与男性抗争的对立局面,开创出一种以“双性人格”为理想的新的理论观点。“双性同体体现了两性和解的精神,更体现了面向个人的全面经验:女性富于进取精神、男性懂得温柔亲切;人们可以选择自己的人格而不是遵从传统的性别认定。”①

《朝向双性同体的认同》为海尔布伦带来了巨大的学术声誉;“双性同体”与女性主义是否有必然的联系也成为当时女性主义者争论的焦点。很多女权批评家都参与了海尔布伦关于“双性同体”观点的论战。激进的女权主义者批评海尔布伦“缺乏热情,不够疯狂”②。吉尔伯特(Gilbert)和古芭(Gubar)将海尔布伦纳入保守的女权主义者行列,但也认为她为性别研究提出了一个新的议题并首次指出了布卢姆茨伯里派扮演的重要角色。凯瑟琳·斯廷普森(Catharine Stimpson)则公开反对将双性同体作为一种女权模式,但她也颂扬了海尔布伦使这一概念成为一个“文学主题”③。著名女作家乔伊斯·卡罗尔·欧茨(Joyce Carol Oates)对此书做出了中肯的评价。她指出海尔布伦对“双性同体”这一概念的定义并不十分明确,也忽略了多丽丝·莱辛(Doris Lessing)、约翰·福尔斯 (John Fowles)等当代作家的作品,但她也认为,海尔布伦“诚恳热情地邀请我们离开两性分化和性别牢狱,投向一个可以自由选择个人角色的新世界”④。

1979年,海尔布伦出版了《重塑女性》(*Reinventing Womanhood*),探讨了在女权运动高潮来临之前的女性作家和女性文学形象,她们不接受传统的美满结局,拒绝牺牲自己的独立性,为当下妇女做出了榜样。海尔布伦从妇女研究的跨学科视角出发,论述涉及文学、宗教、神话、历史、政治、经济、社会学等众多领域。《重塑女性》继续了海尔布伦保守的女权主义思想。海尔布伦认为,既然成功的道路是由男性认定的,女性就应该充分探索利用这

① Carolyn G. Heilbrun, *Toward a Recognition of Androgyny*. p. x.

② Susan Kress, *Carolyn G. Heilbrun: Feminist in a Tenured Position*. Charlottesville: University Press of Virginia, 1997. p. 102.

③ Ibid., p. 210.

④ Joyce Carol Oates, “An Imperative to Escape the Prison of Gender.” *New York Times Book Review*, 15 April, 1973. pp. 7,10,12.

条道路。她告诉妇女“男性独立和成功的榜样也是女性必须追随遵循的”，但是女性不可以成为“名誉男性(honorary men)”；她们“既要认可男性榜样又要抵制其男性特征”，从而追寻自身的专业成就和完成自己的公共职责。[①]海尔布伦藉此进一步指出，女权运动应着眼于男女两性的共性而非区别，只关注于性别差异会使妇女被排除在社会权力之外。

《重塑女性》是70年代末80年代初女权运动内部强调性别异同大讨论中的重要著作。海尔布伦认为以艾德里安娜·里奇（Adrienne Rich）为代表的激进女权批评家过分强调性别差异，其对于女同性恋的颂扬会使女权运动走向极端，女性反而会丧失其性别特征。海尔布伦不满当时过分强调女性的“牺牲品形象”，认为男女都应在婚姻、家庭、专业和公共事务领域发现自己的才能。女性应当勇于接受挑战，进入男性领域，而不是逃离去建立一个“无他”的女性王国。激进的女权主义者则反对海尔布伦追随男性成功模式，认为其主张无助于妇女追寻自身价值。[②] 莫林·T.雷迪（Maureen T Reddy）指出：“真正的问题是她(海尔布伦)没有弄清楚成功的实质和女权运动的目标。海尔布伦不仅接受当前等级划分下的男权成功定义，还随意将女权运动界定为将妇女安置于现存的体制中；她还认为女性情谊就是互相帮助，以便更好地融入到现存体制中。”[③]

进入80年代，美国妇女的性别意识已经大大增强，女性的社会地位也获得了较大改善，早期妇女运动的领袖如贝蒂·弗里丹(Betty Friedan)、凯特·米利特(Kate Millett)逐渐趋向沉寂。“女权运动领袖通常是以意义深远的革命性著作为开端，其后逐步缓和，再后转轨到其他领域。”[④]海尔布伦却在这一时期，由温和、保守的女权主义者逐步成为激进的女权代言人。她开始写作女性作家传记和评论、关注中老年女性的生活状态、致力于将女性研究“正名”，努力将其纳入正统学术研究领域。到80年代末，海尔布伦的学术著作《书写女性的一生》(*Writing a Woman's Life*, 1988)和她创作的侦探小说《愚人陷阱》(*A Trap for Fools*, 1989)同时登上畅销榜，海尔布伦的事业达到顶峰。

80年代女权主义进入反思阶段，逐步向跨学科、跨性别的女性主义文化

---

① Carolyn G. Heilbrun, *Reinventing Womanhood*. New York: W. W. Norton, 1979. London: Victor Gallancz, 1979, Reprint. Norton Paperback, 1981. p. 122.

② Susan Kress, *Carolyn G. Heilbrun*. p. 135.

③ Maureen T. Reddy, *Sisters in Crime: Feminism and the Crime Novel*. New York: Continuum, 1988. pp. 51—52.

④ Susan Kress, *Carolyn G. Heilbrun*. p. 153.

发展，呈现出多元的理论格局。海尔布伦此时对传记文学产生了浓厚的兴趣，《书写女性的一生》是这一时期海尔布伦的代表作品。海尔布伦认为：男性从未认真研究或是书写过女性的生活传记，只从男性视角来观察女性，女性要自由地言说、自由地阐释、自由地建构自己和形成自己。海尔布伦在书中指出，虽然70年代以来妇女传记和回忆录大量涌现，但很多拒绝传统社会角色的女性作家仍然感到很难表达她们生活中的愤怒、失望和痛楚。尤多拉·韦尔蒂(Eudora Welty)的回忆录把她描写成一位完美的女绅士；夏洛特·帕金斯·吉尔曼(Charlotte Perkins Gilman)在自传中所选择的语言和她在私人日记和书写中的表述完全不同。"选择一种不以男性为中心的生活及由此产生的痛苦是不为人知的，她们没有榜样可以追随，也没听说过这样的故事。在这本书中，我就是要考察这些选择、这种痛苦和她们的故事，以及她们如何面对这种生活，简言之，她们怎样获得勇气做一个'模糊的女人'。"[①]《书写女性的一生》标志着海尔布伦研究方向的重大转折。在《重塑女性》中，海尔布伦建议女性进入男性领域；而在《书写女性的一生》中，海尔布伦的研究重点已经转为女性重述构建自己。贝蒂·弗里丹(Betty Friedan)指出："海尔布伦探讨了女性的转变，她们的人生不再是'女演员'或男人浪漫史的'女主角'，她发现了'女性的新的故事'。"[②]海尔布伦的著作成为女性传记批评的里程碑。"各个读书俱乐部争相推荐，女性研究课程将其纳入教程，众多对艰涩女权理论却步的读者将其视为至宝。"[③]在该书中，海尔布伦刻意避免阐释女权理论，女性作家的生活经历而非她们的作品成为她这本书的研究重点。她特别强调："我们如今正处于一种危险的境地：过于强调女权理论和学术研究，却忽略了需要我们的研究成果改变生活的妇女们。"[④]

海尔布伦对女性人生阶段划分，特别是中老年妇女的性别角色一直都很关注。1990年，海尔布伦出版了《哈姆雷特的母亲和其他女性：女权文学批评论文集》(*Hamlet's Mother and Other Women: Feminist Essays on Literature*)，书中收录了她在过去20多年里她关于女权文学批评的论文。标题文章即是海尔布伦1957年发表的首篇学术论文《论哈姆雷特母亲的人

---

① Carolyn G. Heilbrun, *Writing a Woman's Life*. New York: Ballantine Books, 1989. p. 31.

② Betty Friedan, *The Fountain of Age*. New York: Simon & Schuster, 1993. p. 181.

③ Sidonie Smith and Julia Watson, eds. *Women, Autobiography, Theory: A Reader*. Madison: The University of Wisconsin Press, 1998. p. 13.

④ Carolyn G. Heilbrun, *Writing a Woman's Life*. p. 31.

物塑造》。海尔布伦批评了文学评论家对王后格特鲁德性欲的忽视和诽谤，她提出：中老年女性可以仍然是有性欲、有智慧、充满活力的个体。在书中收录的另一篇文章《50岁后的弗吉尼亚·伍尔夫》中，海尔布伦指出，"伍尔夫50岁前已经完成了她的重要作品，50岁后，她不再惧怕表达自己的愤怒，也不再担心男人听到她的愤怒会做何反应"①。她认为，中年女性由于不再适合做浪漫故事的主角，可以更加自信地投入其他工作。50岁是女性的"繁荣顶峰"②。1997年，海尔布伦发表了《时间的最后恩赐：60岁以后》，探讨了生命和死亡的关系。海尔布伦赞同《圣经》上关于人类寿命的界定："70岁终老是很有道理的。——你完成了自己的使命，还没有成为他人的负担。"③2003年，在与老友散步回家后，海尔布伦选择结束自己的生命。"她完成了自己的使命，不想成为一个'无用的人'。"④

令人惊讶的是，在大学教授、著名学者身份之外，海尔布伦还是一位出色的侦探小说作家。从1964年开始，海尔布伦以阿曼达·克罗斯(Amanda Cross)为笔名，创作了14部通俗系列侦探小说，为她赢得了在学术领域之外的巨大声誉。这14部小说都以业余女侦探——凯特·范斯勒为主人公。这是一位出身高贵，勇敢机智的文学教授，她的侦探活动也都在大学这个一般人看来高尚神秘的象牙塔里展开，跌宕的故事情节和精彩的叙事为海尔布伦赢得了众多的读者。海尔布伦的侦探故事主题主要集中在两个方面：一是探讨女性和少数族裔在学术界的生存危机，如《诗性正义》(*Poetic Justice*, 1970)、《终身教授之死》(*Death in a Tenured Position*, 1981)、《愚人陷阱》(*A Trap for Fools*, 1989)、《不完美的间谍》(*An Imperfect Spy*, 1995)等；另一主题是探讨女作家们非同寻常的生活经历，如《马克斯的问题》(*The Question of Max*, 1976)、《威尼弗雷德杳无音信》(*No Word from Winifred*, 1986)、《演员们归来》(*The Players Come Again*, 1990)。

海尔布伦的通俗小说创作也与她的女权思想发展有着千丝万缕的联系。在谈到她的创作初衷时，海尔布伦说："我在1963年开始写作阿曼达·

---

① Carolyn G. Heilbrun, "Virginia Woolf in Her Fifties," in *Hamlet's Mother and Other Women: Feminist Essays on Lliterature*. New York: Columbia University Press, 2002 [1990]. p. 87.

② Ibid., p. 84.

③ Carolyn G. Heilbrun, *The Last Gift of Time: Llife beyond Sixty*. New York: Ballantine, 1997. p. 7.

④ Vanessa Grigoriadis, "A Death of One's Own," *New York Magazine* 8 Dec. 2003. <http://nymag.com/nymetro/news/people/n_9589/>

克罗斯小说系列，因为我找不到一本自己喜欢的侦探小说。”她厌倦那些“女性只是陪衬或附属，只是家庭机器或性对象”的传统侦探小说。[①] 在这一点上，海尔布伦继承了多萝西·塞耶斯（Dorothy Sayers）[②]的创作传统，她赞扬塞耶斯风格独特，将谋杀和优雅巧妙地结合在一起；“她（塞耶斯）对我的创作影响无法估量”[③]。至于为什么采取匿名创作，有评论家认为“海尔布伦的双重身份为她提供了种种便利。在她的侦探小说里，阿曼达·克罗斯可以经常坦率的评论批评学术界，而卡罗林·海尔布伦却不一定愿意在她的学术研究中如此率性而为”[④]。海尔布伦自己也承认：“如果被人知道我在写侦探小说，肯定会影响我取得终身教职。”[⑤]“笔名使我获得了一种心理空间，——在没有获得终身教职之前，在女权运动还未兴起的时代，它给我一种能够掌握自己命运的私密满足。”[⑥]

1970年，海尔布伦发表《诗性正义》。由于小说中的故事背景和人物设置都与海尔布伦任教的哥大英语系极度相似，公众开始猜测阿曼达·克罗斯的真实身份。而在当时盛行的女权主义者纷纷公开身份的背景下，加上海尔布伦已经取得终身教职，她终于承认了自己的身份。自此，海尔布伦开始以公开身份挑战以莱昂内尔·特里林（Lionel Trilling）为代表的哥伦比亚大学的歧视女性传统[⑦]。

1981年，《终身教授之死》获得美国最重要的侦探小说奖——尼罗·沃尔夫奖（Nero Wolfe Award）。在这部小说里，海尔布伦继续探讨了学术领域的性别歧视问题。一位匿名捐资人提出在哈佛大学英语系捐资设立一个教授席位，但是要求这一席位必须由女性担当。经过英语系最后一次男性投票，哈佛决定聘任珍妮特·曼德尔堡姆（Janet Mandelbaum）。他们认为

---

① Carolyn G. Heilbrun, "Amanda Cross," in *Twentieth Century Crime and Mystery Writers*. Ed. John M. Reilly. London: Macmillan, 1980. p. 339.

② 多萝西·塞耶斯（1893—1957），英国侦探小说作家，诗人，创作了以贵族侦探彼得·温西为主角的系列侦探小说。

③ Carolyn G. Heilbrun, *Writing a Woman's Life*. p. 25.

④ Doris Grumbach, "A Mysterious Faculty for Murder: The Professor Did It." *Columbia* 7. 3 (1981): 36.

⑤ Jane Merrill Filstrup, Interview, "The Professor Who Writes Detective Stories." *Graduate Woman*, AAUW 74. 4 (1980): 16.

⑥ Carolyn G. Heilbrun, *Writing a Woman's Life*. pp. 114, 117.

⑦ 海尔布伦尊敬特里林在学术领域取得的卓越成就，但也强烈反对特里林所持的男性霸权思想，详见海尔布伦的晚年著作《当我们只有男性楷模时：回忆我的老师法迪曼、巴增和特里林》（*When Men Were the Only Models We Had: My Teachers Fadiman, Barzun, Trilling*. Philadelphia: University of Pennsylvania Press, 2002.）。

这是一个"安全"的选择:她是知名教授,研究领域是17世纪英国文学,且公开拒绝和女权领域扯上干系;她年轻时还做了子宫切除手术,因此不像其他女性那样歇斯底里。然而曼德尔堡姆到任后被发现和另一位女性(同性恋)在女洗手间酩酊大醉。凯特·范斯勒受邀前来协助调查,而不久后,曼德尔堡姆的尸体在男卫生间被发现。一番调查后,范斯勒发现曼德尔堡姆是由于不堪忍受身为女性所遭受的学术迫害而服毒自杀。《终身教授之死》的创作背景为70年代的性别政治大潮①。在这部作品中,海尔布伦真实再现了70年代女性在学术界的艰难境地,强烈批评了学术领域的性别歧视现象。"内化父权价值观和父权文本就是一种道义上的、学术上的和政治上的自杀。"②海尔布伦本人更鲜明地表明了自己争取妇女在学术领域的地位的主张,逐步走向积极的女权主义者行列。

海尔布伦一生都在为争取女性在学术领域的话语权而奋斗。从1960年进入哥伦比亚大学工作到1972年获得终身教授席位,12年的时间里,海尔布伦不仅发表了一系列重要著作,还担任了全美大学女性协会(American Association of University Women)荣誉理事,倡导成立了弗吉尼亚·伍尔夫研究会(Virginia Woolf Society),并入选哥大出版社编辑理事会。所有这些成就使素来以学术研究水平和学术影响等苛刻标准评定教授的哥大决定聘请海尔布伦成为英语系第一位女性终身教授。此后,海尔布伦与众多女权组织和女权刊物建立了紧密的联系,她著书立说,在全美多所高校讲授女权课程,呼吁更多女性接受高等教育,从事社会工作,成为第二次妇女解放浪潮的活跃分子。1981年,海尔布伦当选美国现代语言协会副主席,1984年当选为主席。在当时,虽然现代语言协会成员中已有不少女性和少数族裔代表,但她们并不掌握实际权力。海尔布伦在就职演说中向海伦·万得勒(Helen Vendler)、尼娜·奥尔巴克(Nina Auerbach)、艾德里安娜·里奇(Adrienne Rich)等杰出女性致敬,并指出,在1973年之前的83任主席中,只有两位是女性,而且两位都是未婚女性。现在,有1/3的MLA会员是女性,"我不仅是主席,还是女性主席。——我们不是男性,我们的人生主要目

① 女权主义者凯特·米利特(Kate Millett)在其1970年出版的《性政治》(*Sexual Politics*)一书之中,将性政治里的"政治"解释为"将权力结构化的关系与安排,在其中有一群人被另一群人所控制。"See Kate Millet, *Sexual Politics*. New York: Doubleday, 1970. p. 23.

② Helena Michie, "Murder in the Canon: The Dual Personality of Carolyn Heilbrun." *Studies in English* 9. 3 (1984): 10.

的也不只是做母亲——而是要向男性霸权发起挑战和攻击”[①]。海尔布伦的领导才能得到了广泛认可。菲利斯·富兰克林(Phyllis Franklin)赞扬她“热情,机智,公平,坦率——指挥才能堪比交响乐团的指挥”[②]。

在哥大,海尔布伦也开始凭借自己的影响力为更多女性进入学术领域而努力斗争。在肯尼迪政府实施“扶持行动”后,保守的哥大仍拒绝为更多女性提供教席。在看到七个教授席位候选人都是白人男性后,海尔布伦以“诉诸法律”要求英语系雇佣两位女性教授,在被批评为“讹诈”时,海尔布伦回答到:“不管付出什么代价我都会这么做。”斗争的结果是哥大英语系在当年聘用了一位女性教授。[③]

1986 年,在海尔布伦的努力下,哥大成立妇女与性别研究中心,海尔布伦担任主任,在没有经费的情况下,海尔布伦一方面承担中心的科研、会议、讲座等组织工作,一方面四处筹集经费,保证了中心的正常运转,并请来了以斯皮瓦克为代表的一批杰出学者。但是海尔布伦的努力也并非总能成功。1993 年,为了抗议哥大英语系拒绝聘任一位出色的女性学者,66 岁的海尔布伦愤然辞职,此时距正常的终身教授退休年龄 70 岁还有 4 年。同年 10 月,海尔布伦的追随者们在纽约市立大学(CUNY)举办海尔布伦学术思想研讨会,取名为“走出学界,走进世界——跟随海尔布伦的脚步”。在会上,海尔布伦公开谴责哥大在招收研究生、教授聘任、教师待遇等方面存在严重的性别歧视,并忠告参会的后辈女权学者们:“不要取悦你的男性同事,即便他们不理会你,你还有自己研究领域的同行可以对话,——要想取得教职,就要在同事面前和他们争辩,在学生面前和他们争辩,让他们认识到,如果你能在他们的会议上发言,你就会证明自己的能力。” [④]

综观海尔布伦的一生,从早期提倡“双性同体”到 80 年代后提倡女性自我书写,海尔布伦的女权观点逐步由保守走向积极。不论是作为文学批评家、侦探小说作家、女性传记的开拓者,还是作为知名教授、学者、MLA 主席和多个研究机构负责人,海尔布伦一生都在为改善女性学术地位、将女权研究纳入正统学科而努力奋斗。著名女权评论家南希·K. 米勒(Nancy K.

---

① Carolyn G. Heilbrun, “Presidential Address,” in *Hamlet's Mother and Other Women: Feminist Essays on Literature*. New York: Columbia University Press, 2002 [1990]. p. 204.

② Susan Kress, *Carolyn G. Heilbrun*. p. 157.

③ Joan Ferrante, “Carol and Columbia.” *The Scholar and Feminist Online* 4. 2 (Spring 2006). < http://www. barnard. edu/sfonline/heilbrun/ferrante_01. htm >

④ Carolyn G. Heilbrun, video speech. < http://www. barnard. edu/sfonline/heilbrun/ferrante_01. htm >

Miller)赞扬海尔布伦走在了时代的前面,“我们这一代女权主义者是幸运的,因为有海尔布伦为我们开辟了道路,她始终引领着我们”①。

主要作品(按出版年代排序)

文学评论

"The Bloomsbury Group." *Midway* 9.2 (1968): 71-85.

Toward a Recognition of Androgyny: Aspects of Male and Female in Literature. New York: Knopf, 1973. Reprint. New York: Harper Torchbooks, 1975. New York: W. W. Norton, 1982.

"The Androgynous Vision in *To the Lighthouse*," in *Essays on Virginia Woolf*. Ed. T. Lewis. Scarborough: McGraw, 1975. 73-78.

Reinventing Womanhood. New York: W. W. Norton, 1979. London: Victor Gallancz, 1979. Reprint. Norton Paperback, 1981.

[Ed.] (with Margaret R. Higgonet) *The Representation of Women in Fiction: Selected Papers from the English Institute*, 1981. Baltimore: Johns Hopkins University Press, 1983.

"Woolf and Androgyny," in *Critical Essays on Virginia Woolf*. Ed. Morris Beja. Boston: G. K. Hall, 1985. 73-84.

"Silence and Women's Voices," in *Women's Voices*. Lorna Duphiney Edmundson, Judith p. Saunders and Ellen S. Silber, eds. Littleton, MA: Copley, 1987. 4-12.

Writing a Woman's Life. New York: Norton, 1988. Reprint. New York: Ballantine, 1989.

Hamlet's Mother and Other Women. New York: Columbia University Press, 1990, 2002.

"Is Biography Fiction?" *Soundings* 76.2-3 (Summer-Fall 1993): 295-304.

The Education of a Woman: The Life of Gloria Steinem. New York: Dial, 1995.

"A Life of Heroism." *Women's Review of Books* 14.9 (June 1997): 1-3.

The Last Gift of Time: Life beyond Sixty. New York: Dial, 1997.

"Contemporary Memoirs." *The American Scholar* 68.3 (Summer 1999): 35-42.

Women's Lives: The View from the Threshold. Toronto: University of Toronto Press, 1999.

When Men Were the Only Models We Had: My Teachers Barzun, Fadiman, Trilling. Philadelphia: University of Pennsylvania Press, 2001.

"The New Female Detective." *Yale Journal of Law and Feminism* 14.2 (2002): 419-428.

"Presidential Address," in *Hamlet's Mother and Other Women: Feminist Essays on Literature*. New York: Columbia University Press, 2002 [1990]. 204.

"Virginia Woolf in Her Fifties," in *Hamlet's Mother and Other Women: Feminist Essays on Literature*. New York: Columbia University Press, 2002 [1990]. 87.

When Men Were the Only Models We Had: My Teachers Fadiman, Barzun, Trilling. Philadelphia: University of Pennsylvania Press, 2002.

"Taking a U-Turn: The Aging Woman as Explorer of New Territory." *Women's Review of Books*

---

① Carolyn G. Heilbrun, "Forward," in *Hamlet's Mother and Other Women*. p. xiv.

20. 10—11 (July 2003): 18—19.

文学创作(侦探小说)

In the Last Analysis. New York: Macmillan, 1964.

The James Joyce Murder. New York: Macmillan, 1967.

Poetic Justice. New York: Knopf, 1970.

The Theban Mysteries. New York: Knopf, 1971.

The Question of Max. New York: Knopf, 1976.

Death in a Tenured Position. New York: Dutton, 1981.

Sweet Death, Kind Death. New York: Dutton, 1984.

No Word from Winifred. New York: Dutton, 1986.

A Trap for Fools. New York: Dutton, 1989.

The Players Come Again. New York: Random House, 1990.

An Imperfect Spy. New York: Ballantine, 1995.

The Puzzled Heart. New York: Ballantine, 1998.

Honest Doubt. New York: Ballantine, 2000.

The Edge of Doom. New York: Ballantine, 2002.

参考文献

Berkley, Miriam. "Carolyn Heilbrun/Amanda Cross." *Publishers Weekly* 14 (April 1989). 47—48.

Boken, Julia B. *Carolyn G. Heilbrun. TUSAS* 672. New York: Twayne Publishers, 1996.

Butler, Rebecca R. "Amanda Cross, Carolyn G. Heilbrun." *Critical Survey of Mystery and Detective Fiction* (1988): 425—430.

Carter, Steven R. "Amanda Cross," *in Ten Women of Mystery*. Ed. Earl F. Bargannier. Bowling Green: Bowling Green University Press, 1981. 269—295.

Coale, Samuel. "Heilbrun at the Crossroads: The Feminist Web," *in The Mystery of Mysteries: Cultural Differences and Designs*. Bowling Green: Bowling Green University Popular Press, 2000. 83—172.

Cooper-Clark, Diana. "Interview with Amanda Cross." *Designs of Darkness: Interviews with Detective Novelists*. Bowling Green: Bowling Green University Popular Press, 1983. 187—202.

Dever, Carolyn. "The Feminist Abject: Death and the Constitution of Theory." *Studies in the Novel* 32. 2 (Summer 2000): 185—206.

——. *The Feminist Legacy of Carolyn Heilbrun. Special issue of Tulsa Studies in Women's Literature*. Tulsa: Tulsa University Press, 2005.

Ferrante, Joan. "Carol and Columbia." *The Scholar and Feminist Online*. New York: The Barnard Center for Research on Women, 4. 2, Spring 2006. http://www. barnard. edu/sfonline/heilbrun/ferrante_01. htm

Filstrup, Jane Merrill. Interview. "The Professor Who Writes Detective Stories." *Graduate Woman*

AAUW 74. 4 (1980): 16—19.

Friedan, Betty. *The Fountain of Age*. New York: Simon & Schuster, 1993. 181.

Grigoriadis, Vanessa. "A Death of One's Own." *New York Magazine* 8 Dec. 2003. <http://nymag. com/nymetro/news/people/n_9589/>

Kress, Susan. *Carolyn G. Heilbrun: Feminist in a Tenured Position*. Charlottesville: University Press of Virginia, 1997.

Lussier, Mark and Peggy McCormack. "Heilbrun: An Interview." *New Orleans Review* 13. 3 (1986): 65—73.

Matthews, Anne. "Rage in a Tenured Position." *New York Times*, Nov. 8, 1992. 47, 72—73, 75, 83.

McCarthy, Abigail. "Alternate Destinies and Imagined Identities." *Washington Post Book World* 18. 45 (6 Nov. 1988): 5—6.

Michie, Helena. "Murder in the Canon: The Dual Personality of Carolyn Heilbrun." *Studies in English* 9. 3 (1984): 10.

Milllet, Kate. *Sexual Politics* New York: Doubleday, 1970.

Oates, Joyce Carol. "An Imperative to Escape the Prison of Gender." *New York Times Book Review*, 15 April, 7, 10, 12. 1973.

Purcell, J. M. "The 'Amanda Cross' Case: Sociologizing the U. S. Academic Mystery." *Armchair Detective* 13. 1 (Winter 1980): 36—40.

Reddy, Maureen T. *Sisters in Crime: Feminism and the Crime Novel*. New York: Continuum, 1988.

Reilly, John M. ed. "Carolyn G. Heilbrun, 'Amanda Cross'," *Twentieth Century Crime and Mystery*. London: Macmillan, 1980. 339—353.

Smith, Sidonie and Julia Watson, ed. *Women, Autobiography, Theory: A Reader*. Madison: The University of Wisconsin Press, 1998.

Steinem, Gloria. "Dearest Carolyn." *Ms.* Winter 2003. 78—79.

Woo, Elaine. "Carolyn Heilbrun, 77; Feminist Scholar Wrote Mystery Novels", *Los Angeles Times* Oct. 15, 2003. <http://articles. latimes. com/2003/oct/15/local/me—heilbrunl5>

Woolf, Virginia. *A Room of One's Own*. New York: Harcourt, 1957 [1929].

贝尔·胡克斯(bell hooks)
(1952—)

贝尔·胡克斯,著名非裔美国女权主义批评家、作家、社会活动家。现任纽约城市大学英语系教授,研究领域涵盖种族、阶级、性别等多个学科。尽管胡克斯主要以其女权主义理论著称,她擅长在多学科、多领域展开交叉研究,其作品涉猎广泛、包罗万象。这种集思广益的研究视野和思维塑造了胡克斯独特的理论风格,也使她成为当代女权学者中的佼佼者和杰出的女权批评家。

胡克斯原名葛洛丽亚·让·沃特金斯(Gloria Jean Watkins),1952 年 9 月 25 日生于肯塔基州霍普金斯维尔一个工人家庭里。1973 年于斯坦福大学英语系获学士学位,1976 年于威斯康星大学麦迪逊分校获硕士学位,后于 1983 年荣获加州大学圣克鲁兹分校文学博士学位。贯穿胡克斯思想的核心话题是种族话题。胡克斯自幼生长的霍普金斯维尔是一个位于肯塔基郊区的黑人聚居地。童年的艰难生活为胡克斯之后反击种族主义提供了亲身经历,而目睹黑人社团团结协作、化困苦为力量的过程又使胡克斯早早树立了对种族主义的反叛意识。1978 年,胡克斯首次以"贝尔·胡克斯"为笔名发表畅销诗歌集《在那儿我们哭泣:诗歌》(*And There We Wept*: *Poems*)。笔名"贝尔·胡克斯"由胡克斯外祖母的名字继承而来。源于对外祖母直言不讳性格的深深折服和欣赏,胡克斯立志在毕生为黑人妇女争取利益的斗争中,继承外祖母大胆出言、勇于反驳的特点。她将姓名的首字母改为小写,一是与外祖母的名字区分开来,二是为彰显自己作品中"重要的是书的实质,而不是我"。[①] 1981 年,胡克斯出版成名作《难道我不是女人吗?黑人妇女与女权主义》(*Ain't I a Woman*: *Black Women and Feminism*),并凭借此书跻身 20 世纪最后 20 年中最主要的后现代女性主义批评家行列。年轻的胡克斯写过诗,当过电话接线员,直至博士毕业后成为高等院校的教师。胡克斯先后在耶鲁大学开设非裔美国研究课程、在欧柏林大学讲授女性研究课程、在纽约城市大学讲授种族主义课程。她的理论体系也随着数十年

---

① Heather Williams, "bell hooks Speaks Up." <http://media. www. thesandspur. org/media/storage/paper623/news/2006/02/10/News/Bell-Hooks. Speaks. Up-1602355. shtml?norewrite200609102135&sourcedomain=www. thesandspur. org>.

的教学实践而日趋庞大和精深。

贝尔·胡克斯著述丰富，其理论体系大致可以分为三个方面：一是女权主义理论，特别是与性别与种族话题相关的研究；二是文化批评；三是有关教学及教学法的理论。下面逐一进行介绍。

一、女权主义理论。胡克斯女权主义理论的第一个特点是：女权主义不是一个可以单独进行讨论的话题，它必须与种族、阶级话题同时进行。胡克斯的代表作《难道我不是女人吗？黑人妇女与女权主义》充分显示了这个思想：这是一本黑人女权主义专著，一部集女权主义与种族主义话题综合讨论的专著，也体现了胡克斯所有文学理论的特点——跨学科、跨领域，绝不单一讨论一个方向的问题。这部专著以19世纪著名黑人女性索杰纳·特鲁斯(Sojourner Truth)那篇著名的演讲《难道我不是一个女人吗？》命名。全书大致包含三个部分的讨论。第一部分是对现实运动的研究。胡克斯通过追溯上个世纪的美国民权运动、女权运动，详细研究了种族主义与性别歧视对黑人妇女的影响。她指出，以往的民权运动是男性至上的，而以往的女权运动则有种族歧视，因此黑人妇女在这两种斗争中都遭受痛苦，她们不得不在时间和精力上面临艰难选择。第二部分的讨论局限于文学文本范围内。胡克斯说，在大多数文学作品尤其是女权主义文学中，男性通常指的是白皮肤的男性，妇女通常指的是白皮肤的女性，黑人则通常是男性。如此一来，我们只能获得黑人男性和白人女性的历史，黑人女性的历史被排除在历史之外。胡克斯主张，人们在选择阅读女权主义经典的时候应特别谨慎，因为那些作品鲜有出自黑人作家之手。现有的大多数女权主义文本很少谈论种族与阶级问题，因此他们的理论中所指的女性通常是生活富足的中上阶级白人妇女。这个隐含的背景必须被指明。该书的第三部分涉及权力与婚姻关系的讨论。胡克斯把这个话题置于异族通婚的范围内，探讨了父权社会的权力结构如何使得黑种男人娶白种女人要比白种男人娶黑种女人更为社会所认可。她还讨论了父权社会的一系列深埋于人们意识形态中的神话原型，仍在现在的社会中起作用。胡克斯指出，与之相对应的女性统治(Matriarch)原型，则是一种最为有害的形式。那预示着黑人女性为父权社会的问题肩负了无理的责任。胡克斯通过以上几个方面的论证呼吁，人们应当去发掘真正的历史，正视所有的压迫，而不是仅关注一小部分人的问题。①

---

① http://amckiereads.com/2011/11/29/review-aint-i-a-woman-by-bell-hooks/.

胡克斯首先指出当代的黑人妇女之所以不能团结起来进行维权斗争，是因为黑人妇女放弃了女性斗争，在性别斗争和种族斗争中过分依赖种族斗争，以为只要种族斗争胜利了，性别问题自然就会解决。胡克斯强调："我的生活经验告诉我，这两个话题从来都是不可分割的，自我出生的那一刻起，两个因素就决定了我的命运，一个是我生来是黑人，另一个是我生来是女人。"①胡克斯认为20世纪的黑人妇女失去了19世纪黑人女权主义先驱的立场："我们是新一代的黑人妇女，被教化要服从，要接受性别的低劣，要沉默。"②在现代女权运动和种族运动兴起的过程中，黑人妇女要么必须接受种族歧视，与白人妇女联合进行性别斗争；要么必须忍受性别压迫，与黑种男人联合进行种族斗争；而当以上这两部分人的斗争在20世纪上半期和中叶分别取得了显著成果以后，黑人妇女却仍处在社会的最底层，始终没有独立的身份、没有自己的声音。胡克斯指出，黑人妇女的双重压迫问题被当代白人女性发现以后，以歪曲的形式表达了出来：她们被描述成尽管遭受双重压迫，却依然"强大"的形象（因为她们面对如此艰难的环境，依然能够继续生存……），黑人妇女因而被"浪漫化"了。③胡克斯指出这种对黑人妇女的描画是不公平的，因为被迫面对困境与积极取得斗争胜利显然有被动与主动之分，黑人妇女不是真的"强大"，而是遭受性别歧视与种族主义双重欺压的弱者。黑人妇女在美国历史上从奴隶制到现代，自始至终是白种男人、白种女人，以及黑种男人欺压的对象，在以上三个人群分别争取各自利益的斗争中，黑人妇女分别被拉进了战斗的阵营，却在最后的斗争成果中没有取得任何属于自己的权益，仍处于失声的境地。"当黑人被讨论时，重点被放在黑种男人身上；当女性被讨论时，重点被放在白种妇女身上。"④她呼吁白人妇女和黑人妇女必须摒弃女权阵营内部的种族歧视和阶级利益纷争，才可能真正联合起来，反抗男权社会的统治。"只要我们有关解放的观念仍是基于争取白人男性所拥有的权利，女性的解放事业（包括白人和黑人）就将一直处于混乱状态。"⑤"进行女权主义革命所必须的女性联盟只有当所有女性放弃疏离、嫉妒和猜忌的时候方能实现……"⑥

① bell hooks, *Ain't I a Woman: Black Women and Feminism*. Boston: South End Press, 1981. p. 12.

② Ibid., p. 2.

③ Ibid., p. 6.

④ Ibid., p. 7.

⑤ Ibid., p. 156.

⑥ Ibid., p. 157.

胡克斯女性主义研究的一个特点是使用“交叉理论”(intersectionality)。在《女权主义理论:从边缘到中心》(*Feminist Theory: From Margin to Center*, 1984)一书中,胡克斯使用了“白人至上资本主义父权制”(white-supremacist capitalist patriarchy)这个术语来表达她对美国文化所显露的性别问题。胡克斯通过探讨女权运动的目标、女权斗争中男人的角色、女权内部的和平主义、革命的实质等话题指出,现有的社会体系已完全腐朽,使得男女间的平等变得既无可能也无魅力。她主张重建社会各个机构,因而使社会全面革新。在第二版的前言中胡克斯谈到专著题目“从边缘到中心”的意义。她说:“我们建立了一种独特的观看现实的方法。我们从外围和里面观看,关注中心也关注边缘,从而理解两者。”[①]她更激进地指出,女权主义第二次浪潮中的“姊妹情谊”(sisterhood)是满足“资产阶级白人妇女情感需求的一张面具”[②]。这部专著中也同样出现了有关权力的讨论。女权主义运动不排斥男性的加入,以及女权主义运动的反精英主义也有所提及。[③]

胡克斯又同时是一个积极的理论实践倡导者。她撰写大量通俗易懂的文章,期待让更多的人加入进来,重视美国黑人妇女的斗争。《女权主义适合每一个人:激情政治》(*Feminism is for Everybody: Passionate Politics*, 2000)旨在让许多对女权主义有误解的人全面准确了解(胡克斯所理解的)女权主义。胡克斯沿用了自己十年前对女权主义的定义:“一场以终结性别歧视、性别剥削与压迫为目标的运动。”[④]在这部专著中收录的19篇论文里几乎囊括了胡克斯对女性问题方方面面的探索:女权主义意识形态、新形势下的女性团结、女权主义的教育传播、女性的阶级斗争、全球化范围的女权主义、女性的工作与暴力、女权主义家长等等。胡克斯在这部论文集的最后仍然表达了爱是解决性别问题的终极途径。两性应抱有理解与友爱的态度,黑人男性与女性更应如此。

贝尔·胡克斯女权主义理论的第二个特点是:“反男权统治,但不反男性。”[⑤]胡克斯是为数不多的愿意花大量篇幅讨论女性应该怎样在女性解放

---

① bell hooks, *Feminist Theory: From Margin to Center*. Cambridge: South End Press. 2000. p. xvi.

② Ibid., p. 44.

③ <http://en.wikipedia.org/wiki/Feminist_Theory:_From_Margin_to_Center.>

④ bell hooks, "Feminist Politics: Where We Stand." p. 1.

⑤ Nathalia E. Jaramillo & Peter Mclaren, "Borderlines: bell hooks and the Pedagogy of Revolutionary Change," in *Critical Perspectives on bell hooks*. Eds. Maria del Guadalupe Davidson and George Yancy. New York: Routledge, 2009. p. 21.

斗争中与男性相处的女性主义理论家之一。她指出当今崇尚女权主义政治的活动家竟然几乎从不谈论男性，因为似乎女权主义者不知道怎样在表达对男权统治的愤怒和恐惧时，适当地表达自身对男性的爱慕。在《改变的意愿：男人、男性、爱》（*The Will to Change*：*Men*，*Masculinity*，*and Love*，2004）一书中胡克斯指出，女权主义者普遍把男性文化与男性等同，认为"男人是无望的"[①]——男人不可能从现有男权统治体制中做出任何改变。胡克斯认为真正的女权主义者应该"像不信仰男权统治一样不信仰女权统治"，[②]真正的女权主义运动需要更多地关注男性。"极端女权主义者把所有男性都视为压迫者、把所有女性都视为受害者的做法，实际上是把我们的视线从男性的现实中转移，并使我们忽视他们的做法。"[③]胡克斯认为单纯地憎恨和害怕男性是消极的，并不能弥补两性之间的鸿沟，增进沟通。"那种认为我们女性能够在一个不存在男人、排斥同男人联系的世界里找到我们真正力量的女权主义，是虚假和错误的。"[④]胡克斯为男女两性斗争所指的出路是：爱。"生活告诉我们，任何时候当一个男人敢于超越父权体制的樊笼去爱，他周围男女老少的生活都会从根本上向着好的方向变化。"[⑤]在后文的论述中，胡克斯用了很多笔墨论述男人与女人一样，也是男权社会的受害者：他们自小就被剥夺了表达爱的权力，被要求努力向男性社会的标准靠拢，否则就会被嘲笑、被排斥。她呼吁女性理解并接纳父权统治下的男性，认为只要男性能从容接受内心的情感，表达内心的爱，就是他们在男权社会里做出的积极改变；女人应该因为男人做出的这些改变而由衷地鼓励、支持和爱他们。

在《我们真的很酷：黑人与男性》（*We Real Cool*：*Black Men and Masculinity*，2004）一书中，胡克斯重点谈论黑人男性与白人文化之间的对立。她指出美国的黑人男子是被白人所压迫的人群。通过讨论种植业的父权、流氓文化、学校中的男性、黑人暴力、男性黑人的成长、男性黑人家长等话题，胡克斯指出正是社会中的种族主义和性别歧视导致了黑人男性的犯罪，也同时破坏了黑人社区的存在与发展。胡克斯将白人文化的欺诈视为一种帝国主义父权统治。[⑥]

---

① bell hooks，*The Will to Change*：*Men*，*Masculinity*，*and Love*. New York：Atria Books，2004. p. xii.

② Ibid.，p. xiii.

③ Ibid.，p. xiv.

④ Ibid.，p. xvi.

⑤ Ibid.，p. 11.

⑥ http://en.wikipedia.org/wiki/We_Real_Cool:_Black_Men_and_Masculinity.

胡克斯女性主义理论的第三个特点是:去精英化、去学术化,在新闻、媒体等领域展开对普通大众的女权主义宣传。与传统女权主义批评家不同,胡克斯对理论指导女权运动的实践途径另有想法。她认为只在学术文集中讨论改革男权社会是没有用的,因为大众中的男性很少有兴趣去阅读这些高深的学术专著。而与此同时,现代社会中越来越丰富的多种文化、媒体形式与枯燥的学术讨论形成强力抗衡,其中主要包括电视、电影、杂志、报纸等等。大众文化消费品中充斥了大量传统男权社会的价值观点,其中对男性和女性人物的塑造深刻影响着整个社会的大多数人群,足以把少数人进行的反抗男性体制的成果抹杀。于是在《女权主义适合每一个人:激情政治》(*Feminism is for Everybody: Passionate Politics*,2000)一书里,我们又看到了胡克斯对消费社会里方方面面压制女性的文化宣传辛辣而深刻的揭露和批判。胡克斯指出女权主义观念是后天养成的,而非先天具有的,并不是只有生理构造具备了女性特质的人才有资格谈论女权主义,男性一样应该积极参与到女权主义运动中来。她还认为现代资本主义社会以广告、电视、电影等方式不断向社会灌输男权体制的观念,让女性总是努力迎合男性群体,费尽周折把自己变成媒体中宣扬的形象,而不能真正欣赏和爱自己的本来面目。[①] 胡克斯呼吁女性联合起来组成坚强的姐妹阵营,利用非学术、非专业途径积极地争取女性权利,反抗男权文化对大众思想的教化和控制。她在女性问题上的终极观点是:"爱",这是唯一能够化解两性矛盾、从根本上瓦解男权体制、解放女性、也同时解放男性的途径。

二、文化批评。贝尔·胡克斯的文化批评理论的第一个特点是:主要聚焦在文化现象中的种族问题。在《想念:种族、性别与文化政治》(*Yearning: Race, Gender, and Cultural Politics*, 1990)一书中胡克斯指出,"我们生产的文化批评,是在白人至上的背景下诞生的"。[②] 胡克斯批判当代文化批评的通病是忽视这些批评产生的时代背景是具有种族主义和性别歧视倾向的。"白人评论家书写黑人的时候,想当然地驾轻就熟,就好像他们的作品不是来自一个白人至上的背景一样。"[③]胡克斯呼吁,在文化研究发展的今

---

① bell hooks, *Feminism is for Everybody: Passionate Politics*. Cambridge: South End Press, 2000. p. 34.

② bell hooks, "Liberation Scenes: Speak This Yearning," in *Yearning: Race, Gender, and Cultural Politics*. Boston: South End Press, 1990. p. 11.

③ bell hooks, "Culture to Culture: Ethnography and Cultural Studies as Critical Intervention," in *Yearning: Race, Gender, and Culture Politics*. Boston: South End Press, 1990. p. 124.

天，我们应当质疑究竟谁才是这门学科的主体，谁是它宣讲及实践的主要受众。[①]胡克斯认为当代文化批评主要还是男性由白人主导的，他们规定了这门学科的内容、体例、规范和话题，迫使黑人不得不接受这样的理论研究方法，因而白人与男性仍是学术领域的独裁者。白人惧怕黑人以自己的方式书写，惧怕黑人话语会让自己在文化研究领域失掉控制权。[②]

胡克斯善于利用实际生活中的事例探讨深刻的学术话题，因此在她的文化批评中，电影影评占据了相当大的比重。[③] 胡克斯的影评与其学术评论一样，以关注种族话题为显著特点。她的论文集《法外文化：抵抗的陈述》(*Outlaw Culture*：*Resisting Representations*，1994)中收录了数篇她对好莱坞电影中异族恋爱、异族通婚问题的讨论，其中不乏对中国观众熟悉的《保镖》、《哭泣的游戏》等电影的评论。[④] 胡克斯电影评论的主要观点是，在美国大众文化中，广大群众对种族问题的感知和异族通婚现象的接受能力仍是有限的；美国主要的文化环境仍然是男性的、白人的。

《法外文化》关注的另一个重点是文化研究的去精英化。胡克斯认为文化研究应走出学院的界限，面向大众。在自序中她讲到，自己曾长期找寻一块能帮她跨越高等教育的界限、表达批判思想、支持其进行跨学科研究的土壤，一个能帮她实现挑战种族主义、男权统治以及阶级精英主义体系的领域，而文化研究就是胡克斯最终找到的试验田。“将书中得来的知识融入日常生活中的批判思维，使之成为理论与实际的联合，这是指导我文化工作的准则。”[⑤]对胡克斯来说，文化研究就是能实现跨学科研究的领域。胡克斯主张在文化研究领域里严肃地对待大众文化。在认识大众文化，诸如电影、电视、广告、杂志等描述的社会现象时，应努力做到思维“去殖民化”(decolonize)。[⑥]胡克斯反对单纯局限在大学范围内进行反种族主义、反男性

---

① bell hooks, “Culture to Culture: Ethnography and Cultural Studies as Critical Intervention,” in *Yearning*: *Race*, *Gender*, *and Culture Politics*. Boston: South End Press, 1990. p. 128.

② Ibid., pp. 129—130.

③ 参看胡克斯的专著《从胶片到真实：电影中的种族、性别与阶级》(bell hooks, *Reel to Real*: *Race*, *Sex*, *and Class at the Movies*. New York: Routledge, 1996)。其他未收录到专著中的影评还包括：“Stylish Nihilism: Race, Sex, and Class at the Movies,” “Counter-Hegemonic Art: Do the Right Thing,” “Representing Whiteness: Seeing Wings of Desire” 等。

④ bell hooks, “Seduction and Betrayal: *The Crying Game* Meets *The Body Guard*,” in *Outlaw Culture*: *Resisting Representations*. New York: Routledge, 1994. pp. 61—72.

⑤ bell hooks, *Outlaw Culture*: *Resisting Representations*. New York: Routledge, 1994. p. 3.

⑥ Ibid., p. 5.

霸权、反阶级压迫的教育。她认为能够坐在教室里学习的学生，绝大部分是在以上三个方面居于主导地位的人群。对这些本身就是统治系统缔造者的人群讲压迫、讲平等，或许反而加深了统治阶级内部的权力阶层对现有系统弊端的认知，导致进而改进统治方法，反而助长了不平等系统的强大。只有把反叛的思想和理论带到大众文化能够普及的广大非精英人群当中去，才能帮助大众认清现有文化批评产生的特定背景，使他们时刻保持对所有批评理论的中肯态度，才能真正做到“民主”和“平等”。也才能真正地“去殖民化”。[①]

胡克斯的文化批评也同时与政治批评相关联。《我们在哪儿：阶级很重要》(*Where We Stand, Class Matters*, 2000)一书就是集中谈论阶级话题的文集。文中收录的14篇论文分别从文化研究必须考虑阶级的重要性、家庭中的阶级话题、阶级与政治、经济的关系、阶级意识形态、阶级与种族、阶级与女性主义、跨越阶级分化等方面展开。胡克斯通过其特有的“交叉理论”研究指出，阶级的概念在现代社会已变为一种隐形的存在，它与社会的其他方面息息相关，要解决黑人女性的种族问题、性别问题，无论如何是避不开阶级话题的讨论的。消除种族差别、性别歧视应与消除阶级差别的斗争同时进行，才能富有成效，也才能取得真正意义上的胜利。

三、《教育理论》。胡克斯有关教育的第一部专著是于1994年出版的《教学跨越：导向自由的教育实践》(*Teaching to Transgress: Education as the Practice of Freedom*)。在这部由多篇论文组成的论文集里，胡克斯书写了她对教育的主要理念。胡克斯认为教室应当是一个能充分实现解放与自由，能使教师和学生分享智慧，建立协作关系的地方，而不是一个只允许教师建立统治的地方。[②] 胡克斯主张进行一种渐进式的、全面的、参与式的教育：“能把教育变成自由的方法之一，就是让其中的每个人都学习。”[③]“一种渐进式的、全方位的、参与式的教学法比传统批评或女权主义教学法要求更高，因为这种教学方法强调幸福。这意味着教师必须积极投入到一个能使自己充分实现价值的过程中去，而这个过程能提升他们的幸福感，继而才能壮大

① bell hooks, *Outlaw Culture: Resisting Representations*. New York: Routledge, 1994. pp. 6—7.

② B. Burke, “bell hooks on Education,” in *The Encyclopedia of Informal Education*, 2004. 〈www.infed.org/thinkers/hooks.htm〉.

③ bell hooks, *Teaching to Transgress: Education as the Practice of Freedom*. New York: Routledge, 1994. p. 13.

学生。”[1]

胡克斯推崇的另一种教学模式，是“投入式教学法”（engaged pedagogy）。这种教学法“强调共同参与，因为正是观点的流动以及在所有人之间的交换，才铸成了教室里每个人中间一种有意义的协作关系。……投入式教学法认为每个学生都对学习过程提供有价值的贡献”。[2]胡克斯又对教学目的赋予新的诠释。她说最有效的理想学习模式应当是“纯粹的学习”发生时，“那也是(参与者)实现自我的时刻……”[3]在《教授批判思维：实践的智慧》(*Teaching Critical Thinking: Practical Wisdom*，2010)一书中，胡克斯详细论述了良性教学互动的方方面面，她就教师在教授中应如何了解学生、如何建造开放的课堂、如何对应课堂中师生共有的情绪问题、如何避免种族主义倾向、如何化解讨论中的分歧和冲突、如何培养紧密的团结协作关系等——作了详述。而胡克斯本人期望通过课堂实践来实现反叛现有统治体制理念的目的——反白人至上思想、反种族歧视、反性别歧视——也在她洋洋洒洒的解说中得以实现。这本书可以说是为教育同仁之间互相指导、互相交流而书写的教学方法教科书；而胡克斯本人在书中夹叙夹议，不时加以生动的个人经历为例，又将枯燥的教学理念化解得通俗易懂、感人至深。

与其女权理论、文化理论一脉相承，胡克斯的教育理论也具有去精英化的特点。她认为学院不应当是实施教育的唯一场所或唯一备受推崇的场所，那无疑把学院放在了一个教育垄断者的地位，更何况美国的高等院校仍是以白人和男性为主导的地方。向来走亲民路线的胡克斯认为，理发店、餐馆、街头巷尾这些人人可去的地方都是生动的教育场所，都能成为为普通民众提供思想支持、甚至心灵治疗的场所。在《教学跨越：导向自由的教育实践》一书中胡克斯写到：“在南方的一个黑人餐馆里，我曾经坐在那儿同拥有不同阶级背景的男男女女讨论种族、性别、阶级，一聊就是几个小时。”[4]胡克斯不仅从理论上，更从行动上实践着她的教育理想：教育属于每一个人，大学讲说的对象不应仅面向大学教育人群，更应面向无法接受高等教育的普通人。[5]

---

① bell hooks, *Teaching to Transgress: Education as the Practice of Freedom*. New York: Routledge, 1994. p. 15.

②③ bell hooks, “Teaching 3: Engaged Pedagogy,” in *Teaching Critical Thinking: Practical Wisdom*. New York: Routledge, 2010. p. 21.

④ bell hooks, *Teaching to Transgress: Education as the Practice of Freedom*. p. 73.

⑤ Maria del Guadalupe Davidson and George Yancy, “Introduction,” in *Critical Perspectives on bell hooks*. Eds. Maria del Guadalupe Davidson and George Yancy. New York: Routledge, 2009. pp. 6—7.

贝尔·胡克斯对自己的理想状态曾有过这样的描画:"能够说多种话语——学术话语、标准英语、乡音土语、街头巷语"①——的"作家、女性权益理论家、文化评论家"②。这两方面的界定恰切地概括了胡克斯的理论风格。她是为跨学科、跨领域、跨种族、跨阶级、跨性别而奋斗的勇士,是涉猎庞杂、睿智博学的学者,又是体察下情、平易近人的大家。胡克斯的书写风格质朴明了,在艰涩的理论观点中穿插大量历史文献与个人经历,读来生动活泼,通俗易懂。在同白人与黑人的对话中,胡克斯发黑人声;在同男性与女性的对话中,胡克斯为女性言;在同精英与平民的对话中,胡克斯说平民话语。"妇女主义者、公共知识分子、学者、政治诘问者、反传统的教师、活动家——个充满智慧和力量的黑人女性。"③在名目繁多的身份当中,下面的这个评价似乎更为精辟地为我们揭示了贝尔·胡克斯锐利的理论,以及在她唇枪舌剑后面隐藏的那颗仁厚、宽大的心:"胡克斯的女权主义理论不是反男性的,但它却反男性体制。她的理论不是反白人的,但却反种族主义。"④

主要作品(按出版年代排序)

And There We Wept: Poems. Los Angeles: Golemics, 1978.

Ain't I a Woman: Black Women and Feminism. Boston : South End Press, 1981.

Feminist Theory: From Margin to Center. Cambridge: South End Press, 1984.

Talking Back: Thinking Feminist, Thinking Black. Boston: South End Press, 1989.

Yearning: Race, Gender, and Cultural Politics. Boston: South End Press, 1990.

Breaking Bread: Insurgent Black Intellectual Life. Boston: South End Press, 1991.

Black Looks: Race and Representation. Boston: South End Press, 1992.

Sisters of the Yam: Black Women and Self-recovery. Boston: South End Press, 1993.

Outlaw Culture: Resisting Representations. New York: Routledge, 1994.

Teaching to Transgress: Education as the Practice of Freedom. New York: Routledge, 1994.

Art on My Mind: Visual Politics. New York:Norton, 1995.

Killing Rage: Ending Racism. New York: Henry Holt , 1995.

Bone Black: Memories of Girlhood. New York: Henry Holt, 1996.

---

① Maria del Guadalupe Davidson and George Yancy, "Introduction," in *Critical Perspectives on bell hooks*. Eds. Maria del Guadalupe Davidson and George Yancy. New York: Routledge, 2009. p. 8.

② bell hooks, *Feminism is for Everybody: Passionate Politics*. p. vii.

③ Maria del Guadalupe Davidson and George Yancy, "Introduction." p. 7.

④ Mathalia E. Jaramillo and Peter Mclaren. "Borderlines: bell hooks and the Pedagogy of Revolutionary Change," in *Critical Perspectives on bell hooks*. Eds. Maria del Guadalupe Davidson and George Yancy. New York: Routledge, 2009. p. 21.

Reel to Real: Race, Sex, and Class at the Movies. New York: Routledge, 1996.

Wounds of Passion: A Writing Life. New York: Henry Holt, 1997.

Remembered Rapture: The Writer at Work. New York: Henry Holt, 1999.

All About Love: New Visions. New York: William Morrow, 2000.

Feminism is for Everybody: Passionate Politics. Cambridge: South End Press, 2000.

Where We Stand: Class Matters. New York: Routledge, 2000.

Communion: The Female Search for Love. New York: W. Morrow, 2002.

Rock My Soul: Black People and Self-esteem. New York: Atria Books, 2003.

The Will to Change: Men, Masculinity, and Love. New York: Atria Books, 2004.

We Real Cool: Black Men and Masculinity. New York: Routledge, 2004.

"Teaching 3: Engaged Pedagogy" *Teaching Critical Thinking: Practical Wisdom* (2010).

参考文献

Burke, B., "bell hooks on education." *The Encyclopedia of Informal Education*, 2004. <www. infed. org/thinkers/hooks. htm>.

Davidson, Maria del Guadalupe & George Yancy, eds. *Critical Perspectives on bell hooks*, New York & London: Routledge, 2009.

——. "Introduction," in *Critical Perspectives on bell hooks*. Eds. Maria del Guadalupe Davidson and George Yancy. New York: Routledge, 2009. pp. 6—8.

Encyclopedia of World Biography "bell hooks Biography," <http://www. notablebiographies. com/He-Ho/Hooks-Bell. html>.

Jaramillo, Nathalia E. & Peter Mclaren, "Borderlines: bell hooks and the Pedagogy of Revolutionary Change," in *Critical Perspectives on bell hooks*. Eds. Maria del Guadalupe Davidson and George Yancy. New York: Routledge, 2009. p. 21.

Williams, Heather. "bell hooks Speaks Up," <http://media. www. thesandspur. org/media/storage/paper623/news/2006/02/10/News/Bell-Hooks. Speaks. Up-1602355. shtml? norewrite200609102135&sourcedomain=www. thesandspur. org>.

黄秀玲 (Sau-ling Cynthia Wong)
(1948—)

黄秀玲，著名亚裔美国文学学者，出生于中国香港，现任加州大学伯克利校区族裔研究系教授。1970 年以最优成绩毕业于印第安纳大学英美文学系，1978 年在斯坦福大学获英美文学博士学位，1980 年在圣弗朗西斯科州立大学获英语作为第二语言教学硕士学位。黄秀玲在亚裔美国文学研究领域成就卓越，她撰写和编辑的一系列研究著作为整理亚裔美国文学研究成果，促进亚裔美国文学作为一门学科的发展做出了重要贡献，是第二代亚裔美国文学学者中的代表人物之一。同时，黄秀玲在移民英语教学理论领域也颇有建树。

黄秀玲的学术生涯是从英语作为第二语言教学领域开始的。1970 年，黄秀玲以优异成绩从印第安纳大学英美文学系毕业后，曾经从事过一段英语教学工作，主要是给亚裔美国人教授英语。20 世纪 70、80 年代，大量移民从全世界各国涌入美国。在努力适应美国的新生活的过程中，移民们发现有限的英语水平为他们带来了社会、经济、政治等各方面的障碍，因此他们急需尽快提高英语水平。在给移民教授英语的过程中，黄秀玲发现在主张文化多元化的美国，语言多元化却被认为是“带来麻烦的少数族群给以英语为母语的多数族群带来的问题”，① 不少美国语言学学者认为大量移民的到来降低了美国人的语言水平，已经成为美国社会和教育系统的负担。黄秀玲还发现，帮助移民提高英语水平不仅仅是教学法和教师个人的力量可以做到的，如果对使用少数语言的移民生活的社会环境没有深入的了解，那么针对他们的语言教育将是事倍功半。

为了帮助从事英语作为第二语言的教师“更好地了解当代美国移民生活的社会和教育背景”，② 1988 年，黄秀玲和圣弗兰西斯科州立大学社会语言学家桑德拉·李·麦凯(Sandra Lee McKay)合作编辑了《语言多样性：问题还是资源？从社会和教育角度看美国的少数族群语言》(*Language Diversity*:

---

①② Sandra Lee McKay and Sau-ling Cynthia Wong, eds. *Language Diversity: Problem or Resource? A Social and Educational Perspective on Language Minorities in the United States*. New York: Newbury House, 1988. p. vii.

Problem or Resource? A Social and Educational Perspective on Language Minorities in the United States)一书，研究了教室和学校之外的少数语言族群学生生活的社会环境。该书共收录研究语言教育和语言学的专家学者的文章13篇，对美国语言的演变和美国语言多样性进行了历史性地回顾和评判，分析探讨了墨西哥人、波多黎各人、古巴人、中国人、菲律宾人、韩国人和越南人等七个西班牙语和亚洲语言族群对美国学校教育的影响，还探讨了同时有利于多数族群和少数族群的语言教育方法。

黄秀玲也为该书撰写了两篇论文：《华裔美国人的语言现状》("The Language Situation of Chinese Americans")和《语言少数族群的教育权利》("Educational Rights of Language Minorities")。在这两篇论文中，黄秀玲旗帜鲜明地反对"只学英语"运动，[①]提出语言少数族群，无论他们属于什么族群，无论他们在美国居住时间长短，都拥有双重权利：通过有效的教育体制提高英语水平的权利，在自己的家庭和社区生活中保持使用母语的权利。虽然这部论文集的十三篇论文从不同的角度研究了少数族群语言教育和美国语言多样性对美国语言教育和社会的影响问题，但是这部论文集的观点是一致的："我们认为美国的语言多样性是一个有价值的资源，而不是问题"，"像自然资源一样，语言资源应该被智慧地加以保护和发展"，[②]这部论文集的出版推动了英语作为第二语言学者和教师对语言少数族群所处的社会和语言背景的研究，也促进了他们对多语言和多文化资源的利用。

《语言多样性：问题还是资源？》出版之后，黄秀玲将精力转向另一个她感兴趣的学术领域：亚裔美国文学。20世纪70、80年代，亚裔美国文学迅速发展，出现了以汤亭亭(Maxine Hong Kingston)的《女勇士》(*The Warrior Woman*,1976)、小川乐(Joy Kogawa)的《婶婶》(*Obasan*, 1981)、黄哲伦(David Hwang)的《蝴蝶君》(*M. Butterfly*, 1988)、谭恩美(Amy Tan)的《喜福会》(*Joy Luck Club*,1989)等为代表的一大批优秀作品，成为美国当代文学中一支不可忽视的力量。与亚裔美国文学创作的繁荣相伴的是亚裔美国文学评论的发展。1982年，韩裔美国学者金惠经(Elaine H. Kim)出版了第一部专门研究亚裔美国文学的学术专著《亚裔美国文学：作品及社会背景介绍》(*Asian American Literature: An Introduction to the Writings and*

① "只用英语"运动(English-only movement)：也称"官方英语运动"(Official English movement)，指将英语确立为美国唯一官方语言，并且规定在官方活动中只允许使用英语的运动。该运动出现于19世纪，但在20世纪80年代，随着移民的迅速增加，"只用英语"运动再次兴起。

② Sandra Lee McKay and Sau-ling Cynthia Wong, eds. *Language Diversit*. p. viii.

Their Social Context),从此结束了亚裔美国文学少人问津的尴尬局面,推动了亚裔美国文学评论的进一步发展。而黄秀玲1993年出版的《解读亚裔美国文学:从必需到奢侈》(*Reading Asian American Literature: From Necessity to Extravagance*)被评论界公认为继金惠经的著作之后"第一部全面的理论实践",[①]是亚裔美国文学评论的又一部经典著作。

《解读亚裔美国文学:从必需到奢侈》选取了亚裔美国作家创作的小说、自传等作品,用独特的方法进行主题研究,试图确定一个统一的亚裔美国文学传统。前言《建构亚裔美国文学文本联盟》("Constructing an Asian American Textual Coalition")为这部著作确立了基调。黄秀玲认为亚裔美国人"应该被看做一个政治群体——而不是人类学的、文化的、语言学的、或宗教群体"[②],这样可以确保亚裔美国人的利益。同样,在文学领域,黄秀玲认为尽管亚裔美国文学界存在分歧,但是为了保证亚裔美国文学的丰富性和复杂性被认可,"亚裔美国文学也可以被看做一个方兴未艾的文本联盟,它的利益是由专业的亚裔美国文学评论家们负责推动的"。[③]

鉴于亚裔美国文学作为一种文本联盟已经建构起来,那么亚裔美国文学评论也应该有其自身的阅读研究方法。黄秀玲首先总结了亚裔美国文学评论家经常采用的阅读方法:"要么追究文本中的亚洲影响,要么表现他们在美国历史中的地位;要么强调他们的普遍性,要么揭示他们特有的忧虑。"[④]之后,她阐述了自己的阅读策略,即"把焦点放在上述每一对选择的后者上,这是因为我相信:把亚裔美国文学'非美国化'的倾向已过于猖獗,不必给它任何不经意的怂恿"。[⑤]黄秀玲认为,美国其他主要有色人种的文学,如印第安、墨西哥裔美国文学等虽然也被异国化,但是都不像亚裔文学那样被视为直接来自亚洲的移植品。所以,"亚裔美国批评家更有义务来引导讨论的方向使其脱离异国化,而且还有义务确保'美国'一词不被轻易地从'亚裔美国人'中删去"。[⑥]黄秀玲在研究的时候,吸收了两种阅读方法的长处,既注意边缘化文学的独有文本特征,又提倡"视文本而定"的阅读方法,将亚裔文学作品放置在普遍语境中分析这些文本中的美国性。

---

① Jamie Harker, "Review of *Reading Asian American Literature: From Necessity to Extravagance*." *American Literature* 66.2 (1994): 620.

② 黄秀玲:《解读亚裔美国文学:从必需到奢侈》,詹乔、蒲若西、李亚萍译,中国社会科学出版社,2007年,第7页。

③ 同上书,第14页。

④⑤ 同上书,第15页。

⑥ 同上书,第16页。

在《解读亚裔美国文学:从必需到奢侈》中,黄秀玲运用这种共同点和独特性并重的阅读策略解读了20世纪亚裔美国文学小说和自传中的主题。全书正文共分四章,探讨了亚裔美国文学作品中反复出现的四个母题:食物与吃饭、阴影、迁移、艺术与艺术家。这四个意象都来自人类普遍的生活和心理体验,黄秀玲研究了亚裔美国文学对这四个意象的继承和颠覆,从而展示了亚裔美国文学的普遍性和独特性。第一章“大食者、馋嘴之人、‘食物卖淫者’、‘食物色情小说家’和炸油圈饼的人”(“‘Big Eaters, Treat Lovers,’ ‘Food Prostitutes,’ ‘Food Pornographers,’ and Doughnut Makers”)探讨了亚裔美国文学作品中反复出现的与食物和吃饭有关的母题。黄秀玲研究了《女勇士》《婶婶》《一件红毛衣》《喜福会》等作品中人物努力吞下难吃食物的情节,认为这一情节象征亚裔美国移民在美国社会生存下去的决心,他们为了生存,甘愿忍受艰苦。第二章“遭遇种族阴影”(“Encounters with Racial Shadow”)以西方文学传统中经常出现的“另一个自我”(double)为切入点来研究亚裔美国文学中经常出现的意象——阴影。黄秀玲认为虽然“另一个自我”来源于西方心理学,但是在不同的历中背景下会以不同的形态出现。亚裔美国文学“另一个自我”的表现形式是族群之间的同化。黄秀玲发现在许多亚裔美国文学作品中,亚裔人物将厌恶自己种族的情绪投射到同种族同化程度比较轻的成员身上,为此她以“种族阴影”(racial shadow)和“双重阴影”(double shadow)这两个概念进行分析。第三章“迁徙的政治”(“The Politics of Mobility”)研究了亚裔美国文学作品中亚裔人群在美国社会地位的上升问题。依靠自己的能力获得社会地位的升迁一直是美国主流社会推崇的意识形态之一,黄秀玲研究了亚裔文学作品在表现这一主题时使用的象征手法,认为这个理念并不适用于亚裔美国人,因为他们的法制和社会自由是受到历史条件限制的。例如华裔男作家赵健秀的作品中反复出现华裔男性成为流匪、吸毒之类的人物,黄秀玲认为这即是一种隐喻,象征着华裔无法从美国社会底层升迁,这个隐喻来源于美国早期历史中白人种族主义者把华裔排除在旧西部扩张土地的概念之外。第四章“亚裔美国游戏者:工作、游戏、艺术”(“The Asian Americans Homo Ludens: Work, Play and Art”)研究的意象是艺术和艺术家。黄秀玲认为亚裔美国文学中的艺术家对艺术的游戏性表现出特别浓厚的兴趣,但是这种兴趣与西方艺术家对游戏性的迷恋不同,亚裔艺术家对游戏性的兴趣并不是意在表现一种纯粹的审美观,而是创造一种适合少数族群艺术家的创作氛围,帮助他们既对自己的族群负责,又拥有足够的空间表现他们的创造力。例如,汤亭亭在黄秀玲眼中就是一个成功的亚裔美国作家,因为当成熟的汤亭亭学会把自己的创造力用来创作艺术作品的时候，她同时也为亚裔美国人群带来了益处。而全书探讨的四个母题也正是由汤亭亭的代表作《女勇士》中的两个意象——必需和奢侈联系在一起的："必需"取自生活节俭的母亲勇兰，"奢侈"取自因丈夫去美打工而和别人偷情的无名姑姑。黄秀玲认为《女勇士》中的这两个意象足以概括亚裔美国人的生存状态，因为它们"代表了两种对立的生存和生活模式，一种模式克制自我，受生存的驱遣，一心想的是怎么避免浪费；另一种向往自由、过分的感情表达与不假外求的人生意义"。①

为了使自己的研究更具代表性和广泛性，黄秀玲不仅分析了谭恩美、赵健秀和汤亭亭等知名作家的作品，也选取了一些来自不同时代、不同背景、知名度不高的亚裔美国作家的作品，如早期华裔作家刘裔昌（*Pardee Lowe*）的《父亲和光荣的后代》（*Father and Glorious Descendant*, 1943）、日裔作家莫妮卡·曾根（Monica Sone）的《二世女儿》（*Nisei Daughter*, 1952）、印度裔作家巴拉蒂·穆科吉（Bharati Mukherjee）、菲律宾裔作家比恩万尼多·桑托斯（Bienvenido Santos）、华裔作家达雷尔·林（Darrell Lum）等人的作品。黄秀玲在分析这些作品共同的意象的时候，避免了华裔作家王雪莉（Shelley Wong）批评的"文学表层挖掘"，也就是不顾历史事实，忽略语境，忽略作品的完整性和复杂意图，孤立地分析这些族裔文本的相似意象。黄秀玲在抽取了文本之间的共有意象之后，又重新植入特定的、具有差异性的历史中，这种研究方法赋予了这部著作整体视野，"建立了一种亚裔美国文学的历史连贯性"，②展现了"亚裔美国文学传统的自主性和独特性，证明亚裔美国文学是一个独立的研究领域"，③是"正在发展的亚裔美国研究领域中的一部力作"，④为亚裔美国文学成为美国主流文学的一部分做出了重要贡献。

1999 年，黄秀玲主编了《汤亭亭的〈女勇士〉解读》一书（*Maxine Hong Kingston's* The Woman Warrior: *A Casebook*）。这部文集是牛津文学解读丛书当代小说系列中的一本，收录了当今美国文学评论界关于《女勇士》的重要评论文章。《女勇士》出版于 1976 年，之后受到了美国学术界的高度重视，涌现出大量的研究成果。黄秀玲编辑这部文集的时候，运用自己对亚裔美国文学的研究造诣和独特视角，从大量的评论成果中挑选出有代表性的、

① 黄秀玲：《解读亚裔美国文学：从必需到奢侈》，第 21 页。

② 同上书，第 27 页。

③ Jamie Harker, "Review of *Reading Asian American Literature*." p. 620.

④ Ibid., p. 621.

从不同角度评论和研究汤亭亭和《女勇士》的学术论文，同时还加入了一篇对汤亭亭的专访，对于刚刚接触亚裔美国文学，想进一步了解《女勇士》这部亚裔美国文学名著的读者是非常有益的帮助。

《女勇士》一书出版后，既得到了美国主流评论界的赞誉，也引起了当代美国文学研究中少见的激烈争论，这部文集收录的论文正是探讨《女勇士》研究的焦点问题的，如体裁、性别和种族的主题、中国历史传说的使用方法、华裔美国人的刻画等。例如关于该书研究中一直备受关注的体裁问题，黄秀玲的文章《作为唐人街观光指南的自传？汤亭亭的〈女勇士〉和华裔美国人自传的争论》（"Autobiography as Guided Chinatown Tour? Maxine Hong Kingston's *The Woman Warrior* and the Chinese American Autobiography Controversy"）就对这场争论做了总结，重点讨论了所谓的"虚构的问题"，也就是说"一部被认为是自传的作品到底可以允许有多少'虚构'的成分"。[①]黄秀玲认为虽然《女勇士》被列为自传作品，但是应该作为"对什么是华裔美国人所做的思考"来解读。[②]即使是真正的自传"也不可能是一个人的生平故事，所以也不能完全采信"。[③]黄秀玲强调作者写作时采用的个人的、艺术家视角，也强调了作品的虚构特性，试图改变评论家关于《女勇士》不能代表亚裔美国人生活经验的看法。在之前发表的一篇评论文章中，黄秀玲也从另外一个角度表示了对《女勇士》的支持："关于作品对中国传统文化的描述是不准确的指责并没有抓住重点。汤亭亭从来没有明确指出或者暗示自己的作品具有历史准确性。"[④]正如华裔学者李磊伟（David Leiwei Li）指出的那样，由文化差异引起的文化误读后果十分严重："由于对亚裔美国妇女的压迫被错误地归咎于她们祖先的文化传统，所以白人评论家对这部作品的好评，除了可以评估该作品的地位之外，还可以加强同一个国家少数族群和多数族群之间的不可融合性。"[⑤]黄秀玲的这篇论文有利于澄清这种误读，对于美国读者和学术界进一步全面了解《女勇士》产生了积极影响。

---

① Sau-ling Cynthia Wong, ed. *Maxine Hong Kingston's* The Woman Warrior: *A Casebook*, New York: Oxford University Press, 1999. p. 30.

② Ibid., p. 45.

③ Ibid., p. 38.

④ Sau-ling Cynthia Wong, "Necessity and Extravagance in Maxine Hong Kingston's *The Woman Warrior*: Art and the Ethnic Experience." *MELUS* 15.1 (1988): 7.

⑤ David Leiwei Li, *Imagining the Nation: Asian American Literature and Cultural Consent*. Stanford: Stanford University Press, 1998. p. 60.

《汤亭亭的〈女勇士〉解读》还收录了来自不同文化背景和不同领域的学者的论文,如来自中国大陆的学者张雅洁(Ya-Jie Zhang)的文章《一个中国女性看汤亭亭的〈女勇士〉》("A Chinese Woman's Response to Maxine Hong Kingston's *The Woman Warrior*"),还有一直对汤亭亭持批评态度的华裔作家赵健秀(Frank Chin)撰写的讽刺作品《中国最受欢迎的书》("The Most Popular Book in China")。黄秀玲严谨的学术态度和对亚裔美国文学研究的深刻理解使得这部文集较为客观全面地反映了《女勇士》的研究现状,同时也为推广亚裔美国文学做出了积极贡献。

在将自己的研究重点转向亚裔美国文学的同时,黄秀玲仍然关注移民英语教育的研究动态。自从黄秀玲参与编写的第一本关于移民英语教育的文集《语言多样性:问题还是资源?》出版后,美国移民又大量增加,尤其是西班牙裔和亚裔移民。随着美国人口结构的进一步变化,那些认为语言多样性是美国社会和美国教育的负担的观点又流行开来。黄秀玲和麦凯都认为有必要重新编辑一本有关移民英语教育的书,2000年,两人再次合作,编辑出版了《美国的新移民:第二语言教育者必读》(*New Immigrants in the United States: Readings for Second Language Educators*)一书。这部文集可以说是1988年两人合编的《语言多样性:问题还是资源?》的续编,研究了近年来美国移民的大量增加的新形势下,移民英语教育遇到的新问题和新挑战,研究了当今英语学习者中数量最大的几个族群的社会背景、语言特点和语言应用模式等,指出了成功的语言学习需要教育、法律和政策、个人投入,并且为英语学习者和英语语言教育工作者提出了有益的建议。

2001年,黄秀玲与华盛顿大学美国族群研究学者斯蒂芬·墨田(Stephen H. Sumida)合作,编写了《亚裔美国文学资源指南》(*A Resource Guide to Asian American Literature*)一书。这部著作是学习和研究美国华裔文学的学生、教师和学者的十分有益的参考资料。20世纪70年代早期,随着越来越多的华裔美国文学作品的出现,华裔美国文学作品出现了单独的文集,也出现在越来越多的大学英语教学大纲中,学者和作家对于究竟什么是亚裔美国文学产生了激烈的争论。黄秀玲和墨田在这部著作中并没有给亚裔美国文学下一个明确的定义,因为他们认为这是一个仍然在继续发展的领域:"亚裔美国文学是一个过程,一个充满生命力、对话性的过程,一个不断提问和解决什么是亚裔美国文学的过程。"[①]所以这部指南的目的就

① Sau-ling Cynthia Wong and Stephen H. Sumida, eds. *A Resource Guide to Asian American Literature*. New York: The Modern Language Association of America, 2001. p. 5.

是让读者了解亚裔美国文学的内在形式特征和历史社会背景，认识亚裔美国文学是一个不断发展的过程，而不是一个静止封闭的过程。

《亚裔美国文学资源指南》全书分为三部分："长篇叙事"、"戏剧"和"其他体裁"。第一部分"长篇叙事"由十五个条目组成，主要由亚裔美国小说作品构成，也有一些自传作品和多体裁作品，如韩裔作家车仁敬(Theresa Hak Kyung Cha)的《听写》(*Dictee*,1982)。第一部分除了收录了一批经典作品，如《女勇士》、《喜福会》等的代表性研究成果之外，还特意收录了被长期忽视的早期亚裔美国文学中的经典作品，如卡洛斯·布罗森(Carlos Bulosan)的《美国在心中》(*America Is In the Heart*,1946)、约翰·冈田(John Okada)的《说'不！不！'的男孩》(*NO-NO Boy*,1957)，莫尼卡·曾根(Monica Sone)的《第二代女儿》(*Nisei Daughter*, 1953)和雷霆超(Louis Hing Chu)的《吃一碗茶》(*Eat a Bowl of Tea*,1961)等，为读者提供了一个了解早期亚裔美国文学作品的途径。对于刚刚进入这个领域的教师和学者来说，这些条目更加证实了亚裔美国文学并不是从《女勇士》和《喜福会》才开始的，在这两部作品之前已经出现了许多优秀的文学作品。第二部分"戏剧"收录了六部戏剧作品的研究成果：赵健秀的《龙年》(*The Year of Dragon*,1974)、菲利浦·五反田(Philip Kan Gotanda)的《美国佬，去死吧》(*Yankee Dawg You Die*, 1991)、维琳娜·休斯顿(Velina Hasu Houston)的《茶》(*Tea*, 1993)、黄哲伦(David Henry Hwang)的《蝴蝶君》(*M. Butterfly*, 1988)、山内歌子(Wakako Yamauchi)的《灵魂要起舞》(*And the Soul Shall Dance*,1978)。虽然在亚裔美国戏剧繁荣发展的今天，这部文集收录的剧作数量和内容看似有些单薄和过时，但是这部文集提供了相关资料和参考书目等，对于从事亚裔美国戏剧的教育和研究的教师和学者来说仍然有着极大的参考价值。第三部分"其他体裁"收录了四篇关于其他体裁华裔美国文学作品的评论文章。苏恩·王(Sunn Shelley Wong)的《评估亚裔美国诗歌》("Sizing Up Asian American Poetry")、凌津奇(Rachel Lee)的《亚裔美国短篇小说》("Asian-American Short Fiction")等文章都为亚裔短篇小说和诗歌教学和研究提供了有益的帮助。

《亚裔美国文学资源指南》的条目内容深入，信息量丰富。为了提高可读性和实用性，条目不仅包括作品的出版信息、概述、评论、作者生平背景介绍、文本写作的历史语境、主题、评论等，还包括了教学重点和建议、互文链接、参考书目资源、其他资源、本单元写作参考书目等，可以帮助亚裔美国文学的教师和学者快速了解相关内容，是很好的入门指南。正如两位编者所说,“这个项目的目的就是让那些刚刚接触亚裔美国文学的读者善加使用”。[①]《亚裔美国文学资源指南》的出版极大地推动了亚裔美国文学在美国大学的教学和普及,从而也“推动了亚裔美国文学被认定为一个独立的学术领域”。[②]

美国学者斯蒂芬·H. 约翰(Stephen Hong John)和约翰·布莱尔·加伯尔(John Blair Gamber)把亚裔美国文学批评的发展划分为三个阶段:1982年之前、1982—1995年、1995年之后。[③] 第一个阶段以20世纪70年代三部亚裔美国文学选集的出版为标志,[④]第二个阶段则以一批优秀的亚裔美国文学评论家的出现为标志,代表人物包括黄秀玲、金惠经(Elaine H. Kim)、林英敏(Amy Ling)、张敬珏(King-Kok Cheung)、林玉玲(Shirley Geok-lin Lim)等。这些评论家对亚裔美国文学的整理、发掘和研究工作为后来的亚裔美国文学的创作和评论奠定了基础。黄秀玲撰写和编辑的多部研究著作,尤其是《解读亚裔美国文学:从必需到奢侈》在亚裔美国文化框架下重新梳理了亚裔美国文学中的原型、神话和主题,为族群间文学研究提供了经典范例,并使其成为亚裔美国文学研究的范式之一,也使得黄秀玲当之无愧地成为第二代亚裔美国文学评论家的代表人物之一。

主要作品(按出版年代排序)

"Necessity and Extravagance in Maxine Hong Kingston's *The Woman Warrior*: Art and the Ethnic Experience." *MELUS* 15.1 (1988): 3-26.

[Ed.] (with Sandra Lee McKay) *Language Diversity: Problem or Resource? A Social and Educational Perspective on Language Minorities in the United States*. Cambridge, MA: Newbury House Publishers, 1988.

Reading Asian American Literature: From Necessity to Extravagance. Princeton: Princeton University Press, 1993.

"Ethnic Subject, Ethnic Sign, and the Difficulty of Rehabilitative Representation: Chinatown in Some

---

① Sau-ling Cynthia Wong and Stephen H. Sumida, eds. *A Resource Guide to Asian American Literature*. p. 2.

② Morris Young, "Growing Resources in Asian American Literary Studies." *College English* 69. 1 (2006): 75.

③ Stephen Hong John and John Blair Gamber, "Currents of Study: Charting the Course of Asian American Literary Criticism." *Studies in the Literary Imagination* 37. 1 (2004): 1.

④ 这三部选集是许芥昱(Kai-Yu Hsu)和海伦·帕鲁宾斯卡(Helen Palubinska)主编的《亚裔美国作家》(*Asian-American Authors*,1972)、王燊甫(Daivd Hsin-Fu Wand)主编的《亚裔美国传统:诗文选集》(*Asian-American Heritage: An Anthology of Prose and Poetry*,1974)以及赵健秀和陈耀光主编的《唉咿!亚裔美国作家作品选集》(*Aiiieeeee! An Anthology of Asian-American Writers*,1974)。

Works of Chinese American Fiction." *The Yearbook of English Studies* 24 (1994): 252—262.

"Multiple Reconciliations." *American Quarterly* 47. 2 (1995): 349—353.

[Ed.]*Maxine Hong Kingston's* The Woman Warrior: *A Casebook*. New York: Oxford University Press, 1999.

(with Jeffery J. Santa Ana) "Gender and Sexuality in Asian American Literature." *Signs* 25. 1 (1999): 171—226.

[Ed.] (with Sandra Lee McKay) *New Immigrants in the United States: Readings for Second Language Educators*. Cambridge: Cambridge University Press, 2000.

[Ed.] (with Stephen H. Sumida) *A Resource Guide to Asian American Literature*. New York: Modern Language Association of America, 2001.

[Ed.] (with Rachel Lee) *Asian America. net: Ethnicity, Nationalism, and Cyberspace*. New York: Routledge, 2003.

参考文献

Harker, Jamie. "Review of *Reading Asian American Literature: From Necessity to Extravagance*." *American Literature* 66. 2 (1994) 620.

John, Stephen Hong and John Blair Gamber. "Currents of Study: Charting the Course of Asian American Literary Criticism." *Studies in the Literary Imagination* 37. 1 (2004): 1—16.

Li Leiwei, David. *Imagining the Nation: Asian American Literature and Cultural Consent*. Stanford: Stanford University Press, 1998.

Wong, Sau-ling Cynthia. "Ethnic Subject, Ethnic Sign, and the Difficulty of Rehabilitative Representation: Chinatown in Some Works of Chinese American Fiction." *The Yearbook of English Studies* 24 (1994): 252—262.

——. "Necessity and Extravagance in Maxine Hong Kingston's *The Woman Warrior*: Art and the Ethnic Experience." *MELUS* 15. 1 (1988): 3—26.

——and Stephen H. Sumida, eds. *A Resource Guide to Asian American Literature*. New York: Modern Language Association of America, 2001.

——and Sandra Lee McKay, eds. *Language Diversity: Problem or Resource? A Social and Educational Perspective on Language Minorities in the United States*. Cambridge, Mass: Newbury House Publishers, 1988.

——, ed. *Maxine Hong Kingston's* The Woman Warrior: *A Casebook*. New York: Oxford University Press, 1999.

——and Sandra Lee McKay, eds. *New Immigrants in the United States: Readings for Second Language Educators*. Cambridge: Cambridge University Press, 2000.

——. *Reading Asian American Literature: From Necessity to Extravagance*. Princeton: Princeton University Press, 1993.

Young, Morris. "Growing Resources in Asian American Literary Studies." *College English* 69. 1 (2006): 74—83.

黄秀玲,《解读亚裔美国文学:从必需到奢侈》,詹乔、蒲若西、李亚萍译,中国社会科学出版社,2007年。

桑德拉·M.吉尔伯特和苏珊·古芭
(Sandra M. Gilbert and Susan Gubar)

桑德拉·吉尔伯特(1936—)和苏珊·古芭(1944—)均为美国学界著名的女权主义评论家,其合作堪为学界的一段佳话。她们合作出版了数量可观的女性文学批评和女权文论作品,因此她们的名字经常被共同提及。《阁楼上的疯女人:妇女作家和十九世纪文学想象》(*The Madwoman in the Attic: The Woman Writers and the Nineteenth-Century Literary Imagination*, 1979)获得了美国书评界文学奖和普利策奖,为美国女权主义评论的经典之作。合编的论文集《莎士比亚的妹妹:女权主义论女诗人》(*Shakespeare's Sisters: Feminist Essays on Women Poets*, 1981)为开创女权主义思考领域探索做出了重要贡献。1996 年出版的《诺顿女性文学选集》突出了女性主义批评的历史沿革,即从探讨早期女性共同的经历,到更加专注女性经历的多样性和复杂性、文化传统的多元性、种族认同、地理背景、性取向、宗教行为以及阶级特权等问题。继《阁楼上的疯女人》之后,吉尔伯特和古芭又联手创作了三卷本《无人地带:二十世纪妇女作家的地位》(*No Man's Land: The Place of the Woman Writer in the Twentieth Century*, 1988, 1989, 1994)。两位学者还合作编撰了关于母亲的诗集《母亲之歌》(*Mother Songs: Poems For, By, and About Mothers*, 1995)、讽刺性文学作品《杰出戏剧:通俗剧理论》(*Masterpiece Theatre: An Academic Melodrama*, 1995)和《女权文学理论和评论》(*Feminist Literary Theory and Criticism: A Norton Reader*, 2007)的诺顿导读。

桑德拉·吉尔伯特拥有康奈尔大学文学学士学位、纽约大学文学硕士学位和哥伦比亚大学英国文学博士学位。曾任职于加州州立大学、海沃德大学(Hayward)、威廉姆斯学院(Williams College)、约翰·霍普金斯大学、斯坦福大学和印第安纳大学等,目前是加州大学戴维斯校区(UC Davis)的荣誉退休教授。吉尔伯特曾任现代语言协会(MLA)会长,获得包括古根海姆(Guggenheim)、洛克菲勒(Rockefeller)基金会和(美国)全国人文学科捐赠基金会(National Endowment for the Humanities)等颁发的奖金和荣誉奖励。吉尔伯特著述颇丰,在女权文学批评、女权理论、精神分析批评等领域颇有建树。涉及文学批评、小说、散文和诗歌等。吉尔伯特在诗歌领域很有造诣,代表性诗集作品《激情燃烧：三十年诗歌探索》(*On Burning Ground*: *Thirty Years of Thinking About Poetry*, 2009)探索了诗歌、个人身份、女权主义批评和美国现当代文学等领域。吉尔伯特创作的诗歌集包括(*Kissing the Bread*: *New and Selected Poems 1969—1999*, 2001)和《拥有》(*Belongings*, 2006)等。

苏珊·古芭拥有纽约城市大学学士学位、密歇根大学硕士学位和爱荷华大学博士学位。曾在印第安纳大学任职，目前是该校退休特聘教授。古芭教授不仅对女权批评领域做出了杰出贡献，同时也关注文学理论界的其他问题。除了与吉尔伯特合作的作品之外，她还受惠于国家人文基金会和古根海姆基金会，出版了一部关于美国小说、哲学、绘画和电影的著作《改变种族：美国文化中的白皮肤黑面孔》(*Racechanges*: *White Skin, Black Face in American Culture*, 1997)。其随笔汇集《临界状态：世纪之交的女性主义》(*Critical Condition*: *Feminism at the Turn of the Century*)由哥伦比亚大学出版社于2000年出版。古芭耗时一年之久，在普林斯顿大学人类价值中心完成了著作《后奥斯维辛诗歌：牢记你从不知道的》(*Poetry After Auschwitz*: *Remembering What One Never Knew*, 2003)。2003年她被授予"印第安纳大学最佳导师奖"。古芭散文体著作《我们的房间》(*Rooms of Our Own*, 2006)以弗吉尼亚·伍尔夫《一间自己的房子》为蓝本，阐释和解读了伍尔夫的作品，并对女性问题和多元女性批评进行再思考。该书荣获了2007年度古斯塔夫斯·迈尔斯中心颁发的"荣誉奖"。古芭的文化传记《犹大：第十二个信徒》(*Judas*: *A Biography*, 2009)被列入"麦吉尔年度文学"(*Magill's Literary Annual*)最佳图书之一。古芭正在编辑的《女权主义脸谱》(*A Feminist Facebook*)是第一代女性自传合集，该书旨在将性别研究与哲学、艺术史、比较文学、宗教、心理学、人类学和非裔美国研究等学科结合起来。2010年，她获得了美国总统颁发的"总统杰出人才奖"，这是美国总统颁发给公民的最高奖赏。

研究19世纪女性作家的评论著作《阁楼上的疯女人》自出版之日起就受到高度的关注，其标题取材于夏洛特·勃朗特的《简·爱》，在该小说中罗切斯特的疯妻子伯莎(Bertha)被禁闭在阁楼之上。该作品从政治、经济、心理等角度详尽地阐释了妇女作家所面临的困境作品，探讨了生活在父权文化中女性群体的生活状态，[①]并"试图进一步找出致使女性文学的传统得以成

---

① Marlene Tromp, "Modeling the Madwoman: Feminist Movements and the Academy," in *Gilbert and Gubar's The Madwoman in the Attic After Thirty Years*. Ed. Annette R. Federico. Columbia and London: University of Missouri Press, 2009. p. 38.

立的内在统一性”。[①]作为迄今为止美国乃至整个西方女性主义文学批评史上最重要的代表作,《阁楼上的疯女人》对英美妇女文学研究的深化产生了无可替代的影响。

该书从女权批评的视角探讨了维多利亚时期的文学创作。全书分为六大部分,共十六章。前有两位学者于1979年撰写的“初版序言”和2000年再版时撰写的长篇“导言”。第一部分“走向女权主义的诗学”奠定了全书的理论基础和批评方法,是此书的核心部分。第二至第五部分对简·奥斯丁(Jane Austen)、玛丽·雪莱(Mary Shelley)、夏洛蒂·勃朗特和艾米丽·勃朗特(Charlotte and Emily Brontë)、乔治·艾略特(George Eliot)、伊丽莎白·白朗宁(Elizabeth Barrett Browning)、克里斯蒂娜·罗塞蒂(Christina Rossetti)分别进行了论述。最后一部分“愤怒的力量:19世纪妇女诗歌”着重分析了美国女诗人艾米丽·迪金森(Emily Dickinson)的作品。著作对于发现和构建妇女文学的传统、建立女权主义诗学等女权主义批评理论的重大问题都做出了重要贡献,成为一部里程碑式的作品。该书将女权主义批评由对男性作家笔下女性建构的分析,推进到向传统的经典标准发起挑战、梳理妇女文学传统、考察女性美学特征的新阶段,通常被认为是第二波女权主义批评作品。

两位学者在《阁楼上的疯女人》中所采取的重要批评方式之一是心理分析模式。第一部分“走向女权主义诗学”首先回顾了西方历代文论家、批评家文学观念中的性别歧视意识,指出历代作家文本中的女性呈现出或天使、或怪物的极端化形象。两位学者随后从哈罗德·布鲁姆关于“影响的焦虑”(anxiety of influence)的心理现象出发,引申妇女作家在父权文化中形成的特殊“作者身份焦虑”(anxiety of authorship)的思想,并以此作为分析妇女作家的生存状态、创作心理、作品中的意象构建、情节结构与人物关系等的切入点。

“作者身份焦虑”为女权主义文学批评奠定了理论基石。两位学者以《简·爱》为例,分析了“作者身份焦虑”。在整个小说中,瘦弱苍白的简·爱和高大强悍的伯莎·梅森之间的内在联系以多种形式获得了象征性的实现。伯莎便是简·爱最真实而深邃的“黑暗的重影”,代表了简·爱的愤怒,泄露了她从踏进盖茨黑德府起一直被压抑的反叛的秘密,而具有哥特风格的阁楼就是两位女性冲突的焦点。这部作品所讨论的英美妇女作家都感受

① 盛宁:《二十世纪美国文论》,北京大学出版社,1993年,第86页。

到父权制文化传统的压制和禁锢。为逃离其控制，她们都采用了“替身”(double)的策略来表达她们的痛苦和愤怒。妇女作家塑造的疯女人在某种意义上就是作者的替身，是作者焦虑和愤怒的表现，表现了妇女作家潜在的欲望和抗争。“妇女作家呈现了她们逃离男性文本和男性文化的强烈愿望，表达了焦虑作者本人饱受压抑所付出的代价。”①

“应该说，疯女人或女性魔鬼是妇女作家替身的观点，成为妇女作家批判父权制文化传统、建立独立的妇女文学传统的有力武器。”②“作为女权主义的象征，愤怒的疯女人也不是没有争议。但是这一意象的力量是巨大的，这一意象穿越了性属的界限(generic boundaries)、激发了抵制性阅读，瓦解了关于性、创造力、神话、历史和叙事的传统观念。这一意象不仅在相对狭窄的学术领域发挥着重要作用，而且对后殖民时代的学者也产生了较大的影响。”③

妇女作家运用特有的写作方法，借以表达她们隐藏在文学文本下的颠覆性愤怒和反抗。两位学者认为妇女文本就是重写本(palimpsests)，体现了掩盖在主流和沉默文本之下的双重性，这一文本在妇女研究领域留下了不可磨灭的印记。两位学者认为19世纪妇女作家采用伪装的技巧来实施对男性文学传统的修正和重新定义。也就是说，妇女作家既要遵从同时又要颠覆父权制文学标准，来取得真正意义的女性文学权威，从而超越对作者身份的焦虑。

通过对19世纪妇女文学的分析，两位学者发现在她们的作品中普遍存在着表达“禁闭”概念和在空间上受到限制的意象。反复出现的意象和暗喻，如禁闭、饥饿、怪物和反叛等成为反映女性形象的主导模式。两位学者使用的修辞和比喻词汇，包括疯癫和怪物、家庭生活和逃避、饥饿和葬礼等成为解读19世纪妇女文学文本的关键词，构成了妇女文学传统的重要特征。在所有的意象中，最突出的是二元对立的女性形象。两位学者批判和解构了男性文化传统为妇女所设定的二元对立的形象。19世纪妇女作家在创作中受到社会冲突的约束，因此她们创作的女性人物要么是“天使”，要么是“魔鬼”的二元对立。这一创作趋向源自男性作家对女性人物的类型化观

① Gilbert and Gubar, *The Madwoman in the Attic: The Woman Writer and the Nineteenth-Century Literary Imagination*. New Haven and London: Yale University Press, 1979. p. 85.

② 程锡麟:《天使与魔鬼——谈〈阁楼上的疯女人〉》,《外国文学》2001年第1期,第76页。

③ Annette R Federico, ed. *Gilbert and Gubar's* The Madwoman in the Attic *After Thirty Years*. Columbia: University of Missouri Press, 2009. p. 23.

念,即纯洁、天使般的女性和具有反叛性、粗野的疯女人。维多利亚时期妇女作家创作了理性克制的"天使"型女性和疯狂野性"怪物"型女性的双重结构,"前者的塑造表现了妇女作家认同现实原则以谋求合法生存的策略,后者则更多代表了妇女内心深处因受到社会与文化压制而产生的愤懑与不满"。[①]这两种人物是同一女性分裂人格的不同侧面。由此,"妇女作家戏剧性地呈现了自己身上的分裂状态,表现出既想接受父权制社会的严苛评判、又有意地抵制和拒绝它的双重渴望"。[②]两位批评家强调了消除两种类型化人物形象的重要性,因为天使和魔鬼都没有准确而真实地再现女性,因此女性作家应该努力超越二元对立的父权制文化的视域。

两位学者认为19世纪的主要妇女作家,既顺从又颠覆父权制文学标准,同时接受与解构了"天使"与"疯女人"的女性刻板形象。这一创作实践,有价值地考察了主导女性写作意识的性别问题,揭示了妇女写作中的女权意义和价值。"诚然,没有放之四海而皆准的妇女主题,没有哪一类型的妇女可以代表另一类型。譬如,欧洲白人异性恋女性不能代表与其不同类型的女性。但是,两位学者挖掘了超越表象的东西,那就是,女性的确有共性,她们与同一种族、民族、阶层、性取向的男性有很大的不同。"[③]

两位学者的批评视角为女权主义批评和维多利亚时期文学研究提供了新思路。她们批判了父权文化对妇女和妇女文学的偏见和歧视,提出了女权主义的批评理论。"两位学者为后世研究者树立了榜样。她们对女性和妇女写作的态度,激发了女性努力去重新定义自我和自己的艺术创作,而不是拘泥于男性隐喻和男权社会及政治领地。"[④]《阁楼上的疯女人》揭示了男性文学传统和父权文化如何决定了女性的生活经历、她们的创造力以及她们对强制性文学成就模式的抵制,成为妇女文学史和女权主义文学理论发展史上占据独特地位的著作。

《阁楼上的疯女人》的最后一章探讨了美国诗人艾米丽·迪金森(Emily Dickenson)如何有意地采用伪装(poses)的技巧来消解妇女创作的忧虑。迪

①② 杨莉馨:《成就与缺憾的反思——〈阁楼上的疯女人〉论略》,《首都师范大学学报》2008年第4期,第114页。

③ Carolyn G. Heilbrun, "Foreword to *Making Feminist History: The Literary Scholarship of Sandra Gilbert and Susan Gubar*". Ed. Williams E. Cain. New York: Garland Publishing, 1994. p. xiii.

④ Annette R Federico, ed. *Gilbert and Gubar's* The Madwoman in the Attic *After Thirty Years*. p. 13.

金森的诗歌，时而含糊其辞，时而激情勃发，她的创作形成了“一种延伸的小说风格，人物展开对话，对话在假设的人物之间进行。这些假设的人物，被称为艾米丽·迪金森，但是她给自己取了不同称谓或绰号，包括艾米丽(Emile)、黛西(Daisy)、艾米丽哥哥(Brother Emily)、艾米丽叔叔(Uncle Emily) 和简单的迪金森(Dickenson)等”。[①]

两位学者论证了女人和艺术家的关系问题，指出迪金森的诗歌艺术创作成为其处理问题和寻求灵魂归依的手段。男性视角不仅暗示着阐释诗歌的传统思路，并且还决定着作者与其所塑造的人物之间的权力关系，包括所塑造的妇女形象。妇女文学的叙事策略直接表达了艺术家们的个性特征或心理倾向。妇女创作更像是一种应付机制，部分地消解了她们深切的忧虑和苦恼，这种苦恼的根源在于她们的创作被看做是某种形式的疾病。两位学者认为妇女作家的创作反映了女性作为艺术家的艰难。19 世纪的妇女小说和诗歌是妇女作家自我否定的表现。迪金森的诗歌体现了她的私人生活，她长期隐居的生活现实，证明她害怕面对公众、近乎精神疾病的状态。诗人把自己的生活转化成戏剧诗(verse drama)。在创作中，迪金森试图超越“妇女诗人的两难境地(double bind)：作为妇女，自我主张的不可能性；作为诗人，必须有自我主张”[②]。迪金森的诗歌可以被解读为用诗书写的自传，符合浪漫主义传统的美学准则。两位学者对迪金森的解读，尤其是把诗人与诗歌的关系看做是虚构的表演(fictional enactment)，有助于我们理解迪金森对诗歌的迷恋(dedication)。两位学者把迪金森的诗歌创作事业置于浪漫主义传统之下，认为迪金森通过戏剧性独白(dramatic monologue)的手法表明其诗歌天赋来自于生活体验。

两位学者的研究对维多利亚文学和妇女研究领域具有重要价值，其影响波及当代文学批评思潮和 19 世纪文学的历史和心理学研究，尤其是对女权主义批评的影响。对 20 世纪后 20 年的西方文学与文化研究产生了重要影响，其研究理念与批评方法上的精华，可以为中国女性文学与文化研究的发展提供借鉴与启示。

探讨 20 世纪妇女作家的三卷本《无人地带：二十世纪妇女作家的地位》是《阁楼上的疯女人》的续集。三卷本包括第一卷《词语的战争》(*The War of the Words*, 1988)，第二卷《性变化》(*Sexchanges*, 1989)和第三卷《前方

① Gilbert and Gubar, *The Madwoman in the Attic: The Woman Writer and the Nineteenth-Century Literary Imagination*. p. 583.

② Ibid., p. 584.

来信》(*Letters from the Front* ，1994)。三卷本运用女权主义批评视角和多元化的批评模式，分析了当代英美文学作品，既讨论了传统经典女作家和遭父权制传统文学史排斥的女性作家，也包括了男性作家和同性恋作家。三卷本重写了现代主义的历史，成为解读 20 世纪文学的重要著作，其重要意义相当于《阁楼上的疯女人》之对于 19 世纪文学的解读。

《词语的战争》集中考察了 20 世纪之交以来的作家，两位学者认为迅速发展的女性文学所取得的成功激发了女权主义运动的发展。该卷探讨了男性作家笔下性别焦虑以及权利焦虑所产生的后果，以及作家作品中体现在社会、文学以及语言学等方面的性别冲突。

《性变化》探究了在两性战争中性别和性别身份的问题以及如何定义女人、男人和两性人(androgyne)等问题。两位学者探究了文学文本中妇女特质和现代性的关系，探讨了赖德·哈格德(Rider Haggard)、奥利夫·施赖纳(Olive Schreiner)、凯特·肖班(Kate Chopin)、伊迪丝·沃顿(Edith Wharton)、维拉·凯瑟(Willa Cather)、D. H. 劳伦斯(D. H. Lawrence)、弗吉尼亚·伍尔夫(Virginia Woolf)、T. S. 艾略特(T. S. Eliot)和卡里尔·丘吉尔(Caryl Churchill)等作家。两位学者的研究表明，发生在"无人地带"的战争成为一种隐喻，即男子气概(masculinity)危机，这一危机已经与 19 世纪末帝国主义的衰败和女性地位的崛起联系在一起。在 20 世纪小说中异装癖(transvestism)和易性癖(transsexualism)的描写，是性变化的意象，这一意象构成了独特的修辞，女性作家和男性作家运用这些修辞来抒发彼此相对抗的关于身体和命运关系的概念。该书为后世学者研究女权主义批评提供了借鉴。

《前方来信》按照时间顺序展开写作，共分为两部分。第一部分主要探讨了现代主义时期的女作家弗吉尼亚·伍尔夫、佐拉·尼尔·赫斯顿(Zora Neale Hurston)、圣艾德娜·文森特·米莱(Edna St. Vincent Millay)、玛丽安·摩尔(Marianne Moore)以及希尔达·杜利特尔(H. D.；Hilda Doolittle)等，第二部分聚焦于二战后的女作家格温德琳·布鲁克斯(Gwendolyn Brooks)、西尔维娅·普拉斯(Sylvia Plath)、玛格丽特·阿特伍德(Margaret Atwood)、托尼·莫里森(Toni Morrison)以及拜厄特(A. S. Byatt)。关于性别对抗的问题两位学者在《词语的战争》和《性变化》中都进行了深入的研究。两位学者致力于探索无数至今还没有被讲述的故事。通过对第一部分作家的研究，两位学者聚焦在"女性"(feminine)定义标准的消亡以及"女性特质"(femininity)的兴起。关于第二部分作家的研究，两位学者特别重视激增的、关于家庭浪漫小说(family romance)的修订本

(Revision),这些修订本深受种族、阶级、民族差异等的影响。

《前方来信》着眼于对我们这个世纪复杂且瞬息万变的文化景观的探索,尤其是性别这一棘手问题。贯穿这部著作的主线是哈莱姆文艺复兴、第二次世界大战以及20世纪60年代性革命(sexual revolution)等重大历史事件对文学所产生的影响。过去会对未来产生怎样的影响是第三卷最后探讨的问题。《前方来信》认为20世纪女性文学家会发现自己正处于混乱的文化前线,并且越来越意识到性别手腕的作用。两位学者认为弗吉尼亚·伍尔夫挑战的不仅是传统的性别角色,还包括这些角色所处的历史和社会等级制度。作为"女性模仿"(impersonator)者的圣艾德娜·文森特·米莱和玛丽安·摩尔用一种富有想象力、富含不确定性赋权的方式探究了女性特质的矫揉造作。两位学者接着探讨了哈莱姆文艺复兴时期的女性文学创作,认为佐拉·尼尔·赫斯顿、杰西·雷蒙德·福赛特(Jessie Redmon Faucet)和内尔·拉森(Nella Larsen)等作家曾致力于揭示种族偏见背后的真实的(黑人)女性特质,并批评了(白人)女权主义思想。两位学者把作家杜利特尔的私人生活和其作品结合起来讨论,认为作者通过有意识地操纵自我意象来进行长诗创作。两位学者指出二战期间所有针对妇女的意象都与性别歧视联系在一起。她们认为战争的隐喻,转换成了性战争的意象,这也就是西尔维娅·普拉斯诗中所描述的场景,普拉斯一生都在为突破旧的父权传统、成为一名真正意义上的女性而奋勇拼搏。

两位学者主编的论文集《女性想象和现代主义美学》(*The Female Imagination and the Modernist Aesthetic*,1980),收录了女性主义批评学者和性别研究的核心问题,譬如女性文学传统和更加宽广的文学传统的关系、社会和性别身份、历史事件、经济变革的内在关系等。两位学者在序言中指出在现代派社会的语境下,女权主义批评家和历史问题是密不可分、紧密联系在一起的。有关性别和战争的关系,男性和女性的审美优先权、个人身份和公众人物身份在社会结构中占据的重要地位等都在该论文集进行了论述。在该文集中,女性想象和现代主义美学风格之间的关系尤为重要,但是这一关系与先前人们的认识不同。先前人们认为女性、作家和20世纪文学史之间的关联,仅仅是问题重重而已,但是现在两位学者看到女性想象事实上是现代主义者(modernist men)不得不面对的重要问题。因此,人们早先对女性作家的定义,即认为她们是典型的现代主义者,事实上是过于简化了女性文学史。

该书提出的问题同样可以引发我们思考19世纪到20世纪那些展现从经济、政治和社会的禁锢中得以解脱的女性文学,如何处理在20世纪之处呈现出的间断性问题,以及19世纪先驱们的生活经历赋予了20世纪女性更多的自主权利,甚或给当代的男性带来焦虑,该如何处理。现代男性的关键性话语,可以被当做一种建构"他的"文学史的尝试,而女性的作用却得不到体现。对男性作家来说,文学版图上的女性作家会使得文学看起来像是"无人地带"(No Man's Land)。因为20世纪女性文学家,从夏洛特·帕金斯·吉尔曼(Charlotte Perkins Gilman)、凯瑟、到伍尔夫、杜利特尔和赫斯顿,都曾努力开辟并生活在属于自己的领土上。[①]

除了这些评论著作之外,两位学者合作编撰的《诺顿女性文学选集》(*The Norton Anthology: Literature by Women: The Traditions in English*)是对女权批评的另一重要贡献。1985年首次出版《诺顿女性文学选集》时收辑了七百年来150多位妇女作家的作品,许多历史上受忽视的女作家被发掘出来。近三十年来《诺顿女性文学选集》一直是许多大学里的英语教材,享有较高声誉,标志着妇女文学已越来越受当今世界文坛的关注。《诺顿女性文学选集》第二版增至170多位作家,涉及从中世纪到现代的作家。入选的作家之多,年代之全,在塑造"女性意识"、将女性文学纳入英美文学的"典律"等方面,功不可没。

《诺顿女性文学选集》的出现与开始与60年代的女权运动分不开。选集以英美作家为主,其他国家的作家涉及不是很多,但也包括了部分代表性作家,在时代、国家和种族方面具有代表性。编者将英语文学分为:中古英语和文艺复兴、17和18世纪、19世纪、世纪之交、现代当代等分期。选集的突出优点是每个文学时期都有概论,比较详细地介绍了当时政治、社会、宗教情况,哲学思潮,文学理论,流派更迭,相对集中的文学主题和类型样式,合起来相当于一部简要的文学史。妇女文学没有现成的历史叙述,编者的任务无异于创造妇女文学史。

《诺顿女性文学选集》的出版说明对女性创作的研究已形成相当规模。相当数量的妇女作家,从"隐"到"显",进入英美文学的经典行列。《诺顿女性文学选集》的历史叙述虽仍带有"修正"的痕迹,但主要依靠"差异"模式:强调女人(女作家、女主人公、女批评家)作为女儿、妻子和母亲的经验,进入老年、死亡的过程等;"女儿身"的独特"体"验伴生了女性的自我意识、欲念和心气。两位学者指出妇女不仅有大体相同的生理、心理经历,而且历史文化地位相仿,都受到男权和父权的禁锢和歧视,于是作品中就有互相沟通的

---

① Gilbert, Sandra and Susan Gubar, eds, *The Female Imagination and the Modernist Aesthetic*. New York: Gordon and Breach, 1986. p.10.

主题、情感、态度、手法和文学意象。妇女自我意识的形成和发展是一个历史过程，同时带有阶级、种族和文化的差异，但是却不妨碍将女性创作看成母女相继、姐妹抱团的一个整体。既然经验本身独立于男性，有其不可替代性，女性文本就不必去比附男性标准，而是要有自己的衡量尺度。《诺顿女性文学选集》的入选文本主要是按照这个独特体验原则和审美标准筛选的。

《诺顿女性选集》的魅力正是在于通过筛选而形成的强烈的文本互涉性(inter-textuality)，它使得几百年间的作品凝聚成一股强势，凸显出其文学和文化意义。作品也讨论了"作者身份焦虑"问题，涉及妇女的自我定义、对自身创造力的认识和社会角色等许多方面长期存在的问题。"悟性很高的女性深感正统男权文化的异己性，因而自觉地和被文化逐出圈外的妖魔鬼怪认同，一来使传统文化排斥、压制女性的性质显化，二来也是暗中用'边缘性'对中心文化进行颠覆"[①]，以此来建立自己的文学标准，形成独特的妇女文学传统和批评视角。

几代读者都感受到了跨越六个世纪的英语女性文学的博大精深。2007年第三版《诺顿女性文学选集》的面世，得益于全球妇女作家的极大贡献，它新增作家61位，使得第三版妇女作家增至219人。第三版的主要特征是其多样性。女性文学体现了女权主义批评的发展进程，从最初关注妇女共同的经验到最近探讨复杂的问题和假设，充分体现了妇女作家多元的地理、文化、种族、性取向、阶级背景对她们创作的影响。在某种意义上，正是多元性特征决定了《选集》的再版和修订。

《选集》增加的30位新作家，引人注目地扩展和加深了英语女作家的代表性、广泛性和多样性。包括的作家既有澳大利亚土著诗人凯斯·沃尔克(Oodgeroo Noonuccal，又名Kath Walker)、印第安裔美国小说家哈默帕·拉和瑞(Jhumpa Lahiri)，也有英国同性恋小说家珍妮特·温特森(Jeanette Winterson)等。选集中的美国作家也具有代表性，代表着不同种族、民族、宗教群体，重点突出其他族裔作家茱莉雅·阿尔瓦雷斯(Julia Alvarez)、桑德拉·希斯内罗斯(Sandra Cisneros)、乔伊· 哈洲(Joy Harjo)和詹妮·吉什(Jen Gish)等。地理背景的多元性与文学体裁的多元性相映照，其中，科幻小说、实验性诗歌和文学批评都被包括在内。

第三版对部分作家进行扩展和丰富。譬如安妮·布拉德斯特里特(Anne Bradstreet)、弗朗西斯·伯尼(Frances Burney)、艾米丽·迪金森、多

① 韩敏中：《她们无'女书'：〈诺顿妇女文学选集及其他〉》，《外国文学评论》1995年第3期。第125页。

萝西·华兹华斯(Dorothy Wordsworth)、伊丽莎白·加斯克尔(Elizabeth Gaskell)、乔治·艾略特(George Eliot)、弗朗西斯·哈珀(Frances E. W. Harper)、路易莎·梅·奥尔科特(Louisa May Alcott)、琼·里斯(Jean Rhys)、格蕾丝·佩利(Grace Paley)、格温多琳·布鲁克斯(Gwendolyn Brooks)、娜丁·戈迪默(Nadine Gordimer)、埃德里安娜·里奇(Adrienne Rich)和丽塔·达夫(Rita Dove)等。在许多情况之下,作家作品的选择基于量身打造,探讨核心问题,如教育、经济、种族关系、创作生涯等问题。几个世纪以来妇女作家强有力地表述了自己的观点和立场。

十四部完整长篇作品中包含阿芙拉·贝恩(Aphra Behn)的《奥茹努库》(Oroonoko)、夏洛特·勃朗特的《简·爱》、凯特·肖班的《觉醒》(*The Awakening*)。补充的五部新作品是玛格丽特·爱德森(Margaret Edson)的《机智》(*Wit*)、内尔·拉森(Nella Larsen)的《流沙》(*Quicksand*)、伊丽莎白·加斯克尔(Elizabeth Gaskell)的《资深护士的故事》(*The Old Nurse's Story*)、玛丽·弗兰斯(Marie de France)的《毕斯克拉伍亥》(*Bisclavret*)和《耀奈克》(*Yonec*),作品由多萝西·吉尔贝特(Dorothy Gilbert)用自由体翻译而成。

第三版的实用性和方便性也是其重要特征。第三版分为两卷,同时配备了多功能教师用书,更方便教学,也为学生学习提供最大的便利。第三版将其历史时期介绍、批注(headnotes)、注释(annotations)和参考文献都进行了微调和更新。第三版既进行介绍性的阅读,也可为从事高级阶段的研究提供帮助。

吉尔伯特最新著作《重读女性:三十年来我们的文学传统探索》(*Rereading Women: Thirty Years of Exploring Our Literary Traditions*, 2011)涵盖了从女权主义起源至今的历史,体现了吉尔伯特从《阁楼上的疯女人》至今的思想观念变迁。在《重读女性》一书中,吉尔伯特展示了许多从未公开发表的文章,激发人们重新想象自己看待世界的方式。她介绍的女权主义是一种集体思想。作者认为每一位相信女权主义的作家,都和前辈一样书写并塑造了男女平等的理念。吉尔伯特证明了那些作者在今天比在当时更能发出声音,更能表达自己的观念。《重读女性》则提醒人们关注女权主义思想的千变万化。

在这部作品中,吉尔伯特探究了我们的文学母亲如何影响到我们的写作和生活。吉尔伯特以自身经历为例,探究了文学母辈们对后世的启迪和影响。吉尔伯特坦承自己受惠于夏洛特·勃朗特、艾米丽·迪金森和西尔维娅·普拉斯等作家。在该书中,吉尔伯特记录了自己成为女权主义者的历程，展示了如何理解性别和体裁动态变化的关系，考察了伊丽莎白·布朗宁和乔治·艾略特等作家文本中关于母亲身份(maternity)的重新定义。更重要的是吉尔伯特探讨了20世纪女权主义的主要问题：文学领域的女权主义者的思想以及导致了60、70年代风起云涌的女权主义运动的历史背景，考察了当时女权主义的概念在当下具有怎样的意义以及我们的文学母辈们如何决定了后辈思想的形成等问题。《重读妇女》的自传性、历史性、文学性和批评性的风格，增强了女权主义批评理论的力量，对学术界的贡献极大，成为妇女文学和女权主义批评理论颇有价值的参考文献。

两位学者独具心裁和大胆直白的论述，用自己的文学传统，发出作为批评者的有力声音，将会激励着不同领域的学者相信文学有力量影响甚或改变生活。她们的学术智慧和勇气、她们的合作精神、她们对学术事业执着和热爱为女权主义文学批评做出了重要贡献，也为当代文论研究提供了方法和借鉴。

主要作品(按出版年代排序)

两人合著：

The Madwoman in the Attic: *The Woman Writer and the Nineteenth-Century Literary Imagination*. New Haven and London: Yale University Press, 1979.

Shakespeare's Sisters: *Feminist Essays on Women Poets*. Bloomington: Indiana University Press, 1981.

[Ed.]*The Female Imagination and the Modernist Aesthetic*. New York: Gordon and Breach, 1986.

No Man's Land: *The Place of Woman Writers in the Twentieth Century*. vol. 1 (*The War of the Words*, 1988), vol. 2 (*Sexchanges*, 1989), and vol. 3 (*Letters from the Front*, 1994). New Haven: Yale University Press.

Masterpiece Theatre: *An Academic Melodrama*. New Brunswick: Rutgers University Press, 1995.

[Ed.]*Mother Songs*: *Poems For*, *By and About Mothers*. New York: Norton, 1995.

"Introduction to the Second Edition: The Madwoman in the Academy". *The Madwoman in the Attic*: *The Woman Writer and the Nineteenth-Century Literary Imagination*. New Haven and London: Yale University Press, 2000.

[Ed.]*The Norton Anthology of Literature by Women*. New York and London: Norton, 1985, 1996, 2007.

[Ed.]*Feminist Literary Theory and Criticism*: *A Norton Reader*. New York: Norton, 2007.

桑德拉·吉尔伯特：

Acts of Attention: *The Poems of D. H. Laurence*. Ithaca: Cornell University Press, 1990.

Ghost Volcano: *Poems*. New York: Norton, 1995.

Wrongful Death: *A Medical Tragedy*. New York: Norton, 1996.

[Ed.]*Invention of Farewell*: *A Book of Elegies*. New York: Norton, 2001.

Kissing the Bread: *New and Selected Poems 1969—1999*. New York: Norton, 2001.

Belongings: *Poems*. New York: Norton, 2006.

On Burning Ground: *Thirty Years of Thinking About Poetry*. Ann Arbor: The University of Michigan Press, 2009.

Rereading Women: *Thirty Years of Exploring Our Literary Traditions*. New York: Norton, 2011.

苏珊·古芭:

Racechanges: *White Skin, Black Face in American Culture*. New York: Oxford University Press, 1997.

Critical Condition: *Feminism of the Turn of the Century*. New York: Columbia University Press, 2000.

Poetry after Auschwitz: *Remembering What One Never Knew*. Bloomington: Indiana University Press, 2003.

Rooms of Our Own. Urbana and Chicago: University of Illinois Press, 2006.

Judas: *A Biography*. New York: Norton, 2009.

Memoir of a Debulked Woman: *Enduring Ovarian Cancer*. New York: Norton, 2012.

参考文献

Cain, William E., ed. *Making Feminist History*: *The Literary Scholarship of Sandra M. Gilbert and Susan Gubar*. New York: Garland, 1994.

Corcoran, Neil, ed. *The Cambridge Companion to Twentieth-Century English Poetry*. Cambridge: Cambridge University Press, 2007.

Federico, Annette R., ed. *Gilbert and Gubar's* The Madwoman in the Attic *After Thirty Years*. Columbia and London: University of Missouri Press, 2009.

Gezari, Janet. "Sandra Gilbert and Susan Gubar's *The Madwoman in the Attic*," *Essays in Criticism* 56.3 (2006):264—279.

Griffiths, Sarah, and Kevin Kehrwald, eds. *Delicious Imaginations*: *Conversations with Contemporary Writers*. West Lafayette: Purdue University Press, 1998.

Heilbrun, Carolyn G. "Foreword to *Making Feminist History*: *The Literary Scholarship of Sandra Gilbert and Susan Gubar*". Ed. Williams E. Cain. New York: Garland Publishing, 1994.

Miller, Nancy K. and Jason Tougaw, eds. *Extremities*: *Trauma, Testimony, and Community*. Urbana and Chicago: University of Illinois Press, 2002.

Moi, Toril. *Sexual/Textual Politics*. London: Routledge, 1985.

Tromp, Marlene. "Modeling the *Madwoman*: Feminist Movements and the Academy," in *Gilbert and Gubar's* The Madwoman in the Attic *After Thirty Years*. Ed. Annette R. Federico. Columbia: University of Missouri Press, 2009. 34—59.

韩敏中,《她们无"女书":〈诺顿妇女文学选集及其他〉》,《外国文学评论》1995年第3期。

金莉,《文学女性与女性文学:19 世纪美国女性小说家及作品》,外语教学与研究出版社,2004 年。
金莉,《20 世纪美国女性小说研究》,北京大学出版社,2010 年。
程锡麟,《天使与魔鬼——谈〈阁楼上的疯女人〉》,《外国文学》2001 年第 1 期。
杨莉馨,《成就与缺憾的反思——〈阁楼上的疯女人:妇女作家与十九世纪文学想象〉论略》,《首都师范大学学报》2008 年第 4 期。
杨莉馨,《标出那新崛起的亚特兰斯蒂——简评〈阁楼上的疯女人:妇女作家与十九世纪文学想象〉》,《妇女研究论丛》2008 年第 1 期。
盛宁,《二十世纪美国文论》,北京大学出版社,1993 年。

金惠经(Elaine H. Kim)
(1942—)

金惠经，著名亚裔美国文学文化学者，现任加州大学伯克利分校族裔研究系亚裔美国研究主任，曾任该校族裔对比研究系主任、研究生部副主任等职。金惠经出生于美国纽约，父亲 1926 年从韩国移民到美国，母亲是韩国第二代移民。金惠经先后在宾夕法尼亚大学、哥伦比亚大学、加州大学伯克利分校获得学士、硕士和博士学位，获得博士学位后留在加州大学伯克利分校任教。金惠经是近年来颇有声望的亚裔美国学者，是第二代亚裔美国学者中的佼佼者。

20 世纪 80 年代，虽然亚裔美国文学的创作已经崭露头角，但是却没有引起学术界的重视。除了学术期刊上零星出现的评论文章和少数几本文学选集之外，美国文学评论界很少关注亚裔美国文学。1982 年，金惠经出版了专著《亚裔美国文学：作品及社会背景介绍》(*Asian American Literature: An Introduction to the Writings and Their Social Context*)，这是美国文学评论史上第一部专门研究亚裔美国文学的学术专著，从此结束了亚裔美国文学少人问津的尴尬局面。《亚裔美国文学：作品及社会背景介绍》以时间为顺序，研究了由中国、日本、韩国、和菲律宾后裔用英语创作的关于美国生活经历的有代表性的文学作品，涉及的作品题材广泛、时间跨度大，包括从 19 世纪 40 年代一直到当代的小说、自传、诗歌、戏剧等。

虽然金惠经认为中国、日本、韩国和菲律宾裔美国人中任何一个族群的作品都很复杂，值得单独研究，但是她对“在美国的亚洲人的共同点更感兴趣，对如何在他们的美国生活经历背景下进行对比研究更感兴趣”①。金惠经认为种族歧视、东西方文化差异和美国人对“东方人”的偏见是亚裔美国人在生活中遇到的共同困难，因此她注意研究亚裔美国作家在他们的文学作品中面对这些困惑表现出的相似或者不同的态度。为了更好地在美国社会历史背景下进行研究，在《亚裔美国文学：作品及社会背景介绍》的第一章，金惠经并没有直接研究亚裔美国作家，而是研究英美白人文学中亚洲人

---

① Elaine H. Kim, *Asian American Literature: An Introduction to the Writings and Their Social Context*. Philadelphia: Temple University Press, 1982. p. xii.

的负面形象，因为这是种族主义偏见在文学中的体现，同时文学中的形象又加强了白人对亚裔的偏见。金惠经列举了许多美国人熟知的亚裔文学形象，尤其是美国流行文化中最著名的两个华人角色傅满楚(Fu Manchu)和陈查理(Charlie Chan)。[①]这两个形象影响深远，而且由于在西方人眼中，东亚各个民族都很相似，所以“对中国人的描述往往被泛化推广至整个亚洲人”[②]。金惠经认为这两个人物是西方人眼中所谓好亚洲人和坏亚洲人的典型。傅满楚学识渊博，但是邪恶、阴险、狡诈、凶残，是坏亚洲人的代表，他们是“邪恶的罪犯，是残暴的一群人，不能被英美人控制，所以应该被除掉”。[③]陈查理是西方人眼中好亚洲人的代表，他工作努力，顺从上司，破解悬案，代表了“被英美英雄拯救的无助的异教徒形象，或者是忠诚可爱的助手、伙伴和仆人的形象”。[④]这两种形象都反映同时也构筑了美国人对中国人乃至整个东亚人的负面想象，成为种族歧视的一部分。

在美国的种族主义歧视的社会历史大背景下，亚裔美国作家做出的反应却是不同的。金惠经将亚裔美国作家分为第一代和第二代，并深入分析了两代作家对待种族主义文化的不同态度。金惠经认为以华裔作家兼学者林语堂、韩裔作家康永熙（Younghill Kang)、日裔作家杉本悦(Etsu Sugimoto)、菲律宾裔作家卡洛斯·布罗森(Carlos Bulosan)为代表的第一代亚裔移民作家大多接受过高等教育，社会地位较高，这些优势使他们成为沟通中西方文化的大使，但是金惠经同时也认为第一代亚裔移民作家具有优越阶级的所有缺点。这些贵族阶层对美国的种族主义保持沉默，“认为针对华人劳工的歧视应该归咎于华工自身”。[⑤]相比第一代亚裔作家，以华裔作家汤亭亭(Maxine Hong Kingston)、菲律宾裔作家比恩万尼多·桑托斯(Bienvenido Santos)、日裔诗人 L. F. 稻田(Lawson Fusao Inada)、菲律宾裔剧作家兼诗人杰西卡·哈格多恩(Jessica Hagedorn)等为代表的第二代亚裔

---

① 傅满楚(Fu Manchu)是英国小说家萨克斯·罗默(Sax Rohmer)系列小说中的虚构人物。1913 到 1959 年间，罗默出版了近 20 部以傅满楚医生为主要反面人物的小说。傅满楚学识渊博，但是凶恶狡猾。20 世纪 20 年代起，傅满楚又出现在美国电影、电视、广播、漫画等多个领域，影响十分广泛，成为“黄祸”(Yellow Peril)在文学中最典型的体现。陈查理(Charlie Chan)是美国作家厄尔·德尔·比格斯(Earl Derr Biggers)笔下的华人探长，原型是檀香山警察局最受尊重的华人侦探张阿斑(Chang Apana)。1925 年至 1932 年间，比格斯共出版了六部讲述陈查理探案的小说。陈查理是檀香山警察局探长，身材肥胖但行动敏捷优雅。之后陈查理探长的形象又出现在美国电影、电视剧和卡通片中。

②③④ Elaine H. Kim, Asian American Literature. p. 4

⑤ Ibid. , p. 3.

美国作家对美国社会则更有批评精神。

除了研究亚裔作家们对待种族主义的不同态度,金惠经对亚裔文学中的女性人物也进行了深入研究。比如在《中国城的男牛仔和女勇士:寻找新的自我形象》("Chinatown Cowboys and Warrior Women")一章中,金惠经从女性主义角度研究了华裔美国男作家赵健秀(Frank Chin)和女作家汤亭亭的作品,认为赵健秀塑造的男性人物强烈抗拒和抵触唐人街,认为唐人街"令人厌恶、让人堕落、充斥着低于人类的生物",①他们努力和中国人与美国人分开,试图重新定义自己,虽然这种努力常常失败。金惠经敏锐地察觉出赵健秀笔下的中国男人隐藏在文字后的自我轻贱。金惠经认为赵健秀这种消极否定中国人和中国女性的种族主义和性别主义歧视使得他笔下的男主人公无法"克服针对华裔美国男人的种族歧视带来的毁灭性后果"。②金惠经认为汤亭亭努力定义自己作为一个华裔女性的身份和地位,虽然赵健秀攻击汤亭亭,认为她是一个反男性的机会主义者,但是金惠经认为实际上两人的共同点要比赵健秀看到的多很多。

《亚裔美国文学:作品及社会背景介绍》一书在拓宽亚裔文学研究范围方面也有建树。除了诸如黎锦杨(Chin Yang Lee)的《花鼓歌》(*Flower Drum Song*)、汤亭亭的《女勇士》(*The Woman Warrior*)和《中国佬》(*China Men*)、雷霆超(Louis Chu)的《吃一碗茶》(*Eat a Bowl of Tea*)等较为知名的亚裔文学作品外,金惠经还介绍和评论了一些不太知名的作品,尤其是之前未被学者涉及的一些韩裔美国作家和作品。之前由赵健秀和陈耀光(Jeffery Paul Chan)等选编的亚裔美国文学权威选集《哎——咿!亚裔美国作家作品选集》(*Aiiieeeee! An Anthology of Asian-American Writers*, 1974)并没有收录韩裔美国作家的作品,所以金惠经的这部著作使得一些被人遗忘的韩裔作家如柳一韩(New Il-Han)和康永熙成为亚裔美国文学经典中的新成员。

《亚裔美国文学:作品及社会背景介绍》是美国当时唯一一部、也是第一部研究亚裔美国文学的学术专著,将这一领域的研究向前推进了一大步,具有里程碑式的意义。美国学者斯蒂芬·H.约翰(Stephen Hong John)和约翰·布莱尔·加伯尔(John Blair Gamber)把亚裔美国文学批评的发展划分为三个阶段:1982 年之前、1982—1995、1995 年之后。③ 如果说第一个阶段

① Elaine H. Kim, *Asian American Literature*. p. 183.

② Ibid., p. 189.

③ Stephen Hong John and John Blair Gamber, "Currents of Study: Charting the Course of Asian American Literary Criticism." *Studies in the Literary Imagination* 37.1 (2004): 1.

是以20世纪70年代三部亚裔美国文学选集的出版为标志，[①]那么第二个阶段就是以一大批优秀的亚裔美国文学评论家，如金惠经、斯蒂芬·角田(Stephen Sumida)林英敏(Amy Ling)、张敬珏(King-Kok Cheung)、黄秀玲(Sau-ling Cynthia Wong)、林玉玲(Shirley Geok-lin Lim)等的出现为标志，这些评论家对亚裔美国文学的整理、发掘和研究工作为后来的亚裔美国文学的创作和评论奠定了基础，而金惠经的《亚裔美国文学：作品及社会背景介绍》就是这个阶段开始的先锋之作，因此这部著作也奠定了金惠经在亚裔美国文学评论界的地位。

《亚裔美国文学：作品及社会背景介绍》获得学术界肯定之后，金惠经继续亚裔美国文学的研究和整理工作，同时也将自己的研究扩展到视觉文化领域，参与编辑了多部亚裔美国文学、文学、视觉艺术作品集和评论集，还执导了两部亚裔美国女性研究的纪录片。

1988年，金惠经担任了德博拉·吉(Deborah Gee)执导的纪录片《屠龙：美国影视中的亚裔女性》(*Slaying the Dragon: Asian Women in U. S. Television and Film*)的副制片人。这是第一部探讨20世纪50年代以来在美国生活的亚洲人和亚裔美国人在美国媒体中刻板形象的纪录片。从早期好莱坞电影使用白人演员扮演亚洲后裔，到黄柳霜(Anna May Wong)扮演的神秘、充满异国风味、善于蛊惑的龙女(Dragon Lady)的成功，[②]从上世纪50年代美国影视中温良恭顺的艺妓形象，到今天亚裔女主持人，《屠龙》讲述了异域风情和温顺恭良的固定形象是如何在社会和心理上影响亚裔美国女性的。这部时长一个小时的纪录片"直面被压抑女性的种族和性别的刻板印象，深入研究了这种刻板印象中蕴含的国际地理政治的复杂因素"[③]，是一

---

① 这三部选集是许芥昱(Kai-Yu Hsu)、海伦·帕鲁宾斯卡(Helen Palubinska)主编的《亚裔美国作家》(*Asian-American Authors*, 1972)、王燊甫(Daivd Hsin-Fu Wand)主编的《亚裔美国传统：诗文选集》(*Asian-American Heritage: An Anthology of Prose and Poetry*, 1974)以及赵健秀、陈耀光主编的《唉咿！亚裔美国作家作品选集》(*Aiiieeeee! An Anthology of Asian-American Writers*, 1974)。

② 黄柳霜(Anna May Wong)：著名好莱坞华裔女演员。1905年生于洛杉矶华裔移民家庭，1919年进入美国影坛，从影40余年，共拍摄50余部电影。黄柳霜是第一位闯荡好莱坞并且取得巨大成功的华裔演员，虽然拍摄过许多脍炙人口的作品如《怒海狂涛》、《小飞侠》、《皮卡迪礼大街》等，但在西方人眼中，黄柳霜最持久的艺术形象是电影《龙的女儿们》(1931)中的龙女。龙女代表着西方人对东亚女性的偏见：神秘、充满异国风味、善于欺骗蛊惑。"龙女"一词现在仍然被使用，用来指专横跋扈又充满诱惑力的女人。

③ Shoba Sharad Rajgopal, "'The Daughter of Fu Manchu': The Pedagogy of Deconstructing the Representation of Asian Women in Film and Fiction." *Meridians: Feminism, Race, Transnationalism* 10.2 (2010): 142.

部资料性和学术性兼备的纪录片,被美国各大学和公共图书馆所收藏。

1989年,金惠经参与了由加州亚裔女性联合会(Asian Women United of California)组织的《弄潮儿:关于亚裔美国女性及亚裔美国女性作品集》(*Making Waves: An Anthology Writings By and About Asian American Women*)的编辑工作。这部作品集收录了20世纪70年代后由53位亚裔美国女性创作的小说、诗歌、散文、回忆录、评论等文学作品57篇,作品涉及的主题涵盖移民、战争、工作、身份、社会不公等,进一步颠覆了美国人眼中亚裔女性一味安静、被动、谦恭的负面形象。比较著名的如凯西·王(Kathy Wong)的诗歌《所有的女孩都哭了》("All the Girls Cried")讲述了华人妓女的悲惨生活,也代表了亚裔美国工人阶级女性受到性别歧视、种族歧视和阶级歧视的悲惨命运。这部文集还收录了一些具有开创性的研究文章,如《20世纪早期美国的韩国女性移民》("Korean Immigrant Women in Early Twentieth-Century America")、《越南妇女的艰辛逃离》("The Hardships of Escape for Vietnamese Women")、《广播中的亚裔美国女性》("Asian American Women in Broadcasting")等等。金惠经的回忆录《战争故事》("War Story")也被收录其中。《战争故事》讲述的是金惠经在韩国的同父异母的姐姐一家在朝鲜战争期间历经的艰辛,表现出金惠经对自己民族文化的认同和理解。这些文章从女性主义角度讲述了亚裔美国女性的历史和现状,为普通读者、研究历史和文学的学者提供了极其有价值的资料和文献。1997年,金惠经又和莉莉亚·V.维拉纽娃(Lilia V. Villanueva)合编了后续文集《新弄潮儿:亚裔美国女性新作品集》(*Making More Waves: New Writings by Asian American Women*),收录了亚裔美国作家新创作的小说、诗歌、回忆录、散文等。这两部文集为亚裔美国文学的整理工作做出了重要贡献。

之后,金惠经偏重对韩裔美国文学的研究和整理工作。1994年,金惠经担任了《写自己,写民族:特蕾莎·车学敬〈听写〉评论集》(*Writing Self, Writing Nation: A Collection of Essays on* Dictee *by Theresa Hak Kyung Cha*)的编辑工作。[①]金惠经还撰写了一篇论文《在中间保持平衡:一个韩裔美国人对车学敬〈听写〉的思考》("Poised on the In-Between: A Korean American's Reflections on Theresa Hak Kyung Cha's *Dictee*")。金惠经在

① 特蕾莎·车学敬(Theresa Hak Kyung Cha,1951—1982),韩裔美国作家、艺术家。1951年出生于韩国,后定居美国,先后在美国加州大学伯克利分校和巴黎学习比较文学、电影制作和文论。1982年出版其最著名作品《听写》(*Dictee*)。该作品把视觉艺术和印刷文本结合起来,有很强的实验色彩,同年车学敬在纽约遇害。

充分肯定车学敬的小说在形成上的先锋性和实验性的基础上，更加注重小说的社会意义和政治意义。她认为"《听写》有一个特殊的历史和语境，当车学敬书写这些'从编年史中消失'的叙事时，她是在反复引起我们对这种特殊历史和语境的关注"[①]。车学敬"创造了一种高度具体的文化语境，把韩国、韩国妇女和韩裔美国人置于这个话语中"，[②]是挖掘被压制的历史知识的重要韩裔美国文本。

1992年洛杉矶种族骚乱后，韩裔美国人被美国媒体歪曲描述为歇斯底里的店主和持枪随意射杀的商人，但是却听不到韩裔美国人的声音。为了清除美国媒体制造的偏见，使美国社会更全面地了解韩裔美国人，1992年，金惠经担任纪录片《韩国妇女看4·29种族骚乱》(*Sa-i-gu*: *From Korean Women's Perspectives*)的联合制片人。这部纪录片从几位韩国女店主的视角审视了1992年4月29日在美国洛杉矶爆发的种族骚乱，在消除美国人对韩裔的偏见方面起到了重要作用。之后，金惠经又联合加州州立大学社会学教授于意英(Eui-Young Yu)一起采访了百余位韩裔美国人，经过整理的采访记录《从东方到美国：韩裔美国人传记》(*East to America*: *Korean American Life Stories*)于1996年编辑出版。这本书收录了38位年龄在19到90岁的不同性别、阶级、信仰的韩国一、二、三代移民的口述故事，主题包括移民、家庭矛盾、身份焦虑、跨文化生活，甚至性取向等各个方面，反映了韩国后裔在美国生活的多样性和复杂性，也描述了韩国后裔对美国的看法，为"思考美国和做美国人的不同途径提供了新的思路"[③]。口述之后是三个附录，前两个附录是两位编者自己讲述的关于家庭、身份、自我发现的故事。第三个附录是一篇题为《韩国历史和韩裔美国历史简述》("Brief Review of Korean and Korean American History")的文章。这篇附录将书中记录的个人口述历史放入宏大的历史语境之中。《从东方到美国：韩裔美国人传记》被认为是"美国族群历史文献的一个重要里程碑"，是可以和移民史文献的经典之作如威廉·I.托马斯(William I. Thomas)的《欧洲和美国的波兰农

---

① Eliane H. Kim, "Poised on the In-Between: A Korean American's Reflections on Theresa Hak Kyung Cha's *Dictee*," in *Writing Self*, *Writing Nation*: *A Collection of Essays on* Dictee *by Theresa Hak Kyung Cha*. Eds. Eliane H. Kim and Norma Alarcon. Berkeley: Third Woman Press, 1994. p. 22.

② Ibid., p. 8.

③ Christina Gomez, "Review of 'East to America: Korean American Life Stories'." *Social Forces* 77.3 (1999): 1209.

民》(*The Polish Peasant in Europe and America*,1918)相媲美的著作。[①]

1998年,金惠经与加州大学尔湾分校东亚研究教授崔成文(Chungmoo Choi)共同编辑了《危险的女性:性别和韩国民族主义》(*Dangerous Women: Gender and Korean Nationalism*)。这部文辑收录了关于韩国性别建构问题、韩国殖民化和去殖民化问题的文章12篇。两位编者认为"20世纪的韩国是多重日本殖民主义的复写本,也是新帝国统治,尤其是美国帝国主义的复写本",[②]该书探讨和质疑的正是韩国在去殖民化过程中以男性为中心的反殖民民族主义话语。在性别和种族政治的双重歧视的遗产中,韩国女性主义和海外韩国女性主义"被更大的以男性解放为目标的民族解放运动收纳或归为附属"[③],而那些敢于挑战双重压迫的韩国妇女或海外韩国女性就成为书名所指的"危险的女性"。文承淑(Seungsook Moon)的文章探讨了1961到1979年统治韩国的朴正熙独裁军政府时期以男性为中心的官方民族主义,崔成文研究了韩国反殖民民主主义如何建构女性的他者地位,使得男性成为民族的优先,玄怡江(Hyun Yi Kang)和海伦·李(Helen Lee)考察了韩裔美国女性艺术家在种族和性别语境下创作的作品。金惠经的文章《男人的谈话:一个韩裔美国人看韩国的女性、性别、和男性气质的建构》("Men's Talk: A Korean American View of South Korean Construction of Women, Gender, and Masculinity")也被收录其中。这篇文章以金惠经对首尔的男性进行的采访为基础,探讨了韩国文化对男性和女性的建构,指出"现代韩国男权资本主义的建立要求一种特别的男性公民,这种男性公民在劳力和性征比女性优越,并且与之对立"。[④]正如前言中所说,金惠经主编的这部文集"使得对殖民话语的批判更加丰富和多元化"。[⑤]

2003年,金惠经与加州大学尔湾分校妇女研究和比较文学副教授玄怡江(Laura Hyun Yi Kang)共同编辑了《回声阵阵:韩裔美国作家新作品》(*Echoes Upon Echoes: New Korean American Writing*)。这部作品集收录了新一代韩裔美国作家创作的优秀小说和诗歌,这些作品主题多样,富有创造力,反映了韩裔美国人生活的多样性,进一步消解了韩裔美国人的刻板

---

① Woo Moo Hurh, "Review of 'East to America: Korean American Life Stories'." *Journal of American Ethnic History* 16.2 (1997): 108.

② Elaine H. Kim and Chungmoo Choi, eds. *Dangerous Women: Gender and Korean Nationalism*. New York: Routledge, 1998. p.3.

③ Ibid., p.7.

④ Ibid., p.104.

⑤ Ibid., p.1.

形象。

在继续研究韩裔美国文学的同时,金惠经还将自己的研究延展到视觉艺术领域。2003 年,金惠经与艺术史学者玛戈·町田(Margo Machida)和视觉艺术评论家莎伦·沟田(Sharon Mizota)合作编撰了《新鲜话题/勇敢凝视:关于亚裔美国视觉艺术的对话》(*Fresh Talk/Daring Gazes: Conversations on Asian American Art*)一书。这本书早在 1989 年就开始酝酿,最初的设想是编辑一本收录亚裔美国艺术家作品的参考书,但是当时亚裔美国视觉艺术作品和评论很稀少,不足以成书。之后,亚裔美国艺术迅速发展,视觉艺术作品、评论、展览等都大量增加,为这部研究亚裔美国视觉艺术的著作提供了丰富的资源,编者的想法也从编辑一本纯粹的参考资料变为一部带有对话、评论等内容的书籍。所以说这本书也反映了亚裔美国视觉艺术领域的发展和变化。

《新鲜话题/勇敢凝视》一书分为三个部分,第一部分是由编者之一的玛戈·町田、美国研究学者丽莎·罗伊(Lisa Lowe)和金惠经为本书撰写的三篇介绍性文章,分别介绍了该书的酝酿、形成、跨文化的研究视角和亚裔美国视觉艺术的发展史。第二部分"作品集"("Gallery")汇集了活跃在当代艺术领域的亚裔美国艺术家,如菲裔画家帕慈塔·阿巴德(Pacita Abad),日裔画家新居富枝(Tomie Arai)、印度裔画家艾伦·德苏扎(Allan de-Souza)、华裔画家刘虹(Hung Liu)等创作的艺术作品 24 件,第三部分"交流"("Interchanges")收录了包括霍米·巴巴(Homi K. Bhabha)、恩里克·查戈雅(Enrique Chagoya)、格丽塞尔达·波洛克(Griselda Pollock)、费丝·林戈尔德(Faith Ringgold)、豪内· 快眼·史密斯(Jaune Quick-to-See Smith)等在内的一批著名艺术家和学者撰写的关于第二部分作品的评论文章,这些评论既有严格的理论分析也有个人化程度很高的解读,忠实地反映了当代亚裔美国艺术创作和评论的多元化特质。

金惠经也为本书第一部分撰写了文章《缝隙公民》("Interstitial Subjects")。这篇文章追溯了亚裔美国艺术的发展史的几个重要阶段,如 19 世纪晚期旧金山中国城的商业照片、日裔美国拘留营艺术、1992 年洛杉矶种族骚乱的反应、当代亚裔美国艺术中心从西海岸到纽约的转移等等,试图勾勒出亚裔美国视觉艺术的发展脉络,并且将其融入美国现代艺术发展史中。《新鲜话题/勇敢凝视》是一本重要的历史性的艺术文献,为亚裔美国艺术建构出了一个历史框架,从跨文化的角度来解读亚裔美国艺术,证明了亚裔美国艺术是一个富有活力的、多维的,也是充满矛盾冲突的领域。

目前,金惠经仍然在继续她的研究工作。2011 年,金惠经亲自撰稿并执导了1988年的纪录片《屠龙:美国影视中的亚裔女性》的续篇《屠龙:重装上阵》(*Slaying the Dragon: Reloaded*),同年3月在旧金山国际亚裔美国电影节上首映。在这部30分钟的续篇中,金惠经展示了过去25年来的亚洲女性和亚裔美国女性在电影、电视,网络等美国视觉媒体中的形象,探讨了这一形象的变化、循环往复,以及未来的趋势等问题。

金惠经不仅活跃在亚裔美国研究的学术领域,还参与了多个妇女和移民非营利组织的创建。她是加州亚裔妇女联合会的创始人之一,并曾担任主席,参与创建了奥克兰韩国社区中心(Oakland Korean Community Center)和亚裔移民妇女组织(Asian Immigrant Women Advocates),1998年至2001年还被美国联邦政府任命为纪念美国历史上的妇女委员会(Commission on the Celebration of Women in U. S.)成员。金惠经在亚裔美国文学、文化和视觉艺术研究和社会活动领域的卓越成就给她带来了很多荣誉,1983年她获得旧金山妇女中心颁发的领袖奖、1987年成为金钥匙国家荣誉协会的荣誉会员、同年获得亚太地区妇女湾区联合会颁发的女勇士奖、1991年获得妇女政策研究中心颁发的杰西·伯纳德智慧女性奖、1993年获得KGO电视台杰出人士奖、1995年进入加州杰出女性殿堂、同年获马萨诸塞州大学波士顿分校人文学荣誉博士、1998年获得全球韩国奖、1999年入选《A》杂志"十年最具影响力亚裔美国人"、2004年获得圣母大学印第安纳南本德分校荣誉法学博士、2004年获得亚裔美国研究协会颁发的文化研究图书奖、2011年获得亚裔美国研究协会终身成就奖。金惠经为亚裔美国文学、亚裔美国文化和视觉艺术的研究和发展所作出的巨大贡献使她成为亚裔美国文学第二代学者中的领军人物。

主要作品(按出版年代排序)

Asian American Literature: An Introduction to the Writings and Their Social Context. Philadelphia: Temple University Press, 1982.

Slaying the Dragon: Asian Women in U. S. Television and Film, 1988.

[Ed.] (with Asian Women United of California) *Making Waves: Writings By and About Asian American Women*. Boston: Beacon Press, 1989.

[Ed.] (with Norma Alarcon) *Writing Self, Writing Nation: A Collection of Essays on* Dictee *by Theresa Hak Kyung Cha*. Berkeley: Third Woman Press, 1994.

"'Bad Women': Asian American Visual Artists Hanh Thi Pham, Hung Liu, and Yong Soon Min." *Feminist Studies* 22.3 (1996): 573—602.

[Ed.] (with Eui-Young Yu) *East To America: Korean American Life Stories*. New York: The New Press, 1996.

[Ed.] (with Lilia V. Villanueva) *Making More Waves: New Writing by Asian American Women*. Boston: Beacon Press, 1997.

"'At Least You're Not Black': Asian Americans in U. S. Race Relations." *Social Justice* 25.3 (1998): 3—12.

"Defining Asian American Realities Through Literature." *Cultural Critique* 6 (Spring 1998): 87—111.

[Ed.] (with Chungmoo Choi) *Dangerous Women: Gender and Korean Nationalism*. New York: Routledge, 1998.

"Myth, Memory, and Desire: Homeland and History in Contemporary Korean American Writing and Visual Art," in *Holding Their Own: Perspectives on the Multi-Ethnic Literatures of the United States*. Eds. Dorothea Fischer-Hornung and Heike Raphael-Hernandez. Tübingen: Stauffenburg, 2000. 79—91.

[Ed.] (with Margo Machida and Sharon Mizota) *Fresh Talk/Daring Gazes: Conversations on Asian American Visual Art*. Berkeley: University of California Press, 2003.

InvASIAN: Asian Sisters Represent, A Collection of Writings for Asian and Pacific American Teenaged Girls. San Francisco Study Center/Asian Women United of California, 2003.

[Ed.] (with Laura Hyun Yi Kang) *Echoes Upon Echoes: New Korean American Writing*. New York: Asian American Writers Workshop/Temple University Press, 2003.

参考文献

Gomez, Christina. "Review of 'East to America: Korean American Life Stories.'" *Social Forces* 77.3 (1999): 1209—1210.

Hurh, Woo Moo. "Review of 'East to America: Korean American Life Stories.'" *Journal of American Ethnic History* 16.2 (1997): 106—108.

John, Stephen Hong and John Blair Gamber. "Currents of Study: Charting the Course of Asian American Literary Criticism." *Studies in the Literary Imagination* 37.1 (2004): 1—16.

Nancy Um. "Commentaries and Demarcations: Asian American Art." *Art Journal* 64.2 (2005): 101—102.

Rajgopal, Shoba Sharad. "'The Daughter of Fu Manchu': The Pedagogy of Deconstructing the Representation of Asian Women in Film and Fiction." *Meridians: Feminism, Race, Transnationalism* 10.2 (2010): 141—162.

Yang, Linyan. "Theorizing Asian America: On Asian American and Postcolonial Asian Diasporic Women Intellectuals." *Journal of Asian American Studies* 5.2 (2002): 139—178.

Sue, J. Kim. "Narrator, Author, Reader: Equivocation in Theresa Hak Kyung's *Dictee*." *Narrative* 16.2 (2008): 163—177.

海瑟尔·V. 卡比(Hazel V. Carby)
(1948—)

海瑟尔·V. 卡比,著名非裔美国学者和女性主义学者,现任耶鲁大学美国研究系和非裔美国研究系教授。二十多年来,海瑟尔·V. 卡比一直致力于非裔美国文化和文学的研究,撰写的三部重要学术著作《重构女性气质:非裔美国女性小说家的兴起》(*Reconstructing Womanhood: The Emergence of the Afro-American Woman Novelist*, 1987)、《种族男人:种族、国家、男性气质的身体和灵魂》(*Race Men: The Body and Soul of Race, Nation, and Manhood*, 1998)和《巴比伦文化:黑色英国和非裔美国》(*Cultures in Babylon: Black Britain and African America*, 1999)都被认为是非裔美国研究的重要著作。卡比不仅重视对生活在美国的黑人文化和文学进行深入研究,而且高瞻远瞩,将非裔美国学术研究的范围从美国黑人扩展到全世界各地的离散黑人。卡比的研究重视社会条件和物质现实,这种独特的研究方法也给非裔美国研究带来深远影响。

海瑟尔·V. 卡比并不是土生土长的美国人,1948 年 1 月 15 日小海瑟尔出生于英国德文郡欧克汉姆顿镇。母亲来自于一个贫穷的威尔士家庭,父亲是牙买加黑人,这样的跨种族婚姻在那个时代并不被社会接受。由于父亲是来自牙买加的黑人,卡比从小就感受到了种族歧视。卡比在回忆自己的少年时代时说,"我上的是白人学校,要面对强烈的种族歧视。成功是我应对歧视的策略"。高中毕业后,卡比进入普斯茅斯工业大学学习英国文学和历史。1970 年,她以优异成绩毕业,获得学士学位。接受学校教育期间遭受的不公正待遇使卡比意识到英国的教育制度是带有种族主义色彩的。为了研究英国教育制度中的种族主义,探索改善的途径,卡比来到伦敦大学教育学院学习。1972 年,卡比毕业,获得教师资格,来到纽汉姆一所高中任教。这所学校位于伦敦东北部贫困地区,但是卡比的教师生涯很愉快,因为她看到"那里的教师都在为教育制度的民主化而努力"。[①] 1979 年,撒切尔夫人担任英国教育大臣,为了减少政府开支,撒切尔夫人取消了一系列可以促进英

---

① Carrie Golus, "Carby, Hazel 1948—," in *Contemporary Black Biography*, 2001. <http://www.encyclopedia.com>

国教育制度民主化的政策。卡比十分失望，她决心放弃教师工作，重新回到学校攻读硕士学位。

1979年，卡比在伯明翰大学当代文化研究中心获得硕士学位。期间，卡比参与了《帝国归来：七十年代英国的种族和种族主义》(*The Empire Strikes Back: Race and Racism in Seventies Britain*)一书的编辑工作。《帝国归来》汇集了伯明翰大学当代文化研究中心8位学者关于20世纪70年代英国的种族关系的文章，认为"英国独裁体制的建构和20世纪70年代英国普遍存在的种族主义互相交织"。[①] 卡比撰写了其中的第五章和第六章。在第五章《巴比伦的学校教育》("Schooling in Babylon")中，她分析了英国教育制度对待黑人孩子的理论和政策，认为英国的教育机构已经日益成为直接的种族主义工具。在第六章《白人妇女听着！黑人女性主义和姐妹情谊的界线》("White woman listen! Black feminism and the boundaries of sisterhood")中，卡比否认了白人女性主义者热衷的黑人女性和白人女性之间的姐妹情谊，指出发展黑人女性自己的女性主义理论和实践是很重要的。

由于当时主流英国学术界对于20世纪70年代英国种族关系普遍持乐观和肯定态度，所以卡比的这些观点在当时显得十分激进，遭到了一些保守学者的批评，以至于该书出版后很长时间，卡比都找不到工作。同年，卡比开始写作关于女性奴隶叙事的博士论文。期间，她结识了耶鲁大学非裔美国研究项目主任，获得了在耶鲁大学英语系工作的机会。1981到1982年，卡比在耶鲁大学任教，讲授黑人妇女文学和加勒比文学，后又在卫斯理大学任教。在谈及接受美国大学的邀请在美国执教的原因时，卡比说，"在玛格丽特·撒切尔执政的英国，几乎没有机会教授黑人学"。[②] 1982年，卡比与在耶鲁大学工作的美国文化历史学家迈克尔·丹宁结婚，生下一子。1984年，卡比完成博士论文，在伯明翰大学获得博士学位。1985年，卡比在卫斯理大学被提升为助理教授，1988年晋升为副教授。

1987年，卡比出版了她的博士论文《重构女性气质：非裔美国女性小说家的兴起》(*Reconstructing Womanhood: The Emergence of the Afro-American Woman Novelist*)。卡比在这部著作中运用斯图尔特·霍尔的文化批评理论解读一直被主流评论界忽视的19世纪中叶到20世纪30年代非

---

① Center for Contemporary Cultural Studies, University of Birmingham, *The Empire Strikes Back: Race and Racism in Seventies Britain*. London: Hutchinson, 1982. p. 9.

② Hazel V. Carby, *Cultures in Babylon: Black Britain and African America*. New York: Verso, 1999. p. 2.

裔美国女性作家和社会活动家的小说和非虚构作品，修正了学术界对于这段时期非裔美国女性文学的错误观点，呼吁重新考察黑人女性主义理论，对这一阶段的非裔美国女性文学的研究做出了突出贡献，该书成为美国黑人文学和文化以及美国女性主义文学批评的重要著作。

在该书第一章，卡比开宗明义，阐述了她在这部著作中重点研究的四大问题：(1)卡比认为19世纪的黑人女性被主流文化所定义的所谓“真正的女性”(true womanhood)排除在外，因此黑人女性知识分子不得不重新建构“黑人女性的另类话语”。[①] (2)卡比质疑当代女性主义历史学家和文学批评家提出的黑人和白人女性之间的姐妹情谊。卡比认为在19世纪末到20世纪初时期的两大女性政治运动(妇女选举权和禁酒运动)中，白人女性“并不是和黑人女性站在一起，而是和种族主义、男权主义秩序一起反对所有的黑人”。[②] (3)19世纪中叶到20世纪30年代不仅仅是以布克·T.华盛顿(Booker T. Washington)和W. E. B.杜波依斯(W. E. B. Du Bois)为代表的男性黑人领袖的时代，而且还是以弗朗西斯·哈帕(Frances Ellen Watkins Harper)[③]、葆琳·霍普金斯(Pauline Hopkins)[④]等为代表的黑人女性知识分子活跃的时期。她们“建立自立组织，进行了大量知识活动，取得了丰硕成果”，[⑤]但是却被边缘化。(4)卡比试图重新建构第一代非裔美国女性小说家创作的社会、政治、文学背景，从而勾勒出一部非裔美国女性小说家兴起的非主流文学史，卡比称这段历史是“一部文化史”。[⑥]

卡比研究了多位黑人女作家在作品中重新建构“黑人女性的另类话语”的问题。卡比考察了历史学家芭芭拉·维尔特(Barbara Welter)提出的“真正的女人”这一文化概念的历史背景，认为这一概念排除了19世纪的黑人女

---

① Hazel V. Carby, *Reconstructing Womanhood: The Emergence of the Afro-American Woman Novelist*. New York: Oxford University Press, 1987. p. 6.

② Ibid., p. 3.

③ 弗朗西斯·哈帕(Frances Ellen Watkins Harper, 1825—1911)：美国废奴主义者，诗人和作家。哈帕积极参加废奴运动和妇女运动，曾担任全国有色妇女协会(National Association of Colored Women)副主席。哈帕也出版了多部文学作品，最著名的是1892出版的长篇小说《萝拉·乐罗伊》(*Iola Leroy*)。

④ 葆琳·霍普金斯(Pauline Hopkins, 1859—1930)：著名非裔美国女作家、编辑和记者，其音乐剧《奴隶逃亡》(*Slaves' Escape*, 1880)是最早反映奴隶逃亡的文学作品之一，描写内战后美国黑人困境的小说《斗争的力量：黑人的南北生活传奇》(*Contending Forces: A Romance Illustrative of Negro Life North and South*, 1900)被认为是一战之前非裔美国文学最重要的作品之一。

⑤⑥ Hazel V. Carby, *Reconstructing Womanhood*. p. 7,

性，被种族主义和男权主义社会用来掩盖“客观的社会关系”，“使得充满矛盾的女性生活的物质环境”变得井然有序。① 因此为了表现被掩盖和抹杀的黑人女性的生活，19 世纪的黑人女性不得不创作自己的文本来改变或者颠覆白人“真正的女性”这一文化概念。黑人女作家质疑当时流行的感伤小说中女性的被动、居家、母性和纯洁的形象。哈莉特·威尔逊（Harriet Wilson）的《我们的黑奴》（*Our Nig*，1859）和哈丽雅特·安·雅各布斯（Harriet Ann Jacobs）的小说《一个奴隶女孩的生活事件》（*Incidents in the Life of a Slave Girl*，1861）中，就将“真正的女性”这一概念“去神秘化”，完成了女人气质的另类话语，颠覆了感伤小说的主要叙事密码，“是黑奴解放前黑人作家所能做出的对‘真正的女性’概念最复杂、最持久的叙事解析”。② 卡比指出雅各布斯通过对女奴隶主的刻画，打破了对于传统白人女性的成见，也否认了黑人和白人女性之间结成姐妹的可能性。《一个奴隶女孩的生活事件》的女主人公琳达·布伦特不断反抗白人主子，自己给自己制定行为规范，包括如何选择性伴侣。作为文学，该作品违背了爱情感伤小说、男性奴隶叙事和废奴文学的写作套路，因此被主流文学评论界长期忽视。卡比还分析了著名废奴主义者、女性主义者弗朗西斯·哈帕（Francis Harper）的小说《萝拉·乐罗伊》（*Iola Leroy*，1892），认为这部小说提出了种族振兴的理论，是一个“政治武器”③，是一部重要的黑人女性小说。著名黑人女作家葆琳· 霍普金斯也是卡比研究的重点。卡比总共分析了霍普金斯的四部小说，对霍普金斯的历史地位提出了自己新的见解。卡比认为霍普金斯的通俗小说有着重要意义，因为这些通俗小说呼吁重新寻找黑人历史，给予黑人领袖们力量，从而改变黑人和白人之间不平等的社会关系。卡比在分析女作家奈拉·拉森（Nella Larson）的作品时指出，和上述黑人女作家一样，拉森也认为浪漫小说叙事不能表达黑人女性的经历。但是，拉森很有个性，她努力保持自己的思想独立，拒绝所谓的中场阶级黑人道德观，拒绝种族振兴的概念，拒绝黑人知识分子的领导，因此她的代表作小说《流沙》（*Quicksand*，1928）中的黑白混血女主人公是一位有着现代人特征的被异化的个体，“和她的种族、性别和阶级疏离”。④

卡比认为诸如哈莉特·威尔逊、弗朗西斯·哈帕、葆琳·霍普金斯、奈

① Hazel V. Carby, *Reconstructing Womanhood*. pp. 23－24.

② Ibid., p. 47.

③ Ibid., p. 94.

④ Ibid., p. 169.

拉·拉森等黑人女作家的作品不仅仅记录了黑人妇女当时所处的经济、政治、社会生活环境,更重要的是这些作品中探讨的男权、种族、性别、黑人女性教育、帝国主义的相互关系等问题直接质疑和挑战了当代种族主义和男权主义意识形态。在最后一章,卡比对 19 世纪中叶到 20 世纪 30 年代这一阶段的非裔美国文学的重要性做出了新的评价。卡比认为哈莱姆文艺复兴在美国文学界的崇高地位让人忽视了 20 世纪 30 年代之前黑人文化运动的成就。实际上,第一次世界大战前,绝大多数黑人仍然生活在南方,北方的黑人只是少数精英阶层,没有接触和体验过黑人大众的生活,所以创作出的作品根本无法代表全体黑人。卡比认为以弗朗西斯·哈帕、葆琳·霍普金斯等为代表的黑人女性知识分子的作品更能代表当时黑人真实的生活。19 世纪中叶到 20 世纪 30 年代的黑人女性知识分子的兴起是 20 世纪 30 年代哈莱姆文艺复兴的重要前奏。卡比认为这一阶段的重要黑人女作家在她们的作品中探讨种族问题、颠覆白人浪漫爱情小说的写作规范,这些都直接促进了 20 世纪 70 年代的黑人女性主义历史和文学批评运动和 20 世纪 80 年代的黑人女性文学复兴运动。

《重构女性:非裔美国女小说家的兴起》一书被认为是“非裔美国女小说家研究的里程碑”,卡比由此声名鹊起。1989 年,卡比返回耶鲁大学,受聘成为英语系、美国研究系和非裔美国研究项目教授。1994 年,卡比将自己的学术重点完全转为向非裔美国研究。1996 年,她受聘成为耶鲁大学非裔美国研究项目主任。

1998 年,卡比以自己在哈佛开设的杜波依斯讲座稿为基础,出版了她的第二部专著《种族男人:种族、国家、男性气质的身体和灵魂》(*Race Men: The Body and Soul of Race, Nation, and Manhood*)。“种族男人”是 20 世纪初开始流行的术语,用来指那些取得很高成就和社会地位的黑人男性,他们的成功可以证明黑人的智慧、力量和修养,提升整体种族形象,帮助白人摆脱黑人低人一等的观念,被认为是非裔美国人的英雄。

卡比把这一概念放入黑人政治和文化历史的大背景下进行了分析,剖析了这一概念在 20 世纪被社会和文化建构的过程,认为这是一个具有强烈的种族主义和男权主义色彩的概念。非裔美国的“种族男性”源于黑人向白人“证明他们不是低人一等的种族”的需要,[①]具有强烈的社会和文化的表演性。更重要的是,在黑人社会里,关于种族问题的探讨都是在男性之间进

① Hazel V. Carby, *Race Men: The Body and Soul of Race, Nation, and Manhood*. Cambridge: Harvard University Press, 1998. p. 4.

行，也都是关于男性的。黑人社会普遍认为只要他们的男性被白人社会平等对待，那么种族主义就会消失，把解决种族问题和黑人男性问题等同起来。卡比在《种族男人》一书中质疑这一观点，强调这一观点把黑人女性和黑人同性恋者排除在外，拒绝他们的声音。即使到了 20 世纪 90 年代，“黑人女性和黑人同性恋男性学者的成就仍都被轻视，被认为不值得参与、争论、同意或者不同意”。[1]

为了研究“种族男人”的起源和影响，卡比研究了 20 世纪一些著名的学术、文学、艺术、娱乐界的成功黑人，用来“特别考察在不同舞台上黑人男性特征的体现、表演和实施中的文化和政治复杂性”。[2] 卡比研究的第一个案例是著名非裔美国学者杜波依斯和他的名著《黑人的灵魂》(*Souls of Black Folk*，1903)。卡比认为《黑人的灵魂》一书在“思想和感情上带有性别歧视色彩”[3]，杜波依斯错误地认为黑人男性个体可以成为一个种族历史和意识的代表，这个观点完全把女性黑人排除在外。卡比接着研究了另一位著名黑人学者科内尔·韦斯特。韦斯特被认为是继杜波依斯之后，又一位学术界“种族男人”代表。卡比认为韦斯特不仅在哲学思想上和杜波依斯一脉相承，连服饰都如出一辙。他们都喜好穿着象征男性气质和权威的三件套西装，“证明男性的身体是可以被塑造成一个知识导师的。要确认一个人从事的是脑力工作或者重要职业，并且行为是道德的，那么这是唯一的被社会接受的装扮，也就确认了从事这些行业的人不可逆转地、一成不变地必须具备男性特质，”[4]黑人女性知识分子又一次被排除在外。

卡比研究的第二个案例是著名黑人歌唱家和民权活动家保罗·罗伯逊(Paul Robeson)。[5]在罗伯逊声名最盛的 20 世纪 40 年代，白人艺术家认为黑人代表了原始主义，罗伯逊一度被主流社会认定为黑种人原始美丽的代表。在这一理念的驱使下，著名白人摄影师尼可拉斯·穆雷(Nickolas Muray)为他拍摄了裸体照片，来展示这种原始的美丽。卡比认为这些照片和其他一些欧美艺术家拍摄的黑人男性裸体照片只是被白人艺术家用来证明“本质

① Hazel V. Carby, *Race Men*. p. 5.

② Ibid., p. 2.

③ Ibid., p. 12.

④ Ibid., p. 21.

⑤ 保罗·罗伯逊(Paul L. Robeson，1898—1976)，美国著名黑人歌唱家、演员和政治活动家。罗伯逊是第一位举行黑人灵歌音乐会的歌手，为黑人灵歌的普及做出了重要贡献。他也是第一位出演《奥赛罗》主角奥赛罗的黑人演员。20 世纪 50 年代，罗伯逊积极参与反帝运动和黑人民权运动，一度被美国政府禁止出国旅行和演出。

主义定义下的男性气质”,作为种族和被理想化的黑人男性气质的代表。但是,由于黑人客体无法“回看观看者”,这些摄影文本复制了20世纪初“权力和服从的不平等关系”。[①]但是,后来罗伯逊拒绝这样被白人社会利用,他的政治观点越来越激进,不再按照白人的定义塑造自己,所以他的身体对于白人来说也就不再有价值,罗伯逊随即被美国主流文化排除在外。

卡比分析的下一个案例是美国著名爵士乐音乐家迈尔斯·戴维斯(Miles Davis)和黑人同性恋科幻作家塞缪尔·德拉尼(Samuel Delaney)。通过分析他们的自传,卡比认为戴维斯的音乐和德拉尼的作品一样都是在探索自由的本质。不同的是,迈尔斯·戴维斯的音乐是在歧视女性的世界中探索新的音乐表达方式,而塞缪尔·德拉尼则努力突破性别、性征、种族和文学传统观念,开展新的文学实验。两者对比,卡比认为爵士乐文化是菲勒斯中心主义的,是恐惧同性恋的,而德拉尼则提供了“种族男人”的另类形式,为跨越性别、异性恋同性恋、白人黑人之间的二元对立结构,建构新的非裔美国男性气质提供了希望。

卡比也把自己的研究案例延展到当代最大的影像工厂——好莱坞。卡比在最后一章分析了好莱坞制造出来的“好黑人”演员丹尼·格拉瓦(Danny Glover)。卡比分析了丹尼·格拉瓦和白人演员梅尔·吉布森在系列电影《致命武器》中的搭档演出,认为这样的黑白男人之间的友谊体现了黑白男人在反女性主义文化中的合谋,黑人女性被进一步排除。“男人不是在争取自由、而是在成为共同压迫者的过程中成为朋友的”。[②]

虽然这部著作的观点被认为过于激进,但是这部著作超越了固定的结构和研究模式,代表了非裔美国女性主义研究的成熟。查尔斯·布鲁克斯认为“海瑟尔·卡比为我们呈现了美国黑人男性和男性特征。这部书的杰出之处在于卡比对黑人男性气质在各个媒介,如音乐、文学、电影、摄影等的体现,她的观察是引人入胜的”[③]。

1990年,卡比出版了她的第三部著作《巴比伦文化:黑人英国和非裔美国》(*Cultures in Babylon: Black Britain and African America*)。这部著作汇集了过去二十年间卡比撰写的文章以及在各类杂志和文集上发表的关于多文化主义的文章,探讨的问题相当广泛,涉及多文化教育、文学经典的建

① Hazel V. Carby, *Race Men*. p. 56.

② Ibid., p. 156.

③ Charles A. Brooks, "Man-made." *Black Issues Book Review* January 1999: http://www.highbeam.com/publications/black-issues-book-review-p110/january-1999.

构、黑人女性文学、黑人女权主义、甚至黑人女性布鲁斯音乐等等，是卡比二十多年学术生涯的一个小结。书中的17篇文章按照主题分为四个部分。第一部分“妇女、迁徙以及布鲁斯文化的形成”（“Women，Migration and the Formation of a Blues Culture”）探讨了从美国黑人大迁徙运动到现在以来非裔美国女性在美国城市文化的形成中的重要作用。[①]第二部分“黑人女权主义者的参与”（“Black Feminist Intervention”）探讨了黑人女性在教育界和学术界遇到的困难，比如黑人女性很难获得学术界的职位，黑人女研究生比例也偏低，黑人教师在整个学校教育中的课程比重偏少等等。第三部分“虚构的黑人”（“Fictions of the Folk”）批评了一些学者单纯在黑人农业文化的基础上虚构黑人历史、文学和文化传统的做法。卡比认为黑人知识分子想象和重新创造当代黑人文化的方式对于未来黑人文化的发展有着很大影响，所以在研究黑人的文化史的时候，应该采取开放的态度，接纳各种批评。在第四部分“多文化战争报告”（“Dispatches from the Multicultural Wars”）中，卡比又回到多文化教育的讨论。作者以自己于1972年到1979年间在伦敦东区担任高中教师和从事政治活动的经历为背景，探讨了如何进行多文化教育教学法的实践和理论。

《巴比伦文化：黑人英国和非裔美国》出版后，虽然有评论家指出该书的组织结构缺乏整体性，文章也没有按照时间顺序排列，给读者的阅读造成困难，但是其学术价值还是得到了充分肯定。[②] 另外，该书简单明了的写作风格也使得这部学术专著受到了普通读者的欢迎。卡比对此感到很高兴，认为这并没有降低这部学术著作的价值。“人们经常看不起获得很多读者喜爱的书的价值，但是我不认为这是降低这本书的价值。这么多读者喜欢这本书让我觉得很有意思。”[③]

正在卡比在学术界收获赞誉的时候，她在耶鲁大学的非裔美国项目工作却遇到困难。卡比感觉耶鲁大学没有给予非裔美国研究足够的尊重。2000年春天，卡比辞去了非裔美国项目主任一职，以此抗议耶鲁大学拒绝将

---

① 美国黑人大迁徙运动（Great Migration）：1910年到1930年期间，为了躲避南方的种族歧视，在工业化城市里找到更好的工作，大约200万黑人从美国南部迁移到美国中西部和东北部。这次大迁徙运动被认为是美国黑人城市化进程的决定性一步。

② Anthony G. Barthelemy，“Review of *Cultures in Babylon*：*Black Britain and African America*.” *African American Review* 35. 1 (2001)：146.

③ Carrie Golus，“Carby，Hazel 1948—，” in *Contemporary Black Biography*. 2001. <http://www.encyclopedia.com/doc/1G2—2872900013.htmlhttp://www.encyclopedia.com/doc/1G2—2872900013.html>

非裔美国项目升级为独立的系的做法。“我为这件事努力了很多年。非裔美国项目不能成为一个系真是太荒谬了。”[①]卡比的抗议取得了成功。就在她递交辞职报告不久，耶鲁大学非裔美国研究系终于成立了，卡比也同意留下来。目前，海瑟尔·卡比虽然不再担任耶鲁大学非裔美国项目主任，但是仍然从事非裔美国的教学和研究工作，还担任《耶鲁批评学报》(*Yale Journal of Criticism*)和《离散群体：跨国研究》(*Diaspora: A Journal of Transnational Studies*)两种学术期刊的编委会成员。

目前，卡比正在研究黑人文化对爱尔兰流行文化的影响，同时在撰写一部关于20世纪30年代到50年代激进黑人女性的著作。卡比对非裔美国研究现状和发展也有自己独到的见解。在研究方法上，卡比主张跨学科研究。在研究范围上，卡比认为现在非裔美国研究的范围过于狭窄，基本上限制在生活在美国的黑人。非裔美国研究要发展，必须扩大研究范围，如生活在北美之外世界其他大洲的离散黑人，她说，“不能只从美国的角度研究非裔美国历史。大多数非裔美国人生活在巴西，而不是美国。但是非裔美国研究却仅被视为局限在缺乏批判力的民族主义框架下，人们必须从更广大的框架理解非裔美国人”[②]。二十年来，海瑟尔·V.卡比独特的研究视角和研究方法使得她“比很多知名学者更加广泛地定义了非裔美国研究”。[③]

主要作品(按出版年代排序)

"Schooling in Babylon," in *The Empire Strikes Back: Race and Racism in Seventies Britain*. London: Hutchinson, 1982. 181—210.

"White woman listen! Black feminism and the boundaries of sisterhood," in *The Empire Strikes Back: Race and Racism in Seventies Britain*. London: Hutchinson, 1982. 211—234.

"'On the Threshold of Woman's Era': Lynching, Empire, and Sexuality in Black Feminist Theory." *Critical Inquiry* 12.1 (1985): 262—277.

Reconstructing Womanhood: The Emergence of the Afro-American Woman Novelist. New York: Oxford University Press, 1987.

"In Body and Spirit: Representing Black Women Musicians." *Black Music Research Journal* 11.2 (1991): 177—192.

"Policing the Black Woman's Body in an Urban Context." *Critical Inquiry* 18.4 (1992): 738—755.

Race Men: The Body and Soul of Race, Nation, and Manhood. Cambridge: Harvard University Press, 1998.

Cultures in Babylon: Black Britain and African America. New York: Verso, 1999.

"History's Hybrids." *The Women's Review of Books* 17.5 (2000): 16.

---

①②③ Carrie Golus, "Carby, Hazel 1948—," in *Contemporary Black Biography*.

"African American Intellectuals Symposium." *The Journal of African American History* 88. 1 (2003): 78—81.

"Lost (and Found?) in Translation." *Small Axe* 13. 1 (2009): 27—40.

参考文献

Andrews, Larry R. "Review of *Reconstructing Womanhood: The Emergence of the Afro-American Woman Novelist*." *Contemporary Literature* 32. 3 (1991): 439—446.

Berlant, Lauren. "Cultural Struggle and Literary History: African-American Women's Writing." *Modern Philosophy* 88. 1 (1990): 57—64.

Golus, Carrie. "Carby, Hazel 1948—." *Contemporary Black Biography*. 2001. <http://www.encyclopedia. com/doc/1G2 — 2872900013. htmlhttp://www. encyclopedia. com/doc/1G2 — 2872900013. html>

Gomez, Jewelle. "Mountain High." *The Nation*. April 30, 1988: 615—618.

"Hazel V. Carby." http://prelectur. stanford. edu/lecturers/carby/

Nagel, James. "Review of *Reconstructing Womanhood: The Emergence of the Afro-American Woman Novelist*." *Black American Literature Forum* 24. 4 (1990): 816—819.

Nelson, Jill. "The Gender of Race." *The Women's Review of Books* 16. 9 (1999): 16—17.

Oilfield, J. R. "Transatlanticism, Slavery, and Race." *American Literary History* 14. 1 (2002): 131—140.

Wald, Gayle. "The Vestments and Investments of Race." *American Quarterly* 52. 2 (2000): 371—380.

玛丽·凯利(Mary Kelley)
(1943—)

玛丽·凯利,美国历史学家、女权批评家。现任密歇根大学历史系、女性研究中心资深学院教授,研究领域广涉历史、美国文化和女性文学批评,重点关注19世纪美国女性和性别问题研究。凯利曾任美国研究协会主席(American Studies Association)、美国早期共和国历史学家协会主席(The Society of Historians of Early American Republic),并长期担任美国历史学家组织(The Organization of American Historians)执行委员会委员,美国历史与社会文化研究领域的重量级刊物《美国季刊》(*American Quarterly*)、《美国历史》(*Journal of American History*)和《新英格兰季刊》(*New England Quarterly*)的编委,在美国历史学界享有盛誉。凯利的《私有女性,公共舞台:19世纪美国的家庭文学》(*Private Woman, Public Stage: Literary Domesticity in Nineteenth-Century America*)1984年由牛津大学出版社出版、2002年北卡罗来纳出版社再版,奠定了她在女性研究和文学批评界的地位。该书探讨了12位美国19世纪知名女性通俗小说作家及其作品,以丰富凿实的历史考证、深入细致的文本分析赢得了历史和文学批评同仁的好评,而凯利提出的"文学家居性"(literary domesticity)概念更为19世纪女性小说研究提供了一个不可忽视的新视角,为美国19世纪的女性历史研究和女性文化研究拓宽了视域。

70年代初,年近三十的凯利放弃了令人羡慕的《时代周刊》的工作,进入爱荷华大学历史系攻读博士,开始了持续至今的学术生涯。在70年代初的美国大学里,女性研究的课程还实属凤毛麟角。来到爱荷华大学的凯利十分幸运,因为著名的女性历史学家、法学家琳达·克贝尔(Linda Kerber)刚好于1971年来该校供职,成为历史系的第一位女教师,开设了第一门美国女性历史研究课程。在贝克尔和另一位德高望重的历史学家斯托·帕森斯(Stow Persons)的指导下,凯利很快就决定以19世纪的女性小说为研究对象,这不仅表现出她对思想史和女性史的浓厚兴趣,而且还为她后来的女性文学批评领域拓宽了视野。1974年,凯利以《无意识的叛逆者:1820—1880女性小说研究》(*The Unconscious Rebel: Studies in Feminine Fiction, 1820—1880*)一文顺利获得了博士学位。毕业后,凯利先后在达特茅斯学院和密歇根大学执教,分别于1982年和1995年获得达特茅斯学院和卡内基基金会颁发的年度教师奖。此外,凯利还多次获得了亨廷顿图书基金会、国家人文基金会和洛克菲勒基金会的资助,这不仅是对她三十余年在历史和女性研究领域的教学和研究给予的奖励,也是对她以女性问题为核心展开的19世纪美国社会历史与文学文化的跨学科研究予以充分的支持和肯定。

女性研究是凯利学术研究的重心,也是她在美国历史和文学批评的跨学科研究中提出诸多建树的一个重要平台。代表作《私有女性、公共舞台》就充分展现了她的综合历史分析能力。书中,她以真实、客观、科学的态度,对十二位女作家出版和未出版的作品,以及日记、信件和新闻报道等200多份史料,进行了合理和系统的筛选和提炼,揭示出这些作品构成的"完整画面中独立或共享的因素"[①]。文学批评家敏锐的视角使得她能够重新评价19世纪美国最流行的一些女性作家,并通过"文学家居性"的概念阐述了女性作家在家庭生活和公共生活的夹缝中求得体面生存的困境,以及在此困境中构建的矛盾身份。无论是历史研究的方法还是文学批评的视角,这些女性作家在凯利的笔下总能"激发人们对女性历史和文学研究予以更广泛的关注,产生更新颖的方法"。[②]在这个意义上,凯利无疑是成功的。从该书出版到再版的近二十年间,美国女性研究经历了"爆炸式"的增长;美国女权主义文学批评也跃然成为文学理论的主流学说。凯利在该书第二版前言中颇为乐观地回顾了女性研究的发展,有力地论证了19世纪女性小说家经久不衰的文学魅力,以及她们对美国历史特别是美国女性历史研究的重大理论和实践意义。

凯利研究的对象是从1789到1835年之间出生的十二位女作家,其中有玛丽亚·康明斯(Maria Cummins, 1827—1866)、卡罗琳·霍华德·吉尔曼(Caroline Howard Gilman, 1794—1888)、卡罗琳·李·汉斯(Caroline Lee Hentz, 1800—1856)、玛丽·简·霍姆斯(Mary Jane Holmes, 1825—1907)、玛丽亚·麦肯托什(Maria McIntosh, 1803—1878)、萨拉·帕顿(Sara Parton, 1811—1872)、凯瑟琳·玛丽亚·塞奇维克(Catharine Maria Sedgwick, 1789—1867)、E. D. E. N. 索思沃斯(E. D. E. N. Southworth, 1819—1899)、哈里叶特·比彻·斯托(Harriet Beecher Stowe, 1811—1986)、玛丽·弗吉尼亚·特休恩(Mary Virginia Terhune, 1830—1922)、苏姗·沃纳(Susan Warner, 1819—1885)和奥古斯塔·埃文斯·威尔逊(Augusta

①② Mary Kelley, "Preface." *Private Woman, Public Stage: Literary Domesticity in Nineteenth-Century America*, New York, Oxford: Oxford University Press, 1984. p. xii.

Evans Wilson，1835—1909)。这些作家在19世纪50、60、70年代集中创作了大量通俗畅销小说，无论在销量还是知名度上，都远远超过了后来被奉为美国文学经典的男性小说家的作品，可谓空前繁荣。①

然而，同时期的“经典”或自负的男性作家却对她们的作品不屑一顾，霍桑就称她们是“一群胡乱涂鸦的妇女”。一些批评家也趋之若鹜，无端附和，给她们冠以不登大雅之堂的“感伤小说”和“言情小说”之名，致使这些女性作家始终被排挤在美国经典文学之外，沉寂无闻。直到20世纪中叶，随着女权运动风起云涌，女性文学备受关注，她们才引起批评家的青睐。然而，批评的潮流却把她们推向了另一个极端，她们从“胡乱涂鸦的妇女”摇身一变而成为叛逆者，成为“摆脱家庭束缚”、争取女性权利、削弱男性霸权的女权主义者了。凯利不无风趣地称这种随意扭转的批评风向是“走了个纸娃娃，又来了个纸老虎”。她认为这种随风头转向的批评是不公平的，是一种单一静态的批评模式，不仅把女性作家“置于历史之外”，而且“拒绝承认女性家居经验中存在着积极的和实质性的因素”。② 事实上，早在1979年凯利就发表了一篇题为《感伤小说家：家庭中的希望与背叛》(“The Sentimentalists: Promised and Betrayal in the Home”)的文章。在文中，凯利客观地承认感伤小说家“重点描述女性的无私和对他人的奉献”，然而“这些积极强有力的信念一定程度上也伴随着她们的无奈和失望。作家树立女性形象和强化女性作用的决心同时表现了她们对同时代的女性同胞们的同情和对国家道德状况的不满”③。继这篇颇具影响力的文章发表20年后，凯利依然要为这些女作家正名，从历史研究和文学批评的双重视角把这些“家庭作家”(literary domestics)放在19世纪美国社会文化的具体环境之中，分析她们在公共和私人生活中建构的双重身份和矛盾态度。

该书主标题中的“私有女性”和“公共舞台”就彰显了这些作家的双重身份：她们一方面扮演着传统的“贤妻良母”角色，另一方面又参与以男性为主导的社会，为获取经济利益而走出家门成为公众人物。这一双重身份决定了她们创作的主题必然是女性和家庭生活。她们的笔下有崇尚爱情、渴望婚姻的单身少女，也有背负家庭重担、足不出户的妻子母亲；有被剥夺教育

---

① 霍桑的《红字》在其一生的销量是一万册，而斯托夫人的《汤姆叔叔的小屋》出版第一年的销量就达30万册，分别参见维基百科 http://en.wikipedia.org/wiki/The_Scarlet_Letter，http://en.wikipedia.org/wiki/Uncle_ Tom%27s_Cabin

② Mary Kelley, *Private Woman*, *Public Stage*. p. viii.

③ Marry Kelley, “The Sentimentalists: Promised and Betrayal in the Home.” *Signs* 4.3 (Spring 1979): 437.

而受到不公待遇的无知女性，也有饱受丧夫失子、命运多舛之悲惨遭遇的寡母孀妇。这些人都与作家自己一样，纠缠于繁重的家庭事务，在家庭生活中获得身份价值。凯利以记录内心世界之点滴经验的主观的感性化的语言，或用表达深层寓意的古怪离奇的寓言隐喻，刻画了这些作家和女性人物所共有的身份特征，而这些身份特征又都取决于她们从属的家庭背景以及父亲或丈夫的社会地位。她们都是白人新教徒、中产阶级精英的女儿和妻子，拥有一定的阶级优势，但同时也难以摆脱女性固有的低贱和自卑情绪。塞奇维克是第一个赢得全国性声誉的作家，她明白女性相比于同一阶级的男性而言要面对更多更大的社会挑战。她写道，"我希望最底层的人能够追求和享受自己的知性能力，但也希望她们意识到履行哪怕是最低微的职责也同样能够获得尊严"①。虽然塞奇维克的这番话主要针对家中的女仆所言，却同时也表达了女性小说家对自我身份认同的矛盾情绪，纠结于"超越自身境遇的渴望"和"正确对待自身境遇的态度"。她们自知家庭生活的狭隘性和封闭性，渴望在更广阔的公共舞台上展现自己的才华，而一旦置身于开放的父权社会，她们自己公共身份的评价却又受到家庭传统的束缚，强烈的异化意识时刻提醒她们回到自身所属的恰当位置上去，履行本来就属于她们的家庭职责。

事实上，作为描写家居生活的作家，她们的自我身份认同与美国19世纪的大部分女性相同，而对公共人物身份所持的态度也是当时社会中普遍盛行的。当迅速膨胀的美国出版业将她们推向文化产业和经济市场的风口浪头上时，她们不得不想方设法应付这尴尬的特殊境遇。大多数人开始匿名或以笔名发表作品，把丰厚的稿酬用于家务开支。更重要的是，她们在作品中强调了家庭生活对女主人公的影响，她们生命的意义和自我价值依然脱离不了所属家庭的圈子，而故事结局大多是觅得如意郎君、建立美满家庭的理想模式。在这个意义上，19世纪女性小说家们虽然走出家门、进入了社会，但却像小说家吉尔曼在信中描写的私人聚会上的女歌手一样，每首歌过后她都会在年轻绅士的陪伴下回到女伴们中间，并用纱巾遮面，好像掩盖她在公众面前演唱的事实一样。②

然而，不管如何遮掩，家庭女性作家毕竟创作了当时最畅销的小说，她们毕竟在一定意义上打破了公共领域和私有领域之间的严格界限，毕竟用自己艰难的创造写出了可与男性一比高低的作品。这些"出自女性之手、以

① Mary Kelley, *Private Woman*, *Public Stage*. p. x.

② Ibid., p. i.

女性为写作对象、又为女性而作的"的"女性自己的文学"①曾经轰动一时,过后又大多被淹没在历史的尘烟之中。凯利试图把19世纪通俗文学的发展如实呈现出来,深究其发展的历史和社会原因;这不仅涉及作品的审美价值和创作技巧,更关乎整个时代的社会背景和文化潮流。因此,凯利更愿意将自己的研究定位为历史研究,而不是标题所指的文学研究,在方法论上也更倾向于采用历史研究的客观和超然的态度,不但深入挖掘家庭小说的文本世界,而且从超出小说文本范围之外的信函、传记、日记等历史资料中拼凑个体作家的生活面貌,将其置于19世纪宏观的社会环境和文化氛围中,着重考察大众出版市场和消费文化的发展为女性小说家提供的职业契机和经济利益,从而多角度、多层次地考察和呈现家庭小说的性别政治和时代背景。

凯利用"文学的家居性"这个术语描述公共和私有对立中的性别渗透及其现实经验和文学再现。在该书第二版的前言中,她对这个概念做出了比较清晰的阐释。就其使用范畴而言,它不仅指代"社会规定所建构的场所",也是"构成女性气质的性别特征",是表现在生活实践和思想信念中的话语。她借用了吉尔·博德曼(Gail Bederman)的话语概念,"一系列思想和实践,其组织形式不仅反映了社会对某个真理的判断,也表现出社会权力的分配"②。家庭文学作为一种话语形式,不仅包含女性作家在私有家庭和公共社会之间的双重身份的形成,也暗指她们挑战传统的男权绝对统治、获得一定经济和家庭自主权的独立精神。

最直接地表现女性作家"革命性"话语力量的就是作家在小说中塑造的理想女性形象。"她是一个坚强、威严、身为家庭中心人物的女性,一个对于丈夫既是支持者又是拯救者的女性,一个对于子女既是榜样又是师表的女性,一个对急需更正的美国社会来说起到改良者和勤务员作用的女性。"③在对这种女性形象的塑造和讴歌中,她们担当起了文学"传道者"的角色,以小说为媒介,向读者和公众传播传统中只囿于家庭层面的道德思想和价值诉求。当家庭丧失男主人的经济和精神支柱时,她们以自己的智慧和才华勇敢承担起家庭的重任。小说中表现的女性独立自主、艰苦奋斗的成功史,更为广大的19世纪女性读者提供了可供借鉴的生活模式和榜样力量。小说家自身也因此成为了民族精神的守护者和民族文化的缔造者。当然,这刻画和评价在男性文化统治的19世纪是极为艰难的。

---

① 金莉:《文学女性与女性文学:19世纪美国女性小说家及作品》,第13页。

② Mary Kelley, "Preface." 2002. p. xii.

③ 金莉:《文学女性与女性文学:19世纪美国女性小说家及作品》,第94页。

如果说，通过小说的创作和传播，她们在道德层面上予以保护的对象是从个别小家庭扩展到更多的家庭，这对她们来说或许是比较容易承受的；但在文化层面上的越界却是这些女性小说家所难以实现的。她们谨慎地评价自己作品的艺术价值，谦虚地称她们那些在文坛享有盛誉的小说不过是“我的小书”（威尔逊）、“简单的故事”（特休恩）、“小事一桩”（吉尔曼）、“无足挂齿的文字劳动”（塞奇维克）等等。这种“谦卑”态度说明，虽然她们创作了当时最受大众欢迎的小说，但却不足以进入文学经典，仍然被排除在男性主流文化之外或位于其边缘。事实上，20 世纪后半叶之前，美国文学艺术的经典都始终是反映男性文化、男性价值取向的；女性作家始终遭到冷落和排挤。1978 年，尼娜·贝姆（Nina Baym）的《女性小说：美国 1820—1870 年间出自女性之手以及以女性为写作对象的女性小说指南》（*Woman's Fiction*）掀开了 19 世纪女性文学批评高潮的序幕，直到此时，19 世纪女性作家在文学史上的地位才得到重新评价。

关于 19 世纪女性作家的研究大多是围绕“感伤小说”的文学价值、叙事模式、道德评价而展开的。凯利的《私有女性、公共舞台》则另辟蹊径，为 19 世纪女性文学研究贡献了“文学家居性”的新视角。这不仅将作家作品置于历史、文化和社会的宏观语境中，探讨了她们夹在家庭主妇与公共人物、经济依赖与经济独立、知性自卑与文化贡献之间的双重矛盾，而且避开了现代主义男性文化对女性情感和女性气质的敌视，从而更加客观地评价了女性作家在 19 世纪美国文学中不可磨灭的价值和应该给予的地位。这种客观性的前提就是凯利采取的以历史研究观照文学对象的方法。1984 年该书刚出版不久，读者还对其大惑不解，但到 2002 年再版之时，凯利可喜地发现跨学科的研究方法已经得到广泛的认可和推崇。文化思想史与文学批评的相互渗透不仅体现在历史学家和文学批评家丰硕的跨学科研究成果上，更体现在女性研究这一整个学科的建设和教学实践上。文化、历史、文学和社会的综合视角大力推动了女性研究在 20 世纪 80 年代后的蓬勃发展，至今已成为一门具有独立的学科设置、卓越的学术力量和强大的社会影响力的显学。

《私有女性、公共舞台》之后，凯利发表了第二部著作，即与历史学家詹妮·鲍德森（Jeanne Boydston）和文学批评家、美国研究学者安·玛格莉斯（Anne Margolis）合著的《姐妹关系的局限：比彻姐妹论女权和女性》（*The Limits of Sisterhood: The Beecher Sisters on Women's Rights and Woman's Sphere*，1988）。如题所示，这部合作著作的研究对象是 19 世纪美国女性历史上著名的比彻三姐妹，凯瑟琳·艾斯特·比彻（Catherine Esther Beecher）、哈里叶特·比彻·斯托（Harriet Beecher Stow）和伊莎贝拉·比彻·胡克(Isabella Beecher Hooker)。从 1800 年凯瑟琳出生,到 1907 年伊莎贝拉去世,三姐妹的生活跨越了整个 19 世纪,她们见证、记录、参与了 19 世纪女性历史的发展和变迁,代表了白人中产阶级女性在家庭和公共生活中的立场和态度,在各自不同的领域中向男性主导的社会文化发起了挑战。凯瑟琳作为女性公共职业教育的先驱者,创办了三所女子学院,同时还公开发表了很多道德哲学、身体保健、家庭经济方面的见解,对美国文化特别是家庭文化的理论建构做出了卓越贡献。斯托以批判奴隶制的作品《汤姆叔叔的小屋》驰名文坛,并在作品中宣扬女性对社会改革的重要作用和救赎力量。伊莎贝拉是著名的女权运动领袖,主张妇女获得参政权,为提高女性地位、扩大女性影响发挥了实质性作用。[①]

比彻三姐妹在各自的生活和事业中都面临着来自男权社会的种种压力,但她们凭借坚韧的毅力和执着的精神成为 19 世纪美国女权运动的先锋。凯利与其合著者从三姐妹的通信、日记、作品等历史资料入手,试图透过她们的生活经历、姐妹关系、成功与失败、矛盾与冲突,呈现出美国 19 世纪女权运动和女性在家庭公共领域的历史全貌。全书分为四章,前三章选取了三姐妹各自不同时期的文献资料并加以评述。第一章"经验的锻造"分别介绍了凯瑟琳背叛父亲莱曼·比彻(著名的公理会牧师)固守的加尔文教原罪思想,转而投身女性教育;斯托通过文学创作表现了家庭生活与公众人物之间的矛盾;伊萨贝拉则苦苦追寻自我的身份和理想的职业。第二章"女性的力量"探讨了她们对女性本质的理解和对女性家庭和社会角色的认识。第三章"姐妹关系的政治"评述三姐妹在女权、女性参政、女性领域所持的不同观点,表明她们在逐渐民主化的社会里为发出女性政治声音而付出的不懈努力。最后一章"我们自己的对话"编选了包括玛丽·比彻·珀金斯(Mary Beecher Perkins)在内的四姐妹之间的通信,揭示了她们之间复杂的家庭关系。

当然,这个简单的罗列不足以呈现该书所囊括的 19 世纪女性历史中的众多事件。该书最大的特点就是将比彻姐妹的个人生活和家庭生活与废奴运动、女性选举、女性教育、女权运动内部的分歧和对立结合起来,与 19 世纪美国社会的重大公共事件结合起来,这不仅能够看出个体生活对女权和女性问题的影响,也更具体地展现了女性问题自身的意见分歧,其中最主要的是白人中产阶级女性参与社会改革运动、主张家居论和天赋论之间的冲突

---

① Jeanne Boydston, Marry Kelley, and Anne Margolis, *The Limits of Sisterhood*. Chapel Hill: The University of North Carolina Press, 1988. p. 1.

与交融。家居论强调女性具有的“抚育他人和慈善心理”，她们以女性道德为准绳，用社会文化经验对抗工业资本主义的物质主义和强烈的个人主义，基于男女差异的观点为女权主义者扩大女性活动领域、加强女性社会影响的倡议提供了理论支持。天赋论认为所有公民都生来享有平等的法律和政治权利，这当然包含女性，这种理论强调女性作为个体的社会属性，而非作为性别的生理属性。这两种理论是以对女性本性的不同认识为前提的，曾经在女权主义运动中呈鼎足之势，在比彻姐妹自身的生活和女权实践中也有充分体现。比如，凯瑟琳是女性家庭生活的倡导者；她反对女性参政的部分原因在于她相信并不是所有女性都具有参与选举和进行政治判断的能力。斯托维护女性的政治和法律权利，因为她认为女性与男性都是平等的个体。伊莎贝拉女权思想的核心观念认为女性比男性具有更高的道德意识和水平，应当参与甚至领导美国社会的变革。

凯利与其合著者也指出了家居论和天赋论的局限性，认为两者都没有反映19世纪女性面对的复杂多样的社会境况。前者在强调女性作为整体共有经验的同时，却忽略了个体差异。比如，比彻姐妹出于同样的家庭和阶级背景，但对女性参政却持有不同的态度。她们强调女性作为政治个体的天赋权利，却忽视了社会普遍存在的男女不平等现象。比如，男女并不是在同一个层面上争取个体权利的，而是处于统治和被统治的传统层面上。另外，这两种理论都没有包括社会的全体成员，而只考虑女性、特别是中产阶级白人女性的公民权利，无视种族、阶级、民族身份的差异。比彻姐妹女权思想的局限性为读者认识当代女权主义批评的现状提供了重要的警示。

如果说凯利的前两部著作更多地着眼于女性个体，那么她耗时十年、终于在2006年推出的又一力作则聚焦19世纪的女性教育团体及其文化和社会影响，这就是《学会站立和说话：共和美国的妇女、教育和公共生活》(*Learning to Stand and Speak, Women, Education and Public Life in America's Republic*)。标题中的“学会站立和说话”出自露西·斯通(Lucy Stone)给安托瓦内特·布朗·布莱克威尔(Antoinette Brown Blackwell)的一封信。这是美国19世纪两位重要的废奴主义者和女权主义者，按她们自己的说法，她们年轻时在女子学校接受的教育是她们日后涉足公共政治领域的基础和决定性因素。像斯通和布莱克威尔这样的公共女性并不少见。在1790—1860年间，美国的女子学校和教育组织数量激增，能进入这类学校的女学生大多来自经济富裕、社会或文化地位较高的白人家庭，她们毕业后都成了19世纪女性公共生活的中坚力量。她们中有致力于废奴和女权运动的社会改革领袖(如斯通)，有创办女子学校的教育家和教师(如凯瑟琳·比彻),也有文学文化界的著名作家、精英编辑(如哈里叶特·比彻·斯托、萨拉·约瑟夫·黑尔[Sarah Josepha Hale][①])。她们推动了"美国的历史进程,促进了性别关系的深刻变化——即女性进入了公共生活"。[②] 在这方面,教育发挥了基础的和决定性的作用。这也是副标题所明确指出的"共和美国的女性,教育和公共生活"的真正含义。

凯利这部新著秉承她一贯的跨学科研究方法,不但广泛搜集和分析了与女子学校相关的信函、报道、日记和文章等历史资料,考察了女子学校的课程设置和阅读书目,调查了学生毕业后的职业发展和公共生活境况,而且旁征博引,采集文学批评家(尼娜·贝姆[Nina Baym])、女性历史学家(琳达·克贝尔)[Linda Kerber]、教育史学家(芭芭拉·所罗门[Barbara Solomon]、南希·拜迪[Nancy Beadie])、宪法理论家(南希·伊森伯格[Nancy Isenberg])、社会理论家(于尔根·哈贝马斯[Jürgen Habermas])等跨越多学科的大量理论和批评文献,全面评析了 19 世纪女性教育的历史发展和社会影响。

早在 1798 年,女作家朱迪斯·萨金特·默里(Judith Sargent Murray)就大胆宣称,"我相信年轻的女性将开创女性历史的新时代",其背后的原因恰恰是"已经到处建立起来的女子学校"[③]。1790—1830 年间,美国南北各地至少建立了 182 所女子学校和 14 座高等女子学院。1830—1860 年间,这个数字又翻了一番。这期间,尽管只有少数中产阶级背景的学生才有机会接受高等教育,但女生和男生入学的比例却基本平衡。女子学校从课程设置上也大多以男校为参照标准,从理性思维到语言修辞、从知识储备到道德修养,力主全面培养和提高学生的自主意识和参与公共社会的能力。默里的预言在以后的半个世纪里成为现实。凯利指出,"到 19 世纪 50 年代,女性已经改变了公民社会的面貌"。[④]

凯利在这部书中反复强调了女性教育的成果和影响不仅仅局限于私有家庭范围。事实上,为了避免私有和公共、男性和女性、家庭和市场的二元

---

① 萨拉·约瑟夫·黑尔(Sarah Josepha Hale, 1788—1879)美国新英格兰地区女作家、编辑,她创作的童谣"玛丽有只小绵羊"在美国家喻户晓,从 1846 年开始,她首次倡导将感恩节作为全国节日,历时 17 年终于在 1863 年取得成功,她也因此被誉为"感恩节之母"。她同时也曾担任 19 世纪著名的女性杂志《戈丁妇女杂志》的主编长达 40 年之久。

② Mary Kelley, *Learning to Stand and Speak: Women, Education and Public Life in America's Republic*. Chapel Hill: The University of North Carolina Press, 2006. p. 1.

③ Ibid., p. 66.

④ Ibid., p. 275.

分化，她选用了“公民社会”这个术语，它包括“除政治组织和地方、州和国家的行政职能机构之外的所有公众”。[1] 女性教育的重要内容就是个体作为公民的权利和义务。受过教育的女性，不仅自己要培养良好的读书习惯，也要积极进行子女教育和家庭道德建设。她们还在家庭之外成立了各种社会团体，小到读书会、沙龙，大到慈善机构、社会改革团体，在读书、讨论、写书、教学的过程中就社会公共问题发表自己的意见，在投身公共生活的同时也履行了公民义务和权利。当然，女性公共教育的影响并不是瞬时奏效的，而要经过漫长复杂、不断努力的过程，涉及女性自身的阶级地位、民族身份、个体经验、职业选择等众多因素。但从美国19世纪的宏观历史发展来看，女性教育对强化个体的主体意识、提供文化道德素养、推进整个社会的民主化进程具有不可取代的积极作用。在这个意义上，凯利的这部新著不仅为美国19世纪女性教育和社会历史研究提供了丰富、很有价值的资料，而且正如她在后记中指出的，“教育开启的女性同公共生活之间关系的变革是悠久的精神财富”。凯利正是在对这一悠久财富的探寻和发掘中，奉献了她对女性研究的一如既往的学术信仰和永恒的学术追求。

凯利对美国女权主义文学批评的贡献主要集中在对19世纪女性小说的研究。她充分发挥了自己学习和研究美国历史这一学术背景，把作家作品与社会历史文化研究结合起来，并对所论历史时期的其他文献，如报纸、杂志、信件、日记、传记等史实性资料进行了一种纯粹历史主义的研究。也就是说，上述介绍的几部著作典型地体现了历史主义批评的两项原则：一是把任何陈述——哲学的、历史的、美学的——置于特定的历史语境之中，以检验其历史真实性；二是探讨这种陈述在何种程度上反映了它得以生产的特定历史时期和社会的利益和偏见，从而检验自身的党派、地域和时代的局限性。凯利的研究恰恰在这两方面向当代女权主义研究提供了自检自省的方法，因此，其意义不仅在于客观地呈现了19世纪美国女性文学的一个重要侧面，同时也对当下女权主义批评的发展取向具有建设性的指导意义。

主要作品（按出版年代排序）

“The Sentimentalists: Promised and Betrayal in the Home.” *Signs* 4.3 (Spring 1979): 434—446.

Private Woman, Public Stage: Literary Domesticity in Nineteenth-CenturyAmerica. New York, Oxford: Oxford University Press, 1984. Reprinted, University of North Carolina Press, 2002.

① Mary Kelley, *Learning to Stand and Speak*, p. 5.

(With Jeanne Boydston and Anne Margolis), *The Limits of Sisterhood*. Chapel Hill: University of North Carolina Press, 1988.

Learning to Stand and Speak, Women, Education and Public Life in America's Republic. Chapel Hill: University of North Carolina Press, 2006.

[Ed.] *The Portable Margaret Fuller*. Penguin (Non-Classics), 1994.

[Ed.] *The Power of Her Sympathy: The Autobiography and Journals of Catharine Maria Sedgwick*. Massachusetts Historical Society, 2005.

[Ed.] (with Robert Gross) *History of the Book in America*, Volume II: *An Extensive Republic: Print, Culture, and Society in the New Nation*, Chapel Hill: University of North Carolina Press, 2010.

参考文献

Boydston, Jeanne, Marry Kelley, and Anne Margolis. *The Limits of Sisterhood*. Chapel Hill: University of North Carolina Press, 1988.

Boylan, Anne M. "Review of *The Limits of Sisterhood*." *The American Historical Review* 94. 5 (Dec., 1989):1462—1463.

Clark, Christopher. "Review of *Learning to Stand and Speak: Women, Education, and Public Life in America's Republic by Mary Kelley*." *The New England Quarterly* 80. 3 (Sep., 2007): 502—504.

Hewitt, Nancy A. "Review of *Private Woman, Public Stage: Literary Domesticity in Nineteenth Century America by Mary Kelley*." *Journal of the Early Republic* 4. 4 (Winter, 1984): 470—472.

Lindley, Susan Hill. "Review of *The Limits of Sisterhood: The Beecher Sisters on Women's Rights and Woman's Sphere by Jeanne Boydston; Mary Kelley; Anne Margolis*." *Church History* 58. 4 (Dec., 1989): 527—529.

McCandless, Amy Thompson. "Review of *Learning to Stand and Speak: Women, Education, and Public Life in America's Republic by Mary Kelley*." *Journal of the Early Republic* 27. 3 (Fall, 2007): 541—544.

Newman, Judie. "Review of *Private Woman, Public Stage: Literary Domesticity in Nineteenth Century America by Mary Kelley*." *Journal of American Studies* 20. 3, American Politics and Political Culture (Dec., 1986): 468—469.

Ronda, Bruce A. "Review of *The Limits of Sisterhood: The Beecher Sisters on Women's Rights and Woman's Sphere by Jeanne Boydston; Mary Kelley; Anne Margolis*." *The Pennsylvania Magazine of History and Biography* 113. 3 (July, 1989): 485—487.

Stage, Sarah. "Review of *Private Woman, Public Stage: Literary Domesticity in Nineteenth-Century America by Mary Kelley*." *The Journal of American History* 71. 3 (Dec., 1984): 641—642.

金莉,《文学女性与女性文学:19 世纪美国女性小说家及作品》,北京:外语教学与研究出版社,2004 年。

芭芭拉·克里斯琴(Barbara Christian)
(1943—2000)

美国著名黑人女权主义者芭芭拉·克里斯琴去世已有十余年,如果我们想找一个对其一生的"盖棺定论",那么,美国共产党"革命"网站纪念文章《悍将学者》恐怕是比较有权威性和代表性的。该文如此评价克里斯琴:

> 芭芭拉·克里斯琴是奴隶制时期至今黑人妇女作家源流及发展研究领域的开拓者,她的整个学术生涯都奉献给了对黑人女性作品的解析、教学、创作和宣讲。这一被压迫群体富有解放精神的重要作品,能在全世界发扬光大、备受青睐和热爱,克里斯琴功不可没。如果你读过《紫色》、《宠儿》、《他们眼望上苍》等小说,请勿忘记,这些书能够到你手中,芭芭拉·克里斯琴的工作曾起到过关键作用……
>
> 与睥睨[黑人女作家]艺术贡献的主流批评界针锋相对,克里斯琴与当时寥若晨星的同道人开辟了一个全新的批评领域:黑人女权主义批评,把黑人女性作品推进了世界伟大文学作品的光荣殿堂。……
>
> 芭芭拉是一个积极的政治活动家,在有争议的问题上从不骑墙。路见不平,她会马上投入抗争。……
>
> 尽管在声名显赫的加州大学伯克利校园执教三十余载,她从来没有遁入象牙塔中的故纸堆。她与被压迫人民血肉相连。她是一个枕戈待旦的斗士……①

从上面的引文中我们可以清楚看到克里斯琴成就和贡献的重要方面:黑人女性文学传统的发掘和发扬、黑人女权主义探索建构、黑人女性文学的教授与传播,以及积极的社会活动。

芭芭拉·克里斯琴1943年12月生于美属维尔京群岛圣托马斯。1963年毕业于威斯康星州密尔沃基马奎特大学,获学士学位;后于哥伦比亚大学攻读硕士和博士学位。1971年起开始在加州大学伯克利分校任教。在她的积极推动下1972年该校成立了美国黑人研究系,她于1978年至1983年间任该系主任。

---

① http://revcom.us/a/v22/1080－89/1082/bchris.htm

克里斯琴读博期间与哥伦比亚大学同学们一起投身于民权运动和反越战运动。这一时期正是新一代黑人女性创作勃兴阶段,种种契机使她非常敏感地意识到,这一充满生机和希望的新文学背后,必然存在着一个从未被人发现的文学传统。尽管在以后很长时间内,学界和出版界主流都几乎异口同声地否认她的这种预见,可她咬定青山不放松,终于只身建立了黑人女性文学传统研究的首片拓居地。后人将以此为出发点,继续扩展疆域,最终形成今天黑人女性文学研究和创作的欣欣向荣局面。

对于克里斯琴而言,这初步的胜利是名副其实的"十年磨一剑"。从1970年萌生研究念头,直到1980年,《黑人女性小说家——一种传统的发展:1892至1976年》(*Black Women Novelists: The Development of a Tradition,1892—1976*)才问世。这是批评研究美国黑人女性小说的开山之作[①],这项涵盖了黑人女性近百年小说历史的学术工程,其全面性和系统性在以后多年内都无人能够超越[②]。谱写一个当时绝大多数人都否认其存在的文学传统,如同在一片被时间泥石流淹没的荒野上,发掘、重现一座业已面目全非的历史巨城。这样前无古人的巨大工程,显然需要一个建构范式。或许克里斯琴受到马克思把阶级斗争构想为历史发展动力和主线这一方法论的影响,她也设定了一种辩证张力关系作为女性传统发展的灵魂。那就是,女性作家在各种复杂的种族性别歧视迫害下,不屈不挠地顽强回应、抗争,在斗争过程中孕育发展了黑人女性意识、自我身份以及黑人女性艺术创作美学。这种战斗策略和精神一代代传承发展,终于在民权运动前后以燎原之势催生了当代黑人女性创作的繁荣景象。

具体来说,美国社会文化历史对于黑人女性的歧视践踏和压迫剥削,体现在白人主流文化和文学作品所塑造的黑人女性的刻板形象上。这些刻板形象包括,愚忠的黑人保姆,放荡的黑淫妇,命运多舛的穆拉托美女(tragic mulatta)[③],神秘诡异的黑人女灵媒等。为了应对这些刻板形象,黑人女性作家发展出自己的独特写作策略,"刻板形象"和"应对策略"的斗争构成了整个女性小说传统发展的动力。《黑人女小说家——一种传统的发展》全书分

---

① Rita B. Dandridge, "Review of *Black Women Novelists: The Development of a Tradition.*" *MELUS* 9. 3 (1982): 77.

② Mary Helen Washington, "Review of *Black Women Novelists: The Development of a Tradition.*" *Signs* 8. 1 (1982): 177.

③ "mulatta"是"mulattress"的另一拼法,指的是有黑白两种血统的混血女人,本文从陆谷孙《英汉大词典》"穆拉托女人"的译法。因为下文将提到的原因,作为刻板形象的穆拉托女人往往是红颜薄命的"尤物",故行文中会采用"穆拉托美女"或"穆拉托美人"等提法。

为两部分。第一部分题为“从刻板形象到人物”，虽然仅占全书不到三分之一篇幅，却确定了全书题旨与方法论。它以翔实的史料为基础、从政治、经济、哲学、社会学等各方面揭示了这些形象背后的文化需要——一切都无非要去证明黑人是低劣的、异常的次等人种，从而维护白人优越性和统治地位[1]。比如悲剧穆拉托美人形象，传递的是非常露骨的信息：穆拉托美人命定的悲剧是对白人与黑人性行为或通婚的天谴，如同马与驴杂交所生的骡子(mulatta 或 mulatto 源自 mule“骡子”)，穆拉托女人是没有生命延续能力、没有希望和前途的怪物，等待她的只有悲惨而绝望的结局。[2] 另外，19 世纪美国社会对“真正女性”的崇拜[3]也是刻板形象的形成一个非常重要原因。“每一黑人女性形象的出炉，都是为了保证某种特定的白人妇女形象的纯洁无瑕。”[4]

克里斯琴认定黑人女作家弗朗西斯·哈珀(Frances Ellen Watkins Harper)的《艾奥拉·勒罗伊，拨云见日》(*Iola Leroy, Shadows Uplifted*, 1892)为最早的黑人女性小说。勒罗伊这个黑人女性人物，也就成为黑人女小说家对黑人女性刻板形象的进行“反动”的源头。小说也是哈珀对其所处时代的社会不公的回应：内战后“南部重建”时期种族主义猖狂反扑以及黑人解放所获有限权力的急剧萎缩。正由于此，哈珀创作小说时怀着非常明确的目的：“激发同胞心中更为强烈的正义感和更加接近基督胸怀的人性(当时绝大多数黑人并不识字，这里的同胞当然是白人)[5]。”严酷的历史条件，加之小说读者主要是白人，哈珀的创作对于刻板形象的“反动”是艰难而危险的。她的策略只能是阳奉阴违，瞒天过海。当时几乎所有关于黑人的文学作品都难以摆脱斯托夫人小说《汤姆叔叔的小屋》的影响，哈珀作品也只能采取感伤小说形式。由于要充分利用斯托夫人“黑人和白人女性都是天生的基督徒”这一观点，使自己笔下的人物更具有感染力和吸引力，哈珀最理想的选择就是塑造一个融合“黑人和白人女性”特点的角色——穆拉托女人。影响哈珀创作的另一个因素是，19 世纪的种族理论认为体貌特征和人品性格密不可分，根据白人“貌美即心美”的审美标准，黑人当然是丑陋

---

① Barbara Christian, *Black Women Novelists: The Development of a Tradition*. Westport: Greenwood, 1980. p. 18.

② Ibid., p. 16.

③ See Barbara Welter, "The Cult of True Womanhood, 1820—1860," in *Dimity Convictions: The American Women in the Nineteenth Century*. Athens: Ohio University Press, 1976. p. 21.

④ Barbara Christian, *Black Women Novelists*. p. 18.

⑤ Ibid., p. 25.

的、心智不健全的。欲使一个黑人女性形象为白人读者接受，就必然要刻画一个肤白、优雅、有教养、酷似白人淑女的混血儿。艾奥拉·勒罗伊就是这样一个“美丽高雅、笃信基督教、有八分之一黑人血统的黑白混血儿(octoroon)”。

在克里斯琴看来，尽管受到诸多如此这般的严苛限制，哈珀笔下的黑人女性勒罗伊仍然是具有颠覆性、有血有肉的黑人女性人物。这个人物虽然要在外形上依附穆拉托美女刻板形象，但是，她的内心、意识以及她所选择的人生价值和奋斗目标都是黑人的。勒罗伊自从知道自己具有黑人血统后，就坚定勇敢地承认其黑人身份；尽管她完全可以依靠自己的肤色过富贵闲适的白人生活(passing)，可她毅然决然放弃这条玫瑰路，选择嫁给一个黑人。勒罗伊以自己的操守德行和勇敢挫败了白人勾引或强暴她的企图。这样哈珀就驳斥了社会有关黑人女性脆弱、淫荡的谬论，证明了黑人女性可以比白人女性更贞洁。勒罗伊聪颖、坚毅、勤劳，通过自己的努力成功过上中产阶级生活，并成为其他黑人的模范，鼓励和帮助他人走向成功。这样也就使得黑人智力低下、意志薄弱、不能自立等说法不攻自破。更为微妙的是，这个人物异于同时代其他穆拉托美女形象——她是合法婚生的。哈珀借助勒罗伊父亲这个人物的言行严厉谴责和勇敢挑战黑白种族通婚的禁令，揭露这种禁令的不人道和反基督教精神。

克里斯琴认为，创造这样的人物是非常具有胆识的，因为在哈珀生活的年代“对任何[刻板]形象的破坏都被视为是对整个社会的威胁”①。当然，克里斯琴也并没有试图粉饰小说的时代局限性：从勒罗伊这个人物上，我们看不出属于黑人自己文化的概念，穆拉托美人肤色与白人几乎毫无区别，并非真正的黑人形象。②

沿着哈珀开辟的道路，黑人女性小说发展的下一重要阶段就是哈莱姆文艺复兴中涌现的一批杰出女小说家的著作。哈莱姆文艺复兴中新黑人哲学旗号下的艺术创作面临一个两难选择——如何决定黑人自我形象建构的模型？是效法欧美文艺传统？还是遵循对于当时很多黑人作家来说陌生得近乎天方夜谭的非洲传统？一些作家，尤其是男性，接受了当时流行的观点——“黑人是原始人，他们狂放不羁，听任感情迸发，因而是崇高的，充满活力的”③。但是另一些人却看到这种观点的弊害，他们坚持认为黑人与白

---

① Barbara Christian, *Black Women Novelists*. p. 19.

② Ibid., p. 33.

③ Ibid., p. 40.

人一样遵守美国文化传统和理念。克里斯琴正是把这一时期黑人女性小说放在这样一个张力场中进行分析的。哈莱姆文艺复兴时期的黑人女作家杰西·福赛特(Jessie Fauset)坚决反对很多黑人男性作家热衷的“原始主义”(primitivism),其创作理念与哈珀相似,要“通过书写一个阶级来赞扬一个种族”[①]。所以很自然,福赛特继承了哈珀的衣钵,笔下人物仍是穆拉托美人形象——只不过是更加时髦高雅、品味考究、小鸟依人的20世纪黑人中产阶级穆拉托淑女。这个人物崇奉美国梦,坚信“辛勤是通向身份品质之路”。[②]但是,福赛特的小说理念严重违背了新黑人哲学,忽视了黑人自己的宇宙哲学和文化传统以及阶级问题。

而这些议题在当时另一位黑人女作家内拉·拉森(Nella Larson)小说中得到了关注。拉森小说揭示了中产阶级穆拉托美人形象的空洞和可悲。其代表作《流沙》(*Quicksand*,1928)女主人公黑尔加在黑白两个不相容的世界中找不到结合点,人格、心灵、生活始终处于一种割裂状态。无论在白人社会,还是黑人族群中,无论是黑人中产阶级圈子里,还是黑种穷人中,她都找不到自己的归属。克里斯琴的结论是,在《流沙》中传统“小说中的悲剧型穆拉托美人形象终于结出了苦果”[③]。拉森在小说中运用了传统小说元素和原始主义主题,但目的却在于揭示两者的局限性。在新的历史条件下,穆拉托美人的形象走进了死胡同。

“山重水复疑无路,柳暗花明又一村”,就在这时出现了“文学中黑人女性形象发展的转折点”——佐拉·赫斯顿(Zora Neale Hurston)的《他们眼望上苍》(*Their Eyes Were Watching God*,1937)。[④]“赫斯顿修正了前辈塑造的穆拉托女性形象,并为后人开辟新径,指引她们创造更加复杂多样的女性人物。”[⑤]《他们眼望上苍》的主人公珍妮是一个崭新的黑人女性人物。珍妮努力争取自己的人格独立与自我实现,大胆奔放地享受爱情。更为重要的是,她把自己视为黑人百姓和族群的一分子,在黑人民众中生活工作,与其打成一片。她身上没有传统穆拉托美人的标志性忧郁和窘困。“在她眼中,自己的人生不是悲剧,相反,它是充实而多彩的。”[⑥]“赫斯顿为后来的女性作家开了先河,这些后辈们在尝试自我定义时,会把自己视为归属于一个

---

① Barbara Christian, *Black Women Novelists*. p. 41.

② Ibid., p. 45.

③ Ibid., p. 52.

④⑤ Ibid., p. 57.

⑥ Ibid., p. 59.

特殊文化的人,而不是把与白人的关系作为定义的主要标准和手段。……《他们眼望上苍》在入木三分地呈现黑人经验时,不仅仅把它用作一种境况背景,而是将其凸显为一种文化。"①

给予传统穆拉托美人形象最后一击,使其完全失去诱人光环的,是安·佩特里(Ann Petry)。在其处女作《大街》(*The Street*,1946)中,我们看到的是作为普通贫苦黑人大众中一员的穷困穆拉托女性。《大街》深受《土生子》影响,以自然主义笔法从社会抗议角度解构了传统穆拉托美人形象。主人公卢蒂也是一个天真善良、纯洁高尚、娴雅聪慧的穆拉托美女,有着与勒罗伊一样的美好心灵和崇高抱负。但是在纽约这片混凝土丛林中,成就了勒罗伊的一切美德,都反过来成为卢蒂的诅咒,一步步导致其杀人犯罪,使她沦为仓皇奔逃于险恶冷酷的城市"大街"上的丧家犬。

沿着赫斯顿和佩特里开创的道路,黑人女作家格温德林·布鲁克斯(Gwendolyn Brooks)和玛格丽特·沃克(Margaret Walker)笔下出现了肤色更黑、出身寻常百姓家的普通黑人女性角色。布鲁克斯的小说《莫德·玛莎》(*Maud Martha*,1953)中的主人公玛莎这个人物的重要性在于"她没有沦为一个刻板形象——既不是宏大英雄主义样板,也非被压迫者的典型形象。……布鲁克斯通过描摹平凡人生对英雄主义和悲壮失败主题进行祛魅,创造了一个新型黑人妇女人物"。② 沃克小说《禧年》(*Jubilee*,1966)"不仅是一个奴隶的生命的故事,更是一个完整文化的记述。为了兼顾这两点,她运用了民间传说作为小说主要架构材料"。③ 小说书写和张扬了一种"黑奴文化"——黑奴们为了生存、为了尊严、为了灵魂而创造的独特文化。小说的意义在于它与前辈作品和黑人女性小说传统之间的一种回应、继承、扬弃关系。沃克从根本上扬弃了传统小说的黑人刻板形象。这说明,女性作家们不仅对于奴隶制的现实状况有了历史性深悟,而且开始承认和尊重黑人文化。"沃克的小说在内容和风格上都反映出黑人女性小说传统多阶段发展取得的成就。"④ 沃克能够做到这些,归功于先辈们的探索。而沃克也为后来者进一步清理了道路,为她们打开了人物创作、小说家意识发展和小说艺术探索的多维空间。

《黑人女小说家——一种传统的发展:1892 至 1976 年》第二部分以三位当代黑人女小说家的作品为例,说明她们从传统中获取灵感源泉和创作能量,

---

① Barbara Christian, *Black Women Novelists*. p. 60.

②③ Ibid., p. 71.

④ Ibid., p. 72.

各自进行不同方面的创新和拓展。这三位作家是：葆拉·马歇尔（Paule Marshall）、托妮·莫里森（Toni Morrison）和艾丽丝·沃克（Alice Walker）。这些小说家如同她们的先辈一样要对所有新旧刻板形象进行回应，只不过策略有异。“侧重点并非如其前辈那样创作（与刻板形象）截然相反的形象，而是试图在她们各自所处的特殊文化场景中寻求对妇女的定义。这种尝试的基本做法就是，在其著作中融进黑人妇女创造精神备受挫折的主题。所有刻板形象都抹杀（实际上是驳斥）妇女的创造力以及对人性极为关键的有意识之自我定义。”[①] 三位作家都在“其小说中刻画了那些创造力受到压制的妇女。窒息黑人女性创造性的原因有二：或者是她们业已接受了那些刻板形象，或者是她们无法摆脱社会为她们设计的形象。此外，这些作家的作品还揭示了，对黑人妇女创造性的扼杀也对整个黑人族群产生了严重后果”。[②]

以黑人文化和族群为大背景探讨黑人妇女的身份定义和创造力问题，并分析妇女个体发展和她所处的种族群体文化的互动或者矛盾关系，是这三个黑人女作家共同的特点。克里斯琴专门分析葆拉·马歇尔的一章题为《雕塑和空间：葆拉·马歇尔小说中人物和文化的相互依赖关系》。马歇尔在人物塑造方面呕心沥血、独树一帜，“她的作品是雕塑，其人物的形态和灵韵很难与其所在的空间分离”。[③] 这一章第一部分是“《褐色女孩，褐砖房》（*Browngirl, Brownstones*，1959）：自我意识和生存仪式”。小说女主人公萨丽娜努力进行“自我意识”的探寻和定义。她进行探索的背景，是“生存仪式”——巴巴多斯黑人移民社区族群为在美国白人文化中生存下去而制定的集体准则。萨丽娜始终站在父亲一边对抗母亲，即使在他死后，仍替他继续与母亲缠斗不休。这是因为，她在浪漫洒脱、风度翩翩的父亲那里继承了创造力。但是，这种创造力对于以温饱和安全为首要目标的社群来说，无疑是不务正业。其父被社群所孤立和排斥也正是这个原因。所以，萨丽娜的斗争，也是通过对抗社群及其生存仪式来张扬自我、维护自己的创造精神。

接着，克里斯琴通过把马歇尔第一部作品与下一部作品《上帝的选地，永恒的人民》（*The Chosen Place, The Timeless People*，1969）对比，说明两部小说构成了一个连贯的世界，两书的主题、人物精神世界都是相通的。最为重要的一致之处在于个人和文化之间相互联系和影响——也就是“雕塑

---

①② Barbara Christian, *Black Women Novelists*. p. 78.

③ Ibid., p. 80.

及其所在空间"的联系。《上帝的选地,永恒的人民》中,历史和文化背景更为恢弘广阔和深远,我们看到的是一条汹涌壮阔的时间河流,从奴隶贸易到奴隶制,再到今天跨国公司打着开发扶贫的幌子,对被他们的白人祖先洗劫、压榨、剥夺一空的岛国黑人进行再一次殖民。当今和过去、历史和现实、个人的自我意识心理与布恩山区的整个社会历史文化,都在同一条河流中融汇、轮回。小说主人公要在整条河流中上下漂流进行历史和心灵的探索,才能发现、建构自我。

克里斯琴指出,两部小说的发展反映了马歇尔作为艺术家的成长。随着艺术的成熟,马歇尔的笔触由重点分析"世界对个人心灵的影响转向了我们众多人的心灵如何创造了世界。……马歇尔步入了一个整体的经验世界,而不是钻进了特殊性的牛角尖"。[①] 克里斯琴认为,这种整体性的建构是非常重要的。"政治和个人心灵之间、压迫与人类历史之间、文化和个体之间都存在着同一性,只有当我们看到这一点,只有人民富有创造性的声音开始歌唱,我们的种族才能挣脱自我戕害的怪圈。"[②]

托妮·莫里森的成就在于"通过对小说语言和结构进行试验,(她)不仅钩织出了有关黑人妇女可怖遭遇(这是白人和黑人两重社会强加于她们身上的)的寓言,而且也开始了自己独特神话系统的构建"。[③] 在《最蓝的眼睛》(*The Bluest Eye*,1970)中,为了使得一个为大家熟知的主题——黑人对于美国白人价值观的内化——以不同寻常的力度和深度呈现,莫里森通过对小说结构的匠心独运来化平凡为神奇。小说四章分别以四季("秋"、"冬"、"春"、"夏"。请注意小说以肃杀的"秋"开始)来命名,以四季更迭和其他大自然意象推动小说情节发展。此外,莫里森利用黑人音乐元素为小说结构注入了灵韵。如克里斯琴注意到,"春"一章是环形结构而非线性的。"这一章以多个旋律展开的方式编排,并对这些旋律的回响模式进行探索。本章是爵士乐谱曲法而非奏鸣曲。和弦声起,变奏、重响,始终为其他和弦音所影响。如果简单求诸线性结构,莫里森的作品就会顿失其灵魂和震撼力。这一章如大自然一样循环往复,如春天初发的枝条一样蜷曲为环状[④],所以它无法用线性分析来解读。"[⑤] 克劳迪娅的叙述引领这一章的多个和弦音主

①② Barbara Christian, *Black Women Novelists*. p. 135.

③ Ibid., p. 79.

④ 《最蓝的眼睛》中春天初发的嫩枝蜷成环状的描写请参阅 Toni Morrison, *The Bluest Eye*. New York: Holt, Rinehart and Winston, 1970. p. 78.

⑤ Barbara Christian, *Black Women Novelist*. pp. 144—145.

题的奏响，表现波琳·布里德洛夫、乔利·布里德洛夫等人经历的和弦音依次行进，奏出一曲无调性爵士。这种音乐模式是整部小说的结构特征，“如同‘春’一样，小说每一章中的每一节，都是对贯穿全书主旋律的变奏的深入探究。每一章都有一个统一的声乐主题，辅以重现的意象，章节间的关联明晰而流畅”[①]。克里斯琴这样评价《最蓝的眼睛》：“小说是音乐，是音质中回响的真理。克劳迪娅、弗里达、佩科拉还有我们所有人，不是在被讲述的话语中，而是在社会之乐曲的音高、音色中感悟真理。语言是调性（tonality）、是舞蹈，黑人语言特性就寓于小说传递的真理的核心。莫里森拒绝将其人物的世界按照线性秩序来组织，因为那不是音乐的模式。”[②]

莫里森的第二部小说《秀拉》（*Sula*，1974）与《最蓝的眼睛》在小说家的世界观和艺术手法上是连贯一致的。两部小说都是“黑人少女在她们族群的文化价值观中探求如何成为女人”的寓言。[③] 莫里森讲述其寓言故事的手法是“表明这些黑人族群中的神话体系（特别是他们对于时间、自然和死亡的概念）与妇女的定义有着怎样的联系。……一个特定社会对于女子特性（womanhood）的定义以及由此而来的女性本身的定义，往往包括它对于性和自然的观念，所以，两部小说都对文化和神话信念进行了探究”。[④]在《秀拉》中，莫里森运用“死亡”、“时间”以及“既是创造力又是毁灭力量的自然”等意象，营造了一个贯穿于整部小说结构的神话体系。小说中，“与火、水、风、土的意象紧密联系的，是无时无刻不在的死亡和天底村（Bottom，小说中故事发生的黑人村落）人们对于时间的概念”[⑤]。

死亡、时间和自然意象等元素支撑起了整部小说的结构。秀拉一生故事展开的背景则是其村人对于自然、死亡和生存的观念。在白人社会文化和恶劣地理自然条件双重灾祸中生存的天底村村民们，养成了麻木自欺、保守短视、消极怠惰、苟且偷生的人生观。秀拉无法忍受村人强加于女人的身份角色。她要运用自己的想象力去实验探索一种全新的自我定义和存在方式，这就犯了族人的禁忌，成为人人皆曰可诛的被社会遗弃者（pariah）。她是一个找不到“艺术形式的艺术家”，最后孤独郁郁而终。讽刺的是，其死亡却在某种意义上实现了她所追求的卓尔不群的自我定义，这是一种独属于

① Barbara Christian, *Black Women Novelist*. p. 150.

② Ibid., p. 152.

③ Ibid., p. 175.

④ Ibid., pp. 176—77.

⑤ Ibid., p. 155.

她自己的“有如红杉一样的死亡”,不同于其他黑人女性“如同树桩一样的死”。而指望苟且忍耐熬过灾祸的天底村却未能如愿——很多人在“全国自杀日”死在隧道中,村庄无可逆转地走向衰亡。“莫里森的寓言故事突现了生存哲学中的内在悖论。不错,如果人无法战胜邪恶,他就必须设法活下去熬过邪恶。但是,人类对生命的要求,应远不止于苟活,否则,偷生或许也会变成奢望。人要真正生活,就必须要有点想象力、进行一定的探索,这样才能有些富有创造力的行动。”①

“艾丽丝·沃克的作品是百衲被——被遗忘的角落中抢救出的零星材料被重新缝缀在一起,在日常生活中重新获得用途。那些看似破旧不堪的边边角角,在她手下变成了功能非凡的艺术品,尽管透着令人战栗的凄美。”②这是克里斯琴对沃克创作理念、手法和意义的形象评价。沃克“呈现存在于南方文化之美丽和恐怖中的黑人妇女想象力。个人的与政治的不应分离,而是要结合为一个整体,沃克大书特书的正是这种整体的重要性”。③ 其作品主旋律是个人行为责任和社会变革问题。对于黑人女性而言,个人和社会进步的关键在于创造力,而获取艺术和政治自由的力量源泉在于女性传统。沃克就是在南方黑人女性数世纪来的歌咏、讲故事、缝被子、园艺等等创造性活动中去发掘此传统。沃克认为,当今黑人女性必须在这可贵的传统中重塑完整的自我形象,实现个人进步和社会的变革。沃克前两部小说《格兰奇·科普兰的第三次生命》(*The Third Life of Grange Copland*, 1970)《梅里迪安》(*Meridian*,1976)从主题到结构都旨在重点探讨变革的可能性。两部小说中心思想相同,那就是人物通过理解过去而改变其现今甚至将来状况的重要性。但是两部作品间的发展轨迹是明显的,前者故事背景是家庭,呈现个人成长变化;后者则放眼整部美国黑人的被压迫史,探索整个社会层面的变革。《梅里迪安》对历史和传统的搜寻和拷问扩展深入到了女主人公的女性祖先们。“沃克把笔力聚汇于黑人‘母亲们’,浓墨重彩呈现她们的苦难、智慧和胜利,从而彰显了民间传统。”④

在全书最后一章《传承下去》中,克里斯琴总结了三位当代女作家的创作特点:她们讲述的是“她们母亲的故事”,“其小说是她们族群口头传统在书页上的姊妹。……这些鲜为教科书提及的族群史融入了她们的故事

① Barbara Christian, *Black Women Novelists*. p. 174.

② Ibid., p. 180.

③ Ibid., p. 79.

④ Ibid., p. 236.

中……而故事的功能在于以史为鉴”。[1]这段话包含以下几层含义:1.当代女作家对哈珀等文学母亲们的传统的传承。2.她们对于黑人社群传统的发掘和发扬。3.她们创作的宗旨是以史为鉴照亮当今和未来的道路,以求变革社会。4.最为重要的是,族群在她们小说中有着独特的作用和意义。为说明最后一点,克里斯琴分析了黑人男女作家对于社群的不同态度,从另一侧面揭示了女性小说传统的鲜明特色。黑人男作家笔下的主人公总是走出黑人社区到白人世界中寻找自我,但结果往往是像拉尔夫·埃里森的“看不见的人”一样钻入孔洞中。而女作家的主人公们则扎根于自己的社群,即使出走,也会叶落归根。她们最终在自己族群中找到存在意义并反过来把意义赋予族群。在全书结尾处,克里斯琴再次强调了她所梳理出的传统的递嬗发展:从哈珀依附白人相貌塑造黑人形象、以白人文化为坐标定义女性,到当今作家发挥自己想象创造力,依靠族群传统来重新定义女性,并以此来改变族群对女性的看法。当今女作家们以自己的创造力扬弃了族群传统,促进其健康发展。她们创造小说,也造就了作家——无需在前面加上“妇女”这个修饰词的作家。[2]

“克里斯琴的研究仍是最为全面的……其著作作为美国黑人小说批评研究的‘指南’,价值不容忽视。”[3]的确,《黑人女小说家——一种传统的发展》不仅首次系统全面整理和书写了黑人女性文学的传统,而且为黑人女性文学的研究提供了重要范式和方法论。她本人也不断继续扩展自己的研究成果,进行黑人女性文学研究的“理论化”[4]。五年后出版的《黑人女权主义批评:黑人女性作家面面观》(*Black Feminist Criticism: Perspectives on Black Women Writers*, 1985)就是她数年来拓展研究的结晶。

该书引言《黑人女权主义进程:求索于……》(“Black Feminist Process: In the Midst of...”)看似一篇随意闲适的小品文,却举重若轻、以小见大,从形式到内容都生动体现了克里斯琴的黑人女权主义批评观和方法论。短文具体形象地描绘了一个黑人女性批评家的工作环境、阐发她所面对的历史使命、研究的宗旨和方法。克里斯琴正在家中伏在一张矮桌上工作,10岁的女儿进来要求妈妈陪伴自己玩耍。一开始,克里斯琴急欲把孩子打发走,可

① Barbara Christian, *Black Women Novelists*. p. 239.

② Ibid., p. 252.

③ Rita B. Dandridge, “Review of *Black Women Novelists: The Development of a Tradition*.” *MELUS* 9. 3 (1982): 77.

④ “理论化”(theorizing)概念的特殊含义请见后文关于克里斯琴《理论竞赛》的介绍。

孤独无聊的孩子这次就是固执地缠住妈妈不肯离去。这看似平淡的场景却反映了女性作家和批评家工作生活环境和经验的真实写照。她所用的不是宽大舒适的写字台,仅仅是一只矮桌,或许这暗示她没有一间真正属于自己的书房。更能说明问题的是,工作常被孩子家务等打断。这让我们想起弗吉尼亚·沃尔夫对"自己的一间屋子"的向往;我们也不仅会感慨,19世纪妇女作家的创作环境,在一个世纪后,仍在延续![①] 最终克里斯琴放下手头事务,开始另一项"工作"——与女儿对话,在与天真无邪的孩子的问答中,与孩子一起感悟黑人女性文学和批评的宗旨意义。

所以这个生活/工作场景就成了一个有关黑人女性阅读、写作、批评的寓言。和女儿的对话,是黑人女性间传承、互动、推进黑人女性文学传统的象征。写作和阅读是一种对话和发展关系。首先,黑人女性必须写作,写作本身就是一种阅读——她们必须打破没有话语权、没有写作权、没有自己书籍可阅的局面,创建自己的图书馆。她们必须书写自己,创造记录自己的话语,充实自己的图书馆。写作是自我和身份重塑的过程:"如果黑人女性不言明自己的身份,其他人就会代言,把她说得面目全非。"[②]

黑人女性批评家要首先作为自己姐妹文字的阅读者存在,然后对她们的言说进行扩音、转播和接力。更重要的是,评论家和作家间要对话,要合作推进发展女性文学传统。"沉默可不是什么金子,如果其他黑人女性不回应,我们还能指望谁?如果我们开口、应答了,我们就把自己的经验合法化了。我们坚称,我们是举足轻重的,即使这话我们只是说给自己听。"[③] 批评也是一个自我创造的过程。批评家在阅读、在与作家的对话中发现自我。黑人女性批评家要关注黑人女性文学的形式,并探究它的历史、传统和由来。批评家在阅读中整理别人和自己的思想,把秩序赋予混乱的世界,使得人们认识现实世界并不断憧憬未来,推进个人和社会的变革与发展。

在这篇短文中克里斯琴还提到了关于创作和批评的两个非常重要的观念。一是象征着黑人女性传统的"厨房",这是她从葆拉·马歇尔诗中借来的意象,用以象征黑人女性独特的生活、创作、阅读、批评环境。它迥异于福柯"图书馆幻想曲"("Fantasia of the Library")一文中提到的象征菲勒斯-逻各斯传统的男性知识创造和阅读空间。二是与男性西方中心论传统截然不

① 金莉:《文学女性与女性文学》,第14—16页。

②③ Barbara Christian, *Black Feminist Criticism: Perspectives on Black Women Writers*. New York: Pergamon, 1985. p. xii.

同的黑人女权主义批评方法。克里斯琴认为，当今文学批评的种种理论已然反客为主，本末倒置，以自己的某种哲学观点僭越、凌驾、劫持了文学文本和作家。有时一些所谓批评家的评论中甚至不见对于文本本身的解读，文本成了他们阐述自己哲学观点的引子。克里斯琴认为，阅读黑人女性文学，必须全身心投入文本，用自己的灵魂和内心去感触作家思想并与她对话，这样，才能真正理解文学，使自己有权力和资格进行评论工作。

这密切联系的两点构成了克里斯琴独特的女权主义批评观——鉴于黑人女性文学的特殊性以及菲勒斯-逻各斯传统的霸权，批评家不应被种种所谓理论控制，而是要扎根于自己的传统，在文本细读中了解把握自己文学的特殊规律、主题和形式，从而开辟自己的批评道路。《黑人女权主义批评：黑人女性作家面面观》全书中所收录的文章都是这种观点的完美体现。1987年，克里斯琴看到自己一直在反对的哲学理论狂热愈演愈烈，已经开始对黑人以及所有有色族群的文学创作和批评产生不小危害。于是她把《黑人女权主义批评：黑人女性作家面面观》的批评实践理念进一步发展和系统化，写了影响深远的《理论竞赛》("The Race for Theory", 1987)一文。她开门见山指出"文学界已经被西方哲学家从那些老派的文学精英——那些不食人间烟火的人文主义者手中接管了。……他们已经把文学批评语言改头换面，使其成为自己的禁脔。他们业已篡改了理论的意义"。[①] 应该说，这种现象是西方文学研究中一个司空见惯的"大趋势"，很多人虽明知其谬误，却也只能望洋兴叹。克里斯琴也看到，批评家们面对这种神秘玄奥的理论潮流常常是"惶恐不已、自惭形秽"，尤其是一些研究黑人女性文学的学者，要么感到自己没有资格去探讨"自己的文学"，要么也硬着头皮跟风去写些自己都不懂的艰深晦涩、佶屈聱牙的文字。[②] 正因如此，克里斯琴才感到有责任去打破沉寂，揭露皇帝的新衣，并对时弊痛下针砭。

克里斯琴一针见血地指出，新哲学理论控制文学批评，并非因为众多本分踏实的文学批评家们落伍了，而是因为问题出在了大环境上。首先，病根在于西方文学自身已经没落，变得"了无生趣、充满绝望、自哀自怜、脱离现实"[③]。其次，掌控话语权的主流学者们把理论当作了争赶学术时髦、牟取文

① Barbara Christian, *New Black Feminist Criticism*: *1985—2000*. Eds. Gloria Bowles, et al. Urbana: University of Illinois Press, 2007. p. 41. 该书收录了克里斯琴从1985年到去世(2000年)15年间的一些重要论文。在克里斯琴去世七年后，由格洛里亚·鲍尔斯等人整理结集出版。

② Barbara Christian, *New Black Feminist Criticism*. pp. 40—42.

③ Ibid., p. 40.

化资本、巩固自己话语权的利器。他们根本对文学、文本和作家本身不屑一顾,而是热衷于推起一波又一波的理论新潮,你方唱罢我登场,进行令人眼花缭乱的“理论竞赛”。

克里斯琴毫不客气地揭批了理论竞赛背后的真正险恶用意:遏制和打压黑人等有色人种族群以及女性文学创作与研究的兴起。某些人自己占据理论制高点以此自夸自诩,这种心态和历史上对于黑人、女性等群体智力、创造力、文学艺术才能的贬低和否认,存在着内在的联系,无非是种族政治和性政治一种旧货翻新式的表现形式,其动机在于证明有色人种和女性文学或研究的“边缘性”——也就是无足轻重、不值得严肃认真对待。“理论”自诩为普世标准,实则是规定性(prescriptive)和片面性的,往往对一切作品都采取一刀切的分析方法。这与文学和文学语言的复杂多元、多姿多彩、富有个性等性质背道而驰。克里斯琴警告,黑人艺术运动也曾受理论风潮的影响,试图创建所谓“黑人文学理论”,但结果却适得其反。

当然,克里斯琴并非是那种肤浅武断对广义的文学理论一概拒斥的人。她承认,黑人文学尤其是黑人女性文学批评,需要理论的创新发展,但是这并不意味着要被那些“新哲学家们”牵着鼻子走。克里斯琴巧妙地利用了英语中“竞赛”(race)一词的双关意义——“种族”,自豪地宣称有色种族也是“the race for theory”——“理论的种族”。他们的创造力不仅在于文学创作,也体现在对理论的开创和发展上。“有色人种人民一直进行理论化(theorize)——但绝不同于西方抽象逻辑形式。我个人倾向于认为我们的理论化(我特意使用了一个动词而非名词[①])常常体现于叙述形式中,寓于我们创造的故事中,在谜语和谚语中,在语言游戏(play with language)中,因为我们天生更喜欢动态的思想而非僵死的理念。……我的人民,向来都是一个理论的种族(a race for theory)。”[②] 克里斯琴坚信,文学理论不应该和人民的生活、人民的鲜活语言分离;理论化过程应该与文本研读密不分家,离开文本的理论就不是文学理论。而且,理论化应该扎根到有色种群的历史、他们自己的传统、自己的文学中去发现、总结、建构和发展。《理论竞赛》写于 1987 年,20 多年后的今天再回顾这篇文章,我们仍然不得不佩服她的远见和胆识!

远见和胆识一贯是克里斯琴人生的闪光点。如前面《悍将学者》一文中

---

① 如前文括号中原文所示,克里斯琴用的是 theory 的动词形式 theorize。本句中则用了动名词形式 theorizing。

② Barbara Christian, *New Black Feminist Criticism*. p. 41.

指出的，她从来不是一个只顾个人学术名声和利益的帮闲“公知”，而是一个心怀人民、崇尚自由、疾恶如仇、随时为正义公平事业拔刀而起的悍猛斗士。“芭芭拉一生中承担的各种使命从来不是相互游离的。对她而言，教书育人、行政工作、积极的社会活动和学术研究都服务于同一个整体目标。她是无围墙大学（University Without Walls）的奠基人和执教者。对于20世纪70年代早期伯克利有色人种人民而言，无围墙大学为他们提供了受大学教育的另一选择机会。她协助编订了公平包容的非歧视性（inclusive）高中教育课程计划。忙碌了一天的她，在深夜用那秀丽的笔法填写请柬，邀请人们参加为中美洲国家的战乱受害者的募捐会……”①从《理论竞赛》一文写作背景我们可以了解，克里斯琴开始其学术生涯的时间，正好是西方思想界进入所谓后现代的时候。各种“新型”哲学理论和理论家们轮番登上炙手可热的理论T型台，纷纷抛出各种惊世骇俗的宣言，比如“宏大叙事的破产”、比如“知识分子的死亡”等等。在这样一个所谓“什么都行”（Anything goes）的后现代氛围中，芭芭拉·克里斯琴保持了一个真正知识分子的本色。她留给世人的遗产，不仅仅是其等身著作，最重要的，是她“铁肩担道义”的学人风范。

主要作品（按出版年代排序）

Black Women Novelists: The Development of a Tradition, 1892—1976. Westport: Greenwood, 1980.

Black Feminist Criticism: Perspectives on Black Women Writers. New York: Pergamon, 1985.

"No More Buried Lives: The Theme of Lesbianism in Audre Lorde's *Zami*, Gloria Naylor's *The Women of Brewster Place*, Ntozake Shange's *Sassafras, Cypress and Indigo* and Alice Walker's *The Color Purple*." *Feminist Issues* 5. 1 (1985): 3—20.

"The Race for Theory." *Cultural Critique* 6 (1987): 51—63.

"But who do you really belong to—black studies or women's studies?" *Women's Studies* 17. 1/2 (1989): 17—23.

"On Reading Afro-American Women's Novels: Being the Subject and the Object." *Social Studies Review* 29. 1(1989): 50—54.

"What Celie Knows That You Should Know." *Anatomy of Racism*. Ed. David Theo Goldberg. Minneapolis: University of Minnesota Press, 1990. 135—145.

"Gloria Naylor's Geography: Community, Class and Patriarchy in *The Women of Brewster Place* and *Linden Hills*." *Reading Black, Reading Feminism: A Critical Anthology*. Ed. Henry

① Gloria Bowles, "Tribute: Barbara T. Christian (1943—2000)." *NWSA Journal* 13. 2 (2001): 84—86.

Louis Gates, Jr. New York: Meridian, 1990. 348—373.

"Your Silence Will Not Protect You: A Tribute to Audre Lorde." *Crosswords* 8 (1993): 14—16.

"Fixing Methodologies: *Beloved*." *Cultural Critique* 24 (1993): 5—15.

"Diminishing Returns: Can Black Feminism(s) Survive the Academy?" *Multiculturalism: A Critical Reader*. Ed. David Theo Goldberg. Oxford: Basil Blackwell, 1994. 168—174.

"A Rough Terrain: The Case of Shaping an Anthology of Caribbean Women Writers," in *The Ethnic Canon: Histories, Institutions, and Interventions*. Ed. David Palumbo-Liu. Minneapolis: University of Minnesota Press, 1995. 241—259.

"Camouflaging Race and Gender." *Representations* 55 (1996): 120—128.

[Ed.] *Female Subjects in Black and White: Race, Psychoanalysis, Feminism*. Berkeley: University of California Press, 1997.

[Ed.] "Literature Since 1970" section of *The Norton Anthology of African American Literature*. Eds. Henry Louis Gates, Jr. and Nellie McKay. New York: Norton, 1997.

" 'The Past Is Infinite': History and Myth in Toni Morrison's Trilogy." *Social Identities* 6. 4 (2000): 411—423.

NewBlack Feminist Criticism, 1985—2000. Eds. Gloria Bowles, et al. Urbana: University of Illinois Press, 2007.

参考文献

Bowles, Gloria. "Tribute: Barbara T. Christian (1943—2000)." *NWSA Journal* 13. 2 (2001): 84—86.

Dandridge, Rita B. "Review of *Black Women Novelists: The Development of a Tradition*, by Barbara Christian." *MELUS* 9. 3 (1982): 77—79.

Washington, Mary Helen. "Review of *Black Women Novelists: The Development of a Tradition*, by Barbara Christian." *Signs* 8. 1 (1982): 177—182.

"Barbara Christian (1943—2000): 'A Fierce Scholar'." <http://revcom. us/ a/v22/ 1080—89/ 1082/ bchris. htm>.

"Barbara Christian." <http://www. britannica. com/blackhistory/article—9095736>.

金莉,《文学女性与女性文学》,北京:外语教学与研究出版社,2004 年。

安妮特·克罗德尼(Annette Kolodny)
(1941—)

安妮特·克罗德尼,著名的犹太裔美国文学评论家,现任美国亚利桑那大学人文学院教授,主要研究美国拓荒文学中的性属差异问题,倡导文化多元化。作为当代女权批评的开拓者之一,克罗德尼三十余年的学术人生充满传奇色彩,几乎她每一篇文章的发表、每一部专著的出版、每一项权利的取得,都伴随着一场具有轰动效应的观点论战。凭借坚毅的性格、不妥协的精神、对学术自由的笃定信仰,克罗德尼最终赢得了这些论战,修正了美国学术研究中的性别取向,有效改变了学术界对女性和族裔群体的歧视。

克罗德尼 1941 年 8 月生于纽约市,1962 年毕业于纽约布鲁克林学院,荣获费比塔卡帕优秀荣誉学士学位。[①] 在《新闻周刊》编辑部工作了两年后,克罗德尼决定辞职深造,因为"她渴望发表自己的观点,而不仅仅是报导别人的观点"。[②] 1964 年,怀着"教导人们批判地思考"的宏愿,[③] 克罗德尼走进加州大学伯克利分校攻读英美文学,于 1969 年获得美国文学博士学位。60 年代的美国传统思想占据主导,然而,伯克利相对宽松的学术氛围,给予了克罗德尼优越的成长契机,在校期间,她逐渐表现出其特立独行、不随波逐流的个性,喜欢坦率大胆地表明自己的女权立场。1969 年,伯克利师生们有关大地是"人类的公园"的讨论触动了克罗德尼敏锐的女权意识,她隐隐感到泛滥的"大地母亲"表达有欠妥当,这一朦胧意识日后成就了她女权批评开拓者的地位。

博士毕业后,克罗德尼到耶鲁大学任教。1970 年,美国政府为越战征兵,持反战态度的克罗德尼夫妇举家迁往加拿大以躲避兵役。克罗德尼由此成为温哥华英属哥伦比亚大学一名教员。她将伯克利的自由学术精神带

---

① 费比塔卡帕荣誉学士学位(Phi Beta Kappa magna cum laude)由费比塔卡帕荣誉学术学会颁发,分为三个等级,由低到高依次为荣誉学士学位,优秀荣誉学士学位和最高荣誉学士学位。费比塔卡帕荣誉学术学会于 1776 年 12 月成立于美国威廉玛丽学院,是美国享有最高声望的自由艺术与科学的荣誉学会。

②③ Gregory Jay, ed., *Dictionary of Literary Biography*. Detroit: Gale, 1988. p. 211.

到了哥大，并在哥大开设了该校、乃至全加拿大的第一门《女性研究入门》学分课程，开启了长久关闭的性属禁域，让女性研究走入邻邦。在女性研究成为显学的今天，我们很难想象开拓者的艰难：即使一门课程的成功开设也堪称一项伟大壮举。《女性研究入门》开课申请历经了13个评议组的层层审批，每一层审批都有多个电话询问、多次面见长谈、无数个疑问解答。争议最多的问题是：该学科是否允许男教师参与？是否允许男学生选修？是否有内容可讲？许多人认为：任何学科都涉及女性，所谓的"女性研究"完全是多此一举。在一次举足轻重的评议会上，一位资深教授以威严的语气指责克罗德尼的行为是纳粹行径、歧视行为，意欲分裂隔离女性，一如纳粹曾分裂隔离犹太人。面对无端指责，克罗德尼据理力辩，勉强过关。1973年5月，学校终于批准申请，英语系却拒绝将其纳入本系课程，理由大同小异：伊迪丝·华顿不能和同时代的亨利·詹姆斯相提并论；若是凯特·肖班果真优秀，业已像莎士比亚一样经久不衰；女性研究似乎和文学研究毫无瓜葛。最终，《女性研究入门》设定为文科院系的公选课程，不归属英语系。至此，《女性研究入门》正式成为哥大"第一门女性研究的学分课程"，校报称选修该课程的学生是"学术界新兴领域的开拓者"。①

1974年，越战末期，克罗德尼回国，在新罕布什尔大学英语系任教。一年后《辽阔大地》的出版让克罗德尼成为全校的争议性人物。《辽阔大地：美国生活与文学中作为经历和历史的隐喻》(*The Lay of the Land: Metaphor as Experience and History in American Life and Letters*)是克罗德尼的首部专著，从性属视角探索美国语言中的大地隐喻。隐喻是人类丰富想象力的产物，使语言变得生动，而隐喻方式的千差万别，则标示出人类内心潜藏的梦想和欲望。伯克利求学期间"人类公园"的讨论中频繁的"大地母亲"隐喻激发了克罗德尼窥测文化潜意识的学术热情，她将目光投向美国拓荒文学中的大地隐喻，致力挖掘人类对自然态度的痕迹，并惊诧地发现："大地女性"意象贯穿了美国拓荒文学的始终。拓荒之初，来自欧洲的殖民者对这片陌生神秘的大地充满恐惧，他们以母亲想象来拉近自己与新大陆的心理距离，并期待它像母亲一样对越洋而来的人们敞开胸怀，无私哺育；同时，这里的旖旎风光有如少女般清新美丽，令人迷恋。由此，早期描述拓荒生活的文

① Annette Kolodny, "A Sense of Discovery, Mixed with a Sense of Justice," in *The Politics of Women's Studies: Testimony from Thirty Founding Mothers*. Ed. Florence Howe. New York: Feminist Press at City University of New York, 2000. p. 285.

字材料中,“对母亲的敬意和对少女的欲望的表达”并行不悖。[1] 美国独立后,推崇农耕,垦荒是爱国行为的最高表现,大地女性继而成为风情万种的情妇,“茂密的丛林,肥沃的原野,等待着拓荒者扬斧挥落,等待着耕犁划过”。[2] 过度垦荒摧毁了大地,“她昔日的清丽荡然无存”。[3] 时光流转,进入19世纪,茁壮成长的美国步入青春时代,如同青春期的孩子在母子连接和个人独立间挣扎,此时的美国子女在依恋大地和占有大地间徘徊。拓荒文学中出现以纳蒂·班波为代表的“自然之子”的形象,与自然和谐共处,不过度索取。然而,和“大地之子”印第安人不同,他们深受父权文化影响,带有征服欲望,最终难免通过“战胜主宰自然来证明自己的价值和男子气概”。[4] 20世纪,人们渴望逃离工业化的喧嚣,回归昔日的田园牧歌,美国文学开始反思人与自然的关系并意识到,大地“不属于任何人,为万物共有。他们(人类)只有权好好使用它,谦和恭敬并自豪满怀”。[5] 纵观几个世纪来美国文学中的大地意象演变,克罗德尼认为“从我们把大地作为女性对待时起,任何与之相关的男人式的行为都饱含虐待,令人遗憾”,如果不遏制对大地男人式的施虐行为,人类对大地的一切行为都不可能是真正“负责任”的。[6]

《辽阔大地》以时间为线,透过美国生活文字中的常规隐喻发掘出社会潜意识中女性大地的思维模式,质疑了人类对自然的习惯性认识。克罗德尼以翔实的细节论证出隐藏在拓荒文学背后的主导意识是男性中心的文化神话。大地被女性化与女性在男权社会中的附属地位一脉相承,都是被主导、被定义、被他者化的对象,对女性的歧视延伸至对大地无节制的征服、掠夺、占有。克罗德尼以哲人般的清醒判断、女权者的平等观念告诫人们:“人类和大地是共时的,相互依存的,哪一方都不是主宰。”[7]《辽阔大地》以超越世俗的眼光另眼看文学,启迪人们从全新视角审视拓荒文学和美国历史,反思人与自然的关系,开创了生态女权批评先河。然而遗憾的是,由于这部著作以弗洛伊德性心理研究为理论依据,分析过程中多次列举文学作品中的男性生殖器意象及性爱意象,冲破了70年代传统读者的伦理禁忌和心理底

---

① Annette Kolodny, *The Lay of the Land: Metaphor as Experience and History in American Life and Letters*. Chapel Hill: University of North Carolina Press, 1975. p. 22.

② Ibid., p. 28.

③ Ibid., p. 30.

④ Ibid., p. 133.

⑤ Ibid., p. 146.

⑥ Ibid., p. 142.

⑦ Ibid., p. 144.

线,加之作者为女性建言、批判男权的立场与社会通行的男权观念相左,《辽阔大地》出版之初即遭遇广泛的排斥和贬抑。这部在今天看来文字精练、观点独到、论证严谨的著作,在克罗德尼的同事们眼中却"充满色欲"、"令人尴尬"。[①]相对而言,为数不多的书评比较温和,但并没有对这本耗时六年的学术著作抱以热情的回应。尼娜·贝姆(Nina Baym)称赞该书是"很不错的学术著作",但认为该书完全以文学作品为依据,缺少对当时现实生活的考证,很难让人信服;[②]米米·格莱斯坦(Mimi Gladstein)认为这书"有可取之处,也有几点缺憾"。[③]

书评与同事对《辽阔大地》寡淡的态度是社会性别歧视的侧影,性别歧视同样影响着克罗德尼的事业发展。1975年,克罗德尼以《辽阔大地》申请终身聘任席位,两度被拒。克罗德尼认为学校评审存在严重的性别歧视,女性的科研不受重视,关于女性的科研更不受重视。为维护自身权益,克洛德尼依据1964年公民权利法案第七条,起诉新罕布什尔大学涉嫌性别歧视和反犹太倾向。因为科研歧视诉讼史无前例,也因为根深蒂固的性别偏见,这起诉讼漫长艰难,历时五年,消耗了克洛德尼大量的财力精力:她经济上捉襟见肘,甚至付不起现代语言协会年会的餐费;精神上压力巨大,一度短暂失明。昔日亲密的同事们纷纷疏远克罗德尼,因为如果被看见和她交谈,会"有损个人声誉"。[④]孤独苦闷的克罗德尼在日记中写道,"我又梦见我落水了","河水冰冷刺骨。湿透了的衣服紧贴在身上,拽着我下沉。我浑身颤抖,所有的挣扎都显得徒劳",路过的同事举手之劳便可将她救起,却担心浪花打湿了衣裙而拒绝伸出援手。[⑤]1980年,诉讼终于庭外和解,克罗德尼获得了美国"这类诉讼中史上最高金额的经济赔偿"。[⑥]结局虽然欢喜,但过程中的悲苦却时常浮现,为了帮助那些和她一样因性别或种族而遭受学术歧

① Annette Kolodny, "Acceptance Speech of Hubbell Medal 2002." <http://als－mla.org/HMKolodny.htm>

② Nina Baym, "Review of *The Lay of the Land: Metaphor as Experience and History in American Life and Letters*, by Annette Kolodny." *Signs* 1.3 (1976): 736－737.

③ Mimi R. Gladstein, "Review of *The Lay of the Land: Metaphor as Experience and History in American Life and Letters*, by Annette Kolodny." *Rocky Mountain Review of Language and Literature* 30.2 (1976): 126.

④⑤ Annette Kolodny, "I Dreamed Again that I was Drowning," in *Woman's Writing in Exile*. Eds. Mary Lynn Broe and Angela Ingram. Chapel Hill: University of North Carolina Press, 1987. <http://www.wage.org/doc/text/11dream.html>

⑥ Gregory Jay, ed., *Dictionary of Literary Biography*. p. 212.

视的学者维权，克洛德尼用部分赔偿款在全国女性研究协会中设立法律援助基金，支持学者进行第七条诉讼。这项基金已默默支持了许多人，至今仍在继续。

1984 年，《辽阔大地》的姊妹篇，《女性看大地：1630—1860 年间美国拓荒者的幻想与经历》(*The Land Before Her: Fantasy and Experience of the American Frontiers, 1630—1860*) 出版。《辽阔大地》的发现令克罗德尼震惊不已，她认识到，头脑中的模式牵制人类行为，只有清楚这些模式，才能做出智慧的选择。[①]鉴于人类对大地的征服欲望受大地女性的联想驱动，克罗德尼尝试转向同期的女性文本，期待找到不同的大地隐喻，扭转人们的破坏性思维，改变人们对大地的肆虐行为。与探索男性笔下大地意象的《辽阔大地》同工异曲，《女性看大地》旨在"绘制出女性对蛮荒回应的变化曲线，追溯女性公开表达西部生活的传统"。[②]拓荒艰难，"大地女性"意象暗示美洲大陆是男性征服者的表演场，不欢迎女性拓荒者。当亚当们漫步在高耸浓密的丛林，一望无际的山峦中时，他们的女眷却未敢以夏娃自居。17 世纪的女性日记、信函、俘虏文学闪现的是女性拓荒者对美洲大陆一片荒凉、人烟稀少的极度失望，罕见对原野胜景的由衷赞美。同时，繁重的家务将女性禁锢家中，拓荒带给她们的只有陌生世界的恐惧和狭小空间的封闭。直至 18 世纪后半期，女性才逐渐摆脱囚禁心理，以自家花园为基点驯化蛮荒。19 世纪初的女性拓荒文学中，一度肆虐的蛮荒蜕变为令人沉醉的湖光山色，女性恢复了夏娃身份，拥抱蛮荒，视荒野为自家花园的延伸，建立理想家园的圣地。从中可以看出，面对大地，女性拓荒者只有家园的渴望，没有历险、征服的想象，不沾染情色欲望。女性眼里的大地，既不是宗教色彩的天堂再现，也不是男性幻想的女性化身，而是融花园、家园为一体的伊甸园。与梦想改天换地、或聚敛财富的拓荒男性不同，女性只想在鸟语花香的花园里安家，左邻右舍亲如一家。女性从未对大地施加暴力，是因为她们从未将它作为性目标加以征服，花园的想象遏制了粗暴的控制欲望。《女性看大地》为克罗德尼赢得了"早期美国研究资深批评家"的声誉，[③]玛格丽特·阿特伍德 (Margaret Atwood) 慷慨称赞该书是"期待已久的、对抗铺天盖地的美国亚

---

①② Annette Kolodny, *The Land before Her: Fantasy and Experience of the American Frontiers*, 1630—1860. Chapel Hill: University of North Carolina Press, 1984. p. xii.

③ "A Tribute to Annette Kolodny: Honored Scholar of Early American Literature." *Early American Literature* 33. 1 (1998): 2.

当神话的平衡力量";[1]在肯定了《女性看大地》的"美国文学女权研究前沿地位"的同时,萨克文·贝尔科维奇(Sacvan Bercovitch)指出,这部著作是"融(学者的)道德义务、个人情感、坚定意志为一体的绝佳范例"。[2]作为《辽阔大地》的衍生著作,《女性看大地》既自成一体,别具一格地探讨了女性视域,又与《辽阔大地》互补,共同呈现出两性的拓荒幻想。有人说,"纵是克罗德尼毕生仅有这两部学术著作,也能当之无愧成为20世纪最有影响力的美国文学学者之一"。[3]

然而,克罗德尼的贡献远远不止于此。20世纪60年代,伴随女权运动的风起云涌,以玛丽·埃尔曼(Mary Ellmann)的《想想妇女们》(*Thinking about Women*)为代表的女权批评应运而生。但是,由于女权研究尚且处于基础阶段,缺少系统性,常常受到多方质疑,"什么是女权批评"一直是个含混的概念、争论不休的话题。比如凯特·米利特(Kate Millett)的《性政治》(*Sexual Politics*)立足质疑经典文学和阐释美学中的性歧视;《黄色糊墙纸》("The Yellow Wallpaper")则被视为女性书写和女性经历;《炼铁厂的生活》(*Life in the Iron Mills*),叙述了工人阶级的生活,是被挖掘作品的代表;而《女性小说:美国1820—1870年间的女性小说导读》(*Woman's Fiction: A Guide to Novels by and about Women in America, 1820—1870*)却着眼于建构女性文学史,等等,以上种种,似乎并不很搭界,却都被归为"女权批评"。此外,女权批评常常被指责或沿袭马克思主义批评的老路、或过于狭隘、或缺少美学意识、或扭曲文本。纷至沓来的形形色色的质疑压制了萌芽期女权批评的发展。为了解困,克罗德尼陆续发表了十数篇评论文章,阐释女权批评要义、实践女权批评解读、展望女权批评前景,让人们全面深入了解女权批评。这些文章观点新颖、见解独到、充满先锋意识,其中几篇文章,《对"女权文学批评"下定义的几点思考》("Some Notes on Defining a 'Feminist Literary Criticism'", 1975)、《跳过雷区:有关女权文学批评的理论、实践、政治方面的几点观察》("Dancing through the Minefield: Some Observations on the Theory, Practice and Politics of a Feminist Literary Criticism", 1980)、《重读的地图:文学文本的性属与阐释》("A Map for Rereading: Or, Gender and the Interpretation of Literary Texts", 1980)、《记忆的完整:创建全新美国文学史》("The Integrity of Memory: Creating a New Literary History of the United States", 1985),以及《左右摇摆:1980年代的女权主

①②③ "A Tribute to Annette Kolodny." p. 2.

义与学术雷区》("Dancing between Left and Right: Feminism and the Academic Minefield in the 1980s", 1988),在女权批评理论一片混沌时,起到了举足轻重的导向作用,其中《重读的地图:文学文本的性属与阐释》影响重大。

《重读的地图》是克洛德尼对哈罗德·布鲁姆《误读的地图》(*A Map of Misreading*)中根深蒂固的男权思想的有力回应。布鲁姆认为任何一首诗都处于一个庞大的文本群中,是"对其他诗的回应",读者阅读赏析诗篇,就是绘制诗人的心理动力谱系,了解其对前辈诗篇的有意误读并修正、改写、挪用的过程[①]。克洛德尼认为布鲁姆的理论以男性经典文学传统为前提,忽视了文学文本的性属差异和现有阐释策略的局限性。女性缺少女性文学传统,每一位尝试写作的女性,既无其他诗篇可供回应,亦无传统可循,但尽管如此,依然有许多精彩的女性文学产生。女性文学长期以来广受贬抑,是现有阐释策略的局限所致。克洛德尼以19世纪女性作家夏洛特·帕金斯·吉尔曼(Charlotte Parkins Gilman)的故事《黄色糊墙纸》("The Yellow Wallpaper")为例,指出医生丈夫——男权文化的化身,不懂得性属差异,没有掌握正确的阐释策略,结果错误解读了妻子这一女性文本,将妻子一步步逼向疯癫。正确的解读需要共情,而在苏姗·格拉斯佩尔(Susan Glaspell)所著《她的同性评审团》("A Jury of Her Peers")中,女人们成功解读了妻子在厨房空间留下的女性文本,还原了妻子孤独窒息的生活面貌和爱鸟被杀的弑夫缘由。可以看出,相似的女性经历是正确解读的前提。然而,克洛德尼指出,女性能够掌握男性文本阐释策略说明,男性通过学习,同样可以正确阐释女性文本。

发表于1980年的《跳过雷区:有关女权文学批评的理论、实践、政治方面的几点观察》是一篇"对女权思想发展具有里程碑意义的文章"。[②]《跳过雷区》宏观透视了女权批评现状,针对学界对女权研究的普遍质疑陈述了个人的观察所见,并勾画了今后女权批评的发展路径,旨在消除人们对女权批评的误解,荡清女权批评发展的障碍。文章伊始,克罗德尼扼要梳理了十多年来的美国女权研究的发展,从起初的"披露一部部作品中的女性歧视"有望

---

① Harold Bloom, *A Map of Misreading*. New York: Oxford University Press, 1975. p. 18.

② Anne Goodwyn Jones, "A Landscape of Her Own." Review of *The Land before Her: Fantasy and Experience of the American Frontiers, 1630—1860*, by Annette Kolodny. *American Quarterly* 37. 4 (1985): 619.

上升成为“记载全新文学史中的全新选择”。[①] 但社会对女权批评的种种责难,构成了女权批评登上主流批评列车路径上的雷区。克罗德尼阐述三点观察所见,期望化解对女权批评的排斥,将女权批评平安送上列车。观察一:文学史是不断被创造的文本。文学史由文学经典构成,但经典是人为的,由居主导地位的批判意识决定,如文艺复兴的人文主义文学、18 世纪的理性主义文学、19 世纪的批判现实主义文学等等,现阶段女权批评的兴起意味着女性文学可能迈入文学经典殿堂。再者,经典的建立根植于我们借助过去理解当下的需要。荷马史诗之所以是永恒的经典,是因为几个世纪来的人们通过阅读荷马来理解当下社会。当下的需要,影响着经典的取舍。所以,由经典构成的文学史是个文本,处于不断地被创造状态。当前女权批评的发展要求发掘沉寂的女性文本,建立女性文学史,通过了解几个世纪来的女性文学来认识当前的女性问题。这个过程,也将是女性文学上升为经典文学的过程。观察二:人们学习阅读小说,并不是在学习文本,而是在学习各种模式。童年时期学习的阅读方式、了解的小说类型往往使人形成固定的阅读模式,限定了人们对其他小说的期待。女性小说遭遇贬抑,并不是乏善可陈,而是不符合男性经典的模式。阐释语言与语言运用一样,均有性属差异,习惯了男性经典模式的读者很难接受女性语言模式。然而,女性读者能够掌握男性文本的策略说明,男性通过学习也可以成为理想的女性文本读者。观察三:评价小说的美学标准并非恒定不变,应修正当前美学及相应批评方法中存在的固有成见。影响美学判断的要素是读者的美学回应,即作品能够勾起读者对过往人生的记忆,产生共鸣。男性由于远离厨房,往往先入为主地认为厨房里的一切微不足道,继而很难认同“厨房小说”的美学价值。美学之争的本质是评判语境的不同,固定的阅读模式排斥相异语境的小说。女权批评的重任之一就是打破学术界的美学成见,建立新的美学标准。克罗德尼的三点观察,动摇了学术界长期以来的固化思维和学术歧视,是女权批评的理论核心,亦是今日女性研究成就斐然的基石。

在女权批评方法上,这篇文章的影响同样深远。女权批评在具体实践中,使用方法不统一,被指责缺少系统性、连贯性,构成雷区中最具破坏力的威胁。由此,克罗德尼提出女权批评多元论,认为女权文学批评“比任何保持一贯性的流派或目标一致的群体更具有策略互换性”。[②] 女权批评不是要

---

① Annette Kolodny, “Dancing through the Minefield: Some Observations on the Theory, Practice and Politics of a Feminist Literary Criticism.” *Feminist Studies* 6.1 (1980): 1.

② Ibid., p. 17.

生成单一的阅读方法、僵化的批评步骤，更不是要规定如何建立无性别歧视的文学经典，而是要开启生机勃勃的多元机制，运用多种分析策略，避免对文本进行简单的、排他的、武断的阐释。受克罗德尼多元论的启发，女权主义积极地与各种批评理论结合，出现了自由主义女权主义、马克思主义女权主义、精神分析女权主义、生态女权主义、激进女权主义、社会主义女权主义、有色人种女权主义等等多个分支，各绽异彩。20 世纪后半期是个批评理论层出不穷的时代，在这理论喧嚣的大环境中，女性研究能够一枝独秀，平稳走过半个世纪，与克罗德尼的多元思想、与女权批评的开放姿态不无关系。

克罗德尼思想独立、见识过人，同样过人的是她的行动意识。1988 年，受"肯定行动"[①] 雇佣政策敦促，亚利桑那大学力邀克罗德尼担任人文学院院长，主管七个院系、五个项目组和两个研究中心的日常运作。由于"厌倦了要么细数晋升和聘任中的不公、要么高谈阔论高校决策机制是如何边缘化女性和族裔教师的学术研究"，[②] 克罗德尼决定接受聘请，进入管理层，打破女权研究者"尤其擅长发现问题，但对拥有权力以解决问题比较淡漠"的局面。[③] 在五年的任期里，克罗德尼斡旋于理工科出身的高层领导和并不友好的下属间，殚精竭虑，逐渐改善了人文学院的教学设施、教师构成、聘任弊端，以雄辩的事实践行了她笃定的信念："若是拥有决策权，一位誓守公正与优质教育的女权主义者将是持续进步的推动力量。"[④] 1993 年，克罗德尼期满卸任，重新专注于自己钟爱的科研教学中，并撰写了《辜负未来：院长展望 21 世纪高等教育》(*Failing the Future: A Dean Looks at Higher Education in the Twenty-first Century*)，回顾了自己担任院长的经历经验，指出当前高等教育质量走低的前因后果、高校行政管理的弊端，并提出了自己的建议主张。

综观其一生，可以说，克罗德尼是不幸的，因为她自 20 岁起，身患风湿性关节炎，关节经年疼痛僵硬，严重时需要依靠副作用强烈的药物和每日 45 分钟的热水浴支撑。而且，她三十余年的学术人生飘摇动荡，多次孤独地面对

---

① "肯定行动"(Affirmative Action)，指由约翰·肯尼迪政府推行的一系列面向少数族裔和女性的政策措施，通过要求雇主和教育机构引入一定数量的族裔和女性来提高弱势人员在就业和教育中的比例。

②③ Annette Kolodny, *Failing the Future: A Dean Looks at Higher Education in the Twenty-first Century*. Durham: Duke University Press, 1998. p. 6.

④ Ibid., p. 8.

尖锐的观念交锋,频繁地更换工作单位,[①]直到1988年受聘于亚利桑那大学,方才安定下来。然而克罗德尼又是幸运的,因为她几十年的辛勤耕耘,最终迎来姹紫嫣红。1998年,克罗德尼成为第一位荣获现代语言协会"荣誉学者"殊荣的女性。2002年,哈伯尔奖章[②]评选委员会授予克罗德尼"美国文学研究终身成就奖"。朱迪丝·菲特里(Judith Fetterley)致颁奖词,中肯地称赞克罗德尼"改变了我们对'荒原'的理解,在美国文学领域中为女权批评争得一席之地,向世人展示了将女权主义原则引入行政管理的可行性与可取性"。[③]在女性研究生机勃勃的今日,没有人能够否认,克罗德尼对美国学界的影响是"不可估量"的。[④]

主要作品(按出版年代排序)

"Some Notes on Defining a 'Feminist Literary Criticism'." *Critical Inquiry* 2.1 (1975): 75—92.

The Lay of the Land: Metaphor as Experience and History in American Life and Letters. Chapel Hill: University of North Carolina Press, 1975.

"Dancing through the Minefield: Some Observations on the Theory, Practice and Politics of a Feminist Literary Criticism." *Feminist Studies* 6.1 (1980):1—25.

"A Map for Rereading: Or, Gender and the Interpretation of Literary Texts." *New Literary History* 11.3 (1980): 451—467.

The Land Before Her: Fantasy and Experience of the American Frontiers, 1630—1860. Chapel Hill: University of North Carolina Press, 1984.

"The Integrity of Memory: Creating a New Literary History of the United States." *American Literature* 57.2 (1985): 291—307.

"I Dreamed Again that I was Drowning." *Woman's Writing in Exile*. Eds. Mary Lynn Broe and Angela Ingram. Chapel Hill: University of North Carolina Press, 1987. <http://www.wage.org /doc/text/11dream.html>

"Dancing between Left and Right: Feminism and the Academic Minefield in the 1980s." *Feminist Studies* 14.3 (1988): 453—466.

Failing the Future: A Dean Looks at Higher Education in the Twenty-first Century. Durham: Duke University Press, 1998.

---

① 克罗德尼先后在多所高校任教,如耶鲁大学、加拿大英属哥伦比亚大学、新罕布什尔大学、马里兰大学、伦斯莱尔工学院。1988年,她应邀至亚利桑那大学任教至今。

② 哈伯尔奖章(Hubbell Medal)于1964年设立,以《美国文学》创刊编辑吉·哈伯尔命名。哈伯尔是杜克大学教授,美国文学研究的先行者,他在美国的文学研究聚焦于英国作家的时候,号召学者们关注美国本土作家。哈伯尔奖章每年颁发一次,由五位德高望重的学者组成委员会评选出当年得主。

③④ Judith Fetterley, "Hubbell Medal 2002: Annette Kolodny." <http://als－mla.org/HMKolodny.htm>.

"A Sense of Discovery, Mixed with a Sense of Justice," in *The Politics of Women's Studies: Testimony from Thirty Founding Mothers*. Ed. Florence Howe. New York: Feminist Press at City University of New York, 2000. 277—290.

"Acceptance Speech of Hubble Medal 2002." <http://als—mla. org/HMKolodny. htm>

参考文献

Baym, Nina. "Review of *The Lay of the Land: Metaphor as Experience and History in American Life and Letters*, by Annette Kolodny." *Signs* 1. 3 (1976): 736—738.

Bloom, Harold. *A Map of Misreading*. New York: Oxford University Press, 1975.

Fetterley, Judith. "Hubbell Medal 2002: Annette Kolodny."<http://als—mla. org/HMKolodny. htm>.

Gladstein, Mimi R. "Review of *The Lay of the Land: Metaphor as Experience and History in American Life and Letters*, by Annette Kolodny." *Rocky Mountain Review of Language and Literature* 30. 2 (1976): 125—127.

Jay, Gregory, ed. *Dictionary of Literary Biography*. Detroit: Gale, 1988.

Jones, Anne Goodwyn. "A Landscape of Her Own." "Review of *The Land before Her: Fantasy and Experience of the American Frontiers, 1630—1860*, by Annette Kolodny. "*American Quarterly* 37. 4 (1985): 619—626.

Kolodny, Annette. "Dancing through the Minefield: Some Observations on the Theory, Practice and Politics of a Feminist Literary Criticism." *Feminist Studies* 6. 1 (1980):1—25.

——. "I Dreamed Again that I was Drowning." *Woman's Writing in Exile*. Eds. Mary Lynn Broe and Angela Ingram. Chapel Hill: University of North Carolina Press, 1987. <http://www. wage. org /doc/text/11dream. html>

——. "A Map for Rereading: Or, Gender and the Interpretation of Literary Texts." *New Literary History* 11. 3 (1980): 451—467.

——. "A Sense of Discovery, Mixed with a Sense of Justice," in *The Politics of Women's Studies: Testimony from Thirty Founding Mothers*. Ed. Florence Howe. New York: Feminist Press, 2000. 277—290.

——. *Failing the Future: A Dean Looks at Higher Education in the Twenty-first Century*. Durham: Duke University Press, 1998.

——. *The Land Before Her: Fantasy and Experience of the American Frontiers, 1630—1860*. Chapel Hill: University of North Carolina Press, 1984.

——. *The Lay of the Land: Metaphor as Experience and History in American Life and Letters*. Chapel Hill: University of North Carolina Press, 1975.

Leitch, Vincent B., ed. "Annette Kolodny."*The Norton Anthology of Theory and Criticism*. New York: Norton, 2001.

"A Tribute to Annette Kolodny: Honored Scholar of Early American Literature."*Early American Literature* 33. 1 (1998): 1—5.

特伊·戴安娜·雷沃列多(Tey Diana Rebolledo)
(1937—)

特伊·戴安娜·雷沃列多,著名拉美裔和墨西哥裔美国文学评论家、学者,现任美国新墨西哥大学西班牙语和葡萄牙语系教授。雷沃列多从20世纪70年代开始,对拉美裔和墨西哥裔美国文学,尤其是墨西哥裔美国女性文学进行了深入的发掘、整理和研究,极大地促进了当时处于边缘化的墨西哥裔美国文学作为一门学科的发展和完善,同时也为构建墨西哥裔美国文学批评理论框架做出了重大贡献。

1937年4月29日,特伊·戴安娜·雷沃列多出生于美国新墨西哥州中部的拉斯维加斯市,父母都是拉美后裔。雷沃列多的父亲华盛顿·安东尼奥是新墨西哥高地大学的西班牙语教授,同时也是一名作家,出版过一部短篇小说集和其他一些文学作品,还主持过一档介绍拉美文化的西班牙语脱口秀节目。童年时代的雷沃列多经常陪同父亲去电台录制节目,耳濡目染,对拉美文化产生了强烈的兴趣。母亲埃丝特·弗农·加林多也从事文学创作,但是很不幸,由于拉美裔女性作品不受重视,鲜有出版机会,加林多创作的作品从未出版,而是被尘封在箱子里,成为沉默的拉美裔女作家的一员。母亲作品遭受的不公平待遇深刻地影响了雷沃列多日后的学术方向。小时候的雷沃列多也曾随父母前往墨西哥寻根,进一步加深了对拉美文化的认同。后来父亲受聘前往康涅狄格学院担任西班牙语教授,全家移居到西班牙语人口稀少的康涅狄格州新伦敦市,一直生活在浓厚拉美文化的雷沃列多曾经感到十分不适应。

1954年,雷沃列多进入康涅狄格女子学院西班牙语系学习。雷沃列多后来在《女性作家、新学科和文学经典》(“Women Writers, New Disciplines and the Canon”, 2003)一文中回忆了当时拉美裔文学的研究状况。当时,西班牙语文学研究的对象主要是西班牙半岛文学和19至20世纪早期的拉美男性作家的作品,拉美女性作家和作品基本无人问津。少数被提及的拉美女性文学中也被剪辑地支离破碎。雷沃列多在文中记述了这样一件往事:在研习委内瑞拉女作家罗慕洛·加利西亚(Romulo Gallegos)的名著《芭芭拉夫人》(*Donna Barbara*, 1941)的时候,雷沃列多开始不理解女主人公对男性的愤怒,后来才发现女主人公被强暴这一情节因为有伤风化被删除。

1959年，雷沃列多开始撰写毕业论文，当时她并没有研究拉美女作家的想法，而是挑选了两位拉美男诗人。尽管她圆满地完成了论文，但是最后却未能获荣誉称号，理由是拉美文学和西班牙半岛文学不在一个水平线上，不值得研究，而拉美裔和墨西哥裔美国文学更是被遗忘的角落。

1959年，雷沃列多获得西班牙语学士学位，随即进入新墨西哥大学攻读拉美研究硕士学位。1962年，雷沃列多获得拉美研究硕士学位。毕业后，她移居波特兰，专心照顾女儿，两年后才外出工作，在一所社区大学任西班牙语教师。1973年，雷沃列多移居到亚利桑那州图森市，并进入亚利桑那大学攻读博士学位。重返校园的雷沃列多发现在经历了民权运动、女权运动、墨西哥裔美国民权运动之后，拉美和拉美裔文学不受学术界重视的情况正在改变，甚至拉美和拉美裔女作家的作品都进入了大学课程。当时雷沃列多的同学中就有后来成为著名女诗人的墨西哥后裔玛格丽塔·戈塔·卡德纳斯(Margarita Gota Cardenas)。发展中的拉美和拉美裔美国女性文学本身的魅力引发了雷沃列多的强烈兴趣，"从此再也没有减弱过"。[①] 1979年雷沃列多在亚利桑那大学获西班牙语博士学位，博士论文的研究对象就是墨西哥著名女诗人罗萨丽奥·卡斯特拉诺斯(Rosario Castellanos)。获得博士学位后，雷沃列多进入大学任教。1978年到1984年，雷沃列多先后在北卡罗来纳大学和内华达大学任教。1984年，她受聘担任新墨西哥大学妇女研究中心主任，并在新墨西哥大学任教至今。1988年，雷沃列多受聘成为西班牙语文学和墨西哥裔文学教授。

在大学任教的同时，雷沃列多开始潜心研究拉美裔和墨西哥裔美国文学。当时的墨西哥裔美国民权运动促进了墨西哥裔美国文学作为学科的发展，但由于墨西哥裔民权运动由男性主宰，所以墨西哥裔美国女性文学的研究基本是空白。雷沃列多决心担任这个领域开拓者的角色，因为她认为墨西哥裔美国女性文学"引人入胜、充满热情，正在寻找一种声音"[②]。但是在当时出版的第一部重要墨西哥裔美国文学选集中，只有一名女性作家的作品被收录，而且当时许多女作家得不到经济支持，只有自费出版自己的作品。出于对墨西哥裔美国女性文学的热爱，雷沃列多开始搜集整理墨西哥裔女性作家的作品。

1988年，雷沃列多和艾林达·冈萨雷斯-贝里(Erlinda Gonzales-Berry)、特蕾莎·马奎兹(Teresa Marquez)共同编辑的第一部墨西哥裔女性

---

①② Tey Diana Rebolledo, "Women Writers, New Disciplines, and the Canon." *Legacy* 19.1 (2003): 15.

文学选集《女性的声音:新墨西哥女性作家作品选集》(*Las Mujeres Hablan: An Anthology of Nuevo Mexicana Writers*)出版了。这部选集题材广泛,包括小说、诗歌、口头故事、视觉艺术作品等等,展现了女性在墨西哥文化形成过程中的重要作用。第一部分"口头传统"("Tradition Oral y Memorate")收录了雷沃列多和其他两位编辑收集的新墨西哥州妇女的一些口头故事,内容有关宗教活动和日常家庭生活等,揭示了口头传统的起源和妇女在新墨西哥文化传播中的重要作用。第二部分"家庭"("La Familia")收录的小说和诗歌探讨了童年、家庭和群体等主题,忠实地反映了新墨西哥人生活中的苦难和渴望理解的愿望。第三部分"我们的风景"("Our Landscape")收录的主要是诗歌。这些诗歌风格强烈,记录了新墨西哥女性眼中的世界。最后一部分"女性的声音"("Las Mujeres Hablan")是本书最有价值的部分,探讨的是新墨西哥女性生活中拉美文化和美国文化的融合,展示了新墨西哥文化的广度和深度,叙述了女性文化史以及女性生活的环境。其中的诗歌不仅打破传统,而且记录的都是女性自己的故事,呼吁女性话语权和空间,批判男权文化,揭露社会的不平等。其中的几首诗歌很有代表性:克迪莉娅·坎德拉丽亚(Cordelia Candelaria)的两首诗歌《物品》("Obeject")和《晚间新闻》("Evening News"),揭露了男性中心主义下美国梦的真相。萝莱娜·加西亚(Lorena Garcia)的诗歌《花茶,不要了》("Huacha, No More")主题是女性之间的姐妹情谊。

为了保持作品的原汁原味,雷沃列多保留了西班牙语作品,从而最大限度地反映了墨西哥裔文学在拉美文化和美国文化影响下的双重特性,也忠实地反映了这部文集的最大主题:面临被美国文化同化的挑战,墨西哥裔文学如何保持自己原有的文化特性。《女性的声音》不仅传播了墨西哥裔文化,"也促使人们理解凝聚所有人的共同点"①。这部文集还收录了相当数量当时正在从事创作的墨西哥裔女性作家的作品,对墨西哥裔女性文学的发展起到了促进作用,雷沃列多因此获得墨西哥裔美国妇女国家协会授予的艺术家荣誉奖。

1993年,雷沃列多对墨西哥裔女性文学挖掘和整理工作又取得了重要进展。她和亚利桑那大学西班牙语教授伊莲阿娜·里贝洛(Eliana Rivero)一起编辑出版了《无穷界限:墨西哥裔美国女性文学选集》(*Infinite Divisions: An Anthology of Chicana Literature*)。这是第一部专门收录墨

---

① Holly A. McSpadden, "Review of *Las Mujeres Hablan: An Anthology of Nuevo Mexicana Writers*." *Frontiers: A Journal of Women Studies*. 11.1 (1990): 89.

西哥裔美国女性作家作品的大型文学选集。全书按照时间和主题编排，包括了从19世纪80年代到20世纪90年代56名墨西哥裔女性作家的诗歌、小说、散文、戏剧等共178篇。有代表性的墨西哥裔美国女作家，如格洛丽亚·安扎杜尔(Gloria Anzaldua)、丹妮丝·查韦斯(Denise Chavez)、桑德拉·西斯内罗(Sandra Cisneros)、玛格丽塔·戈塔·卡德纳斯(Margarita Gota Cardenas)、帕特·莫拉(Pat Mora)、安东尼娅·奎安塔娜·皮格诺(Antonia Quantana Pigno)等的作品都收录其中。

在《女性作家、新学科和文学经典》("Women Writers, New Disciplines, and the Canon", 2003)一文中，雷沃列多记述了编辑《无穷界限》做出的长期艰苦的努力。这部文集早在1978年就开始筹备了。当时，雷沃列多还在亚利桑那大学攻读博士学位，她的博士论文导师伊莲阿娜·里贝洛找到她和其他几位学者，准备合作撰写一部关于墨西哥裔美国文学的著作。最初的计划是出版一本墨西哥裔美国女性文学的评论文集，但是当时的墨西哥裔美国文学根本不受学术界重视，因此她们没有申请到全国人文学科捐赠基金会(National Endowment for the Humanities)的资金支持。幸运的是，她们获得了雷沃列多任教的内华达大学的支持。雷沃列多在这个项目中承担了比较繁重的资料搜集工作，进行得很不顺利。她发现除了加州大学伯克利分校之外，极少有其他图书馆收藏墨西哥裔美国女性文学作品。当时墨西哥裔美国女性文学作品的数量也不充足，许多都是自费出版发行，墨西哥裔美国文学期刊也只有少数几种。这些自费出版发行的文学作品大多没有公开发行，而是赠与了作者的亲朋好友，面临流失。雷沃列多尽可能地将这些流散的作品收集或者复印下来，还第一时间购买了许多墨西哥裔美国文学作品。

辛苦的收集工作持续了长达五年的时间，这个项目只剩下里雷沃列多和里贝洛两个人了。这时她们的想法仍然是撰写一部文学评论集，但是她们发现如果没有可以阅读和比较的作品，作品评论便是没有意义的，所以她们改变了最初的想法，决定先编辑一本墨西哥裔美国女性文学作品选集。贝洛和雷沃列多按照主题将作品分成若干部分：祖母；自我和身份；自我和他人；空间；神话和原型；作家、语言和写作；成长；庆祝。雷沃列多和里贝洛希望通过这些作品向读者和学术界证明：虽然墨西哥裔美国女性文学可能刚刚兴起，但是已经很强大。墨西哥裔女作家发现自己的声音，创造自己的主题，具有独创性，在墨西哥裔美国传统的形成和继承中发挥着重要作用。墨西哥裔美国女性文学不仅应该把墨西哥裔美国女性文学纳入到墨西哥裔美国文学经典中，也应该纳入美国文学经典。

《无穷界限》的出版具有里程碑的意义。之前有关墨西哥裔美国文学史的著作都以男性作家为主,只是偶尔提及一两个女性作家的名字,虽然墨西哥裔美国女性文学在20世纪60年代已经勃然兴起,但是没有学者对这个领域的起源和发展进行研究。雷沃列多的贡献还不止于此。她确立了从西班牙后裔的口头叙事开始的墨西哥裔美国女性文学传统。从这个意义上看,《无穷界限》起到了先锋的作用,"填补了巨大的需要,不仅确立了墨西哥裔美国女性文学,实际上,也确立了这个领域的经典作品,"[①]成为墨西哥裔美国文学的一部权威文集。雷沃列多和里贝洛为每一部分的作品都撰写了导语,这些导语将作品放入历史文化背景下而不是空泛的新批评主义的框架内进行考察,为墨西哥裔美国女性文学研究的理论框架打下了基础,促进了墨西哥裔美国文学,尤其墨西哥裔女性文学的研究。《无穷界限》著作出版之后,墨西哥裔美国女性文学研究才真正发展起来。

《无穷界限》出版后,雷沃列多马上着手完成墨西哥裔美国女性文学的评论专著。1995年,《雪中歌唱的女人们:墨西哥裔美国女性文学之文化分析》(*Women Singing in the Snow: A Cultural Analysis of Chicana Literature*)作为《无穷界限》的配套评论专著出版。这是第一部全面研究和探讨墨西哥裔美国女性文学史的学术专著,为墨西哥裔美国女性文学评论的发展做出了开创性的贡献。墨西哥裔女作家经常使用"空白页"来象征她们被"冷漠、不友好和没有包容力的文化"忽视的文学创作能量,书名中雪的意象即来源于此。"虽然墨西哥裔女作家被强权压制、被禁声,但是她们一直坚持歌唱、说话和写作。"[②]

《雪中歌唱的女人们》整理和剖析了19世纪中期到20世纪90年代墨西哥裔美国女性文学的社会、文化和历史发展脉络,研究了对墨西哥裔女性文学影响重大的神话原型,探讨了一些有代表性的作品和墨西哥裔美国女性文学研究的理论问题。这部著作共分九章,前两章介绍了很多被人遗忘的早期墨西哥裔女作家,尤其是那些生活在雷沃列多家乡新墨西哥州的女作家,如妮娜·奥特罗-莫伦(Nina Otero-Warren)、克里欧·法丝加拉米罗(Cleofas Jaramillo)、法比奥拉·卡贝扎·德·巴卡(Fabiola Cabeza de Baca)等,评论了这些作家的作品,包括口述历史、报纸、杂志,到最新发现的

---

① Tey Diana Rebolledo, "Women Writers, New Disciplines, and the Canon." *Legacy* 19.1 (2003): 17.

② Tey Diana Rebolledo, *Women Singing in the Snow: A Cultural Analysis of Chicana Literature*. Tucson: University of Arizona Press, 1995. p. ix.

小说和回忆录。雷沃列多选择研究的文本不仅证明了墨西哥裔女性文学在美国文学界长期存在，而且证明这些女作家早已开始关注当代文学关注的主题。更重要的是，这些文本确立了墨西哥裔女性文学传统。第三章和第四章研究了墨西哥裔女性文学中经常使用的文化意象，如哭泣的女人（La Llorona）、玛琳辛（La Malinche）、萨满师（curandera）、巫婆（bruja）等等。雷沃列多认为墨西哥裔女作家的神话历史意识来源于拉美传统文化中的神话和传说，但是在汲取养分和力量的同时，她们也对这些文化偶像进行了深刻的反思和革新。第五章到第八章主要研究墨西哥裔女性作家身份的形成和她们文学创作的发展。雷沃列多把这些女作家比喻为文化的厨师，[①]并以此为出发点讨论了墨西哥裔女性写作中身份政治的复杂形态，认为写作不仅是女性斗争的工具，而且是媒介物、是沟通文化的桥梁。第九章研究了墨西哥裔女性文学中经常出现的不愿意呆在家中、到处游走的“邪恶妇女”的形象。在传统男权文化中，这些女人们被认为像妓女般邪恶和淫荡，但在墨西哥裔女性作家的笔下，这些“坏女人”是独立自主的女人，她们闯入传统的男性空间，顽强地生存。雷沃列多认为这些“坏女人”形象是在“书写身体、书写性征，帮助墨西哥裔女性作家发出自己的声音”。[②]

《雪中歌唱的女人们》出版的时候，墨西哥裔美国女性文学的研究者并不受重视，只有少数墨西哥裔美国女作家的作品，如切丽·莫拉加（Cherrie Moraga）的《爱在战争岁月》（*Loving in the War Years*，1983）和格洛丽亚·安扎杜尔（Gloria Anzaldúa）的《边土》（*Border Lands*，1987）受到了美国学术界的关注。因此，《雪中歌唱的女人们》的出版具有重要意义，“不仅为一支重要但是仍然被边缘化的文学力量发出了声音，而且还为墨西哥裔美国女性文学的进一步发展构建了必需的文学批评框架”，[③]“增强了美国评论界对墨西哥裔文化作品了解”[④]。这部著作由此也成为墨西哥裔女性文学和美国女性文学研究的经典著作，开启了美国墨西哥裔女性文学研究的新篇章。

2000年，雷沃列多和自己的研究生玛丽娅·特蕾莎·马奎兹（Maria Teresa Marquez）合作整理编辑了《来自新墨西哥州工程振兴项目的女性故

---

① Tey Diana Rebolledo, *Women Singing in the Snow: A Cultural Analysis of Chicana Literature*. Tucson: University of Arizona Press, 1995. p. 143.

② Ibid., p. 183.

③ Maythee Rojas, "Review of *Women Singing in the Snow: A Cultural Analysis of Chicana Literature*." *Ethnic Studies Review* 19. 2/3 (1996): 241.

④ Mary Pat Brady, "Review of *Women Singing in the Snow: A Cultural Analysis of Chicana Literature and El Teatro Campesino: Theatre in the Chicano Movement*." *Signs* 23. 4 (1998): 1090.

事》(*Women's Tales from the New Mexico WPA: La Diabla a Pie*)。上世纪30年代的大萧条时期,美国的艺术市场遭到了前所未有的打击。为了扶持艺术的发展,罗斯福政府采取了一系列措施。1939年美国成立了工程振兴局(Works Progress Administration)(WPA)以促进美国经济的恢复,艺术和艺术家也在政府救济资助的范围内。工程振兴局资助的其中一个项目就是收集民间歌曲和奴隶的口头叙事。两名女记者卢·萨吉·贝钦(Lou Sage Batchen)和安内特·赫尔施·索普(Annette Hesch Thorp)参与了新墨西哥州的这个项目。她们采访了新墨西哥州的许多西班牙裔老人,主要是妇女,搜集了大量民间故事,这些故事和叙事从女性视角讲述了在美国生活的拉美后裔的文化,用文字记录了即将消亡的拉美后裔的生活方式。这些用打字机打印的资料一直保存在新墨西哥州历史档案馆、圣达菲历史档案馆和国会图书馆里,从未出版。雷沃列多和马奎兹找到这些珍贵的一手资料,整理并出版。这本书包括贝钦和索普的所有采访记录,为了保持这些叙事的原貌,最大限度地保留了原话,甚至保留了某些语法错误。这本书是研究拉美裔美国文化的珍贵参考资料,也是"新墨西哥州文化和拉美裔美国人生活的丰富再现"。①

2005年,雷沃列多又将自己撰写的关于墨西哥裔美国文学的评论文章汇集起来,出版了评论专著《潘奇塔·比利亚和其他女战士编年史:拉丁裔/墨西哥裔美国女性文学评论文集》(*The Chronicles of Panchita Villa and Other Guerrilleras: Essays on Latina/Chicana Literature and Criticism*)。潘奇塔·比利亚是墨西哥革命领袖潘丘·比利亚的女性名字。② 书名中的潘奇塔·比利亚和其他女战士指的是那些富有创造力的墨西哥裔美国女作家,她们克服重重困难和偏见,坚持出版自己的作品。当然,这些女战士也包括作者雷沃列多自己。这部著作记录了作者二十年来为墨西哥裔美国文学的地位而努力奋斗的艰苦历程。在前言部分,雷沃列多确认了自己对墨西哥裔美国身份的认同,并且指出这部文集的主旨就是"不断质问墨西哥裔/西班牙裔美国女性文学和评论家的地位问题,不断探究我们作为师者和

---

① Tey Diana Rebolledo and Maria Teresa Marquez, eds. *Women's Tales from the New Mexico WPA: La Diabla a Pie*. Houston: Arte Publico Press, 2000. p. xxxvii.

② 潘丘·比利亚(Pancho Villa, 1878—1923):20世纪初墨西哥著名革命领袖之一,原名多洛特奥·阿兰戈(Doroteo Arango),1878年出生于农民家庭,1910年率领农民军加入推翻墨西哥独裁者迪亚兹的起义。革命成功后,革命联盟分裂,潘丘·比利亚辞职,带领军队占领了墨西哥北部的奇瓦瓦州,对抗卡萨兰政府军和美国。1920年,潘丘·比利亚与墨西哥胡塔政府和解。1923年,潘丘·比利亚在自己的农庄遇刺身亡。

思想者的责任问题”[1]。雷沃列多认为虽然近年来以格洛丽亚·安扎杜尔、桑德拉·西斯内罗、艾娜·卡斯蒂洛(Ana Castillo)为代表的墨西哥裔女作家取得了成功,但是还不能自满,要认识到在美国文学界,墨西哥裔女性文学仍然被忽视、被误解。因此,在这部评论集中,雷沃列多毫不妥协,用她的文章为武器,以女战士的精神,为墨西哥裔/西班牙裔美国女性文学作品能够得到美国出版界、教育界、文学评论界的重视,能够获得美国文化史上应有的地位不懈地努力。

《潘奇塔·比利亚和其他女战士编年史》的第一部分“文学评论和评论家”收集的是作者1987年到2000年间发表的论文。这些文章探讨了墨西哥裔女作家和文学评论家遇到的各种障碍,例如无法进入出版界决策层、被边缘化、无法发出自己的声音等等。雷沃列多还为墨西哥裔女性美国文学评论的发展提出了自己的见解。例如,在发表于1987年的文章《诗学政治:或者我,一个评论家,在这个文本里究竟做什么?》(“The Politics of Poetics: Or What Am I, A Critic, Doing in This Text Anyhow?”)中,雷沃列多质疑有些评论家过分重视理论研究而忽视文学作品本身的做法,认为在墨西哥裔美国女性文学研究中应该更加偏重研究文学作品,为墨西哥美国女性文学评论框架的确立做出了贡献。第二部分“论墨西哥裔美国女性文学”(“On Chicana Literature”)探讨了墨西哥裔美国女性文学中的主题、文本、历史等问题。其中的几篇论文为文学中反映出来的墨西哥裔女性主义定下了基调,例如,《“我的疯狂生活”:墨西哥裔美国女性文学身份建构中的象征性空间》(“‘Mi Vida Loca’: Symbolic Spaces in the Construction of Identity in Chicana Literature”)研究了墨西哥裔美国女性文学中的身份建构问题;《重建胡安娜图书馆》(“Reconstructing Sor Juana’s Library”)描述了20世纪80年代之后墨西哥裔美国女性作家做出的诸多贡献,《48D尺码的文胸和穿短裙的男人们》(“Size 48D Bras and Men Who Wear Skirts”)研究了墨西哥裔女作家丹妮丝·查韦斯(Denis Chavez)运用幽默作为反抗的策略。第三部分“关于墨西哥裔/西班牙裔美国女性文学的几篇文章”(“Miscellaneous Essays on Chicana/Latina Literature”)收集了雷沃列多的四篇零散论文,将视野扩展到与墨西哥裔/西班牙裔美国女性文学研究相关的经济、政治等领域,例如全书最后一篇文章《质疑中间路线:夹在中间的土地——地理政治暴政和其他有关边界的复杂问题》(“Questioning Nepantla: The Land in

---

① Tey Diana Rebolledo, *The Chronicles of Panchita Villa and Other Guerrilleras: Essays on Latina/Chicana Literature and Criticism*. Austin: University of Texas Press, 2005. p. ix.

Between——Geopolitical Tyrannies and Other Border Complexities")就探讨了居住在美墨边境的两国作家,也就是所谓的边界作家和他们的作品。

《潘奇塔·比利亚和其他女战士编年史》是雷沃列多二十余年学术生涯的回顾和总结,"促进了美国文学评论界对墨西哥裔和拉丁裔美国女性文学价值的认识"。[①] 虽然《潘奇塔·比利亚和其他女战士编年史》是学术著作,但文风并不晦涩,而是接近口语化,通俗易懂,普通读者读这本书"就像坐在大学课堂里,听一位善于把幽默融于课堂的教授讲课"[②],所以这部著作在引起学术界对墨西哥裔和拉丁裔美国女性文学的注意的同时,也向普通读者做了介绍,对墨西哥裔和拉丁裔美国女性文学的普及做出了贡献。

二十多年来,特伊·雷沃列多始终坚信墨西哥裔和拉丁裔美国女性文学的价值,并为它们应得的地位孜孜不倦的奋斗,赢得了学术界和教育界的赞誉,她曾获得新墨西哥州高等教育委员会颁发的1989—1990年度新墨西哥杰出学者奖、新墨西哥大学颁发的1997年墨西哥裔美国研究学者奖、现代语言协会颁发的2003年度墨西哥裔美国文学杰出教授奖、美国多族群协会颁发的2005年度墨西哥裔美国女性文学研究终身成就奖等许多荣誉。特伊·雷沃列多在墨西哥裔和拉丁裔美国女性文学的整理发掘、理论研究和教学领域的杰出贡献已经使她成为墨西哥裔和拉丁裔美国女性文学研究的开拓者和先锋。

主要作品(按出版年代排序)

"Comiencela Danza: La poesía Náhuatl de Macuilxóchitl, 5 flor." *Revista Interamericana de Bibliografía* 27.3(1978): 283—289.

"The Bittersweet Nostalgia of Childhood in the Poetry of Margarita Cota-Cárdenas." *Frontiers* 1.2 (1980): 31—35.

"The Ars Poética/Ars Genética Poetry of Rosario Castellanos." *Selecta* 1.1 (1980): 113—118.

"Game Theory in Chicana Poetry." *Woman of Her Word. Hispanic Women Writers. Revista Chicano-Riqueña* 11.3—4 (1983): 159—168.

"Abuelitas, Mythology and Integration in Chicana Literature." *Woman of Her Word. Hispanic Women Writers. Revista Chicano-Riqueña* 11.3—4 (1983): 148—158.

"Soothing Restless Serpents: Dreaded Creations and Other Inspirations in Chicana Poetry." *Third Woman: The West* 2.1 (1984): 83—102.

① Besty A. Sandlin, "Review of *The Chronicles of Panchita Villa and Other Guerrilleras: Essays on Latina/Chicana Literature and Criticism*." *Hispanofila* 152 (2008): 171.

② Elizabeth Coonrod Martinez, "Remembering the Borderlands' Forgotten." *Americas* 58.5 (2006): 63.

[Ed.] (with Erlinda Gonzales-Berry and Teresa Márquez) *Las Mujeres Hablan: An Anthology of Nuevo Mexicana Writers*. Albuquerque: El Norte Publications, 1988.

[Ed.]*Nuestras Mujeres. Hispanas in New Mexico, Their Images and Their Lives*, 1582—1992. Albuquerque: El Norte Publications, 1992.

"Chicana Studies: Is There a Future for Us in Women Studies?" in *Chicano Studies: Critical Res Connection Between Research and Community*. Ed. Teresa Córdova. Albuquerque: The National Association for Chicano Studies, 1992. 31—37.

[Ed.] (with Eliana Rivero) *Infinite Divisions: An Anthology of Chicana Literature*. Tucson: University of Arizona Press, 1993.

Women Singing in the Snow: A Cultural Analysis of Chicana Literature. Tucson: The University of Arizona Press, 1995.

"Narrative Strategies of Resistance in Hispana Writing." *The Journal of Narrative Technique* 20.2 (1996): 134—146.

"The Chronicles of Panchita Villa: Chicana Writers and the Canon," in *Speaking the Other Self: New Essays on American Women Writers*. Ed. Jeanne Campbell Reesman. Athers: University of Georgia Press, 1997. 79—90.

"The Tools in the Toolbox: Representing Work in Chicana Writing." *Genre* 32.1/2 (1999): 41—52.

[Ed.] (with Teresa M. Márquez) *Women's Tales from the New Mexico WPA: La Diabla a Pie*. Houston: Arte Público Press, 2000.

"Women Writers, New Disciplines and the Canon." *Legacy* 19.1 (2002): 14—17.

"Las Hijas dela Malinche. Mexicana/India Captivity Narratives in the Southwest, Subverting Voices," in *Nuevomexicano Cultural Legacy: Forms, Agencies, and Discourse*. Eds. Francisco Lomelí, Victor Sorrell, Genaro Padilla. Albuquerque: University of New Mexico Press, 2002. 129—150.

"Lucha Corpi," in *Latino and Latina Writers*. Ed. Alan West-Durán. New York: Charles Scribner's Sons, 2004. 251—268.

The Chronicles of Panchita Villa and Other Guerrilleras: Essays on Latina/Chicana Literature and Criticism. Austin: University of Texas Press, 2005.

"Creating Canons, Personal and Otherwise." *Journal of Latino Studies* 4.1/2(2006):135—139.

"Las Clavidentes. Chicana Writers and Artists, Ethnicity, Gender and Creativity." *Expressing New Mexico. Nuevomexicano Creativity, Ritual and Memory*. Ed. Felipe Gonzales. Tucson: University of Arizona Press, 2007: 141—161.

参考文献

Brady, Mary Pat. "Review of *Women Singing in the Snow: A Cultural Analysis of Chicana Literature* and *El Teatro Campesino: Theatre in the Chicano Movement*." *Signs* 23.4 (1998): 1090—1093.

McSpadden, Holly A. "Review of *Las Mujeres Hablan: An Anthology of Nuevo Mexicana Writers*." *Frontiers: A Journal of Women Studies* 11.1 (1990): 89—90.

Rojas, Maythee. "Review of *Women Singing in the Snow: A Cultural Analysis of Chicana*

Literature." *Ethnic Studies Review* 19. 2/3 (1996): 241.

Gonzalez, Marcial. "Postmodernism, Historical Materialism and Chicana/o Cultural Studies." *Science & Society* 68. 2 (2004) 161—186.

Martinez, Elizabeth Coonrod. "Remembering the Borderlands' Forgotten." *Americas* 58. 5 (2006): 60—63.

Sandlin, Besty A. "Review of *The Chronicles of Panchita Villa and Other Guerrilleras*: *Essays on Latina/Chicana Literature and Criticism*." *Hispanofila* 152 (2008): 169—171.

阿德里安娜·里奇(Adrienne Rich)
(1929—)

阿德里安娜·里奇为著名的美国诗人、女权评论家。不论是在她的诗作还是在文章中,父权制社会对女性的压迫以及女性的回应都是里奇的一个主要关注点。里奇尤其对父权制社会如何利用异性恋、母亲身份等操纵女性身体做了深入研究,探讨了性别身份与权力的关系。她的观点在女权主义、激进女权主义、酷儿理论、社会理论等都颇有建树。尤为值得一提的是,80 年代后,里奇常常把女性问题置于全社会的视域,以马克思的观点来分析资本主义所带来的一系列社会问题。

里奇于 1929 年 5 月 16 日生于马里兰州的巴尔的摩。父亲为东欧犹太移民的后代,母亲为南方的基督教徒。复杂的家庭背景使里奇自中学时代起就开始思索自己的身份问题。里奇的大学生活是在专门招收女生的哈佛大学拉德克里夫学院渡过的。1951 年,她从拉德克里夫学院毕业,同年发表诗集《世界的改变》(*A Change of World*)。诗人怀·休·奥登(W. H. Auden)对这部诗集赞赏有加,在他的推荐下,该诗集获得当年的"耶鲁青年诗人奖"。毕业后,里奇获得了古根海姆奖学金,前往牛津大学学习一年。

1953 年,里奇与哈佛大学的经济学教授阿尔弗莱德·康拉德(Alfred H. Conrad)结婚。1955 年,里奇发表了第二本诗集《钻石切割刀》(*The Diamond Cutters*),诗人兰德尔·杰里尔(Randall Jarrell)称赞里奇令人不禁想起"童话故事里的公主"。[①] 1959 年,里奇生下第三个儿子,随后,"公主"的生活和诗风都开始发生转变。

1967 年,里奇在斯沃斯摩尔学院和哥伦比亚大学的艺术学院担任教职,自 1968 年起,她在纽约城市学院任教。里奇在 60 年代发表了多部诗集,包括《儿媳快照》(*Snapshots of a Daughter-in-Law*,1963)、《小叶》(*Leaflets*,1969)等。诗歌内容涉及妇女权益、种族主义、越战等有争议的话题。诗体也开始转向自由体。

1970 年,里奇离开了丈夫,后者于当年自杀。里奇的身份在 70 年代有

---

① http://www.poets.org/poet.php/prmPID/49.

了重大改变,她开始大胆呼吁女同性恋的权利。1973 年,里奇发表诗集《潜水入沉船》(*Diving into the Wreck*),该诗集获得诗歌类"国家图书奖"。1976 年,里奇发表《关于生成的女人:作为经历与制度的母亲身份》(*Of Woman Born: Motherhood as Experience and Institution*)。苏珊·谢里丹(Susan Sheridan)认为这本论著的发表标志着里奇由一位诗人跨入了"女权主义社会评论家之列:她写作的政治性再也不能被忽视,或被看做是次于她的艺术的部分"。①

论著一问世,即引起极大反响,责骂之声远胜过掌声。"人们在评论该书时,有击节叫好的,也有污蔑诋毁的,写书评的所有礼节都被打破了。有些行为以愤怒称之绝不过分。"②该书以里奇在 50、60 年代身为人母的经验开篇,结合个人经历及人类学、心理学、文学、历史等跨学科研究,探讨母亲身份的意义,核心问题为制度化的母亲身份。里奇在文中指出,"我们既是在讲物理层面的人类在生物意义上的繁殖养育,也是在讲文化/历史层面的人类如何创造、规定、设计他们共同生存的方式,以及单独个体的心理层面"③。母亲身份不再是人们惯常认为的那样是女人的天性、女人的渴望、女人的荣耀。里奇"向我们展示了不论在何地,母亲身份都是一种彻头彻尾的社会建构,其规则已被非常有效地内化,以至于社会要求已被当做理所当然,被内化的社会规则也被当成了自我的一部分"。④ 围绕这一核心问题,里奇论述了女性作为母亲,所不得不承担的重负,包括:以子女的利益为重,无条件的母爱及由此产生的愤怒,对生育缺乏掌控,以及社会对母亲身份的期许等等。作为母亲,女性还要面对许多矛盾,比如新生儿带来欢愉,而养育子女的过程却令人沮丧;有了孩子的女性既被看做是不洁的女人,又被看做是慈爱的母亲。里奇将这些矛盾归咎于父权制。她将父权制定义为"父亲的权力:一种家庭—社会的、意识形态的,及政治的体制。在这一体制中,男性或通过武力、直接施压,或通过仪式、传统、法律,以及语言、习俗、礼节教

---

① D. Lynn Hallstein, "The Intriguing History and Silences of *Of Woman Born*: Rereading Adrienne Rich Rhetorically to Better Understand the Contemporary Context." *Feminist Formations* 22.2 (2010): 22.

② Ibid., pp. 19—20.

③ Adrienne Rich, *Of Woman Born: Motherhood as Experience and Institution*. New York: Norton, 1986. p. 95.

④ Kristin Lucker, "Review of *Of Woman Born: Motherhood as Experience and Institution*, by Adrienne Rich." *American Journal of Sociology* 83.6 (1978): 1562.

育、劳动分工,来决定女性应该或者不应该扮演什么角色"[1]。

这些振聋发聩的真知灼见如石破天惊,激起了评论界的震怒。该书被斥为是反家庭、反母亲、反子女的书。其实,里奇在前言中已明确宣称,"这本书不是要攻击家庭和母亲,那种受父权制定义和限制的除外"[2]。诚然,我们所知道的母亲身份只有父权制下的这一种,因此可以说,这本书是对现有的家庭模式及母亲身份的挑战,但正如芭芭拉・罗斯曼(Barbara Rothman)所言,"牢记这种理论上的区分是很重要的"[3]。里奇有三个儿子,她对儿子的爱是强烈和明确的,她在前言中坦言,对此有十足把握后,她才会考虑写这样一本关于母亲身份的书,"才敢回到那个对于她来说最是痛苦、最无法理解、最模糊不清的地带,那里禁忌森然壁立,虚妄之名遍布"[4]。

里奇并不认为当女人不再生儿育女时,她们就可以摆脱压迫。在这一点上,她与那些激进女权主义者有着显著区别,后者否认母亲身份对于女人来说有着哪怕是一丁点的正面意义。罗斯曼认识到这本书的"深刻性和贡献在于里奇对我们所知道的母亲身份和潜在的母亲身份的多种可能性做了区分,这是对女权主义思想做出的重大贡献。里奇批评了舒拉密斯・费尔斯通(Shulamith Firestone),后者代表女权主义运动中那些把做母亲看作父权制下的纯粹牺牲品的人"[5]。改变生孩子的方式,改变对母亲角色的限定,是有可能使母亲获得力量的,她们不必一定是牺牲者,不必一定要面对恐惧和无助。

在论述作为母亲的女性如何成为社会牺牲品时,里奇以亲身经历分析了母亲与儿子,女人与男人,母亲身份与女儿身份的关系。D. 琳・哈尔斯坦(D. Lynn Hallstein)注意到在第二次女权主义浪潮中,里奇关于母女关系的观点比关于母亲身份和如何做母亲的观点更受关注。到 90 年代早期,后一种观点才被女权主义母性研究学者"重新发现",并得到广泛应用。这些学者尤其将母亲获得权利后会带来什么变化进行理论化,而这在里奇的书中是缺失的。[6] 诺娜・格莱泽(Nona Glazer)认为该书的价值在于"对许多想

---

① Adrienne Rich, *Of Woman Born: Motherhood as Experience and Institution*. p. 57.

② Ibid., p. xiv.

③ "Review of *Of Woman Born: Motherhood as Experience and Institution*, by Adrienne Rich." *Journal of Marriage and Family* 40.2 (1978): 439.

④ Adrienne Rich, *Of Woman Born: Motherhood as Experience and Institution*. p. xv.

⑤ Barbara Rothman, "Review of *Of Woman Born: Motherhood as Experience and Institution*, by Adrienne Rich." p. 440.

⑥ D. Lynn Hallstein, "The Intriguing History and Silences of *Of Woman Born*." p. 20.

当然的问题提出了质疑,"但她认为关于两性之间的不断斗争以及男性统治的根源是什么这些问题,里奇没有做出令她满意的回答。此外,里奇也没有深入探究"男人的恐惧以及想要制服女人的心理领域与社会领域的区别",更没有涉及"男性解放的主题——即男人必须接受他们自身中的女性因素才可以拥有完整的人性"。①

1979 年,里奇发表文集《关于谎言、秘密和沉默:1966 至 1978 年文选》(*On Lies, Secrets, and Silence: Selected Prose 1966—1978*),其中收录了里奇的又一篇代表性文章《当我们这些死者醒来:作为再审视的书写》("When We Dead Awaken: Writing as Re-Vision")。这篇文章最初是里奇在 1971 年为"20 世纪女作家"论坛提交的论文,并于次年发表,本文集收录的是 1976 年的修改稿。70 年代,越来越多的女权主义者对男性占统治地位的文学经典提出质疑,继之而起的是黑人女性和女同性恋对女权主义文学批评的挑战。政治见解与文学再审视之间的互动越发密切和显见。在里奇看来,重新审视文学经典,重新审视文学经典中的女性形象,对于女性来说,不仅仅是自我认识,也是拒绝男权统治带来的自我毁灭。"如果我们不想看到旧的政治秩序在每一次新的革命中重新确立,改变性别身份的概念是至关重要的。"②里奇以她的自身经历为例,讲述了一位女诗人在成长过程中,面对男性书写和编纂的文学经典的困惑。在这些经典之作中,她所看到的女性形象要么是"梦",要么是"恐惧",唯独没有她自己。③ 新一代的女诗人已移向男权社会边缘地带的"新空间",在那里她们对女性诉说,也诉说着女性。相比之下,里奇对男性诗歌相当悲观。男性诗人的政治诗歌充斥着权力角斗,敌人永远在自身之外。他们的非政治性诗歌则弥漫着孤独、自我怜悯和自我模仿。如果没有意识上的改变,男性诗歌只能走向毁灭。④ 论文标题取自易卜生的戏剧《当我们这些死者醒来》。里奇在文中尤为强调了"我们"。"头一次,这种苏醒是一种集体现实;睁开自己的眼睛再也不是件孤独的事。"⑤不仅在这篇论文中,里奇的整部文集都流露出对女性团结的期许。如她在前言中所说,同性恋/女权主义是"超越'性取向'的,超越民权的,是

① Nona Glazer, "Review of *Of Woman Born: Motherhood as Experience and Institution*, by Adrienne Rich." *Contemporary Sociology* 6.4 (1977): 481.

② Adrienne Rich, "When We Dead Awaken: Writing as Re-Vision (1971)," in *On Lies, Secrets, and Silence: Selected Prose 1966—1978*. New York: Norton, 1979. p. 35.

③ Ibid., p. 39.

④ Ibid., p. 49.

⑤ Ibid., p. 35.

质疑女性问题的政治，是要建设一个在文化的各个方面都尊重并肯定所有女性的完整世界，而不是被选中的部分女性”①。

里奇在70年代已对异性恋与男权的关系进行了思考，在《关于谎言、秘密和沉默》也有所涉及，但引起轩然大波的是她在1980年发表的论文《强迫性异性恋与女同性恋存在》（“Compulsory Heterosexuality and Lesbian Existence”）。这篇论文一经发表，立即震动了女权主义思想界。正如里奇将母亲身份斥为一种社会建构，异性恋在她看来也是一种强迫性的非自然状态。“里奇指出了异性恋被强加于女人的多种途径。异性恋可以作为父权制控制女性的工具，女性——甚至女权主义者——也在复制。”②将这种强权所谓的“有机的、正常的、成熟性行为，以及基本的人类社会单元非自然化”显然会令许多读者不安，“里奇正是想把那些自命为异性恋的女权主义者拉进同性恋的阵营”。③ 1983年，该文重刊时，里奇在前言中明确了她作此文的目的。在许多女权主义的学术论文及论著中，女同性恋的存在被抹杀了，里奇正是要向这种抹杀挑战，她认为这种抹杀不仅是“反女同性恋的”，其后果也是“反女权主义的”，同时也扭曲了异性恋女性的经历。这篇文章并非要加剧女权主义运动内部的分化，而是要促使异性恋女权主义者去审视异性恋，将其看作“剥夺女性权利的一种政治制度”，并做出某些改变。同时，里奇也希望“其他女同性恋能够感受到女性认同（woman identification）及女性联盟（woman bonding）的广度和深度”。④

这些观点在当时无疑是激进的。虽然里奇声称这篇论文的目的并非要加剧分化，她的论文却与有色人种及工人阶级女性的几篇同时代论著，一同被看做“‘姐妹’女权主义终结的标志”。这些著述向那种自称为所有女性代言，实际上却是异性恋、中产阶级白人女性的观点发起了共同挑战。⑤ 所谓“姐妹”女权主义即宣称所有女性在共同承受的压迫下都是姐妹。这些当年的激进观点已成为今日许多理论家的基本观念，这也是为什么这篇论文直至今天仍会是人们的兴趣所在。

---

① Adrienne Rich, *On Lies, Secrets, and Silence: Selected Prose 1966—1978*. p. 17.

② C. L. Cole and Shannon Cate, “Compulsory Gender and Transgender Existence: Adrienne Rich's Queer Possibility.” *Women's Studies Quarterly* 36. 3/4 (2008): 279.

③ Ibid., p. 280.

④ Adrienne Rich, “Compulsory Heterosexuality and Lesbian Existence,” in *The Norton Anthology of Theory and Criticism*. Ed. Vincent B. Leitch. New York: Norton, 2001. p. 1591.

⑤ Vincent B. Leitch, ed. *The Norton Anthology of Theory and Criticism*. New York: Norton, 2010. p. 1588.

对于女权主义文学理论来说，这篇论文中有三点尤为重要，即体制内权力的性别化关系(sexualized relations of power within institutions)、女同性恋经历(lesbian experience)，及性别身份(sexual identity)。女人必须使自己有魅力，达到异性恋所期许的标准。这种期许虽然很少是有意识的，也很少是明确的，却充斥着男性与女性的关系。女同性恋经历，及其带来的"女同性恋统一体"(lesbian continuum)挑战了女人"需要"男人这一观点，列举了女人之间互动的种种方式，这些方式对女同性恋的生活而言是至关重要的，且无需男性参与。"性别身份"则涉及 90 年代酷儿理论的一个重要问题，即"性别身份是如何形成的?""女同性恋统一体"承认性可以有多种形式和不同行为，并非异性恋或同性恋这样的简单划分所能涵盖。[①] 里奇的这些独到见解为社会理论及女权主义理论做出了卓绝及长久的贡献，正如利拉·鲁普(Leila Rupp)所称赞的那样，该文"构成了我们对女同性恋历史以及性史的理解"[②]。

1984 年 6 月，里奇应邀前往荷兰乌德勒支，在"八十年代的女人、女性身份和社会"大会上发表讲话——《关于位置政治的笔记》("Notes toward a Politics of Location")。里奇开篇即声明这只是笔记，而非结论。里奇对位置的书写不是始于国家或大洲，而是始于与我们最为密切的位置，即我们自己的身体。里奇以她自己为例，探讨了不同身份(白人、女性、犹太人、美国犹太人)的不同意义，尤其对她的美国白人中产阶级的家庭背景带给她的特权与责任进行了反思。在本文中，里奇强调了位置的特殊性，"如果说我们在 20 世纪下半叶的女权主义运动中学到了些什么的话，那就是'一直'(always)一词抹杀了我们真正需要知道的：何时、何地以及在何种情况下这个陈述是正确的"。[③] 里奇反对将概念抽象化，比如"社会主义"、"共产主义"、"民主"、"集体主义"等，这些语汇的历史根源遭到了剥夺，为社会正义、为独立而战被简化为欲霸世界的野心。里奇尤为担心的是这种将所有问题归咎于一个外在敌人的简单化的冷战思维，与那种过于强调男性之邪恶与女性之受害的女权主义之间，或也存在相似之处，这种女权主义同样忽视了不同女人、不同男人、不同地点、不同时代、不同文化、不同条件、不同阶级，

① Vincent B. Leitch, ed. *The Norton Anthology of Theory and Criticism*. New York: Norton, 2010. pp. 1589—1590.

② Leila Rupp, "Women's History in the New Millennium." *Journal of Women's History* 15. 3 (2003): 10.

③ Adrienne Rich, "Notes toward a Politics of Location," in *Arts of the Possible: Essays and Conversations*. New York: Norton, 2001. p. 66

以及不同运动之间的差异。[1] 女人曾经很难将“我”说出口，无从叙述，无从表达自己的感受，如今在说“我们”时是否也面临着难题。白人中产阶级女性并不能代表所有女性，并非只有白人中产阶级女性才有思考能力，并非只有白人中产阶级女性的理论才应受到重视。[2] 追求自决与正义是女权主义的目的，也是时代潮流，忽视差异、规避挑战只会使白人女权主义在这一潮流中被孤立起来。文章最后，里奇再次强调现阶段女权主义所应回答的问题——“我们是谁?”她没有给出答案，如里奇在开篇所说，这只是笔记，不是结论。[3] 虽然没有答案，问题本身却是每个人都应思考的，我们代表谁？我们能代表谁？玛丽·伊格尔顿(Mary Eagleton)在评论《关于位置政治的笔记》一文时指出，里奇“个人感到的不确定性恰恰回应了过去15年中困扰女权主义思想界的有关主体性和被置性(locatedness)的复杂而无定论的辩论：位置的不可能性，涵盖整个人类的不可能性；使某种位置特权化的危险；作为掠夺行为的‘我们’；将‘我’自我戏剧化的愚蠢；以‘我们’作为共同的女性身份和社会批评的危险的消解性”。[4] 里奇虽从自身出发展开思考，却没有囿于自身身份，也没有囿于女权主义，她的视野涵盖了种族主义、阶级，以及国与国之间的关系。就是这种全局视野使伊格尔顿称赞该文为“女权主义研究、后现代主义以及后殖民主义研究的关键性文件”。[5]

1993年，里奇发表文集《那里发现了什么：关于诗歌与政治的笔记》(*What Is Found There: Notebooks on Poetry and Politics*)。这本文集由28章独立成篇的论文、信件、笔记节选组成，大体按照时间顺序，讲述了里奇作为一个诗人的成长经历。这本文集不仅展示了名家名作，也介绍了一些无名诗人的作品，但该文集并非诗歌评论集或诗歌写作指南，而是如第22章章名所说“不是关于如何写作，而是关于为什么写作”(“Not How to Write Poetry, but Wherefore”)。里奇在前言中坦言：“我开始写此书，因为我需要在写诗之外有一种方式去思考诗歌；思考我生活其中并写作其中的社会，这个社会让我嗅到一种气味：胆小、温顺、道德沦丧，以及接受所不可接受。”[6]

---

① Adrienne Rich, “Notes toward a Politics of Location.” p. 72.

② Ibid., p. 81.

③ Ibid., p. 82.

④ Mary Eagleton, “Adrienne Rich, Location and the Body.” *Journal of Gender Studies* 9.3 (2000): 301—302.

⑤ Ibid., p. 299.

⑥ Adrienne Rich, *What Is Found There: Notebooks on Poetry and Politics*. New York: Norton, 1993. p. xiii.

诗歌与政治为本书的两个重心。里奇试图通过语言探究“世界的秩序与混乱,其根源无疑是诗性的,正如其根源无疑也是政治性的”。[①] 评论家戴安娜·乔治(Diana George)并不能完全接受里奇的主张,比如“诗歌不仅可以是政治的,而且其本质就是政治的”,她却不得不承认里奇是个例外,“里奇已向我证明,完全成功地证明许多政治诗歌也是韵味十足、言辞精妙的,不论以何种标准来衡量在意象方面都是成功的”。乔治认为里奇在本书中所传达的最基本的信息也是她多年来不断重复的信息,即“审度你的立场,承认你的偏见,当你写作和阅读时知道你是谁,问一问当你在读有关种族、阶级、性别、地位、特权等信息时,这些信息是关于谁的,因为不论你是分析文本、人或意识形态,这些都是至关重要的”。该书与里奇以往的作品的不同之处仅在于她的“合唱团扩大了”。[②] 里奇在文中常常提到一个词——“资本主义”,虽然她知道这是个已过时的词,人们在提及经济体系时,更愿意谈论“民主”、“自由企业”、“市场经济”这样的时髦词,作为一个诗人,里奇却要把那些老掉牙的词带入现在,用诗歌来颠覆人们习以为常的,事事以利益为标杆的观点。[③] 评论家多丽丝·厄恩肖(Doris Earnshaw)认为“里奇向我们讲述了在一个既暴力又富足的世界,我们如何在物质、精神两方面存活,里奇鼓励我们去接触那些流离失所的人、同性恋者、遭流放者,以及非白人的艺术作品”[④]。这些非主流的艺术家们还没有屈从于所谓的标准,他们没有被保罗·古德曼(Paul Goodman)所说的“格式”(format)操纵和同化。里奇援引古德曼的话说,这种格式也是一种审查制度,一种宣传,“当权者将格式强加于话语,因为他们需要话语,但不需要自主的话语”。[⑤]

里奇诗歌的政治性在评论界一直颇受微词。1994 年,马修·罗斯柴尔德(Matthew Rothschild)曾就《那里发现了什么》一书对里奇进行专访,他问里奇是否对评论界将她的政治诗歌斥为“愤怒、辛辣、只是政治”感到不快。里奇答道年轻时她对此非常不满,但现在已不那么强烈了。她认为这种指

---

① Adrienne Rich, “Woman and Bird,” in *What Is Found There: Notebooks on Poetry and Politics*. New York: Norton, 1993. p. 6.

② Diana George, “A Poet’s Work Is Never Done,” Review of *What Is Found There: Notebooks on Poetry and Politics*, by Adrienne Rich. *The Women’s Revew of Books* 11. 3 (1993): 3.

③ Adrienne Rich, *What Is Found There: Notebooks on Poetry and Politics*. p. xv.

④ Doris Earnshaw, “Review of *What Is Found There: Notebooks on Poetry and Politics*, by Adrienne Rich.” *World Literature Today* 68. 4 (1994): 821.

⑤ Adrienne Rich, “Format and Form,” in *What Is Found There: Notebooks on Poetry and Politics*. New York: Norton, 1993. p. 218.

责并非针对她个人，而是针对她所参与的运动，女权主义运动和女同性恋运动。[①] 她对罗斯柴尔德说她意识到她不仅仅是一个女人，也是美国的中产阶级白人。这种身份带给她快乐，也夹杂着痛苦。[②] 在采访中，里奇重申了她在前言中所说的两种身份，“这是一本诗人的书，一本公民的书”。[③] 不论是在书中，还是在采访中，读者都可感受到里奇将诗歌与政治紧密相连，力求改变个人生活以及社会生活的使命感。

里奇在2001年出版的文集《可能的艺术：论文与谈话》(*Arts of the Possible: Essays & Conversations*)收录了她在90年代的新作，也收录了她在70年代和80年代的四篇最著名的代表作，其中包括《当我们这些死者醒来》和《关于位置政治的笔记》。这两篇文章与《强迫性异性恋与女同性恋存在》已成为女权主义经典之作。[④] 里奇之所以收录这些旧作，意欲使其作为背景，表明她关于诗歌及社会的一些思考方向。70年代及80年代早期风生水起的女权主义运动为这些文章“创造了生态环境”，但正如里奇在《关于位置政治的笔记》一文中所说，“我的思考无法仅仅满足于女权主义”。[⑤] 实际上，这本文集毋宁说是里奇对女权主义运动之“遗产”的反思，反思的重点则在于个人与集体的关系。里奇在挑选旧作时，并没有因其带给她的名声而自喜，却常有一种“懊悔”的感觉，“一个时期的必要策略却可以转化成后一时期的怪物”。[⑥] 在女权主义运动中，为弥补历史上女性经历书写的空白，大批女作家以自身经历为基础阐述自己的政治诉求，她们相信“个人的即政治的”。在这一背景下，里奇也以自身经历为例，在《当我们这些死者醒来》一文中，描写了女作家的成长历程。个人陈述很快被尊为女权主义表述的“真实硬币”，“同时，在公共生活的其他领域，以利益为驱动的公司体系也针对个人及私人解决方案进行营销，而集体行动，乃至集体现实都受到嘲笑，甚至被剥夺了历史意义”。[⑦]自里根时代起，中产阶级越来越关注自身发展，对理念或大的社会秩序漠不关心，媒体的权力及资源也越来越集中到少数人

---

① Adrienne Rich, Interview with Matthew Rothschild, "Adrienne Rich." *The Progressive* 58.1 (1994): 32.

② Ibid., p. 34.

③ Adrienne Rich, *What Is Found There: Notebooks on Poetry and Politics*. p. xv.

④ Mary Eagleton, "Adrienne Rich, Location and the Body." p. 299.

⑤ Adrienne Rich, *Arts of the Possible: Essays and Conversations*. New York: Norton, 2001. p. 1.

⑥ Ibid., p. 2.

⑦ AdrienneRich, *Arts of the Possible: Essays and Conversations*. p. 2.

手中。如果说基于个人的诉求曾经是解放性的,到90年代个人诉求已被资本主义体制所吸纳、融合。与之相关的是女权主义运动与种族及阶级的关系。女权主义者们担心性别、种族、阶级三者无法兼容,强调其中一项,必定会使另外两项受到忽视。尽管有些女权主义者,特别是有色女性坚持种族、阶级与性别的交叉,重点也往往是女性个人的阶级认同。[①]

里奇在《可能的艺术》一文中,以女权主义运动的发展,特别是"身份政治"为例,阐释了在当代美国社会,资本主义如何使女权主义运动这类曾经是解放性的运动变了味儿。70年代"身份政治"的出现,表明女权主义运动内部是存在不同声音的,中产阶级白人女性并不能代表所有女性的诉求。在性别、种族、阶级、性取向等领域确认自己的位置,才可能通往清晰的自我意识、自我定义。然而"身份政治"的目的并不是要使女权主义运动分崩离析,而是基于差异,走向团结。"到80年代末,'身份'成为了'安全空间'的同义词,在这个'安全空间'里,人们可以寻找相同点而非不同。一种往往令人窒息的自说自话的小群体沙文主义出现了。"资本主义则不失时机地调整自己,将一小部分女性推近权力中心,同时加速将大多数女性抛至一边。那些主张个人解决方案的人往往会把这种狭隘的身份政治拿出来展示。里奇认为"只有全社会的政治才可以对抗这种同化"。[②]

促使里奇关注集体诉求,而非大行其道的个人主义的是马克思。在马克思的著作中,里奇找到一种"认同感"(a sense of recognition),"以利益为驱动的经济关系如何渗入到思想和情感领域",马克思分析指出19世纪早期资本主义对社会生活产生了灭绝人性的影响,里奇认为"这在本世纪末显得尤为真实"。需要注意的是,在马克思的著作中,里奇发现的是一个并不认同于马克思主义的马克思。[③] 里奇的观点在反马克思主义已被广泛接受的时代无疑是不合时宜的。这也使她有一种"在自己的国度成为陌生人"的感觉。她既强调自己是美国公民,也痛心地看到"不论是在国内还是在国外,我的国家在道德沦丧方面以及破坏追求正义和尊严方面都是领袖"。[④] 社会、群体、集体,是里奇这个不随波逐流的"诗人/公民"关注的焦点。

卡罗尔·道格拉斯(Carol Anne Douglas)不同意里奇用"遗产"一词来形容女权主义运动,因为这意味着运动已经终结,但她对书中的许多观点还

---

① Adrienne Rich, *Arts of the Possible: Essays and Conversations*. p. 5.

② Ibid., p. 153.

③ Ibid., p. 4.

④ Ibid., p. 9.

是很赞同的。“这本书或许能帮助女权主义者去思考如何建设一个公正的社会。只有旷野中的声音还在呼吁美国重新考虑她对资本主义的忠诚，趁着大公司们还没有获得更大的控制权，我们太需要听到这样的声音了。”[①]B. A. St. 安德鲁斯(B. A. St. Andrews)对这本文集评价很高，认为“这是里奇的作品中最有价值的一部。这是一本必需的书，不仅记录了历史时代和国家地位”。该文集分析了以前未被质疑的态度，探究所标榜的文化深度实则流于肤浅，更以所谓时代标准衡量其自欺到何种程度。里奇的书是在与集体信念的天使摔跤。她以一篇篇论文提出这样的问题：即一个伟大丰饶的文明如何挑战自身，使之不仅是伟大的，还是善的。[②]

1997 年，里奇拒绝去白宫接受“国家艺术勋章”(National Medal of Arts)，她写给当时的国家艺术资助会主席珍妮·亚历山大(Jane Alexander)的信也收录在文集《可能的艺术中》，她在信中详细解释了她为何拒绝这个奖项。“我不能从克林顿总统或他的白宫接受这个奖项，因为我所理解的艺术与这个政府的虚伪政治是不相容的。”[③]里奇因着她作为诗人和公民的良心，拒绝成为权力宴会桌上的装饰品。同年 10 月，里奇在接受苏珊·兰德斯(Susan Landers)采访时再次重申她拒绝成为政府尊重艺术的象征，她相信真正的权力不是“垂直的”，由上面赐予的，而是“水平的”，“受到攻击的不同群体相互给予尊重和关注”。[④]

2009 年，里奇发表论文集《一只人性的眼睛：关于社会中的艺术的文集，1997—2008》(*A Human Eye：Essays on Art in Society，1997—2008*)。该文集主要收录里奇有关诗歌的论文。“我自始至终都在探讨文学与政治转化的问题，这些问题已有人，特别是秉承社会主义传统的人讨论过，但是在当今的市场独白与平庸独白里，这些问题，连同社会主义的观点都遭到了耻笑与摒弃。”[⑤]里奇探讨了诗歌与社会的关系，虽然文集收录了她有关女同性恋诗人的论文，但女权主义、激进女权主义远非本文集的重点。里奇到晚年

① Carol Douglas, “Review of *Arts of the Possible：Essays and Conversations*, by Adrienne Rich.” *Off Our Backs* 32.1/2 (2002)：52.

② B. A. St. Andrews, “Review of *Arts of the Possible：Essays and Conversations*, by Adrienne Rich.” *World Literature Today* 76.3/4 (2002)：78.

③ Adrienne Rich, “Why I Refused the National Medal for the Art,” in Arts of the Possible：Essays and Conversations. p.98.

④ Adrienne Rich, Interview with Susan Landers, “Behind-the-Scenes.” *Lambda Book Report* (Oct. 1997)：19.

⑤ Adrienne Rich, *A Human Eye：Essays on Art in Society, 1997—2008*. New York：Norton, 2009. p.x.

时将关注点更多地放在了社会问题上，特别是资本主义的流弊，而没有局限于女权主义。马克思仍然是里奇时常引用的对象，包括这本文集的标题——《一只人性的眼睛》也是援引马克思的《私有财产与共产主义》(*Private Property and Communism*)。“只有当所看的客体成为一个人性的、社会的客体时，眼睛才成为人性的眼睛。”①评论家唐娜·西曼(Donna Seaman)认为“里奇在她所讨论的文学作品中搜寻的正是人与人之间的这种联系和认识”，她称赞里奇为一位“人本主义诗人”(humanitarian poet)。②

里奇迄今出版了近20部诗集和7部文集。她一生获奖颇丰，包括“国家诗歌协会的诗歌艺术杰出服务奖”(1989)、“威廉·怀特黑德终身成就奖”(同性恋写作)(1990)、“坦宁诗歌艺术大师奖”(1996)、兰南基金会颁发的“终身成就奖”(1999)、国家图书基金会颁发的“美国文学杰出贡献勋章”(2006)等。基金会的评审官称赞里奇作为诗人和非小说类作家都有着巨大的影响力，取得了无与伦比的成就。“五十年来，她以生花妙笔和远见卓识不仅塑造了诗歌界，也塑造了女权主义及政治思想。”③2010年6月2日，里奇荣获“格里芬信托杰出诗歌终身成就奖”。

虽然里奇在晚年时关注的重点已扩展到整个社会领域，她在女权主义运动，特别是在女权主义思想领域，所起的作用非同小可。她的许多论文都已成为女权主义的经典之作。正如德博拉·波普(Deborah Pope)在《牛津美国女性写作指南》(*Oxford Companion to Women's Writing in the United States*)所说，“几乎没有哪部女权主义的文集不收录她的作品或介绍她的观点，几乎没有哪个女性研究的课程不读她的文章，几乎没有哪部诗集不收她的诗作”④。

主要作品(按出版年代排序)

“When We Dead Awaken: Writing as Re-Vision.” *College English* 34.1 (1972): 18—30.

Diving into the Wreck. New York: W. W. Norton, 1973.

① Adrienne Rich, *A Human Eye: Essays on Art in Society, 1997—2008*. New York: Norton, 2009. p. x.

② Donna Seaman, “Review of *A Human Eye: Essays on Art in Society, 1996—2008*, by Adrienne Rich.” *Booklist* 1st Mar. 2008. p. 14.

③ http://www.barclayagency.com/rich_a.html.

④ Ted Genoways, “How We Are with Each Other: A Symposium on Adrienne Rich.” *The Virginia Quarterly Review* 82.2 (2006): 206—207.

Of Woman Born: Motherhood as Experience and Institution. New York: Norton, 1976.

On Lies, Secrets, and Silence: Selected Prose 1966—1978. New York: Norton, 1979.

"Compulsory Heterosexuality and Lesbian Existence." *Signs* 5.4 (1980): 631—660.

Blood, Bread and Poetry: Selected Prose: 1979—1985. New York: Norton, 1986.

What is Found There: Notebooks on Poetry and Politics. New York: Norton, 1993.

Interview with Susan Landers. "Behind-the-Scenes." *Lambda Book Report* Oct. 1997: 19.

Interview with Matthew Rothschild. "Adrienne Rich." *The Progressive* 58.1 (1994): 31—35.

Arts of the Possible: Essays and Conversations. New York: Norton, 2001.

"Notes toward a Politics of Location," in *Arts of the Possible: Essays and Conversations*. New York: Norton, 2001. 62—82.

Poetry and Commitment: an Essay. New York: Norton, 2007.

A Human Eye: Essays on Art in Society, 1997—2008. New York: Norton, 2009.

参考文献

Cole, C. L. and Shannon Cate. "Compulsory Gender and Transgender Existence: Adrienne Rich's Queer Possibility." *Women's Studies Quarterly* 36.3/4 (2008): 279—287.

Douglas, Carol. "Review of *Arts of the Possible: Essays and Conversations*, by Adrienne Rich." *Off Our Backs* 32.1/2 (2002): 51—52.

Eagleton, Mary. "Adrienne Rich, Location and the Body." *Journal of Gender Studies* 9.3 (2000): 299—312.

Earnshaw, Doris. "Review of *What Is Found There: Notebooks on Poetry and Politics*, by Adrienne Rich." *World Literature Today* 68.4 (1994): 821.

Genoways, Ted. "How We Are with Each Other: a Symposium on Adrienne Rich." *The Virginia Quarterly Review* 82.2 (2006): 206—207.

George, Diana. "A Poet's Work is Never Done." Review of *What Is Found There: Notebooks on Poetry and Politics*, by Adrienne Rich. *The Women's Review of Books* 11.3 (1993): 1,3—4.

Glazer, Nona. "Review of *Of Woman Born: Motherhood as Experience and Institution*, by Adrienne Rich." *Contemporary Sociology* 6.4 (1977): 480—482.

Hallstein, D. Lynn. "The Intriguing History and Silences of *Of Woman Born*: Rereading Adrienne Rich Rhetorically to Better Understand the Contemporary Context." *Feminist Formations* 22.2 (2010): 18—41.

Leitch, Vincent B., ed. "Adrienne Rich," in *The Norton Anthology of Theory and Criticism*. New York: Norton, 2001.

Lucker, Kristin. "Review of *Of Woman Born: Motherhood as Experience and Institution*, by Adrienne Rich." *American Journal of Sociology* 83.6 (1978): 1561—1562.

Rothman, Barbara. "Review of *Of Woman Born: Motherhood as Experience and Institution*, by Adrienne Rich." *Journal of Marriage and Family* 40.2 (1978): 438—441.

Rupp, Leila. "Women's History in the New Millennium." *Journal of Women's History* 15.3 (2003): 9—10.

Seaman, Donna. "Review of *A Human Eye: Essays on Art in Society, 1996—2008*, by Adrienne Rich." *Booklist* 1st Mar. 2008: 14.

St. Andrews, B. A. "Review of *Arts of the Possible: Essays and Conversations*, by Adrienne Rich." *World Literature Today* 76.3/4 (2002): 78—79.

林英敏（Amy Ling）

（1939—1999）

林英敏集教授、批评家、诗人于一身，是当代华/亚裔美国女性主义文学批评的先行者之一，她的开拓性研究工作在华裔美国学术界影响深远。

林英敏于1939年3月29日出生于北京，1945年全家移民至美国，1954年取得美国国籍。1959年，林英敏以优等的成绩获纽约市立大学学士学位；1962年获加利福尼亚大学英美文学硕士学位；1979年获纽约大学比较文学博士学位。在取得硕士学位后，林英敏先后在台湾成功大学、加拿大和法国的公司短暂工作。1966年至1969年在纽约市立学院教授少数族裔学生英语文学与写作。1969年至1989年，林英敏先后任教于布鲁克林学院、拉特格斯大学、乔治敦大学和哈佛大学等高等学府，主要讲授美国少数族裔文学及女性文学等课程。1991年起执教于威斯康星大学，并兼任该校亚裔美国研究中心（Asian American Studies Program）主任。

林英敏一生致力于英语教学及华/亚裔美国文学推广、评论工作，主要研究方向为美国文学，尤其擅长华裔美国文学和美国少数族裔文学的研究。同时，她在诗歌、国画、摄影等方面也有不俗的成就。她出版的第一部作品就是一本题为《中美反思》（*Chinamerican Reflections*，1984）的诗画集。她主要的学术编著有《世界之间：华裔女作家》（*Between Worlds: Women Writers of Chinese Ancestry*，1990），《黄色之光：繁荣的亚裔美国文艺》（*Yellow Light: The Flowering of Asian-American Arts*，1999）等。1999年8月21日，林英敏溘然离世，留下一部尚未完成的"蝴蝶夫人"的文化史——《蝴蝶的幻影》（*Butterfly's Shadow*）。鉴于其为华/亚裔美国文学及少数族裔女性文学研究所做出的杰出贡献，林英敏曾荣获由美国多族裔文学研究会（Society for the Study of the Multi-Ethnic Literature of the United States，MELUS）以及亚裔美国研究会（Asian American Studies Association）所颁发的终身成就奖（Lifetime Achievement Award，1997，2000）等重要奖项，而亚裔美国研究中心与威斯康星大学更是以设立"林英敏黄色之光奖"（Amy Ling Yellow Light Award），来纪念林英敏"敢为天下先”,孜孜不倦发掘、传播少数族裔女性作家作品的精神与勇气。[①]

一个人在童年时期的不幸遭遇会影响其一生,回顾林英敏坎坷的成长经历,指引她走上华裔美国文学研究道路的,恰恰就是她幼年时期的移民之痛。1945 年 11 月的某日清晨,母亲带着 6 岁的林英敏和 3 岁的弟弟经过一路颠簸抵达美国纽约港。踏上异国他乡的土地,一切都是神秘而陌生的。高擎火炬的自由女神像和高耸入云的摩天大楼,无情地压迫着这群外来客柔弱的视线,使他们需要艰难地仰视方可。“这是谁的美国?他们的还是我们的?”弟弟突然问道。“他们的。”母亲答道。眼泪像断了线的珠子从弟弟的脸上落下:“那他们会把我扔进海里的。”母亲只好安慰弟弟说,美国是自由、平等、民主、富饶的希望之乡,只要努力,不论出身,人人皆可实现“美国梦”。[②] 20 世纪 90 年代初,移民与少数族裔又一次被美国主流话语视为不受欢迎的访客。此时追忆往事,林英敏不禁感慨弟弟当时的先见之明。在《这是谁的美国?》(“Whose America Is It?”,1995)一文中,林英敏借几则轶事,记述了自己游离于“两个世界”之间的尴尬处境,在文化夹缝间寻找自我的茫然,以及她如何坚持前行在少数族裔,特别是华/亚裔美国作家的研究之路的故事。

林英敏抵达美国那年恰逢黄玉雪(Jade Snow Wong)的《华女阿五》(*Fifth Chinese Daughter*,1945)出版,美国当局正忙于借黄玉雪“模范少数族裔”的新形象,鼓吹少数族裔只要努力便可实现“美国梦”,来为美国当时受到攻讦的民主制度辩护。彼时,美国的族裔政策尚处于转型时期,甚嚣尘上的“熔炉论”虽势不如前,但已然成为价值标准的白人男性审美观仍被视为权威,父权制的文本无处不在。学生时代的林英敏阅读了大量的白人男性中心主义书写,也坚信不疑地内化了其阅读策略与判断标准。她熟谙英美文学经典之作,却对某些知名作家对中国东方主义式的描写浑然不觉。她曾自诩与“金发碧眼”的美国人无异,但她亚洲人的面孔在使她感到自卑的同时,又总是招致他人的“凝视”以及对她“纯正”英语的褒奖,这样的情形继而又导致了她的自我认识的严重分裂。随着朝鲜、越南、老挝、柬埔寨相继成为美国的敌国,同样是黄皮肤黑头发的林英敏愈加彷徨不安。在纽约市立学院与非裔教师、学生的亲身接触,与“黑即是美”(“Black Is

① 林英敏的生平简介可见 http://www.lib.nus.edu.sg/chz/chineseoverseas/oc_aml.htm 以及 *Contemporary Authors Online*.

② Amy Ling, “Whose America Is It?” *Websterstudies* 12.1 (Winter, 1995). http://weberstudies.weber.edu/archive/

Beautiful")的标语直面相对，更使得林英敏对自己之前被灌输的"标准"疑窦丛生。[①]

在20世纪60年代蓬勃展开的民权运动和妇女解放运动的合力推动下，多元文化主义开始成为美国社会的主导思想，各少数族裔的文化身份意识也逐渐觉醒。林英敏认为这些运动的最大贡献不外乎言明了普适的立场和唯一正确的观点并不存在，与之相反，只有从各个不同的文化历史角度出发，才能表述人类社会的复杂特性。鉴于此，身为英美文学研究者的林英敏质疑："为什么我所为之奋斗的文学事业中竟没有一个非白人作家？难道就像我的教授和同事们所认定的那样，任何一个有色人种所写的东西都是毫无价值的吗？他们说，如果有价值，它们就会像奶油一样'升到上面'，大家自然就会知道。然而哪些可以'升到上面'完全取决于谁来提升，书籍不会像奶油那样自己升起来，一些是被提升了，而另一些则是被忽略了。"[②]作为被白人男性话语所包围、规训的少数族裔的一员，在选择自己最终的专业研究方向时，林英敏毅然决定站在少数族裔的立场，投身于她所说的"文学考古学"之中，通过各种渠道搜寻过去被湮没的华裔美国作家，尤其是华裔美国女作家的名字，把她们创作的作品从历史中挖掘出来，并将它们带入公众视野。在林英敏开始华裔美国女作家研究的初期阶段，曾经有不少教授不解她这番辛苦的意义，既然英文系鲜有中国学生，"中国专家"有何用？林英敏一针见血反驳道，如今已无任何16世纪的人在世，我们为什么还在研究16世纪的文学？针对多元文化主义会使美国"涣散"并"降低"文学门槛的担忧，林英敏指出少数族裔文学作品不仅是独特的族裔或个人经验言说，也描写普遍的人性，可以满足他人的情感诉求。如加拿大华裔女作家李群英(Sky Lee)的小说《残月楼》(*Disappearing Moon Café*，1990)，记述了从1892年到1986年，一个华人移民家族四代女性在中国传统文化和加拿大文化的激烈冲突中，为在异域站稳脚跟而奋斗的艰辛历程。书中人物身份、经历的特殊性并不影响读者理解欣赏这部小说中所表达的牺牲精神、理想主义与传统习俗之间的复杂关系，反而因提供了一个新的看问题的角度，加深了读者对这些概念的思考。以今天的标准来衡量早期的华裔美国作家的作

① 此段经历来自《黄色之光：繁荣的亚裔美国文艺》前言部分林英敏对自己成长故事的回顾。Amy Ling, *Yellow Light: The Flowering of Asian-American Arts*. Philadelphia: Temple University Press, 1999. p. 2.

② Amy Ling, "Whose America Is It?"（译文参考饶芃子、蒲若茜：《从"本土"到"离散"——近三十年华裔美国文学批评理论综述》，《暨南学报》2005年1期。）

品，它们显然够不上经典，但是很多19世纪的伟大作品在今天的批评家眼里同样流于肤浅。华裔作家的作品或刻画了别样于白人笔下的中国形象，或传达了华裔美国人真实的想法与观点，或描绘了在两个世界、两种文化之间左右摇摆的困惑，甚至有些构思精巧、技巧成熟的作品堪与当今最优秀的作品比肩。因此，林英敏认为，不论其文学性还是文化历史性，华/亚裔美国文学作品都有极大的学术研究价值，都应得到更多的了解和关注。

在《华裔美国文学新视角》（"A Perspective on Chinamerican Literature"，1981）一文中，林英敏使用了自创的"Chinamerican"一词，并以自己更开放、包容的定义取代赵健秀（Frank Chin）、陈耀光（Jeffery Chan）、徐忠雄（Shawn Wong）等华裔男性作家、批评家所倡导的封闭的华裔美国文学观。林英敏首先肯定赵健秀、陈耀光等学者在华裔美国文学研究发展方面功不可没，是他们率先发掘被主流话语消音的华裔作家作品，梳理、建立了华裔美国文学传统，并出版了充满"黄色自豪"（yellow pride）与颠覆精神的《哎呀！亚裔美国作家选集》（*Aiiieeeee! An Anthology of Asian-American Writers*，1974）。与此同时，赵健秀等人固守狭隘的华裔美国人定义，声称真正的"华裔美国人既不是中国人也不是美国人，而是具有特定文化传统和族性意识的族群"，他们将是否具有"亚美感性"（Asian American Sensibility）作为其唯一衡量标准，把带有基督教教义思想与西方哲学、历史文化印迹的作品一概拒之门外。[①] 出于对由相反两部分组成、以连字符隔开的"China-American"这一惯用术语的不满，林英敏建议删去连字符，用包括中美二元文化的"Chinamerican"强调华裔美国文学应有的广度及多样性。她认为，广义上来说，华裔美国作家可分为三类。一类是拥有中国身份、受传统文化熏陶、在美国发表英文作品的华人，林语堂及其女儿林太乙（Anor Lin）、林如斯（Adet Lin），郭静秋（Helena Kuo）和蒋彝（Chiang Yee）就是其中的代表。他们的作品多满溢思乡之情，故事的发生地也多为中国。第二类作家涵盖的范围最广，但凡出生在美国以及在年幼时来到美国的华人都被包括在内，其历史可上溯至留美清朝学童容闳（Yung Wing），近至汤亭亭（Maxine Hong Kingston）、黄哲伦（David Henry Hwang）等。以汤亭亭的《女勇士》（*The Woman Warrior*，1976）为代表，虽然他们的作品融合了中国元素，但因其受西方文化的浸染，这类作家多对中国传统文化持矛盾的态

① Amy Ling, "A Perspective on Chinamerican Literature." *MELUS* 8.2 (Summer 1981): 77.（译文参考赵文书：《和声与变奏—华美文学文化取向的历史嬗变》，天津：南开大学出版社，2009年，第4页。）

度。第三类作家是一特殊的群体，他们是可以自由选择文化身份、拥有中国血统的欧亚混血儿，其中最为著名的有伊顿姐妹（Edith Eaton and Winnifred Eaton）及当代作家张粲芳（Diana Chang）。伊顿姐妹并无明显的亚裔血统特征，但两人均选择站在亚裔的立场上创作：姐姐笔名“水仙花”（Sui Sin Far），她以笔为剑，为华人代言、辩护，妹妹则取了日本风十足的笔名“夫野渡名”（Onoto Watanna），并因创作了多部风靡一时的日本爱情传奇而备受读者青睐。林英敏对赵健秀等人对“华裔美国”本质主义的文化身份定义持否定态度，她重新界定了华裔美国文学的研究“版图”，将其扩展到民族源头、阶级、性别不同的作家群体，从而将更加多样化的文本纳入自己的分析框架，为华裔美国文学创作从“边缘”向“中心”渗透寻找到更多同盟。

在应邀评述埃伦·梅瑟-达维多（Ellen Messer-Davidow）的论著《女权主义文学批评的哲学基础》（*The Philosophical Bases of Feminist Literary Criticisms*）之时，林英敏发表了题为《我在这儿：一位华裔女性的回答》（“I’m Here: An Asian American Woman’s Response”）一文，并在其中声明了她在华裔美国文学及少数族裔文学研究时所持的兼容并蓄的第三世界女权主义的立场。同样身为女权主义文学研究者，林英敏首先为其同行所提出的“透视主义”（perspectivism）叫好。作为女权主义哲学观的“透视主义”，既反对赋予对象特权的客观主义，也反对特别优待主体的主观主义；它倡导个人的与文化的、主观的与客观的视角相融合，是以一套系统的、无先入之见的认知模式取代传统的二元对立的哲学观点。这一开明的女权主义立场与男权主义者贬斥所有超越父权思维模式的作品之狭隘形成了鲜明对比。“透视主义”崇奉多元化的视角，认可每个个体的独特性，从而形成差异认同的前提。但林英敏进一步指出，扩散的视角似乎总会止于某处，即使在主流之外的文学研究中，也有中心与边缘之分，也有无限外指的“外层”。白人女性被美国白人男性主流话语视为他者，黑人女性是本族的与外来的（主流社会）男权中心主义的他者，无论如何，这也是一种视角；但其他少数族裔的女性以及异于普通异性恋者的其他性取向群体则几乎不在“可视”范围之内，作为最为“沉默”的他者，这些身在边缘的“边缘人”的身份/视角认可便成为最突出的问题。

作为华裔美国女性的一员，林英敏与白人女性及其他少数族裔的女性对女性权利有着共同的诉求。但族裔文化背景的不同使女权主义内部也充满差异，林英敏就与梅瑟-达维多在个别问题上扞格不入。梅瑟-达维多倾向于以身份障碍作口实，摒弃所有由男性提出的理论，林英敏对此不敢苟同，并提出她自己的两点意见。瑞士心理学家让·皮亚杰（Jean Piaget）的发生认识论表明，“对某种特定行为或内容的学习，只有当存在相应的结构时才能发生”[①]，换言之，新知识的习得需要一定的先在认识，而完全偏离先前认识的新事物会因找不到共同的栖息点而处于学而不化的状态。因此，林英敏认为，女权主义者应该将人类集体的精品典藏挪为己用，采用迂回的方式使她们过于激进或“怪异”的观点从而被更广泛的人群知悉、接受。例如，将华裔女作家庄华（Chuang Hua）在其小说《跨越》（*Crossing*，1968）中采用的碎片式叙事与福克纳（William Faulkner）的《喧哗与骚动》（*The Sound and the Fury*，1929）以及福楼拜（Gustave Flaubert）的《包法利夫人》（*Madam Bovary*，1857）之叙事策略进行平行研究，将林太乙的《日照重庆》（*Dawn Over Chungking*，1941）与《安妮日记》（*The Dairy of Anne Frank*，1947）进行类比，华裔女性作家作品必须先展现其与文学经典作品的共性，才能逐渐被因循守旧的文化本质主义者接受。其次，林英敏发现非裔作家杜波依斯（W. E. B. Du Bois）用来解释白人带给黑人内心世界冲突的概念“双重意识”（“double consciousness”），同样适用于总是下意识地“透过别人的眼睛来审视自我，按照旁观世界中他人蔑视和怜悯的目光来衡量自己的灵魂”的女性群体。[②]与之类似，英国艺术评论家约翰·伯格（John Berger）、美国女权主义批评家伊莱恩·肖沃尔特（Elaine Showalter）、心理学家卡萝·吉利根（Carol Gilligan）等拥有不同族裔、性别、文化背景的作家、学者，都在他们的作品中描绘过与之相似的、受分裂的自我身份所困扰的心理现象。巴赫金的“对话理论”强调了多元和矛盾、意义的复调性以及不同的声音，也为华裔女性作家作品研究提供了另一有益的理论支撑。汤亭亭的多部作品就展现出“众声喧哗”的特点。林英敏指出，既然传统的、以白人男性价值观为中心的文学批评尚可借鉴人类学和语言学的研究成果，那么女权主义研究也可灵活运用男性学者提出的理论与观点。

女权主义文学批评的重点关怀对象是借用文字或其他媒介所表达的性别与性属观念，文学研究的对象不是文学。梅瑟-达维多的这一断言，令林英敏感到不安，她认为，作为文学批评流派之一的女权主义批评不应忽视文本的文学性研究。林英敏主张，就像“华裔美国文学”的命名，“华裔”在前，是形容词，“美国”在后，是名词，它强调的是“美国性”，在“女权主义文学批评”

---

① http://baike.baidu.com/view/132219.htm.

② Amy Ling, “I'm Here: An Asian American Woman's Response.” *New Literary History* 19.1 (Autumn 1987): 154.（译文参考程爱民、邵仪、卢俊：《20世纪美国华裔小说研究》，南京：南京大学出版社，2010年，第97页。）

这一表述顺序中,"女权主义"在前,"文学批评"在后,表明的无非就是上述道理。林英敏继而指出,如果现存的文学经典标准视华裔女性作品为微不足道的"失败"之作,那么她就要像简·汤普金斯 (Jane Tompkins)所倡导的一样,重构批评标准,将女性作家作品放在其创作的具体语境下考量,用社会的、历史的审美相对性取代白人男性传统对宏大和权威的追求。

在文章的最后,林英敏再次声明了自己第三世界女权主义的批评立场。虽然彼时少数族裔与边缘群体的声音尚不能颠覆主流意识形态话语的壁垒,但它们的存在和日渐清晰的显现就孕育着变革的希望。当时活跃的女权主义文学批评家,如艾德里安·里齐(Adrienne Rich)、朱迪丝·菲特里(Judith Fetterly)、简·汤普金斯 (Jane Tompkins)、伊莱恩·肖沃尔特(Elaine Showalter)、戴尔·斯彭德 (Dale Spender)等人,在建构女性主义批评理论、发掘被埋没的女性作家作品,以及重述女性文学史等方面均取得可喜成果;而林英敏自己在华裔女性作家作品研究方面的成绩也得到了一定认可,作为长期被消音的华裔女性作家的一员,发出了"我在这儿"的呼喊。

林英敏出版于 1990 年的《世界之间:华裔女作家》(*Between Worlds: Women Writers of Chinese Ancestry*)是华裔美国女权主义文学批评第一波浪潮中一部备受瞩目的论著①,"世界之间"业已成为人们论及华/亚裔和其他少数族裔含混的身份问题时不可避免的表述方式。这本专著既具有文学批评的性质,又具有文学史的性质。它的时间轴横跨了一个世纪,以女权主义的视角,从多方位分析了 18 位女性作家及其作品,并附有详细的社会历史背景和作家生平介绍,其涵盖面之广,资料之翔实,为"华裔美国女性文学"这一陌生学术领域的引导推广起到了相当大的作用,林英敏以时间顺序和华裔女性文学主题的发展相结合为研究线索之举也对之后这一领域文学选集的编撰和批判专著的撰述产生了一定的影响。②

《世界之间》的序言由著名作家韩素音(Han Suyin)撰写,它的主体由五部分构成。在题为"以写作作为反叛"("Writing As Rebellion")的第一章中,林英敏审视了几代华裔美国女性生活、写作的社会、历史、政治、文化大背景。为打破两种华裔女性的刻板印象——不是"纯洁的百合"就是"邪恶的龙女"—— 林英敏追根查源,在剖析其产生和扩散之原因的同时,也将华裔美国女性同美国的文化传统联系起来,并为这一波动变化的关系提供了极富洞察力的批评视角。将华裔女性作家的作品与同族的男性比较,林英

① 柏棣主编:《西方女性主义文学理论》,桂林:广西师范大学出版社,2007 年,第 248 页。

② 译文参考程爱民、邵仪、卢俊:《20 世纪美国华裔小说研究》,第 263 页。

敏发现华裔女作家的数量更多,她们创作的作品也更多,而且更真实可信。华裔女性身处“边缘的边缘”,她们遭受主流话语、性别歧视、传统偏见的多重打压,因而对社会的不公有更为敏锐的体察,对寻求身份认同也有更迫切的需求;一旦获得言说的机会,她们发出的对自由、平等的呼声也就更加强大而响亮,她们的作品也往往同时具有个人性与政治性。

第二章的研究重点聚焦在被称为华裔美国女性文学之“先驱与典范”(“Pioneers and Paradigms”)的伊顿姐妹身上,这一对欧亚混血姐妹也是林英敏之前与其后发表的多篇学术论文的关注对象。林英敏极力赞扬了水仙花(原名 Edith Eaton)在北美恐华症蔓延、各地反华活动盛行之时,敢于认同母国的文化身份,为捍卫华人妇女和劳工的权益而斗争的勇气和正义感。水仙花的文学创作着眼于以具有华人血统的局内人的身份,以充满同情的笔触,描绘正面的、立体的华人形象和他们的生活与感情经历,人权和女权问题是贯穿她所有故事的主题。水仙花的作品也常描写不同种族、肤色的人物之间的亲情和爱情,女性之间的友情与同情,还有一些则讲述了由文化传统习俗或个人原因导致的性别错置,她的这些表述对西方传统观念中种族与性别的固定认识形成了挑战。林英敏在分析温妮弗雷德·伊顿的写作策略时,着重点明了族裔身份这一概念的流动性和表演性。并无日本血统的温妮弗雷德·伊顿在写作初期借助当时美国社会对日本的好感及好奇,选择采用日本式的笔名,装扮成日裔女子发表含有日本元素的罗曼史,因其迎合了美国主流意识对东方风情的想象,她的小说迅速成为畅销书,被广泛地阅读并被普遍认为是日本文化的真实写照。她在这一时期创作的一部大量运用爱尔兰方言、描写爱尔兰裔美国姑娘爱情生活的小说,是美国文学史上首部由一位中英混血作家以日本笔名发表的爱尔兰-美国小说。之后她弃用日本身份,佚名发表了半自传体小说《我》(*Me, a Book of Remembrance*, 1915),展现了一位女作家(即温妮弗雷德·伊顿)的文学之路;移民加拿大后她就地取材,创作了两部以加拿大农场生活为题材的小说,并在小说发表时署上了自己原初的名字(Winnifred Eaton)。温妮弗雷德·伊顿利用主流文化对少数族裔的刻板印象公然为自己塑造了并无种族根据的文化身份,她的这一写作策略使她的作品逃离了被主导话语消音的命运,也使得她能依靠写作撑起家庭巨大开销的重担。林英敏指出,温妮弗雷德·伊顿的小说也具有女权主义特征,其女主人公的行为举止也与当时美国文学中的新女性形象类似,但她的小说常落入西方男性“拯救”东方女性的传统窠臼,因而她不是一个彻头彻尾的挑战者和抗争者。

该书的第三章首先介绍了在日本侵华战争时期涌现出的一批充满爱国

热情的年轻华裔女作家，其中的代表有郭静秋、林太乙、林如斯、施蕴珍(Mai-mai Sze)和韩素音。华裔美国学者谭教授(Dr. Dali Tan)认为林英敏对韩素音的小说《目的地：重庆》(*Destination Chungking*，1942) 以及林太乙的《战潮》(*War Tide*，1943)的分析精辟透彻、深刻有力。[①] 新中国成立后美国对华态度的突变，冷战时期两种意识形态的激烈冲突也在此时期华裔作家的作品中或隐或现。虽然这些小说或传记多被评论界忽视，并因其明显的政治倾向性而遭受偏见，林英敏却能以客观冷静的态度，从社会的、历史的角度出发，肯定这些作品的文学价值。海伦娜·格莱斯(Helena Grice)在其专著《华裔美国小说、历史及传记写作》(*Asian American Fiction, History and Life Writing*，2009)中，认为林英敏对此阶段作家作品的解读，尤其是对张爱玲(Eileen Chang)的《秧歌》(*The Rise Sprout Song*，1955)，《赤土之恋》(*The Naked Earth*，1956)等作品的艺术水平的赞扬，是清醒公正的。[②]

第四章再次聚焦美国，探讨了处于“两个世界”之间的华裔美国女性悬而未决的身份问题。林英敏将华裔女性与母国的关系和子女与父母的关系进行类比，令人说服地道出了这一关系的复杂性。“中国，她们的祖国，她的影响如此之大、之深，甚至到达了大洋的彼岸。想起中国，她们或许为她感到骄傲，或许对她冷嘲热讽；或许是泛黄的怀旧之情，无论如何，她们记得她。”[③]即使生活在美国，华裔女性与中国之间的情感、文化之线仍是藕断丝连；在西方因具有中国血统而成为“他者”，在东方则成为西方文化和价值观念的代言，她们身份的特殊性使得她们成为双重局外人。林英敏在阐释韩素音、张粲芳、汤亭亭和谭恩美(Amy Tan)的作品时，侧重展现这些作家如何利用自身的文学创作来反映或应对她们夹在“世界之间”的、含糊不清的文化身份认同问题。此章第三节将一脉相承的黄玉雪、汤亭亭、谭恩美的作品在主题思想、情节结构、语言风格等方面展开对比分析，已由董文胜翻译成中文，以《评介三位美籍华裔女作家》在《当代外国文学》上发表。

第五章题为“用书写来纠正错误”(“Righting Wrongs by Writing Wrongs”)，这一部分按主旨，将华裔女作家的作品分为书写/纠正(write/

---

① Tan Dali, “Review of *Between Worlds*: *Women Writers of Chinese Ancestry*.” *NWSA Journal* 4. 1 (Spring, 1992):117.

② Helena Grice, *Asian American Fiction*, *History and Life Writing*. New York: Routledge, 2009. pp. 20—22.

③ Amy Ling, *Between Worlds*: *Women Writers of Chinese Ancestry*. New York: Pergamon Press, 1990. p. 103.

right)种族主义、性别歧视和殖民主义三部分来进行横向对比。林英敏在全书的总结中说道,“世界之间”的两难境地是美国少数族裔都需面对的难题,而处于两种文化之间也使他们具有双重文化意识,具有架起东西方沟通桥梁的能力。若要担起此重任就要承受被主流话语践踏排挤,但华裔女性作家用她们的写作表明,她们不畏一切形式的压迫、敢于发出自我认定的声音。[①]

《世界之间》一书的出版在大洋两岸均引起极大关注,华裔美国学者对林英敏这一力作的历史意义予以肯定,我国学者程爱民、邵怡、卢俊及蒲若茜等,也论述了该书的意义与影响。其独到或创新之处可归纳如下:1. 林英敏通过考证,认为伊顿姐妹的作品是华/亚裔美国文学的源头,这一说法影响了其后的亚裔文学批评;2. 林英敏对“华裔美国”的广义界定打破了华裔男性学者封闭的评判标准,她认为在美华人用汉语写作的作品也可归入华美文学的研究范畴,韩素音、林太乙等“国际人”的英文作品在美国出版并产生了一定影响,因而也可纳入她的分析框架中;3. 温妮弗雷德·伊顿与李金兰(Virginia Lee)、包柏漪(Bette Bao Lord)等人的作品曾被亚裔文学研究者赵健秀、金惠经(Elaine H. Kim)等指责为哗众取宠,向白人献媚,林英敏则以宽容的态度为她们辩护,她称伊顿是另辟蹊径,用旁敲侧击的方式反击种族主义,而将李金兰、包柏漪、林太乙等作家归为一类,称她们是要从中国文化中找到支撑以自我防护;[②]4. 林英敏从社会、历史的角度,对华裔女性作家的作品,特别是黄玉雪、汤亭亭和谭恩美的作品中的“无法言说”、“缄默不语”进行了探讨,她不仅分析了华裔女性“沉默”的社会、历史、文化的背景,也关照到了常被忽略的华裔男性的“沉默”[③];5. 林英敏除采用女性主义的角度之外,也联系到当时的前沿理论,如巴赫金(Mikhail Baktin)的“复调”、“对话式想象”、解构主义、后殖民主义、后现代的写作策略等来阐释华裔女性文学作品,这些论述虽占篇幅不多,但对以后亚裔美国女性文学作品的理论化

① Amy Ling, *Between Worlds*. p. 177.

② 对此华裔评论家俞毓庆(Ruth Yu Hsiao)持不同观点,他认为,考虑到当时的排华浪潮与自身的经济窘况,温妮弗雷德·伊顿的选择可谓是无奈之举,但包柏漪的小说《春月》(*Spring Moon*)发表之时已是1981年,身为外交官夫人的她本可不必多费笔墨,描画吸引眼球的异国情调、“奇风异俗”。虽然对林英敏的著作持积极赞扬的态度,但是俞毓庆指出,林英敏与包柏漪类似,因“世界之间”的文化身份局限,也在一定程度上误读了中国传统文化。Ruth Yu Hsiao, “Review of *Between Worlds*: *Women Writers of Chinese Ancestry*.” *MELUS* 17.3 (Autumn 1991—Autumn 1992): 131—134.

③ 陆薇:《走向文化研究的华裔美国文学》,北京:中华书局,2007年,第140页。

研究具有启示性意义。

林英敏与非裔作家韦斯利·布朗(Wesley Brown)合作编著的《想象美国》(*Imagining America: Stories from the Promised Land*, 1991)是一本多元文化主义的美国短篇小说选集,共收录了37篇由不同族裔背景的美国作家创作的短篇小说。这些小说集中再现了美国贯穿20世纪的移民浪潮——既包括外来移民的迁入,也涉及国内居民的迁徙,并折射出美国文化令人惊异的丰富性和多样性。两位编者按主题将这些小说置于"抵达"(Arriving)、"归属"(Belonging)、"超越"(Crossings)和"铭记"(Remembering)四个标题之下,这四部分也与跨文化移民的心理历程相符——抵达陌生国度和地区的陌生感和疏离感,在冷漠的环境中为赢得认同的挣扎,在相互冲突的族裔文化之间协商的努力,用回忆与无法摆脱的过去妥协以便向未来迈进。选集中的每一篇小说都有其独特性,但它们同时都意在解决一个难题:如何使美国被神话了的"允诺"(promise)与当今纷杂的现实和解。两年后,林英敏再次与韦斯利·布朗联手,共同编撰了《美国视野》(*Visions of America: Personal Narratives from the Promised Land*, 1993)一书,作为《想象美国》的指南。此选集中的36篇自述性作品聚焦于美国历史上具有重要意义的历史时刻或历史事件,记录了美国在伤痛中的艰难前行。

林英敏与作家、批评家林玉玲(Shirley Geok-lin Lim)合编的《解读亚裔美国文学》(*Reading the Literatures of Asian American*, 1992)是首部旨在为亚裔美国文学阐释提供系统理论支撑的综合性批评选集。它的成功问世,预示了后现代语境下的亚裔美国文学批评正逐步摆脱政治化的族裔性批评桎梏,向跨民族主义视角的转向。

金惠经在为该书撰写的前言中指出,早期的亚裔美国文学批评家强调文学文本的族裔性建构,强调亚裔内部认同与策略性联盟以抵抗主流话语的打压。然而,自20世纪80年代以来,随着亚洲移民的数量激增、亚裔作家的纷纷涌现,亚裔人口群体背景的日益复杂化必然使亚裔美国文学呈现出多元性、多维性、多面性的特点,从宏观角度对亚裔美国书写进行群体化考量的局限性亦日益凸显。作为对前述问题的纠正,林英敏与林玉玲的这本批评选集着眼于从微观角度把握分析亚裔群体中独立个体的个性差异,意在消解亚裔美国人是一个整体的、单调的、同质的群体这一刻板印象。该选集按主题,将这些从不同的文化、历史视角切入的论著编排为四组,分别探讨了亚裔美国身份的复杂性、种族与性别的辩证关系、族裔身份的界定、文本再现与自我呈现的阐释问题。编者林玉玲是出生于马来西亚、后到美国定居的华人，她认为自己是一个“离散者”，是亚裔美国人，而不是华人或华裔美国人。林玉玲的文章为全书开篇，她在文本细读的基础上，分析了第一代亚裔美国作家身处文化错位与认同困惑的无奈中，通过“自相矛盾、悖论式”的族裔性建构，尝试进入主流话语的策略。林英敏的论文《自我创造：伊顿姐妹》（“Creating One's Self：The Eaton Sisters”）剖析了伊顿姐妹在她们的自传性作品中建构的非单一的、在东西方之间游走的个性化文化族裔身份，这种如变色龙般的“横向”文化族裔身份穿越，打破了族裔性与生俱来、固定不变的神话。夫野渡名有意识地建构不同的族裔身份，作为她独特的文化适应模式与暴露各种社会压迫的隐性手段。相似的个人族裔性建构也可见于当代作家格雷·奥尔（Grey Owl）和朗·兰斯（Long Lance）的作品中。

两位编者在该选集的引言中指明，亚裔美国文学创作与批评已经不再是简单地追求“表达自己、引起关注”，不再继续坚持“明确的、同质的”族裔认同，而是为了展现“多样的、多元的、多声音的、有特点的”亚裔美国文学话语。① 该选集中的论文均跨越了族裔、性别、民族界限，肯定了族裔、性别、民族这些概念的非确定性；这样非一元化的身份观点的确立，也标志着亚裔美国文学批评跨越了“文化民族主义”，正朝着“文化多元主义”迈进。②

1995 年，林英敏与美国女作家、批评家怀特-帕克斯（Annette White-Parks）搜集、重辑了水仙花的作品，以《春郁太太及其他作品》（*Mrs. Spring Fragrance and Other Writings*）的书名重新出版，从而为华裔美国文学早期作品的推广以及研究的发展做出了贡献。两位学者在该书的“序”中总结了水仙花作品的历史意义：水仙花的创作逾越了彼时“黄祸”式的文学与传教式的文学形式，突破了只描述唐人街的单身社会而无视华裔妇女儿童的文学程式，首次给予亚欧裔混血儿的生存和心理困境以关注和同情；水仙花的小说中所反映出的种族冲突、性别歧视、阶级压迫等问题在百年后的今天仍然是危害社会安宁的毒瘤，而学术界视少数族裔文学为“牺牲者研究”（victim study），贬抑复活少数族裔作家作品的活动为“政治上正确”的偏见话语仍不绝于耳，此时重温水仙花的作品，以前车之鉴为后事之师，也使她的作品具有了社会现世意义。③ 此选集中的插画——水墨画“水仙花”为林英敏本人所绘，画作清逸隽秀，展示了她在绘画方面的造诣。

---

① Amy Ling and Shirley Geok-lin Lim, eds. *Reading the Literatures of Asian America*. Philadelphia: Temple University Press, 1992. p. 9.

② 周郁蓓：《亚裔美国批评与现代、后现代理论》，《南开学报》2009 年第 5 期，第 48 页。

③ 范守义：《义不忘华：北美华裔小说家水仙花的心路历程》，《国外文学》1997 年第 4 期。

《黄色之光：繁荣的亚裔美国文艺》(*Yellow Light*：*The Flowering of Asian-American Arts*，1999)是林英敏耗时多年的辛苦之作，也是她病逝前编著出版的最后一本选集，该书的题名来自日裔美国诗人本乡(Garret Hongo)1982年的同名诗集《黄色之光》。林英敏认为，当下亚裔美国文学创作日臻成熟，呈现出前所未有的异质性与复杂性，族裔性模糊、含混的作品日渐增多，主题与体裁亦日渐丰富，因而亚裔美国文学/艺批评也应与时俱进，不再拘泥于“抗议文学”的批评范式，而应着眼于展现出“亚裔美国”这个社会性地建构整体内部蕴含的多样性、多民族性与多元文化性，强调文学作品的文化内涵与艺术张力，并重新审视亚裔美国创作与美国主流文学传统之间的互动、协调关系。以此为宗旨，林英敏拟定了17个亚裔美国文学/艺研究中颇具争议的问题，其中包括作者个人经历与作品的关系、“亚裔美国”的定义及其意义、“亚裔美国作品”的评判标准、对“亚美感性”的理解、亚裔美国人在美国社会的定位、作者个人的身份定位、亚裔美国作品对民族传说和神话的挪用、亚裔美国作品的经典化等，通过各种渠道接触、采访来自不同国家与地区、分属不同时代的亚裔美国作家、艺术家，并将他们对这些问题的答案记录下来，编辑整理集结成册。

该选集由两部分组成，分别聚焦文学界以及其他领域的艺术家，每部分均以受访者的生辰排序，并附有肖像照片、生平简介以及代表作品节选(艺术家除外)，涉及的对象除汤亭亭、黎锦扬(C. Y. Lee)、本乡、黄哲伦等耳熟能详的名字外，一些刚刚崭露头角的作家、艺术家也被包括在内。出于文化、民族背景的差异和个人经历与切入视角的不同，作家、艺术家们对这些问题的思考虽因人而异，却并非互相矛盾，而是互为补充，在碰撞中丰富了“亚裔美国”的内涵。日裔美国作家凯伦·山下(Karen Tei Yamashita)以荒诞的表现手法，巧妙地将自己对族裔性、身份、性别等问题的看法融入一篇反讽式的幽默书评之中，而穿插在书评中的原作——关于一对连体日裔美国双胞胎不可思议发迹史的魔幻现实主义之作，一个对亚裔刻板印象极尽嘲讽的短篇小说——也出自她的笔下。著名导演李安则认为不该故步自封在“亚裔”身份中，并指出“任何真正意义上的艺术家创作都是从直接的个人经验中获取素材，而不见任何先于个人而存在着的群体意识”①。

此选集首度将包括导演、歌手、演员、舞蹈家、作曲家等在内的亚裔美国

① Amy Ling, *Yellow Light*：*The Flowering of Asian-American Arts*. Philadelphia：Temple University Press, 1999. p. 7. (译文转引自程爱民、邵仪、卢俊：《20世纪美国华裔小说研究》，第43页。)

艺术家的声音纳入亚裔美国学术研究的范畴,展现了在90年代多元化的文化景观中,不同领域的亚裔美国艺术家们共同创造的亚裔艺术之繁华。林英敏在前言中坦承亚裔美国研究的历史意义,她说:

> 亚裔美国人观点的价值,对某些人来说,不管怎样地令人不舒服和要不得,在于责问那些当权者和清楚明白地揭示言与行、民主思想与歧视性实施之间的差距。倘若我们把少数族裔的观点当做"牺牲品研究"而弃若敝屣,我们便使"残暴者研究"长存,便掩盖了过去引起种种创痛的坏事而赞同炮制的公正神话。如果我们不知道过去错误的话,我们不可能学会避免过去的错误。①

当下,她更为亚裔美国创作呈现出的"众声喧哗"的新局面而欣喜。她认为人类社会与自然相同,其充满差异与分歧的"边缘地带"最能激发创作灵感,而"亚裔美国"社会就是这样一个"边缘地带",这里多种族、民族、文化并置,是一个由多元文化、多重声音、多重民族构成的欣欣向荣的有机整体,是一块孕育着更多超越族裔性界限、具有普遍意义、展示亚裔美国文化独特魅力的伟大作品的希望之乡。

拥有多重文化背景,生活于两个世界、两个民族之间,林英敏的一生被贴了许多标签,但她自己喜欢的,唯有"亚裔美国人"这一称呼。林英敏在"华裔美国"这一表达还未定型、华裔女性作家作品鲜为人知的20世纪80年代就躬身于"母亲的花园",挖掘整理华裔女性作家作品,并对华裔美国女性身处"两个世界"之间的历史困境进行了理论化的分析与描述。她整理编辑了多本美国少数族裔作家作品选集,为汤亭亭、赵健秀、任璧莲(Gish Jen)等知名作家写过书评,为引介、推广美国少数族裔,特别是华裔美国文学研究在世界各地做巡回讲座。她站在第三世界的女权主义的立场,倡导兼收并蓄、宽广包容的"亚裔美国"观,提倡少数族裔文学作品族裔性与文学性并重。林英敏为华裔美国女性文学批评的发展做出了不可或缺的历史贡献。遗憾的是,年仅60岁的她被癌症早早夺去了生命。但令人欣慰的是,越来越多的有志之士走上了她所开辟的道路,华/亚裔美国文学创作与批评亦日渐繁荣,这条道路也必定会越走越宽广。

---

① Amy Ling, *Yellow Light*. p. 4.(译文转引自张子清:《与亚裔美国文学共生共荣的华裔美国文学》,《外国文学评论》2000年第1期。)

主要作品(按出版年代排序)

"The Pagoda Image in Henry James's *The Golden Bowl*." *American Literature* 46.3(Nov., 1974): 383—388.

"Writer in the Hyphenated Condition: Diana Chang." *MELUS* 7. 4 (Winter, 1980): 69—83.

"A Perspective on Chinamerican Literature." *MELUS* 8.2 (Summer, 1981): 76—81.

"A Rumble in the Silence: Crossings by Chuang Hua." *MELUS* 9.3 (Autumn, 1982): 29—37.

"Edith Eaton: Pioneer Chinamerican Writer and Feminist." *American Literary Realism, 1870—1910*. 16. 2 (Autumn, 1983): 287—298.

"Winnifred Eaton: Ethnic Chameleon and Popular Success." *MELUS* 11. 3 (Autumn, 1984): 5—15.

"I'm Here: An Asian American Woman's Response." *New Literary History* 19. 1 (Autumn, 1987): 151—160.

Between Worlds: Women Writers of Chinese Ancestry. New York: Pergamon Press, 1990.

[Ed.] (with Shirley Hune, Hyung-chan Kim, and Stephen Fugita) *Asian Americans: Comparative and Global Perspectives*. Pullman: Washington State University Press, 1991.

[Ed.] (with Wesley Brown) *Imagining America: Stories from the Promised Land*. New York: Persea Books, 1991.

[Ed.] (with Shirley Lim) *Reading the Literatures of Asian America*. Philadelphia: Temple University Press, 1992.

[Ed.] (with Wesley Brown) *Visions of America: Personal Narratives from the Promised Land*. New York: Persea Books, 1993.

[Ed.] (with Annette White-Parks) *Mrs. Spring Fragrance and Other Writings*. Champaign: University of Illinois Press, 1995.

"Whose America Is It?" *Weberstudies*. 12. 1 (Winter, 1995). http://weberstudies.weber.edu/archive/

[Ed.] *Yellow Light: The Flowering of Asian-American Arts*. Philadelphia: Temple University Press, 1999.

参考文献

Dave, Shilpa. "Review of *Yellow Light: The Flowering of Asian-American Arts*." *Contemporary Literature* 42.3(Autumn, 2001): 656—663.

Grice, Helena. *Asian American Fiction, History and Life Writing*. New York: Routledge, 2009.

Harker, Jaime L. "Review of *Reading the Literatures of Asian American*." *American Literature* 65.3 (Sept., 1993): 602—603.

Hsiao, Ruth Yu. "Review of *Between Worlds: Women Writers of Chinese Ancestry*." *MELUS* 17.3 (Autumn 1991-Autumn, 1992): 131—134.

Kim, Elaine H. *Asian American Literature: An Introduction to the Writings and Their Social Context*. Beijing: Foreign Language Teaching and Research Press, 2006.

Lim, Shirley Geok-lin, et al. eds. *Transitional Asian American Literature: Sites and Transits*.

Philadelphia: Temple University Press,2006.

Ling, Jinqi. *Narrating Nationalisms: Ideology and Form in Asian American Literature*. New York: Oxford University Press, 1998.

Ma, Sheng-mei. *Immigrant Subjectivities in Asian American and Asian Diaspora Literatures*. Albany: State University of New York Press. 1998.

Matsukawa, Yuko. "Review of *Yellow Light: The Flowering of Asian-American Arts*." *Journal of Asian American Studies* 4.1 (Feb., 2001): 85－88.

Oh, Seiwoong. *Encyclopedia of Asian American Literature*. New York: Facts on File, 2007.

Tan, Dali. "Review of *Between Worlds: Women Writers of Chinese Ancestry*." *NWSA Journal* 4.1 (Spring, 1992):115－118.

TuSmith, Bonnie. "Review of *Reading the Literatures of Asian American*." *MELUS* 19.2 (Summer, 1994): 139－141.

Wong, Sau-ling Cynthia. *Reading Asian American Literature: From Necessity to Extravagance*. New Jersey: Princeton University Press, 1993.

柏棣主编,《西方女性主义文学理论》,桂林:广西师范大学出版社,2007年。

程爱民、邵怡等,《20世纪美国华裔小说研究》,南京:南京大学出版社,2010年。

董文胜,《评介三位美籍华裔女作家》,《当代外国文学》1995年第2期。

范守义,《义不忘华:北美华裔小说家水仙花的心路历程》,《国外文学》1997年第4期。

胡勇,《美国华裔文学研究综述》,《新疆大学学报》2003年第4期,第102－105页。

陆薇,《走向文化研究的华裔美国文学》,北京:中华书局,2007年。

钱索桥,《华美文学:双语加注编目》,天津:南开大学出版社,2011年。

饶芃子、蒲若茜,《从"本土"到"离散"——近三十年华裔美国文学批评理论综述》,《暨南学报》2005年第1期,第46－53页。

吴冰、王立礼主编,《华裔美国作家研究》,天津:南开大学出版社,2009年。

魏天真、梅兰,《女性主义文学批评导论》,武汉:华中师范大学出版社,2011年。

项丽丽、刘增美,《美国华裔文学批评的透视与思考》,《东岳论丛》2009年第11期,第79－82页。

尹晓煌,《美国华裔文学史》,天津:南开大学出版社,2006年。

赵文书,《和声与变奏——华美文学文化取向的历史嬗变》,天津:南开大学出版社,2009年。

张子清,《与亚裔美国文学共生共荣的华裔美国文学》,《外国文学评论》2000年第1期。

周郁蓓,《亚裔美国批评与现代、后现代理论》,《南开学报》2009年第5期。

http://baike.baidu.com/view/132219.htm

http://www.lib.nus.edu.sg/chz/chineseoverseas/oc_aml.htm

莉莲·鲁宾逊（Lillian Robinson）
（1941—2006）

莉莲·鲁宾逊，女权主义学者和社会活动家，曾任西蒙娜·德·波伏瓦学院（Simone de Beauvoir Institute）的校长以及康考迪亚（Concordia）大学女性研究的教授。鲁宾逊因卵巢癌于2006年在加拿大蒙特利尔去世。她的家人、同事和诸多朋友对于她的去世表示哀悼，女权主义者将永远铭记鲁宾逊在理论和实践两方面所做出的开创性业绩和卓著贡献。

鲁宾逊在纽约一个具有犹太血统的移民家庭长大，家境并不富裕，属于工薪阶层。她于1962年在布朗大学获得学士和硕士双学位，12年后在哥伦比亚大学获得了比较文学专业的博士学位。鲁宾逊在这12年期间经历了多次的求学和教学的波折（包括在纽约大学获得美术硕士学位和在俄亥俄州专门研究黑人历史的中央州立大学进行过一段时间的教学）。她的博士论文是关于中世纪和文艺复兴时期文学中被世人称之为“妖魔军团”（Monstrous Regiment）的“妇女骑士”（lady knight）的研究，于1985年出版。1980年鲁宾逊在美国纽约州立大学布法罗分校放弃了一个终身职位，而那之后却很长一段时间没有稳定的工作。15年来，她从事一份又一份工作，在此期间创作了小说《最令人费解的谋杀》（*Murder Most Puzzling*，1998）、书写了大量的文章和评论，主编了四卷文集《现代女性作家》（*Modern Women Writers*，1995）等。

鲁宾逊早在大学期间就已成为民权运动的积极参与者，并且义无反顾投身其中。她的整个余生都在为和平和正义而奋斗。鲁宾逊参加示威游行，反对种族主义和越战，在蒙特利尔，鲁宾逊曾与犹太联盟联合抵制“占领运动”。从20世纪60年代末直至她的离世，鲁宾逊热忱地参与女权运动，并在女权运动的运作方面发挥了建设性的作用，而她对于女权运动的积极参与也恰恰升华了她的作品创作和学术生涯。以下将分三方面探讨罗宾逊的学术观点和对美国女权批评的贡献：女权主义理论、妇女文学经典、女性超级英雄。

当代西方女权主义文学批评与西方马克思主义有着千丝万缕的联系。但当它使“性别”成为马克思主义批评中与“阶级”一词同等重要的术语时，便呈现了各种复杂或矛盾的方面。女权主义批评家鲁宾逊接受了马克思主义关于意识和语言的思想,认同马克思主义唯物史观关于社会差异与社会意识形态、生产和异化、话语与主体性的理论。鲁宾逊认为,福柯、拉康等人的理论忽视了作为决定因素的经济生产模式,在这个意义上,阶级关系和阶级权力是十分重要的。有意识的主体如何生活,依赖于现存话语的社会权力、人们对它的掌握,以及它们所代表的社会力量。罗宾逊认为,在马克思看来,意识是历史和文化的结果,阶级社会产生了一系列的对立和意识的抗争形式。在资本主义社会中,不同的思想方式代表了对抗的阶级利益,这最终又由劳动和资本间的利益对抗所决定。鲁宾逊把马克思主义的思想方法应用于性别关系,把男权思想看做是社会中两性的真正权力关系的表现。她坚信男女应该是平等的,性别分工和不同的性别特征事实上掩盖了不平等的结构关系。

鲁宾逊坚称性别只有置于种族和阶级的关系中进行研究才有意义,而她一生的志向也正在于此。鲁宾逊坚称,"有效的性别研究必须和种族与阶级相联系"。[①]她的这一观点在《性别、阶级和文化》(*Sex, Class, and Culture*, 1978)中得到明确阐释。这本书中一篇特别值得关注的关于审视种族和阶级重要性的文章是《谁会担心一间自己的房间》("Who's Afraid of a Room of One's Own?")。在这篇文章中,鲁宾逊探讨了自弗吉尼亚·伍尔夫时代女权主义社会性别和政治的发展。鲁宾逊在谈到决定女性社会地位和身份时,认为阶级扮演着极为重要的角色,这在伍尔夫的作品《一间自己的房间》中并没有进行充分地探讨。鲁宾逊还指出女性为在性革命中获得的性自由付出了沉重代价。事实上"女性在性生活方面的自由,并不意味着妇女由客体变为主体,因为社会把妇女的贞洁看做是最有价值的物品"。[②]即使今天,妇女对自我身份的定位仍旧以传统的性别规范为依准。

鲁宾逊的文章《为什么嫁给科柯林斯先生》("Why Marry Mr. Collins?")是这样开篇的:"这是举世公认的真理,夏洛特·卢卡斯(Miss Charlotte Lucas)女士结婚的目的是为了物质利益。"[③]鲁宾逊的评论改变了人们阅读《傲慢与偏见》这部小说的方式。鲁宾逊的研究更多地关注婚姻的

---

① Clarissa, Atkinson, "Making the Case for Socialist-Feminism: Lillian Robinson, 1941—2006." *Women's Review of Books* 24. 2. (March/April 2007): 29.

② Lillian Robinson, *Sex, Class, and Culture*. Bloomington: Indiana State Press, 1978. p. 99.

③ Ibid., p. 178.

文化意义以及财富、阶级等对婚姻的影响。小说的重要主题就是关于阶级、爱情、金钱和婚姻的关系。鲁宾逊着力探究社会变迁对英国社会中的阶级和家庭关系的影响。也正是这一分析，让读者清楚夏洛特·卢卡斯女士选择嫁给柯林斯先生的真实原因。

鲁宾逊关于性别、种族和阶级的观点在其他作品中也有论及。鲁宾逊结合自己的经历对茱莉娅·艾姆博雷(Julia Emberley)[①]的论著《皮毛文化政治》(*The Cultural Politics of Fur*)[②]做出了独具特色的解读："由于已有长达15年没有一份稳定的工作且大多数时间生活在温暖的环境之中，因而我很少考虑到个人的皮毛政治。这一切在那个寒冷刺骨的夜晚产生了改变。那个夜晚商家邀请我租水貂皮大衣。由于那晚我要去剧院朋友的包厢里面看戏，这件水貂皮大衣恰好适合那时的氛围和温度。然而，我最终基于两件小事而改变主意：一是大衣穿起来让我看起来像小熊维尼(Pooh Bear)；二是我害怕那件租来的价格不菲的大衣上如同油漆喷制而成的血淋淋的图案。所以，我穿着那件我做巡回演讲常穿的那件衣服离开了，看了会儿《费加罗报》(*Figaro*)。"[③]鲁宾逊在此再次讨论了阶级、性别和种族的关系。"种族、阶级和性别相结合形成具有优势的批评视角，可以帮忙人们历史地看问题，探究真实的内幕……性别问题与种族问题具有不可分割性。"[④]

鲁宾逊在对苏珊·法露迪(Susan Faludi)[⑤]的著作《委屈：美国男性所受

---

① 茱莉娅·艾姆博雷(Julia Emberley，1958—)，女权主义学者，主要研究土著民文学、土著民文学和后殖民主义文化、当代女性文学、生态学研究、证词和创伤的研究。

② 《皮毛文化政治》(*The Cultural Politics of Fur*)描绘了皮毛在多元化文化中所扮演的至关重要的不同角色和历史和政治力量在具体的运作中所起的作用，而这样的描绘着实新奇、引人入胜。在她的著作中，艾姆博雷从不同的角度对皮毛进行了审视，以便于读者了解她的观点。艾姆博雷的《皮毛文化政治》是一部内容丰富、引人入胜的女性主义批判著作，它涉及历史、皮毛的意义和当前时尚，而尤为独特的是她在这部著作表达了本国的声音。通过描绘历史和当代广阔画卷，朱莉娅·艾姆博雷向我们解释了好材料是如何成为财富和性的象征，以及阶级、性别和帝国对立的表征的。

③ Clarissa Atkinson, " Making the Case for Socialist-Feminism Lillian Robinson, 1941—2006." p. 30.

④ Lillian Robinson, *Sex, Class, and Culture*. p. 51.

⑤ 苏珊·法露迪(Susan Faludi，1959—)，美国女权主义者、记者和作家。法露迪出生在纽约皇后区的一个犹太家庭，于1981年毕业于哈佛大学。她的主要著作有《反挫》(*Backlash: The Undeclared War Against American Women*)，并因此而赢得了国家书评奖的非虚构类小说奖；以及《委屈：美国男人的背叛》(*Stiffed: The Betrayal of the American Man*)等。苏珊·法露迪在1991年赢得了普利策奖。

的背叛》(*Stiffed: The Betrayal of the American Man*)[①]进行评论时,表现出独特的幽默和个人感触:"或许因为我一直都在为人造地球卫星升天那天而欢呼雀跃,而在这一点上苏珊·法露迪从一开始就不及我。原谅我吧:这并不像听上去那样奇怪。"[②]鲁宾逊继续把该书所讲的内容介绍给读者,对作者所做出的、取得的成就交口称赞,认为作者勇于挑战社会中缺失的、扭曲的一切,但是作者却没有对资本主义晚期对美国男性和女性影响做出任何分析;对文化表征与个人体验关系探讨得不够清晰。这一点在大众媒体中表现得尤为突出。苏珊·法露迪认为心理阐释相对于政治阐释更有优势。鲁宾逊在结尾时说,"我们不得不从这样的人着手,他们身处等级、种族的十字路口,性别也让他们了解到他们个人的痛苦是怎样与整个体制联系起来,我正在寻找这样的男性"。[③]"意识形态的批评必须在政治语境下展开,这一变革很明显不能只靠着文学杂志来实现。"[④]对于性别、阶级和种族关系问题的探讨,是鲁宾逊对女权主义批评的重要贡献。

鲁宾逊思想深远、幽默风趣、极富洞察力,她的评论涉猎广泛且独具匠心,反映了她广泛的兴趣和异乎常人的洞察力。20世纪90年代初鲁宾逊在泰国作巡回演讲,进一步加深了她对性交易和色情观光业的浓厚兴趣,并最终于1998年与瑞安·毕少普(Ryan Bishop)合作出版了《夜市:性文化和泰国的经济奇迹》(*Night Market: Sexual Cultures and the Thai Economic Miracle*)一书。鲁宾逊认为卖淫问题也是与阶级和性别密切相关的问题。像经济、社会和性别等其他系统一样,卖淫也有可供阐释的理论基础。

鲁宾逊在其著名的评论文章《叛逆我们的文本》("Treason Our Text")[⑤]

---

① 《委屈:美国男性所受的背叛》是女权主义作家苏珊·法露迪的作品,在这部作品中她并没有为女人仗义执言,而是为男人抱不平:当代男性的心灵也是伤痕累累的。记者出身的法露迪在作品中访谈了众多中年美国男性,从色情片脱星到好莱坞巨星史泰龙都在她的采访名单之内。她发现,受访者一概感叹时不我予,郁郁不得志。这些出生于二次大战后婴儿潮的男子(目前大约四五十岁)原本志气高昂,一直以为自己堪为社会栋梁,孰料长大之后,才赫然发现这个世界并没有留给他们一展才华的空间——相对于气焰高涨的当代女性,这些男人当然更觉得不是滋味。法露迪没有从阶级、经济甚至性别的角度分析,她根据访谈结果指出,这些男人的共同问题在于他们的父亲。这些参与过二战的父亲和经历过越战的儿子,同样体验过时代的伤痛经验,可是,两代人之间却充满误解。谬误的父辈开了一堆支票,允诺了儿子一个美好的未来(让男人当家做主的未来),但是,儿子最终发现自己被这些美好的允诺背叛了,期待与现实之间的落差太大。

②③ Clarissa Atkinson, " Making the Case for Socialist-Feminism Lillian Robinson, 1941—2006." p. 30.

④ Lillian Robinson, *Sex, Class, and Culture*. p. 52.

⑤ Lillian Robinson, *In the Canon's Mouth: Dispatches from the Culture Wars*. Bloomington: Indiana University Press, 1997. pp. 1—23.

中对妇女文学进行了独特的评价和思考，主要观点是对现有的经典文学标准提出质疑，指出经典文学对妇女文学的忽略。女性主义批评带来的挑战，不是简单、重复性地抨击，而是一系列可以替代男性主导地位以及公认标准态度的选择。鲁宾逊审视了女性主义批评潜在的影响和对经典标准的冲击等。

不可否认大多数女权主义批评的对象是妇女作家，以至于女权主义者对于经典文学的人性化努力，通常意味着运用女性视角整合妇女作家。这些评论作品往往旨在确立妇女作家在经典文学中已牢牢确立了自己独特的地位。很显然，这些评论不存在挑战文学素养、永恒性、普世价值，以及其他构成经典文学的特定概念。然而，潜在的概念是符合这一经典文学标准的最优秀最知名的妇女作家寥寥无几。同样明显的是，这种批评方法并没有对经典文学标准本身提出质疑。尽管目前的研究增补了部分经典妇女作家，挖掘了妇女作家的贡献，但是人们所做的工作还远远不够。鲁宾逊认为经典的标准应该受到质疑。

一般来说，女权主义学者更为关注已确立的标准和权威，特别是妇女文学传统的重要性。妇女文学具有自己的传统，体现出连续性和传承性特征。妇女文学传统填补了经典文学传统之不足，为之做出了重要贡献。美国文学界对妇女作家的开拓尤其引人注目，但是探究的内容依旧是多元化问题(pluralism)、文学式样的丰富性(generosity)和负罪感(guilt)。鲁宾逊指出，现有的妇女文学以白人妇女文学和有社会地位的妇女文学为主，很少涉及黑人妇女文学和同性恋妇女文学。黑人妇女文学既要突破种族的束缚，又要面临性别歧视。这关乎黑人妇女文学作品本身水准，以及对黑人妇女群体生命和意识的尊重和认可的问题。黑人妇女文学的复苏遭遇困境；同样，同性恋妇女文学也面临受歧视的命运。

鲁宾逊认为女性主义批评审视了整个妇女文学传统，这一传统因为深受女性喜爱，并带有女性气质标准和价值观念而一直被有意地忽略。提倡传统延续性、提高妇女文化地位的支持者们坚称，妇女作家创作的素材相互关联，构成妇女文学传统的有机组成部分，可称之为妇女“高雅(high)”艺术。这种观点在妇女研究范围内仍具争议性，但是真正的问题是，经典文学构成的标准问题。若这些问题没有被提出来，那是因为妇女文学和女性文化传统往往倾向于自主的文化体验，并未影响除妇女文学之外的文学史。鲁宾逊认为富有多元性的妇女文学样式，无论是流行文学还是高雅文学，都可以进入经典行列。即使独立创作、深居简出、没有众多读者的妇女作家，也应受到重视。她还提出，妇女文学批评和妇女文学的地位已经取得了一定的进展。但是进程缓慢,这让人们联想到经典形成和修正的缓慢步伐。相比较而言,女性主义批评在定义和坚持自身的领地方面,更为成功,而妇女作家为争取经典地位的努力似乎成效甚微。在某种意义上来说,妇女文学传统越能体现出强大的连贯性,问题就会更加严峻。

鲁宾逊认为,挑战经典文学标准不能仅仅依赖于妇女文学价值原则。女权批评者必须继续质疑标准,从以伟大(greatness)甚至优良(goodness)为标准的永恒真理中走出。同时,要坚持我们新发现的妇女传统,要回归到对经典标准原则的审视。我们必须看到经典其实是探究男女两性的观点、文学创作主题、写作意象,以及神话的来源。"如此作法不是探究甚至排斥即使最有性别歧视的文学作品,而是使我们从更广阔、人文的视角来理解经典文学和妇女文学传统。"①对经典文学标准的质疑和批评是鲁宾逊的重要学术观点,也是其对妇女文学的重要贡献。

2004年鲁宾逊出版了她的封笔之作《神奇女侠:女性主义和超级英雄》(*Wonder Women: Feminisms and Superheroes*)。单就该书名而言,便传递出鲁宾逊异乎寻常的研究兴趣和精力。该书巩固了鲁宾逊的学术地位,因为当今没有女性主义学者可以像鲁宾逊那样灵活地运用各种主题,且《神奇女侠》这本书进一步拓展了主题范围。罗宾逊深入地探讨了神奇女侠形象所蕴含的意义,同时巧妙地把流行文化中相对疏忽的部分放置在诸如希腊神话、社会政治历史、文学、经济、艺术历史、媒体研究、性别研究以及后现代主义理论的语境中。该作品是一部充满魅力、富于想象力、文字优美的杰作。鲁宾逊极富洞察力地从文化视角对这些女主角进行了评述。鲁宾逊精辟的评论有助于人们通过借鉴后现代主义缜密的思维、以诙谐、讽刺的手法,来加深对女权问题的认识和把握。鲁宾逊所研究的女性超级英雄对当代社会中的权利和意象问题予以切实地关注。

该书指出在美国漫画书(comic book world)文体中,女权主义超级女英雄几乎不存在。鲁宾逊加入个人轶事、希腊神话和幽默注释等来探索主题。而该书也因书写知识分子的自我放纵而备受读者关注。当时,鲁宾逊在撰写严肃主题"暴力性侵"的学术论文时,产生了现在的笔名"神奇女侠"(Wonder Woman)。然而,本书成功之处在于对文化研究领域所忽略的内容富有洞察力的审视。了解神奇女侠创作者以及女权主义理想是极其有趣的,然而遗憾的是,由于后继者的不重视,漫画创作正在迅速衰落。但是,在

① Lillian Robinson, "Treason Our Text: Feminist Challenges to the Literary Canon," in *In the Canon's Mouth: Dispatches from the Culture Wars*. p. 19.

20世纪70年代，随着女性主义运动的兴起，妇女人物角色也随之复活。但是，关于神奇女侠和漫画作品的描写，要远远落后于时代，对妇女角色的刻画，也是不准确的。

《神奇女侠》中的文化因子与女权主义相结合，并非仅仅愉悦世人而是要对“神奇女侠”进行细微入微、思想深邃的女权主义分析。书中的亚马孙族女神(the Amazon princess)[①]，在历史与当下双重规约下，承载了太多的期许与局限，而这些期许与局限，与大众文化中的强悍与性感的女性身体紧密联系起来。鲁宾逊的作品阐述了神奇女侠是如何映射并进一步发展古老神话中女神形象的特征的，同时展示了这些卓越的女性人物如何以不同的形式出现在当代文化中。

该作品对于漫画女英雄的分析有助于我们理解，当今社会中关于妇女地位和女童地位的讨论，是与当今社会中的性别问题紧密联系在一起的。鲁宾逊在《神奇女侠》的引言中承认，这是第一部有关漫画女性超级英雄的作品。鲁宾逊探索了女超人(*Supergirl*)和隐身女(*Invisible Woman*)中的玛丽·马维尔(Mary Marvel)、黑猫(Black Cat)、女绿巨人(She-Hulk)和红女巫(Scarlet Witch)等意象。鲁宾逊分析的重点是威廉·莫尔顿·马斯顿(William Moulton Marston)二战时期的神奇女侠，即亚马逊公主(Amazon princess)，她离开乐土(Paradise Island)以帮助美国进行反法西斯战争。鲁宾逊说马斯顿的神奇女侠原型仍然是目前唯一的女权主义女性超级英雄。

鲁宾逊通过分析、对比和描写女性超级英雄来证明自己的观点。这些被赋权的女性超级英雄，不仅仅是女性的榜样，同时也代表了积极的世界观。鲁宾逊赞誉两性平等和集体主义行为。鲁宾逊在该著中集中了自己的思想发展。自20世纪50年代开始，作者被亚马逊公主的神奇力量所吸引，到20世纪80年代后期，作者的第一部涉及漫画超级英雄、题为《寻找神奇女侠》(“Looking for Wonder Woman”)的评论文章面世，最终作者的思想发展汇聚到目前这本书中。鲁宾逊把该书分为五个部分，书中第二部分“夜妖传奇(The Book of Lilith)[②]”包含了“寻找神奇女侠”的完整文本。

鲁宾逊从古典与现代神话的角度探究神奇女侠的原型。作为读者与评

---

① 古希腊神话中亚马孙族女战士。

② 莉莉斯(Lilith)：莉莉斯被指为是亚当的第一个妻子，由上帝用泥土所造。因对粗暴、自大的亚当和上帝的不满而离开伊甸园。她也被记载为撒旦的情人、吸血鬼的鼻祖、夜魅的魔女、法力高强的女巫，并教导该隐如何利用鲜血产生力量以供己用。又指夜妖(犹太人民间传说中的女妖)。

论家对女性问题进行探讨。“创世记(Genesis)”探究了马斯顿(Marston)对希腊古典神话的重写,从而安排戴安娜王妃(Princess Diana)与亚马孙女战士(Amazons)生活在女性乌托邦世界。作者更加细致地描写了神奇女侠、霍利迪学院(Holliday College)女孩[①],以及女性群体协助亚马孙公主(Amazon princess)的早期冒险活动。鲁宾逊认为,这种姐妹情谊使得弗雷德里克·魏特汉(Fredric Wertham)[②]在其作品《诱惑无辜》(*Seduction of the Innocent*, 1954)中把神奇女侠定位成女同性恋,这是一部对美国青年极具影响的漫画作品。“创世记”还阐述了在最初的神奇女侠漫画书中不断出现的有关支配与奴役的主题,以及怎样与马斯顿的“女权主义”的独特视野相结合,从而最终实现整个世界的和平,出路就是男性必须屈从于女性。

“编年史(Chronicles)”部分介绍了神奇女侠模仿者,玛丽·马维尔(Mary Marvel)、黑猫(Black Cat)、超女(Supergirl)和后来上升到隐身女(Invisible Woman)的隐身女孩(Invisible Girl)的形象。鲁宾逊认为,尽管洛丽亚·斯泰纳姆(Gloria Steinem)[③]致力于把亚马孙公主变成女权主义的标志,神奇女侠的权力在战后,甚至在第二次女权主义运动时期仍有所减弱。“启示录”(Revelation)探讨的是更加黑暗、更加成人化的后现代漫画和女性超级英雄叙述,作者借此来评估近期的超级女星是否可以理解为女权主义女性或后女权主义女孩。在后记中,鲁宾逊批评了漫画书中后女权主义世界“普遍性别平等和歧视指控的现象是毫无根据的”[④],原因不仅在于它对目

---

① 霍利迪学院女孩(Holliday College Girls)是神奇女侠(威廉·莫尔顿·马斯顿虚构DC漫画中的超级女英雄)的盟友。当神奇女侠第一次来到美国时,意识到她的冒险旅程需要帮助,于是她征召了霍利迪学院乐队中的埃塔·坎迪作为女性的代言人,随后埃塔·坎迪又号召她的99名霍利迪学院同学以援助神奇女侠的美国冒险之旅。霍利迪学院女孩的知名成员有贝蒂(Betty),布伦达(Brenda),夏娃·布朗(Eve Brown)等。

② 弗雷德里克·魏特汉(Fredric Wertham,1895—1981)是一位有犹太血统的德裔美籍精神病学家,同时也是一位改革作家。他将电视称为“暴力的学校”,积极抗议大众传媒和漫画上对儿童成长有害的暴力画面。他的著作《诱惑无辜》(1954),直接导致了美国国会对漫画产业的调查以及漫画道德规范委员会的创建。

③ 洛丽亚·斯泰纳姆(Gloria Steinem)是美国女权主义者、新闻记者、社会和政治活动家。洛丽亚·斯泰纳姆于1934年出生于俄亥俄州的一个贫穷的社区,在大学里主修新闻专业,立志成为一名自由撰稿人。20世纪60年代初,她撰写的《兔子的故事》在全国引起巨大轰动并引发了一系列社会运动,她本人也成为新女权运动的领袖之一。之后,格丽亚·斯泰纳姆一直致力于帮助女性在经济、社会、性和政治上掌握自己的命运。她帮助创立了女权运动的旗舰出版物《女士杂志》并创立了好几个妇女政治组织,其中包括全国妇女政治核心小组、工会妇女联盟和反色情妇女组织。为了表彰她的贡献,格丽亚·斯泰纳姆于1993年被选入全国女性名人堂。

④ Lllian Robinson, *Wonder Women: Feminisms and Superheroes*. New York: Routledge, 2004. p. 138.

前女性的问题和生活造成了扭曲,同时在于它掩盖了社会变革的路径。

《神奇女侠》更加侧重于文化理论,而不是对漫画问题的探讨,著作丰厚的学术价值也体现在鲁宾逊对女性文体和美国流行文化关系变化的探讨。鲁宾逊对神奇女侠充满爱的称颂使读者更加清楚,亚马逊公主不能沦落为肤浅的流行偶像,而是值得赞誉的人物形象。

鲁宾逊的文学成就也体现在其编著的四卷本作品《现代妇女作家》。在《现代妇女作家》中,罗宾逊从女性主义的视角选择了560多位主要生活和工作在20世纪的妇女作家。"现代"这个词只是一个时间标记(从1900至今),并不代表写作风格,所以选集中的这些妇女作家并不一定是现代主义或后现代主义作家。选集收录了萨拉·奥恩·朱厄特(Sarah Orne Jewett)、夏洛特·帕金斯·吉尔曼(Charlotte Perkins Gilman)、凯特·肖班(Kate Chopin)、弗吉尼亚·沃尔夫(Virginia Woolf)、玛雅·安吉罗(Maya Angelou)和 安·佩特里(Ann Petry)等知名作家的作品,还收录了包括维奥拉·梅内尔(Viola Meynell)和艾米丽·纳斯鲁拉(Emily Nasrallah)在内的一些鲜为人知的作家的作品。选集也收录了侦探小说、科幻小说作家和以书信、自传、日记形式等在期刊上发表作品的妇女作家。

这些妇女作家既有当代女权主义先锋,也有完全不考虑政治问题而从事创作的妇女作家。收录作家在地区上分布较广,包括东欧、非洲、中美、南美和太平洋地区、西欧和美国的作家。四卷本《现代妇女作家》按照作者姓氏排序,以妇女作家的名字、生卒日期和国别开头。节选的内容(不论是短段落还是超过两页篇幅),也是按照编年史顺序排序,偶尔也会采用不同的排序方式,目的是为了引起对某些妇女作家的关注。《现代妇女作家》不仅关注在文坛占有一席之地的妇女作家,而且探索仍然处于边缘化的妇女作家。

鲁宾逊因卵巢癌于2006年9月23日辞世,女权社会时刻铭记其在理论和实践两方面所做出的开创性业绩和卓著的贡献。鲁宾逊对女权批评的贡献巨大,她提出的性别、阶级和种族问题的不可分割性,尤其是对妇女地位和问题的分析,是独具特色的。鲁宾逊封笔之作《神奇女侠:女性主义和超级英雄》中借用漫画手法写作女权评论性文章的技巧也是其对女权批评的重要贡献。

主要作品(按出版年代排序)

Robinson on the Woman Question. New York: Earth's Daughters, 1975.

Sex, Class, and Culture. Bloomington: Indiana State Press, 1978.

Monstrous Regiment: *The Lady Knight in Sixteenth Century Epic*. New York: Garland, 1985.

[Ed.] Bell, Susan and Robinson, Lillian. *Revealing Lives*: *Autobiography*, *Biography*, *and Gender*. New York: State University of New York Press, 1991.

[Ed.] *Modern Women Writers*. New York: Continuum, 1996.

(with Ryan Bishop) *Night Market*: *Sexual Cultures and the Thai*. New York: Routledge, 1997.

In the Canon's Mouth: *Dispatches from the Culture Wars*. Bloomington: Indiana University Press, 1997.

"Treason Our Text: Feminist Challenges to the Literary Canon," in *In the Canon's Mouth*: *Dispatches from the Culture Wars*. Bloomington: Indiana University Press, 1997. 1—23.

Economic Miracle. New York: Routledge, 1998.

Murder Most Puzzling: *A Literary Mystery*. Austin: Bard Press, 1998.

Wonder Women: *Feminisms and Superheroes*. New York: Routledge, 2004.

"Sex in the City: Prostitution in the Age of Global Migrations". *LABOUR*, *Capital and Society* 39: 2 (2006): 1—18.

参考文献

Atkinson, Clarissa. "Making the Case for Socialist Feminism: Lillian Robinson, 1941—2006." *Women's Reviewof Books* 24. 2 (March/April 2007): 29—30.

Gallardo, Ximena. "Wonder Women: Feminisms and Superheroes." *Book Reviews* 38. 6 (Nov., 2005):1109—1111.

林树明,《女性主义批评与马克思主义及现实主义诗学》,《文艺争鸣》1993 年第 5 期,第 68—71 页。

奥德丽·洛德(Audre Lorde)
(1934—1993)

1993年,美国诗人、同性恋黑人女权主义者奥德丽·洛德在先后与乳腺癌、肝癌对抗了十多年后终于壮烈倒下。洛德的疾病与她18岁时在斯坦福德一家血汗工厂操作X光机的经历不无关系。这家工厂在关闭几十年后,仍阴魂不散地咀嚼和吞噬早期被其压榨的黑人、女性的生命。洛德在癌症魔爪下的巨大磨难和惊人斗志,折射出众多黑人女性遭受的种族性别歧视和剥削所致的极端后果以及她们不屈不挠的抗争精神。要研究洛德的同性恋黑人女权主义思想,就不能忘记她及其黑人女性同胞们所遭受的磨难和屈辱。在此背景下我们才能理解洛德为何会一生毫不妥协、强悍激进地坚持践行其生活斗争理念:利用爱欲(the erotic)来释放被父权异性恋中心价值体系所压制的女性潜力和能量,达到女性各个方面的自我实现,塑造一个崭新公平宽容的新世界;变愤怒为动力,打破沉默、克服恐惧、抗击各种歧视压迫和剥削;利用差异来沟通团结所有被压迫的女性和人们,挫败压迫者对各种被压迫群体的挑拨离间,实现共同的解放和自由。上述几个方面一起构成了洛德同性恋女权主义思想。

奥德丽·洛德除了大量的诗作之外,还有丰富的学术文献、散文结集出版,集中反映了其同性恋女权主义理论观点;其自传《赞比:我名字的新拼法》(*Zami: A New Spelling of My Name*,1982)"是作者为自己和其他女性撰写的自传(传记)史,并探讨了自己的多重身份"[①]。作为美国"第一部公开的、未经删节的黑人女同性恋者的自传"[②],《赞比》凝结了洛德"近20多年的政治和哲学思考"[③],以诗的语言呈现了洛德的同性恋黑人女权主义思想形成的历史现实背景和来由。

早在上世纪70年代初,"激进女同性恋者"(Radicalesbians)就发表破天

---

① 金莉:《20世纪末期(1980—2000)的美国小说:回顾与展望》,《外国文学研究》2012年第4期,第95页。

② 金莉:《美国女权运动·女性文学·女权批评》,《美国研究》2009年第1期,第74页。

③ Nellie Y. McKay, "A Painful Growth into Selfhood," "Review of *Zami: A New Spelling of My Name* by Audre Lorde." *Callaloo* 24 (1985): 491.

荒式的宣言,试图为女同性恋给出定义:

> 什么是女同性恋?女同性恋就是所有女性被压缩到爆炸点的愤怒。女同性恋者是这样一种女人,往往在她尚很年幼时,就在内心驱使下力争去做一个更为完美和自由的人。但是,或许从她开始追求理想的第一步,或者在其后人生某个阶段,她的追求注定要遭到社会的冷遇。她的需求、她的抗争行动,在其成长过程里,把她逼入与其他人、与她的环境、与那些被广为认可的思想、感知和行为方式的痛苦冲突里,使她最终陷入一场与周围一切、甚至常常是与自己冲突的无休止战争中。……在某种程度上,她已无法再接受她最为根本的社会角色——女性身份——所强加于她身上的限制和压迫。……她在万般无奈中只能选择自己的模式生活,常常孑然行进,但是她会比她的异性恋姊妹们更早看透生活的孤独和现实的虚幻。[①]

《赞比》以洛德本人和其他一些女同性恋者(包括一些白人)的经历、用散文诗的形式阐释了这个定义。展现于读者眼前的,是在残酷的种族歧视剥削、可怕的性侵害压迫、极端的社会异化中,洛德等一群处于社会最边缘的女性,在孤独、痛苦和煎熬中,顽强地生存和追寻生命意义的过程。奥德丽·洛德的父母1924年从格林纳达移民到纽约城。他们依靠自己的坚韧、精明和苦干终于在这个混凝土丛林中立足,并尽量保证自己的三个女儿过上平安温饱的生活。奥德丽是最小的孩子,先天弱视,属于法定失明,直到四岁还不会说话。一家人在一个陌生冷酷、充满敌意的环境中挣扎求生。父亲在外拼命劳作,母亲琳达则两头奔波,既帮助丈夫打点生意,又照顾家庭孩子。琳达身上表现出一个黑人移民女性在恶劣环境中所形成的矛盾性格。一方面,她强悍坚毅、精明能干,保证了奥德丽姊妹的生活远远好于周围其他黑人家庭的孩子。但是,另一方面,面对无处不在横行肆虐的歧视和不公,她又常常充满忧惧无助和挫败感,这些负面情绪会暴风骤雨般发泄在孩子们身上,而受伤害最多最重的,就是弱小笨拙但又内心极其敏感的奥德丽。洛德夫妇,尤其是琳达认为,为避免女儿们受到社会伤害,就务必令其时刻夹紧尾巴做人、不给白人以把柄,所以他们对于孩子的管教死板苛严。棍棒教育是琳达的法宝,小时的奥德丽几乎每天都要受到鞭笞。琳达和丈夫决不容许孩子们违背家法、挑战自己的权威,这就加剧了奥德丽的痛苦和

---

① Radicalesbians, "The Woman Identified Woman." http://library.duke.edu/rubenstein/scriptorium/wlm/womid> .

孤独。

奥德丽从小就生活在种种歧视和侵害中。在街上常会被白人无故吐一身痰。幼儿时，因为家里没钱，她不得不到二手书店去看书，因而时常遭受白人店主的猥亵。在天主教小学中，她受尽了势利恶毒的白人修女老师的侮蔑刁难；她常看到道貌岸然的教区牧师兼校长对女孩子们进行抚弄。奥德丽10岁时遭到同校男生的性侵扰。到了中学，她遇到了人生中第一个贴心挚友、黑人少女詹妮，奥德丽第一次从朋友那里得到了认可，感到人生的意义与乐趣。但当詹妮遭生父性虐走投无路、夜晚赶到奥德丽家里求助时，奥德丽却惮于严苛的家法不敢收留她，詹妮在独自游荡一夜后，服毒自杀。失友的剧痛、深深的自责在奥德丽心头留下永远无法愈合的伤口。也成为奥德丽日后与母亲反目、离家出走的导火索。

17岁的奥德丽出于和父母对抗的心理交上一个白人男友。但是这段关系，尤其在性方面，使奥德丽感到"沮丧可怖，甚至有损人格"①。最终男友溜之大吉，把奥德丽留在一个可怕的灾难中——她怀孕了。在痛苦惊恐、无助绝望中，奥德丽冒生命危险借钱在非法堕胎者那里动了手术。经过这一连串的肉体和精神打击，加之在亨特学院(Hunter College)的学习使她感到沮丧无益，18岁的奥德丽休学只身来到康涅狄格州斯坦福德，因为据说在那里好找工作。但是到后她才发现黑人只能干那些最为脏累报酬最少的活，而且，雇主往往只短期雇佣有色人种工人，在他们有资格加入工会前将其解雇。奥德丽最终在一家为政府加工生产石英晶片的工厂找到工作。厂里条件恶劣危险，粉尘、辐射、油污、噪音、疲劳使得车间成为一个炼狱。里面的男工都是黑人和波多黎各裔移民，女工除奥德丽外都是来自当地的穷困女性。奥德丽的工作是操作X光机检测石英，几乎没有任何防护，整天暴露在强辐射中。

在这非人的环境中，奥德丽结识了工友黑人姑娘金杰。金杰的善良热情、体贴呵护使奥德丽挺过了牛马般的劳役和冷酷的寒冬，她原本以为已经随着詹妮死去的心也复苏过来。于是，很自然的，洛德和金杰的恋情在斯坦福德那凛冽凄凉的严冬绽放了："和金杰的爱就如回归家园、享受上天赐予我的欢愉一样……我只是感到不可思议，我怎么会一直对此一无所知。……啊，这就是我一直如此恐惧的、不敢真正面对的事情。现在来看，这些恐惧是多么可笑，我早已把它们抛到了千里之外。爱不再是我难以承受的

① Audre Lorde, *Zami: A New Spelling of My Name*. Trumansburg: Crossing, 1982. p.104.

苦差，爱无非是敞开心扉，随我自己的欲望飞逸。”①和金杰的爱第一次让洛德真正认识自己：“我完全意识到我是谁了。”②

但金杰并不想在同性恋道路上坚持下去，和洛德交往一段时间后，她最终还是屈服于社会家庭压力与一个男人结了婚。于是奥德丽随即离开美国去了墨西哥。在她看来，墨西哥没有美国那样残酷的种族歧视，也没有她自小生活于其中的纽约那样严寒冷酷，是一个放松心情、开阔眼界的好地方。在那里奥德丽遇到白人女同性恋者尤朵拉，这位爱人告诉洛德：“你都不知道自己有多么美丽。”③在“尤朵拉的关爱眼神中”洛德感到自己不再是“无形的”④，她“感到从童年一下过渡到了成年，变成一个女人，融入到一个微妙复杂、不断扩大的姊妹情谊的网络中，互相传递和交流力量”⑤。不仅如此，尤朵拉还成为奥德丽重新审视生活、认识世界和反思自我的导师，对奥德丽以后的人生、诗歌创作产生了重要影响。

从墨西哥回到纽约后，通过金杰介绍，洛德与同自己有着相似经历遭遇的白人女孩穆丽尔生活在了一起。与穆丽尔的爱情力量使洛德得以复学回到亨特学院。“我生平第一次明白，我是聪明的——我可以完成一个白人男性能做的工作，可以学习。”⑥同时，穆丽尔的陪伴终于给了洛德足够的勇气和力量去直面詹妮的悲剧留下的创伤。

所以，《赞比》是对女性间的爱，是对爱女人的女性（woman-identified woman）、对女同性恋和爱欲的热情讴歌。这“是一个黑人生命意志的故事，一部黑人女性力量和爱对抗那些扼杀她们的敌对势力的斗争史”⑦。这种“生命意志”、“女性力量和爱”，就是爱欲的体现。爱欲是洛德同性恋黑人女权主义理论的核心和独创，也是她对黑人女权主义发展和黑人女性文学理论的一个独特贡献。“‘爱欲’(erotic)源自古希腊语中之‘厄洛斯’(eros)，它体现着爱的所有方面，它生于混沌(Chaos)，是创世之力与和谐的化身。”⑧洛德把爱欲放在了一切生命产生的最早起点上，它先于其他任何文化建构，是

① Audre Lorde, *Zami*. pp. 138—139.

② Ibid., p. 158.

③ Ibid., p. 165.

④ Ibid., p. 173.

⑤ Ibid., p. 175.

⑥ Ibid., p. 231.

⑦ Nellie Y. McKay, “A Painful Growth into Selfhood.” “Review of *Zami*: *A New Spelling of My Name* by Audre Lorde” *Callaloo* 24 (1985): 492.

⑧ Audre Lorde, “Uses of the Erotic: The Erotic as Power,” in *Sister Outsider*: *Essays and Speeches*. Trumansburg: Crossing, 1984. p. 55.

创造和推动人类生命和文明活动的最原始、最基本、最恒定力量。洛德特别强调:“爱是一种宣示,爱是巨大能量的源泉。爱欲的动力源独属于女性。”[1]

在洛德看来,正是因为爱欲的强大以及它在女性解放中所能发挥的巨大潜力,才使得父权文化对它如此敌视戒备并处心积虑对其进行压制、扭曲和毒害。“社会向妇女灌输对于它的疑惮。所以,正如因为黑色被定义为低劣所以我们就拒斥它,女性往往会排斥自己的感受能力、爱的能力、感触爱欲的能力,因为这些都是遭到诋毁的。”[2]结果是,女性们恐惧自己的意志、渴求和欲望,无法意识到自身发展和超越的可能性。她们甘于柔顺、服从、愚忠,接受外来的定义和各种各样的压迫。而当女性们真正认识到爱欲的价值,勇敢真诚地信奉它,接受它的指引,她们就会“开始承认自己内心最深处的感受,不再甘于遭受苦难、自我否定和麻木不仁”,并把抗争反压迫的意识“融进自我,成为自我不可分割的一部分”[3]。爱欲把义不容辞的责任和斗争使命放在女性的肩头,“促使我们从按照自己生活的意义来诚实地评估生命之方方面面。这是来自我们每个人内心深处的重大责任,它要求我们,不可以继续随遇而安并屈从于虚伪陈腐的传统观念”。[4]

尽管爱欲的理念产生于洛德本人之女同性恋生活经历,但是,洛德从来没有把爱欲仅仅局限于女同性恋范畴,她一贯强调爱欲在所有女性为争取共同的解放和平等中的作用和价值。这就是洛德的黑人女权主义者的立场:女同性恋和黑人女权主义密不可分。《赞比》传递了明确而清晰的信号:把女同性恋和女权主义割裂开来是不合理的。因为《赞比》试图揭示、抨击和瓦解的是父权制针对所有女性的性政治策略:通过向女性“灌输对自己爱欲的疑惧,使她们自己压抑爱欲、对性产生疑忌……使爱欲不能为自己所用而只用于服务于别人”[5]。所以,爱欲的真正价值在于对整个父权制性政治的挑战和颠覆。

女同性恋和女权主义运动的这种有机关系得到很多重要的女权主义理论家的认可和重视。著名黑人女权主义理论家芭芭拉·克里斯琴[6]通过对

---

① Audre Lorde, Interview with Claudia Tate, “Audre Lorde.” *Black Women Writers at Work*. Ed. Claudia Tate. New York: Continuum, 1983. p. 115.

② Ibid., p. 115.

③ Audre Lorde, “Uses of the Erotic.” p. 58.

④ Ibid., pp. 56-57.

⑤ Michele Aina Barale, “Review of *Zami: A New Spelling of My Name* and *Sister Outsider: Essays and Speeches* by Audre Lorde.” *A Journal of Women's Studies* 8. 1 (1984): 72.

⑥ 芭芭拉·克里斯琴(Barbara Christian)的著述、生平请参阅本书有关其专章。

“lesbian”词源研究得出结论，这个词的出现反映了社会对女性独立自主的恐惧。“lesbian”最早出现于1908年出版的牛津英语词典中，在这个历史时期，女性们开始挑战性禁忌，有关避孕、不以生育为目的的性爱等话题也开始进入人们的视野。lesbian一词的出现和含义，折射出当时社会对于妇女的非生育性情欲和性爱，以及她们在性方面挑战男人宰制主导地位走向独立的恐惧。[①] 黑人女同性恋女权主义者、作家安·艾伦·肖克莱(Ann Allen Shockley)也指出，在20世纪60年代的黑人民权运动中，为了所谓黑人民族解放大局利益，运动的主导权被交到黑人男性手中，黑人族群中母系传统被弱化，黑人女性也自觉自愿地接受从属男性领导的角色。在这种背景下，“自主独立的女同性恋者就成了威胁。不仅威胁到黑人男子气概的张扬，而且威胁到男人的性角色——这是对专给男性的‘情人王’尊位的最大危险”[②]。女同性恋实际上是女权主义诉求的激进表现形式。在大多数社会中，妇女的定义要取决于她与男性之间的附属关系。而女同性恋者在性方面摆脱了对于男性的依附，她们的存在本身就从根基上动摇了社会对于妇女身份的规定。一般女权主义理念强调女性在经济、政治方面的独立，而女同性恋则把矛头直指妇女在性方面对男人的依附从属被动关系[③]，这才是对父权性政治最为致命的攻击。所以，洛德从女同性恋中发掘的爱欲理念顺理成章地成为所有女权主义者们反对父权制的有力武器。

洛德认为，爱欲体现了所有女性、所有被压迫者将在一个被完全改造的新世界中收获的种种善与幸福：“我为之奋斗的未来中，我们所有人都可以学习、进步，子孙们可以幸福生活。我设想，为了走进这个未来，我需要想象力、梦想和生活知识做向导。我把这种知识称之为爱欲，我认为我们要在自己身体内培育它。我认为，我们现在的生活和意识中包含了太多死亡和非生命的东西。正是这些使得我们对身边如此众多邪恶的事情姑息纵容。我谈及的‘善’就是生活。上面所提到的都是爱欲的不同表现形式。它们是一

① Barbara Christian, “No More Buried Lives: The Theme of Lesbianism in Audre Lorde's *Zami*, Gloria Naylor's *The Women of Brewster Place*, Ntozake Shange's *Sasssafras, Cypress and Indigo*, and Alice Walker's *The Color Purple*,” in *Black Feminist Criticism: Perspectives on Black Women Writers*. New York: Pergamon, 1985. p. 189.

② Ann Allen Shockley, “The Black Lesbian in American Literature: An Overview,”in *Home Girls: A Black Feminist Anthology*. Ed. Barbara Smith. New Brunswick: Rutgers University Press, 2000. p. 85.

③ Barbara Christian, “No More Buried Lives.” p. 199.

个整体。正因如此，我坚信爱欲是给我们生活带来光明的原则。”①

“爱欲是一个整体”是帮助我们理解这个概念的重要观点。爱欲是想象力、是梦想、是远见、是知识、是抗争、是生活、是实践、是善的力量。爱欲深蕴于女性肉体和心灵深处，赋予女性认知、斗争和生活的力量，但是它也需要知识、实践和生命的培育、提炼和增强。爱欲“是知识，是我们从自己的语言、历史、舞蹈、爱、工作、生活中对知识的开拓和应用……爱欲是那些肉体的、情感的和心灵的表述，抒发着我们每个人内心那些最深切、最强大、最丰富多彩的力量，（它使我们）分享爱的炽烈和爱最为深刻的含义”②。这里反映了洛德的重要诗学观点。女性进行诗歌创作、打破沉默、改造语言，继而改造世界，是爱欲发挥作用的表现，也是女性实践、生活、获得和传播知识的重要途径。诗歌是照亮生活、启蒙内心、实现梦想的圣光，它可以驱散“控制我们生活、使我们噤声的恐惧……（这种）我们赖以洞察生活的光之基本感官属性（the quality of light）和我们生活创造息息相关，对于我们期盼通过生活而实现的变革至关重要”③。

诗歌、诗歌之灵感是爱欲的另一种表现形式。诗歌来自每个女性体内那“幽深黑暗之处，我们真正的灵魂隐藏其中，生长着，并要最终雄起。……我们内部孕育着可能性的地方是黑暗的，因为它们既古老又隐秘；它们因为那黑暗而幸存下来并成长壮大。在那些幽深的地方，每个女性都拥有一个容量超乎想象的矿藏，这是创造力和力量之源，是未经审视和记载的情感和感情之源”④。正是对这种力量的信念，激励洛德发表那著名的宣言：“对于女性而言，诗歌不是奢侈品。它是我们存在中不可或缺的必需品。诗歌投射出生命之光，向我们显示生存和变革的希望与梦想，这希望和梦想首先被赋形为语言，然后升华为思想，最后转化成实际的行动。诗歌是我们借以命名无名状之物并思考之的媒介。”⑤

洛德之所以颂扬诗歌的伟大力量，是因为它能激励生长于父权话语中的妇女创造自己的语言。“语言已经成为与我们为敌的东西，我们要把它改造

---

① Audre Lorde, Interview with Claudia Tate, “Audre Lorde.” p. 115.

② Audre Lorde, “Uses of the Erotic.” pp. 55—56.

③ Audre Lorde, “Poetry Is Not a Luxury,” in *Sister Outsider: Essays and Speeches*. Trumansburg: Crossing, 1984. p. 36.

④ Ibid., pp. 36—37.

⑤ Ibid., p. 37.

回来。”[①]“如果语言尚不存在，那么我们的诗会造出语言。诗歌不仅仅是梦想与憧憬，而且是我们生活大厦的栋梁。诗歌为将来的变革打下基础，诗歌引领我们克服我们对将来未知世界的恐惧。……诗歌给了我们力量和勇气去观察、去感觉、去说话、去挑战”[②]，诗歌是女性们实现梦想、传播真理的武器和媒介，是女性实现自我和向更美好目标发展的途径，“我们要参与到富有创造性和不断延展的生命过程之中，这就是成长”[③]。

诗歌不是奢侈品，因为它是女性抗争和生存的根本方式，所以它也就成为使命。“在刀口上创作、在危急中写诗，不是你是否愿意去写，而是没有选择，写作就是生存，这就是诗歌诞生的原因。”[④]洛德用自己的创作经验现身说法：“对我而言，社会抗争和艺术密不可分。我不认可这是一个非此即彼的命题。我这里不存在‘为艺术而艺术’。看到不正义，我就一定要诉说。我喜爱诗，喜爱词语。但是最美的东西是那些能改变我生活的东西，否则我将无法存活。如果我不能把痛苦公之于众并改变痛苦现状，它就肯定会置我于死地。这就是社会抗争的开始。”[⑤]抗议和斗争的动力来自诗歌之灵，也来自爱欲。

爱欲是女性们取之不尽的资源，赋予女性勇气和力量去面对阴暗和负面势力，并把它们转变为正面能量，正如詹妮和穆丽尔的爱可以治疗洛德的致命创伤。在《赞比》中，和爱欲势不两立的敌对势力是社会施加于黑人女性的不公、侵害和痛苦，这些黑暗势力使得《赞比》字里行间充溢着愤怒。“全书的根本张力是痛苦……缓解痛苦的，只有那熊熊燃烧于字里行间的怒火，痛苦和愤怒成为这部书的生命力量源泉。怒火提供了承认痛苦存在和应对痛苦的力量，并最终成为与痛苦抗争的希望之火。”[⑥]洛德的切身体验赋予她一种独特视角和思维方式来看待黑人女性的愤怒。她“撕去了多数通俗文学蒙在妇女关系上的脉脉含情的‘和谐’面纱，笔锋直指多数人不敢直面的愤怒和痛苦的根源和及其后果”[⑦]。洛德告诉黑人女性，要勇于面对愤怒、坦直地把愤怒表达出来，把它转化为抗争和争取解放平等和公正的动力。黑人“妇女应对种族主义也就意味着要去应对愤怒，这愤怒源于排斥、未

① Audre Lorde, “The Transformation of Silence into Language and Action,” in *The Audre Lorde Compendium: Essays and Speeches and Journals*. Pandora: Hammersmith, 1996. pp. 13—14.

② Audre Lorde, “Poetry Is Not a Luxury.” pp. 37—39.

③ Audre Lorde, “The Transformation of Silence.” p. 14.

④ Audre Lorde, Interview with Adrienne, “An Interview: Audre Lorde and Adrienne Rich,” in *Sister Outsider: Essays and Speeches*. Trumansburg: Crossing, 1984. p. 107.

⑤ Audre Lorde, Interview with Claudia Tate, “Audre Lorde.” p. 108.

⑥⑦ Nellie Y. McKay, “A Painful Growth into Selfhood.” pp. 492—493.

经置疑的特权、种族主义对人性的扭曲、沉默、非人待遇、刻板形象、敌意、诋毁、背叛和收买"①。凡此种种的社会邪恶现象，在每个受压迫的黑人女性心中都注满了怒火。但是，长期的威胁、迫害、镇压、打击和欺骗使得女性们不敢、不会把这些怒火正确释放出来。结果就是忍气吞声，自我伤害甚至会把怒气发泄到更弱势的人们身上。《赞比》中母亲琳达就把在社会中受到的伤害和愤怒转嫁到无助无辜的孩子们身上。而詹妮的死，在洛德看来，是因为当时她们尚不会应对社会的丑恶残暴："我失去了我的姐妹詹妮，原因是我的沉默、她的痛苦绝望、我们两人的愤怒。"②

洛德把经过半生的思考、探索和实践后得到的经验与众女性分享："我已经学会了如何与愤怒妥协共处，如何超然视之、如何从中汲取生活动力。我一生大部分时间里都在尝试着如何抢在愤怒焚毁我的想象力之前，学会去利用它。我曾惧怕愤怒的破坏力，所以把它掩藏于沉默之下。但是，我对愤怒的恐惧没有对我产生任何教益。也不会对你产生任何教益。"③洛德认为，对愤怒的恐惧是不必要的，面对造成这种愤怒的罪魁祸首，女性应该愤怒并以怒火为武器反击："我们是在一个剥削制度巨龙的利齿间进行活动，种族和性别歧视是这个社会制度榨取利润首要的、老资格的、不可或缺的帮凶。……我们在压迫和威胁中推进我们的事业，压迫和威胁的诱因当然不是女性之间的愤怒，而是来自那股恶毒的仇恨，它的毒液喷射的对象是所有妇女、男女同性恋者、穷人——所有那些努力在对抗压迫过程中，探索我们生活之独特之处、并试图铸就所有被压迫者间的联盟、以实际有效的行动进行反抗的人。"④

洛德号召饱受摧残和剥削的女性们正确对待愤怒，学会控制和利用愤怒，"只要精准地发射出来，它就能变为强大的能量推动进步和变革。这里的变革，不是简单地调转地位，也不是暂时缓解局势……而是彻底完全改变那些支撑我们生活的预设"⑤。在洛德看来，如果女性勇敢地、负责任地、诚实地、正当地对待愤怒，它就不仅会变成她们可赖以创造新世界的资源，而且会变成促使所有被迫害的女性间相互理解、同情和联合的强大凝聚力。"我们要用一切在奋斗过程中获得的力量，包括愤怒，来定义和塑造一个新世界。这个新天地里，我们所有的姊妹们都可以自由成长、我们的孩子们可

① Audre Lorde, "Uses of Anger: Women Responding to Racism," in *Sister Outsider: Essays and Speeches*. Trumansburg: Crossing, 1984. p. 124.

② Audre Lorde, *Zami*. p. 251.

③ Audre Lorde, "Uses of Anger." p. 124.

④ Ibid., p. 129.

⑤ Ibid., p. 127.

以相互关爱。在那里,我们将有能力去感触其他女性的差异、欣赏她们各自的奇妙之处,我们将超越相互摧毁的欲望。"[①] 共同的压迫和剥削应该为所有受害者提供一个联手团结奋斗的基础和平台。所有被压迫者都应该珍视这样一个共同阵线。面对那些与人性为敌的邪恶势力,"我们应该调动我们所拥有的一切力量,探索和重新定义我们将来生活的条件。我们各种形式的愤怒,就像一块块巨石,可以用作构建未来的材料。在这个未来我们可以播散差异,相互支持自己不同的选择"[②]。

"播散差异"是女性利用愤怒要达到的一个重要目标,它是洛德思想体系中又一个重要柱石性概念。"妇女的愤怒可以通过洞察力把差异转化为力量。志同道合者间的愤怒会催生变革,而不是导致毁灭。它常会带来不快或者失落感,但这并不致命,反而是成长的迹象。"[③] 同时,差异理念和爱欲理论也密不可分。尊重差异是充分发挥爱欲力量的前提。社会向女性灌输她们对自己爱欲的憎恶和嫌弃,"我们被教会了怀疑存在于我们内心深处的东西,自我否定、对抗我们自己的感觉",女性自我内心的矛盾分裂和争斗也就意味着女性间不容忍差异、相互倾轧[④]。爱欲是大家共同分享的快乐之源,它把千差万别的人们凝聚在一起。爱欲使得人与人之间的差异变成"富有创造力的对话的源泉",使得差异不再是威胁。[⑤] 差异和愤怒、爱欲相辅相成,是又一种巨大的能动力量,这就是洛德大力倡导的"差异"理论的核心。克里斯琴认为,这一点是"奥德丽那个时代的种族—女权主义理论的拓展。现今,差异是创造性力量这一概念已经很自然地成为我们分析世界所利用的理论"[⑥]。

对差异的理解、重视和坚持,同样源于洛德生活、生命和斗争实践经验。正如1984年出版的论文和演讲稿集书名《圈外姊妹》(*Sister Outsider: Essays and Speeches*)所示,洛德一生都处于被多重边缘化的位置。"作为一个黑人、同性恋者、女权主义者、社会主义者、诗人、一对儿女的母亲、跨种族婚姻家庭里的妻子,我通常发现,无论在上述哪个群体中,大多数人都认为我

①② Audre Lorde, "Uses of Anger." p. 133.

③ Ibid., p. 131.

④ Audre Lorde, Interview with Adrienne, "An Interview: Audre Lorde and Adrienne Rich." p. 102.

⑤ Barbara Christian, "Dynamics of Difference." Review of *Sister Outsider: Essays and Speeches* by Audre Lorde. *The Women's Review of Books* 1. 11 (1984): 6.

⑥ Barbara Christian, "Remembering Audre Lorde." *Agenda* 19 (1993): 24.

是变态的、难以相处的、低劣的、或者简单地说，是错乱的。”[①]正是这种独特的位置，使得洛德对于社会各个层面、各个群体中排斥、扼杀差异的行为有了刻骨铭心的体验和深刻思考剖析。

20世纪60年代黑人运动对女性的无视是有目共睹的，而对于女性同性恋就更加仇视。克里斯琴回忆到：“当时的号令是团结（当然这是一种假团结）。我们这些自命为革命者的人，当然不能为（性别歧视）这样鸡毛蒜皮的小事而闹分裂。……在1968年，黑人做了同性恋，就是反革命，就是沾染了白人的流毒。”[②]对此，洛德自己的体会当然更深。和洛德一起参加革命运动的战友加室友莉亚认为，同性恋有违党的纲领，是邪恶的，与革命运动水火不容。尽管莉亚私下同情并包容洛德，但她和洛德合租一幢公寓的事情被组织的一个领导偶然发现，莉亚马上受到组织的谴责。为了保护奥德丽，同时也为了自己的事业，莉亚被迫离开纽约去了芝加哥。

女权主义内部对于有色人种的歧视又是连最为激进的白人女权主义者都难以免疫的弊病。如激进同性恋女权主义者玛丽·戴利（Mary Daly）划时代的重要女权著作《妇科/生态学》（*Gyn / Ecology* ：*The Metaethics of Radical Feminism*，1978）就严重显示出这一症状。洛德指出，戴利书中几乎没有包括任何描述有色人种妇女力量和象征的材料，“这就否定了欧裔之外的女性力量和权力”[③]。像其他白人女权主义者一样，戴利想当然地“把白人妇女的女性历史（herstory）和神话设定为所有女性的唯一合法历史与神话，把它们视为所有女性的力量源泉和传统背景；把有色人种妇女及其历史只作为装饰品处理”[④]。

从《赞比》中，我们读到20世纪50年代黑人女同性恋的孤独和凄凉：“没有母亲，没有姐妹，没有英雄。……我们是充满爱欲的‘圈外姊妹’（sister outsiders）。”[⑤]本来处于边缘的边缘上的黑人女性，在面对洛德等女同性恋者时，会不假思索地把自己所受的歧视施加在这群更为边缘化和弱势的群

---

① Audre Lorde, “There Is Not Hierarchy of Oppression,” in *I Am Your Sister*: *Collected and Unpublished Writings of Audre Lorde*. Eds. Rudolph p. Byrd, et al. New York: Oxford University Press, 2009. p. 219.

② Barbara Christian, “Remembering Audre Lorde.” p. 22.

③ Audre Lorde, “An Open Letter to Mary Daly,” *in Sister Outsider*: *Essays and Speeches*. Trumansburg: Crossing, 1984. p. 68.

④ Ibid., p. 69.

⑤ Audre Lorde, *Zami*. pp. 176—177.

体身上,对于那些异性恋黑人女性而言,"爱一个女人是令人不齿的事情"①。这种弱势者歧视、排挤更为弱势者的现象一层层向更为边缘的地方恶性延展。在女同性恋者群体中,种族歧视的存在自不待言,可它还有自己独特的"性别"歧视。"女同性恋关系的主要模式是'爹地'和'妈咪'的划分。……这种角色扮演反映了异性恋社会对于妇女的贬抑态度。"②洛德和其他一些不认可和接受同性恋中"丈夫"(butch)和"妻子"(femme)"角色分工"的人,往往会被其他女同性恋者鄙夷和排斥,甚至被诋毁为"婊子"③。

这一重又一重的排斥和迫害使得洛德对社会不公和剥削有了真正的深刻认识:"我得到的教训是,压迫和对差异的不容忍有着各种各样的形式、规模,来自各种肤色、各种性取向的各种群体。对于那些拥有相同的目标——实现解放、为后代创造美好世界——的人们而言,压迫没有轻重缓急之分。"④对差异的不容忍,是社会惯用而屡试不爽的伎俩,它以此挑起人民之间的内讧而得尽渔翁之利。这是"奴隶主的工具",如果我们不抛弃这一工具,"则无法拆除奴隶主的房子"⑤。所以,洛德警告一切处于种种压迫之下的女性和其他人们,"我们不能用旧有的权力运作方式来对抗腐旧的权力。唯一的出路就是我们自己去创建一个全新的社会结构"⑥。

洛德认为,"全新的社会结构"建立的关键在于对于自我的定义和建构。而自我本身就是差异的组合体。在《自我定义与诗歌》("Self-Definition and My Poetry")一文中,洛德指出,优秀诗人的素材源自其"作为自我定义的不同存在体……我不断地定义体内那众多个自我,因为如同所有人一样,我是由如此众多的部分组成的。但是如果它们在我体内同室操戈,我就陷于瘫痪。而如果它们和谐共进、相互包容,那我的生命就会丰饶多姿、充满力量"⑦。这是洛德写给所有女性的寓言诗,寓意是,妇女们中间充满了差异性,种族、肤色、社会阶层、性取向等各方面都存在差别和不同,即使在女同

① Audre Lorde, *Zami*. p. 179.

② Ibid., p. 221。"爹地"指的是在女同性恋中充当男性角色即"丈夫"的女人,而"妈咪"指充当"妻子"的女人。洛德认为这种"角色扮演"(role-playing)是对异性恋男女间控制/屈从(dominance/ subordination)关系的翻版和肯定。

③ Audre Lorde, *Zami*. p. 178.

④ Audre Lorde, "There Is Not Hierarchy of Oppression." p. 219.

⑤ Barbara Christian, "Dynamics of Difference." p. 6.

⑥ Audre Lorde, Interview with Adrienne, "An Interview: Audre Lorde and Adrienne Rich." pp. 102—103.

⑦ Audre Lorde, "Self-Definition and My Poetry," in *I Am Your Sister: Collected and Unpublished Writings of Audre Lorde*. p. 156.

性恋者之中,也有着是否生儿育女、是否与男性结婚成家等多种选择。所以一定要冲破种种偏见和狭隘,携手共建一个大家都可以共同安居于其中、自由定义自我的"新房屋"。"总有人试图利用女性中某些部分,来压制和摧毁其他部分,如果他们得逞,女性只有死路一条。定义自我不能以抑制扼杀自我中某些其他部分为代价。只能通过宽容、激励所有部分的发展来实现自我定义。这样,自我定义的力量就会来自女性的内部,只有这才是真正的力量。"[①]

在《赞比》中,洛德大声疾呼:"不能仅仅满足于女性的团结,我们是不同的。不能仅仅满足于女同性恋者的团结,我们是不同的。不能仅仅满足于黑人的团结,我们是不同的。不能仅仅满足黑人女性的团结,我们是不同的。不能仅仅满足于黑人女同性恋者的团结,我们是不同的。"[②]在一个习惯于以所谓大局利益为借口牺牲个体权利福祉、践踏抹杀差异的世界中,这样的呐喊是多么振聋发聩。呐喊、冲锋、抗争构成了洛德一生战斗诗篇的主旋律。从《赞比》到《圈外姊妹》再到《我是你的姊妹》,都是进攻的号角,毫不妥协地挑战压制差异、扼杀变化和进步的陈规旧俗和剥削歧视制度。《爱欲的用途》("Uses of the Erotic: The Erotic as Power")、《愤怒的用途》("Uses of Anger: Women Responding to Racism")、《把沉默转化为语言和行动》("The Transformation of Silence into Language and Action")等文章,都成为美国黑人女权主义的里程碑和灯塔,激励和引导着后来者不畏险阻、绕开陷阱,勇敢前行。[③] 奥德丽·洛德留下的文字,都是她自己斗争和实践的纪实:"拒绝被噤声,拒绝被囿于任何片面单一的范畴中。坚持去做那个由多个侧面构成的完整自我:诗人、黑人、母亲、女同性恋者、女权主义者、战士、社会活动家、女人。"[④]这种知行合一、不懈战斗的精神使她成为美国黑人女权主义进程中一个拥有持久启发性和号召力的中坚人物。

主要作品(按出版年代排序)

The First Cities. New York: Poets Press, 1968.

Cables to Rage. London: Paul Breman, 1970.

---

① Audre Lorde, "Self-Definition and My Poetry," in *I Am Your Sister: Collected and Unpublished Writings of Audre Lorde*. p. 157.

② Audre Lorde, *Zami*. p. 226.

③ bell hooks, "Lorde: The Imagination of Justice," in *I Am Your Sister: Collected and Unpublished Writings of Audre Lorde*. p. 247.

④ Barbara Christian, "Remembering Audre Lorde." p. 21.

From A Land Where Other People Live. Detroit: Broadside Press, 1973.

New York Head Shop and Museum. Detroit: Broadside Press, 1974.

Between Ourselves. Point Reyes: Eidolon Editions, 1976.

Coal. New York: Norton, 1976.

The Black Unicorn. New York: Norton, 1978.

The Cancer Journals. Argyle: Spinsters Ink, 1980.

Zami: A New Spelling of My Name. Trumansburg: Crossing, 1982.

Interview with Claudia Tate. "Audre Lorde." *Black Women Writers at Work*. Ed. Claudia Tate. New York: Continuum, 1983. 100—116.

"Uses of Anger: Women Responding to Racism," in *Sister Outsider: Essays and Speeches*. Trumansburg: Crossing, 1984. 124—133.

Interview with Adrienne. "An Interview: Audre Lorde and Adrienne Rich." *Sister Outsider: Essays and Speeches*. Trumansburg: Crossing, 1984. 81—109.

Sister Outsider: Essays and Speeches. Trumansburg: Crossing, 1984.

I Am Your Sister: Black Women Organizing Across Sexualities. New York: Kitchen Table: Women of Color Press, 1985.

Our Dead Behind Us: Poems. New York: Norton, 1986.

A Burst of Light: Essays. Ithaca: Firebrand Books, 1988.

Need: A Chorale for Black Women Voices. New York: Kitchen Table: Women of Color Press, 1990.

Undersong: Chosen Poems Old and New. New York: Norton, 1992.

The Marvelous Arithmetics Of Distance: Poems 1987—1992. New York: Norton, 1993.

The Audre Lorde Compendium: Essays and Speeches and Journals. Pandora: Hammersmith, 1996.

The Collected Poems of Audre Lorde. New York: Norton, 1997.

I Am Your Sister: Collected and Unpublished Writings of Audre Lorde. Eds. Rudolph P. Byrd, et al. New York: Oxford University Press, 2009.

参考文献

Barale, Michele Aina. "Rev. of *Zami: A New Spelling of My Name* and *Sister Outsider: Essays and Speeches* by Audre Lorde." *A Journal of Women's Studies* 8. 1 (1984): 71—73.

Christian, Barbara. "Dynamics of Difference," Review of *Sister Outsider: Essays and Speeches* by Audre Lorde. *The Women's Review of Books* 1. 11 (1984): 6—7.

——. "Remembering Audre Lorde." *Agenda* 19 (1993): 21—24.

——. "No More Buried Lives: The Theme of Lesbianism in Audre Lorde's *Zami*, Gloria Naylor's *The Women of Brewster Place*, Ntozake Shange's *Sasssafras, Cypress and Indigo*, and Alice Walker's *The Color Purple*," *in Black Feminist Criticism: Perspectives on Black Women Writers*. New York: Pergamon, 1985. 187—204.

hooks, bell. "Lorde: The Imagination of Justice." *I Am Your Sister: Collected and Unpublished Writings of Audre Lorde*, eds. Rudolph P. Byrd, et al. New York: Oxford University Press, 2009. 242—248.

McKay, Nellie Y. "A Painful Growth into Selfhood." "Review of *Zami*: *A New Spelling of My Name by* Audre Lorde." *Callaloo* 24 (1985): 491—494.

Radicalesbians. "The Woman Identified Woman." < http://library. duke. edu/rubenstein/scriptorium/ wlm/womid>.

Shockley, Ann Allen. "The Black Lesbian in American Literature: An Overview,"in *Home Girls*: *A Black Feminist Anthology*. Ed. Barbara Smith. New Brunswick: Rutgers University Press, 2000: 83—93.

金莉,《美国女权运动·女性文学·女权批评》,《美国研究》第1期,第62—79页。

——,《20世纪末期(1980—2000)的美国小说:回顾与展望》,《外国文学研究》2012年第4期,第87—97页。

凯特·米利特（Kate Millet）
（1934— ）

凯特·米利特是美国20世纪后半叶女权主义运动主要理论家之一。米利特于1970年发表了《性政治》（*Sexual Politics*）一书后一举成为名作家、全美妇女运动的代言人和领袖人物。该书被20世纪70年代的评论界认为是“该十年中在全国范围内激起男性愤怒的最早的女权主义书籍之一”[1]。女权主义者、保守主义者和出版界则公认米利特的《性政治》激发了女权主义的第二次浪潮，而且“作者本人已经成为一个自我指射的文化偶像”[2]。米利特曾被称为“新女权主义的卡尔·马克思”和“妇女解放运动的毛泽东”[3]。

凯特·米利特于1934年9月14日出生在美国明尼苏达州圣保罗市的一个爱尔兰天主教家庭。14岁那年，米利特的父亲由于婚外恋而和母亲离婚，抛弃了家庭。尽管母亲受过大学教育，但是在刚刚离婚时却不得不靠推销土豆削皮器来养家糊口，虽然后来当上了保险代理，成为“一个传奇，各种会议上的要人，整整一代进入美国金融界和保险业的女性的代表人物”[4]。这段家变对米利特产生了很大的影响，直到中年，米利特才原谅了父亲。米利特17岁进入明尼苏达州立大学英语专业学习，1956年获得学士学位。毕业后米利特进入牛津大学圣希尔达学院攻读硕士学位，并于1958获得英语文学一级荣誉学位。[5]同年秋季，米利特回到美国，在北卡大学诺丁山分校任教，但是几周后辞职，搬到纽约市。在纽约期间，米利特开始绘画和雕刻，以公司职员和幼儿园教师的工作来养活自己。当时的生活非常艰苦，米利

---

① Norma Willson, “Majority Report: A Liberated Glossary: Guide to Feminist Writings.” *The English Journal* 63. 6 (1974):15

②③ “Dictionary of Literary Biography on Kate Millett.” 2012－02－02 ＜http://www.bookrags.com /biography/ kate－millett－dlb＞.

④ Kate Millett, *Mother Millett*. New York: Verso, 2001. p.4.

⑤ 英国大学本科生在毕业时一般都会按成绩的优劣得到一级荣誉学位（first class honours）、二级一等荣誉学位（Second Upper）、二级二等荣誉学位（Second lower）、三级荣誉学位（Third），或者是不及格等。一些成绩特别优秀的学生有时候可以得到“双重一级荣誉”（double first），但是，这是非常罕见的。

特不得不租住在鲍威利[①]的一个阁楼里。1961 年,米利特前往日本继续自己的雕刻生涯。在日本的两年期间,米利特在早稻田大学教授英文,并在东京展出自己的作品。其间,米利特结识了日本雕塑家吉村文雄(Fumio Yoshimura)。两年后二人一起回到美国,并于 1965 年结婚。婚后的米利特和丈夫虽然生活很艰苦,共同的事业和奋斗还是使他们的婚姻生活非常美满。但是,由于和几位女性的同性恋关系,尤其是和西塔(Sita)的关系,惹恼了丈夫,1985 年米利特被迫和丈夫离婚。在 2003 年的一次访谈中,谈到关于《精神病院之旅》(*The Loony-Bin Trip*,1990)的创作时,米利特仍然痛楚地谈到她和丈夫的关系:"你永远也不会从那样的背叛中恢复过来。因为,你知道,我信任我的丈夫,我帮他办成了移民,一直是他的那么要好的朋友。而他背叛了我。"[②]1963 年回到美国之后,米利特继续自己的艺术生涯,1967 年 3 月曾经在纽约的一家艺术馆展出作品,并且在巴纳德学院讲授英文。

60 年代的米利特已经表现出对妇女解放运动的极大热情。她积极参与了反战和民权运动。60 年代中期,米利特加入了新兴的妇女运动,1966 年,她成为当时新成立的"全国妇女联盟"[③]的教育委员会主席。1968 年秋天,米利特进入哥伦比亚大学研究生院,攻读英语和比较文学专业博士学位。同年 12 月份,米利特因为声称站在参加罢工活动的学生的一边而被巴纳德学院开除教职。米利特在哥伦比亚读大学的时候,正逢美国各种运动风起云涌的 60 年代。通过共同斗争中男同学所表现出的男性沙文主义,米利特认识到,根本的不平等在更深层次的地方,"性别……总是代表权力关系"[④]。米利特从自己的专业入手,深入研究男性沙文主义的小说,1969 年 9 月完成了博士论文《性政治》,次年获得博士学位。《性政治》几乎是一瞬间为当时籍籍无名的米利特带来了声誉和金钱,直接把米利特送上了《时代周刊》的

---

① 鲍威利(Bowery):美国纽约城曼哈顿南部的一个区。在各种不同的时代鲍威利都是一个因酒吧、犯罪和流浪汉而臭名昭著的区域。

② Darby Penney and Kate Millett, "Insist on Your Sanity: An Interview with Kate Millett." *Off Our Backs* 33.7/8 (July-Aug. 2003): 41.

③ 全国妇女联盟(National Organization for Women, NOW)是美国最大的女权主义组织,成立于 1966 年。该组织在 60 年代率领女性走上街头,正式把两性平等推上政治日程。创始人包括《女性的奥秘》(The Feminine Mystique, 1963)的作者贝蒂·弗里丹(Betty Friedan),黑人活动家、第一个非裔美国人女性教士兼诗人葆丽·莫瑞(Rev. Pauli Murry),以及第一个参加美国总统竞选的黑人女性雪莉·奇泽姆(Shirley Chisholm)。

④ Judith Fetterley, *The Resisting Reader: A Feminist Approach to American Fiction*. Bloomington: Indiana University Press, 1978. p.155.

封面,被时代周刊称为:“妇女解放运动的凯特·米利特。”[1]成名后的米利特进入了创作的高峰期,并且更加积极致力于妇女解放运动。《妓权报告》(*The Prostitution Papers*)最初在 1971 年出版的《性别社会中的妇女》(*Woman in Sexist Society*)中发表,[2] 1973 年成书出版,1976 年再版。《飞翔》(*Flying*,1974)讲述了作者和丈夫文雄的婚姻以及和几位女性的同性恋情。作品记录了在《性政治》出版后作者面对迅速发生变化的生活的心路历程,成为自白手法自传体作品中的精品。《西塔》(*Sita*,1977)是相同体例的作品,以自传体的形式探索了一段同性生死恋情的消亡,对米利特和大她十岁的一位名叫西塔的大学女性行政人员之间的命定悲剧的恋情进行了沉思。这是一段轰轰烈烈的罗曼史。西塔有丈夫和几个孩子,而且,性格变幻莫测,很难相处,甚至经常失踪。西塔的出现是米利特离婚的主要原因。米利特为了西塔而不得不放弃了多年的夫妻感情。但是,米利特和西塔的关系并非一帆风顺,二人分分合合,彼此折磨,终于以西塔的自杀做了结。米利特一度因此崩溃,进了精神病院。她后来有许多同性情人,但没有一个像西塔那样在她的生命里烙印深刻。《地下室:对于人祭的沉思》(*The Basement: Meditations on a Human Sacrifice*,1979)是米利特的一部半虚构性作品,讲述了上个世纪 60 年代,一个名叫格特鲁德·巴尼泽夫斯基(Gertrude Baniszewski)的妇女带领她的孩子和朋友对一个印第安女孩迫害、折磨,最后谋杀的骇人听闻的真实故事。作品揭开了这个家庭谋杀事件中深层次的性暴力。文中米利特对这次犯罪的辩护引起了巨大的争议。在《去往伊朗》(*Going to Iran*,1982)中,米利特记录了以妇女为中心的行动主义,“为第三世界女权主义面临的问题进行了戏剧性的描述。”[3]《精神病院之旅》(*Loony-Bin Trip*, 1990)中,米利特描写了自己被诊断为精神病后的经历。米利特曾经被诊断为狂躁性抑郁症。她的家人,尤其是母亲和姐姐以及丈夫,在 1985 年使用欺骗的手法将她控制起来。为了获得自由,米利特与精神健康机构的强迫收容泛滥现象奋力抗争。她赢得了在圣保罗举行的对于自己的精神健全审判,和她的律师一起甚至改变了明尼苏达州的相关法律观念。[4] 在 1994 年出版的《残忍的政治:论政治禁锢文学》(*The Politics*

---

① 1970 年 8 月 13 日发行的《时代周刊》,原文是:“Kate Millett of Women's Lib.”

② Vivian Gornick and Barbara K. Moran, eds. *Woman in Sexist Society: Studies in Power and Powerlessness*. New York: Basic Books, 1971.

③ Patricia J. Higgins, “Review: *Going to Iran*.” *Signs* 9.1 (Autumn, 1983): 154.

④ Kate Millett, *Loony-Bin Trip*. New York: Simon & Schuster, 1990. p.16.

of Cruelty: *An Essay on the Literature of Political Imprisonment*)中,米利特运用自己的写作向世界发出了警醒:"对折磨的了解本身就是一种政治行为,就像对此的沉默或忽视会有政治后果一样。"① 1995,米利特出版了《A. D.:一部回忆录》(*A. D.*: *A Memoir*),一部关于她的姨妈桃乐茜(Dorothy)的回忆录。2001 年出版的《米利特母亲》(*Mother Millett*)被认为是米利特晚年的杰作,是对于《性政治》和《精神病院之旅》主题的回归,生动地再现了个人和政治之间的关系,虽然在题材上相差甚远。

米利特不仅在理论上著书立说,而且也在生活中践行她的女权主义学说。米利特参加了几部纪录片的拍摄,亲自演绎和诠释女权主义的思想。1971 年,米利特制作了低预算纪录片《三人行》(*Three Lives*),②从女性主义的角度描写了马洛里(Mallory),莉莲(Lillian)和罗宾(Robin)三个女性的日常生活。1981 年,米利特在《并非爱情故事:一部关于色情的电影》(*Not a Love Story*: *A Film About Pornography*)③中担任女主角之一。该片以纪录片的形式对色情业进行了探索,包括脱衣舞、性表演、电影和杂志,尤其是探讨了色情业对妇女的贬损,激起了对性暴力描写的热情 。《波伏娃的女儿们》(*Daughters of de Beauvoir*,1989)④通过现代妇女运动中几位妇女的故事来讲述西蒙·波伏娃的生活经历。米利特、玛吉·皮尔西(Marge Piercy)、伊娃·费吉斯(Eva Figes)和安·欧克莉(Ann Oakley)等探讨了波伏娃的代表作《第二性》(*The Second Sex*)对她们自己的思想形成以及创作的影响。影片通过受到波伏娃影响的几位女性的眼睛,使得波伏娃独特的性格和非传统的生活方式得到了生动诠释,对这位国际妇女运动的领军人物进行了深刻剖析。米利特参与演出和制作的其他纪录片还有《书签》(*Bookmark*, 1989)、《花花公子:X 的故事》(*Playboy*: *The Story of X*, 1998)、《真正的小野洋子》(*The Real Yoko Ono*, 2001)⑤以及 2007 年法语纪录短片《致波伏娃之花》(*Des fleurs pour Simone de Beauvoir*)⑥等。1971

① Kate Millett, *The Politics of Cruelty*: *An Essay on the Literature of Political Imprisonment*. New York: Norton, 1994. p. 3.

② Kate Millett, *Three Lives*. New York: Women's Liberation Cinema Company, 1971.

③ Bonnie Sherr Slein, Dir. *Not a Love Story*: *A Film about Pornography*. Montreal: National Film Board of Canada, 1982.

④ Penny Foster, *Daughters of de Beauvoir*. London : BBC TV : The Council, 1989.

⑤ Ursula Macfarlane, *The Real Yoko Ono*, 2001. 小野洋子(Yoko Ono). 吉纳·麦琪(Gina Mckee), Kate Millett 等参加了演出。<http://www.imdb.com/title/tt0274038>.

⑥ Carole Roussopoulos and Arlene Shale, *Des fleurs pour Simone de Beauvoir*, 2007. http://movie.douban.com/ subject/4305798/.

年，米利特开始在纽约置地、建房，最终成立“妇女的艺术群落/林场”(the Women's Art Colony/Farm)。这是一个女性同性恋艺术家和作家团体，常年公开邀请女艺术家去居住，共同劳动创作，若干年来，去过的女子数以百计。该团体通过出售米利特的艺术品和居住在那里的艺术家们亲手种植和修剪的圣诞树来支撑运作。20 世纪 90 年代末和 21 世纪初，米利特卷入了和纽约市当局的纠纷，因为她的“妇女的艺术群落/林场”的所在地成为大规模重新开发计划的一部分，后者想将她从鲍威利 295 号的家赶走，米利特和其他人一起抵制，但最后还是输了。结果，他们的房子被拆掉，居民被重新安置。米利特还积极参与了“反精神病学运动”(anti-psychiatry movement)。作为“国际精神自由”组织的代表，她在《联合国残疾人权利公约》(2005)[①]制定期间大声疾呼，反对美国的精神病治疗中的折磨。[②]

作为一个多产、自觉、严格的作家，米利特力图呈现个人与政治之间不断转化的关系，来表现“个人的即政治的”，[③]并将这一思想贯穿了其生活和创作生涯。《性政治》是这一创作思想的集中体现。该作品被认为既是“女权主义文学学术批评的第一本书”[④]，又是“运用父权制概念对妇女的压迫进行理论探索的最初的重要尝试之一”[⑤]。通过对文学文本的分析，米利特实现了《性政治》中的首要目标，即描述“父权制理论”[⑥]，将文学批评问题转化为父权制问题，同时“使读者从把性行为看成是自然属性转移到将其看成是社会构建的，因此是政治的”[⑦]。《性政治》一书共分三部分，对西格蒙德·弗洛伊德(Sigmund Freud)、诺曼·梅勒(Norman Mailer)、D. H. 劳伦斯(D. H Lawrence)、亨利·米勒(Henry Miller)和让·热内(Jean Genet)等几位被人们认为带来性解放的作家和理论家进行了抨击。第一部分表述了米利特对两性之间权力关系的认识。“性政治”是指在两性关系中，男性用以维护父

---

① UN Convention on the Rights of Persons with Disabilities.

② “国际精神自由”组织(Mind Freedom International [MFI]) 是一个非营利性的机构，旨在为那些被冠以精神残疾的人士提供人权和相关服务。<http://www.mindfreedom.org/about-us>.

③ Rosalind Rosenberg, “Review: *Daring to be Bad: Radical Feminism in America, 1967—1975* by Alice Echols.” *The Journal of American History* 77. 4 (Mar., 1991): 1426.

④ P. T. Clough, “The Hybrid Criticism of Patriarchy: Rereading Kate Millett's *Sexual Politics*.” *The Sociological Quarterly* 35. 3 (1994): 473.

⑤ Annette Kuhn and Ann Marie Wolpe, *Feminism and Materialism*. London: Routledge and Kegan Paul, 1978. p. 12.

⑥ Kate Millett, *Sexual Politics*. New York: Ballantine Books, 1970. p. 32.

⑦ P. T. Clough, “The Hybrid Criticism of Patriarchy: Rereading Kate Millett's *Sexual Politics*.” p. 473.

权制、支配女性的策略。米利特认为性别与种族、阶层和阶级一样，具有“政治的”属性。在第一部分的第一章“性政治的例证”（“Instances of Sexual Politics”）中，米利特再现了亨利·米勒的《性爱之旅》（*Sexus*，1965）、诺曼·梅勒的《一个美国梦》（*An American Dream*，1964）和让·热内的《小偷的日记》（*The Thief's Journal*，1964）中的性描写，将其称之为“男性的幻想”，是“一个男人以男性的语言在对另一个男人炫耀战果”[①]。米利特认为，“性行为不是发生在真空中的，尽管其自身似乎是一种生物的和身体的行为……它可以成为关于一个个体或个人层面的性政治的典型”[②]。第二部分“历史背景”基本上是历史回顾。首先概述了19世纪和20世纪初，在传统的两性关系中发生的巨大变化，接着论述随后出现的反动年代的情况，这种反动使男权制的生活方式在作出某些改变后得以延续下去，并在约30年的时间内，阻挠了这一领域内任何革命性的社会变革。第三部分“文学中的反映”详细分析了亨利·米勒、诺曼·梅勒、让·热奈特以及D. H.劳伦斯等四位作家作品中表现出来的本质上的性别歧视及其作品中性政治的积淀痕迹，试图说明文学是社会意识形态的反映，作家对两性关系的认识同父权制思想有着不可割裂的关系。通过分析性别权力关系，即大男子主义的性暴力和女性的受压迫、遭损害，米利特对四位男性作家的“阳物崇拜”态度给予了严厉谴责。劳伦斯的作品没有在作品的开头出现，而是在最后一部分的开头，因为，在米利特看来，劳伦斯的作品是用情感和彬彬有礼来掩盖父权制社会的性行为的最后的文学上的努力。劳伦斯试图“使夏娃的创世故事所象征的古老的犹太种族的错误得到永恒，”而凯特·米利特对劳伦斯发起了女权主义的进攻”[③]。《性政治》中受到批判的作家还有西格蒙·弗洛伊德、乔治·梅瑞狄斯（George Meredith）、约翰·拉斯金（John Ruskin）、约翰·斯图尔特·米尔（John stuart Mill）。

米利特是第一个系统地把两性关系与男权社会权力结构联系起来论述的人。米利特认为性政治支持父权制将个人生活政治化，权力关系不仅体现在公共生活，而且体现在个人生活中。米利特通过对亨利·米勒、D. H.劳伦斯等性文学大师的性描写的深刻剖析，揭示了性问题的政治内涵，使这

---

① Kate Millett, *Sexual Politics*. p. 5.

② Ibid., p. 31.

③ Annette Kolodny, “The Lady's Not for Spurning: Kate Millett and the Critics.” *Contemporary Literature* 17. 4 (*Autumn*, 1976): 541－562. <*http://www. jstor. org/stable/*120762419/10/2011 11:17>.

一曾经充满臆断的领域暴露出其本质内容：强权和支配观念。无论是亨利·米勒小说中的滥交，还是劳伦斯小说中的偷情、抑或是诺曼·梅勒小说中的杀妻和鸡奸女佣，其内容的本质正是政治的核心。米利特以人类学、社会学、经济学和历史等学科知识为后盾，探讨文学作品中性政治和性权力的含义，说明性政治是西方文学和父权制社会的普遍现象，性是权力话语的体现，正如后来福柯提出的权力话语理论认为，"真理由控制话语的人掌握"①。米利特指出，女性是"第二性"的深刻历史和文化根源在于父权制下社会化的固有意识形态过于强调男女生理差别，与阶级、教育和经济等因素共同为性政治推波助澜，于是形成性关系中权力极端不对等的状态，性政治意味着"权力结构关系，一方控制另一方的排列关系，"②所以"要真正改变生活质量就要彻底改变人性，而这一点只有通过将人性从性别—社会范畴的暴政中、对性别俗套形象的屈从中解放出来以及废除种族等级和经济阶级才能实现"。③ 米利特抨击社会学家把被动、顺从的特征视为女性生来就有的观点，她率先引入了一种女性阅读的视角，第一次以女性作为女人去阅读文学作品。米利特的结论是，这些男权文本写的根本不是性，而是权力关系，是他们渴望随心所欲地安排女人、甚至设计她们的欲望、身体和感受的微观政治。

《性政治》同时也是一部从出版之初就极具争议的畅销书。虽然褒奖之词一直不绝于耳，批评之声也持续不断。有的批评者指责米利特在《性政治》中分析男性作家笔下的女性人物时忽略了文学作品的虚构本质，将作者与小说中的主人公等同起来，把小说人物读作真实的历史人物，视文学为作者意识的有意识表述。托尔·莫伊（Toril Moi ）认为，"《第二性》（1949）当然对凯特·米利特的《性政治》（1969）产生了巨大的影响，虽然米利特本人不承认"④。面对米利特对自己作品的指责，尤其是对《一个美国梦》的指责，诺曼·梅勒发表了针对性的《性的囚徒》（*The Prisoner of Sex*, 1971），抨击米利特的观点，为亨利·米勒和劳伦斯辩护。梅勒指出，米利特压制对立的证据，进行未经证实的概括，断章取义，错误阐释引用的材料，把劳伦斯和

① Paul Rabinow, ed. The Foucault Reader. New York: Pantheon, 1984. p. 57.

② Andrea Nye, *Feminist Theory and the Philosophies of Man*. London: Croom Helm, 1988. p. 96.

③ Kate Millett, *Sexual Politics* p. 363.

④ Toril Moi, Gill Plain and Susan Sellers, eds. *A History of Feminist Literary Criticism*: *Modern Philology* 107. 4 (May 2010) : E81. <*http://www.jstor.org/stable/*10.1086/651437>.

他的小说人物等同起来,对劳伦斯作品的谋篇布局的结构明显误导”。[1] 文化批评家卡米耶·帕利亚(Camille Paglia)称《性政治》是一本“残暴的书”,“把艺术作品完全降格成了政治书”[2]。对于这些批评的声音,米利特自己意识到,通过“讲述某些真相,关于媒体和政治的真相,关于心理学和社会变革的实际状态,关于非传统的爱情和为了新伦理的斗争,结构中的某种东西,事物的旧的结构,受到了威胁,被撕开,被撕掉”[3]。

《残忍的政治:论政治禁锢文学》是米利特的另一部文学批评作品,通过作品的分析来解释现实社会中的性政治,即:国家恐怖主义。米利特概述了国家恐怖主义的主要范畴——希特勒的集中营和苏联的“古拉格群岛”[4]、20世纪50年代的阿尔及利亚和过去半个世纪期间爱尔兰的殖民压迫、南非种族隔离以及中南部美洲、亚洲、中东的殖民压迫。《残忍的政治》提出,“折磨的目的不仅是让一个人说话,而且是让他背叛别人。受害人一定会通过自己的喊叫和服从变成一个低等动物。他的背叛一定会毁掉他,使他失去人的尊严。在审问下屈服的人……被给一个新的身份,就是次人类”[5]。米利特坚持认为折磨和反抗折磨都是带有道德影响的政治行为,历经时间之后,个体有权利结束国家恐怖主义。米利特认为,折磨建立在“传统的主导观念:父权制秩序和男性的等级”的基础之上,[6]折磨和强奸没什么两样。米利特认为,对于国家的恐惧已经成为我们时代的形势。通过探索在小说、回忆录、摄影和电影中的禁闭、隔离以及身体和心理折磨,米利特分析了文献中恐惧的表达,包括文学文本、目击者的报告、法律理论和历史记载,作品包括

---

① Norman Mailer, *The Prisoner of Sex*. Boston: Little, Brown, 1971. p.529.

② Camille Paglia, "Feminists Must Begin to Fulfill Their Noble, Animating Ideal." *The Chronicle of Higher Education* 43(46) (July 25, 1997): B4(2).

③ Kate Millett, "The Shame is Over." *Ms.* (*Jan.* 1975): 28.

④ Soviet gulags:古拉格是苏联规模庞大的劳动集中营系统。很多人认为,它合理化的邪恶和制度化的不人道只有二战当中的纳粹大屠杀才能相比。1972年,苏联作家亚历山大·索尔仁尼琴发表了关于这些苏联集中营的史诗般的口述历史巨著《古拉格群岛》。这部长达140万字的巨著,堪称苏联列宁和斯大林时期法制历史最精炼的描摹。所谓“古拉格”,即“劳动改造营管理总局”,原是苏联劳改制度的象征。作者将其比喻为“群岛”,意在指出这种制度已经渗透到苏联政治生活的每个领域,变成了苏联的“第二领土”。全书分监狱工业、永恒的运动、劳动消灭营、灵魂与铁丝网、苦役刑、流放、斯大林死后等7部,既以“群岛居民”的经历为线索,又穿插了苏联劳改制度发展史中的大量资料,结构宏大,卷帙浩繁,充分显示了索尔仁尼琴作为诺贝尔文学奖得主驾驭材料的能力。书中有激昂的控诉、愤怒的谴责,也有尖锐的嘲讽、深切的诉说,是深刻理解苏联政治体制重要的参考文献。

⑤ Kate Millett, *The Politics of Cruelty*. p.108.

⑥ Ibid., pp.34—35.

亚历山大·索尔仁尼琴(Aleksandr Solzhenitsyn)的代表作《第一圈》(*The First Circle*)[①]、克劳德·朗兹曼(Claude Lanzmann)的《浩劫》(*Shoah*)[②]、马克·马萨班尼(Mark Mathabane)的《卡非尔男孩》(*Kaffir Boy*)[③]以及拉达·巴拉华(Radha Bharadwaj)的电影《叛国作家》(*Closet Land*)[④]。

除了从文学和社会的大的层面探讨"个人的即政治的",米利特还通过自传的叙事形式将女性的解放和自我界定结合在一起,积极探讨在父权制家庭中妇女受压迫的根源。米利特深度自传性作品,包括《飞翔》、《西塔》和《A. D.》,揭示了米利特在公共生活和个人生活中所面对的各种困难。正如米利特在《飞翔》中所坦承:"我从来没想过把自己当作题材。……理性的朋友建议我写一些研究性的话题:污染、知识等等。自白应该是老年人的事情。"[⑤]米利特对自己的犹豫进行了坦诚生动的描述:"一个人敢于走得越远、活得越体面、越个人性,生活就会变得越独特,但是有必要去寻找写作之外的危险去表达自我吗?"[⑥]她很清楚自己的作品会带来的后果:"五百个人看着我。你是同性恋? 一切都停了下来,脸朝上看,可怕的沉默。我听见他们停止了呼吸。……最终我受到指控。'快说! 说你是同性恋!'"[⑦]经过痛苦地犹豫和思

① 亚历山大·索尔仁尼琴(1918—2008),俄罗斯作家。1962年,经赫鲁晓夫亲自批准,索尔仁尼琴的处女作中篇小说《伊凡·杰尼索维奇的一天》刊出。这是苏联文学中第一部描写斯大林时代劳改营生活的作品,立即引起国内外的强烈反响。1963年,作者接连发表《玛特辽娜的家》等三个暴露社会阴暗面的短篇小说并加入苏联作协。1968年写了暴露莫斯科附近一个政治犯特别收容所的中篇小说《第一圈》及叙述苏联集中营历史和现状的长篇小说《癌症楼》,均未获准出版。1969年他被开除出苏联作家协会。此事引起了国际上包括萨特在内的著名作家的抗议。这年4月,他和川端康成一起被选为美国艺术文艺学会的名誉会员。1970年,索尔仁尼琴获诺贝尔文学奖。

② 《浩劫》是克劳德·朗兹曼在1985年出品的法国纪录片。朗兹曼花费了11年的时间,从300多个小时的原始素材中剪出的一部9个多小时的记录长片,揭示出现在风景下的罪恶。这是一部反映二战中犹太人被屠杀历史的呕心之作。在9个半小时里,他用平静的镜头带着观众走进当年屠杀了40万犹太人的"死亡工厂"。

③ 马克·马萨班尼(Mark Mathabane)在其回忆录《卡非尔男孩》中提及自己在南非种族隔离时代挣扎求生的贫困岁月。

④ 该影片1991年在美国和加拿大开始发行。故事发生在一间狭小的房间里,一位儿童文学作家正在被一位残暴的秘密警察审讯。原因就是,她涉嫌在她出版的儿童读物中传达她的政治信息。然而就是这样一个莫须有的罪名,把作家折磨得生不如死,而那位秘密警察丝毫没有停止的意思。他唯一要做的就是折磨她,直到她承认自己的罪行。这是一部极具个性化的电影,整部影片都是在一间狭小的房间中拍摄完成。整部影片中只有作家和秘密警察两个人物。

⑤ Kate Millett, *Flying*. New York: Knopf, 1974. pp. 81－83.

⑥ Ibid., p. 389.

⑦ Ibid., p. 15.

考之后，米利特还是大胆地说："是的，我说是的，我是同性恋。"[①]于是，米利特的作品成了她的生存的"纪录片"[②]。

在《飞翔》中，米利特坦诚地讨论了发表《性政治》之后她所经历的政治觉醒、个人关系、冲突和恐惧以及她在女权主义和激进运动中的生活经历。全书共分成五部分："眩晕"（"Vertigo"），"新生活"（"The New Life"），"观察：英国笔记"（"Blick. The English Notebook"），"轨道"（"Trajectory"）和"着陆"（"Landfall"）。第一部分"眩晕"从开篇的"神游"（Fugue State）到令人眩晕地呈现令人眼花缭乱的人物和事件，在现在和各种各样的过去之间跳来跳去，融入很多的短小的部分，为"飞翔"的意象框架提供了合适的背景。作品的开头，米利特正在前往飞机场的路上，她要离开伦敦。在这一部分，米利特为读者详述了令人眼花缭乱的飞往其他地方的飞机，直到所有的飞机汇成一个无意义的运动："现在飞翔就是那时飞翔。"[③]作者运用飞翔的意象作为对危险或困境的逃离："我逃离他们焦虑的注意力，逃向女卫生间，迅速地幻想着从窗户跳出去奔向自由。"[④]第二部分的标题"新生活"显然有意指但丁的维塔纳瓦（Vita Nuova）[⑤]，既严肃又讽刺，因为它既联想到妇女运动所许诺的"新生活"，同时又详细记述了她想通过对同性恋情人西丽亚的爱为自己寻找另外一种"新生活"的疯狂的尝试。在主题上和心理上，第三部分都围绕着一些有意义的形象的塑造。她试图帮助"塑造"脑损伤的维尼（Winnie），她在伦敦时一起生活的朋友的孩子，同时，她又热切地希望将自己的电影好好拷贝，这两件事都是她内心情感的外在投射。内心深处，她努力发掘自己的真实形象，要"成为我真实的样子"[⑥]。第四部分"轨道"中，米利特已经回到了纽约，她的电影也在剪辑过程中，即将上映。在这部分中，米利特将自己的形象塑造为一个不断移动的躯体，在情感和地理轨道上穿梭。第四部分分成两部分，"上升"和"下降"，所以，"上升"和"下降"实际是一种情感上的飞翔。第五部分"着陆"讲述的是在普罗旺斯镇的一个夏天

---

① Kate Millett, *Flying*. p. 15.

② Ibid., p. 81.

③ Ibid., p. 21.

④ Ibid., p. 93.

⑤ "新生活"中，但丁描述他对年轻漂亮的比阿特丽斯的伟大的爱情，而正是她的突然死亡激发了他的美丽的诗句。

⑥ Kate Millett, *Flying*. p. 240.

之后的行动[1]。"普罗旺斯镇"是第五部分的副标题,表明这个城市作为地理和情感象征意义上的归属地的重要意义。在这部分,米利特首先从普罗旺斯起飞,要去参加在纽约举行的一个关于非暴力问题的专家会议,然后将和她的新情人克莱儿(Claire)一起返回。本书中所描写的飞机旅行中,飞行的行为不再仅仅代表从一处到另一处的她个人狂热的令人眩晕的交通经历,这个旅行实际包括了发现一个对她大有帮助和慷慨大度的父亲,以及由此带来的重生的经历。已经错过了在普罗旺斯起飞的航班,米利特在一位友好的商人凡·阿斯代尔(Van Arsdale)先生的帮助下获得了一次私人飞行。这位商人被米利特认为是"我的这位新父亲"[2]。在会议上,米利特将会发现弗洛·肯尼迪(Flo Kennedy)是"我们所有人的母亲"[3]。找到了合适自己的父亲和母亲意味着"在飞机上重生"[4]。最后,飞翔代表了一种回归,回归到新的情人克莱儿,也回归到作者正在奉献给读者的这本书 。在飞离纽约时,米利特在飞机起飞时大喊:"飞机带着情人们所知道的相同的不确定性起飞了。然而今天上午我知道(确定性)……因为我知道我在回去。知道我和她(克莱儿)在一起,这是唯一一次。"[5]正如飞行时从一处到另一处的过程一样,米利特意识到,她头脑中的这本书也在朝着另一种着陆前进,"一种发明自我的方式。朝着你可以一起生活的那个人努力前行"[6]。随着这次独特旅行的终结,米利特体验到一种胜利,一种接受自我和接受飞翔的胜利,包括与此相关的各种不同的东西:"飞回来真美,"她宣称,"我热爱飞翔"[7]。尽管在结构上《飞翔》是按照时间记述了《性政治》发表后的大约十八个月中的经历,但是实际涉及的时间远远超出这个时间段。通过倒叙、预叙和自由联想等手法,作者实际上几乎涵盖了自己的一生。整个作品充满了混杂的地名和人名,故意混淆的时间顺序,跳跃的时间和情感的时间表、对于身份危机

① "普罗旺斯镇"(Provincetown)是马萨诸塞州鳕鱼角(Cape Cod)最顶端的一个小镇,又名"P—town"。这里除了以海港和沙滩闻名外,还是艺术家聚集的地方,是有名的天堂。麻省是美国最早承认同性婚姻合法的州,走在小镇的街上,不时看见一对对同性恋情侣,还有沿街商店门口的彩色旗,像彩虹一般的六色旗表达对同志的支持,这样热情宽容的氛围使这里成为吸引同性恋居住、旅游的好地方。P-town在美国称得上有着悠久的历史和丰富的文化,1602年就已经建成海港。1620年乘坐五月花号的英国清教徒就是在这里登陆,并签了著名的五月花号公约(Mayflower Compact)。

② Kate Millett, *Flying*. p. 500.

③ Ibid., p. 503.

④ Ibid., p. 501.

⑤ Ibid., p. 515.

⑥ Ibid., p. 516.

⑦ Ibid., p. 520.

的心理描述、对于名望和镁光灯的拒绝等等，读者很难找到谋篇布局的规律或者某种连续的主线。这种万花筒般的电影风格正是米利特在成名后的一年左右的时间的生活写照。米利特正是希望通过这一切表面上的混乱“现在成为另外的某个人。不是写了那本该死的书的那个人”[①]。而米利特对于这种生活作出的回应就是把这一切记录下来，坦诚地记录她的回忆、恐惧和成功：她对于自己在妇女解放运动中的作用的怀疑，当她公开自己的双性恋身份后在妇女运动和女权主义阵营面临的压力，以及最后她重拾信心，决心作为艺术家和作家去努力生活。

正如米利特自己在写作本书时所表现的犹豫和恐惧所体现的：“这回是真的。这是真的危险。”[②]《飞翔》发表后再一次引发了争议。虽然1970年之后的美国将女同性恋群体纳入了妇女解放运动议程，但是当时公众对性的理解相对比较狭窄。后来米利特受到女性主义阵营的攻击，没能在美国第二次妇女解放运动中如贝蒂·费里丹一样在浪潮的前沿呐喊并受到拥戴，同她公开了自己的双性恋身份不无关系。这一点在评论界对《飞翔》的态度中可见一斑。发表之初，《飞翔》并没有受到评论界的善意对待，如埃莉诺·兰格从根本上否定了《飞翔》，因为“自白不是真正的自传体”[③]。对于这些批评，米利特则认为，“女性完全可以开始创作以前从没有涉及过的内容的书，其结果是，这样的内容本身要求我们用很难加以界定的形式或慢慢发展成为一种难以界定的艺术”[④]。最终，本书的动机和最为引人注目的主题是“默默地拼命地寻找自我”[⑤]。的确，米利特的这部传记作品是将自白、回忆录和自传结合起来，以期更为进一步“重新获得我的存在”[⑥]。

《米利特母亲》是米利特对于母亲海伦·米利特人生的最后几年的回忆录。这本关于母亲的回忆录也是女儿的回忆录，正如米利特在开篇所说：“我开始写我的母亲，虽然很少我自己的描写，在很大程度上又是关于我自己。”[⑦]这部作品是自传和传记的独特的结合，“初看起来就像一首关于家庭

① Kate Millett, *Flying*. p. 7.

② Ibid., p. 9.

③ Elinor Langer, “Confessing.” *Ms.* (Dec. 1974): 71.

④ Kate Millett, “The Shame is Over.” p. 29.

⑤ Kate Millett, *Flying*. p. 83.

⑥ Ibid., pp. 82-83.

⑦ Millett, *Mother Millett*. p. 1.

和解的诗歌”[①]。20世纪90年代初,米利特赶回家照顾病危的母亲。面对卧病在床的母亲,米利特发现自己实际一直生活在母亲浓浓的母爱之中。米利特描写了自己对于失去母亲的恐惧。许多年来母女的关系一直很僵化。很久以前米利特就开始拒绝接受母亲,现在却发现自己的生活和事业其实一刻也没有离开母亲的影响。母亲几乎不能行走,需要24小时看护。米利特的姐姐把母亲送到了一家非常知名而且费用很高的护理院。但是,米利特发现护理院给住在里面的人使用药物,限制他们的行动。米利特决定把母亲从这种毫无人情味的昂贵的地方解脱出来。多年前,母亲曾经签下文件将女儿送进了精神病院的病房。正是这件成为《精神病院之旅》的题材的事情使得女儿无论如何不能同意母亲经历同样的遭遇。米利特开始了一系列的努力和抗争,就像当年她为了自己的自由而去和精神病治疗抗争一样。在这一过程中,米利特体会到了在母亲临终前终于和母亲重建亲情的美好感受。这是一部失去与重获的回忆录。作品从另一个角度继续了《精神病院之旅》的主题:反对强迫收容。不过这次不是关于精神病治疗,而是老年人的护理。作者从对母亲生活经历的回忆中对女权主义进行了思考。从性政治开始,接着讲同性恋解放的斗争,最后在她和邻居正在进行的为了争取在纽约的住处的居住权利斗争中达到高潮。米利特通过对和母亲的关系的回忆和思考,对自己与女权主义和妇女解放运动的关系进行了一次回忆和思考。通过家庭关系,米利特再次将个人和政治结合在一起,使读者对女权主义运动和对待老人的问题进行再思考。

总之,米利特和她的理论,尤其是《性政治》,已经成为英美女权主义批评史不可或缺的一部分。作为一位文学批评家,米利特不屈地捍卫了读者发表自己见解的权利;作为一名读者,米利特在每个层面上向作者的权威进行了挑战;作为一名行动主义者,米利特并没有局限于女性理论与实践,而是逐渐从更深、更广的角度去探究人类整体社会中的各种问题。米利特说:“我过去是妇女解放运动,现在我超越了这一点,进入了国际政治。”[②]马克思主义、社会主义、黑人、女同性恋等多重视角构成了女权主义批评五彩缤纷的色彩,米利特为这份色彩画上了浓墨重彩的一笔:用自己独特的创作风格和创作视角诠释了一个道理:“我母亲的生活是有意义的,我的生活也是,每

① Meryl Altman, “Review: The Age of Anxiety.” *The Women's Review of Books* 18. 12 (Sep., 2001): 1.

② Darby Penney and Kate Millett, “Insist on Your Sanity: An Interview with Kate Millett.” p. 42.

个女人的生命都是有意义的。"[①]

主要作品(按出版年代排序)

Sexual Politics. New York: Ballantine Books, 1970.

The Prostitution Papers. New York: Basic Books, 1971.

Three Lives. New York: Women's Liberation Cinema Company, 1971.

Flying. New York: Ballantine Books, 1974.

Sita. New York: Ballantine Books, 1976.

The Basement: Meditations on Human Sacrifice. New York: Simon & Schuster, 1980.

Going to Iran. New York: Coward, 1981.

The Loony-Bin Trip. New York: Simon & Schuster, 1990.

The Politics of Cruelty: An Essay on the Literature of Political Imprisonment. New York: Norton, 1994.

A. D.: A Memoir. New York: Norton, 1995.

Sculptor: The First Thirty-Eight Years. Catonsville: University of Maryland, 1997.

Mother Millett. New York: Verso, 2001.

参考文献

"Dictionary of Literary Biography on Kate Millett." 2012—02—02 <http://www.bookrags.com/biography/kate—millett—dlb>.

Altman, Meryl. "Review: The Age of Anxiety." *The Women's Review of Books* 18. 12 (Sep., 2001): 1+3—4.

Clough, P. T. "The Hybrid Criticism of Patriarchy: Rereading Kate Millett's *Sexual Politics*." *The Sociological Quarterly* 35. 3 (1994): 473—486.

Fetterley, Judith. *The Resisting Reader: A Feminist Approach to American Fiction*. Bloomington: Indiana University Press, 1978.

Foster, Penny. *Daughters of de Beauvoir*. London: BBC TV, 1989.

Gornick, Vivian and Barbara K. Moran. Eds. *Woman in Sexist Society: Studies in Power and Powerlessness*. New York: Basic Books, 1971.

Higgins, Patricia J. "Review of *Going to Iran*." *Signs* 9. 1 (Autumn, 1983): 154—156.

Irvine, Louva and Susan Kleckner. Dir. *Three Lives*. New York: Women's Liberation Cinema Company, 1971.

Kolodny, Annette. "The Lady's Not for Spurning: Kate Millett and the Critics." *Contemporary Literature* 17. 4 (*Autumn*, 1976) 541—562. <*http://www.jstor.org/stable* /120762419/10/2011 11:17>

Kuhn, Annette and Ann Marie Wolpe, eds. *Feminism and Materialism*. London: Routledge and Kegan Paul, 1978.

① Meryl Altman, "Review: The Age of Anxiety." p. 3.

Langer, Elinor. "Confessing." *Ms.* (Dec. 1974): 71.

Macfarlane, Ursula. *The Real Yoko Ono* (2001). <http://www.imdb.com/title/tt0274038>.

Mailer, Norman. *The Prisoner of Sex*. Boston: Little Brown, 1971.

Moi, Toril, Gill Plain and Susan Sellers, eds. *A History of Feminist Literary Criticism: Modern Philology* 107. 4 (*May* 2010) : *E79—E82. <http://www.jstor.org/stable* /10.1086/651437>

Nye, Andrea. *Feminist Theory and the Philosophies of Man*. London: Croom Helm, 1988.

Paglia, Camille. "Feminists Must Begin to Fulfill Their Noble, Animating Ideal." The Chronicle of Higher Education *l*. 43 (*July* 25, 1997): *B*4 (2).

Penney, Darby and Kate Millett. "Insist on Your Sanity: An Interview with Kate Millett." Off Our Backs 33. 7/8 (*July-August* 2003): 40—42.

Rabinow, Paul, ed. The Foucault Reader. New York: Pantheon, 1984.

Rosenberg, Rosalind. "Review: *Daring to be Bad: Radical Feminism in America, 1967—1975* by Alice Echols." *The Journal of American History* 77.4 (Mar., 1991): 1426—1427.

Roussopoulos, Carole and Arlene Shale. *Des fleurs pour Simone de Beauvoir* (2007). <http://movie.douban.com/subject/4305798>

Slein, Bonnie Sherr. *Not a Love Story: A Film about Pornography*. Montreal: National Film Board of Canada, 1982.

Spacks, Patricia Meyer. *The Female Imagination*. New York: Alfred Knopf. 1975.

Willson, Norma. "Majority Report: A Liberated Glossary: Guide to Feminist Writings." *The English Journal* 63. 6 (1974): 14—15.

艾伦·莫尔斯(Ellen Moers)
(1928—1979)

作为著名女权主义评论家,艾伦·莫尔斯对于当代美国女权主义文学批评的发端与完善出了重要贡献。莫尔斯在代表作《文学女性:伟大女性作家》(*Literary Women: The Great Writers*,1976)[①]中提出的“女性哥特”(female Gothic)一词,已经成为女性文学批评的重要概念。她的著作“启发、引导了整整一个时代的女权主义研究学者,去探究那个看似简单、却从未有人真正探索的问题,即性别因素如何影响了女性作家的文学想象?”[②]当今,莫尔斯的《文学女性》已经和伊莱恩·肖沃尔特(Elaine Showalter, 1941—)的《她们自己的文学》(*A Literature of Their Own*, 1977)、帕特里夏·迈耶·斯帕克斯(Patricia Meyer Spacks, 1929—)的《女性想象》(*The Female Imagination*,1975)以及桑德拉·吉尔伯特(Sandra M. Gilbert, 1936—)和苏珊·古芭(Susan Gubar, 1944—)的《阁楼上的疯女人》(*The Madwoman in the Attic*, 1979)等批评著作一起,成为“定义女权文学批评的综合性宏观著作”。[③]莫尔斯因此被誉为美国女权主义评论家的先驱。

艾伦·莫尔斯 1928 年 9 月 9 日出生于纽约一个犹太知识分子家庭。其父罗伯特是律师,母亲西莉亚是教师,姐姐玛丽后来成为律师和大学教授。艾伦 1948 年毕业于纽约州的瓦萨学院(Vassar),获得学士学位。次年毕业于马萨诸塞州的拉德克里夫学院(Radcliffe College),获得比较文学硕士学位。1954 年获得哥伦比亚大学文学博士学位。前两所学校都是美国著名的女子学院,位列美国“七姐妹学院”。艾伦 1949 年与作家马丁·迈耶(Martin Mayer)结婚,两人育有两子。

艾伦·莫尔斯的学术职业生涯堪称辉煌。她硕士毕业后开始在高等教育机构任职,起初在巴纳德学院(Barnard College)任兼职教师,后来在纽约

---

① 另译为《文学妇女》或《女文人》。

② Sharon O'Brien, "'I Can Dare to Generalize': Celebrating *Literary Women*." *Signs* 24. 3 (Spring 1999): 757.

③ Deborah Epstein Nord, "Commemorating Literary Women: Ellen Moers and Feminist Criticism after Twenty Years." *Signs* 24. 3 (Spring 1999): 734.

城市大学(CUNY)的亨特学院(Hunter college)、布鲁克林学院(Brooklyn College)和研究生院任教，还曾经到辛辛那提大学和纽约州立大学阿尔巴尼分校等高等院校访学。这些学校治学严谨、久负盛名，为莫尔斯的文学研究奠定了良好的基础。莫尔斯从60年代初开始发表文学评论文章，70年代已经积累了丰富的经验，她为《纽约书评》(*the New York Review of Books*)和《哈泼斯杂志》(*Harper's Magazine*)等知名的报纸和期刊撰写稿件，并先后出版三部专著。

莫尔斯的研究重点起初是欧洲文学和美国文学中的"经典作家"，后来才转向女性文学批评。她的三部文学批评著作分别是:《纨绔子:从布鲁梅尔到比尔博姆》(*The Dandy: Brummell to Beerbohm*,1960)、《两个德莱赛:其人与其小说》(*Two Dreisers: The Man and the Novelist*,1969)和《文学女性》。之后，莫尔斯一直在收集19世纪英国女性文学和美国女性文学的比较研究的素材，着手撰写第四本著作。但是遗憾的是，她于1979年辞世，生前未能完成这项工作。

与《文学女性》在文学批评界的广泛影响相比，莫尔斯的前两部作品稍显逊色。《纨绔子》是在其博士毕业论文的基础上修改而成，与女性批评的相关性不够密切。然而，这部著作却具有开创性的意义，也是迄今为止纨绔主义研究最全面的著作之一，已经成为文学研究、文化研究、审美研究和服饰研究等多个领域的重要参考。该著作内容丰富、涉猎面广，主要关注点在于探讨纨绔主义所表现的文艺美学及其对现代审美的影响。从研究对象的选择中可以看出，莫尔斯所关注的纨绔主义不再局限于某种具体的生活方式，更重要的是其所表现的行为方式和思想与文化内涵。究其实质，这部著作仍旧是以英法文学和比较文学为基础，突出纨绔主义所传达的文化内涵和审美意义是其首要的目的。

《两个德莱赛》以德莱赛的小说《嘉莉妹妹》和《美国悲剧》为研究对象，采用了小说家个人艺术思想发展与文本分析相结合的研究方法。该著作详尽地追溯了德莱赛在19世纪90年代的文学创作和个人精神的发展，同时考察了当时的社会历史状况以及社会科学和自然科学领域的新发展，例如生物学、化学、生理学、心理学和大众文化等诸学科或文化思潮对于德莱赛思想艺术的影响，从"新心理学"、"百老汇现实主义"、和"弗洛伊德主义"(Freudianism)等角度对作品进行细读和研究，以便突出"德莱赛重要的思想艺术性仍旧是现代科学的重要论题”,[①]从而在宏观的视角下探索其艺术思想背后的动因。与此同时,莫尔斯将德莱赛的创作置于宏观文学发展的历史视角之下,与威廉·豪威尔斯(William Dean Howells, 1837—1920)、列夫·托尔斯泰(Leo Tolstoy,1828—1910)和斯蒂芬·克莱恩(Stephen Crane, 1871—1900)等作家的作品进行了横向的联系和比较。因而,这部著作既不是一般的传记作品,也不是单纯的文学研究,而是二者的糅合,即通过探究小说家的心路历程,试图揭示其艺术创作的驱动力。该书出版以后,评论界对这种研究方法的看法褒贬不一。赞同者认为其“无论在德莱赛传记研究还是其艺术成就研究方面,研究深度都已经超越了其他任何一部著作”。[②] 批评者同样毫不留情:“她这种怪诞的方法起初挺吸引眼球,之后让人非常不舒服,最终显得十分可笑:因为这样一来把学术研究变成了大杂烩。……可最终也没能说清楚到底是什么造就了他(德莱赛)。”[③]

在对“经典”作家作品研究基础之上,莫尔斯的个人兴趣和研究重点逐渐开始转移到女性文学。其实早在女性文学批评风生水起之前的1963年,莫尔斯就已经开始关注这一领域,发表了“愤怒的年轻女性”(“Angry Young Women”)一文,以维多利亚时期的女性写作为研究对象,分析了“愤怒”对女性创造力的激励作用,探究女性的性别与文学创造力之间的关系。70年代以后,她的研究目标日趋明确。在对欧洲文学的宏观了解和深刻把握之上,她从17世纪女性文学的兴起入手,重点考察19世纪女性文学,特别是19世纪英国、法国和美国女性文学,通过全面考量女性文学的兴起及其对20世纪女性书写的影响,对女性书写进行了充分的肯定和褒扬。这种努力的结果就是《文学女性》的出版,这是莫尔斯文学批评成就的集中代表,也是她文学批评成熟的标志,从而使她获得文学批评界的广泛认可。

《文学女性》是最早以性别作为分类依据进行文学研究的著作之一。莫尔斯阅读广泛、知识渊博,在专著中历数几十位女性作家作品的研究,还有众多男性作家的作品作为对比。在一定程度上是对欧美女性书写历史的总结,其中对斯达尔夫人(Mem de Staël, 1766—1817)和让利夫人(Mem de Genlis, 1746—1830)等女性文学先驱的文学考古研究至今仍旧是女性文学

---

① Ellen Moers, “Dreiser's Wisdom. . . . ” *NOVEL: A Forum on Fiction*, 11. 1 (1977): 63.

② George H. Douglas, “Review of *Two Dreisers* by Ellen Moers.” *American Quarterly* 22. 2 (1970): 301.

③ Blanche H. Gelfant, “Review of *Two Dreisers* by Ellen Moers.” *American Literature* 41. 4 (1970): 604.

研究的珍贵资料。莫尔斯指出,长期以来,文学中的性别问题并没有得到重视,而事实上,“性别这一特征同阶级、社会以及民族一样,自始至终都是女作家关注的问题”。[①] 正因为如此,她才致力于在性别视角下探寻女性的文学创作策略。“女性哥特”作为一个独立章节在女性视角下系统论述了哥特文学的嬗变,将传统意义上的哥特文学赋予了性别标签,同时也为女性文学研究提供了性别政治的维度,这集中体现了“西方女权主义的现代性,即倡导女性文化和建立女性的文学分析框架”。[②]“女性哥特”包含的诗学思想已经成为莫尔斯女权主义批评成就的集中体现。

总体来看,《文学女性》不局限于文本这一封闭的系统,而是结合作家的个人经历和社会历史背景,通过追溯女性作家写作的历史(其中既包括个人历史,也包括女性写作传统),结合女性书写中较具普遍性的主题和风格,将女性书写置于比较视野下进行考察,从而明确女性书写的意义。《文学女性》结合了纵向研究和横向研究两种维度,首先在第一部分的第二章“史诗时代”中以时间为序梳理了欧洲浪漫主义文学运动以降欧洲和美国著名女作家的创作历程,全面地考量了女性文学的发展历史,同时兼顾了主题的相关性,按照19世纪女性文学和20世纪女性文学的承接关系,围绕文学书写传统、社会意义和女性话语权等重要主题展开论述。该著作体现了“作者的学术准确性、想象力和智慧。并且她特别注重证明女作家之间的彼此影响,善于分析某些重复出现的文学类型和文学隐喻的重要作用”。[③] 事实上,虽然这部著作以女性文学为起点和重点,但是现在来看,其影响已经超出了女性文学研究、性别政治和女权主义批评的范畴,契合了新历史主义研究、后殖民主义批评、性别研究以及后现代主义批评等对权威的反叛和对女性身份的重构。

莫尔斯在本书中的研究方法在评论界引起了不同的反响。有的学者认为莫尔斯的研究“严谨、博学,并且非常可信,……(这种方法)内容丰富且卓有成效”[④]。同时,批评的声音也不绝于耳,有的甚至来自于持相似批评立场的女权主义评论家。吉尔伯特和古芭对莫尔斯的批评非常具有代表性。她们首先肯定了莫尔斯敏锐的洞察力及其在女权主义批评中的开拓性贡献,

① Ellen Moers, *Literary Women*. New York: Oxford University Press, 1985. p. xi.

② 徐颖果:《女性哥特式:美国的女权主义文类》,《外国文学》2006年第5期,第49页。

③ Gay Clifford, "Review of *Literary Women*: *The Great Writers by* Ellen Moers." *The Modern Language Review* 73.4 (1978): 888.

④ Doris Grumbach, "Review of *Literary Women* by Ellen Moers." *Signs* 2.4 (Summer 1999): 907.

但同时也毫不客气地指出，作者已经是“认真严谨且经验丰富的学者，可是书中却不乏主观推测和以偏概全，甚至偶尔还有与学术研究背道而驰的臆断”。[①] 她们认为莫尔斯这种快节奏、大场景的批评策略使得批评重点不够突出，从而使研究的深度和客观性打了折扣。

诚然，这些批评声音并非空穴来风。《文学女性》作为具有开拓性的女性文学全景式研究作品，其研究对象的选择以及论述过程的确存在不同程度的跳跃性。再者，莫尔斯褒扬明确、立场鲜明，与大部分学者的谨言慎行相比，她动辄使用“非常”、“最为”之类的字眼，因此其判断和结论难免给人留下“过度归纳”的情况。同时，莫尔斯的视野广阔，论述中的跳跃性思维并不少见，比较视角的使用也较为普遍。这一方面体现了作者对于欧美女性书写的熟悉程度，但是同时也往往给读者以“联想丰富、浅议辄止”的印象。例如，莫尔斯盛赞让利夫人的教育小说，称其为“我所阅读过的最严肃、最优雅的风格”。[②]同样，莫尔斯在谈论奥斯丁的创作时，认为《艾玛》“在奥斯丁小说中独一无二，就作品名称和故事地点来看，是最为抽象、最为接近寓言的一部”。[③] 同样，在谈到作为教育者的“女英雄主义”(heroinism)时，莫尔斯从让利夫人的生活经历谈到她的文学创作，进而论述这种说教式风格对其他女性作者的影响。这种结构安排整体而言比较严谨，但是她在具体论述中比较频繁地切换论证角度。比如：莫尔斯首先以让利夫人的短篇小说“黛安芬”(“Delphine，or the Fortunate Cure”)为例，分析这位养尊处优的小公主从自私傲慢到善良宽厚的转变。之后，她笔锋一转，进而写道：“这种转变如同《秘密花园》中的那个一无是处的小姑娘的变化一样，非常鼓舞人心。在所有儿童文学中，这是从女性角度描写溺爱之危害最为成功的例子。”[④]再如，在最后一章中，莫尔斯总结和探讨女性书写中常用的意象及其隐喻涵义，如鸟儿、大地和海洋等。她认为：“女性的神秘都来源于土地，或者说，女性的灵魂就是从辽阔起伏的高地得以解放到自由的空气中……”[⑤]随后，莫尔斯讨论了女性对大海的不解情怀，从尤金·奥尼尔(Eugene O'Neill，1888—1953)的剧作《长日漫漫人夜行》(*Long Day's Journey into Night*，1953)到20世纪诗作中海洋对现代女性带来的自由和震撼，又谈到凯瑟琳·

① Sandra Gilbert and Susan Gubar，“A Revisionary Company.” *NOVEL：A Forum on Ficiton* 10.2 (Winter 1977)：159.

② Ellen Moers，*Literary Women*. p. 214.(着重号为本文作者添加。)

③ Ibid.，p. 216.(着重号为本文作者添加。)

④ Ibid.，pp. 226—27.

⑤ Ibid.，p. 260.

曼斯菲尔德(Katherine Mansfield)、凯特·肖班(Kate Chopin, 1850—1904)、尤多拉·韦尔蒂(Eudora Welty, 1909—2001)等众多女性作家与大海毗邻的事实,以此来印证大海对女性成长的重要作用。可以说,此种形式的判断、类比或比较视角贯穿于全书的始终。从这几个例子可以看出,批评界所谓"归纳过度"(over-generalization)的批评不无道理,无怪乎吉尔伯特和古芭批评道:"(《文学女性》)没有能够真正严肃地探讨哪部作品,甚至哪位作家。"①

仔细考察评论界对《文学女性》的批评的确有助于更好地了解莫尔斯的批评立场。如前所述,莫尔斯采取的是"半传记式"的作品研读,即文本分析与作家个人经历的阐释糅合在一起。《文学女性》的研究对象看似数量众多,但从全书的结构安排来看,每个章节都围绕着某一个主题展开,并非这些作家的谱系学研究,所以莫尔斯对这些作家的选择都是基于其具体作品所探讨话题的相关性。"文学女性:伟大女性作家"这个题目本身便体现了该著作不仅是作品研究,而是作家研究,因此自始至终都采用了两种考证相结合的立场。这在"教化中的女英雄主义:从女教师到总督"一章中体现得尤为明显。莫尔斯以法国让利夫人的经历为例,追溯她从宫廷女教师到教育者的历程,从中提炼出女性教育者与传统家庭女教师完全不同的特征,即她们拥有母亲的权威,通过讲故事的方式来达到教育和警示年轻人的目的。莫尔斯进而分析让利夫人的作品,探讨其开创的"劝善教化题材"(courtesy books),即道德故事、教育小说和说教式论述等。莫尔斯认为这种风格在其他女作家笔下得到了发扬和完善,而后她以伊萨克·迪内森(Isak Dinesen, 1885—1962)的《走出非洲》(*Out of Africa*, 1937)和薇拉·凯瑟(Villa Cather, 1873—1947)的《教授的房子》(*The Professor's House*, 1925)为例进行了分类比较,阐释其中包含的母权思想以及维系这种权威的必要条件,例如相对孤立封闭的环境以及讲故事的形式:"世上总是有那么一个地方,远离尘嚣、宁静安详且秩序井然,在那里女性拥有最高权威……讲故事这种行为既体现出劝诱,又传达了权威;既让人信服,又令人愉悦。"②分析过程中相当的篇幅是让利夫人、伍尔夫(Virginia Woolf, 1882—1941)、凯瑟和斯泰因(Gertrude Stein, 1874—1946)等作家的个人经历,虽然文本阐释和作家经历是糅合在一起的,但是这些看似纷繁芜杂的材料其实有着共同的批评指向,即女性书写中所体现出的道德教化意义。

---

① Sandra Gilbert and Susan Gubar, "A Revisionary Company." p. 163.

② Ellen Moers, *Literary Women*. pp. 230—231.

其他章节的结构安排大抵如此。第二部分“女英雄主义”的框架较为典型地反映了莫尔斯所采用的话语式叙述(discursive discourse),即从不同的角度对同一论题进行描述和界定。除了引言之外,这一部分还有五章,分别从“行进中的女英雄主义:女主人公的哥特式书写”、“恋爱中的女英雄主义:坠入爱河的女权主义者”、“行动中的女英雄主义:凯瑞恩的神话”和“劝善的女英雄主义:从女教师到总督”等角度对“女英雄主义”加以阐述。虽然该词不是莫尔斯首创,但是她却开辟性地阐释了与英雄主义(heroism)相对应的女权主义思想。她指出,18 世纪后期和 19 世纪之初,女英雄主义作为重要的文学变革力量应运而生。她之所以将其视为一种“主义”,其原因在于:女性文学发展所带来的诸多“副产物”,“诸如文学形式、语言、叙述口吻、文学形象以及故事背景等方面的变革往往比具体的女性人物更具吸引力和影响力”。① 同时,莫尔斯也明确地界定了研究对象和范围,即除了“玛丽·沃斯通克拉夫特这位在英国、美国及整个欧洲最负盛名的女权主义者之外”,还有“诸多对女权主义运动持不同态度的女性书写形式,她们或支持,或反对,或者漠不关心。撇开其具体的立场不谈,她们都或多或少地受到了这种思潮的影响:斯达尔夫人的精英主义、汉娜·摩尔(Hannah More)的福音主义,玛利亚·艾琪沃斯(Maria Edgeworth)的保守主义、范妮·伯尼(Fanny Burney)的拘谨保守、让利(Mem de Genlis)夫人的劝善说教、苏珊娜·罗森(Susanne Rowson)的美国主义、拉德克里夫夫人(Mrs. Radcliffe)的逃避主义以及简·奥斯丁的幽默反讽”②都从不同方面构成了变革的力量。后面几章的论述正是按照这个构架展开,从此可以看出莫尔斯的架构其实是相当严密的。

回顾几十年来的女权主义批评发展,作为莫尔斯同龄人的玛德琳·格特沃斯(Madelyn Gutwirth)对该著作做出了客观公正的评价:尽管莫尔斯对研究对象的选择的确具有一定的局限性或片面性,但是在当时女权主义批评初兴之时,“总要有个人出来发起这个重要的话题,来打破其多年的沉默不语和(女性文学的)边缘化地位,莫尔斯出色地实现了‘突围’,她对众多形形色色作品的研究和探索使得《文学女性》已经超越了一般文学批评著作的意义”。③ 莎朗·奥布莱恩(Sharon O'Brien)则直接借用了“我敢于去概括”

---

① Ellen Moers, *Literary Women*. p. 124.

② Ibid., p. 125.

③ Madelyn Gutwirth, "'Corinne' Seriouly: A Comment on Ellen Moers's *Literary Women*." *Signs: Journal of Women in Culture and Society* 25.3 (Spring 2000): 895—896.

(I Can Dare to Generalize)为题,回顾《文学女性》的重要成就,称赞莫尔斯敢于探索"他人从未涉足的领域……(这本书)真正担当得起'开拓者'这一称号"。[①]

《文学女性》分为两大部分:"历史与传统"和"女英雄主义"。前一部分以女性文学书写的谱系学研究为主,后一部分侧重主题研究,对"女英雄主义"进行界定和解读。莫尔斯洋洋洒洒考察了数十位女性作家及其重要作品,从斯托夫人(Harriet Beecher Stowe, 1811—1896)和乔治·桑(George Sand, 1804—1876)对政治运动和政治题材的关注,到伍尔夫提倡的寻找属于"自己的房间",从夏洛特·勃朗特(Charlotte Bronte, 1816—1855)笔下的《简·爱》所折射出的社会体制中的罪恶,到盖斯凯尔夫人(Elizabeth Cleghorn Gaskell, 1810—1865)工厂小说所披露的工业化对工人的剥削。可以说,她的论述涉及关乎女性生存和女性书写的方方面面,并且其在评论中大胆直言,风格奔放、立场鲜明。如前所述,虽然不少评论家认为莫尔斯在选择研究对象时过于随意,但回顾这部作品对后来女性文学批评的影响,这种宏观比较视野下的研究方法开辟了"对后来评论家颇具影响的不同研究方向,比如,与女性作品的情节、比喻和想象相关的模式,女性文学传统的重要性以及传统与个人天赋之间的关系,科莱特、凯瑟、伍尔夫和迪内森等作家群研究,以及我们今天所说的'互文性'所激起的创作火花"。[②] 总之,无论是研究方法和研究内容,这部著作都对女性文学批评产生了重要影响。

莫尔斯肯定了女性书写的社会意义和政治意义。在前言中,她毫不吝惜地称赞女性对文学的贡献:"女性对文学的贡献是无可替代的,这也是整个知识领域中特别的一隅,千百年来一直如此。在英国小说、法国浪漫主义文学、英国短篇小说和现代诗歌等领域,任何理性的评判都不能忽略女性作家。"[③]莫尔斯以乔治·桑、盖斯凯尔夫人和斯托夫人等人的创作为例,论证了文学写作对女性自我成长以及反映社会历史同等重要。虽然乔治·桑对政治题材的处理受到了萨克雷(William Makepeace Thackeray, 1811—1863)和马修·阿诺德(Matthew Arnold, 1822—1888)等人的批评,但是莫尔斯认为乔治·桑的理想化手法更多的是艺术上的处理,从根本上而言与盖斯凯尔夫人的小说具有同样重要的意义:"盖斯凯尔夫人试图反映劳动阶级的苦难。桑全然不同,而是反映他们乐观的一面,因为她所看到的是人们

---

① Sharon O'Brien, " 'I Can Dare to Generalize': Celebrating *Literary Women*." p. 757.

② Ibid., pp. 757—758

③ Ellen Moers, *Literary Women*. p. ix.

快乐的一面，看到了生活之美好和自然之富足。”[①]特别值得一提的是，莫尔斯对斯托夫人的作品给予了高度评价和热情赞扬，称《汤姆叔叔的小屋》为“史诗般的著作”，因为斯托夫人通过女性主题反映了国家当时面临的重要道德问题：奴隶制。并且这也是女性书写的独到之处，即通过女性日常生活中各种琐碎的话题反映社会历史主题，这种勇气为女性书写宏大主题树立了良好的榜样。女性书写视角和宏大历史题材的结合才造就了19世纪女性文学的兴盛；同样是出于这个原因，莫尔斯称这个时代为“史诗时代”。

事实上，莫尔斯不仅在《文学女性》中立场坚定地捍卫女性书写的政治意义，而且在不同时期的不同论述中都鲜明地褒扬女性书写的作用。她对《汤姆叔叔的小屋》的肯定成为颇具代表性的例证之一。在1979年撰写了两篇书评中，莫尔斯分别评论苏珊·康拉德(Susan Phinney Conrad)的著作《穷尽思想：1830至1860年美国浪漫主义时期的文学女性》(*Perish the Thought: Intellectual Women in Romantic America 1830—1860*，1976)和朱迪丝·弗莱尔(Judith Fryer)的《夏娃的脸庞：19世纪美国小说中的女性》(*The Faces of Eve: Women in the Nineteenth-Century American Novel*，1976)，就两位作者对斯托夫人和《汤姆叔叔的小屋》的忽略提出了相当严厉的批评。莫尔斯认为康拉德忽略了废奴运动和相关题材的文学作品，因而其研究不够全面；而弗莱尔在研究美国浪漫主义文学史时根本没有提及斯托夫人，乃是一个重大的失误。

在女性作家的经历和创作方面，莫尔斯给予了宽容、理解与褒扬。在19世纪的社会条件下，女性作家的认知受到了客观条件的限制，即社会对女性的种种限制使她们难以接触到真正的现实，因而她们的经历是有限的，无法像男性作家那样走出家门、接受大学教育，也不可能像他们那样联合起来发起文学运动。另一方面，作家书写的内容又是丰富多样的，既然她们不在工厂做工，又不从事贸易活动，那么其丰富阅历和扩展视野的主要方式就是通过“研究”来获得，即通过阅读他人的作品(特别是其他女性作家的作品)来获得经验与自我成长。然而，女性作家凭借其努力，对有限的经历进行发掘，这种“单纯的好奇心——正是因为其单纯，而更显示出威力——鼓励女性在追求现实方面获得了巨大的成就……”[②]如奥斯丁对乡村生活的描写和夏洛特·勃朗特对家庭女教师经历的书写，都是现实在不同侧面的反映。

女性现实主义写作的一个重要方面就是经济因素在女性生活中的决定

---

① Ellen Moers, *Literary Women*. p. 35.

② Ibid., p. 83.

性作用。莫尔斯因而单独开辟一章“金钱、工作与小妇人:女性现实主义”,对此论题展开探讨,以此为例阐释女性对现实主义的理解。经济因素不仅成为促使女性从事文学书写、获得经济独立的重要原因,同时也是女性书写的重要主题。一方面,莫尔斯结合社会经济、历史现状,分析了19世纪以来小说创作对于众多女作家获得经济独立的实际意义。在奥斯丁时代,写作是女性既可以足不出户又能获得经济来源的体面职业,成为中产阶级单身女性的理想谋生之道。美国的情况虽然有所不同,但是经济因素同样发挥着重要作用:“在美国,宗教、历史和(新)大陆的命运共同构成了一种质朴的信念,即勤劳是个人财富得以实现的基础。”[①]然而到了19世纪,美国人对于工作伦理和追求财富开始产生了厌倦情绪,其中以梭罗(Henry David Thoreau,1817—1862)为典型代表。然而,超验主义者所提倡的对物质生活的否定却意想不到地对美国女性产生了激励作用。假如斯托夫人的丈夫能够为妻子儿女提供稳定的经济保障,那么这个世上很可能就不会有《汤姆叔叔的小屋》这样的传世之作。

另一方面,女性文学中对金钱和财富等经济因素的书写也是现实主义文学的重要形式。莫尔斯从奥斯丁的几部小说入手,解读财富和婚姻等题材的现实意义。奥斯丁所首要关注的是爱情和婚姻等女性话题,因为婚姻对于当时的女性来说是头等大事,她们的心理和身体健康都依赖于此,正是因为如此,金钱才显得举足轻重。奥斯丁小说中对金钱和财富的重视“来自于她对女性婚姻生活质量的关注”。莫尔斯强调奥斯丁小说中看似琐碎的女性视角实际上真实地反映了英国当时的社会经济状况,因而作为文学书写题材的婚姻问题须从女性角度来加以解读。另外,通过与安东尼·特罗洛普(Anthony Trollope, 1815—1882)、狄更斯(Charles Dickens, 1812—1870)和萨克雷等人作品的比较,莫尔斯认为,奥斯丁以积极的方式肯定了中产阶级的价值观,她塑造了正面的青年男子形象,如医生和律师,甚至军人和商人同样也得到了肯定,表明了“她对无所事事、矫揉造作的上流社会的厌恶和对新兴阶层的敬意”。[②] 奥斯丁在一定意义上成为这种现实主义表现手法的先驱,她通过金钱和财富所呈现出来的女性现实主义后来得到了响应,例如伍尔夫的《三个基尼》(*Three Guineas*,1938)和丽莲·海尔曼(Lillian Hellman,1905—1984)的《小狐狸》(*The Little Foxes*,1939)。所以,奥斯丁和夏洛特·勃朗特等女作家所描写的乃是“生活中的现实”,对于工

① Ellen Moers, *Literary Women*. p.84.

② Ibid., p.76.

作、金钱的社会公平等问题进行了深刻的思索。结合“女性哥特”中所强调的女性书写的政治意义，可以看出，莫尔斯所考察的女性与财产和权力的关系实际超越了人们对金钱和财富的世俗关照：正是由于女性经济上对男性的依赖或者女性被剥夺了财产的继承权，才使得女性在政治和家庭中陷入了无权状态，使得男权社会对女性的束缚成为可能。

对于女性文学的形式和传统，莫尔斯具有独到的见解。她认为，文学中没有特别的女性传统，也没有某种女性作家所必须遵守的文学形式。同样，“文学中没有单一的女性风格，尽管在不同国家、不同时代，人们往往会普遍认为存在着某种女性风格。事实上，这种理解是错误的”。[①] 这是对女性文学的误解和束缚。她以塞缪尔·理查德森（Samuel Richardson，1689—1761）的《帕梅拉》(Pamela：Or，Virtue Rewarded，1740）为例，说明男性作家有影响力的作品往往被当做文学书写的标准或者规范。那么，符合这种“规范”的文学作品就能够得到认同，否则便被视为“怪诞不经”。正是这种对女性书写的期望才使得女性文学遵循一定的规范，形成了所谓的女性文学风格，也在一定程度上反映了社会对女性书写的偏见。但同时，女性作家也通过她们的才华不断地突破这些规范和束缚，从而使得女性文学获得持续发展的动力。女性书写既是女性精神诉求的体现，也是女性话语的表达，同时还成为女性之间的精神纽带。莫尔斯在研究了乔治·艾略特（George Eliot，1819—1880)、夏洛特·勃朗特和斯泰因等众多的创作之后，总结道：“这些才华横溢的作家各自有独特的风格……但是如果她们听到另外一位女性说出了自己的心里话，我想，那种感觉对于女性而言，是非常特别的——或许她们在女性文学中找到共鸣之前，所感觉到的是周围人们对于女性话语的沉默和无动于衷。”[②]文学女性受限于当时的客观条件，没有像男性作家那样能够建立起稳定而有效的联系，但是文学作品中女性精神诉求在不同方面和不同层面的表达成为她们彼此的动力。这正是莫尔斯在本书中的一个重要结论，也是《文学女性》研究框架的构建基础。

如前所述，《文学女性》对于女性文学批评最重要的贡献之一就是莫尔斯所提出的“女性哥特”一词。这一论题分别在第一部分的第五章“女性哥特”和第二部分的第二章“行进中的女英雄主义：女主人公的哥特式书写”进行了详细论述。莫尔斯追溯了哥特式小说的传统，以玛丽·雪莱（Mary Shelley，1797—1851)的代表作《弗兰克斯坦》(*Frankenstein*，1818）为重点

① Ellen Moers, *Literary Women*. p. 63.

② Ibid., p. 66.

研究对象,开创性地结合了玛丽·雪莱的性别身份、个人经历和文学书写,将小说界定为"出生神话"(birth myth),突出其同传统哥特式小说的不同之处:"《弗兰克斯坦》似乎是某位女性在探讨生育这一主题时所采取的创造神话的方式,这是因为其重点不是在生育之前,而是在此之后,在于生育所产生的结果:即生产之后创伤。"[①]玛丽·雪莱将传统哥特式小说中的乱伦、弑婴和弑父等主题置于想像之中,体现了她对生育和母子关系等问题的思考,反映出与女性身份密切相关的焦虑和恐惧,由此可以解释女性对自我的憎恨,对自己的身体、欲望和生产能力的复杂情结。在艾米丽·勃朗特(Emily Brontë, 1818—1848)的《呼啸山庄》(*Wuthering Heights*, 1847)中,游荡的幽灵和阴森的墓地等哥特式元素与女性的幻想、乖戾和反叛结合起来,完全颠覆了传统女性温良贤淑的形象,"女性哥特"因而表现为对父权制所代表的传统的反叛。莫尔斯的这种定位具有明确的现实意义,强调了女性身份与恐惧和焦虑的直接联系。就是说,禁锢女性的"幽灵"不再是古堡或神秘恐怖的客观羁绊,而是幽闭的房间和女性的精神错乱等象征了婚姻家庭及其代表的价值观,即:"性别角色的禁锢性规定以及以性别为导向的人际关系、女性空间的束缚,特别是父权社会的家庭关系和婚姻制度等。"[②]所以,在莫尔斯看来,父权制对女性主体性的禁锢是"女性哥特"有别于传统哥特文学的根本性特征:"对于玛丽·沃斯通克拉夫特(Mary Wollstonecraft, 1759—1797)来说,哥特小说中的恐怖、拘禁和危险并非想象,而是女性生活的现实。"[③]

这种解读不仅为哥特式文学赋予了历史和政治意义,而且还对女作家的书写动机提供了解读的契机。一方面,女性通过书写女主人公逃脱禁锢和羁绊的经历达到释放自我的目的。通过对动态过程的书写,文学女性通过文学想象来象征性地超越了现实的约束,成为另外一种形式的旅程:"安·拉德克里夫(Ann Radcliffe, 1764—1823)的笔下,哥特小说成为女性独特经历的代表,女主人公能够像那些真正走出家门的男主人公一样,在小说中经历种种险象环生、惊心动魄的事件。"[④]另一方面,女性人物通过克服种种危险,实现自我心智的成长。出于这个原因,莫尔斯将女性哥特小说视

① Ellen Moers, *Literary Women*. p. 93.

② 林斌:《西方女性哥特研究——兼论女性主义性别与体裁理论》,《外国语》2005 年第 2 期,第 72 页。

③ Ellen Moers, *Literary Women*. p. 134.

④ Ibid., p. 126.

为成长小说(Bildungsroman),它们之间的区别只是:主人公不再是男性,而是女性。[①]莫尔斯所强调的这种性别视角同样有助于解读女性文学中常见的其他主题,例如爱情和常用意象等等。这一点在《文学女性》的其他章节得到了验证。

综合审视莫尔斯在《文学女性》中这几个方面的论述,可以看出:她采用的女性性别立场对于美国女性文学批评具有革命性的意义。1996 年 12 月,在华盛顿召开的美国现代语言学会(MLA)大会上,以德波拉·诺德(Deborah E. Nord)等学者组成的专题小组召开了讨论会,纪念《文学女性》发表 20 周年,以回溯性的视角"考察二十年来女权文学批评的发展,通过莫尔斯有增无减的影响来重新评价她对女性文学研究的贡献"。[②] 这几位学者都成长于 60 年代末、70 年代初,可以说是美国女权文学批评的继任者,她们对于莫尔斯的肯定可以视为对其学术成就的最好总结。

主要作品(按出版年代排序)

The Dandy: *Brummell to Beerbohm*. New York: Viking, 1960.

"Angry Young Women." *Harper's Magazine* (1963:12): 88—95.

Two Dreisers: *The Man and the Novelist as Revealed in His Two Most Important Works*, Sister Carrie *and* An American Tragedy. New York: Viking Press, 1969.

"Willa Cather and Colette: Mothers of Us All." *World Magazine* (Mar. 1973): 51—53.

"The Survivors: Into the Twentith Century." *Twentieth Century Literature* 20.1 (Jan. 1974): 1—10.

"Female Gothic: The Monster's Mother." *New York Review of Books* (Mar. 1974): 24—28.

"Female Gothic: Monsters, Goblins, Freaks." *New York Review of Books* (Apr. 1974): 35—39.

"Vindicating Mary Wollstonecraft." *New York Review of Books* (Feb. 1976): 38—42.

Literary Women: *The Great Writers*. New York: Doubleday & Company, 1976.

"Dreiser's Wisdom. . . ." *NOVEL*: *A Forum on Fiction* 11.1 (1977): 63—65.

参考文献

Clifford, Gay. "Review of *Literary Women*: The Great Writers by Ellen Moers." *The Modern Language Review* 73.4 (Oct. 1978): 887—891.

DiBattista, Maria. "Memorializing Motherhood: *Literary Women* and Modernity." *Signs*: *Journal of Women in Culture and Society* 24.3 (Spring 1999): 763—770.

Donovan, Joseph. "Toward Women Poetics," in *Feminsit Issues in Literary Scholarship*. Ed. Shari

① Ellen Moers, *Literary Women*. p. 129.

② Deborah Epstein Nord, "Commemorating Literary Women: Ellen Moers and Feminist Criticism after Twenty Years." *Signs* 24.3 (Spring 1999): 733.

Benstoe. Indianapolis:Indiana University Press, 1987.

Gilbert, Sandra and Susan Gubar. "A Revisionary Company." *NOVEL: A Forum on Ficiton* 10. 2 (Winter 1977): 158—166.

Gutwirth, Madelyn. "'Corinne' Seriouly: A Comment on Ellen Moers's *Literary Women*." *Signs* 25. 3 (Spring 2000): 895—899.

Nord, Deborah Epstein. "Commemorating *Literary Women*: Ellen Moers and Feminist Criticism after Twenty Years." *Signs* 24. 3 (Spring 1999): 733—737.

——. "The 'Epic Age': Realism and Rebellion in Ellen Moers's *Literary Women*." *Signs* 24. 3 (Spring 1999): 749—755.

O'Brien, Sharon. " 'I Can Dare to Generalize': Celebrating *Literary Women*." *Signs* 24. 3 (Spring 1999): 757—761.

Pollak, Ellen. "'Postlude' to *Literary Women*." *Signs* 24. 3 (Spring 1999): 739—747.

Showalter, Elaine. *Sister's Choice: Tradition and Change in American Women's Writing*. Oxford: Clarendon Press, 1991.

Wallace, Diana. "Uncanny Stories: The Gothic Story as Female Gothic." *Gothic Studies* 6. 1 (May 2004): 57—68.

林斌,《西方女性哥特研究——兼论女性主义性别与体裁理论》,《外国语》2005 年第 2 期,第 70—75 页。

徐颖果,《女性哥特式:美国的女权主义文类》,《外国文学》2006 年第 5 期,第 48—53 页。

陶丽·莫伊(Toril Moi)
(1953—)

陶丽·莫伊不仅是美国也是国际上享有盛名的女权主义批评家。她在女权批评上的突出贡献表现在对女权主义理论独树一帜的批评和对法国女权主义理论的开创性介绍。同时她也是波伏娃研究专家,带动了许多学者重新认识和评估波伏娃的地位。莫伊在易卜生戏剧研究上也占有一席之地,目前仍在从事相关研究。莫伊是位视野开阔、思维活跃的多产评论家,迄今为止出版了七本专著、编辑了两本书、发表了一百多篇学术论文。她的研究兴趣广泛,主要涉及三个领域:女权主义理论和女性书写;文学、哲学与美学的交叉领域;普通语言哲学。作为一位勇于表达思想的学者,莫伊的观点极大地推动了女权主义理论的发展,但也因其对同时代女性主义者的无情批判饱受争议。

陶丽·莫伊 1953 年出生于挪威,1980 年获得挪威卑尔根大学比较文学专业博士学位,1989 年开始担任美国杜克大学文学与拉丁系语言研究专业的教授,并于 1999 年被授予该校荣誉教授(James B. Duke Professor)①,同时也是挪威科学院的成员。她曾任英国牛津大学的法语讲师、卑尔根大学女性研究中心的主任。从 1979 年至今,她在 23 个国家做了 400 多场讲座,在英国、法国、加拿大、澳大利亚、美国等地的十多所大学做过访问学者。莫伊对中国学者来说也并不陌生。她曾于 1984 年和 2008 年两次来中国,先后在北京大学、北京外国语大学、南京大学做过讲座。我国学者也与之进行过深入交流②。

莫伊在女权主义理论方面的代表作为《性/文本政治:女权主义文学理论》(*Sexual/Textual Politics: Feminist Literary Theory*, 1985, 2002)和《女人是什么?以及其他文章》(*What Is a Woman? And Other Essays*,

---

① James B. Duke Professor 是杜克大学授予少数有杰出成就的教授的荣誉称号。

② 参看何成洲:《性别研究的未来——与托莉·莫伊的访谈》,《当代外国文学》2009 年第 2 期;许庆红:《女性主义理论和普通语言哲学——美国杜克大学文学系托里尔·莫依教授访谈录》,《文艺理论研究》2009 年第 3 期。

1999)。这两本专著中,前者被翻译成十一种语言,2002年新增再版"后记"①,后者为了适应教学的需要于2005年取其前面两章单独成书为《性、性别和身体》(*Sex, Gender and the Body*)。

莫伊的《性/文本政治:女权主义文学理论》诞生于女性主义运动第二次浪潮的顶峰时期,该书一经出版即"因其对某些女权主义理论的不屑引起了美国女权主义者的论争"。② 面对女权主义者在理论上的百花齐放,莫伊认为"让姐妹情谊扼杀我们的政治论争显然不利于为女权主义的斗争带来建设性的贡献"③,因此她从方法论和理论的政治意义上对女权主义批评进行了审视。莫伊强调该书"既不是对各种女权主义批评研究的概观",也不是"对女权主义文本的研究或对文学作品的解读",其主要关注点在于"探讨女权主义批评实践中运用的方法、原则及政治"。④因此该书自始至终强调理论的政治性,同时莫伊试图改变"理论"的含义,即从传统的文学理论转向同马克思主义、后结构主义、后殖民心理批评等后现代思潮一样关注主体性、意义、意识形态以及文化的理论。莫伊在2002版的该书后记中也反复说明自己并非要"对女权主义理论与批评进行综述,而是着力于对其理论进行诉求"⑤。作者认为该书的两部分——盎格鲁-美国女权主义批评⑥和法国女权主义理论体现了从"文学批评"到"理论"的过渡。正如该书标题的落脚点为"政治",莫伊在分析盎格鲁-美国女权主义和法国女权主义理论时,无不将政治性当做核心的评判标准。在开篇"谁害怕维吉尼亚·伍尔夫"部分,莫伊指责肖沃尔特没有看到伍尔夫文本中的"政治性",因而试图用一种不同的理论方法挖掘伍尔夫的政治性,从而使"维吉尼亚· 伍尔夫以其女权主义

① 该书再版时,莫伊没有作任何修改,她认为"该书产生于20世纪80年代'理论革命'时期,是彼时彼刻的产物,没有必要更新。"但她在1999年出版《女人是什么? 以及其他文章》一书前言中对自己在《性/文本政治:女权主义文学理论》中的一些观点进行了自我批评和修正,认为自己当时还很年轻,该书的写作是在夹缝中挤出时间匆匆完成的,难免有一些不成熟的地方。See Toril Moi, "Afterword." *Sexual/Textual Politics: Feminist Literary Theory*, 2nd ed. London: Routledge, 2002. p. 175. and Toril Moi, *What Is a Woman? And Other Essays* New York: Oxford University Press, 1999. pp. xi—xv.

② Mechthild E. Nagel, "What Is a Woman? and Other Essays." *NWSA Journal* 13. 2 (Summer 2001):213.

③ Toril Moi, "Preface." *Sexual/Textual Politics: Feminist Literary Theory*. New York: Methuen, 1985. p. xiv.

④ Ibid., p. xiii.

⑤ Toril Moi, "Afterword." *Sexual/Textual Politics: Feminist Literary Theory*. p. 175.

⑥ "盎格鲁-美国女权主义批评"(Anglo-American feminist criticism)的提法可以说是莫伊的首创,后被广泛沿用,与法国女性主义批评相对而论。

政治观得到解救”[①]。在关注政治性的同时，莫伊也非常强调文本的美学价值。她认为女权主义批评的重要任务之一是解构政治性与美学价值两者之间的对立，关注美学价值中的政治性以及政治方法中的美学价值。莫伊反对肖沃尔特建立女性文学传统的方法，认为她与其她一些女权主义批评者都没有逃脱传统的审美价值的束缚，没有注意到“更为紧迫的问题是如何避免使父权的美学价值、历史和传统影响我们所要建构的‘女性传统’”。[②]因此她总结盎格鲁-美国女权主义批评时，认为其核心悖论在于“尽管它常常坚定而毫不含糊地参与到政治活动中，它最终仍然政治性不够强；这不是因为它没有在政治领域走得足够远，而是因为它对性政治的极端分析仍然与那些消解政治性的理论范例纠缠不清”。[③]

在分析法国女权主义理论时，莫伊着力于讨论法国女权主义与马克思主义女权主义的关系。莫伊显然对马克思主义女权主义批评寄予厚望，她认为“马克思主义女权主义批评对于盎格鲁-美国批评家趋于一致性的以作者为中心的文本解读方法和法国女权主义理论的去历史性和理想主义倾向来说提供了另一出路”[④]。然而，尽管法国女权主义植根于马克思主义的政治气氛中，尽管波伏娃《第二性》的核心观点是社会主义的，莫伊感到只有为数不多的女权主义者深入学习过马克思主义理论，并用来解读女性受压迫的传统问题。波伏娃之外，莫伊重点介绍了海伦·西苏(Helene Cixous)、露丝·伊里加蕾(Luce Irigaray)、朱丽亚·克里斯蒂娃(Julia Kristeva)这三位新一代法国女权主义者，认为“她们的作品代表了法国女权主义理论的主要趋势”[⑤]，“比起其她女性主义理论家，她们更关注女性同书写和语言关系中的具体问题”。虽然莫伊认为其她一些女权主义者如简·盖洛普(Jane Gallop)、苏珊娜·费尔曼(Shoshana Felman)和斯皮瓦克也完全有理由得到充分讨论，但“空间有限”使她无法将其囊括进来。[⑥]作为对波伏娃深有研究的学者，莫伊意识到许多女权主义者仅仅看到新一代法国女权主义理论家以其对“差异”的强调不同于波伏娃对“平等”的诉求，而没有注意到波伏娃作为这一代女权主义者的“母亲”对她们的影响。莫伊坚持认为克里斯蒂

① Toril Moi, "Introduction." *Sexual/Textual Politics: Feminist Literary Theory*. p. 9.

② Ibid., p. 82.

③ Ibid., p. 87.

④ Ibid., p. 95.

⑤ Ibid., p. 97

⑥ 莫伊的这一理由受到了其她女性主义者的批评，认为她的选择过于偏颇。1987年当她编辑出版《法国女性主义思潮》时，介绍了更多其她的女性主义者。

娃、伊里加蕾和西苏尽管更多地受益于拉康对弗洛伊德的后结构主义解读,在理论上大量运用了心理分析方法,但她们都同波伏娃一样具有社会主义倾向,致力于反抗父权话语。在莫伊看来,西苏的"女性写作"代表了在一个没有压迫没有性歧视的社会里女性得以自由发挥创造力的乌托邦景观。而"乌托邦思想一直都是女性主义者和社会主义者政治灵感的源泉"①,表达了其对现存社会的不满及渴望反抗的欲望。因此,莫伊指出,"如果我们将西苏看作是乌托邦女权主义者,至少她的文本中一些互相矛盾的方面可以看作是受制于现存的自身便充满矛盾的父权意识与试图摆脱父权束缚的乌托邦思想之间的冲突"②。莫伊一方面肯定了西苏的乌托邦思想中蕴涵的反抗的能量,另一方面也对这一乌托邦想象没能对妨碍女性写作的物质因素进行具体分析作出了批判,认为她的诗意写作没有指向具体的社会结构。莫伊认为如果缺乏对现实的把握,流连于想象空间,女权主义者很容易落入父权意识的圈套,将理性拱手让给男性,成为男性标榜的"直觉的"、"情感的"、"富于想象力的"他者。因此,莫伊反复强调女权主义者必须把握特定的政治现实,这也是马克思主义女权主义者必须面对的问题。莫伊对伊里加蕾的分析集中在她的两本专著——《他者的反射镜》(*Speculum of the Other Woman*)和《非一之性》(*This Sex Which Is Not One*)。同样,莫伊从政治的角度对伊里加蕾的理想主义和去历史主义进行了批评,认为"她没能将父权力量的历史与经济上的特殊性及其意识形态和物质基础的矛盾性考虑进去,这迫使她提供的是女性的形而上的定义,而这是她自称要避免的"。③ 莫伊认为一切试图定义"女性"的努力都导向本质主义,因此她对克里斯蒂娃持更多肯定态度,认为克里斯蒂娃与西苏的不同在于她超越了"女性气质"或"女性特征"之类的范畴,不再执着于定义女性,然而她也指出,"这是克里斯蒂娃,相对于西苏和伊里加蕾,从严格的意义上讲不能称作是纯粹的女权主义理论家的原因之一"。④⑤ 在讨论克里斯蒂娃时,莫伊将其思想与盎格鲁-美国女权主义语言学理论并置,总结了她在语言学上的突出贡献,盛赞了

① Toril Moi, *Sexual/Textual Politics*: *Feminist Literary Theory*. p. 121.

② Ibid., p. 122.

③ Ibid., p. 148.

④ Ibid., p. 149.

⑤ 莫伊的这一观点受到了托德(Jane Marie Todd)的质疑,提出"为什么克里斯蒂娃的反本质主义会使之远离女性主义?……作为政治运动的女性主义能够在不定义'女性'的前提下存在吗?" See Jane Marie Todd, "Review of *Sexual/Textual Politics*: *Feminist Literary Theory*, by Toril Moi." *Comparative Literature* 39. 4 (Autumn, 1987): 366.

她对母亲身份的关注，并肯定了她对边缘性与颠覆性问题的理论探讨，但同样认为她没能解释主体和社会的关系，没能对社会关系进行唯物主义的分析，因此政治性并不彻底。

莫伊在《性/文本政治》中对同时代女性主义者的批判引起了女权主义者内部的激烈交锋。1990 年当她出版《女权主义理论与波伏娃》(*Feminist Theory and Simone de Beauvoir*)时，通过劳拉·佩恩(Laura Payne)与之进行的访谈历数该书所受到的消极反应。该书出版 13 年后，肖沃尔特在谈及自己的著作《她们自己的文学》时不无怨怒地写道，"莫伊对女权主义批评的分析影响深远，在英国，《性/文本政治》成为大学的标准教材，许多学生根本没有读我的书，而直接从该书中获得《她们自己的文学》的观点"。[①] 同时，肖沃尔特指出莫伊对自己的批评多有不实之词。首先，肖沃尔特认为《她们自己的文学》这一标题并非如莫伊所言，希望远离以伍尔夫为代表的女性作家的传统，而是取自自己在文中引用的约翰·斯图尔特·密尔(John Stuart Mill)的一段话。此外，肖沃尔特强调《她们自己的文学》并非如莫伊所认为的缺乏理论框架，而是不同于莫伊将理论等同于哲学的方法，试图从历史与文化的角度解决理论问题。针对莫伊对法国女权主义理论的厚爱，肖沃尔特指出"法国女权主义理论在女性的书写及女性的文学史上并没有形成一致的观点，她们中的一些重要人物最终都转向了其他话题"[②]。但莫伊的批评显然促使肖沃尔特对自己的著作进行了反思，她总结说，"如果我现在来写《她们自己的文学》，我会在文学的亚文化群及后殖民研究理论上有更广阔的比较基础。我会将'现实主义'这一文学传统赋予更多的理论意义"[③]；另一方面，莫伊面对自己"靠诋毁其她女权主义者的作品成名"的恶名时，强调女权主义者对女权主义作品的批评实为互相帮助，并坚持认为学术上的争端不应该影响学者间的友谊。[④]

另外，莫伊在《性/文本政治》中对黑人和同性恋女权主义批评的立场也饱受诟病。莫伊在该书第四章"理论的反思"中写道，"有些女权主义者可能会问为什么我对美国黑人和/或同性恋(或黑人-同性恋)女权主义批评不置一词，理由很简单：本书的主旨是讨论女权义批评的理论方面。至今为止，同性恋和/或黑人女权主义批评在方法和理论问题上与盎格鲁-美国女性主

---

①②③ Elaine Showalter, " Twenty Years on: *A Literature of Their Own* Revisited." *NOVEL: A Forum on Fiction* 31. 3 (Summer, 1998): 404.

④ Toril Moi, *What Is a Woman? And Other Essays* New York: Oxford University Press, 1999. pp. 260—261.

义批评毫无二致。[1]莫伊的这段话可以说是"恶名远扬",玛格丽特·霍曼斯(Margaret Homans)在引用时称其为"令人羞愧的段落",认为莫伊虽然自诩为没有种族偏见,其理论却"仅仅源自白人作家,而将有色人种的观点排斥在白人的模式外"[2]。简·玛丽·托德(Jane Marie Todd)也在其书评中指出莫伊对黑人和同性恋女权主义的忽视"强化了黑人和同性恋作家及其批评在女性主义批评中的边缘地位"。[3]

毫无疑问,任何一部勇于探索、敢于提出观点的著作都是在与各种思想的交锋中逐渐成熟起来的。莫伊在2002年版的《性/文本政治》的后记中不无自豪地说,"1985年的《性/文本政治》还是一部介入到颠覆性领域中备受争议、具有前沿性的作品;而2002年,它已然成为教科书"[4]。也正因为莫伊勇于批评、思想敏锐,她对波伏娃的研究为女权主义理论的发展做出了巨大的贡献。莫伊对波伏娃的关注源于她对当时波伏娃研究的不满,一方面,她感到对波伏娃感兴趣的女权主义者为数不多;另一方面,她认为对波伏娃的研究存在许多误区,"由于当代说英语的批评家是透过60年代生理/社会性别区分的镜片来阅读波伏娃49年的作品,他们没能意识到那本著作体现的正是当代女权主义者寻找的对身体的非本质主义的、具体的、历史性和社会性的理解……波伏娃的'女人不是生成的,而是变成的'这一观点完全被当代女权主义者误解了"。[5]此外,莫伊认为美国学者沿用至今的1953年的英译版《第二性》实际上已经成为译者帕西尼(Parshley)的文本,该文本由于译者缺乏足够的哲学修养而在很大程度上曲解了波伏娃的哲学思想,"具体地讲有损于波伏娃思想的声誉,总的来说破坏了女权主义哲学的声誉"。[6]莫伊以帕西尼译文中所展示的波伏娃的母性观为例指出波伏娃并非以自由为名反对女性承担母职,而是认为目前的社会状态妨碍了女性自由选择母亲身份,波伏娃学者之所以认为《第二性》极力反对母亲身份,主要源于译文中的错误表述。包括朱迪斯·巴特勒(Judith Bulter)在内的许多女权主义者对

① Toril Moi, *Sexual/Textual Politics: Feminist Literary Theory*. p.86.

② Margaret Homans, "'Women of Color' Writers and Feminist Theory." *New Literary History* 25.1 (Winter, 1994): 75.

③ Jane Marie Todd, "Review of *Sexual/Textual Politics: Feminist Literary Theory*, by Toril Moi." *Comparative Literature* 39.4 (Autumn, 1987): 365.

④ Toril Moi, *What Is a Woman? And Other Essays*. p.174.

⑤ Ibid., p.5.

⑥ Toril Moi, "While We Wait: Notes on the English Translation of The *Second Sex*." *The Legacy of Simone de Beauvoir*. Ed. Emily R. Grosholz. New York: Oxford University Press, 2004. p.40.

波伏娃的误读都在于她们参考的是帕西尼的而非波伏娃的文本。因此，莫伊极力呼吁重新翻译《第二性》，认为新的完整而准确的译本将为波伏娃研究及女权主义理论与哲学的发展起决定性作用，并再三强调"是女权主义理论家回到波伏娃的时候了"。[①]她的三部著作：《女权主义理论与波伏娃》（*Feminist Theory and Simone de Beauvoir*，1990）、《波伏娃：一个知识女性的诞生》（*Simone de Beauvoir：The Making of an Intellectual Woman*，1994）和《女人是什么？以及其他文章》（*What Is a Woman? and Other Essays*，1999）奠定了她作为波伏娃研究专家的地位，肃清了许多对波伏娃的指责，极大地推动了波伏娃思想的再认识。《女权主义理论与波伏娃》与《性/文本政治》一脉相承，强调波伏娃作品中的政治性，对波伏娃备受误解的接受情况进行了分析，并以波伏娃的短篇小说《被摧毁的女人》（"The Woman Destroyed"）为例分析波伏娃在文本中体现的矛盾的世界观。该书为重新建立波伏娃在女权主义批评中的地位立下了不可磨灭的功劳。其后的《波伏娃：一个知识女性的诞生》一书中，莫伊充分利用波伏娃的自传、书信、日记、小说等极力还原波伏娃成长的历史与政治环境，并通过考察波伏娃在与社会压力抗争中的思想变化来解释波伏娃如何在各种话语的交织作用下成长为"20 世纪主要的女权主义思想家以及具有象征意义的知识女性"[②]。本着哲学与生活不可分割的观点，莫伊在分析波伏娃如何成长为知识女性时，将波伏娃的"个人生活"[③]与其文本和理论不断融合从而探寻其哲学思想起源，并侧重日常生活的角度追踪波伏娃的思想发展轨迹，因而使该书以其哲学意义区别于一般传记。莫伊自称该书是"对波伏娃作品中三个文本时刻的谱系考察"[④]，该书的三个部分即以这三个时刻为主线[⑤]。第一部分结合波伏娃的传记《一位尽职女儿的回忆录》（*Memoirs of a Dutiful Daughter*）和《青春年华》（*The Prime of Life*）对波伏娃的教育背景进行了

---

① Toril Moi, "While We Wait." p. 40.

② Toril Moi, "Simone de Beauvoir Today: Introduction to the 2008 Edition," in *Simone De Beauvoir: the Making of an Intellectual Woman*. New York: Oxford University Press, 2008. p. 1.

③ 莫伊强调自己对波伏娃个人生活的考察既不同于传记，也不同于文学批评，她用"个人谱系"描绘该书，认为这一"个人谱系"试图使自我主体化从而获得谱系上的考察。See Toril Moi, *Simone De Beauvoir: the Making of an Intellectual Woman*. pp. 28—29.

④ Toril Moi, *Simone De Beauvoir: the Making of an Intellectual Woman*. p. 29.

⑤ 这三个文本时刻分别指：1929 年卢森堡花园中波伏娃与萨特长达三个小时的对话；1946 年波伏娃突然意识到生为女人与生为男性的不同而开始《第二性》的写作；波伏娃 54 岁时在日记中倾诉的悲哀、空虚而沮丧的情感。See Toril Moi, *Simone De Beauvoir: the Making of an Intellectual Woman*. pp. 30—32.

解析,并通过研究波伏娃作品的接受情况对其在法国文化生活中的地位进行了讨论。第二部分则对波伏娃的首部小说《女宾》(*She Came to Stay*)以及她最有影响力的作品《第二性》(*The Second Sex*)进行了分析。莫伊对《第二性》中的女权主义政治尤为关注,认为波伏娃的政治思想在于为女权主义者提供了一个改变社会的理想(虽然是乌托邦式的),并促使读者从自我开始采取行动,而这正是"《第二性》作为20世纪唯物主义女权主义的奠基之作"的根本原因。[①]在第三部分和后记中,莫伊回到了波伏娃的个人生活中,试图从其回忆录及信件中还原波伏娃的情感世界,讨论其对爱情、老年、死亡等的态度。莫伊认为波伏娃的《第二性》及其小说与回忆录体现了她在"不断努力驱赶与死亡做交易的美人鱼"。[②]波伏娃的身上始终有着美人鱼的影子,为了心爱的人宁愿放弃鱼尾换上人腿,即便脚下是针尖和灼炭也在所不惜。因此,莫伊认为在波伏娃与萨特的关系中,波伏娃自始至终处于从属地位,并且毕生都在与令人窒息的父权力量作斗争,不幸的是作为女性的波伏娃显然处于弱势,为了维系二者的关系,她甚至将自己与萨特之间的关系理想化,一厢情愿认为他们之间的同盟牢不可破。莫伊将波伏娃的三个文本时刻贯穿于该书三个章节中,以其新颖的视角把握了波伏娃作为知识分子的困境及其思想的发展轨迹,并使其局限性得到理论化,脉络清晰地再现了20世纪中叶的法国知识分子女性面临的冲突与矛盾。

莫伊的《女人是什么?以及其他文章》冲破了当代女权主义学者在两性差异上的纠结,从情境化的身体的角度考察女性的生存状态,使学者们得以暂且逃离性别差异的桎梏寻找新的出路,因此梅格·艾特曼(Megl Altman)不无赞赏地称其"给沉闷的房间带来了一缕新鲜的空气"。[③]该书在第一部分"自由的女权主义:西蒙·德·波伏娃"中,用了两个章节结合《第二性》回答女人是什么的问题。首先她重新审视了60年代女权主义者在"生理性别"和"社会性别"两者上的区分以及最近十多年来以朱迪斯·巴特勒为代表的后结构主义者的"生理性别也是文化建构的产物"这一观点,认为本质论与建构论的对质并不能回答女人是什么的问题。与之相反,莫伊极力推崇波伏娃将身体看做一种情境的方法,认为这一观点"不仅对女性主义理论做出了完全具有独创性的贡献,而且对当代心理性别和社会性别理论提供了另一

---

① Toril Moi, *Simone De Beauvoir: the Making of an Intellectual Woman*. p. 232.

② Ibid., p. 236.

③ Megl Altman, "Reality Check." Review of *What Is a Woman? And Other Essays* by Toril Moi. *The Women's Review of Books* 18.1 (Oct., 2000): 6—7.

强大而成熟的出路”。[①]莫伊强调波伏娃的“作为情境的身体”所反映的既不是生物决定论，也不是社会建构论，因为波伏娃的“情境”观肯定的是主体的“自由”，这一自由与个人的主体性紧密相关，是生物因素和社会因素都无法决定的，因此足以回答“女人是什么”的问题。同时莫伊也指出，女人的含义并非唯一，就像伊里加雷的非一之性，“女人”的意义是多重的，不可能一劳永逸地得到解决。在“女人是什么”的结语部分，莫伊强调使我们的语言回归到日常生活领域的重要性，认为只有这样才能避免女性主义理论者毫无意义的争论。莫伊对具体生活的关注，对普遍性的拒绝承继了卡罗尔·吉利根(Carol Gilligan)基于“情境观”的女性主义伦理，但与之不同的是，莫伊没有从性别差异的角度建构这一情境性，相反，莫伊倡导的是“停止从性别的角度思考”，“试图创造一个没有性别歧视思想或者性别规范，没有男性气质和女性气质之类压制性神话的社会”。[②]在援引波伏娃的《第二性》讨论了“女人是什么”这一女权主义命题后，莫伊紧接着在“我是女人”这一章中从波伏娃的哲学风格出发，讨论其如何在书写中使个人生活以其典范性获得哲学意义，最终通过自己的主体性，定义女人的存在问题，从而书写“我是女人”的篇章。莫伊将《第二性》的哲学风格与普通语言哲学联系起来，认为波伏娃试图从个人与哲学中寻找一条通道，从具体的生活中解决哲学问题，这是她与萨特等哲学家不同的地方。因此，莫伊通过对波伏娃的哲学风格的分析，从不同于传统的抽象的哲学观的角度为女性的哲学思想正名，使日常生活及个人经历中的轶事、想法及故事等在哲学的殿堂里获得一席之地，从而为理解女人的存在开辟了新的渠道。波伏娃的写作风格对莫伊产生了巨大的影响。莫伊自己曾说，“通过阅读《第二性》，我明白了在构建理论时不忽视个体的存在意味着获得自己的声音并在认可他人的存在中进行书写”。[③]莫伊强调这也是她自己在进行理论探讨时坚持的原则。因此，阅读莫伊的理论著作时，我们往往看到作者与读者和其他/她学者之间的对话，作为个人的莫伊常常试图以“我”的声音将他/她人纳入自己的哲学视域。

莫伊不仅对女权主义理论具有独到的见解，而且绝不排斥非女权主义的理论。她认为“所有的学术著作都有其时代、其传统及其语境的烙印……所有的思想，亚里士多德、柏拉图、伍尔夫和波伏娃等，都需要在新的环境下

---

① Toril Moi, *What Is a Woman? And Other Essays*. p. 59.

② Ibid., p. 112.

③ Ibid., p. 245.

重新考虑……”[①]因此,莫伊强调女权主义者应该学会挪用不同的思想,而不是盲目地将其他理论拒之门外。她对皮埃尔·布迪厄(Pierre Bourdieu)的文化社会学理论[②]具有浓厚的兴趣,并尝试着用其解读女权主义文本。莫伊强调自己对波伏娃的理解在很大程度上受益于布迪厄的理论。布迪厄关注日常生活中的细节,对那些看起来毫不起眼的生活中的方方面面体察入微。莫伊认为这正契合了女权主义者主张关注长期以来饱受忽视的女性自己的日常生活的要求，并将这一原则贯彻在对波伏娃的解读上。此外,莫伊将布迪厄的“惯习”(habitus)与“场域”(field)的概念引入到女权主义理论中,强调作为社会因子之一的“性别”与“阶级”同属于“社会场域”,具有可变性,互相施加影响,而非一方凌驾于另一方之上。同样,莫伊认为弗洛伊德的心理批评方法对女权主义者也有着重要的借鉴意义,并在自己的研究中多次对其进行女权主义的“挪用”。

除了对波伏娃的研究以及在《性/文本政治》中对法国主要女权主义者的介绍以外,莫伊还编辑出版了《克里斯蒂娃读本》(*The Kristeva Reader*, 1986)和《法国女权主义思潮读本》(*French Feminist Thought: A Reader*, 1987)，为促进英语读者更全面地了解法国女性主义思想做出了巨大的贡献。在《克里斯蒂娃读本》中,莫伊围绕克里斯蒂娃写作的三个主要领域:符号学、心理批评和政治思想选取了克里斯蒂娃的13篇代表性文章,并在每个文本前用简单的介绍解读其中的核心概念,为初学者以及已然熟悉克里斯蒂娃的读者全方位了解克里斯蒂娃的理论提供了一个便捷的通道。莫伊的《法国女权主义思潮读本》不再局限于克里斯蒂娃、伊里加蕾等法国主要女权主义者,而以法国女权在女权主义问题上所持观点的多样性为出发点,力图为英语读者展示“如何以新的女性主义方法研究男性主导的历史、哲学和心理批评等学科”。[③]因此该书具有很强的跨学科性,使读者得以纵览法国女权主义者在不同领域的思想成就。

作为一个挪威籍学者,莫伊除了倾心于女权主义理论,也对挪威剧作家易卜生情有独钟。2006年出版的《易卜生与现代主义的诞生:艺术、戏剧、哲学》(*Henrik Ibsen and the Birth of Modernism: Art, Theater, Philosophy*)将

---

① Toril Moi, *What Is a Woman?* p. 256.

② See Toril Moi, “Appropriating Bourdieu: Feminist Theory and Pierre Bourdieu’s Sociology of Culture,” in *What Is a Woman? And Other Essays*. pp. 264—299.

③ Toril Moi, ed., “Preface,” in *French Feminist Thought: A Reader*. Cambridge: Blackwell Publishers, 1987. p. vii.

易卜生置于欧洲宏大的历史文化背景中，同时观照到易卜生与同时代视觉艺术的关系，为读者理解19世纪的欧洲文化冲突提供了许多新的视角。该书中，莫伊强调与现代主义相对的并非现实主义，而是理想主义，理想主义的死亡意味着现代主义的诞生。在对理想主义和现代主义的重新诠释中，也渗透了莫伊的女权主义思想。莫伊对易卜生戏剧中的女性和婚姻观尤为关注，认为“易卜生最伟大的现代主义成就就在于他不仅摧毁了对女性特质的理想主义观念，而且避免了落入将女性和性妖魔化的另一陷阱”。①但也有的学者对莫伊该书提出了尖刻的批评，认为该书对其创新性言过其实，该书标题中的“艺术、戏剧、哲学”容易使人误入歧途，该书过于主观等等。②尽管褒贬不一，该书带来的“绝不是枯燥无趣的读书体验”③。

三十多年来，莫伊恪守着批评家的职责，如导航员般力排种种非议矫正着女权主义批评的航向，使女权主义批评理论不断获得新的发展动力。作为一个80年代来到美国的“他者”，莫伊以其与本土批评家迥然不同的视角搅起了女权主义内部的纷争，又以其犀利的洞察力将女权主义批评推向新的高度。回顾女权主义批评理论最近几十年的发展，莫伊的声音尤为响亮。目前她的研究主要涉及欧洲现代主义的兴起(1870—1914)、女权主义理论和女性作家、普通语言哲学中语言的图式。自由穿行于不同领域的陶丽·莫伊势必带给我们更多不同的思想火花。

主要作品(按出版年代排序)

"Representation of Patriarchy: Sexuality and Epistemology in Freud's Dora." *Feminist Review* 9 (1981): 60—74.

"Litteraturforskning og politikk: om det teoretiske grunnlaget for kvinnelitteraturforskninga ("Literature and politics: on the theoretical basis for feminist literary criticism.")." *Kontrast* 6 (1981): 44—51.

"The Missing Mother: René Girard's Oedipal Rivalries." *Diacritics* 12.2 (1983): 21—31.

Sexual/Textual Politics: Feminist Literary Theory. London: Methuen, 1985.

---

① Toril Moi, "Introduction," in *Henrik Ibsen and the Birth of Modernism*. Oxford: Oxford University Press, 2006. p. 4.

② See Mary Kay Norseng, "Review of *Henrik Ibsen and the Birth of Modernism: Art, Theater, Philosoph*, by Toril Moi." *The Modern Language Review* 103.3 (July 2008): 916; Joan Templeton, "Review of *Henrik Ibsen and the Birth of Modernism: Art, Theater, Philosophy.*" *Scandinavian Studies* 79.3 (Fall, 2007): 343.

③ Brian Johnston, "Review of *Henrik Ibsen and the Birth of Modernism: Art, Theater, Philosoph*, by Toril Moi." *Comparative Drama* 41.1 (Sring 2007): 107.

"Power, Sex and Subjectivity: Feminist Reflections on Foucault." *Paragraph* 5 (1985): 95—102.

"Existentialism and Feminism: The Rhetoric of Biology in *The Second Sex*." *Sexual Difference, Special Issue of The Oxford Literary Review* (June, 1986): 88—95.

"Simone de Beauvoir: in Memoriam." *Modern and Contemporary France* 27 (1986): 26—27.

The Kristeva Reader. Oxford: Blackwell, 1986.

French Feminist Thought: A Reader. Oxford and New York: Blackwell, 1987.

"Feminism, Postmodernism and Style: Recent Feminist Criticism in the US." *Cultural Critique* 9 (1988): 3—22.

"The Truth of Feminism." *Edda* 4 (1988): 361—362.

Feminist Theory and Simone de Beauvoir. Cambridge, Mass.: Blackwell, 1990.

"Ambiguity and Alienation in *The Second Sex*." *Boundary* 2 19.2 (1992): 96—112.

"Appropriating Bourdieu: Feminist Theory and Pierre Bourdieu's Sociology of Culture." *New Literary History* 22.4 (1991): 1017—1049.

"Beauvoir's Utopia: The Politics of *The Second Sex*." *SAQ: The South Atlantic Quarterly* 92.2 (1993): 311—361.

Simone de Beauvoir: The Making of an Intellectual Woman. Oxford: Blackwell, 1994.

"Psychoanalysis, Feminism, Politics: An Interview with Juliet Mitchell." *SAQ: The South Atlantic Quarterly* 93.4 (Fall, 1994): 925—949.

"The Challenge of the Particular Case: Bourdieu's Sociology of Culture and Literary Criticism." *MLQ (Modern Language Quarterly)* 58.4 (1997): 497—508.

What Is a Woman? and Other Essays. Oxford: Oxford University Press, 1999.

" 'I Am a Woman': The Body as Background in *The Second Sex*." *Paroles Gelées* 17.2 (1999): 1—19.

" 'It Was As If He Meant Something Different From What He Said-All the Time': Language, Metaphysics and the Everyday in *The Wild Duck*." *New Literary History* 33.4 (Fall, 2002): 639—669.

"While We Wait: The English Translation of *The Second Sex*." *Signs* 27.4 (Summer, 2002): 1005—1036.

"A Woman's Struggle for Self Expression: Theatricality and Modernity in Nora's Tarantella." *Devil-may-care: The Nordic Pavillion at the 50th Venice Biennal 2003* (2003): 150—157.

"From Femininity to Finitude: Freud, Lacan and Feminism, Again." *Signs* 29.3 (Spring, 2004): 841—878.

"Ibsen, Theatre, and the Ideology of Modernism." *Theatre Survey* 45.2 (November, 2004): 247—252.

Sex, Gender and the Body: The Student Edition of What Is a Woman? Oxford: Oxford University Press, 2005.

Henrik Ibsen and the Birth of Modernism: Art, Theater, Philosophy. Oxford: Oxford University Press, 2006.

"'First and Foremost a Human Being': Idealism, Theater and Gender in *A Doll's House*." *Modern Drama* 49.3 (Fall, 2006): 256—284.

"'I Am Not a Feminist, But...' How Feminism Became the F-word." *PMLA* 121. 5 (October, 2006): 1735—1741.

Simone de Beauvoir: The Making of an Intellectual Woman. 2nd ed. Oxford: Oxford University Press, 2008.

"I am not a woman writer: About Women, Literature and Feminist Theory Today." *Feminist Theory* (UK) 9. 3 (December, 2008): 259—271.

"What Can Literature Do? Simone de Beauvoir as a Literary Theorist." *PMLA* 124. 1 (January, 2009): 189—198.

"They Practice Their Trades in Different Worlds: Concepts in Poststructuralism and Ordinary Language Philosophy." *New Literary History* 40. 4 (May, 2010): 801—824.

参考文献

Altman, Megl. "Reality Check." Review of *What is a Woman? And Other Essays*, by Toril Moi." *The Women's Review of Books* 18. 1 (Oct., 2000): 6—7.

Homans, Margaret. " 'Women of Color' Writers and Feminist Theory." *New Literary History* 25. 1 (Winter, 1994): 73—94.

Johnston, Brian. "Review of *Henrik Ibsen and the Birth of Modernism: Art, Theater, Philosoph*, by Toril Moi." *Comparative Drama* 41. 1 (Spring 2007): 107—111.

Nagel, Mechthild E. "Review of *What Is a Woman? and Other Essays*, by Toril Moi. *NWSA Journal* 13. 2 (Summer 2001): 213—217.

Norseng, Mary Kay. "Review of *Henrik Ibsen and the Birth of Modernism: Art, Theater, Philosophy*, by Toril Moi." *The Modern Language Review* 103. 3 (July 2008): 916. From *Literature Resource Center*: http://go.galegroup.com/ps/i.do?&id=GALE%7CA181463769&v=2.1&u=bfsu&it=r&p=LitRG&sw=w.

Showalter, Elaine. "Twenty Years on: *A Literature of Their Own* Revisited." *NOVEL: A Forum on Fiction* 31. 3 (Summer, 1998): 399—413.

Templeton, Joan. "Review of *Henrik Ibsen and the Birth of Modernism: Art, Theater, Philosophy.*" *Scandinavian Studies* 79. 3 (Fall, 2007): 343—348.

Todd, Jane Marie. "Review of *Sexual/Textual Politics: Feminist Literary Theory*, by Toril Moi." *Comparative Literature* 39. 4 (Autumn, 1987): 364—366.

雪莉·塞缪尔斯(Shirley Samuels)
(1957—)

雪莉·塞缪尔斯是美国当代著名文学批评家、美国早期文学研究专家、女性主义研究杰出学者。她学识渊博、兴趣广泛，在文学、历史、视觉研究及美国研究等领域都取得了非凡的成就。

1957年，塞缪尔斯出生于芝加哥的一个中产阶级家庭，父母分别是医生和律师。1974年，塞缪尔斯入读加州大学伯克利分校，先后获得文学学士、硕士和博士学位；1985年任教于普林斯顿大学，一年后入职康奈尔大学并任教至今。塞缪尔斯长期执教于康奈尔大学英语系，并曾担任康奈尔大学妇女研究中心主任(1996—2000)、艺术史系主任(2006—2012)等职务。此外，塞缪尔斯还是多家大学的荣誉教授、特邀研究员，发起组织过"美国早期文学读书会"等学术团体，并担任《美国文学》、《美国早期文学》、《美国文学历史》等知名学术期刊的顾问或审稿人。她还经常受邀到全美和世界各地讲学，是美国当今文学评论界，特别是女权主义文学评论方面的领军人物。2006年塞缪尔斯曾访问中国，在清华大学和三峡大学进行了系列讲座活动。

塞缪尔斯是美国早期文学研究领域的重要学者。自20世纪80年代起，塞缪尔斯先后撰写了大量文章和书评，从性别研究、新历史主义、视觉文化等不同视角研究美国建国直至内战前后的文学与文化图景。她的代表性论著《感伤文化：19世纪美国的种族、性别和感伤主义》(*The Culture of Sentiment: Race, Gender, and Sentimentality in 19th-Century America*, 1992)和《共和国罗曼史：美国早期文学中的妇女、家庭和暴力》(*Romances of the Republic: Women, the Family, and Violence in the Literature of the Early American Nation*, 1996)着重探讨了感伤主义和性别、家庭在美国早期文学中的地位和作用，在美国早期文学和文化研究领域具有重要影响。进入21世纪，塞缪尔斯又编辑出版了《美国小说指南：*1780—1865*》(*A Companion to American Fiction 1780—1865*, 2006)，并于2012年出版了两部个人专著：《阅读美国小说：1780—1865》(*Reading the American Novel: 1780—1865*)和《剑桥林肯指南》(*The Cambridge Companion to Abraham Lincoln*)。

美国早期小说中的感伤主义是美国早期文学，特别是女性文学的研究热点，也是塞缪尔斯治学生涯一直关注的重点。感伤主义文学通常注意作家内心的情感，强调感情的自然流露，认为文学的主要任务就是细致刻画人物的心理活动和不幸的生活遭遇，以唤起读者的同情和共鸣；因此它长期以来被学界认为"通常是悲观的，沉沦的，脱离现实的"[①]。美国19世纪家庭小说开始流行，主要有两个原因。首先，美国社会在19世纪上半叶发生了巨大的变化，工业化进程的加快、经济结构的改变、生活水平的提高和城市化使美国人有更多的金钱和时间消遣娱乐，小说成为当时主要的娱乐形式。其次，中产阶级女性不再终日被家务缠身，有更多的闲暇时间阅读甚至写作小说。自18世纪以来，小说就借女性教育之名来吸引女性读者，19世纪美国家庭小说是英国感伤主义小说的直接继承者。在美国当时家庭崇拜和女性崇拜的社会意识形态影响下，家庭小说蔚然成风；而感伤主义则是家庭小说的主要特点，是美国19世纪文学文化的突出标志。与感伤主义直接相关联的则是受压抑与迫害的女性形象，正如女权评论家朱迪斯·菲特里(Judith Fetterley)指出的，当感伤主义"无聊的眼泪"遭到嘲笑时，最核心的问题应该"不是眼泪，而是谁的眼泪"[②]。身世坎坷的女童、为感情困扰的少女、辛苦持家的主妇和孤独怪异的老妇人都是感伤主义文学着力刻画的女性形象。

20世纪50年代以来，美国文学评论家对感伤主义多持否定态度。[③] 1977年，安·道格拉斯(Ann Douglas)发表了《美国文化的女性化》(*The Feminization of American Culture*)，比她的男性文学前辈更加激烈的攻击19世纪的感伤主义文化"从本质上破坏了美国文化并导致其女性化"[④]。此后，包括大多数女权主义研究学者在内的美国学界对感伤主义研究持审慎态度。1985年，简·汤普金斯(Jane Tompkins)发表了《轰动的设计：美国小说的文化机制》(*Sensational Designs: The Cultural Work of American Fiction*)。汤普金斯盛赞了其他评论家拒绝承认的感伤风格，并提出：感伤

---

①② Stephanie A. Smith, "Book Review: *The Culture of Sentiment: Race, Gender, and Sentimentality in 19th-Century America*." *The Women's Review of Books*. 10/11 (Jul., 1993): 41—42.

③ See Fred Lewis Pattee, *The Feminine Fifties*. New York: Kennikat Press, 1940. Herbert Ross Brown, *The Sentimental Novel in America*. New York: Ayer, 1940. Perry Miller, *The Life of the Mind in America: From the Revolution to the Civil War*. New York: Mariner Books, 1965. Leslie Fiedler, *Love and Death in the American Novel*. New York: Stein and Day, 1960.

④ Simon p. Newman, "Book Review: *The Culture of Sentiment: Race, Gender, and Sentimentality in 19th-Century America*." *Journal of the Early Republic* 13. 3 (Autumn, 1993): 427—428.

小说表明了女性的情感拥有改善世界的力量。包括《汤姆叔叔的小屋》在内的流行于19世纪的感伤小说,有着"理智的复杂性、雄心与机智"[①];而且《汤姆叔叔的小屋》的社会批判价值远远高于霍桑与梅尔维尔这些经典作家的作品。

在这样的文化背景下,1990年,塞缪尔斯在康奈尔大学召集举办了有关感伤主义文学价值与地位的研讨。研讨会后,塞缪尔斯整理了相关论文15篇,于1992年编辑出版了《感伤文化:19世纪美国的种族、性别和感伤主义》一书。这部著作被视为对汤普金斯和道格拉斯关于感伤主义争论的回应,目的是"努力沟通汤普金斯和道格拉斯的分歧"[②];"本书并不是要批评感伤主义破坏了美国男性文化传统,也不是仅仅颂扬其建立了新的文化模式"[③]。在新历史主义视角下,塞缪尔斯将19世纪美国各种文类(包括小说、诗歌、宣传册、艺术评论等)都纳于研究范畴之内,将感伤主义置于民族和性别研究的视野里进行考察,以跨学科的视角探讨了美国内战前后的感伤主义文化,为美国文学和文化研究拓展了新的研究领域。塞缪尔斯收录的文章研究领域广泛、论述深刻,其中包括劳拉·韦克斯勒(*Laura Wexler*)关于印第安人被迫接受同化教育,接受"温柔的暴力"的历史研究,艾米·朗(*Amy Schrager Lang*)关于当代文化研究过于强调种族和性别,忽略阶级研究的理论探讨等等。

在这部著作中,塞缪尔斯开宗名义:"感伤主义是美国19世纪文化的核心。"[④]虽然研究对象包括19世纪小说、自传、杂志、教科书、照片和雕像,研究手法涵盖了女权主义批评、精神分析理论、西方马克思主义批评、新历史主义批评等不同流派,但是塞缪尔斯将所有文章都统一在感伤主义这一主题下展开,她巧妙的编排使所选文章"在内容上既有互补又有共鸣"[⑤]。艾莉森·*M.*斯科特(*Alison M. Scott*)认为,塞缪尔斯的这部著作是新历史主义

---

① Jane Tompkins, *Sensational Designs: The Cultural Work of American Fiction, 1790—1860*. New York: Oxford University Press, 1985. p.48.

② Robert F. Sayre, "Book Review: *The Culture of Sentiment: Race, Gender, and Sentimentality in 19th-Century America*." *The William and Mary Quarterly* 52.2 (Apr., 1995): 378—380.

③ Shirley Samuels, ed. *The Culture of Sentiment: Race, Gender, and Sentimentality in 19th-Century America*. New York: Oxford, 1992. p.284.

④ Ibid., p.4.

⑤ Victoria Clements, "Book Review: *The Culture of Sentiment: Race, Gender, and Sentimentality in 19th-Century America*." *American Literature* 65.4 (Dec., 1993): 790—791.

研究的典范并“拓宽了文学研究的范围”[①]；例如：法院审判记录成为叙事特征的研究对象，对于19世纪女性主义和废奴运动进行的修辞学研究，甚至雕像、国内经济报告、社会时尚等都被纳入研究范围。

1996年，在进行大量研究考证工作后，塞缪尔斯写成了《共和国罗曼史：美国早期文学中的妇女、家庭和暴力》并由牛津大学出版社出版。在这部著作中，塞缪尔斯延续并发展了其在《感伤文化：19世纪美国的种族、性别和感伤主义》中的观点，坚决反对道格拉斯和汤普金斯将家庭与国家、私人领域和公共领域划分成泾渭分明的“分割的领域”的研究方法。

塞缪尔斯认为：“在建国初期，美国的家庭概念不是国家和家庭之间绝对的统一或分割，而是指二者之间存在着一种不稳定的关系，既互相交融又动荡不定”[②]；“家庭存在的意义就是产生个体，个体再组成家庭，然后再按照家庭的模式建立国家”[③]。家庭是这个刚刚独立的国家的寓言象征。这一强调家庭的观点显然与传统美国文学研究中强调的个人英雄主义有着明显的区别。塞缪尔斯开拓性地研究了家庭所体现的国民性、家庭与个人自由间的关系、将美国早期文学（建国至内战时期）中文化和性别政治与民族特征和国家建构有机地结合在了一起，而不是符合学界长期认定的个人主义亚当式英雄形象对美国精神的塑造，“为解读美国早期小说提供了一个大胆的新视角”[④]。妇女，特别是母亲，成为共和国罗曼史的主角。18世纪美国的启蒙思想有一种观点：作为母亲的妇女对美利坚民族的命运能产生巨大的影响力，母亲教给儿子的种种价值观会影响到国家的未来，因为他们长大后将领导这个国家。在国家的道德建设上，男人和女人能做出同样的贡献。[⑤] 18世纪末美利坚合众国独立以后，急风暴雨式的战争时代已经过去，以鼓动人民起来进行斗争为目的的革命性文字的社会影响力逐步减弱。家庭小说的兴起更是提倡建立崇敬家庭的社会风尚，通过塑造经历坎坷、道德高尚的女性形象来鞭笞奸淫、动荡的社会风气。由于迎合当时的社会意识形态倾向，

---

① Alison M. Scott, "Book Review: *The Culture of Sentiment: Race, Gender, and Sentimentality in 19th-Century America.*" *Winterthur Portfolio* 29.1 (Spring, 1994): 89—91.

② Shirley Samuels, *Romances of the Republic: Women, the Family, and Violence in the Literature of the Early American Nation*. New York: Oxford University Press, 1996. p. 15.

③ Ibid., p. 17.

④ Joseph. Fichtelberg, "Book Review: *Romances of the Republic: Women, the Family, and Violence in the Literature of the Early American Nation.*" *American Literature* 69. 4 (Dec., 1997): 848.

⑤ Lora Romero, "Domesticity and Fiction", in *The Columbia History of the American Novel*. Ed. Emory Elliott. New York: Columbia University Press, 1991. pp. 115—116.

家庭小说获得了大众的认可并风靡一时。塞缪尔斯通过细读查尔斯·布洛克登·布朗(Charles Brockden Brown)、詹姆斯·费尼莫·库珀(James Fenimore Cooper)、莉迪亚·玛利亚·齐尔德(Lydia Maria Child)等人的作品,提出小说"建构了民族特性和国家形象",[1]并激发了爱国主义情绪的结论。她还详细解读了布朗的《威兰》(*Wieland*)和《亚瑟·默文》(*Arthur Mervyn*)[2]并认为:美国革命后建立起的家庭制度具有对抗各种外来或内在侵蚀危害的性质,可以防范女性的不忠诚或危险的政治思想;但具有讽刺意味的是,家庭又往往是这些危害传播的源泉。

而较早时候(独立革命时期)的文学则呈现了不同的景象。美国革命爆发前,北美殖民地与英国是地方自治与宗主国主权的关系,这场革命切断了这种母与子的联系。当国家的政治独立已经变成现实之后,它要寻求文化独立乃势所必然;建立民族文学则是文化独立的基本标志。文学作品具有文化建构和民族认同的双重功能。在美国这样一个新兴的多民族国家里,文学艺术更是通过对民族特性和国家形象的不断书写促进了人们对民族主体的认同。塞缪尔斯认为:美国独立革命时期的文学通常是在家庭斗争的隐喻下完成的,即渴望独立的儿子(美利坚)挣脱暴君父亲(英国)的管制。塞缪尔斯"重新解读了美国革命小说,其主题不再是俄狄浦斯式的控制欲,而是民主进程中的家庭内部的骨肉相争"[3]。美国早期小说的内在张力就是年轻的美国在脱离父权管制后的分离焦虑。[4]早期小说中经常呈现的家庭图景大多是母亲去世,父亲离家或在家却毫无家长权威,家庭内部兄弟阋墙,从而造成种种乱象祸端,而最终牺牲者往往是家庭中的女性成员。小说作为一种艺术形式则内化了这种暴力隐喻。通过解读16世纪发现美洲新大陆的图画、18世纪政治卡通漫画等文字、图像材料,塞缪尔斯得出结论:早期的美国国家形象是与女性身体通过情色与暴力联系在一起的;代表早期美国形象的是受到玷污而奋起反抗的英帝国叛逆的女儿,而独立革命前的殖民

---

① Lora Romero, "Domesticity and Fiction," in *The Columbia History of the American Novel*. p. 59.

② 查尔斯·布洛克登·布朗(Charles Brockden Brown, 1771—1810)是美国第一位职业作家。

③ Philip Gould, "Book Review: *Romances of the Republic: Women, the Family, and Violence in the Literature of the Early American Nation*." *The William and Mary Quarterly* 54.4 (Oct., 1997): 895—897.

④ Joseph Fichtelberg, "Book Review: *Romances of the Republic: Women, the Family, and Violence in the Literature of the Early American Nation*." *American Literature* 69.4 (Dec., 1997): 847—848.

地文学中经常出现的邪恶的母亲形象则来源于对于原宗主国英国的讽喻。与女性形象相联系的暴力行为(包括对通奸、乱伦等行为的残酷处罚)隐喻着新兴国家的文化焦虑;引诱而又毁灭男性的女性他者形象象征了建国初期确立民族特征和身份认同的艰难进程。“妇女和家庭成为独立革命后至内战时的民族特性的代表,并影响了美国当时的意识形态、政治和社会建构。”[①]与此相关的有关家庭伦理价值和性暴力也体现在了早期的诗歌、演说和小说之中。其中,历史传奇小说更体现了性别、政治和家庭在民族建构上的互相作用。塞缪尔斯认为:库珀、布朗等人创作的传奇小说中的家庭结构既不是父权的也不是反父权的。早期作家们认为法国革命和泛神论威胁了当时的家庭和政治结构,激化了家庭内部的同辈竞争和由于婚姻问题引起的跨辈不和。这一时期的小说正是在努力调和分歧的政治、国家、阶级甚至种族关系。[②]

《共和国罗曼史:美国早期文学中的妇女、家庭和暴力》的出版在美国早期文学研究领域引起了强烈的反响。马克·凯姆勒斯(Mark L. Kamrath)称赞道:“塞缪尔斯的研究论证翔实,包含了近45页的详细注释,为美国早期文学中的意识形态研究提供了崭新的视角。”[③]米歇尔·伯纳姆(Michelle Burnham)也认为“塞缪尔斯的著作为重新评估19世纪美国文学和文化中公共和私人领域、家庭和国家之间的关系做出了重要的贡献”[④]。戴尔·鲍尔(Dale M. Bauer)则对比研究了塞缪尔斯的著作和尼娜·贝姆1995年出版的《美国女性作家和历史作品》(*American Women Writers and the Work of History, 1790—1860*),认为二者尽管写作风格不同,但都关注了早期文学中女性的地位和作用——“塞缪尔斯的研究是对话性的,是美国研究学者所欢迎的性别和意识形态研究,贝姆则是反抗和颠覆性的”[⑤]。但也有批评家

① Shirley Samuels, *Romances of the Republic: Women, the Family, and Violence in the Literature of the Early American Nation*. p. 14.

② Ibid., p. 15.

③ Mark L. Kamrath, "Book Review: *Romances of the Republic: Women, the Family, and Violence.in the Literature of the Early American Nation*." *Early American Literatury* 32. 3(1997): 270—272.

④ Michelle Burnham, "Book Review: *Romances of the Republic: Women, the Family, and Violence in the Literature of the Early American Nation*." *South Atlantic Review* 62. 2 (Spring, 1997): 121—123.

⑤ Dale M. Bauer, "Book Review: *American Women Writers and the Work of History, 1790—1860* by Nina Baym; *Romances of the Republic: Women, the Family, and Violence in the Literature of the Early American Nation* by Shirley Samuels." *Signs* 24. 1 (Autumn, 1998): 262—264.

对塞缪尔斯的激进观点提出了质疑:约瑟夫·菲彻特博格(Joseph. Fichtelberg)认为塞缪尔斯的研究脱离了更广泛的文化背景——过分强调政治意识形态而导致忽略了19世纪早期的温和的自由主义叙事主张。[①]伯纳姆进而指出:"更为翔实的历史文献和对于文化背景的更丰富的介绍会使塞缪尔斯的观点更有说服力。"[②]

简言之,塞缪尔斯在《共和国罗曼史:美国早期文学中的妇女、家庭和暴力》中详细阐释了19世纪早期美国文学中的情色与政治、革命与浪漫、性别与暴力等因素之间相互替代或互补的关系,开创性地将家庭和性别研究置于个人英雄主义研究之上,为早期美国文学研究开辟了新的疆界。19世纪的家庭小说不仅反映了美国社会的意识形态倾向,还折射出文学与意识形态的相互作用在社会转型期对社会道德价值产生巩固、建构和修正的影响力。家庭小说以复杂的人物关系和故事情节展示了道德信仰和意识形态之间的张力,推动美国社会核心价值如自立、平等、民主、正义的不断完善。

文学与图像的关系是塞缪尔斯研究的另一个重点领域,她也是美国研究领域较早将文学和视觉文化进行结合研究的学者之一。因其卓越的研究成果,塞缪尔斯在2006年至2012年担任了康奈尔大学艺术史系系主任。作为一名女权主义研究专家和文化研究学者,塞缪尔斯善于运用跨学科的视角来审视文学和视觉文化研究中出现的种种问题,充分利用视觉文化与传统的文字文化跨越语言和文化边界所形成的互动,拓展自己研究的边界,丰富生动了文学研究的范畴。

早期文艺理论界认为:文学虽是强调形象思维的学科,但其引以为自豪的精神和情感价值的获得是依靠读者的思维联想。一旦文字被具象,文学的多种特有的功能就相对弱化,文学的生存之根则会坍塌。以瓦尔特·本雅明(Walter Benjamin)、J.希利斯·米勒(J. Hillis Miller)和雅克·德里达(Jacques Derrida)为代表的理论家注重从政治倾向、技术及机械复制、文化/文学的传播方式(即印刷文化让位于视觉文化导致的艺术品权威性下降)来指责图像的泛滥,甚至不无悲哀地预言了电信时代文学和文学研究会走向终结。无论是阿多诺(Theodor Wiesengrund Adorno)对"文化工业"的批判、马尔库塞(Herbert Marcuse)"单面人"的警告,还是詹姆逊(Fredric

① Joseph Fichtelberg, "Book Review: *Romances of the Republic: Women, the Family, and Violence in the Literature of the Early American Nation.*" pp. 847—848.

② Michelle Burnham, "Book Review: *Romances of the Republic: Women, the Family, and Violence in the Literature of the Early American Nation.*" pp. 121—123.

Jameson)对“后工业社会”的诠释都在重复着同一命题：图像文化将取代语言文化，或者更直接地说，图像将取代文字和文学。丹尼尔·贝尔(Daniel Bell)则在《资本主义文化矛盾》中断言：“目前居统治地位的是视觉观念。声音和景象，尤其是后者，组织了美学、统率了观众。在一个大众社会里，这几乎是不可避免的。当代文化正在变成一种视觉文化，而不是一种印刷文化，这是千真万确的事实。”[①]尽管有众多恐惧和担忧，视觉文化的发展仍然是无法回避的。进入90年代，视觉文化已经成为当代交叉学科研究之中的显学。1994年，美国学者W.J.T.米切尔(W. J. T. Mitchell)在他的著作《图画理论：文字和视觉再现论文集》(*Picture Theory: Essays on Verbal and Visual Representation*)中宣称，20世纪初的语言学转向已经让位于视觉转向[②]。视觉文化对文学的影响也日趋明显，研究文学作品中的视觉效应也成为文学研究的一个新视角。一个有趣的事实是：18世纪小说与中产阶级同时兴起；19世纪摄影技术的发明和迅速普及[③]几乎与美国内战同步。这两大变化(印刷文化和图像文化的出现和普及)印证了新媒体的出现会颠覆人们传统以来的世界观和生活方式，使人们的思维方式发生变化，人们感知与认识世界的能力也会发生相应变化，从而塑造了当时的时代文化和国家特征。

在塞缪尔斯的治学生涯早期，她就敏锐地注意到了视觉文化和文学之间的关系；发掘早期史料中的图片、政治宣传册上的卡通漫画、雕像和照片所承载的文学文化意义是其学术研究的一个重要组成部分。在《感伤文化：19世纪美国的种族、性别和感伤主义》中，她就收录了乔伊·卡森(Joy Carson)探讨美国雕塑家海勒姆·鲍威尔(Joy S. Kasson)创作的室内雕像“希腊奴隶”中被束缚的裸体女性形象。2004年，塞缪尔斯出版了专著《正视美国：图解美国内战》(*Facing America: Iconography and the Civil War*)，以文学研究学者的角度分析美国内战留下的图片、照片等视觉资料，并得出结论：美国内战标志着美国国民象征由女性化(女神哥伦比亚)转为男性化(山姆大叔)，这一转变也体现在了19世纪美国小说、诗歌、政治漫画等各种文学体裁中。

塞缪尔斯开篇对封面所选名画“四大陆”进行了详尽的分析。她认为，

---

① 丹尼尔·贝尔：《资本主义文化矛盾》，赵一凡等译，北京：三联书店，1992年，第154—156页。

② W. J. T. Mitchell, *Picture Theory: Essays on Verbal and Visual Representation*. Chicago: Chicago University Press, 1985. p.15.

③ 1837年法国人达盖尔发明了一种实用的摄影术，叫做达盖尔摄影术(银版摄影术)，并迅速得以广泛使用。

代表四大陆的四位女性形象都有极深的文化内涵。昂首站立的美洲、欧洲、匍匐脚下的非洲以及屈膝弯身的亚洲形象地反映了19世纪晚期的世纪政治格局。塞缪尔斯在书中还详细分析了美国象征形象的三次演变:从18世纪的印第安公主到19世纪体现美国白人共识的带有希腊罗马女神气质的哥伦比亚,再到内战后代表美国男性气质逐渐占统治地位的山姆大叔。通过详细的分析,塞缪尔斯再次传达了她一贯的学术主张:“由于战争造成的社会结构的混乱使妇女角色发生了激烈的转变。战争改变了妇女的领域,加深了性别和种族的矛盾冲突。”①

在随后的章节里,塞缪尔斯对内战中的各种图像资料,特别是表现战场真实情景的照片进行了具体的分析解读。尽管在那时摄像技术仍然处于起步阶段,战地记者还是通过大量照片,以一种全新的方式将严酷的现实从前线带到后方。这些来自战壕、河流、农场以及已经沦为战场的城镇的照片满足了公众对于信息的渴望。内战中无数死伤士兵的照片更加深了男性的替代忧虑:由于男性受到战争的摧残,女性将要走出家门,占领传统的男性领地并最终替代男性。

美国著名文学评论家埃默里·埃利奥特(Emory Elliott)高度评价了塞缪尔斯创新性的研究方法:“塞缪尔斯将理论、历史、视觉、文学和个人视角结合在一起,多角度地研究了美国19世纪的真实形态。她从小说、诗歌、照片、政治卡通、雕像、纪念活动之中,挑选那些代表了发展变化的国家形象的作品进行解读,反映了当时人们的渴望、恐惧、情爱和性别意识。种族和暴力相结合的社会力量使得‘面对’美国如此变得如此困难。这是对美国文化研究的创新性的激动人心的贡献。”②

塞缪尔斯对美国早期文学,特别是对于其中性别与家庭对社会意识形态的构建有着自己独到的观点,是将文学研究与视觉文化结合研究的先驱。作为美国文学研究领域的杰出学者,塞缪尔斯还积极参与了康奈尔大学英文系和艺术史系课程设置规划,培养了文学、艺术史两个领域的大批年轻学者,在美国学界享有极高的声誉。她所倡导建立的“美国早期文学读书会”为相关领域的研究学者搭建了交流与学习的平台。2012年,塞缪尔斯受邀担任美国现代语言学会(MLA)美国文学分会(ALS)哈贝尔奖(Hubbell

① Shirley Samuels, *Facing America: Iconography and the Civil War*. NewYork: Oxford University Press, 2004. p.87.

② Ibid., Backcover.

Award)评委会主席①,这是对她学术研究水平的认可和推崇,也是对其为美国文学研究领域所做贡献的赞赏和褒奖。

主要作品(按出版年代排序)

"Plague and Politics in 1793: *Arthur Mervyn*." *Criticism* 27.3 (Summer 1985): 225—246.

"The Family, the State, and the Novel in the Early Republic." *American Quarterly* 38.3 (Fall, 1986): 381—395.

"Infidelity and Contagion: The Rhetoric of Revolution." *Early American Literature* 22.2 (Fall, 1987): 183—191.

"Wieland: Alien and Infidel." *Early American Literature* 25. 2 (Fall 1990): 46—66.

[Ed.] *The Culture of Sentiment: Race, Gender, and Sentimentality in 19th—Century America*. New York: Oxford, 1992.

"The Mother Tongue,"in *Asian Americans: Collages of Identities*. Ed. Lee C. Lee. Ithaca, New York: Cornell Symposium on Asian American Identity, 1992. 117—122.

"Generation Through Violence: Cooper's Making of Americans," in *New Essays on The Last of the Mohicans*. Ed. Daniel Peck. Cambridge: Cambridge University Press, 1992. 87—114.

Romances of the Republic: Women, the Family, and Violence in the Literature of the Early American Nation. New York: Oxford University Press, 1996.

"Miscegenated America: The Civil War." *American Literary History* 9.3 (Fall, 1997): 482—501.

"Women at War." *The Cambridge Companion to Nineteenth—Century American Women's Writing*, Eds. Philip Gould and Dale Bauer. Cambridge: Cambridge University Press, 2002: 143—156.

Facing America: Iconography and the Civil War. New York: Oxford University Press, 2004.

[Ed.] *Companion to American Fiction, 1780—1865*. Hoboken: Blackwell, 2004.

"Death and Photography." *Journal of Contemporary African Art* 20.6 (Fall 2006): 122—129.

"Women, Blood, and Contract." *American Literary History* 20.1 (2008): 57—75.

"The Best Circus in Town: Embodied Theatrics in the Lincoln-Douglas Debates." *American Literary History* 21.4 (2009): 788—792.

"1862: The Journeys of Little Women." *A New Literary History of America*. Eds. Greil Marcus and Werner Sollors. Cambridge: Harvard University Press, 2009. 328—322.

"Race and the National Body." *Trans-Humanities Journal* 2.1 (2010): 77—102.

Reading the American Novel: 1780—1865. Hoboken: Wiley-Blackwell, 2012.

[Ed.] *The Cambridge Companion to Abraham Lincoln*. New York: Cambridge University Press, 2012.

参考文献

Bauer, Dale M.. "Book Review: *American Women Writers and the Work of History, 1790—1860*

① 哈贝尔奖是 ASL 为纪念《美国文学》创刊者、美国文学研究学者 J. B. 哈贝尔(J. B. Hubbell)而设立的奖项,旨在表彰在本领域做出杰出贡献的专家学者,是美国文学批评家向往的最高荣誉。该奖评委会由 ASL 主席每年指定 5 名专家组成。http://als—mla.org/HubbellMedal.htm.

by Nina Baym; *Romances of the Republic: Women, the Family, and Violence in the Literature of the Early American Nation* by Shirley Samuels." *Signs* 24.1 (Autumn, 1998): 262—264.

Brown, Herbert Ross. *The Sentimental Novel in America*. New York: Ayer, 1940.

Burnham, Michelle. "Book Review: *Romances of the Republic: Women, the Family, and Violence in the Literature of the Early American Nation*." *South Atlantic Review* 62. 2 (Spring, 1997):121—123.

Clements, Victoria. "Book Review: *The Culture of Sentiment: Race, Gender, and Sentimentality in 19th-Century America*." *American Literature* 65. 4 (Dec., 1993): 790—791.

Douglas, Ann. *The Feminization of American Culture*. New York: Knopf, 1977.

Fichtelberg, Joseph. "Book Review: *Romances of the Republic: Women, the Family, and Violence in the Literature of the Early American Nation*." *American Literature* 69. 4 (Dec., 1997): 847—848.

Fiedler, Leslie. *Love and Death in the American Novel*. New York: Stein and Day, 1960.

Gould, Philip. "Book Review: *Romances of the Republic: Women, the Family, and Violence in the Literature of the Early American Nation*." *The William and Mary Quarterly* 54. 4 (Oct., 1997): 895—897.

Kamrath, Mark L.. "Book Review: *Romances of the Republic: Women, the Family, and Violence in the Literature of the Early American Nation*." *Early American Literature* 32. 3 (1997):270—272.

Miller, Perry. *The Life of the Mind in America: From the Revolution to the Civil War*. New York: Mariner Books, 1965.

Mitchell, W. J. T.. *Picture Theory: Essays on Verbal and Visual Representation*. Chicago: Chicago University Press, 1985.

Newman, Simon P.. "Book Review: *The Culture of Sentiment: Race, Gender, and Sentimentality in 19th-Century America*." *Journal of the Early Republic* 13. 3 (Autumn, 1993): 427—428.

Pattee, Fred Lewis. *The Feminine Fifties*. New York: Kennikat Press, 1940.

Romero, Lora. "Domesticity and Fiction," in *The Columbia History of the American Novel*. Ed. Emory Elliott. New York: Columbia University Press, 1991. 115—116.

Sayre, Robert F.. "Book Review: *The Culture of Sentiment: Race, Gender, and Sentimentality in 19th-Century America*." *The William and Mary Quarterly* 52. 2 (Apr., 1995): 378—380.

Scott, Alison M.. "Book Review: *The Culture of Sentiment: Race, Gender, and Sentimentality in 19th-Century America*." *Winterthur Portfolio* 29. 1 (Spring, 1994): 89—91.

Smith, Stephanie A. "Book Review: *The Culture of Sentiment: Race, Gender, and Sentimentality in 19th-Century America*." *The Women's Review of Books* 10. 10/11 (Jul., 1993): 41—42.

Tompkins, Jane. *Sensational Designs: The Cultural Work of American Fiction, 1790—1860*. New York: Oxford University Press, 1985.

丹尼尔·贝尔,《资本主义文化矛盾》,赵一凡等译,北京:三联书店,1992年。

http://als—mla.org/HubbellMedal.htm.

http://www.arts.cornell.edu/english/people/?id=93

芭芭拉·史密斯(Barbara Smith)
(1946—)

芭芭拉·史密斯是美国黑人同性恋女权主义者;黑人女权主义创始人。作为一个才华横溢的学者、教育家、理论家、批评家,芭芭拉无意以自己的天资和勤奋换取本可享用不尽的"文化资本"。她的选择是做一个草根人权卫士和行动主义者(activist),直接与各种社会非正义现象进行顽强斗争。她一生在女权主义运动、政治、教育、学术、出版多个领域躬行实践、僶勉从事、乐此不疲。现已过花甲的她又连任纽约州奥尔巴尼市第四选区市议会议员,恪尽厥职,服务选民,尤其呕心沥血于年轻一代的教育发展和社会底层人民的生计。芭芭拉一生为之不懈奋斗的,不仅仅是处于美国社会边缘的有色人种、女性和同性恋者,而且包括所有第三世界遭受压迫和不公平待遇的人们。在多个领域的卓绝贡献使得她在"全球千名妇女争评 2005 年诺贝尔和平奖"[①]活动中,作为全美国 40 个被提名者之一入选。[②]

史密斯 1946 年生于俄亥俄州克利夫兰市。她从来不知生父为何人。母亲带着她与孪生姊妹贝弗莉和姨妈、外祖母等人生活在一起。芭芭拉姐妹九岁时,母亲撒手长逝。两姊妹由姨妈、外祖母还有几位姨姥抚养成人。从小所遭受的种族歧视以及与身边众多女性相依为命的经历,使史密斯"在家里上了黑人女权主义入门课,虽然当时并没有('黑人女权主义')这样一个术语"[③]。这些女性精明能干、吃苦耐劳,但都饱受屈辱和蹂躏,原因是她们犯了"生为黑人和女人"这种"弥天大错"。对史密斯来说,这一切都是黑人

---

① "全球千名妇女争评 2005 年诺贝尔和平奖"是"由瑞士和平基金会全力支持的,联系全球各地的有心人士,组织争评 2005 年度诺贝尔和平奖的提名行动,鼓励全球各地提名对和平事业有突出贡献的妇女,从中选取 1000 名为代表,争评和平奖,并向世界公开她们的事迹。计划目的并非要取得诺贝尔和平奖,更重要的是通过表扬所有被提名的妇女,研究她们推动和平发展所采取的态度和方法,从妇女角度反思和平的意义。""和平妇女起源"＜http://www.1000peacewomen－hk.org/aboutus.html＞.

② "Barbara Smith '69 is one of 1,000 Peace Activists Nominated for Nobel Peace Prize." ＜http://www.mtholyoke.edu/news/stories/5683236＞.

③ Barbara Smith, "Introduction," in *Home Girls: A Black Feminist Anthology*. Ed. Barbara Smith. New Brunswick: Rutgers University Press, 2000. p. xxii. 本文引用的是罗格斯大学出版社 2000 年重印版。该书最早由"厨桌:有色人种妇女出版社"在 1983 出版。

女权主义的生动教材。史密斯从她们身上"染上了恐惧和羞辱,但同时也继承了希望",这种对于身为黑人女性的矛盾情感在她内心产生的冲突,将陪伴史密斯一生。也正是这种撕扯才使得她更加义无反顾地献身于黑人女权主义事业。①

18岁时,芭芭拉·史密斯考入著名的蒙特霍利约克学院(Mount Holyoke College)。但大学校园绝非种族歧视的避难所。她怀着作家梦选修了写作课程,却在短篇小说写作课上遭到任教的白人男性老师的无端非难。她在梦想的一地碎片中转向文学批评。她对黑人文学、尤其是黑人女性文学情有独钟,但是当时并没有这类课程可选,于是她就着手搜集资料自己学习。

1971年芭芭拉·史密斯从匹兹堡大学研究生毕业,进入马萨诸塞大学任教。1973年全国黑人女权组织(National Black Feminist Organization)成立,她是最早参与其中的成员之一。但是作为一个同性恋者,她在一些黑人女权主义者那里复又遭到排斥和敌视。正是这种被多层边缘化的特殊身份和遭遇,使她与任何形式的偏见、歧视与社会不正义对抗时,其战斗精神、勇气、决心都数倍于别人。也使得她在审视和思考问题时,心胸比他人宽广、更富于包容和同情心;视野比别人更长远、更能从多个角度和方面来综合考虑问题。这或许也能说明为什么她一生都是行动者和奋斗者而不是单纯的研究者与说教者的原因——对于复杂严酷的生存和尊严问题只有靠脚踏实地、时不我待的实际行动才能解决。

"全球和平妇女"官方网站对于芭芭拉的评价是:"无论处理何种事项,芭芭拉·史密斯都会把它放在种族、社会性别、性别和阶级等诸多范畴的普遍联系中,从多方面综合审视,然后再采取行动。她热忱献身于对社会和经济正义的追求,并深信她的目标只有通过广泛的联盟政治才能实现。她从来不试图片面孤立解决问题,很多情况下,这本身就是一种社会改革的行动主义和启蒙行为。"②芭芭拉·史密斯的女权主义不同于现在美国乃至整个西方声名显赫的体制化学院式女权主义。她的女权主义向来都是一种草根行动主义。对她来说,主义就是实践,实践就是主义;即使是对黑人女权主义理论的研究、创建,也从来不是"智力练习",而是为了从实处解决黑人女

① Barbara Smith, "Introduction." p. xxiv.

② "Barbara Smith," <http://www.1000peacewomen.org/eng/friedensfrauen_biographien_gefunden.php? WomenID=880>.

性面临的现实生计、人身自由和尊严问题。[①] 而她在女权主义运动的组织和实践中一旦取得成果，又会马上把它转化成文字，在所有有色族群和第三世界姊妹中启蒙、交流、呐喊和宣传。

“主义即行动、行动即主义”淋漓尽致地体现在她创建美国黑人女权主义写就的第一个辉煌篇章中——20 世纪 70 年代初期康比河团体(Combahee River Collective)的建立和《康比河团体宣言》(“Combahee River Collective Statement”)的发表。1973 年芭芭拉·史密斯参加全国黑人女权组织在纽约举行的会议后，马上就与志同道合者一起成立了全国女权组织波士顿分部。由于不满于全国黑人女权组织的中产阶级性质和精英主义，史密斯和姊妹们开始酝酿筹建自己的新组织——这就是 1974 年成立的康比河团体。史密斯用“康比河”命名这个新生组织可谓用心良苦。它意在纪念内战时期伟大的黑人人道主义战士、废奴运动领导者、“奴隶的摩西”哈丽特·塔布曼(Harriet Tubman)。北军攻打南卡罗来纳州康比河渡口时，正是依靠塔布曼深入敌区侦探得到的情报并由她带路引兵取得大捷，一役就解放奴隶 750 余人。“康比河”既表明黑人女性为自由而战的悠久传统，也凸显团体的特点：更激进、更富于实践性和战斗性。

芭芭拉·史密斯等人联手拟定的《康比河团体宣言》开宗明义指出，康比河团体一边积极参加政治斗争并不懈开展与其他进步组织、运动的联盟政治，一边在实践中探索、定义和阐明自己的政治主张。而她们的战斗檄文、策略最终结晶为石破天惊的黑人女权主义政治纲领：

> 我们要积极投身于反对种族压迫、性别压迫、异性恋主义(heterosexualism)压迫以及阶级压迫。我们日程上尤为迫切的任务是，培养对形势综合分析的意识并在此基础上进行全面的斗争实践。这个方针的现实依据是，造成压迫的重要机制都是相互勾结盘绕在一起的。多重压迫共同造就我们的生存状况。作为黑人女性，我们自然而然地把女权主义视为一场政治运动，其斗争对象是一切有色人种女性所遭受的同时进行的多重压迫(manifold and simultaneous oppressions)。[②]

这段引言尽管简短，却包含两大理论贡献。一是对处于多重边缘、遭受多层压迫剥削的黑人女性和女同性恋者的生存状况做了历史唯物的客观分

---

① Barbara Smith, “Reply to Deborah Chay.” *New Literary History* 24. 3 (1993): 653—654.

② Combahee River Collective, “The Combahee River Collective Statement,” in *Home Girls: A Black Feminist Anthology*, ed. Barbara Smith. New Brunswick: Rutgers University Press, 2000. p. 264.

析。二是提出了黑人女权主义理论用以阐述有色女性生存境况的重要概念——多重压迫的共同作用(simultaneity of oppressions)。多年后,芭芭拉·史密斯评论道:"这个概念仍然是黑人女权主义理解政治现实的一个关键……同时也是黑人女权主义思想在意识形态领域做出的最为重要的贡献。"①

《宣言》对于黑人女权主义发展的重大意义还在于对身份的多重界定方法。黑人女性的性别身份是与族裔身份密不可分的。黑人女权主义源自美国妇女运动第二浪潮,但是运动内外的种族主义和精英主义却排斥黑人的平等参与。黑人女权主义的政治行动当然也与黑人解放运动有关,尤其是20世纪六七十年代的民权运动。但黑人解放运动却严重忽视了女性的自由与解放。在最基本的日常生活层面上,黑人女性生存的每一方面,无不被种族和性别歧视所污染侵害和扭曲。所以,必须发展属于自己的黑人女权主义理论,让黑人女性看清她们的多重困境,真正认识自己的生活经历、生存状况,这样才能产生真正的自我意识和斗争意志。"对于我们自身所受压迫的关注体现在身份政治的概念中。我们认为,最为深刻的、或者潜在的最为激进的政治行动直接来自我们自己的身份。"②康比河团体坚定地宣布,黑人女性有着与生俱来的价值,黑人女性的解放是其作为人类对于人身自由的基本需要,而不仅仅是以男性价值为中心的种族解放的附属品。③

但是《宣言》又明确指出,黑人女权主义不能忽视阶级、经济问题。所以黑人女权主义者同时也是社会主义者,因为,要解放所有受压迫者,必须同时摧毁父权制度以及资本主义帝国主义的政治/经济体制。但是,《宣言》闪现着不同寻常的睿智和远见:"我们不会相信,一个非女权主义、不反对种族主义的社会主义革命能保证我们(有色种族女性)的解放。……我们必须明白地警示世人,在真正的阶级状况中,人绝非是没有种族背景、没有性别区分的'纯粹工人'。相反,在真正的阶级状况中,种族和性别压迫是他们工作/经济生活中的重要决定因素。"④康比河团体勇于对自己依赖的重要政治原则进行改造和扩展,对于身份概念,她们就提出"个人的就是政治的"。这种质疑宏大叙事、尊崇"小叙事"的理念,早于法国哲学家利奥塔数年就提了出来,不能不说是一种理论创举。

《宣言》强调,黑人女性和黑人女同性恋者应始终保持与黑人男性的团

---

① Barbara Smith, "Introduction." p. xxxiv.

②③④ Combahee River Collective, "The Combahee River Collective Statement." <http://circuitous.org/scraps/ combahee.html>.

结。但是“我们与黑人男性并肩作战对抗种族主义,同时我们也与黑人男性抗争以反对性别歧视”①。这句话把黑人女性对于族群斗争的义务以及自身平等自由的追求辩证地结合了起来。史密斯和黑人姐妹清醒、宽容、智慧地把性政治分析的原则也用在对于男性的理解上。男人的所作所为、他们的信条、他们对女性的压迫,也都是社会化的结果,罪恶的根源在于社会和它的规训,而不是他们的男性特征(maleness)本身。康比河团体坚决摈弃生物决定论,抵制白人女权主义和一些极端女同性恋群体的分裂主义,反对以生物性别为依据把男女划为两个敌对的阵营。

除了出色的理论建设,康比河团体还明确提出了自己的政治行动纲领和具体工作目标。“我们的政治事业从不厚此薄彼,这就决定了我们会关注任何影响妇女、第三世界和劳工大众生活的状况。我们甘愿赴汤蹈火的战斗第一线,是种族、性别、阶级压迫同时交织进行的重灾区。”②康比河团体忠实履行自己的政治承诺,锲而不舍地组织、发动底层群众进行各种斗争,如,设厂解决第三世界妇女就业问题、抗议医院裁减针对第三世界人群的医疗保健项目、在黑人社区中建立强奸风险控制中心和护理机构等等。这一团体还致力于解决妇女教育、“强制绝育(sterilization abuse)、流产权、毒打妇女、强奸、医疗保健”等众多社会问题。

《宣言》充满了政治智慧:“在政治行动实践过程中,我们坚决反对为了目的而不择手段。在所谓实现‘正确’政治目标的幌子之下不乏反动的和破坏性的恶行。作为女权主义者,我们无意打着政治行动的旗号去折腾人民。……在通过批评与自我批评发展我们的政治方针和路线过程中,我们一贯毫不含糊地对其进行审视和反思,这是我们政治实践的一个不可或缺的方面。”③任何不以实现人民实际利益的实践为最终准绳的条条框框,读来都不会如此令人荡气回肠、豁然确斯!

早在康比河团体筹建的过程中,芭芭拉·史密斯和其他成员就意识到“向其他黑人女性昭示我们的政治现实,是绝对必要的。我们相信可以通过写作和发行我们的作品来实现这一目标。全国的黑人女权主义者们生活在相互隔绝的状态下,我们的组织又如此势单力薄,这使得出版发行工作成为迫切的需要”。那时她们就开始把酝酿成立自己的出版社“作为组织黑人女权主义者的途径”。④除了实际的政治斗争需要外,史密斯也关心着有色人种文学、文化的命运。有色人种和女同性恋人群长期被压制、噤声,其作品要

①②③ “Combahee River Collective Statement.”

④ “Combahee River Collective Statement.”

么被贬为三流货色,要么被视为洪水猛兽。这就使得有色人种妇女的出版自由问题更为迫在眉睫。

1980 年,在黑人女同性恋、著名女权主义活动家奥德丽·洛德[①]的提议和协助下,芭芭拉·史密斯与同道们把多年的宿愿付诸实施,开创了第一家有色人种妇女出版社。一年后,出版社正式命名为"厨桌:有色人种妇女出版社"(Kitchen Table: Women of Color Press)。如同芭芭拉·史密斯所做的很多事情一样,出版社的建立是在世人眼里"不符合逻辑"的"不可能之事"。[②]但是出版社毕竟顽强地问世,并生存发展起来。建立出版社是史密斯"主义即行动、行动即主义"原则的又一次完美体现。出版社 1981 年对自己使命的定位是,作为北美洲唯一此类性质的出版社,它"以出版、传播第三世界妇女的作品为己任,不论这些妇女的种族/文化传统背景如何,也无论她们有何性取向、来自哪个阶级"。1984 年,又加上了"我们的工作既是文化性的又是政治性的,它和争取我们所有民族自由的斗争息息相关。我们希望成为美国和全世界有色人种妇女的一个联系网络平台"。[③]这种定位是不同寻常、需要极大勇气和远见的。因为当时不同肤色的少数族裔妇女往往更倾向于各自为战。但是史密斯坚持"作为有色人种的女人、女权主义者和同性恋者,我们有共同的经验和作为,尽管我们也存在差异"[④]。史密斯努力实现的还是联盟政治,出发点仍是她把种族、性别、阶级等问题相互联系、通盘考虑的原则。

出版社命名为"厨桌","因为厨房是家的心脏,是妇女劳作和彼此交流的特殊场所。我们也想以此来表明,出版社就是一张厨桌,一种草根行动,它的发起和生长都靠这样一些妇女,她们在进行我们需要的事业时,没有传统可以依循,没有任何阶级特权为其提供便利"[⑤]。"'出版自由属于那些拥有出版社的人。'对那些权力被层层剥夺的有色人种女性而言,尤为如此。……出版社的创立是出于我们对于自主权力的最基本需要。我们还需要从作品内容和出版条件两方面来自主决定出版工作;我们需要掌控作品中有关我们的言论和形象。"[⑥]作为"行动主义的和文学性的出版社,厨桌致

① 有关奥德丽·洛德(Audre Lorde)的生平著作请参阅本书洛德专章。

② Barbara Smith, "A Press of Our Own Kitchen Table: Women of Color Press." *Frontiers: A Journal of Women Studies* 10. 3 (1989): 11.

③ Ibid., p. 12.

④⑤ Ibid., p. 11.

⑥ Barbara Smith, "A Press of Our Own Kitchen Table." p. 11.

力于出版具有高度艺术价值的作品，这些作品同时又有助于所有有色人种妇女和人民的解放。我们出版一部作品，不仅仅是因为它出自有色人种妇女之手，而且因为它有意识地从积极的、创新的角度去审视有色人种妇女所面临的状况和问题”①。

多年后，芭芭拉·史密斯欣慰地指出，厨桌为当时有色人种同性恋作家提供了几乎绝无仅有的出版平台。“而正是这些作家最为深刻地定义了有色人种群体中的性政治，也正是在她们的激励下，所有性取向的有色人种女性所进行的女权主义运动才得以蓬勃展开。……厨桌是一个革命性工具，因为它是武装在社会上遭受最严酷剥削的人们的手段。而社会改造的最大力量，就蕴藏在这些人中。”②

不言而喻，出版社的作用是巨大的。史密斯的出版工作“对学者和学生们产生了深远的影响。受到她的激励而参加到联盟政治和投身于社会变革的不计其数。黑人妇女研究作为一门学科得到认可，要归功于她对‘厨桌’(Kitchen Table)的苦心经营，以及她亲任主编出版的第一本明确打出‘黑人妇女研究’旗号的文集(《但是我们中有勇者：女人皆白人，黑人皆男人：黑人妇女研究》，*But Some of Us Are Brave: All the Women Are White, All the Blacks Are Men: Black Women's Studies*)”③。

出版社的工作虽然卓有成效，但在短期内仍无法改变“黑人妇女文学状况以及……有关这种文学的有用评论的极其匮乏”的局面。芭芭拉·史密斯决定亲自撰文，以使大家认清这种不利形势并以图变革。这就是那篇堪称不祧之宗的《走向黑人女权主义批评》(“Toward a Black Feminist Criticism”，1977)。后来她解释了写这篇文章的动机：“面对那些把黑人女性完全排除出他们的文学作品以及他们现实生活的人，我要挑战他们，并促使他们改变态度；我还想鼓励黑人女性深入钻研(黑人女性) 文学，为这个文学的存在而欢欣鼓舞；我想激发她们着手运用鲜明的女权主义方法来审视这个文学中的性别政治和种族政治；我的最终目的是黑人妇女的解放，即，更多的自由、更多的尊重、更多的选择，不再那样的无形(invisibility)、不再遭受如此多的暴力和生活中的非人待遇，做充满活力的黑肤色的女性的人(Black

① Barbara Smith, “A Press of Our Own Kitchen Table.” p. 12.

② Ibid., p. 13.

③ “Barbara Smith,” <http://www.1000peacewomen.org/eng/friedensfrauen_biographien_gefunden.php?WomenID=880>.

female human beings)。”[①]

《走向黑人女权主义批评》的题旨是:“把黑人妇女生活的政治状况、我们写作的内容以及我们作为艺术家的生存状况按不同方式联系起来。为此,我要探究其他人在如何一直责难和非议黑人妇女;证明黑人女权主义批评的必要性;我还要尽力探明,黑人女同性恋作品的存在或不存在,如何会成为一个晴雨表,反映着黑人妇女文化的现状以及所有黑人妇女所遭受的沉重压迫。”[②]这是“她单枪匹马建构一套完整的学术话语——黑人女权批评”[③]的又一次拓荒。其艰辛甚至风险,芭芭拉·史密斯是清楚的,她承认:“我不知从何处落笔。早在尝试酝酿本文之前,我就已经意识到,我要做的事情是前无古人、充满危险,而使我落入到这孤独险境的,不过是从女权主义角度去探讨黑人女作家,或者从任何视角评论黑人女同性恋作家——两者都会触犯禁忌。”[④]

而正是这种险恶甚至别人看来无望的形势,再一次激发史密斯的斗志去打破“巨大的沉寂”,为一群没有身份、没有话语权力和资源的“隐身人”打破魔咒。她呼吁应该“从具体的、政治变革的角度理解黑人妇女实实在在地存在着这一事实”[⑤]。而且,她坚持,不能以当时白人女权主义语境中的“妇女”概念来理解所有妇女,因为它不能反映具体的(如第三世界、有色人种、女同性恋者等)女性群体的独特性和生存状况。应该创建可行的、独立的黑人女权主义运动,以便“加深对黑人妇女生活的探讨,并推进表现黑人妇女自身的艺术创造”。[⑥]

史密斯首先为这项前无古人的工程制定了如下原则:1. 阐释黑人女性作品中性别、种族政治与黑人、女性身份等因素的密不可分性。2. 研究的前提设定为,“黑人女性作家业已形成了一个清晰可辨的文学传统”。3. 黑人女权主义的新批评方法要“首先从对其他黑人女性作品中的解读中寻求批评先例和洞察力”,避免生搬硬套白人/男性的文学思想方法论和观点,而是要在自己的文学传统和语境中独创自己的批评语言、方法,并以此来不断丰富和服务于黑人女权主义运动。4. 批评是有政治性的,要与“所有黑人妇女的政治状况相结合”。5. 要具体作品具体分析,勇于在批评实践中拔新领异,

---

① Barbara Smith, “Reply to Deborah Chay.” p. 654.

② Barbara Smith, “Toward a Black Feminist Criticism.” <http://webs. wofford. edu/hitchmoughsa/Toward. html>.

③ “Barbara Smith,” <http://www. 1000peacewomen. org/eng/friedensfrauen_biographien_gefunden. php? WomenID=880>.

④⑤⑥ “Toward a Black Feminist Criticism.”

进行新的理论建构和发展。[①]

接下来史密斯以她一贯的理论实践不分离的作风，把以上原则用在具体的文本分析上。她选用的小说是莫里森的《秀拉》。"从对其他黑人女性作品中的解读中寻求"的"批评先例和洞察力"来自伯莎·哈里斯（Bertha Harris）在女同性恋作品研究中的开拓方法："在一个女作家的著作中，如果一个句子抵制通常意义上的解读，如果作品塑造了坚强的妇女形象，如果作品拒斥线性叙事，那么这部作品就是女同性恋文学。"[②]这里"女同性恋文学"的真正含义倒不是强调作品中的女性们有"恋人"关系。它的实质在于以下元素：作品中的女性们都是主要人物，她们的形象都是积极向上的，她们之间又有着密不可分相互支撑的关系；作品的形式和语言都迥异于白人父权文化的要求和期许。史密斯对于黑人女同性恋文学的重新定义，实际上是规划了一种富于斗争精神的崭新的性与文本批评政治。

芭芭拉·史密斯认定《秀拉》是一部女同性恋小说，"理由不是秀拉和内尔之间炽热的友情，而是因为，莫里森对决定着男女关系、婚姻和家庭的异性恋机制一贯持抨击立场"[③]。芭芭拉指出，小说中秀拉和内尔这一对黑人女性因为"既非白人又非男人"而陷入绝境。她们始于青春期的自我探索，刚一萌芽就惨遭摧残，这种破坏力量来自种族、性别歧视以及被种族性别暴力和压迫而毒害的黑人家庭和社区环境。两人为了生存而结成的情感纽带，又被异性恋体制所生生扯断。她们得不到婚姻幸福、找不到自己的身份和生存意义。她们受到同村人甚至自己亲人的排斥。秀拉蔑视和亵渎父权制、拒绝考虑异性恋婚姻，仅仅把男人以及与他们发生的性行为作为自我探索的手段。秀拉在其乡人中间，就像女同性恋者在社会任何地方一样，处处显出她（们）对于"正常"生活的抗拒。

芭芭拉·史密斯引用了一个革命性的定义："什么是女同性恋？那就是被压缩到了爆炸点的所有女性的愤怒。"[④]这种愤怒来自社会对女性追求完整和自由人生之目标的敌视、阻挠和破坏。这使她们永远处于一种与社会相龃龉的状态。史密斯指出，很多读者感到的困惑，一旦被置于女同性恋批评方法之下便一目了然：秀拉所谓的邪恶和无法无天，实质是她在同性恋关系中拒绝担任与男人认同的角色。莫里森并不想让读者看出秀拉和内尔之间的同性恋关系，这恰恰暴露出异性恋思维定式如何遮蔽了对作品中顺理成章应该发生的事情的解读。

①②③④ "Toward a Black Feminist Criticism."

芭芭拉·史密斯把自己所提出的五项原则以及借鉴来的"女同性恋文学"开创性解读方法，完美地付诸对文本的分析，从而为黑人女权主义、黑人女同性恋批评提供了一个典范。她的批评目的和意义在于，这种批评方法与黑人女性作家的实际创作一样，也是在为一种新生文学进行理论和身份建构。

这篇文章问世20年后的1997年，芭芭拉·史密斯撰文回顾和总结美国黑人女权主义的发展。这时美国女权主义中的性别、阶级歧视仍然非常严重。所以有些有色人种女权主义者感慨道，白人女权主义者的凝聚力实则来自肤色而非她们所宣称的女性特征(femaleness)。白人女权主义者从小所受的熏陶加上缺乏与有色人种女性的实质性联系，使得她们对于种族问题的现状感到心安理得。有色人种女性不得不自己联合、团结和组织起来，进行反种族和性别压迫的两线斗争。但直到1997年，这些草根积极分子进行的联合各阶层、各族群团体进行共同斗争的努力，仍然没有得到重要媒体的注意，在主流女权主义大背景下，她们所关心的议题仍然是无声无息。"为了进行一场旨在关注所有妇女生活境况、解决所有妇女最紧要问题的妇女运动，仍需奋斗不止。"①芭芭拉·史密斯的这段话证明了黑人女权主义斗争的艰苦性和长期性，也显示了她1977年撰写的这篇论文是多么富于超时代性和开拓性。

《走向黑人女权主义批评》结尾部分再一次指出黑人女同性恋文学、批评的险恶生存状态——当时还很少有人公开从女性同性恋立场写作。黑人妇女仍然需要去"想象"、发现和证实黑人女性同性恋文学的存在。这种几乎不存在的文学"与我们的生活政治、与所有黑人妇女——不管她是同性恋与否——所面临的全面身份压制是息息相关的"。芭芭拉·史密斯在文中呼吁黑人女性、包括白人女权主义者中的志同道合者为此而齐心协力、迎难而上、不懈奋斗。她自己在大声疾呼时也早已采取了行动。借"厨桌"的便利，芭芭拉·史密斯在1983年编辑出版了具有划时代意义、并注定要发挥深远影响的《家中女孩：黑人女权主义文选》(*Home Girls: A Black Feminist Anthology*)。该文选系统收录黑人女性诗歌、小说、论文和访谈，内容涉及黑人女性身份、创作、女同性恋、黑人女权组织和运动等。作为美国当时硕果仅存的有色人种女性出版社倾力推出的开拓性文本，《家中女孩》成为"成

① Barbara Smith, "'Feisty Characters' and 'Other People's Causes': Memories of White Racism and U.S. Feminism," in *The Feminist Memoir Project: Voices from Women's Liberation*. Eds. Rachel Blau DuPlessis and Ann Snitow. New Brunswick: Rutgers University Press, 2007. pp. 478-481.

长过程中的黑人女权主义运动急需的工具”[1]以及倡导“社会变革的有力宣言”[2]。在文选序言中，史密斯专门解释了“家中女孩”书名的由来：

> 很多黑人感到女权主义对他们构成了威胁，他们声称，一个女人如果成了女权主义者（尤其当她同时又是同性恋的情况下）就意味着她脱离了自己的种族，就不再是黑人群体中的一员，简言之，就不再有家……对女权主义持批评态度的人妄言，因为我们在家里——在黑人群体内部大声探讨性政治，我们肯定是莫名其妙从别处蹦出来的。但我们不是外人，也从来没有过外心。我坚信黑人女权主义是黑人存在的有机组成部分，在所有方面都是如此。[3]

这里芭芭拉·史密斯着重强调的还是黑人内部的性别歧视、敌视女性解放和平等的问题。在黑人种族内部，“生物性别身份决定一切”的父权性政治圭臬仍神圣不可侵犯。性别成为决定一切权力关系的全部理由以及决定人们身份、行为的逻辑依据。芭芭拉·史密斯要让人们看清一个富有讽刺意味的现象：第三世界人们在反对种族压迫时会毫不犹豫地驳斥生物决定论，但是具体到种族内部的性别歧视上，反倒对之网开一面。黑人族群内部盛行着一系列男性炮制的“迷思”或烟幕，如黑人女性已获解放；种族主义是黑人所受的最大（或唯一）压迫；女权主义是对男性的仇恨；妇女问题是狭隘的、非政治的问题；有色人种人民需要顾全大局和稳定；女权主义者都是同性恋，等等。

针对此，芭芭拉·史密斯重申，“多重压迫的共同作用”概念以及在此概念基础之上进行的综合解决问题的斗争策略，是破解上述对黑人女性进行麻痹、对黑人女权主义污蔑的迷思的最佳办法。这也是保障整个第三世界妇女运动全面健康稳步发展和促进联盟政治的关键。全力促成第三世界所有被压迫群体的联盟政治和斗争，是黑人女权主义运动的又一重大贡献。[4]

黑人女权主义重大使命之一就是促进黑人妇女的女性意识，使她们认识到自己所受到的侮辱和蹂躏不是“黑人和女性”的“宿命”使然，而是来自种族主义的、厌女症的社会体制及其宣传、规训和内化机制。这样才能化解

---

① Gabrielle Daniels, “Coming Home.” Review of *Home Girls*: *A Black Feminist Anthology*, by Barbara Smith. *The Women's Review of Books* 1.6 (1984): 7.

② C. Lynn Munro, “Review of *Home Girls*: *A Black Feminist Anthology*, by Barbara Smith.” *Black American Literature Forum* 18.4 (1984): 175.

③ Barbara Smith, “Introduction.” pp. xxiv—xxv.

④ Ibid., pp. xxxiv—xxxv.

社会留在她们心中的自我鄙视、厌憎和自暴自弃的毒害。“不同于其他运动的是,黑人女权主义提供的理论旨在说明黑人女性生存经验的本质,促进她们之间的相互积极支持,并激励人们采取政治行动改变压迫我们的体制本身。”①

《家中女孩》的编辑工作体现了芭芭拉的上述理念,所选诗、文都体现着其他一些类似选集“所缺乏的中心思想统一性。黑人女权主义观点贯穿整部文选,汇集成一个振聋发聩的社会变革宣言……[《家中女孩》]策应的是康比河团体的行动纲领:‘把[黑人女权主义]政治的现实昭示给其他黑人妇女”②。

芭芭拉力图借助《家中女孩》的编撰和出版传递她“主义即行动,行动即主义”的理念:“黑人女权主义的成就不仅仅在于发展理论,而且在于在日常生活层面上的运动和组织。黑人女权主义已经把无数社会议题纳入了自己的工作范围……无论致力于何种事务,我们的策略都基于全面综合解决问题的方针和实用主义,而这两点就证明了[运动]‘草根性’概念。从最根本上来说,黑人女权主义应对的是我们家人生存现状的事实,无论是理论分析上还是行动上皆是如此。我们要解决的问题绝非和黑人种族无关或者勉强搭界,相反,这些问题直接关乎我们族群生存的基本核心目标。”③

《家中女孩》出版20多年后,芭芭拉·史密斯又撰文《建立黑人女权主义》(“Establishing Black Feminism”)。她首先肯定了黑人女权主义取得的进展。它在学院中、学术界已是如火如荼。但是史密斯并没有陶醉于这种大学院墙内的成就,她真正关心的是那些不尽如人意之处。作为一个行动主义者,一个关注有色人种女性实际生存状况并为其改善而奋斗不止的草根民权卫士,芭芭拉掩饰不住对女权运动20世纪90年代以来的发展状况的惋惜:社会上已经有人宣扬“后女权主义”时代的到来并妄言所有女性的要求都已得到满足,有组织的运动再也无关紧要了;里根主义和美国右翼势力沆瀣一气,损害了20世纪60、70年代取得的种族、性别和经济正义进步的成果。新的千禧年前夕,人们看到的反倒是形形色色的新旧种族主义、对同性恋的仇恨(homophobia)、厌女症(misogyny)等势力的嚣张复燃。④

具体到黑人女权主义运动,它更是面临重重困难。在一个受压迫的族

① Barbara Smith, “Introduction.” p. xxxvii.

② C. Lynn Munro, “Review of *Home Girls*.” p. 175.

③ Barbara Smith, “Introduction.” p. xxxvii.

④ Barbara Smith, “Establishing Black Feminism.” *Souls* (Fall, 2000): 50—51.

群中，谈及族群内的压迫问题，所遭到的孤立和攻击更为剧烈。为了所谓反种族歧视之大局利益，多数女性仍然不愿认真对待性别歧视问题。而对于同性恋仇恨和异性恋价值中心论，勇于直面的女性就更少。所以，自《家中女孩》发表以来，黑人群体内部明目张胆的性别歧视反而愈演愈烈。芭芭拉20年前憧憬的全国性黑人女权主义组织和机构的良好发展态势并没有实现。[①]芭芭拉·史密斯认为，面对种种挑战和挫折，黑人女权主义运动应该双管齐下：一方面要在黑人社区中建立多种职能为一体的草根组织，来解决黑人妇女的基本生存问题；另一方面，不能在性政治议题上畏缩不前。黑人女权主义组织和运动仍需像20世纪70年代康比河团体一样，“基于激进的、反资本主义的分析来进行反种族主义的女权主义实践”。要尤其考虑阶级问题和经济问题。芭芭拉从自己的运动组织经验中得出结论：“工人阶级和贫困黑人妇女不仅和黑人女权主义原则息息相关，而且是这些原则的实践者。我相信，如果我们不拘一格想方设法把黑人女权主义重新领回到它的扎根之处——黑人社区中，我们的运动将会更强大。”[②]

芭芭拉·史密斯指出，尽管面临重重阻力艰险，来自各个有色种族、国家和少数民族的女性们，仍作为马前卒推进着各种社会进步和正义的斗争，包括劳工组织、移民权利、反对监狱工业综合体（Prison Industrial Complex）、挑战环境种族主义、维护第三世界国家主权、反对军国主义和帝国主义等等。“我们的努力是不容忽视的。”[③]芭芭拉·史密斯本人至今仍是老当益壮，把更多的时间和精力投入社会改革运动中。除了上述在康比河团体就早已展开的工作，芭芭拉和姊妹们锲而不舍地为各种正义目标而奋斗：“儿童护理；残疾人士权利；……（制止）强奸、殴打、性骚扰；社会保障……教育改革；住房；法律体制改革”等等。尤其可贵的是，她们没有狭隘地理解黑人女权主义，不逃避对整个人类的义务，她们的政治斗争中也包括“劳工组织、反帝斗争、反种族主义运动的组织、核裁军和环保问题”[④]以及消除南非种族隔离、制止美国资助的针对中南美洲原住人民的战争。[⑤] 为了实现这些伟大而艰巨的目标，她们不断促进全美乃至全球第三世界女性和人民的联盟和协同行动。并将此视为黑人女权主义运动的长期任务。

---

① Barbara Smith, “Establishing Black Feminism.” *Souls* (Fall, 2000): p. 51.

② Ibid., p. 52.

③ Ibid., pp. 53－54.

④ Barbara Smith, “Introduction.” p. xxxvii.

⑤ “Barbara Smith” <http://www.1000peacewomen.org/eng/friedensfrauen_biographien_gefunden.php?WomenID=880>.

芭芭拉·史密斯在女权主义理论和学术建设上的贡献是有目共睹的。她"是美国少数族裔女权主义文学批评的先发声者",在第三世界以及其他少数族裔的学者和批评家发起的"对西方理论中欧洲中心主义倾向的批判和对西方文化霸权的挑战"中,她是一个战功赫赫的急先锋。[①]可以说,没有她,就没有真正意义上的美国女权主义第三次浪潮。金莉对于这次浪潮的评价完全可以用在芭芭拉·史密斯身上:

> 作为第三次浪潮真正意义上的开拓者,有色人种女权主义首先对于主流白人女权主义进行了批评,以美国黑人女性为主体的有色人种或第三世界女性,在承认女性的性别身份的同时,还特别强调了种族关系和阶级关系。……可以说,美国非裔女性对于白人主流女权主义的挑战,进一步拓展了女权运动的范围和视野,也进一步推动了女权主义的纵深发展。在此之后,其他有色人种女权主义者对于种族的关注,以及各色人种的女性对于阶级的关注,都极大地丰富了女权主义的斗争内容。同时,美国主流女权主义不仅受到有色人种女权主义的批评,也因未能反对被视为父权权力结构重要组成部分的强制性异性恋,受到同性恋女权主义者的抨击。[②]

综上所述,芭芭拉·史密斯对于女权主义的最大贡献在于她的"行动主义"。女权主义发源于女性争取自身自由、平等和尊严的实际斗争,所以只要性别歧视和性政治压迫剥削现象还存在,它就应该自始至终是一种行动主义。但今天在英美、乃至整个西方学界中,女权主义研究愈来愈学院化、体制化。这一方面是鼓舞人心的幸事,但另一方面也出现了与实践、尤其与第三世界女性生活实际脱节、走向纯理论化、甚至玄虚化的倾向。在这种局面之下,幸而有芭芭拉·史密斯这样埋头苦干、咬牙硬干的实干家,女权主义的"行动主义"传统才没有被完全侵害,得以存续和发扬光大。芭芭拉·史密斯无疑是一位清醒睿智的导师,她的学说和行动为女权主义的健康发展提供了一个典范和路标。芭芭拉·史密斯和她的思想是那些真正关注女性命运的人所不容忽视的。

主要作品(按出版年代排序)

"Racism and Women's Studies." *Frontiers: A Journal of Women Studies* 5.1 (1980): 48—49.

---

① 孙绍先:《女权主义》,载赵一凡等主编:《西方文论关键词》,第374页。

② 金莉:《美国女权运动·女性文学·女权批评》,《美国研究》2009年第1期,第65—66页。

[Ed.] *But Some of Us Are Brave: All the Women Are White, All the Blacks Are Men: Black Women's Studies*. New York: The Feminist Press, 1982.

[Ed.] *Home Girls: A Black Feminist Anthology*. New York: Kitchen Table: Women of Color, 1983.

[Ed.] *Yours in Struggle: Three Feminist Perspectives on Anti-Semitism and Racism*. Ithaca: Firebrand Books, 1984.

"A Press of Our Own Kitchen Table: Women of Color Press." *Frontiers: A Journal of Women Studies* 10. 3 (1989): 11—13.

[Ed.] *The Truth that Never Hurts: Writings on Race, Gender and Freedom*. New Brunswick: Rutgers University Press, 1998.

[Ed.] *The Reader's Companion to U. S. Women's History*. Boston: Houghton Mifflin, 1998.

"Establishing Black Feminism." *Souls* (Fall, 2000): 50—54.

"'Feisty Characters' and 'Other People's Causes': Memories of White Racism and U. S. Feminism," in *The Feminist Memoir Project: Voices from Women's Liberation*. Eds. Rachel Blau DuPlessis and Ann Snitow. New Brunswick: Rutgers University Press, 2007. 477—481.

"Toward a Black Feminist Criticism," in *But Some of Us Are Brave: All the Women Are White, All the Blacks Are Men: Black Women's Studies*. Eds. Gloria T. Hull, et al. New York: The Feminist Press, 1982. 157—175.

"The Combahee River Collective Statement," in *But Some of Us Are Brave: All the Women Are White, All the Blacks Are Men: Black Women's Studies*. Eds. Gloria T. Hull, et al. New York: The Feminist Press, 1982. 13—22.

参考文献

Daniels, Gabrielle. "Coming Home." "Review of *Home Girls: A Black Feminist Anthology*, by Barbara Smith." *The Women's Review of Books* 1. 6 (1984): 6—7.

Munro, C. Lynn. "Review of *Home Girls: A Black Feminist Anthology*, by Barbara Smith." *Black American Literature Forum* 18. 4 (1984): 175—177.

"Barbara Smith." <http://www.1000peacewomen.org/eng/friedensfrauen_biographien_gefunden.php?WomenID=880>.

"Barbara Smith '69 is one of 1,000 Peace Activists Nominated for Nobel Peace Prize." <http://www.mtholyoke.edu/news/stories/5683236>.

金莉,《美国女权运动·女性文学·女权批评》,《美国研究》2009 年第 1 期,第 62—79 页。

孙绍先,《女权主义》,载赵一凡等主编:《西方文论关键词》,北京:外语教学与研究出版社,2006 年。

帕特里夏·迈耶·斯帕克斯(Patricia Meyer Spacks)（1929— ）

社会流传的女性文化果真恰如其分地反映了女性经历么？社会想象中的女性和真实女性究竟存在怎样的差异？女性真实人生面临哪些困境？我们望文生义的文化词汇存在着多少认识谬误？这些是美国杰出女权文学评论家、学界常青树——帕特里夏·迈耶·斯帕克斯，倾其大半生研究解答的问题。多少世纪以来，失语的女性一直屈居男权社会的他者地位，社会主流文化定义并流传着纯洁善良、温柔优雅、道德优越等对女性的社会想象。但斯帕克斯的研究表明，这些特质完全是男性自我对女性他者的臆想和期待，真实的女性和女性生活早已褪色为水印图景，消隐在男权话语绘制的色彩斑斓的女性生活画卷中。作为首批采用女性视角研究女性文学的学者之一，斯帕克斯殚精竭虑地还原真实女性面貌，恢复真实女性生活图景，致力祛除社会文化想象对女性的禁锢，为“自由女人”的诞生创立空间，也由此实至名归地跻身美国杰出女权文学评论家行列。

斯帕克斯毕生谢绝媒体采访，基本拒谈学术以外的个人生活。有关早年生平，人们只知道她 1929 年出生于加利福尼亚州富裕白人家庭，1949 年罗林斯学院本科毕业，次年耶鲁大学硕士毕业，随后返回加州于伯克利大学继续深造，主修 18 世纪英国文学，1955 年获博士学位。细思之下，不难发现，这看似简单的教育履历是个高瞻远瞩的完美组合：罗林斯学院以扎实的基础教育和自由的艺术精神饮誉全美；耶鲁大学以传统研究为主，以博大厚重的历史底蕴和沉稳严谨的学术风尚著称于世；伯克利大学则是兼收并蓄，对不同族裔和边缘群体一视同仁，且学术氛围宽松、学术思想活跃，鼓励研究多元化。这些互补的优质教育为年方 26 岁业已博士毕业的斯帕克斯储备了卓越的学术素养——扎实的基础知识、沉稳严谨的治学品格和开放开明、关注边缘群体的治学思想，为她日后绵延半个多世纪的学术人生打下精深基础。

斯帕克斯的学术人生，是幅蔚为壮观的巨幅长卷：教学、学术活动、学术研究三线并行，有条不紊地前进着，不徐不缓地穿越了半个多世纪，硕果累累。教学上，斯帕克斯 1959—1979 年间任教于卫尔斯利女子学院，1979 年任耶鲁大学教授，十年后应邀担任弗吉尼亚大学埃德加·弗·香农教授，[①]直至2005年荣誉退休时止。学术活动上，斯帕克斯1976至1994年间在现代语言协会先后担任多个要职，1994年任会长，1995年起至今在美国国家人文中心担任要职，现为该中心董事会副主席。其中2001至2006年间，斯帕克斯兼任美国艺术和科学研究会会长。令人惊叹不已的是，繁忙的教学和繁多的学术职务丝毫未影响斯帕克斯的学术研究：在近60年的时间里，斯帕克斯以每三至四年一部作品的频率出版了14部评论著作，同时编写了6部书籍，发表了近90篇文章。

斯帕克斯的学术研究呈U形曲线分布：60年代主要从事18世纪诗歌本体研究；70年代至90年代侧重女权文学批评和社会文化研究；2000年后，回归诗歌小说本体研究。1959年出版的《嬗变的上帝：汤姆森〈四季〉研究》(*The Varied God*：*A Critical Study of Thomson's* The Seasons)是斯帕克斯的首部专著，研究詹姆士·汤姆森(James Thomson)在1726—1744年间出版的多个修订版诗集《四季》。著作提出汤姆森经过多次修改、增补、修订后的诗集，消解了首版诗集中诗歌唯美浓郁的诗情画意和对苍茫宇宙的沉思冥想，取而代之的是对幸福、进步、道德、科学等社会问题自相矛盾的观察，反映了世俗生活中嬗变的观念。此时的斯帕克斯研究写作经验尚显生涩。三年后出版的《坚守恐怖：十八世纪超自然诗面面观》(*The Insistence of Horror*：*Aspects of the Supernatural in Eighteenth-Century Poetry*)明显成熟起来。这部"令人耳目一新"[②]的著作提出18世纪的超自然诗作孕育了19世纪的浪漫主义诗歌。超自然诗在理性至上的18世纪饱受贬抑。此时的人们排斥宗教寓言，驱逐巫术，鄙视迷信无知的鬼魂之说。然而，许多诗人为了渲染恐怖氛围，丰富诗歌素材，并没有摒弃超自然元素。为了免于被指责无知迷信，诗人们往往通过引入迷信人物或幽默嘲讽鬼神信仰来将自身抽离，即化身法，"化身法被作为体面的修辞手法来伪装诗歌中的超自然元素"是整个18世纪诗歌的显著特征。[③]《嬗变的上帝》和《坚守恐怖》两部著作初步显露斯帕克斯的研究模式：与当时学界盛行的经典文学研究不同，

---

① 埃德加·弗·香农教授席位为纪念为该校做过卓越贡献的埃德加·弗·香农校长设立，授予该校在学术领域做出杰出贡献的学者。

② Bonamy Dobree, "Review of *The Insistence of Horror*: *Aspects of the Supernatural in Eighteenth-Century Poetry*, by Patricia Meyer Spacks." *The Review of English Studies* 15. 59 (1964): 330.

③ Patricia Meyer Spacks, *The Insistence of Horror*: *Aspect of the Supernatural in Eighteenth-Century Poetry*. Cambridge: Harvard University Press, 1962. p. 132.

斯帕克斯更关注长期为经典文学史忽略的二流甚至三流作家,挖掘其作品的文学史意义,重新定位作品,恢复作者应得的文学地位。斯帕克斯此后出版的三部著作,《约翰·盖伊》(*John Gay*,1965)、《憧憬诗:十八世纪五诗人》(*The Poetry of Vision: Five Eighteenth-Century Poets*, 1967),以及《意象:亚历山大·蒲柏诗歌研究》(*An Argument of Images: The Poetry of Alexander Pope*, 1971),均系诗歌本体研究,探讨18世纪具体诗人的主题、措词、意向、创作手法等,是研究这些诗人的必读书目。

1971年评论文章《自由女人》(“Free Women”)的发表,标志着斯帕克斯重要的学术转折——从男性诗歌研究断然转向女性问题和女性文学研究。特殊的时代背景、个人的工作环境,以及学者的社会使命感共同促成了这一意义重大的转折。斯帕克斯自1959年起任教于卫尔斯利女子学院,该校宗旨是为立志改变世界的女性提供一流的教育机会。斯帕克斯发现这里的女学生们内心是挣扎矛盾的:学院为她们提供着一流的教育机会,释放着她们影响改变世界的潜能,而传统文化却一再告诫她们女性不应该卓尔不群,不应该出类拔萃。何去何从是个纠结不已的难题。适逢60年代波澜壮阔的女权运动,女性问题浮升为显性问题。这一特殊的历史情境让了解年轻女性思想动向、关注社会问题、学养丰厚的斯帕克斯不期而然地成为青年女性成长的人生导师。《自由女人》便是应时代需求而作的文章。追求自由是女权运动的意旨所在,但何谓女性自由却是个含糊不清的概念。斯帕克斯研究了多部女性自传,指出女性追求自由的方式不尽相同,却各有局限。莉莲·赫尔曼(Lillian Hellman)内化了男性标准,拒斥女性气质,把追求男性化的自由看得高于个人创作成就和自我认知,最终成为一个“未完成的女人”,一个“选择性盲目”的作家;[①]阿内丝·尼恩(Anais Nin)以“失去”为荣,无休无止地自我牺牲,以迎合取悦他人的方式换取他人对自己的依赖,将个人对周遭环境的影响力视为自己的自由;埃伦·威利斯(Ellen Willis)和萨莉·肯普顿(Sally Kempton)热衷政治自由,却因担心被男人抛弃而时时惶恐忐忑。纵观女性小说,问题同样重重。19世纪小说中的女性自由是带有逃离、幻境和梦想色彩的想象的自由;20世纪小说中的“自由女人”是知性却乱性、自诩无欲无求、实则阉割去势的女人。斯帕克斯一语中的地指出:“自我完整性是自由的必备条件”,被男权文化撕裂自我的女人很难抵达真正的自由;同时要清楚“绝对的自由是不可能的”,因为现实境遇和社会状况制约着每人,

---

① Patricia Meyer Spacks, “Free Women.” *The Hudson Review* 24.4 (1971): 560.

不论男女。[1] 斯帕克斯认为"抵达自由…即是超越现实"。[2] 女性超越现实和抵达自由的方式更多依赖于想象和幻想,毕竟意识是最广阔的自由空间。由于写作将想象、创作、与现实经历合而为一,源于现实又超越现实,斯帕克斯将之视为女性抵达自由的有效方式。

《自由女人》与同时代的女权批评文章截然不同。60、70年代的女权主义文章,大多立场明确、观点激进、语言犀利、斗争意识浓烈,有极左倾向。相形之下,《自由女人》采用了较为中庸的客观立场,语言平和温婉,没有铿锵犀利的言辞,没有斩钉截铁的主观断言。长达十六页的文章有详有略地介绍了四部女性自传、九部女性小说当中的女性自由观,作者很少清晰明朗地陈述自己的观点,而是通过平铺事实,让主题观点自行浮现。这是斯帕克斯文章的鲜明特色,亦是斯帕克斯的不同凡响之处。激进女权主义时期,许多女权者不尊重性别天然差异,盲目追求两性的绝对平等。她们实质上内化了父权思维和父权文化的厌女情结,其斗争的本质是以父权的方式对抗父权,是对男权文化变相的认可和追随,易于将女权事业引入极左误区。斯帕克斯则是位罕见的对父权文化相对免疫的学者,她对自己的性别安之若素,怡然悠然地保持着"自我完整性"。这种自我认可的姿态确保斯帕克斯矫枉不过正,以超乎常人的冷静静观事态,在尊重两性天然差异的前提下,客观理性地寻求合理的真正适合女性的生活文化方式,寻求女性自由发展的可能。诚然,斯帕克斯的女性自由观有一定历史局限性:因为《自由女人》中探讨的均是文学女性或女性知识分子,所得出的结论——想象是超越现实的有效方式,是否适用于整个女性群体,有待商榷;而且斯帕克斯虽意识到女性的独特性,却没有意识到政治和经济权利对女性的制约。然而,瑕不掩瑜,斯帕克斯对性别天然差异的尊重和对追求男女绝对平等的盲目性的否定,是很有远见卓识的。

《自由女人》的思想在《女人的想象》(*The Female Imagination*,1975)中进一步完善和深化。由于社会想象建构出的女性形象和经历与女性的现实切身感受往往不符,女性渴望了解同性群体的真实经历,"如果我们了解女性如何表述女性经历,她们的真实感受,这将是女性的解放"。[3] 有鉴于此,斯帕克斯撰写了《女人的想象》,探寻女性共有的经历,寻找女性情感的习惯表达方式,挖掘女性自我描述的潜在模式,旨在让女性深入了解自身性属特

---

① Spacks, "Free Women." p. 568.

② Ibid., p. 572.

③ Patricia Meyer Spacks, *The Female Imagination*. New York: Alfred A. Knopf, 1975. p. 3.

点,从而智慧地规划未来,实现自我。鉴于想象既可透视现实,亦可替代现实,同时激发着女性写作,斯帕克斯将想象作为切入点,分析包括简·奥斯汀(Jane Austern)、埃伦·格拉斯哥(Ellen Glascow)、夏洛特·勃朗蒂(Charlotte Bronte)、弗吉尼亚·伍尔夫(Virginia Woolf)、玛丽·麦卡锡(Mary McCarthy)等女性作家笔下的80余部作品中所反映出的三个世纪以来女性脑海中徘徊萦绕的主旋,考察意识习得的性属文化,展现父权文化中的女性困境。

斯帕克斯发现很难总结概括出女性小说的写作形式和技巧,但却可以找到若干"女人的问题",[①]这些问题从不同侧面反映出女性的社会从属地位和人生困境。问题一:女作家的笔下总是流淌着歉意,为琐碎的主题道歉,为赞美女性道歉,为女作家不够出色道歉,尤其为女性的愤怒道歉。即使像伍尔夫这样杰出的女性作家,也难逃这个符咒,《一间自己的屋子》(*A Room of One's Own*)多次为女性写作的不完美抱憾,批评勃朗蒂小说中女主人公的愤怒凸显了女人的弱点。斯帕克斯则认为歉意是女性小说共有的问题,而愤怒是女性对男权社会的强烈控诉,并在写作中喷薄而出,"愤怒是女性的创作之源,愤怒激荡出创作冲动、主题和独创性"。[②]女人的愤怒有其合理性,但社会规训让女人条件反射般地认为这折损了女性气质,于是频频道歉。问题二:19世纪的女性"梦寐以求有所依附"。[③]维多利亚时期女性小说显著的情节模式是"男人行动、女人服从"。[④]19世纪的英国,男人"不停地决定如何行动,女人仅仅决定如何接受"[⑤]。这一性属行为模式折射并决定了女人的社会被动性和依附性。依附等同于放弃自我,毕竟依附即是交出自主权、不承担责任、责任由他人定义。婚姻是女人主要的依附形式,"19世纪的女性,除了婚姻,几乎别无出路"。[⑥]然而,女性虽然被动,也有选择是否接受男性决策的权利——许多女主人公的香消玉殒便是逃避男性支配的方式。死亡是众生的自由,然而以决绝的死亡逃脱被动性的、依附性的人生却多是女人的宿命。问题三:女性的天职是照顾他人,这一天职的魅力"远胜于职业女性的光环和女超人的吸引力"。[⑦]《小妇人》(*Little Women*)有意无意地暗示女人天生一惊一乍、慵懒无知、爱慕虚荣,"她们必须被不厌其烦地

---

① Spacks, *The Female Imagination*. p. 35.

② Ibid., p. 11.

③ Ibid., p. 77.

④ Ibid., p. 38.

⑤⑥ Ibid., p. 62.

⑦ Ibid., p. 87.

教导改过”。[①] 小说若隐若现地强化女性应自幼学习让自己人见人爱的观念，反对女性充满智慧和富有创造性。与此相对的是“女性英雄主义”。[②] 埃伦·格拉斯哥笔下的女性在照护男性的经历中收获贤妻良母的美誉，绽放圣人的光辉，魅力经久不衰。可以说，本性愚钝、曼妙可人、照护他人的社会话语是女性人生的重重陷阱。问题四：女艺术家的两难困境。对男性艺术家而言，爱情、个人自主性、艺术成就、创作力量等要素，具有兼容性，彼此和谐，相得益彰。然而对受社会习俗约束的女性而言，爱情与艺术追求、女性气质与艺术创作却是非此即彼的选择，不可兼得。爱情是女性内心深处的渴望，但意味着放弃个人独立性，依附他人，即意味着丧失创作力量；追求艺术意味着脱离传统女性气质定义，创作表达欲望优先于迎合取悦异性行为。所以，女艺术家们常常在进退两难的困境中过着“外表琐碎平常，内心激流涌动”的分裂式生活。[③] 许多女艺术家，例如玛丽·麦卡锡，通过想象和幻想来调和内心渴望与外部世界的矛盾。问题五：社会想象操纵着女性人生。女人被誉为是“文明文化的监管者，社会生活的维护者”，但，斯帕克斯指出，却“从未创造文化”。[④] 社会想象推崇纯洁美丽、清新脱俗、养尊处优的女性形象，排斥行动主义式的女人，从而熏陶渐染地把女性加工成为没有想象力和争取自由能力的附属品。这一形象“令女人窒息”。[⑤]《米德尔马契》（*Middle March*）中，多罗西·布鲁克梦想着“有所作为”，而不是满足于“拥有”，却“在出身和财富至上的世界里得不到任何支持”。[⑥] 女性真正梦寐以求的是工作和爱情兼顾，男女既各自独立又彼此相依，同时拥有个人独处和群体交流的双重乐趣。然而，由于社会话语规定爱情、依附、群体为女性特质，与工作、独立、独处的男性特质彼此对立，两者兼得对女性而言，只是镜花水月，海市蜃楼。

《女人的想象》是女权文学批评的奠基性著作之一。与同时代一些女权主义著作所表现出的对女性作家的轻蔑、或将女性在文学上的成功看作是对女性范畴的超越不一样的是，《女人的想象》平和看待男女写作不同，指出“传统的男女关注点和角色不同决定了女性写作的不同”。[⑦]斯帕克斯无意颠

---

① Spacks, *The Female Imagination*. p. 97.

② Ibid., p. 102.

③ Ibid., p. 177.

④ Ibid., p. 228.

⑤ Ibid., p. 244.

⑥ Ibid., p. 230.

⑦ Ibid., p. 7.

覆男性创造的女性神话，只是切换视角，从女性角度展现女性现实和女性梦想，展现社会想象对女性根深蒂固的曲解，毕竟男性只看到女性表象，只有女人了解真实的女人。《女人的想象》走进女性世界，剖析女性问题，还原真实女性，致力解除女性自我发展和自我实现的社会枷锁，促进了女性的解放和发展。该书一经出版即深受欢迎，五年内再版25次，曾荣获全国图书奖提名，现被世界1388家图书馆收藏。

斯帕克斯对女性问题的关注持续了整个70年代。《想象自我：十八世纪英格兰小说与自传》(*Imagining a Self*: *Autobiography and Novel in Eighteenth-Century England*,1976)探讨了女性身份问题。就历史和心理因素而言，18世纪许多默默无闻的女性作家值得我们探讨，她们的经历佐证了社会秩序对女性的限制：她们不约而同地创造着柔弱的女主人公，她们的内心或容忍自己渺小，克制着对社会要求的愤怒，柔弱和被动是她们的社会智谋，得到的回报往往是事随愿成；她们常常为自己写作怀有歉意，往往以柔弱无助、毫无恶意、年轻莽撞、身体欠佳、无欲无求、经济拮据等回应写作缘由，期待获得理解和支持。这些女性和女性小说多从性别、社会、心理弱势定义自身，不仅凸显出女性的社会弱势地位，而且暗示着女性神化了自身受害人角色，并在书写言说中将弱势角色转化为自由勋章。斯帕克斯一针见血地指出：女性即使是在天马行空的想象中也以弱者身份出现，表明她们对自己社会弱势地位的朦胧认识和由此产生的强烈的无助感。

斯帕克斯对社会文化中的女性歧视批判没有停留在直接的女性问题探讨上，而是延伸及社会对女性文化歧视的批判上。《漫谈》(*Gossip*,1986)从女性文化角度纠正文化对女性的歧视和偏见。"漫谈"本是中性词，但文化为其贴上女性标签，与女性一同并陈社会文化边缘地带。男性，即使是领悟理解能力卓越的男性，也对女性的家长里短和姐妹漫谈嗤之以鼻。有感于世俗的谬见和漫谈与女性蒙受的不公正对待，斯帕克斯撰写《漫谈》一书，从文学创作的产生发展谈起，探讨漫谈对文学创作不可或缺的重大作用，从而提升了漫谈的社会文化地位，间接纠正了社会对女性文化的贬抑和边缘化。斯帕克斯指出漫谈是文学的摇篮。漫谈的过程是叙述、诠释、和判断交替进行、此消彼长的过程，它将生活转变为故事，部分故事后来成为文学创作的灵感和素材，诸如口头文学、回忆录，以及书信集类的文学体裁可以说是披上华彩霓裳的漫谈。漫谈的若干功能成就着小说创作。首先漫谈目的的复杂性推动着小说情节错综复杂发展。看似漫不经心之语常常回旋着秘而不宣的弦外之音，如蓄意破坏、闪烁其词、含蓄竞争、亲密友好、道德审查等等。文学创作常常借助复杂的漫谈目的伸展出情节的枝枝蔓蔓，编织出曲折回旋、引人入胜的动人故事。其次，漫谈是社会文化的重要载体，具有传播文化价值观念、规训社会个体、惩罚越界者的功能。文学创作借助漫谈营造出社会文化语境，展现左右人物命运浮沉的社会力量。同时，漫谈的语气、措词和主题是人物内在特质的外延，是人物的身份地位和社会群体归属的显著标志，因而是小说塑造人物的重要方式。此外，文学作品的颠覆力量也常借助女性漫谈实现。家庭空间中的女性漫谈，远离社会监管，不时吐露主流文化粉饰下的社会真相，水滴石穿地倾覆着男权社会的某些武断臆想。社会对女性漫谈的打压，正是对其暴露社会真实功能的忌惮。漫谈也是其他边缘化群体的言说途径和质疑主流文化无稽臆想的方式。斯帕克斯认为，漫谈在高雅文学中扮演着举足轻重的角色，不应被简单视为琐碎无聊的妇人之语，"优质的漫谈接近艺术"。[①]

斯帕克斯将漫谈与文学相提并论，提升了漫谈的社会文化地位，扭转了数百年来人们对漫谈的贬抑和诋毁，同时开创了现实主义文学赏析的全新方法，解读自传小说的全新策略，和分析小说产生历史因素的全新视角。如果说《女性的想象》直接研究女性，间接批驳文化对女性的曲解，《漫谈》则直接研究文化，间接批驳社会文化对女性的歧视。漫谈首先被女性化，从而被边缘化，暴露出社会对女性和女性文化的歧视。漫谈对文学的重大意义间接赋予女性文化积极意义，提升女性文化和地位。疾风骤雨的60、70年代过后，如何维护女权运动成果、去除女性自我实现的心理枷锁、建立积极的女性文化，成为女权主义者的当务之急。《漫谈》创立了解读女性文化的全新思路，斯帕克斯的研究更是学贯古今，令世人对女性文化刮目相看。

斯帕克斯另外两部不可不提的著作是《无聊：心灵状态文学史》(*Boredom: The Literary History of a State of Mind*, 1995)和《独处》(*Privacy*, 2003)。这两部著作致力于纠正文化的整体谬误，批驳社会文化望文生义的曲解。近年来，无聊与独处逐渐成为高频词汇，人们四处诉说无聊情绪，高谈阔论尊重个人空间，似乎无聊是芸芸众生的心灵状态，独处是高度文明的显赫标志。斯帕克斯认为人们想当然地使用着这两个词语，似乎含义不言自明，亘古未变。实际上，无聊和独处均是文化建构，在不同时代以不同的方式影响着人们的文化理解和阐释。先从无聊说起。18世纪前的农业社会不存在无聊现象。人们建立封闭的同质化社区，采用群体性劳作和休息模式，周而复始，年复一年，不受无聊情绪困扰。18世纪中期，工业

① Patricia Meyer Spacks, *Gossip*. Chicago: University of Chicago Press, 1986. p. 13.

化的出现结束了群体性劳作时代,它将人们的闲暇与工作时间分离,催生了"享乐"观念和"无聊"情绪。"无聊"自产生时起,就暗示被动性,影射受困境遇,具有性别归属。18世纪的女性认为无聊是内心空虚和道德失败的结果,是整日无所事事的男性的体验。然而"无聊"不久易主。19世纪资本主义生产方式的高速发展让男性奔走在经济活动中,却将女性从繁重的家务中解放出来。由此,男性认为无聊是女性的状态。20世纪无聊成为芸芸众生的普遍状态。斯帕克斯认为对主体性和个人价值的高度关注使人们将无聊归咎于外界,认定是外部社会文化令主体产生无聊厌倦情绪。她指出,无聊和个人的情绪品味、社会想象及信仰密切相关,此时无聊,彼时有趣。以小说为例,一部小说枯燥与否并不单单取决于小说内容本身,还涉及该书能否排解现实问题,是否保持了文化有效性和活力。此外,无聊与否也和主体的参与度相关,沉溺个人想象和忽视社会责任容易滋生无聊。行动抵制无聊。全神贯注地投入到工作中、关注他人、积极履行社会责任会助人远离无聊。

"独处"是"无聊"的同胞兄弟,因为两个概念同为18世纪工业化劳动分离的副产品。与"无聊"的频繁变更主体不同,"独处"不断变更内涵,是个凝聚了自主和自我完整性的文化概念。"独处"语出拉丁文,原指"被开除公职,"即"剥夺男性充分、恰当行使职责"。[①]在强调群体责任的时代,被迫独处是一个人的耻辱,因而古人认为独处是危险物,避之唯恐不及。然"独处"在18世纪摇身一变,炙手可热。工业化将公共空间和私人空间分离,加之个人主义盛行,独处逐渐渗入人们日常生活。当时社会推崇自我克制的得体文化,独处顺理成章地成为人们掩饰其背离社会规范的真实想法和情感的工具。如今,独处意味着"有选择空间",[②]尊重个体对私人空间的控制权利。在美国,独处甚至是"宪法权利,公民自由和支配权利的优越体现"。[③]与此前社会因素厚重不同的是,当代人独处多是过度关注内心世界,沉浸在个人情感反思中。斯帕克斯不无忧虑地指出,独处面目全非的转变说明当代人公民责任感缺失,"我们远离了曾经的群体责任和互助理念"。[④]

2000年后,斯帕克斯逐渐回归文学本体研究,先后出版了《小说开篇:十八世纪英国小说实验》(*Novel Beginnings: Experiments in Eighteenth-Century English Fiction*, 2006)和《阅读十八世纪诗歌》(*Reading Eighteenth-Century Poetry*, 2009)。这位为女权文学批评呕心沥血三十载

① Patricia Meyer Spacks, *Privacy*. Chicago: University of Chicago Press, 2003. p. 2.

② Ibid., p. 3.

③④ Ibid., p. 2.

的学者，在喜见女性生活和地位发生翻天覆地的改观后，在喜闻诸多学者前赴后继地投入到女性研究中后，终于展颜欢笑，并在一片如火如荼的锦绣盛况中悄然转身，重拾昔日旧爱，复归18世纪小说诗歌本体研究。现年已届82岁高龄的斯帕克斯正在撰写《重读》(*Rereading*)一书，即将出版。相信这本汇聚了一位资深学者毕生智慧的著作，必是又一场思想的饕餮盛宴，有着天鹅之音的余韵缭绕。

主要作品(按出版年代排序)

The Varied God. Berkeley: University of California Press, 1959.

The Insistence of Horror. Cambridge: Harvard University Press, 1962.

John Gay. New York: Twayne, 1965.

The Poetry of Vision. Cambridge: Harvard University Press, 1967.

"Free Women." *Hudson Review* 24 (1971): 559—573.

An Argument of Images. Cambridge: Harvard University Press, 1971.

"Taking Care: Some Women Novelists." *Novel: A Forum on Fiction* 6.1 (1972): 36—51.

"Ev'ry Woman is at Heart a Rake." *Eighteenth-Century Studies* 8.1 (1974): 27—46.

The Female Imagination. New York: Knopf, 1975.

Imagining A Self. Cambridge: Harvard University Press, 1976.

"Women's Stories, Women's Selves." *The Hudson Review* 30.1 (1977): 29—46.

Contemporary Woman Novelists. Englewood Cliffs: Prentice-Hall, 1977.

The Adolescent Idea: Myths of Youth and the Adult Imagination. New York: Basic, 1981.

Gossip. New York: Knopf, 1985.

Desire and Truth: Functions of Plot in Eighteenth-Century English Novels. Chicago: University of Chicago Press, 1990.

Privacy: Concealing the Eighteenth-Century Self. Chicago: University of Chicago Press, 2003.

Novel Beginnings: Experiments in Eighteenth-Century English Fiction. New Haven: Yale University Press, 2006.

Reading Eighteenth-Century Poetry, Chichester: West Suffix, 2009.

参考文献

Boyce, Benjamin. "Review of *The Varied God: A Critical Study of Thomson's* The Seasons, by Patricia Meyer Spacks." *Modern Philology* 58. 3 (1961): 216—217.

Cafarelli, Annette Wheeler. "Review of *Desire and Truth: Functions of Plot in Eighteenth-Century English Novels*, by Patricia Meyer Spacks." *The Journal of English and Germanic Philology* 93.3 (1994): 437—439.

Dobree, Bonamy. "Review of *The Insistence of Horror: Aspects of the Supernatural in Eighteenth-Century Poetry* by Patricia Meyer Spacks." *The Review of English Studies* 15.59 (1964): 329—330.

Doody, Margaret A. "The 'I' Speaks." *NOVEL: A Forum on Fiction* 12.2 (1979): 185—189.

Gilbert, Sandra, and Susan Gubar. "A Revisionary Company." *NOVEL: A Forum on Fiction* 10.2, (1977): 158—166.

Gordon, Jan. "Review of *Gossip*, by Patricia Meyer Spacks." *MLN* 101.5 (1986): 1273—1279.

Lipking, Lawrence. "Review of *Imagining a Self: Autobiography and Novel in Eighteenth-Century England*, by Patricia Meyer Spacks." *Criticism* 20.1 (1978): 72—75.

Mack, Ruth. "Protecting and Embedding the Eighteenth-Century Self." *NOVEL: A Forum on Fiction* 37.1 (2003): 216—220.

Park, Clara Claiborne. "Them or Us." *The Hudson Review* 35.4 (1982): 654—659.

Pearson, Jacqueline. "Review of *Privacy: Concealing the Eighteenth-Century Self*, by Patricia Meyer Spacks." *Modern Philology* 103.1 (2005): 131.

Rose, Phyllis Davidoff. "Review of *The Female Imagination*, by Patricia Meyer Spacks." *College English* 38.1 (1976): 98—101.

Sambrook, A. J. "A Distant Prospect: Eighteenth-Century Views of Childhood." *The Yearbook of English Studies* 16 (1986): 255—256.

Sherbo, Arthur. "Review of *The Varied God: A Critical Study of Thomson's The Seasons*, by Patricia Meyer Spacks." *The Journal of English and Germanic Philology* 60.1 (1961): 174—176.

Varey, Simon. "Review of *Desire and Truth: Functions of Plot in Eighteenth-Century English Novels*, by Patricia Meyer Spacks." *Comparative Literature* 46.2 (1994): 206—209.

Weisman Karen A. "Review of *Boredom: The Literary History of a State of Mind*, by Patricia Meyer Spacks." *Criticism* 39.2 (1997): 294—298.

克劳迪亚·泰特(Claudia Tate)
(1946—2002)

克劳迪亚·泰特为著名非裔美国文学评论家，在美国文学、黑人文学以及女性文学研究领域都颇有建树，而她最卓越的贡献是拓宽了美国黑人文学的研究领域，特别是对美国黑人女性文学的研究。泰特的研究使得学界的视野不再局限于几位已成经典的黑人作家的主要作品，此外她将精神分析的方法带入美国黑人文学研究，而不仅仅着眼于"抗议文学"这唯一的视角。

1946年12月14日，泰特出生于新泽西州的海滨胜地朗布兰奇市。二战期间，泰特一家移居新泽西州，父亲哈罗德在军队做工程师，母亲玛丽作为数学家，在美国国防部任职。中产阶级家庭背景使泰特得以接受良好的教育，父母的影响也使泰特对知识充满渴求。虽然泰特一家移居到了新泽西州，他们在北卡罗来纳的家一直还在，这也使泰特和美国南方保持着亲密关系。1968年泰特毕业于密歇根大学，获英美文学专业文学学士学位。1969年，泰特作为研究生进入哈佛大学英语系，为少有的几位黑人女性之一。在哈佛，她和其他几位学者共同奠定了非裔美国文学研究的基础。1977年，泰特获得了哈佛大学的英美语言文学专业的博士学位，继而在哈佛大学英语系任教长12年之久。1989年，泰特加入乔治·华盛顿大学。自1997年起，泰特一直在普林斯顿大学任教，直至2002年7月29日，年仅57岁的泰特因肺癌辞世。[①]

泰特早期主要关注理查德·赖特(Richard Wright)、盖尔·琼斯(Gayl Jones)和内拉·拉森(Nella Larsen)三位非裔美国作家，分别于1976、1979和1980年在《美国黑人文学论坛》(*Black American Literature Forum*)上针对上述三位作家发表了三篇论文。1979年，泰特发表论文《关于白人评论家和黑人美学家》("On White Critics and Black Aestheticians")，探讨白人评论家与黑人作品美学的关系。

1983年，泰特的首部著作问世《工作中的黑人女性作家》(*Black Women*

---

① Nell Irvin Painter, "Introduction: Claudia Tate and the Protocols of Black Literature and Scholarship." *Journal of African American History* 88.1(2003): 60—61.

Writers at Work)。在该书中,她对包括托妮·芭芭拉(Toni Barbara)、克里斯汀·亨特(Kristin Hunter)、盖尔·琼斯、奥德丽·洛德(Audre Lorde)、托妮·莫里森(Toni Morrison)、艾丽斯·沃克尔(Alice Walker)、玛雅·安吉罗(Maya Angelou)等在内的黑人女作家进行了采访。泰特在介绍中指出"文学外的因素——社会和政治问题以及个人生活——对创作过程有着直接影响",而当"少数民族和'柔弱'性别相交叉时,在美国没有什么比这更复杂、更有争议和更矛盾的了"。[①] 在采访中,作家不仅可以谈论她们的个人生活如何表现于作品,还有机会扮演评论家的角色,评论她们自己的书,也评论关于她们的书的书评。泰特并非模仿论的信徒,她认为生活与艺术之间隔着"反思、凝练、组织,还有最重要的想象"。[②] 泰特之所以提出区分生活与艺术,是由于人们在阅读女作家的作品时普遍存在两个误区。一是这些作家往往被误认为是她们笔下的女主人公;二是人们常将作品搁置一边,而去谈论作家的个人生活,而作品本身并没有真正得到评论家的关注。[③] 泰特的采访既关注作品的主题和作家的观点,也关注作品本身的写作风格与技巧。她的提问分为两类,一类是普遍性的,比如黑人和女性身份如何影响了她们的作品,她们为谁写作,以及作为作家的她们的兴趣何在等问题;一类则是针对某位作家的见解和风格。[④]

泰特通过广泛深入地阅读黑人女作家的作品,以及对她们进行面对面的采访,总结出了黑人女作家的几个写作特色。以"追寻"主题为例,这一主题是指"在一个孤独感、无意义感增强,而道德衰颓的世界,作为个人追寻有意义的身份和自我满足的尊严"。在黑人作家笔下,孤独感和道德虚伪因种族歧视而有了特殊意义。黑人女性作家又因她们的性别,使她们在角色选择、场景和情节方面与黑人男性作家有所不同。黑人女性作家常通过女性角色来表达她们思想。这些黑人女性角色在追求"自我肯定"(self-affirmation)时,很少以一个异化的外乡人或孤独的冒险者的形象出现。相反,她总是与她的孩子或某一个地方有着扯不断的关联。由于社会对黑人女性行动自由的限制,她的追寻往往在一个狭小封闭的环境里进行。地理受限,加之黑人女性十分憧憬多层次的人际关系,因而对身份追求的深度得以增强。复杂的个人关系并不意味着女主人公的自我意识和命运取决于他

① Claudia Tate, ed., *Black Women Writers at Work*. New York: Continuum, 1983. p. xv.

② Ibid., p. xvi.

③ Ibid., p. xviii.

④ Ibid., p. xix.

人。相反,她清楚地知道只有她本人才可以理解她自己的生活处境。首先进行深刻的自省,然后才可以与他人建立有意义的关系。“自我尊重”(self-esteem)是黑人女作家的又一重要主题。建立在自我牺牲基础上的自我尊重无异于自我毁灭。这并不是说女人应该自私,只是说“女人必须学会爱和欣赏她们自己,简单说就是欢庆她们的女性身份,这样才是为增强自我尊重负责”。另一个特色是这些黑人女性不仅要背负种族主义与性别主义的双重重负,还要在这重负下挺直腰板,她们要“能走,能跑,甚至战斗”。她们明白生活不是一个需要解决的问题,而是需要去经历的一种过程。在这些女作家的作品中,一个不断出现的主题是“黑人必须为他们的行为承担终极责任”,“种族主义并没有减弱他们维护人类尊严的责任,他们可以保护也可以剥削周围的人”。①

著名女作家蒂莉·奥尔森(Tillie Olsen)在该书的前言中指出,“这本采访集超出了其文体。它是一本先锋性作品、一本启示性的书,它充满挑战,不仅开启了人们对写作的思考,还有对生命本身以及当下生活的思考”。评论家内尔·佩因特(Nell Painter)认为“泰特所提出的问题引人深思,充满真知灼见,作为一种文体,采访因而获得了新的标准,该书为非裔美国女性作家的评论和理论研究指出了新方向”。② 这种评论应该说并不为过。该书引起了很大反响,随后在英国、日本、墨西哥出版。

1992 年,泰特出版第二部评论专著《政治欲望的家庭寓言:世纪之交的黑人女主角文本》(*Domestic Allegories of Political Desire: The Black Heroine's Text at the Turn of the Century*)。该书所关注的是美国南方后重建时期的黑人女作家的家庭小说。因不符合评论界对“黑人文学”即反抗白人压迫的“抗议文学”的定位,这类小说一向遭到忽视。泰特在书中也提到了一些其他更深层次的原因。首先,19 世纪 90 年代大行其道的是以亨利·詹姆斯(Henry James)和伊迪丝·沃顿(Edith Wharton)为代表的现实主义,而许多黑人女作家的小说却更类似已过气的 19 世纪中期的感伤文学。其次,非裔美国文学传统上把 19 世纪末 20 世纪初定义为黑人写作的“低谷”,这个时期的作品大多出自女作家之手,她们所关注的问题是“种族提升”,这种观点被贬为“同化主义”,不加选择地接受白人中产阶级的价值观,甚至书中的女主人公也往往是皮肤较白的混血儿,或种族身份不明。许多

① Claudia Tate, ed., *Black Women Writers at Work*. pp. xix—xxv.

② Nell Irvin Painter, "Introduction: Claudia Tate and the Protocols of Black Literature and Scholarship." pp. 60—65.

读者因而将这一时期看做是黑人历史上一个令人尴尬的时期。[①] 泰特关注这类小说，意在使当代读者认识到这类小说有其价值所在，“这些小说中的理想化家庭生活是维多利亚时代的基本文化象征，代表了公民理想和繁荣”，在19世纪用以指代“恰当的社会秩序”，而黑人女作家尤其喜用这种象征来促进非裔美国人的社会进步。[②] 书中所涉及的问题包括奴隶问题、重建时期及后重建时期个人及社会问题中的女性参与，以及婚姻、教育、选举权、种族公正等。

泰特所使用的分析方法是历史性阅读，“将后重建时期的女主人公的种族、性别，及个人欲望历史化”，[③]以便找出是哪些历史和文化的因素导致了这种情节构成。历史化阅读也意味着后重建时期的读者也是泰特的研究重心之一。如贝蒂·伯格兰(Betty Bergland)所言，泰特在这部著作中，不仅运用了女权主义批评、文化批评等理论，还运用了接受理论。泰特“以非裔美国家庭小说的首批读者(后重建时期的工人阶级和中产阶级黑人)为中心，表明跨学科研究如何增进我们对作品、对读者，以及对读者所生活的时代的理解”。[④] 泰特非常清楚20世纪末的读者往往忽视19世纪小说的政治和文化背景。乔伊斯琳·穆迪(Joycelyn Moody)认为泰特最富挑战性也最具说服力的观点是这些小说的首批读者“并不想寻求叙述的原创性或种族抗议，他们想要的是经过认可的方案和鼓舞人心的社会典型”，他们理解这些19世纪末的黑人女性作家，知道这些作家是要挑战当时流行的对黑人的程式化负面描写，是要表明黑人已经准备好全身心地投入美国社会，“模范公民”即为泰特所说的政治欲望。[⑤]

泰特并没有直接从后重建文学写起，而是先铺陈背景。该书第一章着眼于内战前女黑奴的自传性文本以及废奴主义者的影响，对哈里雅特·雅各布斯(Harriet Jacobs)的《一个奴隶女孩的生活事件，自述》(*Incidents in*

---

① Michele Birnbaum, "Review of *Domestic Allegories of Political Desire*: *The Black Heroine's Texts at the Turn of the Century*, by Claudia Tate." *Studies in the Novel* 27.2 (1995): 236—237.

② Claudia Tate, *Domestic Allegories of Political Desire*: *The Black Heroine's Texts at the Turn of the Century*. New York: Oxford University Press, 1992. p. 5.

③ Ibid., p. 96.

④ Betty Bergland, "Review of *Domestic Allegories of Political Desire*: *The Black Heroine's Texts at the Turn of the Century*, by Claudia Tate." *MELUS* 20.2 (1995): 157.

⑤ Joycelyn K. Moody, "Review of *Domestic Allegories of Political Desire*: *The Black Heroine's Texts at the Turn of the Century*, by Claudia Tate." *Modern Language Quarterly* 56.2 (1995): 243.

the Life of a Slave Girl, Written by Herself,1861)以及哈里雅特·E.威尔逊(Harriet E. Wilson)的《我们的黑鬼》(*Our Nig*,1859)进行了深入分析。这些看似感伤文学的自传隐含着对奴隶制的批判,是奴隶制枷锁阻碍了黑人女性获得圆满的家庭生活,使她们不可能达到当时白人社会所设立的"真正女性"(True Woman)的标准。泰特把家庭憧憬与政治诉求结合在一起,自由不仅意味着逃离奴隶制,也意味着"进入母亲身份、家庭亲情的社会体制"。[①] 家庭生活由此成为一种政治寓言,这一模式即为贯穿全书的主线。

泰特在第二章提出了所谓"双文化遗产"——基于父系家庭模式的主流资产阶级建构,以及基于奴隶文化中更为平等的家庭模式的民间智慧。家庭小说继承了这两种文化遗产,"婚姻既被视作个人成就,也被视作集体提升,(作家)欲将其作为个人及集体层面的政治诉求的家庭寓言"。[②]

第三章直接跳到了20世纪30、40年代的两本小说——佐拉·尼尔·赫斯顿(Zora Neale Hurston)的《他们的眼睛望着上帝》(*Their Eyes Were Watching God*,1937)和赖特的《黑男孩》(*Black Boy*,1945)。穆迪指出,"泰特梳理了评论界对这两部书的不同反应,极具戏剧化地将性别枷锁作为阅读种族文学的一个决定性因素,并暗示评论界因忽视非裔美国家庭小说的历史和文学背景,而造成了对黑人女性作品的压制"。[③] 泰特随后分析了1890年到1903年出版的11本黑人女性家庭小说,指出在黑人文学中,"男性欲望似乎与女性欲望背道而驰"。[④] "后重建时期的家庭小说与种族抗议文学的工人阶级伦理及'黑人艺术'的圭臬均不相同,因此这些小说也就被这两种运动的重压埋葬了。"当代读者由此更倾向于黑人男性作品中表现出来的对自由的憧憬和英雄主义,而将女作家的作品贬为"限制性的"以及"维持现状的"文本。[⑤]有些评论家甚至认为家庭小说是"不现实的、自负的、非政治的"。[⑥] 泰特辩驳道,我们需要一种"对性别与种族都敏感的历史化阅读模式",[⑦]后重建时期的家庭小说可以被定义为"种族小说",这些小说暗含着"对后退主义(retrogressionism)的反抗、对种族隔离政策的驳斥,以及提升

① Claudia Tate, *Domestic Allegories of Political Desire*. p. 32.

② Betty Bergland, "Review of *Domestic Allegories of Political Desire*." p. 154.

③ Joycelyn K. Moody, "Review of *Domestic Allegories of Political Desire*. "p. 244.

④ Claudia Tate, *Domestic Allegories of Political Desire*. p. 88.

⑤ Ibid., p. 80.

⑥ Ibid., p. 89.

⑦ Ibid., p. 90.

黑人的经济、教育及道德水准的诉求”。[①] 男性作家的“抗议小说”与女性作家的“家庭小说”仅仅是叙述方式不同,途径不同,却有着相同的驱动力,即“对种族公正的渴望”。[②]

这些后重建时期的家庭小说家抛开她们所经历的种族压迫的现实,在作品中表现她们的政治欲望,即对种族平等以及将家庭模式扩大化的诉求。[③] 泰特特别指出理想化的黑人家庭生活的场所往往是小而温馨的,不论是厨房、客厅,还是女孩子的卧室或女子学校,都洋溢着一种乐观主义氛围。家庭内部的和谐与家庭外部的种族冲突和暴力形成鲜明对比。泰特以凯瑟琳·蒂尔曼(Katherine Tillman)的小说《贝丽尔·沃森的雄心》(*Beryl Watson's Ambition*,1893)为例,认为该小说“将种族抗议转化成种族确认,将政治欲望描述为以黑人女性为中心的家庭寓言”。[④] 当然,泰特无意抹杀黑人的政治欲望,强调只有当种族的政治问题解决后,黑人才可能拥有和谐的家庭生活。

该书最后一章“作为种族抗议的家庭悲剧”表达了一种完全相反的情绪。家庭小说所寓意的政治欲望固然令人向往,现实却不容回避。泰特分析了20世纪初安杰利娜·韦尔德·格里姆克(Angelina Weld Grimké)的代表作《雷切尔》(*Rachel*,1920),指出“格里姆克笔下的女主人公们通过拒绝生产其牺牲品的方式来抗议种族主义”。[⑤] 在这一章中,伯格兰认为“表达种族与社会公正的理想化情节结构被取代了”。[⑥] 曾经作为政治理想的母亲身份在严酷的现实面前不得不被痛心地放弃。

伯格兰高度赞扬了《政治欲望的家庭寓言》一书。她认为该书对阅读美国文学和文化均有深广的意义,泰特的分析表明“历史背景(特别是种族主义)、文化意识形态(尤其是维多利亚时代关于男女不同领域的性别理念),以及美学价值观(强调文学文本中提升作用的重要性)如何在文学的生产、接受以及消费方面相互作用”,泰特的研究加深了我们对非裔美国女作家的理解,伯格兰尤其强调该书还使我们“更好地理解文化意识形态如何塑造了黑人及白人读者,美学原则如何被改变,以及政治欲望和文学创作在一个种

---

① Claudia Tate, *Domestic Allegories of Political Desire*. p. 93.

② Ibid., p. 108.

③ Ibid., p. 109.

④ Ibid., p. 117.

⑤ Ibid., p. 223.

⑥ Betty Bergland, "Review of *Domestic Allegories of Political Desire*." p. 157.

族社会如何交融”。[①]弗朗西斯·凯勒(Frances Keller)盛赞泰特“给了我们一个宝库”,提供了“研究重建及后重建时期的历史和历史编纂的有价值的新角度”,以跨文化为依托,敏感地洞察到女性,尤其是黑人女性与其文化的关系。[②] 安杰琳·米切尔(Angelyn Mitchell)认为泰特的研究“不仅扩展了我们对过去的理解,也增进了我们对现在的理解”。[③]

评论家米歇尔·伯恩鲍姆(Michele Birnbaum)在肯定泰特对世纪之交的黑人女作家研究所做贡献的同时,也指出了该书的不足之处。泰特断言19世纪90年代的作家从爱默生和梭罗那里借鉴了“资产阶级个人主义的原则”,伯恩鲍姆则认为这种断言失于简单化,关于黑人如何接受“白人”意识形态,泰特的分析还显欠缺。[④] 桑德拉·冈宁(Sandra Gunning)认为泰特对统治19世纪末黑人女作家文学创作的美学政治进行了历史化重建,但泰特在证明这些文本,至少是在证明家庭小说的理想模式如何成功解决了当时黑人群体的焦虑感时,或许有些“用力过猛”。[⑤] 穆迪指出光是泰特所列出的参考文献就已经对美国文化、文学、历史、社会学、政治科学等领域的学者和学生非常有用了,只是她的选择方式令人迷惑,一些理论术语的使用有些随意。[⑥]

泰特在1998年发表的《精神分析与黑人小说:欲望与种族规约》(*Psychoanalysis and Black Novels: Desire and the Protocols of Race*)一改评论界长期以来对黑人小说的社会、政治、历史性解读,运用弗洛伊德理论从精神分析的角度来阐释五位经典作家的“非正常”作品:爱玛·凯利(Emma Kelley)的《梅加达》(*Megda*,1891),威·艾·伯·杜波伊斯(W. E. B. Du Bois)的《黑公主:一部传奇》(*Dark Princess: A Romance*,1928),赖特

---

① Betty Bergland, "Review of *Domestic Allegories of Political Desire*." p. 153.

② Frances Richard Keller, "Review of *Domestic Allegories of Political Desire: The Black Heroine's Texts at the Turn of the Century*, by Claudia Tate." *American Historical Review* 99.2 (1994): 667.

③ Angelyn Mitchell, "Review of *Domestic Allegories of Political Desire: The Black Heroine's Texts at the Turn of the Century*, by Claudia Tate." *American Literature* 66.2 (1994): 387.

④ Michele Birnbaum, "Review of *Domestic Allegories of Political Desire: The Black Heroine's Texts at the Turn of the Century*, by Claudia Tate." *MELUS* 20.2 (1995): 237.

⑤ Sandra Gunning, "Review of *Domestic Allegories of Political Desire: The Black Heroine's Texts at the Turn of the Century*, by Claudia Tate." *Signs* 21.2 (1996): 457—458.

⑥ Joycelyn K. Moody, "Review of *Domestic Allegories of Political Desire: The Black Heroine's Text at the Turn of the Century*, by Claudia Tate." p. 245.

的《野蛮假日》(*Savage Holiday*,1954),拉森的《流沙》(*Quicksand*,1928),以及赫斯顿《苏万尼的六翼天使》(*Seraph on the Suwanee*,1948)。这五部作品的"非正常"性在于它们不符合传统上以种族问题为核心的模式。五部小说的主人公为白人或混血儿,个人欲望为主要关注点,虽然并非全部关注所在。通过对这些边缘化作品的分析,泰特意在证明黑人小说除涉及种族问题外,也如其他文学一样,有着共属普遍人性的内涵。泰特深入研究了这五位作家的个人生活,尤其关注他们与其父母的关系以及这种关系如何在作品中表现为前俄狄浦斯或俄狄浦斯情结。"如果我们继续把黑人主体仅仅看做是政治工具,我们就将忽视黑人文本中作为一种动力的欲望,也将忽视非裔美国人的生活。"[①]泰特声称,在这五部小说中,无意识欲望、情感冲突,以及情爱主题最终压倒了可能有的政治含义。

泰特对这五部小说分别做了总结,她称《梅加达》为一部关于"福音乐观主义、理想化家庭生活"的书,对种族背景有所保留。解读这部作品,"女权主义和种族主义模式"是不够的。杜波伊斯在小说《黑公主》中,以"情爱之欢愉取代了种族公正",提出所谓"现象学等式"(hermeneutic equation),即"宣传=艺术=情欲"。[②] 评论家克拉拉·琼斯(Clara B. Jones)和马修·约翰逊(Matthew V. Johnson)认为泰特对这部小说的分析是全书最精彩的部分,"中肯而贴切","在泰特看来,杜波伊斯的政治是一种性感行为,最终在他对自我的关注和母性的模棱两可中达到巅峰。杜波伊斯和他的小说对性都有一种压制,掩盖了泰特力图探究的焦虑和冲突"。[③] 在赖特的小说《野蛮假日》中,主人公因未能摆脱俄狄浦斯情结而杀人,这部小说因此受到评论界的冷遇。泰特称这部小说代表了赖特自己的强迫性冲动以及杀死母亲的幻想,与詹姆斯·鲍德温(James Baldwin)所说的赖特小说中的愤怒代表种族愤怒相左。泰特对拉森的《流沙》的分析主要侧重于"施虐及被虐满足"。泰特声称"该文本并不代表被社会压制或是被丈夫控制的女性的性欲,文本中的欲望是一种狂野的内心冲动,像'芜生蔓长的野草'一样一次又一次使她不能自已"。[④] 女权主义和种族压迫再次证明无法完整诠释该文本。《流

---

① Claudia Tate, *Psychoanalysis and Black Novels: Desire and Protocols of Race*. New York: Oxford University Press, 1998. p. 10.

② Ibid., p. 50.

③ Clara B. Jones and Matthew V. Johnson, "Review of *Psychoanalysis and Black Novels: Desire and Protocols of Race*, by Claudia Tate." *Western Journal of Black Studies* 22.3 (1998): 205.

④ Claudia Tate, *Psychoanalysis and Black Novels*. p. 123.

沙》所讲述的是一位冲动型资产阶级女子的故事，她那岌岌可危的身份超越了种族和阶级。而赫斯顿的《苏万尼的六翼天使》则是一个有关"得到满足的女性欲望"的故事，其立足点是一位控制型丈夫和顺从的妻子之间的"施虐及被虐的关系"。女主人公最终屈从于父权制，这一结局显然与赫斯顿自己的女权思想相背离。读者只有挖掘文本的隐含意义才可以读出作品的真正内涵。

克拉拉·琼斯和马修·约翰逊称泰特是一个弗洛伊德式的"制造麻烦者"。"在白人社会中，黑人或许是被边缘化的，但泰特和弗洛伊德不想让黑人与他们自己疏离。"[①]泰特运用精神分析理论揭示了被评论界和读者忽视的一面，文本的复杂性和异质性指向的是黑人作为个体的存在。琼斯和约翰逊认为泰特对于经典标准的挑战意味着我们应当重新建构什么才是"真实的非裔美国人的经历"，以及什么才是这种经历的真实表述，在这一方面泰特开创了新的研究领域，并促使人们重新考虑非裔美国文学经典文本的标准。[②] 威廉·纳什(William Nash)称赞泰特这部著作的最大成就是运用精神分析的方法，既关注内在的个人欲望，也关注外在的社会因素，使读者不仅能更好地理解非裔美国文学，还能更好地理解非裔美国人的生活。通过把精神分析与文化批评相结合，泰特"打开了思考当代社会种族现实的新思路"。[③] 戴安娜·霍维勒(Diane Hoeveler)认为该书的最大价值在于使人们认识到"黑人小说及黑人作家的普世性"。若说还有什么缺陷，则是泰特在分析《苏万尼的六翼天使》时，对强奸幻想的探讨还略显不足。[④]

迈克尔·诺林(Michael Nowlin)虽也承认泰特加深了读者对非裔美国文学的理解，对该书却颇多微词，比如过度使用心理学概念；刻意使黑人成为具有普遍意义的"可被精神分析"的对象，而弱化了其种族性；精神分析理论早已过气；重复定义术语，尤其是在使用弗洛伊德、克莱恩[⑤]客体关系理论及拉康理论时过于随意和功利，而最终却仅仅局限于陈腐的俄狄浦斯和前

---

① Clara B. Jones and Matthew V. Johnson, "Review of *Psychoanalysis and Black Novels: Desire and Protocols of Race*, by Claudia Tate." p. 206.

② Ibid.

③ William R. Nash, "The Life and the Mind: A Reconciliation." "Review of *Psychoanalysis and Black Novels: Desire and Protocols of Race*, by Claudia Tate." *Southern Literary Journal* l34. 1 (2001): 135.

④ Diane Long Hoeveler, "Review of *Psychoanalysis and Black Novels: Desire and Protocols of Race*, by Claudia Tate." *African American Review* 33.4 (1999): 692.

⑤ 梅拉妮·克莱恩(Melanie Klein, 1882—1960)，奥地利裔英国精神分析学家，客体关系理论与儿童精神分析的创始者。

俄狄浦斯主题,即不在场的父亲和缺失的母亲。[①]或许泰特在运用精神分析理论方面还存在欠缺,但不容否认的是这部著作对非裔美国文学评论及经典构建的开创性贡献。

除三部著作外,泰特还编辑了三本书。《凯瑟琳·戴维斯·查普曼·蒂尔曼作品集》(*The Works of Katherine Davis Chapman Tillman*, 1991)、《黑公主:一部传奇》(*Dark Princess: A Romance*, 1995)、《乔治娅·道格拉斯·约翰逊·坎普作品选》(*Selected Works of Georgia Douglas Johnson Camp*, 1997)。2000 年夏,泰特罹患肺癌,当时她正在写第四部著作,内容为美国电影中的黑女人形象,可惜未能杀青。

泰特为美国学界的著名学者。她曾荣获 1983—1984 年度的安德鲁·梅隆鼓励奖(Andrew Mellon Incentive Awards)。1986—1987 年,她作为杰出访问学者访学特拉华大学和特拉格斯大学。1992—1993 年她获得了美国学术协会委员会(American Council of Learned Societies)授予的研究员资助。1999—2000 年,她成为国家人文中心(National Humanities Center)的研究员。泰特是现代语言协会(Modern Language Association)和美国研究协会(American Studies Association)的成员,也是《非裔美国评论》(*African American Review*)、《美国文学》(*American Literature*)和《美国季刊》(*American Quarterly*)的编委。泰特还是文化与社会精神分析协会(Association for the Psychoanalysis of Culture and Society)的主席。

2001 年 12 月 7 日,普林斯顿大学的非裔美国研究项目专为泰特召开了一次学术会议,旨在深入研究泰特的思想,以期丰富普林斯顿大学、非裔美国研究圈,乃至全美的学术生活。这是该项目策划的以黑人学者为研究对象的系列学术会议之一。由于泰特染上肺癌,会议的召开更具紧迫性。参加会议的除泰特和她的家人外,有来自全美各地的学者。会议分成两个研讨组:"性别、文化与精神分析"和"性别、种族和国家的叙述",对泰特的学术理论和实践进行了梳理和研究。[②] 普林斯顿大学的内尔·佩因特(Nell Painter)教授主持了第一研讨组。泰特去世后,佩因特在学术期刊《非裔美国历史》上为泰特写下讣告,盛赞泰特对非裔美国文学研究所做出的贡献,特别是她用精神分析法研究非裔美国文学的独创性。正是由于她的努力,

---

① Michael E. Nowlin, "Review of *Psychoanalysis and Black Novels: Desire and Protocols of Race*, by Claudia Tate." *Studies in the Novel* 31.2 (1999): 256.

② Nell Irvin Painter, "Introduction: Claudia Tate and the Protocols of Black Literature and Scholarship." p. 62.

“那些因‘种族规约’而默默无闻的有关‘非黑人’主题的黑人文学才得以重见天日”。[①]

主要作品(按出版年代排序)

“*Black Boy*: Richard Wright's ‘Tragic Sense of Life’.” *Black American Literature Forum* 10 (1976): 117—119.

“*Corregidora*: Ursa's Blues Medley.” *Black American Literature Forum* 13 (1979): 139—141.

“On White Critics and Black Aestheticians.” *College Language Association Journal* 22 (1979): 383—389.

“Nella Larsen's *Passing*: A Problem of Interpretation.” *Black American Literature Forum* 14 (1980): 142—146.

[Ed.] *Black Women Writers at Work*. New York: Continuum, 1983.

[Ed.] *The Works of Katherine Davis Chapman Tillman*. New York: Oxford University Press, 1991.

Domestic Allegories of Political Desire: The Black Heroine's Texts at the Turn of the Century. New York: Oxford University Press, 1992.

“Christian Existentialism in *The Outsider*,” in *Richard Wright: Critical Perspectives Past and Present*. Eds. Henry Louis Gates, Jr. and Kwame Anthony Appiah. New York: Harper Collins, 1993. 369—387.

“Toni Morrison.” *Conversations with Toni Morrison*. Ed. Danille Taylor-Guthire. Jackson: University Press of Mississippi, 1994. 156—170.

[Ed.] *Dark Princess: A Romance*. Jackson: University Press of Mississippi, 1995.

[Ed.] *Selected Works of Georgia Douglas Johnson Camp*. New York: G. K. Hall, 1997.

Psychoanalysis and Black Novels: Desire and Protocols of Race. New York: Oxford University Press, 1998.

参考文献

Bergland, Betty. “Review of *Domestic Allegories of Political Desire: The Black Heroine's Texts at the Turn of the Century*, by Claudia Tate.” *MELUS* 20.2 (1995): 152—157.

Birnbaum, Michele. “Review of *Domestic Allegories of Political Desire: The Black Heroine's Texts at the Turn of the Century*, by Claudia Tate.” *Studies in the Novel* 27.2 (1995): 236—238.

Gunning, Sandra. “Review of *Domestic Allegories of Political Desire: The Black Heroine's Texts at the Turn of the Century*, by Claudia Tate.” *Signs* 21.2 (1996): 455—459.

Jones Jr., Robert B. “Review of *Black Women Writers at Work*, by Claudia Tate.” *American Literature* 56.2(1984): 298—299.

---

① Nell Irvin Painter, “Introduction: Claudia Tate and the Protocols of Black Literature and Scholarship.” p. 62.

Jones, Clara B. and Matthew V. Johnson. "Review of *Psychoanalysis and Black Novels: Desire and Protocols of Race*, by Claudia Tate." *Western Journal of Black Studies* 22. 3 (1998): 205—206.

Hoeveler, Diane Long. "Review of *Psychoanalysis and Black Novels: Desire and Protocols of Race*, by Claudia Tate." *African American Review* 33. 4 (1999): 691—692.

Keller, Frances Richard. "Review of *Domestic Allegories of Political Desire: The Black Heroine's Texts at the Turn of the Century*, by Claudia Tate." *American Historical Review* 99. 2 (1994): 667.

Mitchell, Angelyn. "Review of *Domestic Allegories of Political Desire: The Black Heroine's Texts at the Turn of the Century*, by Claudia Tate." *American Literature* 66. 2 (1994): 386—387.

Moody, Joycelyn K. "Review of *Domestic Allegories of Political Desire: The Black Heroine's Texts at the Turn of the Century*, by Claudia Tate." *Modern Language Quarterly* 56. 2 (1995): 241—245.

Nash, William R. "The Life and the Mind: A Reconciliation." "Review of *Psychoanalysis and Black Novels: Desire and Protocols of Race*, by Claudia Tate." *Southern Literary Journal* 134. 1 (2001): 133—135.

Nowlin, Michael E. "Review of *Psychoanalysis and Black Novels: Desire and Protocols of Race*, by Claudia Tate." *Studies in the Novel* 31. 2 (1999): 255—257.

Painter, Nell Irvin. "Introduction: Claudia Tate and the Protocols of Black Literature and Scholarship." *Journal of African American History* 88. 1 (2003): 60—65.

简·汤普金斯(Jane Tompkins)
(1940—)

作为文学话语系统生产和再生产的核心，经典作品在文学机制中获取了统治地位，为文学创作提供了衡量的圭臬。其他作品只能通过"类似度"来获得价值承认——亦即在文类、主题、修辞等各个方面模仿经典。在延续的互文和重复过程中，特定的价值标准和创作手法也获得了美学普遍性，成为"客观"的美学标准而获得接受。然而，到了20世纪60、70年代，随着民权运动和女权主义运动的兴起，思想界开始着力于批判传统美学标准的霸权。经典的形成成为文学界的焦点议题。多元文化主义者们认为，经典的形成并非一个纯粹的艺术问题，而是诸多政治因素参与其中的人为构建过程。他们呼吁撕裂传统经典的小圈子，为那些质量优秀却因政治原因湮没无闻的作品争取一席之地。在这"拓宽经典"(the opening-up of the canon)运动中[①]，简·汤普金斯以一本《轰动的设计：美国小说的文化机制，1790—1860》(*Sensational Design: The Cultural Work of American Fiction, 1790—1860*，1985)奠定了自己的学术名声，也为文学批评提供了新的审视方式。

汤普金斯1940年生于纽约市，1961年以最优生的身份毕业于"七姐妹学院"之一的布林莫尔学院(Bryn Mawr College)。此后她继续从事学术研究，于1966年获得耶鲁大学哲学博士学位。她曾陆续执教于康涅狄格学院、杜克大学等学府，目前在伊利诺大学芝加哥分校教育学院担任教授。

汤普金斯学术研究起点是读者接受理论(Reader Response Theory)。这一理论是在新批评理论盛极而衰之时得以发展，有矫枉纠偏之意。新批评坚持文本是一个封闭自足的系统，其意义自然生成，与其作者、社会语境、读者等一无关联。倘若从作者的角度去理解文本，就是"意图谬误"(intentional fallacy)；倘若读者自由阐释，则属于"感应谬误"(affective fallacy)。读者接受理论则加进了读者的维度，认为文本的意义生成除了文本之外，还取决于读者的配合，经过读者阐释之后方可彰显。汤普金斯较早地介入了读者接受理论的建立，尤其坚持作者"意图"和读者"感应"在文学

---

① 关于"拓宽经典"运动，更多论述参见刘意青:《经典》、金莉:《经典修正》两文，载于赵一凡等编:《西方文论关键词》，第280—305页。

评论中的重要性。她在1980年编辑出版了《读者接受批评:从形式主义到后结构主义》(*Reader-Response Criticism: From Formalism to Post-Structuralism*)一书,可视为她文学评论之根本立场的标志。[①]读者接受批评重视读者的情感反应,反对新批评那种板着脸、举着放大镜一般从文本中寻找"真理"的评论方式。汤普金斯在《评论与情感》一文中,便批评学院派对私人的情感存在着傲慢与偏见。学院派批评家将用私人经验去欣赏文学斥为没有品位的感情泛滥。他们的写作模式充满了理性的、科学的思考,就好像文学评论是物理学或社会科学的一个分支。[②]而对于普通读者来说,文学阅读是一个调动自身经验来理解和欣赏虚构故事的过程,进而获得反思、慰藉、同情等各种情感反应。对于他们来说,文本不过是一个与作者进行情感互动的场所,相同的文字经过不同经验的过滤之后,并不存在一个绝对的、读者必须共同遵守的意义。而正统的评论则用理论和理性打造了一个坚固的框架,执着于寻找文本中的唯一意义,否认读者在阅读文本过程中阐释性的能动作用,从而造成了与读者的距离。

汤普金斯对学院派学者的如此说法进行了分析,认为其中的根本缘由是学者需要一个系统来佐证自身解读的正当性,而正是这种学科需求导致他们故步自封,骄横自大,坚持学院派文学评论的唯一权威性,而完全无视读者作为个体对文本的直接感受。汤普金斯认为,这种文学评论方式在本质上属于"系统化"的行为。评论家们将文学作品划归为不同的流派,给它们贴上不同的标签,并用一些预设的刻板印象去归纳其价值,以确定文本的经典性,这是对文本的系统化。而理性化的文学评论则是"将读者的系统化"。文本的含义被一些强有力的解读所决定,而读者只能被迫接受学者的看法。这显然是一种文化"殖民"。而在评论家之中,同样存在着殖民权力的实施与对抗。后来的评论家不得不费心劳神地寻找新的解读方式,以期摆脱以往解读的影响并取而代之。[③]这种文学景观体现了霸权的权力范式,一种自上而下的意义生成方式。这不仅造成了作品本身意义的不在场,同时造成了评论界"影响的焦虑"现象的源头:学术研究为了维护自身观点的权威性和唯一性,从而开始相互竞争,在结构上开始类似于父子交锋的"家庭罗曼司"模式。

---

① Jane Tompkins, ed. *Reader-Response Criticism: From Formalism to Post-Structuralism*. Baltimore: Johns Hopkins University Press, 1980.

② Jane Tompkins, "Criticism and Feeling." *College English* 39.2 (1977): 169—178.

③ Ibid., pp. 172—173.

汤普金斯认为，文学评论的这种霸权模式也影响到了高等教育领域和文学课堂的教学模式。理性至上的高等教育扼杀了想象力、直觉、本心这些构成健全人格的重要因素，培育的学生可以从事各种技术工作，却不是健全的人。教师也丧失了智性的批判功能，沦落成为一个固定体制内的属众，满足体制对他的角色与功能召唤。违抗召唤的后果便是严厉的惩罚，乃至失去留在体制内的资格。高等教育体制催生了一个危险敌人——“表演模式”。[①]教师成了“表演者”，不得不通过卖弄学识换得学生的好评。这也导致了教师之间在课堂和学术上的竞争，学校成了人人自危的战场。汤普金斯呼吁用个人的情感而非智性去指导高等教育，将学生训练成有情感的正常人而不是高智商的思考机器。她不再向学生灌输标准知识，而是鼓励学生表达个人的私密情感，将课堂模式从教师的“表演”转化为对学生的“引导”。她的教育模式秉承了读者接受理论的精髓，让学生在一个共同教学目的的指导下按照个性去发展。[②]同时，她批判学术界的“殖民”写作模式，否认学者具有判定文本意义和美学价值的权威，主张学术研究应该与情感结合起来。她说：学者（评论家）与作家这两个角色是传统教育中虚构的二元对立。学术写作和高等教育都应该是“自我发现”、“自我完善”、“自我发展”的过程，而非摆出一副装腔作势的学究面孔、宣称自己观点为唯一正确的理解方式而强迫读者和学生接受的霸道行为。

总而言之，汤普金斯尽力将私人的情感合法化，意图赋予“情感”在学术领域和教育领域的合法地位。这与充满焦虑和竞争意识的传统方式大相径庭，在结构上背离了以往学术研究中的“家庭罗曼司”模式，使文学解读和教学实践带有个体色彩和感性色彩。汤普金斯承认，这一方式偏离了男权的知识传递模式，本质上属于女性主义的立场。[③]她在《我和我的影子》里探讨了自己身为女性评论家在学术研究和日常生活之中时时感受到的身份分裂意识。她作为理论家在做学术论文时，与她作为普通女人在生活时，明显地感觉到两套话语系统之间的不兼容性。学术研究的基本出发点是，知识的获得过程中必须驱逐感性的影响。而在西方文化中，女性则被要求成为“感性”的代言人。这种学科“理性”与社会行为规范之间从一开始就存在天然的冲突，女性的感受从理论预设上就已经被排除在严肃的学术研究领域之

① Jane Tompkins, “Pedagogy of the Distressed.” *College English* 52.6 (1990): 654.

② Ibid., p. 659.

③ Gary A. Olson and Lynn Worsham, *Critical Intellectuals on Writing*. Albany: State University of New York Press, 2003. pp. 182,184.

外。可见,决定知识获得途径之合法性的话语系统也决定了特定人群在体系中的命运及其“合适的”社会行为。[1]而打开这个学术系统,抵抗权力优势人群所占有知识的普遍化霸权,代之以多元化的、私人性的感性经验互动,成为汤普金斯的学术研究所一直追求的批判目标。

正是上述的批判立场决定了汤普金斯在“拓宽经典”运动中的表现,以及《轰动的设计》一书的学术价值。无论是对于文学评论还是高等教育来说,“何为文学经典”都是至关重要的问题。经典问题的缘起是1910年后,文学教学在美国开始职业化,“知识分子”阶层应运而生。既出乎文化价值的评定要求,也出乎学科的发展需要,文学经典的衡量便成为了一项核心工作。[2]到了60、70年代,经典的名单基本固定,几乎清一色的白人男性的书写宏大叙事的作品。而这些作品也变成衡量经典的圭臬,其特定的主题、修辞、结构等被普遍化为统一的美学标准,后来的作品必须在这些方面与之进行互文才能获得认可,进而跻身经典行列。久而久之,这些互文的作品便构成了一个“经典”的场域,通过不同方式撰写的作品被排斥在场域之外,被认为是美学价值缺乏的次品。原本的差异被转化成为了价值的优劣,显示出这一文学景观的内在霸权性。汤普金斯所要做的,就是要挑战这一霸权,从读者接受的理论视角去证明那些“公认”的经典作品不过是后世读者根据自身的政治需要所运作的结果;而那些在发表之时得宠于大众的流行小说有其符合当时读者品味的美学价值,却随着社会语境的变迁消逝在历史之中,后世读者自然无法意识到它们的经典性。

发表于1985年的《轰动的设计:美国小说的文化机制,1790—1860》便通过具体例子论证了汤普金斯的论点。[3]它的开篇部分便是拿美国文学公认的经典——霍桑的《红字》开刀,首先说明了经典作品其实并不是天生地具有什么“经典性”,而完全是政治运作的结果。在《杰作的剧场:霍桑文学名声的政治》一章中,汤普金斯通过霍桑的例子证明了“从广义上说,一个读者借以理解文学作品的语境总是政治性的,因为它们总是涉及偏好、利益、品味和信仰等一系列并非普世的、而与特定读者自身情况有关的因素”。[4]其实霍桑并非从一开始就是像现在一般名满天下,被视为经典作家的不二代表,与

---

① Jane Tompkins, “Me and My Shadow.” *New Literary History* 19.1 (1987): 170.

② See Paul Lauter, *Canons and Contexts*. New York: Oxford University Press, 1991. pp. 27—31.

③ Jane Tompkins, *Sensational Design: The Cultural Work of American Fiction, 1790—1860*. New York: Oxford University Press, 1985.

④ Ibid., p. 9.

他同时代的人们起初丝毫没有发现他作品有什么出奇之处。霍桑的文学名声在1937年《重述的故事》发表后才有起色，而这还得归功于他的两个朋友通过写书评的方式所进行的"炒作"。更让人跌眼镜的是，这俩朋友的赞扬性评语也不是因为觉得霍桑作品具有很高的文学价值，抑或是为朋友仗义执言。他们其中的一个是报刊《塞勒姆公报》(*Salem Gazette*)的编辑，与霍桑素有交道，并且欠着霍桑许多的稿费。另一位则是著名诗人亨利·华兹华斯·朗费罗。朗费罗是霍桑在鲍登学院(Bowdoin College)的大学同学，并一同投身于文学圈。鉴于朗费罗当时在文学界具有很大的影响力，霍桑在《重述的故事》发表前特意写了不少信给朗费罗，希望他能美言一二。碍于人情，两位朋友虽然心底并不以为然，却照样写下了激赏的评语。正是这两篇书评开始奠定霍桑在文坛的地位。此后，出版商的机制化运作和文学评论精英圈的认可使得霍桑的文学名声进一步固定。加之美国为了摆脱欧洲文化的阴影，需要选择文化代表来表征自己的民族身份，霍桑也因为体裁的美国本土化而入选，在国家和民族的层面上确立了文学地位。在一系列文化机制的运作下，霍桑作品进入了高等教育领域，成为耶鲁大学文学课的研究对象，并被收录在《霍桑全集》、"现代经典系列"、"美国经典教材"等教材中，成为思想再生产领域的载体。与霍桑相比，当时被霍桑讥之为"胡写乱画"的女性作家们就没有这等的好运道。比如畅销小说《宽宽的大世界》的作者苏珊·沃纳，她家境贫困，人际关系主要在纽约，而非当时的文化中心波士顿，也不像霍桑那样可以交游广阔，自然不会有进入机制化运作的可能。同时，她写作的目的在于挣钱以贴补家用，所面向的读者群主要是中产阶级女性，在作品中倾注了自己的宗教热忱，意在彰显上帝的荣光。那么，在评论界的重心由道德意图转向社会、国家、民族等公共领域与宏大叙事时，沃纳的作品自然不符合要求，显得啰唆落伍，肯定不可能进入经典的行列。汤普金斯从这两者的对比中得出结论，"作品的经典性由交织的利益所决定——家庭、社会、职业、商业、民族或国家因素等"，[①]即作家与机制中心的关系。

对霍桑的文学地位进行祛魅之后，汤普金斯把关注的目光投向了那些素来不受待见的小说作品，指出那些作品蒙尘的原因与文学、美学价值无关，而是因为读者阅读机制的变化。即便是同一部文学作品，如果放在不同的文化框架中去阅读，也会呈现出不同的面貌来。作品在本体论意义上的

① Jane Tompkins, *Sensational Design*. p. 32.

同一性与它所呈现在不同读者的面貌之间存在着张力。如霍桑的作品,在爱伦·坡的眼里,其最大的价值是使人"宁静";而现代文学批评中的霍桑却是"阴沉和令人不安的"。由此可见,阅读机制对作品的意义起着决定作用。以往评论家一直认为,意义和价值是客观存在,内蕴于文本之中,等待读者去挖掘发现。汤普金斯则认为,超历史的艺术文本并不存在,读者的"'解读'这一行为本身就来自政治斗争和体制结构"[①]。换言之,作品的意义是读者所参与建构的;而读者所能建构的意义,极端依赖于当时历史条件下特定地区的意识形态、社会机制和文化实践。这就构成了阅读机制的历史性,也决定了读者在文本意义生成过程中的能动地位。就此而言,汤普金斯是维特根斯坦的信徒,相信只有在社会语境的前提下,语言游戏才能进行。没有集体的行为传递或符号传递,语言本身无法发挥作用。[②]在确立了这一文学意义生成方式之后,汤普金斯为以往的某些非经典作品翻案就显得理直气壮——那不是因为文本缺乏所谓的"经典性",而是现代读者缺乏历史知识而无法抓住作者的意图、无法从当时读者的立场去接受文本,从而使文本意义的传递过程发生了断裂。汤普金斯在《轰动的设计》接下来的章节中,对查尔斯·布朗(Charles Brockden Brown)的哥特小说《威兰》(*Wieland*, 1798)、《亚瑟·玛文》(*Arthur Mervyn*, 1799)、詹姆斯·菲尼莫·库伯(James Fenimore Cooper)的"皮袜子系列"("Leatherstocking" novels)、斯托夫人(Harriet Beecher Stowe)的《汤姆叔叔的小屋》(*Uncle Tom's Cabin*)做了解读,意图还原这些小说在当时的历史语境下所能产生的巨大感染力——如《亚瑟·玛文》中"社会流通"的重要性、《汤姆叔叔的小屋》中的"感伤力量"等等——展示了作者最真实的意图是如何在当时的读者那里得到回应。现代的读者因为缺乏历史知识而轻视这些作品,实在不是作品本身的过错。汤普金斯最后得出结论,经典并非天然形成的,文学价值乃是机制化的产物。

汤普金斯的这部论著所选择的文本基本上是被排斥在经典之列但却在问世当时广为流传的著作,并从文学阐释的方法论这个根本上为它们打抱不平,显然是当时"拓宽经典"运动中的一部分。这部论著的贡献是,强调了文本意义中的作者意图、历史性话语影响,以及受众因素(即读者反应)。但作品本身的缺陷也很明显。过于强调创作者的意图,是一种很脆弱的文学阐释方法。且不说读者很难知道过去作者的确切意图到底如何,即便作者

① Jane Tompkins, *Sensational Design*. p. 23.

② Gary A. Olson and Lynn Worsham, *Critical Intellectuals on Writing*. p. 190.

有心如此，文本也不可能仅凭技巧上的“杰出设计”就能获得预期的文化地位——正如作者自己所言，文本的经典性乃取决于读者，本就与作者无关。因此，通过揣摩作者意图来分析文本在社会语境中所能发挥的功能这种阅读方式从逻辑上讲是一个悖论。[①]另外一个问题就是，如果将经典作品的产生一味归为机制化的运作，而不探究美学的因素，那么经典作品这个概念就变得扑朔迷离。到底有没有经典作品的存在？如果有，经典的疆域止于何处？正是这样的问题引起了坚持审美批评的评论家的严重不满，著名评论家哈罗德·布鲁姆就在《西方正典》中将这种方式称为“憎恨学派”，指责压抑或回避审美的文学阅读是“为了实行所谓的（并不存在的）社会变革而颠覆现存的经典”。[②]

说是旗手也罢，“憎恨学派”也罢，总之汤普金斯在自己的学术研究中体现了反抗霸权、批判现存话语秩序的立场。她拓展经典的努力一直没有停止，学术兴趣也一直延展，最终扩大到整个文化话语。她晚些出版的《极地之西：西部的内在生活》(*West of Everything*: *The Inner Life of Westerns*, 1992)便从小说、图画、影视各个方面分析了有关美国西部的话语对美国民族想象的影响。

西部在美国想象中占据着一个十分特殊的位置。美国的民族身份在很大程度上建基于那段极大改变了年轻共和国面貌的西部经历。在那片广袤的荒野上，开拓者们在艰苦的拓荒过程中形成了自助、粗犷、奋斗等品质。随着这些品质的被浪漫化和接受，西部经验也跃升成为整个美利坚民族的集体体验。西部作为一个文化概念，在美国社会中获得了高度的可见性，在流行小说、绘画、广播、影视等各艺术领域中都得到了深度表现，为全美国的各个阶层的人所阅读、接受。这些艺术呈现与受众情感认知的不断重复、混杂和相互强化使得“西部”这个概念的内涵扩展成为一种话语体系。汤普金斯认识到了这种艺术表现对美国民族行为方式、自我认知、意识形态塑造所造成的影响，将之称为“文类”。[③]概括来说，西部文类总是刻画远离城市的西部荒野，将之视为逃离现代工业文明束缚、挣脱复杂的人际关系与腐败政治的自由之地和庇护所。学界通常认为，西部话语的形成缘起“工业化的美国

---

① Nina Baym, “Reviews.” *Nineteenth-Century Literature* 41.1 (1986): 98.

② 哈罗德·布鲁姆：《西方正典：伟大作家和不朽作品》，江宁康译，南京：译林出版社，2005年，第3页。

③ Jane Tompkins, *West of Everything*: *the Inner Life of Westerns*. New York: Oxford University Press, 1992. p. 7.

与农业化美国的争斗”,是人们对过往的一种犹豫的怀旧。汤普金斯指出,这种解释在本质上是对西部神话的强化,既没有解释它产生的原因,更没有批判这个神话内在的暴力。实际上,这个文类具有自己独特的英雄符码,是一个“有关男性暴力的叙事”,强调身体感受、崇尚暴力、张扬征服感。其经常出现的主题和意象是死亡、女性、语言、空间、马、牛等。

死亡是西部叙事最基本的因素之一。死亡意象笼罩着整个叙事,成为所有情节设计和细节描写的意义来源。叙事的高潮通常便是死亡发生的时刻,经常呈现出一种仪式化的色彩:死亡不再是阴暗的、令人恐怖的否定意象,转而成为体现人们尊严的唯一方式、衡量生活意义的终极标准。而暴力也因此具有了肯定意义,变得严肃且值得尊敬。西部英雄们于是竞相追逐暴力,意图以此完成自我的定义。[①]问题是,为何西部文类会如此迷恋死亡意象?传统的评论着眼于自然与个人的关系,认为西部的荒野造就了牛仔们的极端个人英雄主义品质。汤姆金斯认为,这种看法是西部神话的源头。如果我们重新审视这一神话赖以建构的历史叙述,会得到一个迥然不同的故事。

在美国西进运动催生西部叙事的19世纪50年代,正是维多利亚道德占据社会文化主流的时候。克制、忍耐、强调义务的中产阶级信条温文尔雅,显得柔弱感伤。当时盛行的文类是宗教小说。宗教小说从来不会将死亡作为描写和思考的对象。它们所关心的是灵魂的罪恶,以及如何在世俗的传统、习俗和舆论前坚持道义,得到灵魂的净化并获得拯救。当时,善于这类文类创作的是女性作家。她们在作品中呼应了当时的文化期待,宣扬了社会认可的美德,也强化了自己作为“道德天使”的文化角色。这一切构成了美国“女性化的五十年代”的文学景观。[②]而刚萌生的西部叙事为了在主流话语体系中突围,将流行女作家这一群体视为文化他者进行反抗。这一反叛的文化使命造成了西部叙事的主要特征。宗教小说所提供的冲突是个体为了灵魂净化与社会的对抗,西部叙事所刻画的个体则不再信仰精神永生,荣耀和尊严完全取决于肉体生命的存在状态——死亡于是成了最高层级的英雄主义。西部叙事从内在争斗转向外部征服,在与外部社会的对抗性关系之中证明自身。女性的场所,如家庭和教堂,在西部叙事中被完全驱逐了。在死亡阴影之下,出生、婚姻、事业等常规意义上的大事都变得微不足道、渺

---

① Jane Tompkins, *West of Everything: the Inner Life of Westerns*. pp. 24—27.

② 参见金莉:《文学女性与女性文学》,北京:外语教学与研究出版社,2004年,尤其是第三章“家庭小说”,第88—249页。

小可笑。整个生活都被简化成为一个仪式般的中心事件——死亡——的注脚。可以说,这一叙事是对基督教文化的拒绝,从对不可见的精神存在的依赖转向信仰物质现实。这既是构建男性身份的有效方式,也反映了男性潜藏的身份焦虑。

也正是反女性文化的使命决定了西部叙事的语言特征。在维多利亚时期,"说教"是关键词:为了迎合文化和社会的期待,个人必须对自我行为进行修饰,否则便会受到话语的责怪。在高度精细化的文化之中,礼貌举止和人情往来也高度发达,产生了一套复杂的礼仪规范。女性便是这套雅致规范的代言人和实践者,客厅便是她们最典型的话语实践场所。在客厅里,永远充斥着优雅、得体却没有意义的寒暄语,创造出非常做作的幻景世界。西部叙事对于这个雅致文化至为反感,尽力创造出与之对立的意象:对应客厅的岩山,对应女性的男性,对应话语的行动,对应幻景的本真。其宗旨是"少说、多做"。所以说,西部叙事在本质上是反语言的。[①]在这个文类中,语言总是和女性、宗教、文化联系在一起。因为语言是沟通的工具,人们通过语言向他人敞开心扉,也因此变得柔弱。正是这种语言内在的情感联结性使语言变得女性化。雅致文化总是意图通过协商来获得和平和文明,但最终总是被事实证明为徒劳的幻想,还得通过实际行动来解决问题。因此在西部叙事中,语言不能传达真实,一切通过语言来表现的事物皆是虚妄。那些以语言为职业的人,如推销员和政客,遭到了极度的鄙视。沉默成为完整和自足的象征,言语转变为权力优势人群(上层阶级、政治权力、经济富裕)针对低位人群的权力实施工具,因此对话经常是突然的、命令式的、简化到近乎神秘的驱使。这种语言的粗放化代表了男性文风的"阳刚"特征。从杰克·伦敦到海明威到诺曼·米勒,他们的作品中充斥着方言、俗语、生涩的韵律、散乱的句法、粗放的用词,与优美的雅致语言大相径庭。这种语言被称之为"反语言",目的就是反抗女性的雅致文化,保持"男性的威严"。这种抵制沟通、趋向于自我封闭和放逐的语言表现出了强烈的"无情"性(objectivization),对自我之外的一切都不感兴趣,呈现出单一、沉默、神秘的特征。缄默成为男性拒绝女性文化、对抗人际交流、确立自足主体性的方式,表现了对内心世界的压制。对女性语言的憎恨,使西部叙事中的男性发展了自己独特的言说方式。

西部男性的独特言说方式的最显著特征之一是风景语言。在西部叙事

① Jane Tompkins, *West of Everything: the Inner Life of Westerns*. p. 50.

中,风景是一个必不可少的背景意象。不同于其他文类中的优美景观,西部风景的根本特征是“缺失”——在广袤的地理空间中,没有树,没有绿色,没有房屋,没有文明的痕迹。但它是唯一比人巨大的超验存在,内蕴着力量、坚守和粗犷的威严。与代表着丰富、繁盛、柔软、多样、神秘这些典型女性特征的绿色丛林不同,西部风景的原始和崇高满足了西部英雄的情感需求和文化使命,因而成为他们唯一崇拜和模仿的客体。在单调的白色沙漠中,人类主宰、征服、书写,树立起一座座直立的纪念碑,通过这一男性图腾毫不掩饰地表达着对力量的崇拜。被如此重构的空间是特定的风景,隐藏着有关男性理想的复杂书写。只有西部英雄才能解析这种风景语言,也正是这样的风景语言造就了西部英雄:他们不仅养成了坚毅、粗放、不宽容的群体性格,而且发展出以冲突、暴力和复仇为核心的伦理体系,和一个以白人成年男性为顶端的等级分明的社会结构。相对于风景,西部叙事中另一个经常出现的空间意象——小镇——则有着矛盾的含义。①它既是旅途的终点,也是旅途的起点。对于西部英雄来说,自由驰骋是生死攸关的存在方式,不可能沉迷在家庭的温柔乡之中。小镇这个中转站于是成了家庭的替代品,一方面为英雄们在疲累时提供一个休憩的港湾,另一方面又不会使他们陷入人际关系和社会责任的危险中。

提到西部英雄对驰骋的要求和他们的情感替代性需求,就不能不说到马。马是西部叙事中一个重要的意象,却从未引起过读者或观众的注意。在大多数19世纪的流行小说中,很少有马出现。只有在马淡出人们的生活之后,才在文学世界中逐步得到一席之地。这体现了文学想象对现实想象的反动,表现了渴求原初生活方式的怀旧情绪。在西部叙事中,马就是原初生活的载体,是野性的象征,同时也是臣服于牛仔身体之下的自然存在。②通过与马建立一种亲密关系,西部牛仔安全地解决了与女人和语言打交道的危险性,同时也满足了自身与自然和荒野相联结的渴望。更关键的是,牛仔在与野性的接触过程中,通过暴力的驯服确立了一套英雄话语。马总是在西部影片中承担了肉体的痛苦,对马的虐待是西部叙事的核心特征:它实质上是一种身份认同投射,象征着西部英雄的意志对肉体的克服。因而可以断定,西部叙事从根本上讲是一种自虐性的叙述策略。③

在西部叙事中也会出现看似矛盾的一些场景,如主人公在征服野性之

---

① Jane Tompkins, *West of Everything*. p. 86.

② Ibid., p. 93.

③ Ibid., p. 107.

后(如驯服一匹马、开垦一片荒地),总是感觉悔恨和遗憾,颇有哀悼的意味。这其实就是怀旧,对西部荒野的怀旧,对自然身体、自然灵魂与力量的怀旧,与主人公渴望力量、渴求征服的欲望相伴相生,在文化意义上构成了西部话语的两极。亲近自然不过是一个美化的借口而已,因为真正的动物并没有受到重视。如牛在西部叙事中是比马更低级的动物。它所存在的唯一理由就是作为经济的基础,供人类宰杀食用。在影片《红河》(*Red River*)中有一幕英雄史诗般的迁徙,就是牛仔们将牛群从遥远的农场赶到城镇。整个过程动人心魄,在重重困难之中演绎了牛仔们的坚韧不拔。最终的结局就是,牛仔们卖掉了牛,让它们成为了"饥者的好牛肉"。影片中的每个人得到了物质、精神上的好处,除了牛。牛在影片中的苦难无人理会,成为完全不可见的存在。汤普金斯指出,这种不可见性是西部叙事中的英雄话语造成的。西部英雄重视死亡、追求男性气概,从而将肉体工具化,平素耻于承认肉体感觉的存在,对于痛感就更加压制。除了充当文化符号的马之外,动物在西部牛仔的眼中都是工具性的存在,其唯一功能便是彰显人类英雄的品格。[①]

总而言之,西部叙事是对19世纪女性雅致文化的反动,在叙事意象和主题方面与当时女性作家创作的感伤小说呈现出截然相反的特征。但是,两种文类的深层结构却是一致的:它们都强调忍耐,将生理、心理、情感、欲望方面的需求和渴望视为禁忌。所不同的不过是感伤小说针对的是女性,西部叙事针对的是男性而已。汤普金斯指出,这种内在的统一性恰恰来源于西方文化中根深蒂固的叙事传统,是性别符码的机制的运作结果。

从《轰动的设计》到《极地之西》,从文学理论家到文化批评家再到高等教育家,简·汤普金斯一直都坚守女性主义的立场,对男性学院派精英的话语霸权和大众的想象机制进行了批判,质疑了理性、坚韧、阳刚等崇高话语的合法性逻辑,意在恢复"情感"在阅读机制和文本意义生成中的核心作用。从根本上来说,这是一种更加重视文本历史性和意义相对性的文学和文化阐释方式,是私人性和多元主义的拥趸。

主要作品(按出版年代排序)

[Ed.] *Twentieth Century Interpretations of "The Turn of the Screw and Other Stories; A Collction of Critical Essays*. Eaglewood Cliffs, NJ: Prentice Hall, 1970.

"Criticism and Feeling,"*College English* 39.2 (1977): 169—178.

[Ed.] *Reader-Response Criticism: From Formalism to Post-Structuralism*. Baltimore: Johns

① Jane Tompkins, *West of Everything: the Inner Life of Westerns*. p.117.

Hopkins University Press, 1980.
"No Apologies for the Iroquois: A New Way to Read the Leatherstocking Novels." *Criticism: Quarterly for Literature and the Arts* 23.1 (Winter1981): 24—41.
"'Pray, therefore, without ceasing': From Tracts to Texts." *Genre: Forms of Discourse and Culture* 16.4 (Winter 1983): 423—436.
"Masterpiece Theater: The Politics of Hawthorne's Literary Reputation." *American Quarterly* 36.5 (Nov. 1984): 616—642.
Sensational Design: The Cultural Work of American Fiction, 1790—1860. New York: Oxford University Press, 1985.
"Indians: Textualism, Morality and the Problem of History." *Critical Inquiry* 13.1 (Sept. 1986): 101—119.
"Me and My Shadow." *New Literary History* 19.1 (Autumn 1987): 169—178.
"Fighting Words: Unlearning to Write the Critical Essay." *The Georgia Review* 42.3 (Fall, 1988): 585—590.
"Literary Canon." *International Encyclopaedia of Communications* 2 (1989): 441—444.
"Pedagogy of the Distressed Author(s)." *College English* 52.6 (Oct. 1990): 653—660.
"Jane Tompkins Responds." *College English* 53.5 (Sept. 1991): 601—604.
West of Everything: the Inner Life of Westerns. New York: Oxford University Press, 1992.
A Life in School: What the Teacher Learned. New York: Perseus Books Group, 1996.
"Women and the Language of Men," in *Popular Fiction: An Anthology*. Gary Hoppenstand, ed. New York: Longman, 1998. 770—780.

参考文献

Baym, Nina. "Reviews." *Nineteenth-Century Literature* 41.1 (1986): 97—98.
Lauter, Paul. *Canons and Contexts*. New York: Oxford University Press, 1991.
Olson, Gary A. "Jane Tompkins and the Politics of Writing, Scholarship and Pedagogy," in *Philosophy, Rhetoric, Literary Criticism: (Inter)Views*. Ed. Gary A. Olson. Carbondale: Southern Illinois University Press, 1994. 161—189.
Olson, Gary A., and Lynn Worsham. *Critical Intellectuals on Writing*. Albany: State University of New York Press, 2003.
哈罗德·布鲁姆,《西方正典:伟大作家和不朽作品》,江宁康译,南京:译林出版社,2005年。
金莉,《文学女性与女性文学》,北京:外语教学与研究出版社,2004年。
赵一凡等,《西方文论关键词》,北京:外语教学与研究出版社,2006年。

琳达·瓦格纳-马丁(Linda Wagner-Martin)
(1936? —)

琳达·瓦格纳-马丁是著名文学批评家、编辑、传记作家和"现代主义学者,"[①]北卡罗来纳大学诺丁山分校法兰克·波登·翰尼斯英语和比较文学教授。作为50多部专著和传记的作者,瓦格纳-马丁在美国现代主义、后现代主义和族裔研究以及女性写作、传记文学、诗歌等领域均颇有建树。瓦格纳-马丁对于女性写作的研究,尤其是对于20世纪美国女作家西尔维亚·普拉斯(Sylvia Plath)、伊迪丝·沃顿(Edith Wharton)、格特鲁德·斯泰因(Gertrude Stein)等人的传记创作,为女性作家评论和传记写作树立了典范,不愧是"讲述女性故事的新传记作家"。[②]

瓦格纳-马丁于1957年在俄亥俄州博林格林州立大学获得学士学位,并分别于1959年和1963年在该校获得硕士和博士学位。毕业后,瓦格纳-马丁先后在几所大学任教。1960—1965年在博林格林州立大学任助理教授;1966—1968年在韦恩州立大学任助理教授。此后,1968到1988年的20年时间在密歇根州立大学任教。1988年至2011年退休,瓦格纳-马丁一直在北卡诺丁山分校任法兰克·波登·翰尼斯英语和比较文学教授。从职业生涯之初,瓦格纳-马丁就活跃在美国评论界和学术界。1963—1967年,她是韦恩州立大学和博林格林州立大学的大学和系委员会委员;1968—1974年任俄亥俄英语协会主席,1968—1988年担任《世纪评论》(*The Centennial Review*)杂志诗歌编辑,以及《海明威评论》(*Hemingway Review*)、《美国小说研究》(*Studies in American Fiction*)、《南方文学评论》(*Southern Literary Review*)、《E. E. 卡明斯评论》(*E. E. Cummings Review*)、《美国文学》(*American Literature*)、《南大西洋评论》(*South Atlantic Review*)、《现代小说研究》(*Studies in Modern Fiction*)、《二十世纪文学》(*Twentieth Century Literature*)等众多学术期刊编委会成员。从2005年开始,瓦格纳-

---

① Mark p. Ott, "Review of Ernest Hemingway's *A Farewell to Arms*: A Reference Guide." *The Hemingway Review* 23. 2 (Spring 2004): 108.

② 本说法源自于瓦格纳-马丁的作品(*Telling Women's Lives*: *The New Biography*. New Brunswick: Rutgers University Press, 1994)的书名。

马丁一直担任《帕尔格雷夫：二十一世纪美国文学选读》(*Palgrave: Twenty-First Century Readings in American Literature*)系列丛书的编辑，并且从2009开始担任南卡大学出版社的《理解当代美国文学》(Understanding Contemporary American Literature)系列丛书的编辑。瓦格纳-马丁还是诸如现代语言协会(Modern Language Association)、现代语言协会美国文学分部(American Literature Section of MLA)、美国文学协会(American Literature Association)、伊迪丝·沃顿研究会(Edith Wharton Society)、艾伦·格拉斯哥研究会(Ellen Glasgow Society)、海明威研究会(Hemingway Society)、菲茨杰拉德研究会(Fitzgerald Society)以及美国女作家协会(American Women Writers Association)等多家组织和协会的会员。

在瓦格纳-马丁的50多部作品中，包括对于女性作家的传记和评论，如：《西尔维亚·普拉斯：批评文集》(*Sylvia Plath: Critical Essays*, 1984)、《希尔维亚普拉斯，批评传统》(*Sylvia Plath, The Critical Heritage*, 1988)、《西尔维亚·普拉斯：文学传记》(*Sylvia Plath, A Literary Life*, 1999)、《普拉斯的〈钟形罩〉：一部50年代的小说》(*Plath's The Bell Jar: A Novel of the Fifties*, 1992)、《西尔维亚·普拉斯：传记》(*Sylvia Plath, A Biography*, 1987)、《袖珍版伊迪丝沃顿》(*The Portable Edith Wharton*, 2003)、《乔伊斯·凯罗·欧茨：批评文集》(*Joyce Carol Oates: Critical Essays*, 1979)、《艾伦·格拉斯哥：超越传统》(*Ellen Glasgow: Beyond Convention*, 1982)、《"命运垂青的陌生人"：格特鲁德·斯泰因和她的家人》(*"Favored Strangers": Gertrude and Her Family*, 1995)、《巴巴拉·金索尔沃的〈毒树林圣经〉》(*Barbara Kingsolver's The Poisonwood Bible*, 2001)以及《扎尔达·萨瑞·菲茨杰拉德，一个美国女人的故事》(*Zelda Sayre Fitzgerald, An American Woman's Story*, 2004)等女性人物的传记，也包括《福克纳：评论六十年》(*William Faulkner: Six Decades of Criticism*, 2002)、《海明威历史导读》(*Historical Guide to Ernest Hemingway*, 2000)、《海明威：评论八十年》(*Hemingway: Eight Decades of Criticism*, 2009)等关于海明威、福克纳、威廉姆斯(William Carlos Williams)、T. S.爱略特(T. S. Eliot)等男性作家的传记和评论。还有《讲述妇女的人生：新传记》(*Telling Women's Lives, The New Biography*, 1994)、《美国现代小说，1914—1945》(*The Modern American Novel, 1914—1945*, 1989)、《美国世纪中小说，1935—1965》(*The Mid-Century American Novel, 1935—1965*, 1997)等综合性作品以及百科全书作品《美

国妇女写作牛津指南》(*The Oxford Companion to Women's Writing in the United States*, 1995)以及与《美国妇女写作牛津读本》(*The Oxford Book of Women's Writing in the United States*, 1995)等等。瓦格纳-马丁也是众多奖项的获得者:古根汉姆奖学金、两次洛克菲勒贝拉吉奥奖学金、美国国家人文科学中心奖学金、美国国家人文基金会奖等等。

瓦格纳-马丁在关于20世纪著名女作家研究方面硕果累累。其中,她撰写和编辑了关于西尔维亚·普拉斯的多部作品,为重新认识和评价普拉斯奠定了基础。瓦格纳-马丁的《西尔维亚·普拉斯:传记》被认为是"已经出版的对诗人的生平最为判断正确的和明智的的记述"。[①]而且,"它是对已经成为很多批评和传记主题的一位诗人的经过详尽研究并且创作新颖的传记……这本书为关于普拉斯的传记作品的撰写树立了标准"。[②]一直以来,"那些写普拉斯的人们往往分成两个阵营,彼此敌对,"[③]普拉斯被女性主义者偶像化,其夫泰德·休斯(Ted Hughes)因为出轨不忠在前,销毁日记在后而常遭谴责。休斯亦有大批同情者,一方面是因为他非常厚道,修养极好。最重要的是,同情者们都认为与普拉斯这种抑郁症患者共同生活是非常困难的,甚至是灾难性的。这场旷日持久的论战至今未停。瓦格纳-马丁在《西尔维亚·普拉斯:传记》中完成了双重目的:强调作为作家的普拉斯,把她塑造成一位"20世纪50年代的非常有抱负的女性,她渴望成为一位妻子和母亲,也希望成为一位作家,她很有激情,但是绝非'变态'"。[④]瓦格纳-马丁几乎没参考以前任何一部关于普拉斯的传记作品,而是在直截了当地重述普拉斯生活中的事件。作者指出,普拉斯不是生活在真空里。她的身份是她所处的社会、经济和文化因素所塑造的:20世纪40和50年代的美国社会,女性在这一时期的地位、文学影响等等。瓦格纳-马丁还强调,普拉斯所撰写的是她那个时代整个女性群体的经历。于是普拉斯被表述成为一个政治诗人,一个"想替她所知道的无数的女性的生活说话的诗人—那些被困

---

① John Timberman Newcomb, "Review of *Sylvia Plath*: *A Biography* by Linda Wagner-Martin." *American Literature* 60. 3 (Oct., 1988): 511.

② Robert von Hallberg, "Review of *Manic Power*: *Robert Lowell and His Circle* by Jeffrey Meyers; *Sylvia Plath*: *A Biography* by Linda W. Wagner-Martin." *The New England Quarterly* 61.4 (Dec.,1988):636. <http://www.jstor.org/stable/365959>.

③ Jenny Taylor, "Review of *Sylvia Plath*: *A Biography* by Linda Wagner-Martin." *Australian Quarterly* 72. 1 (Feb.-Mar., 2000): 43.

④ Salwak Dale, *The Literary Biography*: *Problems and Solutions*. London: Macmillan, 1996. p.47.

于相互冲突的社会准则中的女性”、[①]一位关注军备竞赛和社会不公正的诗人。普拉斯成为一位具有代表性的女性，成为每一位女性的化身(Everywoman)。瓦格纳-马丁运用普拉斯的诗歌、信件、他人的回忆，尤其是普拉斯的公开形象和私下形象来“挖掘隐藏的、更为内在的自我”。[②]在这部传记中，读者看到的是一个复杂的、神秘的西尔维亚·普拉斯。这个普拉斯不再是受到古怪的双亲的畸形影响的牺牲品，也不再是一个不讲道理和不忠的丈夫的牺牲品，更不是桀骜不驯的青少年形象的牺牲品。普拉斯不是任何人的牺牲品，而是一个坚强的、脆弱的、有野心的、会犯错误的女人，她与来自家庭的、学校的、婚姻的、母性的和诗歌的各种复杂的关系进行着抗争。“重新塑造普拉斯就可以为从别的角度看待普拉斯的诗歌提供可能，而不仅仅是心理变态的产物。”[③]然而，瓦格纳-马丁的写作却由此遇到了很多的阻碍，尤其是引起普拉斯遗作管理者奥尔温的不满。作为泰德·休斯的姐姐，奥尔温甚至不允许瓦格纳-马丁引用普拉斯的作品。瓦格纳-马丁在传记的前言中说：“当奥尔温读了本书后面几章，尤其是读了1986年的手稿之后，她与我的合作大大减少。奥尔温给我写了连篇累牍的信，通常是就普拉斯的生活历程与我争辩。特德·休斯1986年读了手稿的草稿之后，提出了15页的修改建议，这意味着要删除15000字以上……他们继续要求修改，而我知道，除非我同意修改手稿，反映休斯家族的看法，否则我将得不到允许(大量摘录普拉斯的著作)。当我明白这种战斗将无限地继续下去时，我不得不终止我想大量摘引的企图。结果，这部传记所包含的普拉斯的作品要比我打算得少。”[④]《普拉斯的〈钟形罩〉：一部五十年代的小说》同样对普拉斯的解读进行了修正。《钟形罩》经常被简单解读为类似于普拉斯传记的一个文本，或者几乎被等同于普拉斯的自传。在《普拉斯的〈钟形罩〉：一部五十年代的小说》中，瓦格纳-马丁从艺术作品的角度评论这部作品，将其置于创作的20世纪50年代的社会环境之中。瓦格纳-马丁认为，普拉斯的艺术的形成是她和她所处的文化的冲突的产物；甚至她的自杀也是这一摩擦的结果，是由于泰德·修斯的出轨行为引起的悲痛。在将《钟形罩》看做是伪装起来的作家自传的时候，批评家们经常没能注意到普拉斯在叙事策略方

---

① Linda Wagner-Martin, *Sylvia Plath: A Biography*. London: Chatto & Windus, 1988. p. 185.

② Ibid., p. 8.

③ John Timberman Newcomb, "Review of *Sylvia Plath: A Biography* by Linda Wagner-Martin." p. 511.

④ Linda Wagner-Martin, *Sylvia Plath, A Biography*. p. 14.

面的艺术性。《钟形罩》的“印象主义拼贴结构”使得普拉斯能够选择任何顺序来呈现场面，结果是“连贯的断裂，”给读者“一种(和她)一起经历埃斯特(Esther)[①]的精神分裂的方法”。[②] 在普拉斯的生平和作品的解读中，尽管正如评论家罗斯·杰奎琳(Rose Jacqueline)所说，普拉斯是“一个影子式的人物……她在肯定和否定的评价的两极之间盘旋”[③]，瓦格纳-马丁毕竟给出了其独特的深刻见解。

在大量的独特的研究之后，瓦格纳的另一部传记《“命运垂青的陌生人”：格特鲁德·斯泰因和她的家人》同样打破了在此之前评论界在斯泰因的传记中对于斯泰因的形象的界定，呈现给了读者一个从未见过的全新的斯泰因的形象：德国犹太父权家族的一员，拉德克利夫学院的本科生，古怪的女性主义者，约翰·霍普金斯大学医学院的学生，一个同性恋爱人，一个艺术收藏家，一个战争的幸存者，以及更多作为普通人而不是一个现代主义偶像的标签。自始至终，她和两个哥哥——迈克尔(Michael)和莱昂(Leo)的关系构成了她情感生活的主线，就像她对写作的忠诚塑造了她自己的精神生活。这种对于格特鲁德·斯泰因的生活的写照为斯泰因研究提供了丰富的历史资料。瓦格纳马丁提供了关于斯泰因的同性恋人爱丽丝·B. 托克拉斯对斯泰因的影响的新见解，探索了家庭中的经济方面，斯泰因与马蒂斯、毕加索(Picasso)、格里斯(Gris)以及其他画家的亲密关系，以及后来格特鲁德·斯泰因与弗勒吕斯街沙龙(rue de Fleurus salon)[④]的海明威、菲茨杰拉德、维吉尔·汤森、松顿·怀尔德、珍妮特·弗兰纳、梅布尔·道奇·路翰以及许多其他丰富多彩的现代主义作家和艺术家的关系。这本传记还讲述了斯泰因和爱丽丝·B. 托克拉斯在二战时期的法国以及在意大利的莱昂九死一生的以前不为人知的故事。可以说，在此传记面世之前，斯泰因几乎是“人们还没有读过的最为著名的文学大家之一”。[⑤]

这部传记的标题“命运垂青的陌生人”(“Favored Strangers”)取自斯泰

---

① 《钟形罩》中的女主人公的名字。

② Linda Wagner-Martin, *Plath's The Bell Jar: A Novel of the Fifties*. New York: Twayne, 1992. pp. 31,73.

③ Rose Jacqueline, *The Haunting of Sylvia Plath*. London: Virago Press, 1991. p. 1.

④ 在长达 33 年的时间里，格特鲁德·斯泰因和她的“生活伴侣”爱丽丝·B. 托克拉斯在他们生活的法国巴黎市的弗勒吕斯街 27 号住所举行沙龙。传记中提到的很多当时旅居巴黎的作家都是该沙龙的常客。

⑤ Brenda Wineapple, *Sister Brother: Gertrude and Leo Stein*. New York: Putnam's, 1996. p. 398.

因的作品《我见过的战争》(*Wars I Have Seen*, 1945)。在作品中,斯泰因把自己和爱丽丝·B. 托克拉斯二战期间在法国的幸存归因为她们是"相当受到命运垂青的陌生人"。[①] 作为美国的犹太女性,她们完全是靠运气还有聪明才在纳粹占领的法国乡下得以幸存。不过,在这本传记中,这个短语具有多重含义,不仅是指巴黎的先锋派、波西米亚和同性恋作家和艺术家,还指的是斯泰因和托克拉斯所生长的19世纪末期旧金山和奥克兰(Oakland)的犹太人,而且,瓦格纳把这一概念扩展到整个的"斯泰因集团"("Stein corporation"),即:斯泰因家庭中的五个孩子之中的三位(迈克尔、莱昂和斯泰因)以及迈克尔的妻子萨利(Sally)。当时,他们开始收集毕加索、马蒂斯(Matisse)、塞尚(Cezanne)和格里斯等艺术家的早期作品。这部传记旨在探索斯泰因家庭中的孩子们之间的相互关系以及他们和这些欧洲刚刚兴起的艺术形式和艺术家之间的关系,以及对他们自己的创造性的影响。同时,传记也探索了斯泰因的同性恋问题,尤其是和爱丽丝·B. 托克拉斯之间令人难以置信的炙热的恋情,并且暗示斯泰因不仅是同性恋,还可能是双性恋。本传记建立在大量的、广泛的研究的基础上,注释就长达七十多页。传记的最成功之处是刻画了从斯泰因和爱丽丝·B. 托克拉斯相遇到历经两次世界大战的经历,以及斯泰因的不断变化的风格和取得的成功。

当对斯泰因的女性主义文学批评在20世纪70年代年末真正开始的时候,关于她的大部分的发表的作品都是她的传记。在这些传记中,她是现代主义艺术的收藏家、外籍沙龙女主人、文化赞助人、巴黎的波西米亚先锋派大师。所有这些身份都表明格特鲁德·斯泰因的名字和存在几乎只有和那些著名的男人相关联才有意义。即使她的作品得到考虑,也是被认为是一种自我放纵的产物,根本不能和她在培养现代主义的男性天才方面的贡献相提并论。女权主义者经过二十多年的努力,激发人们去重新探索和评估斯泰因,到这部传记发表的时候已经奠定了她的20世纪最重要的作家之一的地位。在这种新的情况下,瓦格纳-马丁为我们提供了一个复杂的、多维的斯泰因。虽然传记并没有对斯泰因的作品的分析着墨很多,瓦格纳-马丁态度明确地表明,她理解对于斯泰因来说写作是她的生活的首要目标。因此,这本传记将伟大的作家不仅与艺术收藏家、沙龙女主人、巴黎前卫大师、外籍波希米亚整合在一起,而且与女同性恋者和美国犹太移民家庭的女儿/

---

① Gertrude Stein, *Wars I Have Seen*. New York: Random House, 1945. p. 114.

妹妹的身份整合在一起。在《"命运垂青的陌生人":格特鲁德·斯泰因和她的家人》中,瓦格纳-马丁写了一份与众不同的传记,因为,正如她自己解释的,它记载了一个女人的一生。作为一位"妇女的传记作者",瓦格纳-马丁认识到,"传统传记的写作惯例不适用于大多数的女性主体。这些写作惯例——传记主体过一种典范的生活,这种生活最好按照时间顺序来处理,而且与主体的外在历史事件挂钩,与主体的内在生活之间关联的意义不大——可能适合很多男人的生活,但是女人的生活却与这些隐含的叙述背道而驰"。[①]瓦格纳-马丁坚持将斯泰因的传记写成"一个女性的生活",特别关注其童年、青春期和内在世界的做法,结果是一部将一个更广阔、更丰富的斯泰因的形象作为焦点的传记,这部传记处理的题材是以前的传记很少触及的。瓦格纳-马丁通过持续关注四个话题——斯泰因的早年生活、她作为移民家庭的一员的身份、她对于自己犹太身份的关注、她的多变的身份——为传记写作开辟了深天地。在这部传记中,读者看到的是一位作为"现代主义之母"的充满激情的女性。

《讲述女性人生:新传记》(*Telling Women's Lives: The New Biography*, 1994)是关于女性传记的写作及其历史的第一部综述作品。在这部作品中,瓦格纳-马丁撰写了乔治·爱略特(George Eliot)、弗吉尼亚·沃尔夫(Virginia Wolfe)、埃莉诺·罗斯福(Eleanor Roosevelt)[②]、玛格丽特·米德(Margaret Mead)[③],以及雪儿(Cher)[④]和伊丽莎白·泰勒

---

① Linda Wagner-Martin, "Notes from a Women's Biographer." *Narrative* 1. 3 (Oct., 1993):267-268.

② 安娜·埃莉诺·罗斯福(1884-1962):美国第32任总统富兰克林·德拉诺·罗斯福的妻子,《世界人权宣言》的起草者。她是位不平凡的第一夫人,其政治和社会活动、独立意识、公开讲话及作家生涯都是其他第一夫人无法比拟的。在此期间,埃莉诺从本质上改变了白宫女主人的传统形象,成为各种社会活动的积极倡导者、政治活动的热情参与者、丈夫事业的有力支持者和政治合作伙伴。她的这种做法为后来的第一夫人们所效仿。

③ 玛格丽特·米德(1901—1978):美国女人类学家,美国现代人类学成形过程中最重要的学者之一。1978年逝世后随即获总统自由勋章。1928年出版了《萨摩亚人的成年》一书,探讨了正值青春期的萨摩亚少女的性和家庭风俗,针砭美国社会对待青少年的方式,轰动一时。米德再以《三个原始部落的性别与气质》(1935)一书对西方社会中的"性别"议题投下炸弹,影响了整个世代的女权运动者,成为现代女性主义的重要支持因素。

④ 雪儿1946年5月20日出生于美国加州,原名Cherilyn Sarkisian LaPierre。1988年,雪儿凭电影《月色撩人》(*Moonstruck*)获得最佳女主角奖,首次摘得奥斯卡桂冠。雪儿还两次获得金球奖最佳女主角,并在1985年凭《面具》(*Mask*)获得戛纳电影节最佳女主角奖。雪儿也是美国知名的歌星,她的唱片歌曲多次长时间名列排行榜首,并曾获得格莱美大奖和电视艾美奖。

(Elizabeth Taylor)①等女性作家的传记，探讨了女性写作以及关于女性生活的写作。因为受到关于女性的新知识的影响，而且学者们已经重视这一体裁，在过去的20年间，女性传记写作发生了巨大变化，瓦格纳-马丁对其给予了高度关注和认可。瓦格纳-马丁在作品的覆盖面上非常广泛，涉及了女性生活的所有领域，她运用乔治·爱略特和艾米莉·勃朗特的不同的传记追溯了传记本质的变化。比如说，莱斯利·斯蒂芬爵士(Sir Leslie Stephen)②的1902年的爱略特研究大量利用约翰·克罗斯(John Cross)③长达三卷本的对于已故妻子的理想化的塑造。克罗斯和斯蒂芬忽略了很多关于爱略特的事情，将其智慧理想化。很多年以来，传记作家对最初的观点作了改变，但是，瓦格纳-马丁指出，新的材料只是最初的叙述的装饰，而不是对其进行的改变或是对于早期叙述的背离 。艾娜·泰勒(Ina Taylor)1989年的传记修正和补充了早期的处理方式，把爱略特描写成了一个女人。瓦格纳-马丁认为泰勒的写作手法打碎了早期对于爱略特的描述。根据大量的传记和自传作品以及她自身的传记创作经验，瓦格纳-马丁从很多的角度看待关于女性人生的写作，谈论了伦理问题，处理了有争议的材料，并且避免俗套问题。同时，瓦格纳-马丁参考了其他的传记故事，探讨了男性和女性传记的差异，以及关于女性的生活和角色的刻板形象，探讨了公共和个人的含义，以及自传、传记和其他体裁之间的模糊的边界。对于瓦格纳-马丁来说，关于女性生活的写作的理解必须在基于女性经验之上的"各种女性的写作"的更宽泛的背景下来理解。④ 男性写作的线形传统，以及构成大部分男性传记公共生活和私生活的分界不足以讲述女性的经验和展现她们的多面性。

《讲述女性人生:新传记》中，通过快节奏和大范围的讨论，瓦格纳-马丁谈论了作者立场(如:谁来控制叙述？谁来选择讲述哪个故事?)、语气(如:故事是否用传统客观语气讲述？如果是，讲述对我们的阅读会有哪些影

① 伊丽莎白·泰勒(1932—2011):英国金像奖英国最佳女演员奖;第十六届金球奖最佳女主角奖，1973年获金球奖最受欢迎女演员奖;1984年获金球奖肯尼迪艺术成就奖;1993年美国电影学会终身成就奖;1997年获得SAG终身成就奖;1999年获英国电影学院终身成就奖。

② 莱斯利·斯蒂芬爵士(Sir Leslie Stephen)，英国编辑和文学批评家，女作家和女权主义者弗吉尼亚·伍尔夫(Virginia Woolf, 1882—1941)之父。

③ 乔治·艾略特(1819—1880)在三十几岁时因翻译工作而开始文学生涯，之后还担任杂志编辑;在此期间，她认识了一生的挚爱乔治·亨利·刘易斯(George Henry Lewes)，艾略特不顾外在压力，与当时已经有妻室的刘易斯同居，直到1878年刘易斯去世。1880年6月，乔治·艾略特与比自己小20岁的美国银行家约翰·克罗斯(John Cross)结婚，同年12月份病逝。

④ Linda Wagner-Martin, *Telling Women's Lives, The New Biography*. New Brunswick: Rutgers University Press, 1994. p. x.

响?)、出版政治学(如:为什么没有更多的关于女性生活的作品出版?如果出版的话,这些作品的广告预算该怎么办?)等等。她讨论了作为妻子的女作家的问题,以及那些试图撰写母亲的女儿和试图撰写妻子的丈夫的问题。《新传记》其中一章集中写了《作为妻子的女人们》,讨论了诺拉·乔伊斯(Nora Joyce),哈德莱·海明威(Hadley Hemingway)和埃莉诺·罗斯福等人的传记作品。另一章《关于母亲的写作》讨论了玛丽·凯瑟琳·贝特森(Mary Catherine Bateson)和西塞拉·博克(Sissela Bok)等人为她们的母亲玛格丽特·米德和阿尔瓦·缪尔达尔(Alva Myrdal)[①]等知名女性撰写的传记作品。尤其令人感兴趣的是,她以《她们中的佼佼者》为标题讨论了7部传记。瓦格纳-马丁认为南希·米尔福德的《扎尔达》(*Zelda*,1970)在很多方面都具有里程碑的意义,是读者看待菲茨杰拉德(F. Scott Fitzgerald)妻子的转折点,是"女性传记的范本"。[②]

在一系列的比较和论述之后,瓦格纳-马丁说,"传记是探索、讲述和重述人类的一些最古老故事的方式",[③]从而将所谓"女性主义"传记融入了人类讲述自身故事的大潮。总之,这部作品是对几百名女作家的重新评估。这些女作家改变了我们对妇女小说以及妇女人生曾经是什么样子和正在变成什么样子的概念。这本书对于任何传记爱好者,尤其是女性传记爱好者都是必读书目。[④]《讲述女性人生:新传记》是至1994年为止的44年中唯一获得普列策奖的关于女性的传记。在该作品创作的前二十年左右,传记和自传的写作发生了巨大的变化,不过,当时散文写作受到女权主义批评家的关注较少,作为"一名经验丰富的传记作家和这一体裁机敏的历史学家",[⑤]瓦格纳-马丁用该作品"弥补了这一不足"。[⑥]

在很多方面,百科全书作品《牛津美国妇女写作指南》及其配套选读《牛津美国妇女写作读本》都反映了该作品作为导读的全面性和复杂性,"作为一个领域的美国女性文学文化概览"。[⑦]作品的标题体现了编辑的字斟句酌

---

① 阿尔瓦·缪尔达尔(1902—1986),瑞典社会学家和政治家,1982年获得诺贝尔和平奖。

② Wagner-Martin, *Telling Women's Lives, The New Biography*. p. 135.

③ Ibid., p. 169.

④ Dorothy M. Scura, "Review of *Telling Women's Lives: The New Biography* by Linda Wagner-Martin." *American Literature*, 67. 3 (Sep., 1995): 608.

⑤⑥ Françoise Lionnet, "Review of *Telling Women's Lives: The New Biography* by Linda Wagner-Martin." *Signs* 21. 2 (Winter, 1996): 461.

⑦ Cathy N. Davidson and Linda Wagner-Martin, ed. *The Oxford Companion to Women's Writing in the United States*. Oxford: Oxford University Press, 1995. p. viii.

的良苦用心。为了尽力体现女性写作潮流的多样性和意识形态的暗示性，他们选择了“妇女们的”(women's)而不是“妇女的”(woman's)来表现“碰巧是女性的人们的写作的多样性”，用“写作(writing)”而不是“文学”(literature)来承认女性写作体裁的多样性，包括已经被我们现在的教育系统推崇和经典化的体裁和题材，以及被否定了高雅、正统地位的写作方式和作品，从咨询手册到食谱报纸专栏，再到电影脚本。编辑们进一步坚持认为，要允许一种新的综合性，整合女性创作的多重维度。令人惊讶的是，这么多的光怪陆离的话题和各具特色的作家竟然能够如此有机地融合在一卷作品中。该《指南》将小说、诗歌、戏剧和散文等不同领域的女性作家糅合在一起，讨论涉及五花八门的话题，如，异性性行为、残疾女性的写作、和平运动、反战运动、出版事业、非标准英语、歧视、后殖民主义、审查制度、种族身份、暴力、妇女研究项目和书写男性的女性，等等。另外，作品的标题《牛津美国妇女写作指南》中的美国用的是“United States”这个词，而不是“America”，因为“我们不再清楚‘America’一词包括哪些、排除哪些”，而且因为“我们也质疑 American 这个单词”。①这部作品共涉及五百多名学者的作品，总共 700 多个词条，分成传记词条和主体论文。后者长短不一，短则只有一个段落，长则达到数页，并且大部分的文章包括参考文献。全书还有详细的主题、作者和标题索引，以及历史事件和文学“里程碑”两个时间列表。作品的涵盖范围通过主题论文一目了然：婚姻手册、移民、同性恋、“他者”妇女、美国本土出版批发商、地下铁路、加勒比裔美国人写作等等。显然，这部作品弥补了之前的女性研究所欠缺的多重文化视角。对于很多的初学者来说，关于心理分析和女性、女性主义电影理论、后结构主义、解构主义和女权主义等方面的概述性论文提供了必需的女性理论。

2011 年，瓦格纳-马丁从北卡罗来纳大学诺丁山分校退休，结束了长达五十多年的教学生涯。在这五十多年间，她平均每一年出版一部著作，撰写和编辑的著作、发表的论文和文章几乎涵盖了 20 世纪美国文学经典中的每一位数得上的作家，包括：威廉·卡洛斯·威廉姆斯、丹妮丝·雷维托夫(Denise Levertov)、罗伯特·弗罗斯特、厄内斯特·海明威、威廉·福克纳、约翰·斯坦贝克、约翰·多斯帕索斯、埃德加·李·马斯特斯(Edgar Lee Masters)、艾伦·格拉斯哥(Ellen Glasgow)、塞尔维亚·普拉斯、伊迪丝·沃顿、威廉·英奇(William Inge)、莉莲·赫尔曼(Lillian Hellman)、罗伯

① Cathy N. Davidson and Linda Wagner-Martin, ed. *The Oxford Companion to Women's Writing in the United States*. p. ix.

特·克瑞里（Robert Creeley）、格特鲁德·斯泰因、泽尔达和 F. 司各特·菲茨杰拉德夫妇、希尔达·杜利特尔、玛丽安·穆尔（Marianne Moore）、戴维·伊格纳托（David Ignatow）、E. E. 卡明斯（e. e. cummings）、乔伊斯·卡罗尔·奥茨（Joyce Carol Oates）、安妮·泰勒（Anne Tyler）、托妮·莫里森（Toni Morrison）等等。毫无疑问，半个世纪以来，瓦格纳-马丁对于当代美国文学的解读做出的突出贡献使她当之无愧地成为一位先驱和典范，大大改变了讲授、学习、阐释和评价美国文学的方式。

主要作品（按出版年代排序）

"The Significance of Sound: Denise Levertov's Poetry," *Laurel Review* 6.2 (Fall 1966): 3—12.

"A Bunch of Marigolds." *The Kenyon Review* 29. 113 (January 1967): 86—102.

Denise Levertov. New Haven: Twayne, 1967.

"Ancients and Moderns: Some Similarities." *East-West Review* 3. 3 (Winter 1967—1968): 273—280. "*Helen in Egypt*: A Culmination." *Contemporary Literature* 10. 4 (Autumn 1969): 523—536.

[Ed.]*Denise Levertov: In Her Own Province*. New York: New Directions, 1979.

[Ed.]*Joyce Carol Oates: Critical Essays*. Boston: G. K. Hall, 1979.

Ellen Glasgow: Beyond Convention. Austin: University of Texas Press, 1982.

[Ed.]*Sylvia Plath: Critical Essays*. Boston: G. K. Hall, 1984.

Sylvia Plath, A Biography. London: Simon, 1987.

[Ed.]*Sylvia Plath, The Critical Heritage*. London: Routledge & Kegan Paul, 1988.

[Ed.]*Anne Sexton: Critical Essays*. Boston: G. K. Hall, 1989.

The Modern American Novel, 1914—1945. Boston: Twayne, 1989.

Wharton's The House of Mirth: *A Novel of Admonition*. Boston: Twayne, 1990.

"'Just the Doing of It': Southern Women Writers and the Idea of Community." *The Southern Literary Journal* 22. 2 (Spring, 1990): 19—32.

[Ed.]*Denise Levertov: Critical Essays*. Boston: G. K. Hall, 1991.

Plath's The Bell Jar: *A Novel of the Fifties*. Boston: Twayne, 1992.

"Notes from a Women's Biographer." *Narrative* 1.3 (Oct., 1993): 265—273.

Telling Women's Lives, The New Biography. New Brunswick: Rutgers University Press, 1994.

"Favored Strangers": Gertrude Stein and Her Family. New Brunswick: Rutgers University Press, 1995.

[Ed.]*The Oxford Companion to Women's Writing in the United States*. Oxford: Oxford University Press, 1995.

[Ed.] (with Cathy N. Davidson) *The Oxford Book of Women's Writing in the United States*. Oxford: Oxford University Press, 1995.

Wharton's The Age of Innocence: *A Novel of Ironic Nostalgia*. Boston: Twayne, 1996.

The Mid-Century American Novel, 1935—1965. New York: Twayne, 1997.

Sylvia Plath, A Literary Life. New York: St. Martin's, 1999.

Historical Guide to Ernest Hemingway. Oxford: Oxford University Press, 2000.

[Ed.] *The Portable Edith Wharton*. London: Penguin, 2003.

Zelda Sayre Fitzgerald, An American Woman's Story. Basingstoke: Macmillan, 2004.

Barbara Kingsolver, A Biography. New York: Chelsea House, 2004.

[Ed.] *Edith Wharton's* The Custom of the Country. London: Penguin, 2005.

"The Great American Novel." *The Novel* 3. 1 (Fall 1969): 48—61.

参考文献

Brenda Wineapple. *Sister Brother: Gertrude and Leo Stein*. New York: Putnam's, 1996.

Dale, Salwak. *The Literary Biography: Problems and Solutions*. London: Macmillan, 1996.

Hallberg, Robert von. "Review of *Sylvia Plath: A Biography* by Linda W. Wagner-Martin." *The New England Quarterly* 61. 4 (Dec., 1988): 633—637. <http://www.jstor.org/stable/365959>

Jacqueline, Rose. *The Haunting of Sylvia Plath*. London: Virago Press, 1991.

Lionnet, Françoise. "Review." *Signs* 21. 2 (Winter, 1996): 459—463.

Newcomb, John Timberman. "Review of *Sylvia Plath: A Biography* by Linda Wagner-Martin." *American Literature* 60. 3 (Oct., 1988): 511—513.

Ott, Mark P. "Review of Ernest Hemingway's *A Farewell to Arms*: A Reference Guide". *The Hemingway Review* 23. 2 (Spring 2004): 108—110.

Scura, Dorothy M. "Review of *Telling Women's Lives: The New Biography* by Linda Wagner-Martin." *American Literature* 67. 3 (Sep., 1995): 608—609.

Stein, Gertrude. *Wars I Have Seen*. New York: Random House, 1945.

Taylor, Jenny. "Review of *Sylvia Plath: A Biography* by Linda Wagner-Martin." *Australian Quarterly* 72. 1 (Feb.-Mar., 2000): 43—46.

谢丽尔·A.沃尔(Cheryl A. Wall)
(1948—)

谢丽尔·沃尔是著名美国黑人作家、教育家和评论家,其专攻领域为美国黑人文学和黑人妇女文学研究与批评。1970年沃尔以优等成绩毕业于有着“黑人哈佛”美誉的霍华德大学(Howard University),获学士学位。1970年至1972年间,她获福特基金奖学金资助,在哈佛大学修习硕士课程。1976年,沃尔在哈佛大学获取美国文明史专业博士学位。1972年她受聘于罗格斯大学(Rutgers University),开始其教学研究学术生涯。从那时至今,她把心血倾注于美国妇女问题、女权主义、女性文学、黑人和黑人妇女文学等领域的教学研究。沃尔著述等身,其科研成就和学术地位得到学界的广泛承认:她是《非裔美国人评论》(*African American Review*)、《美国文学》(*American Literature*)、《符号》(*Signs*)等著名学术刊物编委和福特基金、麦克阿瑟基金评委。

身处学院中的沃尔从未故步自封于象牙塔中,而是把书斋中的研读和课堂教学以及社会活动三者切实结合起来,勉力推动高等教育多元化发展、促进女性和少数族裔师生的平等参与。从在罗格斯大学道格拉斯学院任教职伊始,沃尔就一直不遗余力支持并参与以“肯定行动”(affirmative action)为导向的大学课程改革和建设。2003年到2005年她与同仁共同完成福特基金项目“重新推进肯定行动:高等教育中多元差异性规划”(“Re-Affirming Action: Designs for Diversity in Higher Education”)。她的这些贡献以及她在罗格斯大学行政管理工作的成就使其荣获2008年新泽西州女性管理者基金组织(Executive Women of New Jersey)[①]颁发的“决策者奖”(Policy Makers Award)。

谢丽尔·沃尔1972年走出哈佛到罗格斯大学任教。这时美国刚经历了轰轰烈烈的民权运动的洗礼,而女权主义正值风起云涌之际。但虽然民权和女权运动已然动摇了白人中心父权主义的铁栅,妇女,尤其是沃尔这样的

---

① 成立于1980年的慈善基金机构,旨在帮助和促进商界、职业界和政府部门等领域中的女性向高级管理层发展晋升,同时也资助妇女接受高等教育,力图为妇女创造更好的职业发展条件和前景。

黑人女性,从那道藩篱的突破口中跨出时,迈入的却是一片“批评的荒野”。沃尔在回顾自己学术生涯时,对刚刚走出哈佛、跨进罗格斯执教的那段拓荒经历仍然感触颇深。她写道:“哈佛大学那种趾高气扬的精英主义总使我感到格格不入——更不用说性别歧视的影响了。这种情况下,我的首要任务就是要去弄清学术生涯是否我真心的选择。”[①] 当时,对于妇女、女权主义、非裔美国人这些新兴领域的研究,主流学术刊物仍然是盛气凌人,不屑一顾。一个著名编辑就曾告诫沃尔等年轻教师们不要投“关于妇女研究的稿件,因为这个题目过于赶时髦。”而弗雷德里克·道格拉斯(Fredric Douglass)和哈里特·雅各布斯(Harriet Jacobs)这样的名字,还要等到二三十年后,才能为人所熟知。[②]

但沃尔也是幸运的。作为一座老牌女子学院,道格拉斯学院在20世纪70年代初以其传统优势为“以性别和种族为中心的学术研究”提供了天然“合法性”。学院自由宽松、富有活力的教学氛围,加上规模不大的教师队伍中同事之间的志同道合、亲密合作,使沃尔很快有了如鱼得水的感觉。她热诚投身于同事们进行的女权主义学科课程建设以及平等民主的新型课堂模式探索和实践。同时,她也踏入了一个崭新的研究领域——非裔美国文学。[③]

前面脚注中提到的前言副标题“我的学术生涯之反思”实际上有些“文不对题”,因为在此文中沃尔虚怀若谷,舍弃对自己工作经历的陈述,重点热情评价了20世纪70年代后30多年中美国大学教研领域经历的惊人变化:“非洲研究(Africana Studies)、奇卡诺研究(Chicano Studies)、种族研究、妇女研究等已经改造了传统学科之课程设置。例如,非裔美国人历史和非裔美国文学今天已经成为常规课程。此外,这些新兴领域的教学和研究催生了大量理论问题,并促使众多被湮没的文本得以被发掘——而凡此种种又导致对美国历史和文学观念的全盘重构。……异军突起于边缘上的新知识,开始对中心进行重新界定。毫不夸张地说,它重新确立了边缘和中心的关系。”[④] 这里沃尔评价的,实际上是她为之奋斗一生的事业,如果我们可以

---

① Cheryl A. Wall, “Foreword: Faculty as Change Agents-Reflections on My Academic Life,” in *Doing Diversity in Higher Education: Faculty Leaders Share Challenges and Strategies*. Ed. Winnifred R. Brown-Glaude. New Brunswick: Rutgers University Press, 2009. p. ix. 沃尔为之撰写前言的这本专著,是上面提到项目“重新推进积极区别对待行动:高等教育中多元差异性规划”成果之一。

②③ Wall, “Foreword.” pp. ix—x.

④ Ibid., p. x.

用一个术语来扼要概况之，那就是“经典修正”。

沃尔从哈佛毕业到事业上步入高峰这个阶段，正好与美国“文学经典的大规模修正”从酝酿到全面蓬勃发展这一过程同步。经典修正是一场艰巨复杂的、牵一发而动全身的性别政治、族裔身份政治运动。经典建构本身是社会意识形态以及种种社会政治文化因素共同作用的结果，是“公共生活各个部门，如教育机构、图书市场、评论界、研究领域、图书馆等参与的……社会过程和机构化过程”。它反过来又成为“社会权力合法化的一种手段”。[①]可见，经典修正实则是在从经济基础到上层建筑各个社会层面众多领域中进行的一场变革。其关键是女权主义者和少数族裔与逻各斯-菲勒斯中心主义和种族主义针锋相对的斗争。经典修正“成为挑战男性中心主义的文化战争中……一个至关重要的前沿阵地，成为女权主义者的重要议事日程。此外，以非裔美国人为首的少数种族评论家随之也成为挑战经典的生力军”[②]。作为女性、黑人的沃尔便义不容辞地成为其中的领军人物。

美国学界对于经典批评和修正工作，主要体现在三个方面：“课程设置与内容、文学史和文学选集。”[③]而沃尔一生的奋斗，也当然集中于这三大领域。如前所述，沃尔毕生致力于大学课程设置和内容改革，不断进行女性研究、族裔文学等大学课程建设的探索与实施、推进课堂和教席中性别族裔差异和多元化。总额近 80 万美元的福特基金项目的获得和完成是她这方面工作成就的一个证明。限于主旨，她这方面的贡献我们就不再详述，而是重点介绍她在经典批评和修正的其他两个方面，即文学史和文学选集建设中的工作和成绩。

在这两个领域中，沃尔发挥了不容忽视的作用和影响，显示了她卓越的学术造诣和理论建设功力。我们先从文学选集建设谈起。“对于那些关注非裔美国文学的人来说，经典批评和修正主要是通过出版文学选集和论文集的形式进行的，这里最值得提及的是诺顿出版社 1997 年出版的《诺顿非裔美国文学选集》(*Norton Anthology of African American Literature*)。”[④]在以小亨利·路易斯·盖茨为首的 11 人编辑团队中，沃尔是四名女编辑之一，负责 1975 年到 1993 年时期，也就是文选中最新一个历史阶段内容的编选。这部“新型经典”从一出世就声名鹊起，而且经受住了市场的考验。作为美

① 金莉：“经典修正”，赵一凡等：《西方文论关键词》，第 295 页。

② 同上书，第 294—295 页。

③ 同上书，第 299 页。

④ 同上书，第 303 页。

国黑人文学发展壮大过程中的里程碑式事件,沃尔的参与是对于她才干的最好认可。

重构文学选集的意义是多方面的。首先,它揭穿了一个长期盛行的污蔑性谎言:黑人是"低劣愚昧"的种群,没有能力创作真正的、可入大雅之堂的文学艺术。"这部选集雄辩地说明,从一开始,非裔美国人的识字程度就与他们对于自由的追求相关联,而且他们还创建了一个极其丰富的独特文学传统。"[①]对于黑人而言,经典重构意味着发现自己文化独特深远充满活力的根系。挖掘出自己的传统也就赋予了自己的民族文学以身份、合法性、凝聚性、归属感和自豪感。这实质上是在文学世界中的独立。摆脱了压迫桎梏,解放和维护了自己的文化故土,找到了创作和灵感根源的资源,就可以进一步推进黑人的文学文化发展与强盛。《诺顿非裔美国文学选集》的意义就在于此。而之所以沃尔被选中担当如此重任,原因就是她一直就把通过建构历史而继往开来、建构新型非裔文化传统作为自己的学术生涯目标。早在诺顿文选之前,沃尔这方面就已经取得不俗的成果——它集中体现在了一个更具体的领域:黑人女性文学研究。

沃尔专攻的领域是哈莱姆文艺复兴中的女性作家,在这些作家中,她又对"黑人文学之母"[②]佐拉·赫斯顿情有独钟。爱丽斯·沃克清除了埋没赫斯顿的种族、性别歧视的污垢,使她的作品重见天日。而沃尔则进行了进一步耐心细致具体的发掘工作,先后编辑了《佐拉·尼尔·赫斯顿:小说作品集》(*Zora Neale Hurston*: *Novels and Stories*, 1995)、《佐拉·尼尔·赫斯顿:民间传说故事,回忆录及其他作品》(*Zora Neale Hurston*: *Folklore*, *Memoirs*, *and other Writings*, 1995)、《佐拉·尼尔·赫斯顿的〈汗水〉》(Sweat *by Zora Neale Hurston*, 1997)、《佐拉·尼尔·赫斯顿的〈他们眼望上苍〉:研究资料汇编》(*Zora Neale Hurston's* Their Eyes Were Watching God: *A Casebook*, 2000)。

长期细致耐心的文本发掘整理和编撰工作,为沃尔在文学史的重新定义和构筑方面奠定了坚实的基础,所以才会有《哈莱姆文艺复兴中的女性》(*Women of the Harlem Renaissance*,1995)这样的结晶出现。《哈莱姆文艺复兴中的女性》是黑人女性批评修正美国黑人文学和文化史的一部力作。像其他一些重要开拓性女性批评著述一样,它"足以改变女权主义研究和非

① 金莉:《经典修正》,第304页。

② 参见金莉等:《20世纪美国女性小说研究》,北京:北京大学出版社,2010年。"佐拉·尼尔·赫斯顿——'跳向太阳'的黑人文学之母"一章,第83—94页。

裔美国研究两个领域的未来探索方向"[①]。

对于哈莱姆文艺复兴研究的"复兴",首先是从种族角度对白人主宰的美国文学史的一场革命性变革。从1971年牛津大学出版社出版的内森·哈金斯(Nathan Huggins)之《哈莱姆文艺复兴》(*Harlem Renaissance*)到1989年维克多·克莱默(Kramer Victor)主编的《再评哈莱姆文艺复兴》(*The Harlem Renaissance Re-examined*),众多富有建树性的研究集中出现,既反映了"哈莱姆文学复兴在(20)世纪黑人文学发展中的重要地位"[②],也反映了民权运动后主流学术界对于黑人文学的认可和接纳。但是,这些"权威"著作的作者多是男性,内容基本都涉及黑人男性的作品,其评论的视角和标准,也基本是男性中心的。沃尔则从性别角度重新审视这段历史,为哈莱姆复兴运动增补上了被压制排斥的一个重要维度——女性创作,从而对原先"哈莱姆文艺复兴"那褊狭、专断的定义进行了更正和扩展。

沃尔的这部著作重点论述了三位女作家,杰西·福赛特(Jessie Fauset)、内拉·拉森(Nella Larson)、赫斯顿。但是,沃尔却以这三人为中心点向外辐射,覆及格温多林·贝内特(Gwendolyn Bennett)、安·斯宾塞(Ann Spencer)、玛丽特·鲍纳(Marita Bonner)、乔治亚·道格拉斯·约翰逊(Georgia Douglas Johnson)等众多女作家和艺术家。这样做有两个目的,一是凸显这些女性作家之间的相互影响和姊妹情谊,从而揭示出这些女性文本间形成的"她们自己的文学"之有机脉络关系。二是尽量多地发掘、展示被白人逻各斯-菲勒斯中心主义经典以及黑人男性中心批评所屏蔽、消声和抹杀的女性及其文本,以女性创作的数量与质量、深度与广度,纠正传统"哈莱姆文艺复兴"那副严重残缺、失衡的图景。沃尔指出,男性追述中的哈莱姆文艺复兴迥异于女性回忆里的那个概念。她的任务就是要以后者为出发点和基础重新发掘这段文学史。沃尔成功地做到了这一点,并得到了众多学者的认可。[③]

值得一提的是,沃尔这本著作产生于在所谓后现代主义理论浪潮席卷西方批评界的背景下。其时,"美国女权运动越来越多地融入当时流行的后现代主义思潮"[④]。但沃尔没有受种种华丽炫目、时髦玄奥的理论影响,而是

① Sharon p. Holland, "On Waiting to Exhale: Or What to Do When You're Feeling Black and Blue, a Review of Recent Black Feminist Criticism." *Feminist Studies* 26.1 (2000): 112.

② 王家湘:《20世纪美国黑人小说史》,南京:译林出版社,2006年,第56—57页。

③ Valerie Lee, "Review of *Women of the Harlem Renaissance*, by Cheryl Wall." *Research in African Literatures* 27.2 (1996): 225.

④ 金莉:《美国女权运动·女性文学·女权批评》,《美国研究》2009年第1期,第65—66页。

以考古学家和历史学家的路数,淘尽翔实的细节来阐释和论证。有时这些细节到了看似近乎琐碎的地步,但这却正是作者的良苦用心所在,它们发挥了史料事实胜于雄辩的作用,证明了哈莱姆文艺复兴运动中无处不在的性政治影响——正是这种因素无情褫夺了女性们在这场运动中应有功劳和荣耀。[①] 从文艺复兴运动中的那些黑人男性,到后来研究这一运动的"主流"男性研究者,绝大多数人都把哈莱姆文艺复兴中的女性视为在舞台边缘跑龙套的角色,认为她们根本没有取得任何值得一提的重要美学成就。[②] 沃尔则通过大量的史实还原了当时的历史真相,说明了女性们对于新黑人文学的贡献。父权制"性政治"的运作方式也就昭然若揭了。

沃尔以史料的细致研究和娴熟驾驭来揭示性政治策略的手法,典型地表现在论述福赛特的第二章中。其举重若轻、细致流畅的笔法,使得世人全然陌生的另一个福赛特跃然纸上。福赛特在哈莱姆文艺复兴运动中很长时间内都处于最重要的位置。她是杜波伊斯(W. E. B. Du Bois)的得力助手(当然,如果她是一个男性,其角色就绝对不会仅限于一个助手),杜波伊斯常百务缠身,四处奔波,所以,美国全国有色人种协进会(NAACP)以及其机关刊物《危机》(*The Crisis*)等其他很多重要事务,在很多情况下都是福赛特代理。她一度曾被公认为美国全国有色人种协进会的主要管理人。福赛特任《危机》编辑长达七年之久(其中六年为文学编辑),其任内这个刊物在黑人文学方面的影响首屈一指。1920 到 1921 年,她与杜波伊斯一起创办了《女童子军杂志》(*The Brownies' Book*)——"面向所有儿童,但是特别为我们的(有色人种)儿童献上的"月刊,旨在介绍弘扬"歌颂有色人种人民荣耀"的"历史、歌曲和故事"[③]。福赛特注入大量心血,不仅亲自撰稿,而且利用其威望邀请众多作家和名人献稿。可惜由于当时大多黑人家庭根本为孩子订不起杂志,《女童子军杂志》很快夭折。

兰斯顿·休斯(Langston Hughes)恰如其分地把福赛特和阿兰·洛克(Alain Locke)、查尔斯·约翰逊(Charles Johnson)并誉为"新黑人文学的催生者";评论家戴维·刘易斯(David Lewis)指出"福赛特在哈莱姆文艺复兴中

---

① Valerie Lee, "Review of *Women of the Harlem Renaissance*." p. 225.

② Sharon p. Holland, "On Waiting to Exhale." p. 111.

③ Sheryl Wall, *Women of the Harlem Renaissance*. Bloomington: Indiana University Press, 1995. p. 53.

的影响或许是他人难以匹敌的"[1]。是她首先发表兰斯顿·休斯的作品,内拉·拉森的处女作发表,也有赖于福赛特的慧眼。受惠于这位伯乐的青年作家还有乔治亚·道格拉斯·约翰逊(Georgia Douglas Johnson)、康蒂·卡伦(Countee Cullen)、安·斯宾塞(Anne Spencer)、吉恩·图默(Jean Toomer)等等。福赛特本人也是一位多产的记者、散文作家、小说家及诗人,其作品种类之丰富、数量之众多,就连哈莱姆文艺复兴中的绝大多数男性作家都望尘莫及。而就是这样一个伟大的女性,却始终没有得到公正的认可和对待。其中原因,刘易斯一语点破:只因为她不是一个男人。[2]

如果处于运动核心的福赛特都难以摆脱性政治的扼杀,其他女作家在种族主义和性别歧视双重厄运下就更加脆弱不堪。内拉·拉森在其创作和文学名望的巅峰时刻命运急转直下,几年时间内就退出了公众视线,后半生几乎处于与世隔绝的状态(在一家医院作夜班护士),再没有作品问世,也没有任何创作存留下来。她的命运说明了当时女人"充当"作家必须面对的险恶命运和悲惨结果。沃尔认为,腰斩拉森文学生命的主要原因是她丈夫和一个白种女人之间的性丑闻以及接下来的婚姻破裂。如果拉森不是一个作家,这种家庭私事就不可能对她造成如此大的伤害。悲剧在于,作为作家的拉森,其生活中"个人的"和"职业的","隐私的"和"公众的"等领域间根本就不能保持清晰的分界线。"她的事业使她成为媒体丑闻编造贩卖者的目标。作为女人的拉森,一旦被指有什么缺陷,作为作家的拉森就要面临社会的严厉痛斥。"[3]

毁掉作家拉森的另一祸端就是她的短篇小说《庇护所》("Sanctuary")被控剽窃(后来调查结果表明指控不成立)。尽管此事与她的不幸婚变没有直接关系,但二者在种族、性别歧视的深层社会原因上是有联系的——这是拉森走文学道路所必然招致的猜忌:一个黑人,又是妇道人家,真有如此高的创作天分?此案对拉森打击的真正致命之处在于,就连她自己都开始认同那些不明真相的读者的怀疑,开始对"自己作家的天分和诚信"失去信心。[4]

沃尔进一步深入分析,从文学创作本身角度得出拉森执意封笔的内在原因,那就是她所探索的主题超越其时代实在太远,当时世人的接受能力和容忍度使她不得不采取一种隐晦曲折、虚与委蛇的手法来写作。"深探种族、阶级和性别的犬牙交错地带是风险太大的事情。她无法给出简单明白而又不招致祸端的真理。"[5]模棱隐晦是当时流行的现代主义文风的标志和优

①② Sheryl Wall, *Women of the Harlem Renaissance*. p. 35.

③④ Ibid., p. 137.

⑤ Ibid., p. 138.

点,可是作为一个黑人女性作家,如果政治态度含混,轻则会被认定为在意识形态问题上糊涂,重则会被斥为怯懦和逃避。实际上这两种指责拉森一样也没逃过。作为一个勇敢的先行者,拉森为此付出的代价太高,最终导致她精疲力竭,过早地损耗尽了她的才气和抱负。而最为讽刺的是,拉森的小说从思想内容到艺术手法都是极具颠覆性的,可是,由于她的伪装太过巧妙和成功,在当时竟无人能够悟透,因而被当做一般的流俗作品而"混充"(passing)了过去。刘易斯对于福赛特命运的惋惜同样可以用在拉森身上,如果她是一个男人,其无量前途谁人能测呢?

哈莱姆文艺复兴中的女作家在种族、性别政治的雷区跳舞,其尴尬和艰辛不言自明,但这还不是所有的挑战。沃尔在佐拉·赫斯顿一章,除了揭示赫斯顿与福赛特、拉森类似的困境,还选中了一个令人叫绝的切入点来说明赫斯顿为文学所付出的额外代价,那就是赫斯顿和赞助她到南方进行人类学田野考察的鲁弗斯·梅森夫人(Mrs. Rufus Mason)之间的"浮士德式契约"(Faustian compact)。赫斯特的文学道路充满坎坷和波折,起步也相对较晚。赫斯顿自13岁母亲去世后,就开始了四处漂泊的生活,一边靠作女佣、打零工等维持生计,一边求学,追求文学梦想对她而言就意味着要走一段很漫长的迂回途径。

沃尔提供了一个有趣的细节:赫斯顿杀入文学圈后,在自己的年龄上"造假",称自己生于1901年——整整隐瞒了10岁。这是因为,要成为公众人物,打造一个"年轻有为、前程无量的形象"是更有利的,也更容易得到有关方面的赞助和支持。[①]这从一个侧面说明赫斯顿已自感岁月蹉跎,失去了太多机会。为了文学梦,1925年1月,已经34岁的她揣着仅有的1.5美元只身闯进举目无亲的纽约,打工、读大学、写作。尽管最初几篇作品就出手不凡,引起文学界注意,但赫斯顿毕竟还处于学徒阶段,离她自己的独特主题风格仍相差甚远。就在这时,她突然改变计划,弃文学而转向人类学研究。纵观赫斯顿一生,这种转向恐怕是赫斯顿的又一迂回战术——为理想而不惜再次舍近求远。实际上,恰恰是这段"弯路"造就了作家赫斯顿。赫斯顿本来就钟爱黑人民间文化传统,并以其作为自己创作灵感、思想和语言的源泉。人类学研究,尤其是深入到南方黑人人民中去调查、采风的经历,更加坚定了她对黑人民间传统文化的信念、加深了她对它的理解和热爱,使其真正成为自己文学创作的灵魂,成就了她与众不同、超越时代的作品。

① Sheryl Wall, *Women of the Harlem Renaissance*. *p*. 144.

但是，这种成就又是以“浮士德式的牺牲”为代价换来的。梅森夫人赞助赫斯顿的条件是严苛的。根据合同，赫斯顿仅仅作为“独立代理人”为梅森夫人搜集材料，这些材料的所有权全归梅森夫人，赫斯顿不得以任何方式把考察中得到的数据和信息透露给任何人。这就意味着，赫斯顿身处黑人民间传统文化宝库中，自己的田野考察结晶却不能为其自身文学创作所用。所以，赫斯顿只能利用合同中的漏洞打擦边球，“非法偷用”“梅森夫人的材料”来发出自己的声音。这个反讽本身就可以作为一个寓言来解读：黑人女性作家要找到自己的声音，就不得不去“偷回”本来就属于自己的题材和叙事形式。

除了证明女性作家的创作在那段文学史中的特殊地位而外，沃尔还要去发现和描绘出这些女性艺术家创作生涯和作品间的共性和联系。所以《哈莱姆文艺复兴中的女性》有两个宗旨，一是要“描绘哈莱姆文艺复兴中女性作家的人生历程”。这种“历程”的含义是双重的，是“她们为了创作文学文本而进行的征程以及这些文本中所呈现的女性心路。”二是“要把她们的创作置于复杂多层背景中去分析”，不仅要把女性们的作品并置一起进行互文式的研读，而且要“将这些文本放置在非裔美国人创作和美国文学这两大传统中进行剖析”[①]。这反映了沃尔独特的文学批评观和方法论，那就是既强调女性的特殊性，又避免走那种白人女性主义二元对立的路子，把男性和女性的创作截然对立起来。如“旅途”(journey)是这本书用于描述所有哈莱姆文艺复兴中女性文学艺术家生活和作品的一个中心喻词。旅途既反映那个年代黑人的大迁徙，也是“流离失根”的象征。值得注意的是，对于迁徙的书写也是整个哈莱姆文艺复兴文学的一个突出而重要的主题。沃尔在对于男性文学传统的修正和添补过程中，既突出了差异性，也没有割除联系性。沃尔甚至对于白人文化也采取了类似的态度。黑人文化毕竟是美国文化的一部分，黑人文化有着其独特性，但是彻底否认它和白人文化的联系并不客观，也不科学。

此外，在研究中沃尔突破了传统文学和评论的概念界限，把布鲁斯乐人贝西·斯密斯(Bessie Smith)等人也纳入其分析之中，从而冲破了“女作家”和“女艺术家”之间传统的分界线，是一种标新立异而又雄心勃勃的尝试，“为哈莱姆文艺复兴进一步的文化研究打开了一扇门。”[②]这也正是“经典修正”的另一个突破方向——把研究“延伸到那些长期以来被普遍忽视了的，

① Sheryl Wall, *Women of the Harlem Renaissance*. p. xv.

② Jennifer DeVere Brody, "Review of *Women of the Harlem Renaissance*, by Cheryl Wall." *Signs* 23. 4 (1998): 1109.

与经典文学作品不相吻合的文学体裁”①。

瓦莱丽·李(Valerie Lee)认为,《哈莱姆文艺复兴中的女性》是“又一部开拓性作品,沿着先行者的足迹继续发掘妇女作家的生平和文本。……这是一部内容翔实的上乘批评之作,扩展了黑人女权主义批评的疆域。”②完成这部专著10年后,沃尔又于2005年推出规模更为恢弘的《调移谱线:黑人妇女作家、谱系和文学传统》(*Worrying the Line: Black Women Writers, Lineage, and Literary Tradition*)。顾名思义,这部著作呈现的是一部当代黑人女性创作“断代史”,而这部历史又是众多女性作家和艺术家本人以及她们书写的家系、家世织成的。沃尔研究的宗旨在于探究这些家系和家世,以便发现女性艺术创作中那条深远、绵长富有生命力女性创作传统之根脉。这个传统被不同的女性们传承过来,她们又通过自己的创作赋予它新的基因,使其更为生机勃发。标题“调移谱线”所要表达的,就是这种对传统既珍惜、继承发扬又勇于改弦更张的张力关系。

“Worrying the line”来自是黑人民间百姓话语,是布鲁斯音乐的转义词。“调移谱线”指的是“改变强音和音高;植入咏叹词句;颠倒歌词顺序;在一句歌词中重复某个词语;以没有任何词义的布鲁斯哼唱和呼号来打断歌曲”③。“作为(布鲁斯演奏)技巧,worrying the line 用以表达多种用意:强调、理清、颠覆等等。(沃尔)把这个术语挪用到批评中,是出于这样的愿望:借它来展示黑人女性写作对于文学传统所进行的类似的改弦更张的变革。”④

“调移谱线”这个布鲁斯音乐的转义词语与女性艺术创作有着密切关系。⑤ 沃尔强调,谱线“不是绝对的线性发展模式。处于被调移中状态的谱线绝非一条直线。”⑥当代黑人女性作家一方面把散文、抒情诗、回忆录、小说等一切文体的手法占为己有为我所用,另一方面,她们又对这些手法进行修正和颠覆。同样她们也是如此对待西方文学传统的:从《奥德赛》到詹姆士

① 金莉:《经典修正》,第299页。

② Valerie Lee, “Review of *Women of the Harlem Renaissance*.” p. 224.

③ 这是 Sherley Ann Williams 的定义。转引自 Cheryl A. Wall, *Worrying the Line: Black Women Writers, Lineage, and Literary Tradition*. Chapel Hill: University of North Carolina Press, 2005. p. 8.

④ Cheryl A. Wall, *Worrying the Line: Black Women Writers, Lineage, and Literary Tradition*. Chapel Hill: University of North Carolina Press, 2005. p. 8.

⑤ 黑人布鲁斯女歌手形象被尊奉为一种商业、文化和历史力量发挥作用的范式,黑人女权主义者认为,这个范式贯穿20世纪美国黑人妇女文学,参见 Wall, *Worrying the Line*. p. 7。

⑥ Cheryl A. Wall, *Worrying the Line*. p. 13.

一世钦定《圣经》,从惠特曼到马克·吐温,从弗兰纳里·奥康纳到弗吉尼亚·伍尔芙,她们会把对己有用的东西照单全收,但是又"对这些经典文本进行重写,以赋予这些文本所未想见的故事以自己的声音"[①]。具体到美国文学传统,这些黑人女作家扎根于其中,但是又对其进行拓展。她们寻回、修复并呈现了关于被奴役剥削的各阶层黑人的叙述,为美国历史添加上了缺失的一个重要部分,使之成为"完整的故事"[②]。

黑人女作家们有着强烈的非裔美国文学传统意识,对自己的种族传统——从奴隶叙事到20世纪经典黑人文本,从鲍德温到杜波伊斯到赖特、埃里森——她们既尊重有加,同时也严格地对之进行拷问和扬弃,把黑人"主流"传统中忽视和抹除的女性经验和声音补充进去。这个过程中,她们同时也把自己文学母亲们的作品挖掘和整理出来(典型的例子就是沃克对于赫斯顿的发掘),从而修复、建构和发展了那个被打压和扼制的黑人女性文学传统,将之堂堂正正地供奉于黑人文学殿堂,与男性先贤的业绩分庭抗礼。当代黑人女性作家对待自己文学母亲极其"花园"的感情,迥异于她们对待其他(如白人的、黑人男性的)文学传统的态度。对于文学母亲的文本,当代女作家也同样会对其"调移谱线",但更为重要的是珍爱和学习。年轻作者从长辈那里如何学到发出声音;同时代的姐妹们则相互学习借鉴。这种"妇女主义"模式成为黑人女性创作的一贯普遍范式。沃克对《他们眼望上苍》主题重新想象的结果是《紫色》(*The Color Purple*)的诞生;内勒的《戴妈妈》(*Mama Day*)是对《秀拉》主题和象征的修正;葆拉·马歇尔《寡妇礼赞》(*Praisesong for the Widow*)的创作灵感来自福赛特等人。这些新生作品同时也是对先辈或姊妹文本的重新解读、批评、修正、乃至颠覆。

"调移谱线"反映了沃尔对于黑人女性文学谱系的动态性、发展性、创新性的准确理解和把握。"谱系"概念凸显了女性文学中"既有差异又有关联"的特征。谱系"是一种富有活力的关系,同时又反映了时间的演变。一个谱系既是稳定的,使得我们可以找出它的关键成分,又随着新成分的添加而产生微妙的变化。……文学谱系建立在承认所有的写作都是互文的观点基础之上。互文性是一个用来形容作家之间的关联的词汇,暗示不同时代作家之间的情感联系和相互尊重。……对于许多女性作家来说,她们与文学前辈的关系是竞争和联盟交织的(谱系对话)关系……这种对话有时是同志般的,有时又是批判性的。这个词汇本身包含了一个整体内部的多样性和差异。文学谱系标志着作家对于早期文学话语的反思,谱系式的阐释意味着

---

①② Cheryl A. Wall, *Worrying the Line*. p. 13.

承认写作即为协商"①。

沃尔在对黑人女性创作谱系研究中,坚持了客观历史唯物主义的方法论,并且用联系发展的观点分析了这个谱系所在的整体文化。她所呈现的黑人女性文学谱系,是一个与历史、现实大背景交互作用的动态图谱。这样的描述不仅是令人信服的,而且有助于我们理解黑人女性文学现在和将来的发展动向。在黑人女性文学文化传统的发掘和构建中,如果没有一个全面、发展、联系的目光,其结果就不免偏颇狭隘,往往导致陷入新瓶老酒的本质主义或者重蹈性别二元对立之覆辙。金莉在20世纪的美国女性文学研究中提出一个原则:"我们要更关注女性文学的多元性……展现具有不同文化身份的女性之间多渠道的对话,也展现女性作家与男性同行们之间的对话。我们所探讨的是20世纪的美国女性作家对于美国文学传统的继承、反抗和反思,并在此基础上探讨和追求两性之间的对话和平等。"②在具体的黑人女性研究领域,沃尔也显然占据了这样一个批评制高点。

主要作品(按出版年代排序)

"Passing For What? Aspects of Identity in Nella Larsen's Novels." *Black American Literature Forum* 20 (1986): 97—111.

[Ed.] *Changing Our Own Words: Essays on Criticism, Theory, and Writing by Black Women*. New Brunswick: Rutgers University Press, 1989.

"*Mules and Men* and Women: Zora Neale Hurston's Strategies of Narration and Visions of Female Empowerment." *Black American Literature Forum*, 23 (1989): 661—680.

Women of the Harlem Renaissance. Bloomington: Indiana University Press, 1995.

[Ed.] *Zora Neale Hurston: Novels and Stories*. New York: Library of America, 1995.

[Ed.] *Zora Neale Hurston: Folklore, Memoirs, and Other Writings*. New York: Library of America, 1995.

[Ed.] *"Sweat" by Zora Neale Hurston*. New Brunswick: Rutgers University Press, 1997.

[Ed.] "Literature Since 1970" section of *The Norton Anthology of African American Literature*. Eds. Henry Louis Gates, Jr. and Nellie McKay. New York: Norton, 1997.

"Sifting Legacies in Lucille Clifton's *Generations*." *Contemporary Literature* 40. 4 (1999): 554—576.

"Extending the Line: From *Sula* to *Mama Day*." *Callaloo* 23. 4 (2000): 1449—1463.

"Histories and Heresies: Engendering the Harlem Renaissance." *Meridians: Feminism, Race, Transnationalism*. 2. 1 (2001): 59—76.

Worrying the Line: Black Women Writers, Lineage, and Literary Tradition. Chapel Hill:

① 金莉:《20世纪美国女性小说研究·序言》,北京:北京大学出版社,2010年,第9页。

② 同上书,第10—11页。

University of North Carolina Press, 2005.

"Resounding *Souls*: W. E. B. Du Bois and the African American Literary Tradition." *Public Culture* 17.2 (2005): 217—234.

[Ed.] *Savoring the Salt: The Legacy of Toni Cade Bambara*. Philadelphia: Temple University Press, 2008.

参考文献

Brody, Jennifer DeVere. "Review of *Women of the Harlem Renaissance*, by Cheryl Wall." *Signs* 23.4 (1998): 1108—1111.

Holland, Sharon P. "On Waiting to Exhale: Or What to Do When You're Feeling Black and Blue, a Review of Recent Black Feminist Criticism." *Feminist Studies* 26.1 (2000): 101—112.

Lee, Valerie. "Review of *Women of the Harlem Renaissance*, by Cheryl Wall." *Research in African Literatures* 27.2 (1996): 224—226.

Wall, Cheryl A. "Foreword: Faculty as Change Agents-Reflections on My Academic Life," in *Doing Diversity in Higher Education: Faculty Leaders Share Challenges and Strategies*. Ed. Winnifred R. Brown-Glaude. New Brunswick: Rutgers University Press, 2009.

——. *Women of the Harlem Renaissance*. Bloomington: Indiana University Press, 1995.

——. *Worrying the Line: Black Women Writers, Lineage, and Literary Tradition*. Chapel Hill: University of North Carolina Press, 2005.

金莉,《经典修正》,载赵一凡等:《西方文论关键词》,北京:外语教学与研究出版社,2006 年。

——,《美国女权运动·女性文学·女权批评》,《美国研究》2009 年第 1 期,第 62—79 页。

金莉等,《20 世纪美国女性小说研究》,北京:北京大学出版社,2010 年。

王家湘,《20 世纪美国黑人小说史》,南京:译林出版社,2006 年。

艾丽斯·沃克(Alice Walker)
(1944—)

艾丽斯·沃克为西方女性运动第二次浪潮之后，活跃在美国文坛上最著名的黑人女性作家之一。沃克的代表作《紫色》(*The Color Purple*,1982)被学界公认为描写美国黑人女性主题的扛鼎之作。沃克不仅是一位小说家，她还著有数量丰厚的诗集、杂文集、短篇故事集等。这些体裁多样、蕴涵庞杂的作品无不贯穿着她对黑人女性问题的深刻思索和探究，无不闪耀着她因目睹黑人女性所遭受的来自性别与种族的双重压迫，奋而创立的独特的“妇女主义”光辉。因此，仅以《紫色》一书的成功概而评论艾丽斯·沃克的文学成就是远远不够的。应该说，小说《紫色》的耀眼光华才仅仅让我们得以窥见作家才华的一角。

艾丽斯·沃克1944年2月9日出生在美国佐治亚州一个佃农家庭，是家里的第八个也是最小的一个孩子。沃克8岁时被哥哥用一把玩具枪射瞎了右眼，造成终生残疾。这一残疾使她变得羞怯、自卑，经常被同学取笑，也不被家人理解;更对她的心理造成了深远影响。长大成人后的沃克仍然感觉自己是局外人，逐渐培养起在阅读和创作中独处的习惯。在高中的学习中，沃克凭借出色的口才成为班里的演说者，并由此获得佐治亚州亚特兰大学的奖学金，进入这所大学学习。两年后，她转学到纽约沙拉劳伦斯学院继续学习并于1965年获得文学学士学位。1967年沃克与白人民权律师梅尔文·罗森曼·利文撒尔(Melvyn Rosenman Leventhal)结婚，定居密西西比的杰克逊市。她为一项启蒙教育方案担任黑人历史顾问，同时任杰克逊州立学院[1]及陶克鲁学院的驻校作家。沃克与利文撒尔育有一女，于1977年解除婚约，之后移居加利福尼亚州北部。沃克相继在卫尔斯利学院、麻省州立大学波士顿校区、耶鲁大学、布兰迪斯大学，以及加州大学伯克利分校教授非裔美国妇女研究课程。[2]

艾丽斯·沃克的文学革命征程从来都是与其社会革命征程并肩而行

---

① 现杰克逊州立大学(Jackson State University)。

② “Alice Walker,” in *The New Georgia Encyclopedia*. <http://www.georgiaencyclopedia.org/nge/Article.jsp?id=h-998>

的。自1961年进入亚特兰大斯帕尔曼大学学习始,她便即刻投入了如火如荼的美国民权运动。这期间沃克与美国黑人运动领袖马丁·路德·金相识,积极参加了包括1963年华盛顿游行在内的多次著名的政治活动。作为反战人士,艾丽斯·沃克在将近半个世纪后的2003年,一样地革命热忱不减,与著名的华裔女作家汤亭亭一起参与了于白宫外举行的反对伊拉克战争示威游行。而在今天,还是艾丽斯·沃克,为第一任美国黑人总统奥巴马的当选而欢呼雀跃,亲切地称他为"兄弟"[1]。

艾丽斯·沃克的文学创作与她的革命实践相辅相成、相得益彰。1972年她到卫尔斯利大学任教,开设了"妇女文学"课程,这是在美国大学最早开设的女性研究课程。成为专职作家以前,沃克创作的黑人女性题材的作品主要包括:诗集《一度》(*Once*,1968)、小说《格兰奇·科普兰的第三次生命》(*The Third Life of Grange Copeland*,1970)、小说集《爱与烦恼》(*In Love and Trouble: Stories of Black Women*,1973)、长篇小说《梅丽迪恩》(*Meridian*,1976)等。1982年,艾丽斯·沃克的写作事业跃上了巅峰,她发表了小说《紫色》(*The Color Purple*)。《紫色》于1983年一举拿下代表美国文学最高荣誉的三项大奖:普利策奖、美国国家图书奖、全国书评家协会奖。沃克也由此成为荣获普利策文学奖的第一位黑人女作家。自此以后,她笔耕不辍,陆续创作了同样以黑人女性问题为核心的多部作品。她的最新作品包括小说《在我父亲微笑的光芒下》(*By the Light of My Father's Smile*,1998)、诗集《诗歌选集》(*Collected Poems*,2005)、杂文集《我们梦想成真》(*We are the Ones We Have Been Waiting For*,2006)、小说《恶魔是我的敌人》(*Devil's My Enemy*,2008)等。但文学反响均未超过《紫色》。对沃克影响深远的作家除了众所周知的佐拉·尼尔·赫斯顿(Zora Neale Hursten)以外,主要还有哈莱姆文艺复兴作家詹·图默(Jean Toomer)、黑人诗人格温多琳·布鲁克斯(Gwendolyn Brooks)、南非小说家贝茜·海德(Bessie Head),以及作家弗兰纳里·奥康纳(Flannery O'Connor)。这些人的思想和文风都或多或少地影响了沃克的创作。[2]

艾丽斯·沃克对美国文学的贡献主要表现在三个方面:一、创立"妇女主义";二、历史性地发掘了美国黑人女性文学的先驱——佐拉·尼尔·赫斯顿(Zora Neale Hursten);三、将"妇女主义"构想融于小说《紫色》的创作,

---

① Alice Walker, "An Open Letter from Alice Walker to Barack Obama." <http: //www. sodahead. com/united- states/an-open-letter-from-alice-walker-to-barack-obama/blog-27049/>.

② "Alice Walker." in *The New Georgia Encyclopedia*.

使美国非裔妇女的性别与种族问题随小说的畅销而得以引起广泛关注。下面分别从这三个方面就艾丽斯·沃克对美国文学批评史的贡献加以论述。

20世纪80年代,艾丽斯·沃克将黑人女性主义与白人或欧洲中心女性主义相对比,创立了"妇女主义"(womanism),以特指所有具有非洲血统的黑人女性所追求的一种不同于主流白人(或中产阶级)妇女的女性主义。沃克的"妇女主义"揭示了美国非裔妇女在男权统治下的特殊遭遇,她们遭受着来自性别和种族的双重压迫,在性别斗争中面临着与白人中产阶级妇女不一样的境遇,理应采取不一样的策略。"妇女主义"这个概念的提出揭示了主流/白人女性主义以普及化为掩饰的霸权,为女性主义的发展在性别问题的讨论之余融入种族话语拓展了新的思路。

要想理解沃克的"妇女主义",我们首先需要了解欧洲中心女性主义的弱点。欧美女性主义理论将主要议题集中在性别问题上,也就是将女性作为男权社会中的弱势性别来研究,理论的矛头主要指向男权统治。① 毋庸置疑,欧美主流女性主义对现代女性运动的兴起和发展,对改善女性生存的社会环境起到了不可估量的作用。然而,随着现代社会进入后现代时期,随着发展中国家的飞速发展,随着越来越多出身于工薪阶层的女性通过教育逐渐向上层流动,以往曾经引领整个女性运动、为女性权益大声疾呼的女性主义逐渐成了"铁板一块",女权集团内部的阶级问题日益凸现出来,迫使主流女性主义在使用越来越深刻的理论武器对男性统治瓦解的同时,不得不以同样的方法回过头来自省,倾听来自女性阵营内部的以往失声阶级女性的话语。率先为此做出突出贡献的,是将解构主义方法译介到英语国家并创立"属下(subaltern)"概念的加亚特里·斯皮瓦克。她将后殖民主义视角引入传统女性主义批评,尖锐地指出西方精英女性主义批评家在分析第三世界女性问题时,流露出种族优越感和阶级优越感。② 斯皮瓦克从女性内部讨论种族、民族问题的角度对女性主义的总体发展具有划时代的开拓意义,也为黑人女性以同样的方法探讨自己的种族在女性阵营中的特殊性提供了理

① 回顾女性运动的三次浪潮我们可以看到,不论是在理论的发祥地法国,还是在理论的试验地美国,不论是露丝·伊里加蕾书写的马克思主义经济学女权话语,还是克里斯蒂娃的语言学符号学女权话语,女性主义的理论发展和斗争实践都聚焦于颠覆男性霸权。

② 在《国际框架里的法国女性主义》一文中,斯皮瓦克引用了法国女权主义批评家克里斯蒂娃对其在中国西安户县遭遇中国妇女围观的一段描述。她指出,克里斯蒂娃对中国妇女的注视充满了屈尊和怜悯,这实际上是深具"东方主义"意味的。See Gayatri Spivak, "French Feminism in an International Frame," in *In Other Worlds: Essays in Cultural Politic*. Ed. Gayatri Spivak. New York: Routledge Press, 1998. p. 188.

论支持。正如贝尔·胡克斯(bell hooks)指出的,“中产阶级白人妇女将她们自己的利益斗争变成整个女性运动的主要核心,她们在使用一种‘共同’言辞的同时,将她们自己的境遇变成了所有女性的境遇,因而是‘压迫’的同义词”①。黑人女性主义认为,黑人妇女所承受的父权体制是不同于白人妇女的,她们蒙受压迫不仅由于她们是女性,还由于她们是黑人。黑人女性处于既无性别身份又无种族身份的尴尬境地。有鉴于此,黑人女性主义批评家独辟蹊径,创立适用于解决黑人妇女特殊问题的黑人女性主义,以期在性别抗争和种族抗争同时进行的过程中建立黑人妇女独特的身份。对黑人妇女来说,性别斗争与种族斗争必须同时进行,不分伸伯;而黑人女性的新的身份也应散发兼具女性气质与黝黑肤色的奇幻光彩。

艾丽斯·沃克首次使用“妇女主义”一词是在她1983年出版的散文集《寻找我们母亲的花园》(*In Search of Our Mothers' Gardens*)里。这个概念最初是被沃克用来抒发自己对黑人独有的“社区(community)”情结的亲切感情。既然“社区”隶属独特的黑人文化,“妇女主义”从创立伊始就表达了沃克致力于在黑人种族文化范围内讨论女性性别问题的决心。沃克首先对黑人女性的遭遇予以大胆的暴露和血泪控诉——“黑人妇女被叫做‘世上的骡子’,因为我们被套上了其他任何人拒绝扛着的枷锁—其他任何人。”②沃克引入“妇女主义”,作为与“女性主义”并列的观念。在《花园》一书的前言里,沃克对“妇女主义”做了明确的定义:首先,一个“妇女主义者”在种族上是“一个黑人女性主义者或有色人种女性主义者”;第二,“妇女主义者”既可以是同性恋者,也可以是异性恋者。她继承“统一主义”传统,摒弃“分离主义”倾向,以确保整个人类(包括男女两性)的生存和完整为己任;第三,“妇女主义者”是大无畏的博爱者,可以“自由地热爱她所爱的每一样事物”;最后,妇女主义者与女性主义者,好比紫色与淡紫色③。在后文的叙述中,沃克引用了大量具有黑人传统文化特征的意象来具体说明“妇女主义”的观念。其中较为核心的意象有两个,一个是“家”或者“社区”,另一个是以“百衲被”为代表的“艺术”与“艺术家”。沃克引入“家”的概念用来强调黑人妇女特有的室内空间与活动,指出黑人应依靠团体的力量来完成种族斗争。她强调家庭关系是神圣的,在黑人家庭里,爱、和谐、支持与关心是每个黑人

---

① hooks, bell, "Black Women: Shaping Feminist Theory ," in *The Black Feminist Reader*. Eds. Joy James and T. Denean Sharpley-Whiting. Malden: Blackwell, 2000. p. 134.

② Walker, Alice, *In Search of Our Mothers' Gardens*. San Diego: Harcourt, 1983. p. 237.

③ Ibid., pp. xi—xii.

用来抵御外部种族主义社会摧残的唯一可以依赖的力量源泉。美国南方，作为黑人曾经的聚居地，在沃克的“妇女主义”概念中有着特殊的地位。南方代表家、根和忠诚，是黑人艺术家创作的灵感源泉，也是黑人可以找寻回“完整”与“延续”的热土。读者可以在沃克的文学作品中找到大量频繁出现的意象：花园、剪裁、食物、亲属等等。这些具体意象无不指向上述“家”的意象，在更深层次上则指向艾丽斯·沃克“妇女主义”策略的核心。“妇女主义”策略的另一个具体意象是“艺术”与“艺术家”。在沃克眼里，最具代表性的黑人妇女艺术就是“百衲被”。百衲被由众人制作，由众多图案、颜色各异的布片拼接而成。这种制作过程本身既暗示了黑人妇女支离破碎的主体，又强调了黑人妇女的姐妹情谊、团结友爱，还代表了黑人妇女从日常繁重的劳作中空闲出来时精神上的解放和完整。拼接好的百衲被象征着黑人妇女在残酷的社会现实中将身份碎片重新拼贴完整，并赋予其崭新的艺术生命的过程。黑人妇女的新自我也得以在这个过程中重生。除了百衲被，沃克还大量引入了多种多样的日常劳作。缝补被子、侍弄花园、农场劳作等等在沃克看来都是“艺术创作”，而这些艺术品的缔造者就是“我们的母亲”——黑人妇女。综上所述，艾丽斯·沃克以朴实而形象的语言与意象创造了“妇女主义”策略。黑人妇女必须依靠特有的黑人文化和传统，依靠女性特有的家庭空间，在两个领域同时展开自我解放运动。依靠家和团体、依靠拼贴艺术、在庸庸碌碌的日常琐碎中塑造新自我，这些策略与我们读到的欧美中心女性主义策略截然不同。与白人女性主义艰涩的术语、冷静到无懈可击的哲学推理相比，艾丽斯·沃克的“妇女主义”是盛开在学术象牙塔之外的一朵奇葩，她朴素、温暖、拥着泥土的气味向我们扑面而来。如果你喜欢这亲切和朴实无华，你喜欢的就是黑人妇女的话语，就是黑人妇女的特质。正如沃克所说的，黑人妇女与白人妇女的差别，“妇女主义”与“女性主义”的差别，就像墙外的紫色花朵与墙内的淡紫色花朵之间的差别吧。

《寻找我们母亲的花园》包含四部分，由沃克1966年至1982年撰写的33篇散文、论文、诗歌、书信、访谈录等组成。这部文集粗略地按主题划分。其中第一部分的主题是黑人社团、归属、文化及价值观的讨论。其中集中讨论了美国黑人艺术家、黑人作家的生命历程及创作。还收录了沃克对弗兰纳里·奥康纳(Flannery O'Connor)、让·图莫(Jean Toomer)、瑞贝卡·杰克逊(Rebecca Jackson)等作家的文学论文。以及两篇发掘左拉·尼尔·赫斯顿的文章。第二部分集中收录了沃克有关民权运动的政治檄文。其中有其对民权运动意义的讨论、她纪念马丁·路德·金的悼词、她对华盛顿游行十年后的反思，以及其他有关社会抗议性的杂文。第三部分重点讨论美国南方传统的重建。其中包括与文集同名的一篇论文《寻找我们母亲的花园》。沃克在这篇论文里赘述了图莫等作家笔下的美国南部，并据史料回顾了美国黑人身份的重建历程。这一部分还包括她号召黑人以兄弟姐妹之情相待、组成友爱团结的黑人社团等论文。最后一部分重点讨论美国黑人内部的性别问题。这一部分文体比较复杂，包括沃克写给作家、学者、杂志社主编的书信，回忆录、杂文等，还有一篇回忆其书写《紫色》的散文，并没有系统的理论体系。也许正如沃克在前言中提到的，美国黑人的艺术特点就是碎片，如同百衲被一样绚丽多姿。这部文集所包罗的文体、主题等都体现了美国黑人作家的独特创作风格和批评视野。

艾丽斯·沃克对美国文学的另一个贡献是历史性地发掘了黑人女性文学的先驱佐拉·尼尔·赫斯顿。赫斯顿是美国20世纪30年代哈莱姆文艺复兴时期的黑人女作家，其代表作为《她们眼望苍天》(*Their Eyes Were Watching God*, 1937)。赫斯顿作品中所体现出的对黑人生活及传统的颂扬，在抗议文学风靡的60年代备受冷落、无人问津。艾丽斯·沃克于20世纪80年代发掘了赫斯顿作品对美国黑人女性问题的先见，遂致力于使赫斯顿重归美国文学殿堂的努力。她找到并重修了赫斯顿的墓地，整理了赫斯顿付印与未付印的主要作品并重新作传，多方寻访到赫斯顿的侄子获得第一手叙述，将她的主要文学理念和作品带入文学批评领域，并毫不吝惜地把她奉为美国黑人女性文学的先驱。沃克的努力不仅使赫斯顿在文学界的地位得以重新树立，还将美国黑人女性主义的萌芽时期提前到了上个世纪初，这无疑是具有重要意义的。有评论家说，"每一场讨论会、每一篇论文、每一篇网络新闻稿，凡是有关佐拉·尼尔·赫斯顿的，都应感谢艾丽斯·沃克，是她30年前把赫斯顿的生活和作品带到我们面前。……沃克对赫斯顿生平的传记性文献做出了伟大贡献。她点燃了学界与出版界对赫斯顿的兴趣"[①]。

艾丽斯·沃克对美国文学的第三个突出贡献是创作了黑人女性主义文学巨著《紫色》。这一部小说对"妇女主义"理论的传播起到了极大的推动作用。在《紫色》中，沃克精心营造了"妇女主义之家"(womanist home)作为黑人女性当家做主的地方。新建的"妇女主义之家"为黑人妇女成为主人提供了可能性。小说中的主人公希利(Celie)历经重重艰辛，由伤痕累累的受迫

① Walker, Alice, "Finding a World that I Thought Was Lost: Zora Neale Hurston and the People She Looked at Very Hard and Loved Very Much."＜http://sfonline.barnard.edu/hurston/walker_01.htm＞.

害者成为内心坚韧的"妇女主义者"。沃克还创造了有别于希利、从其他途径体验并最终走上"妇女主义"之路的黑人女性,例如希利的爱人舒格(Shug)、希利的妹妹纳迪(Nettie)。前者通过崭新的爱与性价值观,后者通过与非洲妇女缔结的宗教观,都有别于希利的重生之路。但这些有着不同故事的人物最终都走到了一起,聚合到沃克塑造的"妇女之家"里。读者在跟随各位个黑人女性人物成长的过程中,如同亲身经历黑人妇女的社会问题一样,在不断探索和尝试中最终首肯沃克的"妇女主义"主张。如果抛开《紫色》的文学艺术性不谈,单从小说中所展现的性别策略来看,《紫色》也毫无疑问是一篇相当有说服力的政论文本。

沃克在这部小说里对黑人女性的抗争策略予以充分地描述,对黑人女性主义的发展前景进行了积极而乐观的预言。沃克对黑人妇女问题的关注、对黑人女性主义的发展、对"妇女主义"家园的构想策略,都得以随着《紫色》的成功而广泛传播。从这个角度来看,《紫色》不仅应作为一部杰出的文学作品而备受推崇,她同时也是黑人妇女字字血泪的控诉书,是黑人女性奋起抗争的战斗檄文!

最后就沃克"妇女主义"理论在学界引起的反响做一概述。沃克的"妇女主义"揭示了非裔美国黑人妇女在男权统治下的特殊遭遇,为揭示白人主流女权主义以"普及化"为掩饰的霸权做出了贡献。评论家乔伊·詹姆斯(Joy James)高度赞扬"妇女主义"立场的意义,指出近代黑人女性主义的许多理论家和一部分拉丁神学家的理论深受艾丽斯·沃克"妇女主义"的影响和启发。①也有批评家从沃克与赫斯顿一脉相承的斗争策略出发来研究"妇女主义"的发端,其中亨利·路易斯·盖茨的著作《左拉,请为我着色》(*Color Me, Zora*,1988)就是一例。笔者以为,沃克的"妇女主义"显示了美国黑人女性表达自身特点的强烈愿望,为她们在白人女性主义的统治之外重新建立一种新的自我提供了可能之选,其进步意义毋庸置疑。然而如果以沃克创立"妇女主义"的理论思路本身来细查"妇女主义",亦不难发现"妇女主义"本身的弱点。沃克强调"统一"、"博爱"、"所有黑皮肤的兄弟姐妹团结起来",这样的说法重落欧美中心女性主义"统一化"的窠臼,是冒险的。她强调非美社团为所有黑皮肤妇女的避难所,既包括非裔美国妇女,又包括非洲妇女,崇尚打破国界和文化差异寻求种族统一,却忽略了自己在为所有"黑皮肤"妇女代言的时候,亦无可避免地向肤色更为深沉的非洲妇女投去的怜

① James, Joy & T. Sharpley-Whiting, "Introduction," in *The Black Feminist Reader*. Eds. Joy James and T. Sharpley-Whiting. Massachusetts: Blackwell, 2000. p. 5.

悯的目光。以美国非裔妇女的利益为斗争目标的“妇女主义”，能否将只与自己肤色相近，却无法生活在“美国”（中心）的“非洲”（边缘）妇女一并涵盖，这一点仍值得商榷。也许正如后殖民女性主义批评家钱德拉·塔尔帕德·莫汉蒂所指出的，西方女性在面对第三世界妇女时所持有的那种优越心理是具有迫害性实质的：“姊妹情谊的背后，仍旧是种族主义、殖民主义和帝国主义！”①

艾丽斯·沃克是热情的社会革新者、积极的民权运动参与者、才华横溢的作家、文笔锋利的文坛战士……透过她毕生的努力与贡献，我们能看到一颗对黑人妇女的深切同情之心——她是黑人女性的良师益友。沃克的豪迈、热情、亲切与平实也在她一篇又一篇的论文、杂文中展现出来。沃克的理论从不走西方学院派道路，她把深切的思想埋藏在娓娓道来的家常里，埋藏在鲜活绚丽的个人回忆中，埋藏在一个个生动的实例里。这与学院派理论家艰涩的风格截然不同，少了束之高阁的距离，多了平易近人的热度。从这个意义上说，艾丽斯·沃克本人的理论和创作也遵循了她的“妇女主义”思想，她是从文学世界里走出来，生活在我们身边的“妇女主义者”。

主要作品（按出版年代排序）

文学创作：

The Third Life of Grange Copeland. New York, Harcourt: Brace, Jovanovich, 1970.

Revolutionary Petunias and Other Poems. New York: Harcourt Brace Jovanovich, 1973.

Once: Poems. New York, Harcourt: Brace & World, 1968.

Meridian. Orlando: Harcourt, 1976.

Good Night, Willie Lee, I'll See You in the Morning. San Diego: Harcourt Brace Jovanovich, 1979.

You Can't Keep a Good Woman Down: Stories. New York: Harcourt Brace Jovanovich, 1982.

The Color Purple. London: The Women's Press, 1983.

Horses Make a Landscape Look More Beautiful. San Diego: Harcourt Brace Jovanovich, 1984.

To Hell With Dying. San Diego: Harcourt Brace Jovanovich, 1988.

The Temple of My Familiar. San Diego: Harcourt Brace Jovanovich, 1989.

Finding the Green Stone. San Diego: Harcourt Brace Jovanovich, 1991.

Her Blue Body Everything We Know: Earthling Poems. San Diego: Harcourt Brace

---

① Talpade, Mohanty Chandra, "Under Western Eyes: Feminist Scholarship and Colonial Discourses," in *Third World Women and the Feminist Politics*. Eds. Chandra Talpade Mohanty, Ann Russo and Lourdes Torres. Bloomington: Indiana University Press, 1991. p. 68.

Jovanovich, 1991.

Possessing the Secret of Joy. New York: Harcourt Brace Jovanovich, 1992.

Everyday Use. New Brunswick: Rutgers University Press, 1994.

By the Light of My Father's Smile. New York: Random House, 1998.

The Way Forward Is with a Broken Heart. New York: Random House, 2000.

Absolute Trust in the Goodness of the Earth: New Poems. New York: Random House, 2003.

Now Is The Time to Open Your Heart. New York: Random House, 2004.

Hard Times Require Furious Dancing: New Poems. Novato, Calif.: New World Library, 2010.

评论作品:

In Search of Our Mothers' Gardens. San Diego: Harcourt, 1983.

Living by the Word: Selected Writings, 1973—1987. San Diego: Harcourt Brace Jovanovich, 1988.

Warrior Marks: Female Genital Mutilation and the Sexual Blinding of Women. New York: Harcourt Brace, 1993.

We are the Ones We Have Been Waiting For: Inner Light in a Time of Darkness: Meditations. New York: Norton, 2006.

Overcoming Speechlessness: A Poet Encounters the Horror in Rwanda, Eastern Congo, and Palestine/Israel. New York: Seven Stories Press, 2010.

The Chicken Chronicles: Sitting with the Angels who have Returned with My Memories: Glories, Rufus, Gertrude Stein, Splendor, Hortensia, Agnes of God, The Gladyses, & Babe: A Memoir. New York: The New Press, 2011.

"An Open Letter from Alice Walker to Barack Obama." <http://www.sodahead.com/united-states/an-open-letter-from-alice-walker-to-barack-obama/blog-27049/>

参考文献

"Alice Walker." in *The New Georgia Encyclopedia*. http://www.georgiaencyclopedia.org/nge/Article.jsp?id=h-998.

Gates, Henry Louis, Jr. "Preface," in *Alice Walker: Critical Perspective Past and Present*. Eds. Henry Louis Gates, Jr. and K. A. Appiah. New York: Amistad Press, 1993. ix-xiii.

hooks, bell. "Black Women: Shaping Feminist Theory," in *The Black Feminist Reader*. Eds. Joy James & Denean Sharpley-Whiting. Malden: Blackwell Publishers, 2000. 131-145.

——. "Reading and Resistance: *The Color Purple*," in *Alice Walker: Critical Perspectives Past and Present*. Eds. Henry Louis Gates, Jr. and K. A. Appiah. New York: Amistad Press, 1993. 284-295.

James, Joy and T. Sharpley-Whiting. "Introduction," in *The Black Reader*. Eds. Joy James & T. Sharpley-Whiting. Malden: Blackwell, 2000. 1-7.

Kanneh, Kadiatu. "Black Feminisms," in *Contemporary Feminist Theories*. Eds. Stevi Jackson & Jackie Jones. New York: New York University Press, 1998. 86-97.

Talpade, Mohanty Chandra. "Under Western Eyes: Feminist Scholarship and Colonial Discourses," in *Third World Women and the Feminist Politics*. Eds. Chandra Talpade Mohanty, Ann Russo & Lourdes Torres. Bloomington: Indiana University Press, 1991.

乔伊丝·W.沃伦(Joyce W. Warren)
(1935—)

乔伊丝·沃伦现任美国纽约市立大学女王学院英语系教授、女性研究中心主任,主要研究领域为美国文学、19世纪美国女性作家、女性研究。沃伦在研究中侧重于分析19世纪女作家受到冷遇的现象以及她们与作为美国主流价值观的个人主义的关系。她的研究使19世纪广受欢迎的女作家重新进入读者的视野,并质疑固有的文学评判标准,以及文学分期是否合理。而沃伦从社会、经济、历史的角度研究文学更是拓宽了文学研究的领域。

1984年,沃伦基于她在哥伦比亚大学所做的博士论文出版专著《美国纳齐苏斯:个人主义与19世纪美国小说中的女性》(*The American Narcissus: Individualism and Women in Nineteenth-Century American Fiction*)。美国经典文学中苍白的女性形象已经引起了一些评论家的注意。对比欧美文学传统,可以发现虽然欧洲文学也被打上了性别歧视的烙印,但在欧洲文学中并不乏坚毅、果敢、个性鲜明的女性形象。而在美国文学传统中,除霍桑笔下的海丝特·白兰[①],鲜有安提戈涅、安娜·卡列尼娜式的女性。而美国文化所强调的恰恰是张扬的个性和对自由的追求。这种看似矛盾的现象引发了沃伦的思考。

沃伦认为文学是文化的反映。如果说19世纪文学中的女性没有独立的人格,那恰恰是因为在美国社会中她们没有被当做人来看。虽然美国人鼓励自由、进取的开拓精神,女性却被要求成为所谓"真正的女人":虔诚、纯洁、顺从、以家庭为中心。女性不是"美国梦"的做梦者,只能是"美国梦"所要达到的目标,"美国梦"是专属于白人男性的梦。女性处于被使用的地位,要么为男性的成功提供劳动,要么作为男性成功的衡量标准。美国人的理想形象是生活在自己的世界,为自己的世界而奋斗的独来独往的超级男性英雄。沃伦认为美国人对自我发展的强调,导致了对他人存在的否定,这是

---

① 海丝特·白兰(Hester Prynne)为美国作家纳撒尼尔·霍桑(Nathaniel Hawthorne, 1804—1864)的名著《红字》(*The Scarlet Letter*, 1850)中的主人公。白兰与牧师丁梅斯代尔(Dimmesdale)通奸生下一女,她没有供出牧师,而是独自承担屈辱。最终她的坚韧善良感化了牧师,也感化了她生活其中的清教社会。

个人主义的另一面。在个人主义神话中，所谓“个人”其实仅指盎格鲁-撒克逊裔白人男性，女性及印第安人、黑人等少数族裔都被视作“个人”的对立面——“他者”，“在美国个人主义的戏剧中是没有位置的”[①]。美国文化中的“个人主义神话”在19世纪达到巅峰，而“正是对个人的强调使得美国女性的个人身份不被认可”，[②]对“个人”的膜拜抹杀了美国女性作为“人”的存在。当自我极度膨胀时，他人便仅仅是被征服、被利用、被吸纳或被毁灭的对象，他人的独立人格在“个人”的眼中荡然无存。

沃伦继而分三部分梳理了19世纪有代表性的作家及其作品，并结合现实生活中这些作家与女性之间的关系，希冀找出问题的症结所在。首先是以爱默生、梭罗、惠特曼、富勒为代表的超验主义作家；继而是库珀、梅尔维尔和吐温笔下作为幻象的女性形象；最后则是霍桑以及詹姆斯作品中的具备独立人格的女性形象。

爱默生所倡导的超验主义可以说是个人主义的哲学宣言。他的拥趸者，如梭罗和惠特曼在作品中都极其强调自我。他们虽以叛逆者的面目出现，但他们反叛的并非美国主流价值观，而是盎格鲁-撒克逊传统。他们所代表的恰恰是主流的美国式个人主义。在他们的作品中，自我不断膨胀，以至于他者的自我失去了空间。另一位超验主义者富勒，因为自己的女性身份，既是“个人”，也是“他者”。自小接受男孩子教育的她，无法接受美国社会关于女性的传统价值观。像其他超验主义者一样，她要求扩张自我，要求女性同样有扩张自我的权利。在追求自我发展的同时，“他者”的身份使她能够意识到，也能够尊重他人的独立人格。她也因此成为爱默生的超验主义的最早的批评者。

库柏、梅尔维尔与马克·吐温等典型美国作家，也完全认同于美国文化中的个人主义，因此在他们的作品中也处处显露出对个人的崇拜。库柏作品中的女性形象大多平淡无奇，这与他对女性的看法密切相关。库柏认为个人主义不是女性化的，对女性是不重要的，女人没有独立的自我，只存在于与男人的关系中。梅尔维尔的作品中则几乎没有女性出现，为数不多的女性形象也往往是类型化的象征，或淡化在背景中。梅尔维尔所希望的女性是抽象的、遥远的，而不是有血有肉、可与之交流的人。马克·吐温笔下的女性则要么是滑稽的老太太，要么是愚蠢的小女孩儿，鲜有成熟、有内涵

---

①② Joyce W. Warren, *The American Narcissus: Individualism and Women in Nineteenth-Century American Fiction*. New Brunswick: Rutgers University Press, 1984. p. 4.

的形象。他所创造的女性往往代表社会习俗,这样他就有了反抗的目标。沃伦认为这些美国作家都专注于男性自由,要从照顾他人的"混乱"中解放出来。

在19世纪的美国男性作家中,霍桑与詹姆斯堪属另类。在他们的笔下,读者可以看到诸如海丝特·白兰,伊莎贝尔·阿彻[①]这样个性鲜明的女性。霍桑对美国式个人主义,以及超验主义的乐观都持怀疑态度。虽然他对女性的看法并没有逃出当时的窠臼,比如希望女人温柔体贴、足不出户等,女人在他眼里却是具有独立人格的平等的人。詹姆斯长年旅居欧洲,他更欣赏的是欧洲文化,对美国文化颇有微词,尤其不能接受美国的个人主义及与之相关联的扩张主义。沃伦认为正是与美国文化的距离感,使得霍桑与詹姆斯能够摆脱个人视角,将社会中处于"他者"地位的女性视作具有独立人格的存在。

沃伦将美国经典文学中对女性人格的忽视和否定归结于美国文化对个人主义的张扬,看似矛盾,却直指问题实质。该书的出版引发了人们对美国个人主义的再思考。评论家们在肯定该书独创性的同时,也指出了一些不足之处,比如没有参考有关19世纪美国社会历史的最新研究,对于一些问题的复杂微妙之处处理得有些简单化、平面化等。评论家凯瑟琳·考克斯(Catherine B. Cox)特别指出沃伦不断强调作家接受了美国文化中的个人主义神话,却没有深入分析文化与作家之间的相互塑造与影响的关系。[②]

沃伦除了从女性的角度对经典作品进行重读之外,还致力于发掘被传统的男权评论湮没的女作家及其作品。她在1986年编辑出版了19世纪著名作家和专栏作家的范妮·弗恩(Fanny Fern)的《露丝·霍尔及其他作品选》(*Ruth Hall and Other Writings*)。该作品集包括弗恩的自传性小说——《露丝·霍尔》,以及她的代表性报刊文章。沃伦于1992又撰写了范妮·弗恩的传记《范妮·弗恩:一位独立的女性》(*Fanny Fern: An Independent Woman*)。范妮·弗恩原名萨拉·佩森·威利斯(Sara Payson Willis),丈夫早逝,经历了第二次婚姻失败后,为养家糊口开始在报纸上发

---

① 伊莎贝尔·阿彻(Isabel Archer)为美国作家亨利·詹姆斯(Henry James, 1843—1916)的长篇小说《贵妇画像》(*The Portrait of a Lady*, 1881)中的主人公。伊莎贝尔是一位单纯天真,追求自由的美国姑娘,虽然选择了伪善世故的奥斯蒙德(Osmond)为夫,她却勇于承担后果,坦然面对自己的抉择。

② Catherine B. Cox, "Review of *The American Narcissus: Individualism and Women in Nineteenth-Century American Fiction*, by Joyce W. Warren." *American Literature* 57.3 (1985): 503.

表文章。弗恩的文章多涉及社会敏感问题，特别是女性及妇女权利问题。自身经验告诉她女性应该独立，而真正的独立是与经济独立相伴而生的。“个人主义不仅适用于男性，……女性也可以自立自足”①。显然在这一点上，沃伦是赞同弗恩的观点的。虽然弗恩的观点与当时的主流思想相左，她辛辣而大胆的文风也与当时社会对女作家的期待相背，弗恩却凭借她的幽默睿智赢得了大批读者群，并很快成为当时全美稿酬最高的专栏作家。而就是这样一位19世纪红极一时的作家，却被20世纪的评论家贬为“哭哭啼啼的感伤主义者”，②她的如炬智慧、似刀笔椽，竟被淹没在夸大其辞的眼泪中。沃伦撰写范妮·弗恩传记，并编辑弗恩作品选，正是要还原一个真实的范妮·弗恩。沃伦在弗恩的传记中明确说明，她为弗恩立传，“不仅要记录她的生平，分析她的作品，还要彰显弗恩作为有创造性的艺术家和社会批评家，对美国文学以及美国文化所做出的贡献，同时纠正文学界的一个严重错误，即长期以来忽视一位如此重要的作家”③。

沃伦查阅了大量档案、私人信件及报刊、文集。这本经她细致研究后写成的传记《范妮·弗恩：一位独立的女性》，堪称了解及研究弗恩的必备参考资料。沃伦对这位女作家溢于言表的喜爱之情又使该书具备了极强的可读性。琼·赫德里克(Joan Hedrick)认为该书是对“有关个人主义与成功的典型男性表述的反击”，同时也指出，沃伦过多使用弗恩自己的说辞，因此传记所刻画出的弗恩恐怕是弗恩刻意要展示给世人的。④ 也有评论家，如黛娜·肖勒(Dinae Scholl)，认为沃伦的激情使得这本传记流于主观。⑤ 弗朗西斯·科根(Frances Cogan)在充分肯定该书后，指出这本传记的唯一缺陷是缺少精确的历史背景，既然弗恩背潮流而动，为何她的作品如此受欢迎？⑥虽然该书仍有些不足之处，但正如苏珊·库尔特拉普-麦奎因(Susan Coultrap-McQuin)所言，“所有对19世纪的社会、历史、文学，以及女性散文

---

① Joyce W. Warren, ed., *Ruth Hall and Other Writings*. New Brunswick: Rutgers University Press, 1986. p. xx.

② Ibid., p. ix.

③ Joyce W. Warren, *Fanny Fern: An Independent Woman*. New Brunswick: Rutgers University Press, 1992. p. 5.

④ Joan D. Hedrick, "Writing Happily Ever After." "Review of *Fanny Fern: An Independent Woman*, by Joyce W. Warren." *The Women's Review of Books* 10.1 (1992): 13.

⑤ Dinae G. Scholl, "Review of *Fanny Fern: An Independent Woman*, by Joyce W. Warren." *American Literature* 65.1 (1993): 153.

⑥ Frances B. Cogan, "Review of *Fanny Fern: An Independent Woman*, by Joyce W. Warren." *American Historical Review* 98.2 (1993): 571.

家感兴趣的人都应阅读此书”①。

80 年代中期,沃伦在女王学院开设了一门关于 19 世纪美国女作家的课程,名为“(另外的)美国传统”。课程引起了学生的极大兴趣,更使沃伦坚信要想使这些女作家在美国文学史上的地位合法化,就要将她们的作品作为独立的研究对象列入大学课程的教学大纲,而不是给传统的男性作家教学大纲作为点缀。1989 年,沃伦在现代语言协会(Modern Language Association)组织召开了一次关于 19 世纪女作家的专题研讨会。与会学者的热情使她备受鼓舞。自 1985 年起,几部 19 世纪女作家作品陆续再版,沃伦感到有必要出版一本论文集,使得教授及阅读 19 世纪女作家的人们能够对这些作品有更深入的了解。② 1993 年,沃伦编辑的《(另外的)美国传统:19 世纪女作家》(*The [Other] American Traditions: Nineteenth-Century Women Writers*)由拉特格斯大学出版社出版。书名中带括号的“另外的”意指该书所反映的文学传统有别于长期以来在美国文学研究中占据统治地位的“孤独男性的求索”,同时,“另外的”一词也表明了 19 世纪女性的“他者”身份。而括号则彰显了沃伦的立场,即这些女作家应被作为主体来研究,而不是男作家的映衬。③

沃伦在《前言:经典与经典的材料》(“Canons and Canon Fodder”)中指出,“阶级、种族、性别偏见都会影响文学评判;不同历史时期提供不同的评价标准,意识形态的侧重点决定哪部作品入选经典”④。19 世纪的这些女作家们以她们的作品向美国个人主义的性别发起挑战,批判了标榜机会均等、事实上只有中产阶级白人男性才有机会的社会制度。这些作品打破了 19 世纪美国社会的两个神话:一是美国个人主义,二是“真正的女人”会得到男人的保护。⑤ 为更好地理解这些作品,沃伦将之分成 5 大类,虽然这种分类会有所重叠:

1. 早期引诱小说,质疑社会中女性角色的定义;
2. 开拓小说,提供了美国扩张主义及美国印第安人境遇的另一面;
3. 家庭小说,质疑美国式个人主义的自我导向;

① Susan Coultrap-McQuin, “Reviw of *Fanny Fern: An Independent Woman*, by Joyce W. Warren.” *Journal of American History* 80.1 (1993): 273.

② Joyce W. Warren, ed. *The (Other) American Traditions: Nineteenth-Century Women Writers*. New Brunswick: Rutgers University Press, 1993. p. viii.

③ Ibid., p. ix.

④ Ibid., p. 2.

⑤ Ibid., p. 4.

4. 家庭小说及区域小说，强调群体的重要性；
5. 沃伦称之为"质疑者"的作品，他们对阶级、种族、性别提出质疑，威胁到男性个人主义者自身。①

沃伦强调这些女作家作品的重要性在于其自身价值，而不是对那些男性经典作家是否有用，或者说不是经典的"材料"②。这些作品所代表的观点是被主流社会定义为"他者"的人，首先基于性别，也包括种族和阶级，其主题对主流观念和传统造成了威胁。这些作品看重群体及联系，而非男性作家笔下孤岛式的个人主义诉求；重视情感（sentiment）的力量，这种情感尊重、甚至认同于"他者"；更重要的是，其女主人公都具备男性作家笔下男性个人主义者的独立、自主的品格。将这些"他者"作家排除在经典之外，是一种政治行为，而非美学。③

这些女作家的作品已有许多进入大学课程，出版这本文集的目的在于提供阅读、理解这些作品的新角度。该书共收录了15篇文论，分为两部分，第一部分题为"作家"，着眼于对单独作家或作品的分析，第二部分题为"传统"，侧重对19世纪女作家文学传统的宏观论述。简·汤普金斯（Jane Tompkins）认为美国第一位职业小说家应是苏珊娜·罗森（Susanna Rowson），而非公认的查尔斯·布朗（Charles Brown）。汤普金斯着重分析了美国社会关于性别、阶级、经济地位的假定，这些假定轻视受欢迎的女作家的作品，而看重销路并不好的男作家的作品，她警告说这些假定如此根深蒂固，以至多年以来，人们对文学作品的判定往往基于社会和意识形态观念，虽然这些观念已经过时。在《重造莉迪娅·西戈尼》（"Reinventing Lydia Sigourney"）一文中，尼娜·贝姆（Nina Baym）指出把莉迪娅·西戈尼归为"女性作家"（female author）的社会建构仅仅基于她的一小部分作品，而她的许多作品都是历史性的、政治性的。尤其重要的是，她强烈抨击了美国白人对印第安人的残忍及不公正待遇。

沃伦则在自己的论文《独立的家庭生活及经济：范妮·弗恩作品中的抗拒与革命》（"Domesticity and Economics of Independence: Resistance and Revolution in the Work of Fanny Fern"）中分析了弗恩如何将矛头指向男性权威的虚伪和恶习。弗恩讽刺了理想化婚姻，指出女性只有取得经济上的独立，才能获得真正的独立，这在19世纪中期的美国堪称革命性的理念。

---

① Warren, ed., *The (Other) American Traditions: Nineteenth-Century Women Writers*, p. 5.

②③ Ibid., p. 15.

文集的第二部分"传统"收录了诸如桑德拉·扎加里尔(Sandra Zagarell)关于内战前乡村小说中的社群的分析、乔安娜·多布森(Joanna Dobson)关于美国文艺复兴的论述,以及卡拉·彼得森(Carla Peterson)关于非裔美国文学、德博拉·卡林(Deborah Carlin)关于慈善文学、约瑟芬·多诺万(Josephine Donovan)有关区域小说、黛安娜·利希滕斯坦(Diane Lichtenstein)关于犹太女作家的论文。整体来说,文集要传达给读者的信息就是"任何关于19世纪文学的严肃研究都不能再将女性作家排除在外,或只选取凤毛麟角的几个代表"①。

贾尼丝·菲阿门格(Janice Fiamengo)认为该文集在发掘被埋没的19世纪女作家方面贡献卓越,但书中所收录的包括沃伦在内的几位评论家没有对"经典"的评价标准提出质疑,而是沿用旧标准为他们所要维护的女作家辩论,这反而使旧有"经典"标准更加合法化。② 如果说这本书中的论文在文学标准方面还欠突破,那么由沃伦和玛格丽特·迪基(Margaret Dickie)共同编辑出版的下一本论文集则是对美国文学传统的分期及评判标准的全面挑战。

2000年,沃伦与迪基编辑的论文集《挑战界限:性别与分期》(*Challenging Boundaries*: *Gender and Periodization*)在美付梓。沃伦以后现代主义理论为依托,提出以往的美国文学分期恐怕"并非永久且真实,而是主导文化为自身利益而设定的一种建构"③。而该书的目的也并非对美国文学重新分期,而是要提出质疑和建议,质疑旧的分期、建议新的价值观,以及探讨重新分期可能引发的问题。④ 论文集分成两部分,第一部分重在挑战旧有分期,其跨度涉及内战前女性现实主义作家、19世纪区域作家、重建时期的非裔女作家、同性恋女作家、被排除在"哈莱姆文艺复兴"之外的黑人女作家,以及亚裔女作家。第二部分则尝试为几位作家重新定位,其中既包括被评论界忽视的女作家,也包括收录在经典中的女作家,如玛格丽特·富勒(Margaret Fuller)、伊迪丝·沃顿(Edith Wharton)、埃米莉·狄金森

---

① Nancy Walker, "Review of *The (Other) American Traditions*: *Nineteenth-Century Women Writers*, ed. by Joyce W. Warren." *American Studies* 35 (1994): 170.

② Janice Fiamengo, "Review of *Aspiring Women*: *Short Stories by Canadian Women*, eds. by Lorraine McMullen and Sandra Campbell." *The (Other) American Traditions*: *Nineteenth-Century Women Writers*, ed. by Joyce W. Warren. *Canadian Literature* 149 (1996): 130.

③ Joyce W. Warren and Margaret Dickie, eds. *Challenging Boundaries*: *Gender and Periodization*. Athens: University of Georgia Press, 2000. p. xiii.

④ Ibid., p. xix.

(Emily Dickinson),以及格特鲁德·斯泰因(Gertrude Stein)。利娅·格拉瑟(Leah B. Glasser)认为该文集对美国文学最重要的贡献就在于其主题之广,涵盖作家之多。[①]

沃伦在自己的论文中重点论述了美国文学中的现实主义。按照传统的文学分期,美国文学中的现实主义始自内战后,即 19 世纪后期,其代表作家均为男性。沃伦却提出美国女作家早在 40 年前,即 19 世纪中期就已经开始了"现实主义"的创作,但她们眼中的现实却不被男权社会认作是"现实"。毕竟,"在讨论现实主义时,最重要的是要认识到这一概念本身不过是一种建构"。何为"现实",是由作家本人的处境、性别、种族,以及阶级决定的。[②]男权社会已将"现实"定义为男性的现实,被视作"他者"的女性如何为她们的"现实"争一席之地?沃伦通过分析卡罗琳·柯克兰(Caroline Kirkland)、范妮·弗恩,以及哈丽雅特·威尔逊(Harriet Wilson)的作品,认为这些早期现实主义女作家使得"重置"美国现实主义文学传统成为必要。

这本论文集堪称对美国文学传统的颠覆,收录其中的评论家并没有试图重建一个美国文学传统,因为任何一种重建都有其局限性。正如桑德拉·扎加里尔所说:"《挑战界限》表明女性主义文学批评家必须继续完备美国文学标准的轮廓,但我们也要承认即便是认知历史的最佳努力也是偏颇的,临时性的。"[③]

沃伦对妇女问题的研究并没有仅限于女性文学。2005 年,沃伦发表专著《妇女、金钱,与法律:19 世纪小说、性别、法庭》(*Women, Money, and the Law: Nineteenth Century Fiction, Gender; and the Courts*),探讨了 19 世纪女性在家庭及社会经济活动中所起到的作用,打破了长期人们所认为的女性的活动范围局限于家庭的神话。19 世纪的美国社会对男性与女性的活动空间有不同划分。男性的活动空间为公共领域,而女性的活动空间为家庭。虽然已有学者注意到现实生活与这种社会性别角色划分之间的区别,但仅仅指出女性作为资本主义经济的消费者角色,或者是中产阶级妇女作为作家以及没有报酬的社会活动家的角色。同样,虽然学界也认识到工人

---

① Leah Blatt Glasser, Review of *Challenging Boundaries: Gender and Periodization*. Eds. Joyce W. Warren and Margaret Dickie. *Separate Spheres No More: Gender Convergence in American Literature, 1830—1930*. Ed. Monika M. Elbert. *Legacy* 18.2 (2001): 245.

② Warren and Dickie, eds. *Challenging Boundaries: Gender and Periodization*. p. 4.

③ Sandra Zagarell, "Past Imperfect," "Review of *Challenging Boundaries: Gender and Periodization*. Eds. Joyce W. Warren and Margaret Dickie." *Women's Review Books* 18.1 (2000): 21.

阶级女性所起到的作用,但对于中产阶级妇女在资本主义经济中的涉入程度大多认识不足。沃伦通过对19世纪女作家作品的分析,以及纽约州最高法院2500多份法律档案,旨在证明对金钱的追求对于19世纪妇女生活中的重要性远远超出了学者们目前的认知。无论是工人阶级,还是中产阶级以及上流社会的妇女,她们在资本主义经济中,都不仅仅是消费者,或幕后支持者,而是积极的参与者。[①]

沃伦所选取的女作家多为在19世纪时赫赫有名,而到20世纪以及21世纪却无人问津的作家。在她们的作品中,经济因素起着重要作用,不少作家甚至宣称经济独立应该成为女人毕生的追求。[②]既然性别角色不过是一种语言建构,她们要以她们的作品以及她们的生活为女性建构一个新的身份,一个独立于男性的身份。

这些女作家都是公众人物,那些在生活中默默无闻的妇女们的经济地位又是怎样的呢?沃伦将自己的研究领域拓宽到了法律范围。她仔细研究了1845年至1875年间纽约最高法院的2500多份法律档案,其中约15%的案件涉及女性,且绝大部分都是经济纠纷。纽约州高级法院为纽约市及纽约县的最高法院,前来打官司的人既有来自上层社会的,也有底层工人农民。加之纽约是个移民城市,各种族、民族、宗教的人聚集在此,而其他各州的法律又多参照纽约法律,因此沃伦所选取的法律档案可以说是具有代表性的。1848年,纽约州通过了《已婚女性财产法案》(Married Women's Property Act),沃伦分析的案件恰恰涵盖这一社会巨变时期,更增添了这些案件的意义。通过实例分析,沃伦证明19世纪女性的现实生活与社会对性别角色的划分相去甚远。不仅有许多妇女涉及经济案件,而且她们大多是独立的经济主体。[③]

在章节安排上,沃伦将作品分析与法律档案穿插在一起,使得文学与现实生活相互为证。更为重要的是,这种安排也是要表明法律体系是与文化、经济发展密切相连的。像文学一样,法律也在用语言塑造现实。埃米莉·克莱因(Emily Klein)认为此书的最大贡献,就在于表明法律叙事也如小说叙事一样,是对社会文化的反映。[④]可以说,沃伦的这本集文学与法律为一

①② Joyce W. Warren, *Women, Money, and the Law: Nineteenth Century Fiction, Gender, and the Courts*. Iowa City: University of Iowa Press, 2005. p. 3.

③ Ibid., pp. 10—11.

④ Emily Klein, "Review of *Women, Money, and the Law: Nineteenth-Century Fiction, Gender, and the Courts*, by Joyce W. Warren." *American Literature* 79.2 (2007): 421.

身的专著，将所谓“女性的空间在家庭”的神话击得粉碎。

评论家对此书的指摘多集中于案件分析部分。理查德·丘斯德(Richard Chused)认为沃伦选的案件过于零散，没有说明这些案件的代表性。另外，也缺少与仅涉及男性的案件对比。① 但也有评论家，如劳拉·科罗布金(Laura Korobkin)认为这些案件的零散性强调了各个案件的实际具体情况，而不至于流于模式。② 艾米丽·克莱因(Emily Klein)则表示担心如此大量的资料可能使读者消化不了，也使作品在解读方面可能会有些欠缺。③

沃伦现任美国纽约市立大学女王学院女性研究中心主任，开设女性主义理论等课程。进入21世纪后，女性面临更多机会，也承担更大的压力。该中心旨在为学生提供一个活跃的学术环境，对这些涉及女性的问题进行思考，从跨学科的角度重新审视女性及男性在社会中的角色，重点考量性别与阶级、种族、民族以及性的复杂关系。沃伦作为中心主任，以其丰厚学养及独到见解，引领学生摒除社会习俗的窠臼，以新视角、新思维看待自己、他人及社会。1999年，沃伦荣获非全职教师最佳教学总统奖。

沃伦的学术生涯致力于19世纪女性文学研究，尤其对19世纪受欢迎的女作家却被排除在经典之外的现象做了深入探讨，分析这一现象与美国主流价值观的关系。沃伦的研究不仅挖掘出被所谓经典、所谓主流文化有意淡化的女作家，也使人们重新审视固有的文学评判标准以及文学分期。难能可贵的是沃伦的视野没有局限在文学作品这一狭窄领域，而是以社会的、经济的、历史的眼光来观照文学。在教学领域，沃伦可谓桃李芬芳，在学术领域，堪称硕果累累。

主要作品(按出版年代排序)

The American Narcissus: Individualism and Women in Nineteenth-Century American Fiction. New Brunswick: Rutgers University Press, 1984.

"Fanny Fern, 1811—1872." *Legacy* 2.2 (1985): 54—60.

---

① Richard H. Chused, "Review of *Women, Money, and the Law: Nineteenth-Century Fiction, Gender, and the Courts*, by Joyce W. Warren." *Journal of American History* 93.4 (2007): 1262.

② Laura H. Korobkin, "Review of *Women, Money, and the Law: Nineteenth-Century Fiction, Gender, and the Courts*, by Joyce W. Warren." *American Journal of Legal History* 47.3 (2005): 333.

③ Emily Klein," Review of *Women, Money, and the Law: Nineteenth-Century Fiction, Gender, and the Courts*, by Joyce W. Warren. " *American Literature* 79.2 (2007): 421.

[Ed.] (and Introduction) *Ruth Hall and Other Writings*, by Fanny Fern. New Brunswick: Rutgers University Press, 1986. ix—xxxix.

"Fanny Fern's *Rose Clark*." Legacy 8.2 (1991): 92—103.

Fanny Fern: An Independent Woman. New Brunswick: Rutgers University Press, 1992.

[Ed.] *The (Other) American Traditions: Nineteenth-Century Women Writers*. New Brunswick: Rutgers University Press, 1993.

"Introduction: Canons and Canon Fodder," in *The (Other) American Traditions: Nineteenth-Century Women Writers*. New Brunswick: Rutgers University Press, 1993. 1—28.

"Domesticity and the Economics of Independence: Resistance and Revolution in the Work of Fanny Fern." *The (Other) American Traditions: Nineteenth-Century Women Writers*. Ed. Joyce W. Warren. New Brunswick: Rutgers University Press, 1993. 73—91.

[Ed.] (with Margaret Dickie) *Challenging Boundaries: Gender and Periodization*. Athens: University of Georgia Press, 2000.

"The Challenge of Women's Periods," in *Challenging Boundaries: Gender and Periodization*. Athens: University of Georgia Press, 2000. ix—xxiv.

"Performativity and the Repositioning of American Literary Realism," in *Challenging Boundaries: Gender and Periodization*. Eds. Joyce W. Warren and Margaret Dickie. Athens: University of Georgia Press, 2000. 3—26.

Women, Money, and the Law: Nineteenth Century Fiction, Gender; and the Courts. Iowa City: University of Iowa Press, 2005.

[Ed.] *Feminism and Multiculturalism: How Do They/We Work Together?* Newcastle, UK: Cambridge Scholars Press, 2006.

参考文献

Applegate, Debby. "Roman à Clef." "Review of *Fanny Fern: An Independent Woman*, by Joyce W. Warren." *American Literary History* 7.1 (1995): 151—160.

Basch, Norma. "Review of *Women, Money, and the Law: Nineteenth-Century Fiction, Gender, and the Courts*, by Joyce W. Warren." *American Historical Review* 111.4 (2006): 1190—1191.

Chused, Richard H. "Review of *Women, Money, and the Law: Nineteenth-Century Fiction, Gender, and the Courts*, by Joyce W. Warren." *Journal of American History* 93.4 (2007): 1261—1262.

Cogan, Frances B. "Review of *Fanny Fern: An Independent Woman*, by Joyce W. Warren." *American Historical Review* 98.2 (1993): 571.

Coultrap-McQuin, Susan. "Review of *Fanny Fern: An Independent Woman*, by Joyce W. Warren." *Journal of American History* 80.1 (1993): 272—273.

Cox, Catherine B. "Review of *The American Narcissus: Individualism and Women in Nineteenth-Century American Fiction*, by Joyce W. Warren." *American Literature* 57.3 (1985): 501—503.

Dobson, Joanne. "Review of *The American Narcissus: Individualism and Women in Nineteenth-Century American Fiction*, by Joyce W. Warren." *Signs* 12.1 (1986): 181—184.

Fiamengo, Janice. "Review of *The (Other) American Traditions: Nineteenth-Century Women Writers*, ed. by Joyce W. Warren." *Canadian Literature* 149 (1996): 129—130.

Glasser, Leah Blatt. "Review of *Challenging Boundaries: Gender and Periodization*. Eds. Joyce W. Warren and Margaret Dickie." *Legacy* 18.2 (2001): 245—247.

Hedrick, Joan D. "Writing Happily Ever After." "Review of *Fanny Fern: An Independent Woman*, by Joyce W. Warren." *The Women's Review of Books* 10.1 (1992): 13—14.

Klein, Emily. "Review of *Women, Money, and the Law: Nineteenth-Century Fiction, Gender, and the Courts*, by Joyce W. Warren." *American Literature* 79.2 (2007): 420—422.

Korobkin, Laura H. "Review of *Women, Money, and the Law: Nineteenth-Century Fiction, Gender, and the Courts*, by Joyce W. Warren." *American Journal of Legal History* 47.3 (2005): 333—334.

Lilly, Thomas. "Review of *Women, Money, and the Law: Nineteenth-Century Fiction, Gender, and the Courts*, by Joyce W. Warren." *Legacy* 24.1 (2007): 138—140.

Scholl, Dinae G. "Review of *Fanny Fern: An Independent Woman*, by Joyce W. Warren." *American Literature* 65.1 (1993): 152—154.

Walker, Nancy. "Review of *The (Other) American Traditions: Nineteenth-Century Women Writers*. Ed. Joyce W. Warren." *American Studies* 35 (1994): 170.

Zagarell, Sandra. "Past Imperfect." Review of *Challenging Boundaries: Gender and Periodization*. Eds. Joyce W. Warren and Margaret Dickie. *Women's Review of Books* 18.1 (2000): 20—21.

伊莱恩·肖沃尔特(Elaine Showalter)

(1941—)

在美国女权主义文学批评家群体中,伊莱恩·肖沃尔特堪称翘楚。她对于英美女性文学的研究极大地影响了英美文学经典,把长期以来被尘封和遗忘的女性作家重新带入人们的视线,并赋予她们在文坛上的合法地位。她是“女作家批评”(gynocriticism)[①]这一重要女权主义文学理论学说的开拓者,其理论建树对于英美女权批评中产生了深远的影响,帮助奠定了女权主义文学批评在美国学界的地位。她还擅长将文学批评与文化批评相结合,在多个领域对父权文化对于女性的压迫进行了富有洞察力和睿智的分析。作为当代西方女权主义文学批评中最具影响力的美国评论家,她无愧于“美国女权主义批评之母”这一称号。[②]

肖沃尔特于1941年出生于马萨诸塞州坎布里奇市的一个犹太移民家庭。经商的父亲和持家的母亲既无法理解也不赞同女儿的文学野心和事业追求。肖沃尔特先是忤逆父母旨意去布林莫尔学院就读,之后又不顾父母的反对与出身于非犹太家庭、教授18世纪法国文学的法国学者英格力士·肖沃尔特订婚。于是肖沃尔特在攻读硕士学位时,父母便停止了对她的资助,她于1963年结婚时,父母又与她断绝来往。肖沃尔特于1962年获布林莫尔学院文学学士学位,于1964年获得布兰迪斯大学的文学硕士学位,之后在加州大学戴维森分校攻读博士学位。1970年获得博士学位后在位于新泽西的罗格斯大学的道格拉斯学院获得教职。1974年任拉特杰斯大学副教授,1983年任教授,1984年起在普林斯顿大学任教。

在《女性时代、女性空间:撰写女权批评史》(“Women's Time, Women's Space: Writing the History of Feminist Criticism”)一文中,肖沃尔特回顾了自己作为女性在职业生涯早期所遇到的种种挫折,一针见血地指出,“女权批评史不仅仅局限于观点和机构,它涉及女性日常生活不同层面的各个

---

① 这个词语为肖沃尔特自己创造,在韩敏中的中译本《她们自己的文学》中,韩将其译为“女作家批评”,我以为韩的译法更为清楚地表现了这个词的内涵,故在此文中采用了这一译法。

② Susan M. Griffin, “The ‘Common Threads’ of Gynocriticism.” *American Literary History* 5.2 (Summer, 1993): 371.

事件之中”①。1968年她在撰写关于维多利亚女作家的双重批评标准的博士论文时，还只是一名携带幼子四处投递简历的教授配偶，在寻找工作的过程中，距离她丈夫任教的大学不远的三所大学中有两所都明确表示不雇用女性。而后来同意雇用她的道格拉斯学院也仅仅给她一份兼职的工作。直到她在1969年春参加了女权运动、并开始讲授女性与文学的课程之后，这些困扰她的问题，或是如贝蒂·弗里丹(Betty Friedan)所说的这些“无名的问题”才有了答案，而她的生活也从此具有了新的意义。她对于女性创作的强烈兴趣从而转向女权主义文学批评。肖沃尔特感慨道，能够在这一历史时期做点有意义的事情，建立女性之间的联络与情谊既令人欢欣鼓舞又硕果累累。② 肖沃尔特全身心地投入了女权运动，并于1969年担任了全国妇女组织普林斯顿分部的主席。这种参与使她有机会结识包括女权批评家凯特·米利特(Kate Millett)和女权艺术史学家琳达·尼可林(Linda Nochlin)在内的诸多妇女领袖人物。她自己也在这一时期开始发表作品，编辑出版了《妇女解放与文学》(*Women's Liberation and Literature*, 1971)，并于1977年发表了成名作《她们自己的文学：从勃朗特到莱辛的英国女性小说家》(*A Literature of Their Own: British Women Novelists from Bronte to Lessing*)，在学界崭露头角。肖沃尔特之后佳作不断，绝大多数作品赢得了学界与公众的高度评价，产生了巨大影响力。此外，肖沃尔特曾获得多项重要奖项，包括1977年的古根海姆奖和1981年的洛克菲勒人文奖。自1984年起，肖沃尔特在普林斯顿大学任教，后来被命名为阿瓦隆(Avalon)人文讲席教授。她担任过包括《女性研究》、《标志》、女权出版社和悍妇出版社在内的多家女权杂志和出版社的编委，作为美国现代语言协会(MLA)的成员，她在1971—1972年间在职业女性地位委员会工作，在1998年至1999年担任了现代语言协会的主席。肖沃尔特也是BBC广播电台的文化话题评论员和《人民》杂志电视评论员。2007年肖沃尔特担任了英联邦最为著名的国际文学大奖曼·布克奖(Man Booker Prize)的评委会主席，也是美国国家图书奖和英国柑橘奖的评委。

肖沃尔特的主要贡献在女权主义文学批评理论建构、女权主义文学批评实践、女权主义文化批评三个方面，而尤其在女权主义文学批评理论建构方面成就卓著。她在代表作《她们自己的文学：从布朗蒂到莱辛的妇女作

---

① Eliane Showalter, "Women's Time, Women's Space: Writing the History of Feminist Criticism." *Tulsa Studies in Women's Literature* 3.1/2 (Spring-Autumn): 32.

② Ibid., p.35.

家》(1977)和两篇重要文章《走向女权主义诗学》("Towards a Feminist Poetics",1979)《荒野中的女权批评》("Feminist Criticism in the Wilderness",1981)中对于自己的女权批评理论进行了阐释,这两篇文章与《她们自己的文学》一起,构成了她文学批评理论体系的基础,已经成为美国女权批评的重要组成部分。

《她们自己的文学:从布朗蒂到莱辛的妇女作家》①是一部开拓性著作,无论是在理论还是实践上都在西方女权主义文学批评中占有重要位置。肖沃尔特在这部著作中不仅梳理了英国女性文学传统,还创建了分析女性文学的批评框架,并以这种批评框架展开了文学批评。这部著作从面世至今,已经过了35年,它虽然是对于英国女性文学的批评,但肖沃尔特在书中建构的理论体系和理论学说对于英美文学批评具有普遍的指导意义。发掘并谱写女性自己的文学传统是肖沃尔特撰写此书的主要宗旨。肖氏指出,尽管没有天生或是固定的女性特征或女性想象力,女性与男性的创作却有着很大的差异,因而女性文学有其独特的属性,有其自成一体的传统,而这一传统一直是被男权文化所人为地压制和湮没了的。肖沃尔特认为,长期以来由男性主宰的评论界对于女性作家的评论是有失准确、支离破碎和充满偏见的。这种现象之所以存在,其一在于大批风格各异的女作家被缩减、归并到少数几位"伟大"作家,而由此得出了关于女性作家的全部结论;其二是由于评论家对于女性的文化偏见,很难真正从理论上评价女作家与女性文学。肖沃尔特批判了父权制文化把女性文学边缘化的性歧视做法,抨击了长期以来以男性文本和男性经历为中心的文学评论界对于女性文学实行的双重评论标准。肖沃尔特对维多利亚时代评论界对于女性作家的评价做了如下概括:她们情感丰富、温文尔雅、言行得体、善于观察、擅长描写家庭,道德色彩浓厚,对于女性角色知之甚多;但是她们缺乏以下这些品质,即创新意识、智力训练、抽象思维、幽默感、自制能力,以及对于男性角色的了解。而男性作家则被认为具有大多数的理想品质:力量、广度、卓尔不群、头脑清晰、学识渊博、抽象思维、精明敏锐、经验丰富、幽默感强,具有对于人性的了解以及开阔的心胸。这种以性别定义作家的做法显然阻碍了评论界对于女性作品做出公正评价,使得众多女性作品被排斥在主流文学之外,也正是这种体现了男性文化价值观的双重标准使得大多数的女性作家遭受被冷落和被埋

① 以下的许多内容出现在本人为《她们自己的文学》增补版在中国出版时所写的导读里。参见《她们自己的文学》,北京:外语教学与研究出版社和普林斯顿大学出版社,2004年,第1-7页。——笔者注

没的命运。

因此，为恢复女性小说家在文学史中的合法地位，女权评论家的重要任务就是要从挖掘女性作家被湮没了的作品入手，整理出女性自己的文学传统，建立自己的文学批评体系。肖沃尔特声称，在她试图勾勒女性传统的时候，她关注的不仅仅是那些被奉为伟大作家的女性作家，也包括了那些长期以来被忽视的女性作家。唯有如此，人们才能懂得女性是如何在经受偏见、感受负疚、遭受压抑的情况下开始写作的，并以此了解女性文学传统得以存在和延续的根由。肖沃尔特指出，在英国小说的版图里，女性的领土通常被描绘成四周被山峦包围的荒漠，这些山峦即为奥斯汀巅峰、勃朗特峭壁、艾略特山脉和沃尔夫丘陵。肖沃尔特创作这部作品的目的就是为了填平这些文学里程碑之间的空隙和断裂，试图发现她们小说之间的相同之处及连续性。她在这部著作中涉及上百位被排斥在"文学经典"之外的女作家，以期从整体的角度探讨女性特有的经历和创作。这是肖沃尔特运用女权文学批评理论所进行的具体实践，也是她对于女性文学传统研究做出的重大贡献。

肖沃尔特是从女性经历的角度来审视女性小说家的，她认为女性文学有其独特的属性，应该被视为一种亚文化；而女性文学传统的发展与其他文学亚文化的发展是有着共性的。肖沃尔特随即定义了文学亚文化的三个阶段，而且根据这种分段方式，提出了女性文学发展的"三个阶段"的学说，即以摹仿为标志的第一阶段（"女性的"）、以抗议为标志的第二阶段（"女权的"），以及以自我发现为标志的第三阶段（"女人的"）。肖氏亚文化的论点是建立在这样的认识基础之上的，女性写作来自女性共同的生理体验，更是因为她们作为女儿、妻子、母亲的社会角色和她们所受到的法律和经济的限制被连接在一起，从而形成了一种必然的、非自觉的文化联系。而肖沃尔特在描述了这三个阶段的发展之后，声称无论是在女性、女权，还是女人阶段，女性文学都不得不与把女性经历降为隶属地位的社会与历史力量进行不懈的斗争。在1999年的扩版中，肖沃尔特在书中增加了一个新的章节，叙述了作品在1977年面世之后女性文学所走过的路程。肖沃尔特认为在新千年到来之际，女权主义批评已经取得了可喜的成就，而英国女性文学作为一种分离的"她们自己的文学"阶段也即将结束，它已经汇入了主流文学。

在发表于1979年的《走向女权主义诗学》（"Towards a Feminist Poetics"）一文中，肖沃尔特提出了"女作家批评"（gynocriticism）这一具有创新意义的名称。肖沃尔特指出，女权批评可以分为两类，一种可以被称为女权主义批评（the feminist critique），它审视传统男性文本和文学中的反女性偏见，关注作为读者的女性，也就是把女性作为男性文学的消费者进行关注。这种模式的女权主义批评可以改变我们对于既定文本的理解,使我们意识到男性文学的性别符号的意义。这种批评是一种置于历史基础的分析,探讨了文学现象的意识形态概念,其批评的主题包括文学中女性的形象和原型,文学批评中对于女性的忽略和错觉,以及男性建构的文学历史中的分歧。它也关注在通俗文化和电影中对于女性观众的利用和操纵,以及在符号系统中对于女性作为符号的分析。第二类女权批评关注的是作为作家的女性,即作为文本意义的产出者的女性,并且关注女性文学的历史、主题、体裁和结构。它的主题包括女性创作的心理机制、个人或群体的女性文学职业的发展轨迹,文学史,以及对于单个作家或作品的研究。[①]因为英语中不存在这样一个词,所以肖氏将它称之为"女作家批评"。女作家批评的目标是建立一个用来分析女性文学的框架和阐释模式,这种分析是基于女性经历研究之上的。[②]在文中,肖沃尔特还更为详细地定义了女性文学的不同发展阶段。她追溯了女性文学的创作历程,提出了其著名的三段论。第一阶段为"女性的"阶段,从 1840 年出现男性笔名开始,直到 1880 年乔治·艾略特去世。在这一阶段中女性创作"表现出对于男性文化的主流传统的摹仿,并将其对于女性本质的观点加以内化"。[③]女性创作的第二阶段为"女权的"阶段,这一阶段从 1880 年开始,直到女性获得选举权的 1920 年。这一阶段的女性创作以抗议男性标准和价值观、倡导女性权利和价值观、要求自主权为特征。这一阶段与美国女权政治运动相吻合,表明女性创作与女性政治行为的重要关系。女性创作的第三阶段为"女人的"阶段,即从 1920 年到现在,这是一个自我发现的阶段。"女性在此拒绝了之前的摹仿和抗议,两种对于对立面的依赖,而把女性经历作为自主艺术的源泉,把女权主义的文化分析延伸到文学的形式和技巧。"[④]

在发表于 1981 年的《荒野中的女权批评》("Feminist Criticism in the Wilderness")一文中,肖沃尔特以牛津大学人类学家雪丽·阿德纳(Shirley Ardner)和埃德温·阿德纳(Edwin Ardner)的文化分析模式,强调女性组成了主流男性文化中无声的群体,虽然她们的现实和文化与主流文化时空重叠,但她们被主流文化排斥在外。肖沃尔特认为,女性写作包含了"一种具有两种声音的话语系统,它同时象征着无声的和主流群体的社会、文学和文

---

① Eliane Showalter, "Towards a Feminist Poetics," in *Modern Literary Theory: A Reader*. 3rd. ed. Eds. Philip Rice and Patricia Waugh. London: Arnold, 1996. p. 99.

② Ibid., p. 100.

③④ Ibid., p. 107.

化传统"[1]。肖氏在此文中又一次强调了女权批评的两种模式,即女权批评和女作家批评。尽管欧美各个国家的女性文学理论侧重不同,譬如,以马克思主义为核心的英国女权批评强调压迫,以心理分析见长的法国女权文学理论突出压抑,而以文本分析见长的美国女性文学理论则侧重表达。[2] 但这些文学理论都是以女性为中心的研究,都在试图把女性从置她于劣势的原型中拯救出来。肖氏指出,女性文学理论使用了四种差异模式——生理的、语言学的、心理分析的、文化的——来代表定义和区分女性作家和女性文本的质量,每种模式代表了一种以女性为中心的女权批评。[3] 生理批评是关于性别差异的最激进理论,也是女权批评中最为诡秘的理论阐释,强调把身体作为意象来源的重要性。女性写作的语言学或文本理论试图证实男性与女性以不同的方式使用语言,并且探讨语言上的性别差异是否可以生理、社会化、或文化的方式加以理论化、女性是否可以创造出她们自己的语言等等。心理学女权主义批评把女作家的差异置于女作家的心理以及性别与创作过程的关系。以女性文化为模式的理论最为肖氏所推崇,她直言这种模式比其他三种模式都能更完整、更令人满意地讨论女性作品的特征和差异。这种理论模式吸收了关于女性身体、语言和心理的观点,但又对这些观点与其社会背景的关系进行了阐释。

除了以上著作之外,肖沃尔特还于1985年主编了《新女权主义批评:关于女性、文学与理论的文章》(*The New Feminist Criticism*: *Essays on Women*, *Literature and Theory*),这部批评文集汇集了届时的权威女权文学理论和批评作品[4],内容丰富、涵盖面广。作为主编,肖沃尔特阐释了这本书的目标,即"为分析女性文学建构一个女性框架,发展基于女性经历的新模式,而不再采用男性模式和理论"。[5]这种定义的意义在于,它宣布了对于男性文学理论的摒弃。既然理论总是与男性联系在一起的,那么女性批评就会将它排除在外。因而,拒绝理论成为这部选集的次主题。[6]后结构主义、

---

① Elaine Showalter, "Feminist Criticism in the Wilderness." *Critical Inquiry* 8.2 (Winter, 1981): 201.

② Ibid., p.186.

③ Ibid., pp.186—187.

④ 文集中所有的文章均来自1977年至1983年间发表在杂志上或收在其他的文集中的文章。

⑤ Elaine Showalter, ed. *The New Feminist Criticism*: *Essays on Women*, *Literature and Theory*. New York: Pantheon Books, 1985. p.131.

⑥ Joan W. Scott. "Review of *The New Feminist Criticism*: *Essays on Women*, *Literature and Theory*." *Oxford Journals* 22 (Autumn, 1986): 190.

马克思主义、心理分析、解构主义和其他形式的男性批评理论因为是基于男性经历而构建的,因而没有在此书中出现。而对于法国女权主义也是持怀疑态度的。与法国女权主义对于语言的关注不同,该文集所采用的视角其实是对于女性文本的各种阐释方法,而且又大多依赖于女性生活经历来理解女性文学创作。这部文集所收录的文章,许多都是来自《标志》、《批评探索》、《女权主义研究》等杂志的"经典文章",[①]作者包括安妮特·克罗德尼(Annette Kolodny),桑德拉·吉尔伯特(Sandra Gilbert)、尼娜·贝姆(Nina Baym)、丽莲·罗宾逊(Lillian Robinson)、卡罗林·G. 海尔布伦(Carolyn G. Heilbrun)、芭芭拉·史密斯(Barbara Smith)等一批知名女权批评家,因而这部汇聚了女权主义批评成果的文集,其影响力也不容低估。

肖沃尔特无论是在对于英国女性文学还是美国女性文学评论方面也都展现了自己鲜明的女权观点与卓越学识。除了其评论英国女性文学的论著《她们自己的文学》自外,她的美国女性文学评论专著《姐妹们的选择:美国女性写作的传统与变化》(*Sister's Choice: Tradition and Change in American Women's Writing*, 1991)也获得极大成功。该书来自她于 1989 年 5 月在牛津大学的克拉伦登讲座(Clarendon Lectures),以及她在 1985 年至 1991 年间发表在各种杂志和文集上的文章。作为《她们自己的文学》的姊妹篇,肖沃尔特以美国特有民间手工艺术中带有各种线条图案的被子为象征,梳理了美国女性文学的发展演变过程,强调了美国女性文学中的多元色彩。她在这部著作中通过广泛的文学概述和文本分析,探讨了包括路易莎·梅·奥尔科特(Louisa May Alcott)的《小妇人》(*Little Women*)、凯特·肖班 (Kate Chopin) 的《觉醒》(*The Awakening*)、伊迪丝·沃顿(Edith Wharton)的《欢乐之家》(*The House of Mirth*) 和 20 世纪 60 年代的各种女性哥特式写作,追溯了美国女性写作的发展过程。肖沃尔特在此充分展示了女性创作在种族、阶级和性选择方面的多样性,并将研究聚焦于这些女性文本的历史性和多元文化性,并且特别揭示了女性作家所遭遇的斗争、苦难和持久创造力。肖沃尔特阐释了不同历史时期的女性写作是如何反映了女性创作与文学传统之间的冲突,以及她们的想象与现实之间的冲突。肖沃尔特在书中宣称,从伊迪丝·沃顿作品以将的现代女性作家作品,构成了一种之前女性作家未能取得的"女性优势和发展的文学史",[②]这是因为早期作

① 肖沃尔特自己的《荒野中的女权主义批评》也收在该文集中。

② Elaine Showalter, *Sister's Choice: Traditions and Change in American Women's Writing*. New York: Oxford University Press, 1991. pp. 102—103.

家与女性谱系和女性社区的紧密关系。而20世纪的女性作家已经从19世纪的同性交往的女性文化与文学进入现代主义的异性小说。[①]特别值得指出的是，肖沃尔特在这部著作中使用了百衲被的隐喻来形容美国女性文化与创作，因为百衲被的制作就是把不同的碎布连缀在一起做成的，女性文学史也是由不同风格、不同种族和不同阶级的女性作家的创作汇集在一起而成的。肖沃尔特认为，百衲被已经成为比起传统的"大熔炉"更为确切的美国文化特征。这一点在女性写作向多元文化拓展的不断变化的过程和技巧上尤其如此。肖沃尔特显然超越了早期妇女研究中对于种族因素的忽视，她在书中特别强调，美国女性创作的历史"必须放弃对于一种共同语言的梦想，学会理解和尊重每个姐妹的选择"[②]。

肖沃尔特对于美国文学批评做出的另一大贡献在于她那部于2009年面世的美国女性文学史《她的同性陪审团：从安妮·布雷兹特利特至安妮·普鲁克斯的美国女性作家》(*A Jury of Her Peers: American Women Writers from Anne Bradstreet to Annie Proulx*)。[③] 在这部涵盖了美国女性文学发展的全过程的开山之作中，肖沃尔特梳理了250位女性作家在三个半世纪中所取得的文学成就。作者以女性作家与文学市场的关系为脉络，勾勒了女性作家从被评判到进入文学陪审团的艰难道路。肖沃尔特的新作题目来自另一位美国女性作家苏姗·格拉斯佩尔(Susan Glaspell)的短篇故事。1917年，苏姗·格拉斯佩尔曾经撰写过一篇短篇故事《她的同性陪审团》("A Jury of Her Peers")。在故事中，因为被指控杀死丈夫的农妇明妮·赖特拒绝认罪，治安官带人前来收集犯罪证据，黑尔太太和彼得斯太太也随同她们的丈夫一起来到案犯的家中，为被囚禁在县牢房的农妇取衣服。从始至终，被指控的农妇都没有出现，作品真正试图表现的是男性和女性在调查案件时的不同视角和评判结果。在男人们展开寻找线索的调查时，两个女人在这个凄冷的农舍里看到了一些折射了案犯饱受痛苦和折磨的生活"琐事"，明妮的针线筐里被掐死的金丝雀和弄折了的鸟笼门使得两个女人得出了一致的结论：生性暴虐的赖特拧断了金丝雀的脖子，剥夺了妻子凄凉人生中唯一的乐趣，绝望的明妮在丈夫睡梦中用绳子勒死了他。两个女性从而成为明妮

① Elaine Showalter, *Sister's Choice: Traditions and Change in American Women's Writing*. p. 73.

② Ibid., p. 175.

③ 这一部分的许多内容曾出现在本人所撰写的书评《论肖沃尔特的〈她的同性评审团：从安妮·布雷兹特利特至安妮·普鲁克斯的美国女性作家〉》之中。参见《外国文学》2010年3期，第126—137页。

道义上的陪审团,在心里宣判了明妮作为受害者、而不是罪犯的身份。事实上,在这篇作品出版的1917年,美国女性无论在法律或是政治上都不享有与男性的同等权利,女权还在为获得选举权进行着最后的斗争。[①]而美国国会直到1968年才赋予美国女性担任陪审员的权利。

格拉斯佩尔的故事可被视为在以男权标准和价值观基础上建立起的文化中关于女性作家命运的寓言故事。长期以来女性在编委会、学术委员会、学校领导职位方面一直被排除在外。美国文学传统上由男性把持着重要刊物和出版社,发表确定标准和品味的书评,编写美国文学的历史和论述,确定入围经典书目的著作。在格拉斯佩尔去世的1948年,在美国文学历史上占据重要地位的《美国文学史》出版,这部作品的编委会由54名男性和一名女性组成。在本书中,肖沃尔特一再强调社会环境对于艺术创作的重要性。她揭示了许多才华横溢的女性作家如何在社会期盼的角色和繁重的家务劳动的压力下,其潜力未能得到充分发挥的真实故事。肖沃尔特在分析这一现象的根源时一针见血地指出,这些女性作家或许需要一个她们自己性别的陪审团来评论她们的作品,解释其作品中的象征与涵义,呈现其作品与读者的持续相关性。[②]或许女性作家今天已不需要一个自己性别的陪审团以保证她们享有公正待遇。但肖沃尔特这部文学史无疑是对于长期以来文学史中存在的性别歧视所进行的有效矫正,也是她为了展现美国文学发展的全貌做出的努力。

《她同性的陪审团》可以说是美国女性文学史的开山之作,[③]涵盖了从安妮·布雷兹特利特至安妮·普鲁克斯三个半世纪之久的女性作家。安妮·布雷兹特利特的诗集被学界认为是美国女性文学的第一部作品,于1650年在伦敦发表后获得广泛好评。而当代小说家安妮·普鲁克斯在20世纪最后一年发表的西部牛仔故事为传统的美国西部文学体裁带来了一股春风。三百多年来,来自于不同族裔、不同阶级、不同宗教信仰的美国女性取得了骄人的文学成就。但美国文学史上一个奇怪的现象是,除了极个别人,19世纪的女性作家绝大多数长期不被人所知,20世纪的大多数作家长期以来也被

① 宣布了美国女性获得选举权的宪法第十九修正案在1920年才获得国会通过。

② Elaine Showalter, *A Jury of Her Peers: American Women Writers from Anne Bradstreet to Annie Proulx*. New York: Alfred A. Knopf, 2009.

③ 女性评论家尼娜·贝姆1978年曾经发表过一部颇有影响力的19世纪女性文学史《女性小说》,评介了19世纪30年代至70年代的上百部小说作品,盖伊·雷诺兹发表于1999年的《20世纪美国女性小说》是一部介绍20世纪美国女性小说的评著。而肖沃尔特的新作包含了从美洲殖民地时期直到20世纪末的包括小说、诗歌、戏剧在内的女性创作。

打上“次要作家”的烙印。直到20世纪70年代之后，美国学界才挖掘和再版了大批被遗忘、被忽视、被湮没的女性作品，美国女性作家的作品才进入公共视线。得益于20世纪70年代美国女权主义批评的蓬勃发展，肖沃尔特在此基础上创作了这部评介了250多名美国女性作家的巨著，梳理了美国女性文学发展的脉络，为读者呈现了一个更加完整的美国文学景观。

肖沃尔特声称自己在这部美国女性文学史中讲述了一个关于美国女性写作的有始有终的故事，[①]而她所关注的是社会性别为女性创作所带来的巨大压力。她在文中探讨了写作如何改变了这些女性的人生，她们如何把公共自我与私人生活相妥协，女性地位的改变如何影响到她们的生活和职业等等。基于这种出发点，肖沃尔特在这部文学史中不仅涉及包括诗歌、小说和戏剧在内的传统文学体裁和通俗小说、女孩子成长小说、自传、剧本和讽刺诗歌，也介绍了女性创作的时代背景。在《她们自己的文学》里，作者曾经把女性写作定义为三个阶段。在这部新作中，她强调美国女性文学至20世纪末已经达到了第四个阶段，也是其最终阶段。在此肖沃尔特又使用了一个以“f”字母开头的词来形容它，即“自由”(free)阶段。肖沃尔特指出，21世纪的美国女性作家已经获得了自由，她们可以选择任何主题进行创作，也可以选择任何形式进行创作，[②]把女性的贡献融入美国文化传统的时候已经到来。肖沃尔特声称美国女性文学在21世纪已经进入主流，美国女性读者、评论家和文学史家已经进入评审团。女性创作作为一种独立的文学传统、作为一种定义，其效应已经终结。但对于许多评论家来说，美国女性写作对于美国文学传统的构建仍然是第二位的，甚至对此视而不见。肖沃尔特创作此书的目的正是为了构建更加完整、更加公正的文学传统。也正因为如此，女性仍然需要自己的文学史、文学批评和文学经典，以保证对于女性创作的公平。也只有如此才能保证女性在美国的文学传统中的地位。

《她的同性陪审团》的出版得到了学界、尤其是女性作家和女性评论家的高度赞扬。尽管这不是第一部美国女性文学史，但是它是第一部对于350年来美国女性文学的综述。肖氏文学史着眼于女性作品的社会因素(而不是美学因素)，其原因在于她所关注的是美国女性如何打破传统理念，在美国文坛上占据一席之地。肖沃尔特在书中多次提及美国女性在20世纪80年代之前为了发表作品所经历的种种困难。她也强调了女性文学传统的存

---

① Eliane Showalter, *A Jury of Her Peers: American Women Writers from Anne Bradstreet to Annie Proulx*. p. xv.

② Ibid., p. xvii.

在,《她的同性陪审团》是一部勾勒了女性以文学创作表达自己、定义自己的女性文学史。它首先是一部美国女性的奋斗史。美国文学史中的一个经常被提及的现象是,男性文学大师描绘的多是拓荒、出海、战争这些反映了美国特色的宏大主题,而美国女性出于她们长期以来的二等公民社会地位,其早期作品主题多与家庭、花园、婚姻、生育等有关。肖沃尔特的文学史也证实了这一点。书中诸多部分描述了家务劳动、家庭角色和家庭关系与女性创作的关系,而女性作家的生平和创作中也常常涉及家庭中男性角色的不称职、暴力、破产等。在许多情况下,美国女性正是被迫以创作来补贴家用、甚至是养家糊口的。从这一点来看,弗吉尼亚·沃尔夫关于女性需要经济独立和一间自己的房间的著名论断的确是女性成功的至关重要的因素。而这一现象在20年代70年代后随着女权运动第二次浪潮的蓬勃发展业已发生巨大的变化。美国女性文学也是一部成功史。21世纪的女性作家再也不用为自己的职业表示歉意。女性的作家身份、评论家身份和学者身份已经确立,女性作家已经创作出众多具有巨大艺术感染力的作品,迄今为止已有两位美国女性作家荣膺诺贝尔文学奖①。今天任何评论美国文学的作品,已经无法忽视女性所取得的文学成就。肖沃尔特的这部内容涵盖美国女性文学发展全过程的女性文学史,对于构建完整的美国文学传统意义重大,必将极大地丰富人们对于美国文学史和美国文化的理解。这部大气磅礴的文学史必然会在美国文学中留下色彩斑斓的一笔。

除了文学评论专著与文学史之外,肖沃尔特也注重向读者介绍早期女性作家的作品,这也是女权主义文学评论家多年来孜孜不倦的奋斗目标。她主编了包括自19世纪末以来的女性作品选集《颓废的女儿们:世纪末的女性作家》(*Daughters of Decadence: Women Writers of the Fin-de-Siecle*, 1993),以及关于19世纪女性的短篇小说集《胡写乱画的女性:19世纪美国女性短篇小说集》(*Scribbling Women: Short Stories by Nineteenth-Century American Women*, 1997),两部文学选集均致力于把之前被忽视或埋没的女性作家介绍给读者。她们的作品目前有许多已经进入美国文学殿堂。肖沃尔特的选集为把这些作品介绍给大众读者发挥了重要作用。

在80年代,肖沃尔特把文学批评延伸到文化史批评,聚焦于心理健康和性别中的性主题表现方式。这些著作,尽管因其广阔和跨学科的文学、文化和社会的研究视角受到学界的肯定,但也受到一些批评。这些著作中最为

① 两位荣获诺贝尔文学的美国女性作家分别是赛珍珠(1938年)和托尼·莫里森(1993年)。

著名的是发表于1985年的《女性疾病：妇女、癫狂与英国文化1830—1980》(*The Female Malady: Women, Madness and English Culture, 1830—1980*)和发表于1990年的《性的无秩序：世纪末的性属与文化》(*Sexual Anarchy: Gender and Culture at the Fin-de-Siecle*)。《女性疾病：妇女、癫狂与英国文化1830—1980》是关于英国心理学史中的性政治研究，也是一部女权主义文化研究的开拓性著作。[①] 肖沃尔特的宗旨在于创造一部“女权主义的精神病学历史和把疯癫作为女性疾病的文化史”[②]，通过分析医疗病历和文学文本，以及照片和绘画，肖沃尔特追溯了英国精神病学史上的三个不同时期中关于女性疯癫的概念和治疗：精神病维多利亚主义(1830—1870)；精神病达尔文主义(1970—1920)；精神病学现代主义(1920—1980)。肖沃尔特认为，19世纪是癫狂的女性化时代，女性成为心理治疗的主要接受者，成为癫狂的文化典范。她也强调，直到不久前，精神病学家还把女性患者置于限制性的女性特征的背景之下，而这种女性特征本身就是她们的精神堕落的根源。女性在过去的几十年中已经随着女权主义治疗运动的出现开始“打破把疯癫作为女性疾病的枷锁”[③]。尽管有评论家质疑肖沃尔特评价精神病机构的能力，但她在探讨女性疾病的文化表现时所表现出的深刻洞察力令人折服。而这部著作的最大优点在于她把文化史、文学批评和社会科学研究集中于一身，显出了她富有创新的视角和进行跨学科研究的能力。

《性的无秩序：世纪末的性属与文化》(*Sexual Anarchy: Gender and Culture at the Fin-de-Siecle*, 1990)是对于19世纪90年代和20世纪90年代的文学与文化分析，聚焦于对于女性性解放与梅毒和艾滋病带来的灾难所引起的焦虑。肖沃尔特坚持性危机和文学是盘根错节地缠绕在一起的，性别渗透于我们生活的方方面面。肖氏审视了“19世纪和20世纪末的关于性危机和动乱的神话、隐喻和意象，以及它在英国和美国文学、艺术和电影中的表现”[④]。肖沃尔特强调在一个世纪即将结束时，往往会产生对于死亡和混乱的高度敏感。她比较了19世纪和20世纪的性角色和性规则，认为它们在表面上更加凸显无秩序，而实际上趋向于更加僵化。肖氏强调维多利亚和当代的英美中产阶级试图通过制约对于那些具有威胁性和更易控制的身

① 张岩冰：《女权主义文论》，山东教育出版社，1998年，第76页。

② Eliane Showalter, *The Female Malady: Women, Madness and English Culture, 1830—1980*. New York: Pantheon Books, 1985. p. 5.

③ Ibid., p. 350.

④ Eliane Showalter, *Sexual Anarchy: Gender and Culture at the Fin de Siecle*. New York: Viking, 1990. p. 3

体来缓解他们对于激进和无法掌控的社会变化的焦虑。这种现象在两个世纪末都出现过。肖氏的研究集中于两类人群,中产阶级白人女性和男性同性恋。因为女性一直存在于象征秩序的边缘,而男性同性恋使得男人的性身份变得与女性一样不稳定,使得固有的性类型成为问题。

作为从 20 世纪 70 年代就活跃在美国女权文学批评舞台上的肖沃尔特,曾由于早期作品中对于阶级和种族因素的忽略受到批评,也曾因为她所坚持的关注文化与社会、而非哲学和语言的理论建构遭受非议,但肖沃尔特对于美国女权文学批评的贡献是不容置疑的,她为美国文学批评增添了性别维度,为美国女权文学批评奠定了基础。肖沃尔特曾经断言,“很有可能在未来的批评史中,这些年代(70、80 年代)将作为女权主义时代、而不是结构主义时代或者解构主义时代被人们铭记在心”①。无论肖沃尔特这一断言是否有些夸张,她都曾经是这一时代最负盛名的女权主义文学批评家。

主要作品(以出版年代排序)

"Women and the Literary Curriculum." *College English* 32 (1971): 855—862.

Women's Liberation and Literature. New York: Harcount Brace Jovanovich, 1971.

"Literary Criticism." *Signs* 1.2 (Winter, 1975): 435—460.

A Literature of Their Own: British Women Novelists from Bronte to Lessing. Princeton: Princeton University Press, 1977.

[Ed.] *These Modern Women: Autobiographical Essays from the Twenties*. New York: Feminist Press, 1993.

"Toward a Feminist Poetics." *Women Writing About Women*. Ed. Mary Jacobus. London: Croom Helm, 1979. 25—33.

"Victorian Women and Insanity." *Victorian Studies* 23.2 (Winter, 1980): 157—181.

"Feminist Criticism in the Wilderness." *Critical Inquiry* 8.2, *Writing and Sexual Difference*. (Winter 1981): 179—205.

"Rethinking the Seventies: Women Writers and Violence." *The Antioch Review* 39.2 (Spring, 1981): 150—170.

"Critical Cross-Dressing: Male Feminists and The Woman of the Year." *The Raritan* 3 (Fall 1983): 130—149.

"Women's Time, Women's Space: Writing the History of Feminist Criticism." *Tulsa Studies in Women's Literature* 3.1/2, Feminist Issues in Literary Scholarship (Spring-Autumn, 1984): 29—43.

"Women Writers and American Processions: Feminist Criticism 1984." *Ontario Review* 21 (Fall-

① Eliane Showalter, "Women's Time, Women's Space: Writing the History of Feminist Criticism." p. 42.

Winter 1984—1985): 92—98.

[Ed.] *The New Feminist Criticism: Essays on Women, Literature and Theory*. New York: Pantheon Books, 1985.

The Female Malady: Women, Madness and English Culture, 1830—1980 . New York: Pantheon Books, 1985.

"Shooting the Rapids: Feminist Criticism in the Mainstream." *The Oxford Literary Review* 8. 1—2 (1986):218—224.

[Ed.]*Modern American Women Writers*. New York: Scribner, 1991.

[Ed.]*Alternative Alcott by Louisa May Alcott*. New York: Routledge, 1989.

[Ed.] *Speaking of Gender*. New York: Routledge, 1989.

"A Criticism of Our Own: Autonomy and Assimilation in Afro-American and Feminist Literary Theory," in *The Future of Literary Theory*. Ed. Ralph Cohen. New York: Routledge, 1989. 168—188.

Sexual Anarchy: Gender and Culture at the Fin de Siecle. New York: Viking, 1990.

Sister's Choice: Traditions and Change in American Women's Writing. New York: Oxford University Press, 1991.

"Killing the Angel in the House: The Autonomy of Women Writers." *The Antioch Review* 50. 1/2, (Winter-Spring, 1992): 207—220.

[Ed.]*Daughters of Decadence, Women Writers of the Fin de Siicli*. New Brunswick: Rutgers University Press, 1993.

"On Hysterical Narrative." *Narrative* 1. 1 (Jan. , 1993): 24—35.

"American Gynocriticism." *American Literary History* 5. 1 (Spring 1993): 111—128.

Hystories, Hysterical Epidemics and Modern Media: Alien Abduction, Chronic Fatigue Syndrome, Satanic Ritual Abuse, Recovered Memory, Gulf War Syndrome, Multiple Personality Syndrome. New York: Columbia University Press, 1997.

[Ed.] *Scribbling Women: Short Stories by Nineteenth-Century American Women*. New Brunswick: Rutgers University Press, 1997.

"Twenty Years on: *A Literature of Their Own* Revisited." *NOVEL: A Forum on Fiction* 31. 3 (Summer, 1998): 399—413.

[Ed.] (with Germaine Greer and Lorna Sage) *The Cambridge Guide to Women's Writing in English*. Cambridge: Cambridge University Press,1999.

"Laughing Medusa: Feminist Intellectuals at the Millennium." *Women: A Cultural Review* 11. 1/2 (2000): 131—138.

Inventing Herself: Claiming a Feminist Intellectual Heritage. New York: Scribner, 2001.

Teaching Literature. Oxford: Blackwell, 2003.

Faculty Towers: The Academic Novel and Its Discontents. Pennsylvania: University of Pennsylvania, 2005.

A Jury of Her Peers: American Women Writers from Anne Bradstreet to Annie Proulx, New York: Alfred A. Knopf,2009.

[Ed.]*The Vintage Book of American Women Writers*. New York: Knopf Doubleday, 2011.

参考文献

Fetterley, Judith. *The Resisting Reader: A Feminist Approach to American Fiction*. Bloomington: Indiana University Press, 1978.

Gilbert, and Susan Gubar. *The Madwoman in the Attic: The Woman Writer and the Nineteenth-Century Literary Imagination*. New Haven: Yale University Press, 1979.

Griffin, Susan M. "The 'Common Threads' of Gynocriticism." *American Literary History* 5. 2 (Summer, 1993): 370—377.

Heilbrun, Carolyn G. and Catharine R. Stimpson. "Theories of Feminist Criticism: A Dialogue," in *Feminist Literary Criticism: Explorations in Theory*. Ed. Josephine Donovan. Lexington: University Press of Kentucky, 1975.

Jacobus, Mary, ed. *Women Writing and Writing about Women*. NewYork: Harper and Row, 1979.

Kolodny, Annette. "Dancing through the Minefield: Some Observations on the Theory, Practice, and Politics of a Feminist Literary Criticism." *Feminist Studies* 6. 1 (Spring 1980): 1—25.

——. "Literary Criticism." *Signs* 2 (Winter 1975): 436—460.

Millett, Kate. *Sexual Politics*. New York: Doubleday, 1970.

Moi, Toril. *Sexual/Textual Politics*. London: Routledge, 1985.

Robinson, Lillian S. "Treason Our Text: Feminist Challenges to the Literary Canon," in *The New Feminist Criticism: Essays on Women, Literature and Theory*. Ed. Elaine Showalter. New York: Pantheon, 1985. 105—121.

Rich, Adrienne. "When We Dead Awaken: Writing as Re-Vision," *College English 34.1 (1972)*: 18—30.

Ruthven, K. K. *Feminist Literary Studies: An Introduction*. Cambridge: Cambridge University Press, 1984.

Spacks, Patricia Meyer. *The Female Imagination*. New York: 1975.

Smith, Barbara. "Towards a Black Feminist Criticism," in *The New Feminist Criticism: Essays on Women, Literature, and Theory*. Ed. Elaine Showalter. New York: Pantheon Books, 1985. 168—185.

Washington, Mary Helen. "New Lives and New Letters: Black Women Writers at the End of the Seventies." *College English* 43 (January 1981): 1—11.

芭芭拉·约翰逊(Barbara Johnson)
(1947—2009)

芭芭拉·约翰逊是美国著名文学批评家、翻译家,哈佛大学英语文学与比较文学教授,及“社会法律与精神疾病弗雷德里克·威尔塔姆教授”①。约翰逊是最早把德里达解构主义理论译介到美国的学者之一,她与加亚特里·斯皮瓦克同为著名文学理论家保罗·德曼(Paul de Man)的学生,因而学术观点与研究方法也深受德曼为首的“耶鲁学派”②影响。约翰逊的主要研究领域为文学理论,她擅长将解构主义纳入文学、修辞学、心理学、社会学、女权批评等领域,创造了独特的跨学科文学研究。

芭芭拉·约翰逊全名芭芭拉·艾琳·约翰逊(Barbara Ellen Johnson),1947年10月出生于美国马萨诸塞州波士顿,是父母四个子女中唯一的女孩。③ 她1965—1969年就读于欧泊林学院,后进入耶鲁大学法语系学习,师从著名文学理论家保罗·德曼,于1977年获得博士学位。约翰逊研究生阶段的学习正逢“耶鲁学派”兴起,这使得她对结构主义、解构主义的理解与“耶鲁学派”一脉相承,乃至毕生的学术观点都留有那个时代的深深烙印。芭芭拉·约翰逊的主要著述包括:《诗歌语言异变》(*Defigurations du LangagePoetique*:*La Seconde Revolution Baudelairienne*,1979)、《批评的不同:当代阅读修辞论文集》(*The Critical Difference*: *Essays in the Contemporary Rhetoric of Reading*, 1980)、《不同的世界》(*A World of Difference*, 1987)、《解构的觉醒》(*The Wake of Deconstruction*, 1994),《女性主义的不同:文学、心理学、种族与性别》(*The Feminist Difference*: *Literature*, *Psychoanalysis*, *Race and Gender*, 1998)、《母语:性、考验、母性、翻译》(*Mother Tongues*: *Sexuality*, *Trials*, *Motherhood*, *Translation*, 2003)以及《人与事》(*Persons and Things*, 2008)等。关于自己的学术研究,芭芭拉·约翰逊在《诺顿理论与批评选》(*Norton Anthology of Theory and*

---

① “Fredric Wertham Professor of Law and Psychiatry in Society.”

② Yale School.

③ <http://www.folsomfuneral.com/? p=776>.

Criticism)的约翰逊节选部分里通过自序[①]写到:“芭芭拉·约翰逊向来是‘翻译家’一词所含意义的体现者。她是雅克·德里达著名的《撒播》(*Dissemination*)一书的译者;她也是最早将结构主义与后结构主义理论赋予文学视角的译者之一。尽管风格一向以‘清晰’和‘简明’著称,她却始终强调语言在构想棘手问题时不可避免的复杂性与困难。”[②]

约翰逊2009年因病去世,年仅62岁,是美国乃至世界文学理论界的一大损失。有关约翰逊的人格魅力,我们可以从著名文学理论家乔纳森·卡勒(Jonathan Culler)一篇盛赞的文章《芭芭拉·约翰逊的天赋》(“The Genius of Barbara Johnson”)里窥见一斑。卡勒在文章开头便赞叹道:“芭芭拉·约翰逊从不抱怨在规定时间内无法完成指定的作业:这把她和我们区别了开来。她是20分钟陈述的出色驾驭者,直奔论题中心——没有任何背景填充,没有拐弯抹角。她是无畏的,从不忧心在新话题里树立权威的问题,从不权衡她的分析能否说服别人。……从不表现得像一个专家,也从不引用别人的话来支撑自己。她只是把句子原文引下来。没有人能像她那样做得那么好。”[③]

约翰逊是一位优秀的学者和教师。卡勒盛情回忆了1977年纽约英语研讨会上发生的故事,当时还是一名默默无闻的研究生的约翰逊初生牛犊不怕虎,在杰弗里·哈特曼(Geoffrey Hartman)主持的心理学讨论组里临时顶替一位因病不能发言的学者,从容地走上讲坛,演讲她对德里达解构拉康分析《一封被偷窃的信》(*The Purloined Letter*)的看法。“作为一名耶鲁的学生,探讨这样两位大家是极其勇敢的,尤其是当时德里达还作为嘉宾在场。”[④]约翰逊在论文《所指的框架》(“The Frame of Reference”)里批判德里达在抨击拉康的时候,重复了他批判拉康的思路;她认为拉康已取得了解构式的观点,德里达的解构反而是建构了。“这篇论文,是一篇经典。”[⑤]对于约翰逊的教学法,卡勒又称赞道:“芭芭拉·约翰逊使一堂理论课不同于我之处在于,她把理论变得非常平易近人。她的论文告诉学生们,做理论你不需要一个很宏大的理论什么的,或者非常博学,或者懂得许多深奥的句子:你只需要做一些阅读,读一些短小精悍、集概念清晰与构想大胆于一体的文章。你不必通过成为拉康或德里达来做理论。”[⑥]约翰逊病逝以后,从其讣告

---

① Lee Edelman, “Unknown Barbara.” *Diacritics* 34. 1 (Spring, 2004): 89.

② Vincent Leitch, ed. “Barbara Johnson,” in *The Norton Anthology of Theory and Criticism*. New York: Norton, 2001.

③ Jonathan Culler, “The Genius of Barbara Johnson.” *Diacritics* 34. 1 (Spring, 2004): 74.

④⑤ Ibid.

⑥ Jonathan Culler, “The Genius of Barbara Johnson.” p. 75.

网页的跟帖数目和内容来看，她曾是一位极受学生爱戴、同事赞赏、少数族裔拥护的学者：吊唁者中不乏因受约翰逊激励而大胆发出自主之声的黑人女性与同性恋者。[①] 这样一位平易近人的学界奇才英年早逝，不仅让人惋叹：假如约翰逊今尤健在，还会给这个世界再增添多少宝贵的智慧啊！

芭芭拉·约翰逊一生的学术建树以文学为主，结合语言学、心理学、修辞学等多学科的研究手法和理论，主要运用解构主义方法拓展理论研究。鉴于约翰逊的文本分析具有较强的理论性，我们下面从她的理论基础出发，按其主要的学术专著逐一梳理她的理论建构与文本应用。

众所周知，要学习解构主义方法，就无法绕开处于德里达"逻各斯中心主义"概念核心位置的语言。从约翰逊出版的众多学术专著来看，她的理论建设也恰恰是从研究语言开始的。1979 年，约翰逊出版了第一部研究专著《诗歌语言变异》，此后到 1990 年十年间出版的专著皆与语言相关：其中 1980 年出版的《批评的不同：当代阅读修辞论文集》、1985 年出版的《翻译的不同》(*Difference in Translation*)、1987 年出版的《不同的世界》中对语言学、修辞学的讨论仍占相当分量，1990 年发表重要论文《书写》("Writing")。可见这一阶段约翰逊的研究重点基本集中在语言方面。

对于语言，约翰逊一直坚持解构的观点，认为语言能指和传达的功能非常有限。她援引导师保罗·德曼的观点指出："文学与文学批评是最缜密的，却也是最不可依赖的语言。"[②] 在《对哲学忠诚》("Taking Fidelity Philosophically")一文中，约翰逊叙述了她的翻译观点。她认为绝对意义上的翻译是不可能的，因为任何一种语言都不可能从"能指"(signifier)向"所指"(signified)逆译。一个人越努力地想把某个文本翻译出意义，就越远离该文本的原始涵义。她引用德里达运用"延异"(differance)对语言的解释(语言永远异化于自身)指出，任何翻译的尝试都违背语言本身，翻译过程同时衍生新的冲突。但约翰逊又指出，尽管纯粹的翻译是不可能的，但翻译行为却是必要的，因为正是不断产生的冲突构建了语言。[③]

在《书写》一文中，约翰逊解构了传统中"言说"(speaking)与"书写"(writing)之间的二元对立。她指出，"书写"是 20 世纪法国哲学、政治学、心

---

① <http://www.folsomfuneral.com/? p=776>

② Barbara Johnson, "Rigorous Unreliability." *Yale French Studies* 69. The Lesson of Paul de Man (1985): 77.

③ 参见维基百科芭芭拉·约翰逊词条对语言问题的解释：<http://en.wikipedia.org/wiki/Barbara John-son>。

理分析学等多个领域中极为重要的概念。在回顾了德里达、拉康等人对巴特、索绪尔语言学理论的解构之后,约翰逊指出,阅读不再是揭示文本意义的活动,而是展示文本意义的多重性、矛盾性与不稳定性的过程。她认为文本的多义性也为女性和弱势群体的读者阅读文本提供了有力的战略位置,能够帮助他们实现对作家及主流语言主导地位的反抗,在阅读行为中重塑自我。①

《批评的不同:当代阅读修辞论文集》是一部比较完整反映约翰逊解构主义理论的专著。克里斯托弗·诺里斯(Christopher Norris)在书评中说:"她的解构主义论点为展示文本无法叙说它们的所指或指意它们所说的而设计。……约翰逊的论文虽然主题多样,但都指向一个相似的结论:任何宣称叙说真理的阅读都以不同层次的重复而告终,是叙说与动机的错节。批评文本——包括巴特、拉康、德里达——以揭露意义的扭曲与盲点为目的,阅读方法与其局限在那里相遇。题目里的关键词'不同'在于揭示理论与实践的鸿沟。"②在这部专著的前言里,约翰逊就文集的题目进行了阐述。"critical"意义双重,可以指"批评的",也可以指"最重要的",这个词和"不同(difference)"搭配在一起,能充分说明论题的不确定性。"不可能知道某事物究竟是包含描述性还是表达不同观点,是提供信息还是实施评判,这个事实本身恐怕是最具核心意义的不同了。"③这部论文集讨论的二元对立包括:男性/女性、文学/批评、性别/文本(sexuality/textuality)、散文/诗歌、以言行事/以言叙事(performative/constative)、所指/自指(reference/self-reference)、本源/重复、明确/晦涩、科学/文学、句法/语义、单纯/讽刺、谋杀/误判(murder/error)、罪犯/受害人/法官、文学/心理学/哲学等等。文集题目及其统领章节的编排也恰恰符合约翰逊整个理论体系的轮廓:她的理论以语言学为发端和起点,成为后来的文学理论、心理学理论、女权理论的基础。因此在这部总结约翰逊第一个十年研究的文集里,我们可以看到她扎实的语言学基本功,也能发觉她在此之上已无可避免地要跨学科讨论其他领域的问题。

---

① 参见维基百科芭芭拉·约翰逊词条对该论文的介绍:<http://en.wikipedia.org/wiki/Barbara_Johnson>。

② Christopher Norris, "Review of *The Critical Difference: Essays in the Rhetoric of Contemporary Reading* by Barbara Johnson." *The Modern Language Review* 78. 2 (Apr., 1983): 381.

③ Barbara Johnson, "Opening Remarks," in *The Critical Difference: Essays in the Contemporary Rhetoric of Reading*. Baltimore: The Johns Hopkins University Press, 1980. p. x.

约翰逊认为“不同”是绝对的，而阅读行为恰恰是不断辨识“不同”却又同时必须忽略“绝对不同”的复合过程。“阅读，通过辨识和瓦解‘不同’行进，而这种不同必须通过不能被充分辨识和瓦解的其他不同来获得。”[①] 约翰逊主张对于任何一对二元对立的解构，并不能通过消灭不同来获得，“（解构）是尽力在二元对立的假象中跟随那些微妙的、强有力的、并且已然在起作用的不同”[②]。试图超越二元对立的做法本身就摆脱不了二元的禁锢，因为这使一个人重又陷入了试图摒弃与试图达成的新一轮对立。

约翰逊说，文学评论是一种“重读的艺术”[③]。约翰逊引用罗兰·巴特(Roland Barthes)的消费主义理论指出，阅读如果不涉及重读，就只是重复在读者已知范围内的信息，算不上真正的阅读。一个文本只有与读者的已知范围有重叠才能“可读”。因此当我们首次阅读某个文本时，“我们只能看到之前已经看到的内容”[④]。只有重读才能实现文本的“不同”。巴特在《S/Z》(*S/Z*)里提到，文本的“不同”并非指其区别于其他文本的特点，而是任何单一文本异化于自身的意义，这个不同意义只有通过重读才能实现。

约翰逊对于句法的分析建立在对法国象征主义诗人斯特凡·马拉美(Stephane Mallarme)的诗学分析上。她引证马拉美的批评指出，文本中的意义含混是超越明确意义的形式，是促使读者不满足自己的解读而进行重读的动力。诗人在这个过程中并不是故意书写无法确定意义的诗句，而是把句法无法达到中性、透明的特性展现出来而已。“可替换性 (alternative)是规律 (law)，规律本身就是可替换性，诗句是对以上现象的实施；语言总是阻碍人们找到简单替换这一特点恰恰是实现的必要条件。”[⑤] 句法中呈现的意义不明说明语言并不是完美的意义载体，它仅仅表示语言作为一个结构而起作用。约翰逊认为以马拉美为发端的20世纪现代诗歌揭露了语言传达意义的问题，认知是语言的结果。

在开展学术研究的前十年，正如约翰逊在《总要为什么而艺术》(“Art for Something's Sake”)一文中表现出来的，这个时期的她几乎排外地进行学院理论研究，并且将进行脱离学院外世界的纯粹学术研究树立成一种观点：

---

① Barbara Johnson, “Opening Remarks.” p. x.

② Ibid., p. xi.

③④ Barbara Johnson, “The Critical Difference: BartheS and BalZac,” in *The Critical Difference: Essays in the Contemporary Rhetoric of Reading*. p. 3.

⑤ Barbara Johnson, “Poetry and Syntax: What the Gypsy Knew,” in *The Critical Difference: Essays in the Contemporary Rhetoric of Reading*. p. 69.

"当前，一个几乎为所有批评家共识的观念就是：'为艺术而艺术'会带来现实世界的危机和政治上的退化。……为什么人们对于忘却现实有如此之大的恐惧呢？这是一个天大的幻觉：当忘记现实的时候，人们就会破坏现实。"①约翰逊认为包括德曼在内的批评家的作品既发人深省，又寓教于乐。然而今日的读者却羞于承认自己在阅读中获得了乐趣，一种纯粹因其本身而让人感到愉悦的文学结构。"我最怀念的时期就是当我在耶鲁研究生院上学的时候(1969—1977)，那时感受的正是这种乐趣。……它简直就是令人选择文学研究的首要因素。"②约翰逊把自己的求学经历与为师经历相比较，学生时代的自己"为了研究一个比喻究竟意味着什么而怀着惊奇和兴奋的心情去分析"；"……然而现在我准备一个课程纲要的时候，想尽可能多地塞东西进去，结果学生们感受的文学就是快速阅读'慢读'的必要性"③。"当我回顾自己接受的训练时，我记得那是个允许花一个星期来研究一个句子的时代。世上所有有关责任的说辞和政治的纠纷都不能掩盖那种阅读带给我的愉悦。"④约翰逊反对单一的理论学习，她坚持理论应保持作为文本辅助分析工具的地位："成千上万的读者被阻挡在阅读中发现乐趣与问题——那些理论为之响应的文本——因为他们被期待只学习理论。"⑤

当然约翰逊几乎与世隔绝的为学态度遭到了许多人的抨击："《批评的不同》包含约翰逊对罗兰·巴特、马拉美、麦尔威尔等作家的作品细读，她在这部专著里集中向我们展示了语言中的鸿沟、缝隙是如何打击我们试图建立稳定意义的努力的。……但她的书有一个非常严重的局限：尽管约翰逊涉猎广泛，但她不能面对这些解构式阅读带来的问题。尽管她的分析涉及了理论问题一个很广的范围，但她并未真正分析方法上的许多细节。她没有询问使用解构主义作文本分析的意义何在，也没有直接考虑文本分析是否是利用德里达以及德曼留给我们的资源的最好的途径……她应该尝试追溯使用理论带来的'结果'。"⑥还有人批评她的作品"持久以来与'真实'世界脱节，因此毫无用处"⑦。对此约翰逊的回答是，有关"真实"世界的概念本身就是一个幻觉，是蔓延在文化中的一元理念的另一个版本。⑧尽管她自己后

---

①②③④⑤ Barbara Johnson, "Art for Something's Sake." *Journal of Aesthetic Education*. 36. 3 (Autumn. 2002): 28.

⑥ William E. Cain, "Review of *The Critical Difference: Essays in the Contemporary Rhetoric of Reading* by Barbara Johnson." *Comparative Literature*. 34. 4 (Autumn, 1982): 369—371.

⑦ ⑧ Clare Hanson, "Reviews of *Mother Tongues: Sexuality, Trials, Motherhood, Translation* by Barbara Johnson." *MLR* 101. 2, (2006): 530.

来的专著也似乎很努力地向现实世界靠拢，但有批评家认为她没能很好地转型。

1987年出版的《不同的世界》便展现了约翰逊理论向现实靠近的努力。约翰逊在该书的前言里讲到："（这本书里所有的文章）都试图在某种程度上，将以前《批评的不同》里对于'不同'的分析研究挪出语言学或解构语言的范畴，放至'不同'非常热议的'真实世界'。"[①]然而约翰逊又说，所谓的与学院理论研究相对的"真实世界"是加了引号的，学院并不应成为分割学识与真实的机构，学术研究脱离客观世界的想法首先应被解构。在这部专著里，我们也可以看到约翰逊对解构思维的反思。在不遗余力阐释解构主义论证逻辑近十年以后，约翰逊也先锐地看到了解构主义的衰落。"对于任何一种极端的革新思想来说，一旦成为'主义'，其破冰之力也瞬间消解，其历史恶名也逐步增加，其追随者变得愈来愈简单、陈旧，乃至保守，那也就是它的力量变为纯学术性而无分析价值的时候了。"[②]

约翰逊的女权主义思想在这部论著中有比较集中的体现。全书的研究范围既包含古典作家莫里哀、雪莱、波德莱尔等，又包含20世纪的先锋女诗人奥德丽·洛德（Audre Lorde）、艾德里安娜·里奇（Adrienne Rich），以及黑人女作家佐拉·尼尔·赫斯顿（Zora Neale Hurston）等。约翰逊在这本书里重组政治学、心理学、教学实践等几个"现实"领域的结构和女性问题。正像在前言里提到的，她试图不再局限于修辞学和诗歌语言的范围，而转向探讨日常生活中的母亲和女性身份。通过引用女性心理学家卡罗尔·吉利根（Carol Gilligan）的理论以及马拉美的诗歌，约翰逊用解构的方法分析沉默的女性声音。她指出，当男性创造了文学，他们就撺掇了母性的功能，于是女性的沉默便更为有效地强化了。[③]

约翰逊对拉康等人对个体自我意识形成过程与母体的关系做了女权方向的延伸，她认为时下心理学对前俄狄浦斯时期的理论结构应作如下调整："1. 通过性别的角度研究人类心理及发展也许能使'成熟'这一概念得以重建——包含许多关系组成的光谱而不是理想化的某种单一状态。至少例如生育能力应成为两性成熟的多种表现形式之一（而不是唯一）。对于未完全

① Barbara Johnson, "Introduction," in *A World of Difference*. Baltimore and London: The Johns Hopkins University Press, 1987. p. 2.

② Barbara Johnson, "Nothing Fails Like Success," in *A World of Difference*. p. 11.

③ Susan Rava, "Review of *A World of Difference* by Barbara Johnson." *French Review* 62. 4 (Mar., 1989): 676.

与母体分割的个体应抱有容忍的态度,应将之视为另一种形式的成熟,与坚持完全独立的那种成熟不同的一种成熟。2.母亲或担任哺育角色的任何性别的功能应不再局限于从孩子尤其是男孩的视角来界定。那个一直渴望长大的'儿童理论家'(child-theorist)幻想一种自由的、完全自我的自给自足是任性的妄想,事实上只有通过死亡才能获得。3.母亲的形象应作为一种话语的主题被讨论,而不是被看做生命之源、欲望与愤怒的承受对象。"①

约翰逊对学术领域的性别构成进行了同样的思辨和批判。在《性别理论与耶鲁学派》一文中,她列举自己在德曼去世后不久被要求接替德曼,主持"性别理论与耶鲁学派"研讨会一事。尽管约翰逊对恩师的离世极为痛心,但一向一丝不苟对待学术的她面对现实中的性别歧视仍然选择了寸步不让——她对组委会要求她叙述德曼而不是自己的学术观点非常不满:"……(那)似乎看起来像德曼的附属品的邀请……让我却步。因为它太过明确地陷入因耶鲁学派以及类似"学派"的形成而充分建立起来的抹杀女性的现象了。就像大多数这种类型的学派一样,耶鲁学派一向都是男性学派"。② 敢于这么直率地评价学术理论界的权威,约翰逊的犀利和锋芒令人赞叹。

约翰逊的女权主义理论也是与教学法联系在一起的。她说德曼的教学法理论把个体的教学体验上升至普遍经验,以男性视野代言包括女性在内的所有教职工作者,因而是有违女性主义的。"德曼通过把个人范畴的体验变成普遍的修辞学范畴,使得他能够抹杀掉性别差异。"③"不止女性的个人体验易于被排除在知识话语之外,对于个人体验本身的界定也被视为女性的,并因此而遭到贬低。"④约翰逊进而越出教学法范围指出,"经验"是一把双刃剑,"一方面它使女性经验向来被忽视的问题得以彰显;另一方面,一旦有人认为自己通晓了女性经验,他/她便陷入重建这种贬低的危险"⑤。她认为解构主义方法容易过分强调"自我抵制"⑥的重要性。女性主义者应当避免因意图躲避个人经验而重归抽象,同时应充分认识到她们易于陷入两难境地,应该接受解构主义方法既带来生机又带来问题的矛盾,把握好个人经

① Barbar Johnson, "Mallarme as Mother," in *A World of Difference*. pp. 142—143.

② Barbara Johnson, "Gender Theory and the Yale School," in *A World of Difference*. p. 32.

③ Barbara. Johnson, "Deconstruction, Feminism and Pedagogy," in *A World of Difference*. p. 45.

④ Ibid., p. 44.

⑤ Ibid., p. 46.

⑥ Self-resistance.

验教学法的尺度。

当然,约翰逊对于教学法的批评并不局限于女性主义视角。她从教导者与被教导者的传统地位出发进行解构,认为绝大多数教师都没有把教授无知当作一项重要的教学任务。她指出这几乎是看起来不可能的任务,因为又有哪位老师教学的时候会认为自己对知识的认识也不尽全面,也是一种无知呢?她认为教师应教会学生辩证地听讲,敢于批判地接受现有世界赋予的“知识”。“只要教学系统里有超过一种的权威存在,教师要想保持主动、客观,以及在其批评对象的外围就不可能了。”①约翰逊对包括自己在内的教师诘问道:“难道我们教学提问的方式不是在教会学生不去问——或者无意识于问——另一些问题吗?难道现存的教育制度不是为了提倡知识吗?其功能难道不是在宣传一个社会心照不宣地决定哪些应该被知道,而哪些不应该吗?”②约翰逊援引莫里哀与苏格拉底的教学法理论指出,教育的问题在于怎样控制知识,而不在于怎样传递知识。这使得目前的教育既有好也有坏的方面。“从负面来看,无知的原因是专制,无论下意识还是无意识的;然而这种负面的无知或许又是任何一种教育体制必要的副产品——甚至是前提。知识本身会成为求知的障碍,然而尝试填补两者之间的空白又是我们每个教师不能完成又不可违背的职责。”③

尽管《不同的世界》较之以前有明显的现实议题的讨论,但它再次遭到脱离现实的批判。例如陶丽·莫伊(Toril Moi)就在书评中指出:“前言里约翰逊确实强调了把解构主义视野由学术转入社会、种族、性别权力等更具体领域的观点,这是‘向政治的新的转向’。但约翰逊没能很好地完成实际评论与理论一政治相结合的目标,这是这部书最令人失望的地方。”④她还认为约翰逊的女性主义研究手法有不当之处:“她的‘理论折中主义’有时令我困惑。约翰逊善于引用艾德里安娜·里奇、奥德丽·洛德、卡罗尔·吉利根、南希·弗莱迪(Nancy Friday)、多罗西·丁内斯坦(Dorothy Dinnerstein)、玛格丽·特马勒(Margaret Mahler)等美国女性主义者的观点,但她并未忘记将这些人的理论与政治观点同她的另一些导师相较——雅克·德里达、雅克·拉康、保罗·德曼,以观察他们的观点是否相符合。”⑤也许是以上批

① Barbara Johnson, “Teaching Ignorance,” in *A World of Difference*. p.70.

② Ibid., pp.76—77.

③ Ibid., p.85.

④⑤ Toril Moi, “Review of *A World of Difference* by Barbara Johnson.” *SubStance* 18.2 (1989): 121.

评观点的持续发生,使约翰逊在90年代以后的研究方法有了较为明显的转变,她试图挖掘解构主义方法对现实世界的指导意义。1998年出版的《女性的不同》是约翰逊又一部代表性的学术专著。“这部作品不仅包含了女性主义构想的统一,还包含了它的晦涩、矛盾,以及女性主义自身进行反思和进步的能力。在这个自我修正的过程中,女性主义不仅发现了它与主流男权社会的不同,还不断发现它与自身的不同——这种女性主义思想内部的多样化与自我矛盾促成了共识、进步、问题。约翰逊的任务就是去揭露‘不同的有用之处’,展示这种‘自我分歧’并不妨碍反而为进步提供机会的事实。对她而言,自我确立与明确是极大的罪恶,是对一个男权结构的屈服;因为后者为女性设立非常具体明确的条框,并使这些对立看起来既自然又必要:家庭主妇/妓女,足球妈妈①/瘾症病人。”②

这部书中还出现了关于种族和少数族裔的评论。约翰逊认为不同的文学体裁反映了不同的种族地位,“其中一些体裁优越于另一些。有关体裁的意识形态是对等级制度的有力强化”③。她指出,美国文学中的黑人并不需要建立文学文化来取得社会的认同,恰恰相反,是黑人艺术成就了美国文化。④

约翰逊的女权主义理论还以影评的形式出现在这部专著里。在《沉默崇拜》一文中,她详细剖析了电影《钢琴课》(“The Piano”)中哑女以钢琴声为声述说独立自我的过程。她认为如果女性在男权社会中没有话语,那么沉默就是她们特有的声音。她戏仿弗洛伊德的“阳物崇拜”(Phallus Envy)创造

① “足球妈妈”(soccer mom)一词在1996年美国总统大选时风行一时,一般指中产阶级妇女花大把大把的时间为孩子准备参加体育活动(比如足球),配备鞋袜毛巾饮料等运动装备;当然还要开车去球场,在旁边观看比赛为孩子加油鼓气。“足球妈妈”较常用于美国,而衍生出来的“冰球妈妈”(hockey mom)在加拿大较为多用,据说她们在辛苦程度上超过前者。“足球妈妈”的引申含义指家住郊区、已婚,并且家中有学龄儿童的中产阶级女性。媒体有时候会把这类女性描述为忙碌或不堪重负,并且时常开一辆小型货车。“足球妈妈”给人的印象是把家庭的利益,尤其是孩子的利益看得比自己的利益更重要。

② Jason Baskin, “Review of *The Feminist Difference*: *Literature*, *Psychoanalysis*, *Race and Gender* by Barbara Johnson.” *Harvard Review* 19 (Fall, 2000): 5.

③ Barbara Johnson, “The Alchemy of Style and Law,” in *The Feminist Difference*: *Literature*, *Psychoanalysis*, *Race and Gender*. Cambridge: Harvard University Press, 1998. p. 166.

④ Barbara Johnson, “Euphemism, Understatement, and the Passive Voice: A Genealogy of African-American Poetry,” in *The Feminist Difference*: *Literature*, *Psychoanalysis*, *Race and Gender*. p. 93.

了"沉默崇拜"(Muteness Envy),[①]证明沉默不代表没有,而是一种自主积极的、并且能在反抗男权的斗争中最终取得胜利的强有力的话语。

评论界对这部论著的反应比前两部偏好。"约翰逊以前的批评作品似乎局限于文学批评的一个特定的狭窄范围,重点关注文学中分离出来的语言和修辞,远离社会政治领域。而《女性的不同》则表明阅读修辞学并不一定会导致学术与现实的分离。约翰逊通过文学作品展现出来的冲突和含混也同样出现在现实中的法律、政治和大众文化领域。约翰逊并不把这些语言断裂和不确定性看作我们面对世界和自己时理解力的弱点,反而认为那恰恰是我们最富创造性的时刻,是各种多样化产生的源泉。"[②]

2003 年出版的《母语:性、考验、母性、翻译》是承《女性的不同》之后又一部集中讨论女性问题的论著。比上述几部在文本、种族、教学法范围内讨论女性话题有所拓展的是,约翰逊在这本书里重点关注女权主义理论与心理学的紧密联系。在著名的奥蕾莉亚·普拉斯(Aurelia Plath)案例[③]中,约翰逊批判人们对于"母性完整"(maternal wholeness)的幻想。她在以往分析的基础上另辟蹊径,从母亲对冲突关系的反应出发,指出人们对于母亲的完美幻想把她的生命隔离在外。"完美"母亲的形象在早期是通过完全按照孩子的需要来调整自己建立的。当孩子逐渐长大时,她不得不同意退出母亲的角色,并助长分离,从而为新生的主体创造"与依赖无关、与母亲无关"的形象。[④] 约翰逊认为普拉斯母女的案例表明,在一个为母亲建立了完美形象的世界里,母亲感受到的暴力和痛苦表明母子之间的虐待是"异常真实的"。[⑤]也有批评家认为约翰逊的分析角度反映了她看待母女问题的温情。"约翰逊写西尔维娅没能告诉母亲自己'恨'她,以及母亲感到的'无法言语的伤害';她还描写了母亲为这段'功能损坏'的关系勇敢地担负起责任。"[⑥]

---

① Barbara Johnson, "Muteness Envy," in *The Feminist Difference: Literature, Psychoanalysis, Race and Gender*. p. 132.

② Jason Baskin, "Review of *The Feminist Difference: Literature, Psychoanalysis, Race and Gender* by Barbara Johnson." *Harvard Review*, 19 (Fall, 2000): 174—175.

③ 奥蕾莉亚·普拉斯(Aurelia Plath):美国著名女诗人西尔维娅·普拉斯(Sylvia Plath)的母亲。奥蕾莉亚母女之间奇特的关系为文学和学术界瞩目:一方面二者关系十分亲密,另一方面西尔维娅又公开宣称她憎恨自己的母亲。西尔维娅在自传体小说《钟形罩》(*The Bell Jar*)当中描画了自己与母亲的关系。1975 年,母亲将女儿 1950—1963 年的来信整理出版。奥蕾莉亚母女间的关系历来为众心理学者、文学批评家感兴趣,例如克里斯蒂娃就曾对此进行过分析。

④ Clare Hanson, "Reviews of *Mother Tongues: Sexuality, Trials, Motherhood, Translation* By Barbara Johnson." *MLR* 101.2 (2006): 530—531.

⑤⑥ Ibid., p. 531.

综观约翰逊一生的理论研究,保罗·德曼及耶鲁学派对她的影响深远。她的专著《不同的世界》即献给导师,并在前言里坦言:"保罗·德曼无论对我的学术还是个人都极为重要。"① 约翰逊在此基础上对学院派解构主义理论又做了多方面多领域的拓展。阅读约翰逊的文章可以发觉,她书写理论时非常善解人意,尽量用简单的词汇叙述抽象而复杂的逻辑,并不像有些理论家的文风那么晦涩难解。她的论述中"换句话说"这样反复解释的语句很多,直到把一个有可能引起歧义的概念完全讲通顺为止。我想,约翰逊这种睿智且朴素的文风大概也正是她本人的真实写照吧。

主要作品(按出版年代排序)

The Critical Difference: Essays in the Contemporary Rhetoric of Reading. Baltimore : The Johns Hopkins University Press, 1980. p. x.

"Opening Remarks," in *The Critical Difference: Essays in the Contemporary Rhetoric of Reading*. Baltimore: The Johns Hopkins University Press, 1980. ix—xii.

"Poetry and Syntax: What the Gypsy Knew," in *The Critical Difference: Essays in the Contemporary Rhetoric of Reading*. 67—75.

"The Critical Difference: BartheS and BalZac," in *The Critical Difference: Essays in the Contemporary Rhetoric of Reading*. 3—12.

A World of Difference. Baltimore and London: The Johns Hopkins University Press, 1987.

"Mallarme as Mother,"in *A World of Difference*. 137—143.

"Nothing Fails Like Success," in *A World of Difference*. 11—16.

"Preface to the Paperback Edition," in *A World of Difference*. 1—7.

"Deconstruction, Feminism and Pedagogy," in *A World of Difference*. 42—46.

"Teaching Ignorance," in *A World of Difference*. 68—85.

"Gender Theory and the Yale School," in *A World of Difference*. 32 — 41. "Rigorous Unreliability." *Yale French Studies* 69. The Lesson of Paul de Man (1985): 73—80.

The Feminist Difference: Literature, Psychoanalysis, Race and Gender. Cambridge: Harvard University Press, 1998.

"The Alchemy of Style and Law," in *The Feminist Difference: Literature, Psychoanalysis, Race and Gender*. 165—182.

"Euphemism, Understatement, and the Passive Voice: A Genealogy of African-American Poetry," in *The Feminist Difference: Literature, Psychoanalysis, Race and Gender*. 91—100.

"Muteness Envy," in *The Feminist Difference: Literature, Psychoanalysis, Race and Gender*. 129—153.

---

① Barbara Johnson, "Preface to the Paperback Edition," in *A World of Difference*. p. xi.

参考文献

Baskin, Jason. "Review of *The Feminist Difference: Literature, Psychoanalysis, Race and Gender* by Barbara Johnson." *Harvard Review* 19 (Fall, 2000): 174—176.

Cain, William E. "Review of *The Critical Difference: Essays in the Contemporary Rhetoric of Reading* by Barbara Johnson."*Comparative Literature* 34.4 (Autumn, 1982): 369—371.

Culler, Jonathan. "The Genius of Barbara Johnson," *Diacritics* 34.1 (Spring, 2004): 74—76.

Edelman, Lee. "Unknown Barbara." *Diacritics* 34.1 (Spring, 2004): 88—93.

Hanson, Clare. "Reviews of *Mother Tongues: Sexuality, Trials, Motherhood, Translation* By Barbara Johnson." *MLR* 101.2 (2006): 530—531.

Hix, H. L. "Review of *The Wake of Deconstruction* by Barbara Johnson." *Harvard Review* 8 (Spring, 1995):190—191.

Moi, Toril. "Review of *A World of Difference* by Barbara Johnson." *SubStance* 18.2 (1989): 120—122.

Norris, Christopher. "Review of *The Critical Difference: Essays in the Rhetoric of Contemporary Reading* by Barbara Johnson." *The Modern Language Review* 78. 2 (Apr. ,1983): 381—383.

Rava, Susan. "Review of *A World of Difference* by Barbara Johnson." *French Review* 62. 4 (Mar. , 1989): 676—678.

Spillers, Hortense J. "A Tale of Three Zoras: Barbara Johnson and Black Women Writers." *Diacritics* 34.1 (Spring, 2004): 94—97.

http://en.wikipedia.org/wiki/Barbara_Johnson

http://www.folsomfuneral.com/? p=776.

附录：

女权主义文学批评与理论参考书目

Abel, Elizabeth, ed. *Writing and Sexual Difference*. Chicago: University of Chicago Press, 1982.

Abel, Elizabeth, Marianne Hirsch, and Elizabeth Langland, eds. *The Voyage In: Fictions of Female Development*. Hanover: University Press of New England, 1983.

Agosin, Margorie, ed. *A Dream of Light and Shadow: Portraits of Latin American Women Writers*. Albuquerque: University of New Mexico Press, 1995.

Albers, Patricia and Beatrice Medicine, eds. *The Hidden Half: Studies of Plains Indian Women*. Lanham, Md.: University Press of America, 1983.

Alexander, Simone A. James. *Mother Imagery in the Novels of Afro-Caribbean Women*. Columbia: University of Missouri Press, 2001.

Allen, Paula Gunn. *Off the Reservaion: Reflections on Boundary-Busting, Border-Crossing, Loose Canons*. Boston: Beacon Press, 1998.

——. *The Sacred Hoop: Recovering the Feminine in American Indian Tradition*. Boston: Beacon, 1986.

——. *Studies in American Indian Literature*. New York: MLA, 1983.

Altieri, Charles. *Self and Sensibility in Contemporary American Poetry*. Cambridge: Cambridge University Press, 1984.

Ammons, Elizabeth. *Conflicting Stories: American Women Writers at the Turn into the 20th Century*. New York: Oxford University Press, 1991.

Anderson, Linda, ed. *Plotting Change: Contemporary Women's Fiction*. London: Edward Arnold, 1990.

Anderws, William L., Frances Smith Foster, and Trudier Harris, eds. *The Oxford Companion to African American Literature*. New York: Oxford University Press, 1997.

Anim-Addo, Joan, ed. *Framing the Word: Gender and Genre in Caribbean Women's Writing*. Concord: Paule, 1996.

Anzaldua, Gloria, ed. *Borderlands*/La Frontera: *The New Mestiza*. San Francisco: Aunt Lute, 1987.

—— ed. *Making Face, Making Soul/Haciendo Carasl: Creative and Critical Perspectives by Feminists of Color*. San Francisco: Aunt Lute Books, 1990.

——. and AnaLouise Keating. eds *this bridge we call home: radical visions for transformation*. New York: Routledge, 2002.

Armstrong, Isobel, ed. *New Feminist Discourses: Essays in Literature, Criticism, and Theory*. New York: Routledge, 1992.

Arredondo, Gabriela F., Aida Hurtado, Norma Klahn, Olga Najera-Ramirez, and Patricia Zavella, eds. *Chicana Feminisms: A Critical Reader*. Durham: Duke University Press, 2003.

Auchincloss, Louis. *Pioneers and Caretakers: A Study of Nine American Women Novelists*. Minneapolis: University of Minnesota Press, 1965.

Awkward, Michael. *Inspiriting Influences: Tradition, Revision, and Afro-American Women's Novels*. New York: Columbia University Press, 1989.

Baechler, Lea and A. Walton Litz. *African American Writers*. New York: Charles Scribner's Sons, 1991.

Baker, Houston A. Jr., *Workings of the Spirit: The Poetics of Afro-American Women's Writing*. Chicago and London: The University of Chicago Press, 1991.

Banta, Martha. *Imaging American Women: Ideas and Ideals in Cultural History*. New York: Columbia University Press, 1987.

Barr, Marleen S. *Alien to Femininity: Speculative Fiction and Feminist Theory*. New York: Greenwood Press, 1987.

——. *Feminist Fabulation: Space/Postmodern Fiction*. Iowa City: University of Iowa Press, 1992.

——, ed. *Future Females, The Next Generation: New Voices and Velocities in Feminist Science Fiction Criticism*. Lanham: Rowman & Littlefield, 2000.

Barr, Marleen and Nicholas D. Smith, eds. *Women and Utopia: Critical Interpretations*. Lanham: University Press of America, 1983.

Barrett, Michele. *Women's Oppression Today: The Marxist / Feminist Encounter*. London and New York: Verso, 1988.

Barnes, Elizabeth. *States of Sympathy: Seduction and Democracy in the American Novel*. New York: Columbia University Press, 1997.

Bataille, Gretchen M., and Kathleen Mullen Sands. *American Indian Women, Telling Their Lives*. Lincoln: University of Nebraska Press, 1984.

Baym, Nina. *Feminism and American Literary History: Essays*. New Brunswick, N.J.: Rutgers University Press, 1992.

——. "Melodramas of Beset Manhood: How Theories of American Fiction Exclude Women Authors." *American Quarterly* 33.2 (Summer 1981): 123—139.

——. *Woman's Fiction: A Guide to Novels by and about Women in America, 1820—1870*. Ithca, NY.: Cornell University Press, 1978.

Beauvoir, Simone de. *The Second Sex*, 1949. Trans. H. M. Parshley. New York: Vintage, 1974.

Bell, Bernard W. *The Afro-American Novel and Its Tradition*. Amherst: The University of Massachusetts Press, 1987.

Bell, Roseeanne P., Bettye J. Parker, and Beverly Guy-Sheftall, eds. *Sturdy Black Bridges: Images of Black Women in Literature*. Garden City, N.Y.: Anchor Press, 1979.

Belsey, Catherine and Jane Moore, eds. *The Feminist Reader: Essays in Gender and the Politics of Literary Criticism*. London: Macmillan, 1989.

Belsey, Catherine and Jane Moore, eds. *The Feminist Reader: Essays in Gender and the Politics of Literary Criticism*, 2nd ed. London: Palgrave, 1997.

Benstock, Shari, ed. *Feminist Issues in Literary Scholarship*. Bloomington: Indiana University Press, 1987.

——, ed. *The Private Self: Theory and Practice of Women's Autobiographical Writings*. Chapel Hill: University of North Carolina Press, 1988.

Benstock, Shari, Suzanne Ferriss, and Susanne Woods, eds. *A Handbook of Literary Feminisms*. New York: Oxford University Press, 2002.

Bercovitch, Sacvan. *Reconstructing American Literary History*. Cambridge: Harvard University Press, 1986.

Berlant, Lauren. *The Female Complaint: The Unfinished Business of Sentimentality in American Culture*. Durham and London: Duke University Press, 2008.

Biehl, Janet. *Finding Our Way: Rethinking Ecofeminist Politics*. New York: Black Rose Books, 1991.

Bigwood, Carol. *Earth Muse: Feminist, Nature, Art*. Philadelphia: Temple University Press, 1993.

Birch, Eva Lennox. *Black American Women's Writing: A Quilt of Many Colours*. London: Harvester Wheatsheaf, 1994.

Blain, Virginia, et al., eds. *The Feminist Companion to Literature in English*. New Haven: Yale University Press, 1990.

Bloom, Harold, ed. *Caribbean Women Writers*. Philadelphia: Chelsea House Publishers, 1997.

Bobo, Jacqueline, ed. *Black Feminist Cultural Criticism*. Malden, MA: Blackwell, 2001.

Bone, Robert A. *Down Home: A History of Afro-American Short Fiction from Its Beginnings to the End of the Harlem Renaissance*. New York: Capricorn Books, 1975.

Bower, Anne L. *Epistolary Responses: The Letter in Twentieth-Century American Fiction and Criticism*. Tuscaloosa: University of Alabama Press, 1997.

Bradbury, Malcolm. *The Modern American Novel*. Oxford: Oxford University Press, 1983.

Brady, Mary Pat. *Extinct Lands, Temporal Geographies: Chicana Literature and the Urgency of Space*. Durham, NC: Duke University Press, 2002.

Braidotti, Rosi. "Cyberfeminism with a Difference." *New Formations* 29 (1996): 9—25.

Braxton, Joanne M. *Black Women Writing Autobiography: A Tradition within a Tradition*. Philadelphia: Temple University Press, 1989.

Braxton, Joanne M. and Andree Nicola McLaughlin, eds. *Wild Women in the Whirlwind: Afra-American Culture and the Contemporary Literary Renaissance*. New Brunswick: Rutgers University Press, 1990.

Bredahl, A. Carl, Jr. *New Ground: Western American Narrative and the Literary Canon*. Chapel Hill: University of North Carolina Press, 1989.

Brodzki, Bella and Celeste Schenk. *Life/Lines: Theorizing Women's Autobiography*. Ithaca: Cornell University Press, 1988.

Broe, Mary Lynn and Angela Ingram. *Women's Writing in Exile*. Chapel Hill: University of

North Carolina Press, 1989.

Brown, Julia, ed. *Ethnicity and the American Short Story*. New York: Garland, 1997.

Bulter Evans, Elliot. *Race, Gender, and Desire: Narrative Strategies in the Fiction of Toni Cade Bambara, Toni Morrison, and Alice Walker*. Philadelphia: Temple University Press, 1989.

Butler, Judith. *Gender Trouble: Feminism and the Subversion of Identity*. New York: Routledge, 1990.

——, and Joan Scott, eds. *Feminists Theorize the Political*. New York and London: Routledge, 1992.

Caldecott, Leonie and Stephanie Leland, eds. *Reclaim the Earth: Women Speak Out for Life on Earth*. London: The Women's Press, 1983.

Calderon, Hector and Jose David Saldivar, eds. *Criticism in the Borderlands: Studies in Chicano Literature, Culture, and Ideology*. Durham, NC: Duke University Press, 1991.

Caramello, Charles. *Silverless Mirrors: Book, Self & Postmodern American Fiction*. Tallahassee: University Presses of Florida, 1983.

Carby, Hazel V. *Reconstructing Womanhood: The Emergence of the Afro-American Woman Novelist*. New York: Oxford University Press, 1987.

Castillo, Debra A. *Talking Back: Toward a Latin American Feminist Literary Criticism*. Ithaca: Cornell University Press, 1990.

Castillo, Susan and Victor M. P. Da Rosa, eds. *Native American Women in Literature and Culture*. Porto, Portugal: Fernando Pessoa University Press, 1997.

Chafe, William H. *The Paradox of Change: American Women in the Twentieth Century*. New York: Oxford University Press, 1991.

Chancy, Myriam J. A. *Searching for Safe Spaces: Afro-Caribbean Women Writers in Exile*. Philadelphia: Temple University Press, 1997.

Chase, Richard. *The American Novel and Its Tradition*. New York: Doubleday, 1957.

Cherniavsky, Eva. *That Pale Mother Rising: Sentimental Discourses and the Imitation of Motherhood in Nineteenth-Century America*. Bloomington: Indiana University Press, 1995.

Chodorow, Nancy. *The Reproduction of Mothering: Psychoanalysis and the Sociology of Gender*. Berkeley: University of California Press, 1978.

Christian, Barbara. *Black Feminist Criticism: Perspectives on Black Women Writers*. New York: Pergamon Press, 1985.

——. *Black Women Novelists: The Development of a Tradition, 1892—1976*. Westport, CT: Greenwood Press, 1980.

——. "The Race for Theory." *Cultural Critique* 6 (1987): 51—63.

Cixous, Helene. "The Laugh of the Medusa." *Signs* 1.4 (1976): 875—893.

Clark, Suzanne. *Sentimental Modernism: Women Writers and the Revolution of the World*. Bloomington: Indiana University Press, 1991.

Clarke, Graham, ed. *The New American Writing: Essays on American Literature Since* 1970. New York: St Martin's, 1990.

Clayton, Jay. *The Pleasures of Babel: Contemporary American Literature and Theory*. Oxford:

Oxford University Press, 1993.

Collins, Patricia Hill. *Black Feminist Thought*. London: Unwin Hyman, 1990.

Comer, Krista. *Landscapes of the New West: Gender and Geography in Contemporary Women's Writing*. Chapel Hill, NC: University of North Carolina Press, 1999.

Conley, Verena Andermatt. *Helene Cixous: Writing the Feminine*. London: University of Nebraska Press, 1984.

Cook, Blanche Wiesen. "'Women Alone Stir My Imagination': Lesbianism and the Cultural Tradition." *Signs* 4.4 (Summer 1979): 718—739.

Cornillon, S. Kopplman. *Images of Women in Fiction: Feminist Perspectives*. Bowling Green: Bowling Green University Press, 1972.

Cott, Nancy F. *The Grounding of Modern Feminism*. New Haven: Yale University Press, 1987.

Cowley, Malcolm. *Exile's Return: A Literary Odyssey of the 1920s*. New York: Viking Press, 1951.

Cudjoe, Selwyn R., ed. *Caribbean Women Writers: Essays from the First International Conference*. Wellesley, Mass.: Calaloux Publications, 1990.

Culler, Jonathan. *On Deconstruction: Theory and Criticism after Structuralism*. Ithaca: Cornell University Press, 1982.

Culley, Margo, ed. *American Women's Autobiography: Fea(s)ts of Memory*. Madison: University of Wisconsin Press, 1992.

Cunninghan, Lucia Guerra, ed. *Splintering Darkness: Latin American Women Writers in Search of Themselves*. Pittsburgh: Latin American Literary Review Press, 1990.

Currie, Mark. *Metafiction*. London: Longman, 1995.

Daly, Mary. *Gyn/Ecology: The Metaethics of Radical Feminism*. 2nd ed. London: The Women's Press, 1991.

Davidson, Cathy N. *Revolution and the Word: The Rise of the Novel in America*. New York: Oxford University Press, 1986.

Davidson, Cathy N. and E. M. Broner, eds. *The Lost Tradition: Mothers and Daughters in Literature*. New York: Frederick Ungar, 1980.

Davidson, Cathy N. and Jessamyn Hatcher. *No More Separate Spheres*! Durham: Duke University Press, 2002.

Davies, Carole Boyce and Elaine Savory Fido, eds. *Out of the Kumbla: Caribbean Women and Literature*. Trenton, NJ: Africa World Press, 1990.

Davis, Angela Y. *Women, Race and Class*. New York: Random House, 1981.

Davis, Hora. *Moving in Mountain: The Women's Movement in the America Since* 1960. New York: Simon & Schuster, 1991.

Dearborn, Mary V. *Pocahontas's Daughters: Gender and Ethnicity in American Culture*. New York: Oxford University Press, 1986.

Diamond, Irene and Gloria Feman Orenstein. *Reweaving the World: The Emergence of Ecofeminism*. San Francisco: Sierra Club Books, 1989.

Dickstein, Morris. *Gates of Eden: American Culture in the Sixties*. Cambridge: Harvard University

Press, 1997.

Donaldson, Laura E. *Decolonizing Feminism: Race, Gender, and Empire-Building*. Chapel Hill: University of North Carolina Press, 1992.

Donawerth, Jane. *Frankenstein's Daughters: Women Writing Science Fiction*. New York: Syracuse University Press, 1997.

Donovan, Josephine. *Feminist Theory: The Intellectual Traditions of American Feminism*. New York: Ungar, 1985.

——. *New England Local Color Literature: A Women's Tradition*. New York: Frederick Ungar, 1982.

——. *Women and the Rise of the Novel, 1405—1726*. New York: St. Martin's Press, 1999.

Donovan, Josephine and Carol J. Adams, eds. *Animals and Women: Feminist Theoretical Explorations*. Durham: Duke University Press, 1995.

——. *Beyond Animal Rights: A Feminist Caring Ethic for the Treatment of Animals*. New York: Continuum, 1996.

——. *The Feminist Care Tradition in Animal Ethics: A Reader*. New York: Columbia University Press, 2007.

Donovan, Kathleen M. *Feminist Reading of Native American Literature: Coming to Voice*. Tucson: University of Arizona Press, 1998.

Douglas, Ann. *The Feminization of American Culture*. New York: Alfred A. Knopf, 1977.

duCille, Ann. *The Coupline Convention: Sex, Text, and Tradition in Black Women's Fiction*. New York: Oxford University Press, 1993.

Duplessis, Rachel Blau. *Writing beyond the Ending: Narrative Strategies of Twentieth-Century Women Writers*. Bloomington: Indiana University Press, 1985.

Eagleton, Mary, ed. *Feminist Literary Criticism*. London: Longman, 1991.

——, ed. *Feminist Literary Theory: A Reader*. 2nd ed. Oxford: Blackwell, 1996.

——. *Figuring the Woman Author in Contemporary Fiction*. London: Palgrave, 2005.

——. "Who's Who and Where's Where: Constructing Feminist Literary Studies." *Feminist Review* 53 (Summer, 1996): 1—23.

——. *Working With Feminist Criticism*. Oxford: Blackwell, 1996.

Eisenstein, Hester. *Contemporary Feminist Thought*. Boston: G. K. Hall, 1983.

Eisenstein, Hester and Alice Jardine, eds. *The Future of Difference: The Scholar and the Feminist*. Boston: G. K. Hall, 1980.

Eisinger, Chester E. *Fiction of the Forties*. Chicago: University of Chicago Press, 1963.

Elliot, Emory. *The Columbia Literary History of the United States*. New York: Columbia University Press, 1988.

——. *The Columbia History of the American Novel*. New York: Columbia University Press, 1991.

Ellmann, M. *Thinking About Women*. New York: Harcourt, Brace and World, 1968.

Erro-Peralta, Nora and Caridad Silva Nunez, eds. *Beyond the Border: A New Age in Latin American Women's Fiction*. Pittsburgh: Cleis Press, 1991.

Etter-Lewis, Gwendolyn and Michele Foster, eds. *Unrelated Kin: Race and Gender in Women's*

Personal Narratives. New York: Routledge, 1996.

Evans, Mari, ed. *Black Women Writers (1950—1980): A Critical Evaluation*. New York: Anchor Press/Doubleday, 1984.

Evans, Sara M. *Born for Liberty: A History of Women in America*. New York: Free Press, 1997.

Eysturoy, Annie. *Daughters of Self-Creation: The Contemporary Chicana Novel*. Albuquerque: University of New Mexico Press, 1996.

Fabi, M. Gulia. *Passing and the Rise of the African American Novel*. Urbana: University of Illinois Press, 2001.

Fairbanks, Carol. *Prairie Women: Images in American and Canadian Fiction*. New Haven: Yale University Press, 1986.

Faludi, Susan. *Backlash: The Undeclared War against American Women*. New York: Crown Publishers, 1991.

Fedefico, Annette R. ed. *Gilbert & Gubar's* The Madwoman in the Attic *After Thirty Years*. Columbia and London: University of Missouri Press, 2009.

Felski, Rita. *Beyond Feminist Aesthetics: Feminist Literature and Social Change*. Cambridge: Harvard University Press, 1990.

——. *Literature after Feminism*. Chicago: University of Chicago Press, 2003.

Ferguson, Mary Anne, ed. *Images of Women in Literature*. 4th ed. Boston: Houghton Mifflin, 1986.

Ferriss, Suzanne and Mallory Young, eds. *Chick Lit: The New Women's Fiction*. New York: Routledge, 2005.

Fetterly, Judith, ed. *Provisions: A Reader from 19th- Century American Women*. Bloomington: Indiana University Press, 1985.

——. *The Resisting Reader: A Feminist Approach to American Fiction*. Bloomington: Indiana University Press, 1978.

Fetterly, Judith and Marjorie Pryse, eds. *American Women Regionalists, 1850—1910: A Norton Anthology*. New York: Norton, 1992.

——. *Writing out of Place: Regionalism, Women, and American Literary Culture*. Urbana, IL: University of Illinois Press, 2003.

Firestone, Shulamith. *The Dialectic of Sex: The Case for Feminist Revolution*. London: Jonathan Cape, 1970.

Fisher, Dexter, ed. *The Third Woman: Minority Women Writers of the United States*. Boston: Houghton Mifflin, 1980.

Flax, Jane. "Postmodernism and Gender Relations in Feminist Theory." *Signs* 12. 4 (1987): 621—643.

Flynn, Elizabeth A. and Patrocinio P. Schweickart, eds. *Gender and Reading: Essays on Reader, Texts, and Contexts*. Baltimore: The Johns Hopkins University Press, 1986.

Francis, Elizabeth. *The Secret Treachery of Words: Feminism and Modernism in American*. Minneapolis: University of Minnesota Press, 2002.

Freeman, Barbara Claire. *The Feminine Sublime: Gender and Excess in Women's Fiction*.

Berkeley: University of California Press, 1995.

Friedan, Betty. *The Feminine Mystique*. New York: Norton, 1963.

Friedman, Ellen G. and Miriam Fuchs, eds. *Breaking the Sequence: Women's Experimental Fiction*. Princeton: Princeton University Press, 1989.

Friedman, M. J. and B. Siegel, eds. *Traditions, Voices, and Dreams: The American Novel since the 1960s*. Newark: University of Delaware Press, 1995.

Friedman, Susan Stanford. *Mappings: Feminism and the Cultural Geographies of Encounter*. Princeton: Princeton University Press, 1998.

Frye, Joanne S. *Living Stories, Telling Lives: Women and the Novel in Contemporary Experience*. Ann Arbor: University of Michigan Press, 1986.

Fryer, Judith. *The Faces of Eve: Women in the Nineteenth-Century American Novel*. London: Oxford University Press, 1976.

Fuss, Diana. *Essentially Speaking*. New York: Routledge, 1989.

Gaard, Greta and Patrick D. Murphy, eds. *Ecofeminist Literary Criticism: Theory, Interpretation, Pedagogy*. Urbana: University of Illinois Press, 1998.

Gallop, Jane. *Around 1981: Academic Feminist Literary Theory*. London: Routledge, 1992.

——. *The Daughter's Seduction: Feminism and Psychoanalysis*. London: Macmillan Press, 1982.

——. *Thinking through the Body*. New York: Columbia University Press, 1988.

Garcia, Alma M. *Chicana Feminist Thought*. New York: Routledge,1997.

Gates, Henry Louis Jr. *The Signifying Monkey: A Theory of Afro-American Literary Criticism*. New York: Oxford University Press, 1988.

George, Rosemary Maragoly. *The Politcis of Home: Postcolonial Relocations and Twentieth-Century Fiction*. Berkeley: University of California Press, 1996.

Ghymn, Esther Mikyung. *The Shape and Styles of Asian American Prose Fiction*. New York: Peter Lang Publishing, In. , 1992.

Giddings, Paula. *When and Where I Enter: The Impact of Black Women on Race and Sex in America*. New York: Wm Morrow, 1984.

Gilbert, Sandra M. *Rereading Women: Thirty Years of Exploring Our Literary Traditions*. New York and London: Norton, 2011.

Gilbert, Sandra M. and Susan Gubar, eds. *Feminist Literary Theory and Criticism: A Norton Reader*. New York: Norton, 2007.

——. *The Madwoman in the Attic: The Woman Writer and the Nineteenth Century Literary Imagination*. New Heaven: Yale University Press, 1979.

——. *No Man's Land: The Place of the Woman Writer in the Twentieth Century*. 3 vols. New Haven: Yale University Press, 1988—1994.

——. *The Norton Anthology of Literature by Women*. New York: Norton, 1995, 1996, 2007.

——. *Shakespeare's Sisters: Feminist Essays on Women Poets*. Bloomington: Indiana University Press, 1981.

Gillis, Stacy, Gillian Howie and Rebecca Munford, eds. *Third Wave Feminism: A Critical Exploration*. London: Palgrave, 2004.

Gilmore, Leigh. *Autobiographics: A Feminist Theory of Women's Self-Representation*. Ithaca: Cornell University Press, 1994.

Ginsberg, Elaine K. ed. *Passing and the Fictions of Identity*. Durham: Duke University Press, 1996.

Glotfelty, Cheryll and Harold Fromm, eds. *The Ecocriticism Reader: Landmarks in Literary Ecology*. Athens: University of Georgia Press, 1996.

Goldin, Claudia. *Understanding the Gender Gap: An Economic History of American Women*. New York: Oxford University Press, 1990.

Goldman, Anne E. *Take My Word: Autobiographical Innovations of Ethnic American Working Women*. Berkeley and Los Angeles: University of California Press, 1996.

Gornick, Vivian and Barbara K. Moran, eds. *Woman in Sexist Society: Studies in Power and Powerlessness*. New York: New American Library, 1971.

Gray, Nancy. *Language Unbound: On Experimental Writing by Women*. Urbana: University of Illinois Press, 1992.

Gray, Richard J. *The Literature of Memory: Modern Writers of the American South*. Baltimore: Johns Hopkins University Press, 1971.

Greene, Gayle. *Changing the Story: Feminist Fiction and the Tradition*. Bloomington: Indiana University Press, 1991.

Greene, Gayle and Coppelia Kahn, eds. *Making a Difference: Feminist Criticism*. London: Methuen, 1985.

——. *Changing Subjects: The Making of Feminist Literary Criticism*. London: Routledge, 1993.

Greer, Germaine. *The Female Eunuch*. London: MacGibbon & Kee, 1970.

Grosz, Elizabeth. *Sexual Subversion: Three French Feminists*. London: George Allen and Unwin, 1989.

Gubar, Susan. *Critical Condition: Feminism of the Turn of the Century*. New York: Columbia University Press, 2000.

——. *Rooms of Our Own*. Urbana: University of Illinois Press, 2006.

Guillory, Elizabeth Brown, ed. *Women of Color: Mother-Daughter Relationships in Twentieth-Century Literature*. Austin: University of Texas Press, 1996.

Guillory, John. *Cultural Capital: The Problem of Literary Canon Formation*. Chicago: University of Chicago Press, 1993.

Gwin, Minrose C. *Black and White Women of the Old South: The Peculiar Sisterhood in American Literature*. Knoxville, TN: University of Tennessee Press, 1985.

Hansen, Elaine Tuttle. *Mother without Child: Contemporary Fiction and the Crisis of Motherhood*. Berkeley: University of California Press, 1997.

Hansen, Karen and Ilene J. Philipson, eds. *Women, Class and the Feminist Imagination: A Socialist-Feminist Reader*. Philadelphia: Temple University Press, 1990.

Hanson, Elizabeth I. *Forever There: Race and Gender in Contemporary Native American Fiction*.

New York: Peter Lang, 1989.

Hapke, Laura. *Daughters of the Great Depression: Women, Work and Fiction in the American 1930s*. Athens: University of Georgia Press, 1995.

Harris, Susan. "'But Is It Any Good?': Evaluating Nineteenth-Century American Women's Fiction." *American Literature* 63. 1 (1991): 43—61.

——. *19 th-Century American Women's Novels: Interpretive Strategies*. New York: Cambridge University Press, 1990.

Harris, Trudier and Thadious M. Davis. *Afro-American Writers before the Harlem Renaissance*. Chapel Hill: University of North Carolina Press, 1986.

Harrison, Elizabeth J. *Female Pastoral: Women Writers Re-Visioning the American South*. Knoxville: University of Tennessee Press, 1991.

Hayles, N. Katherine. *Chaos Bound: Orderly Disorder in Contemporary Literature and Science*. Ithaca: Cornell University Press, 1990.

——. *Chaos and Order: Complex Dynamics in Literature and Science*. Chicago: University of Chicago Press, 1991.

——. *The Cosmic Web: Scientific Field Models and Literary Strategies in the Twentieth Century*. Ithaca: Cornell University Press, 1984.

——. *My Mother Was a Computer: Digital Subjects and Literary Texts. Chicago: The University of Chicago Press*, 2005.

Hedges, Elaine and Shelley Fisher Fishkin, eds. *Listening to Silences: New Essays in Feminist Criticism*. Oxford: Oxford University Press, 1994.

Heilbrun, Carolyn G. *Hamlet's Mother and Other Women*. New York: Columbia University Press, 1990, 2002.

——. *Toward a Recognition of Androgyny: Aspects of Male and Female in Literature*. New York: Knopf, 1973.

——. *Reinventing Womanhood*. New York: Norton, 1979.

——. *Writing a Woman's Life*. New York: Norton, 1988.

Heilmann, Ann. *New Woman Fiction: Women Writing First-Wave Feminism*. London: Palgrave, 2000.

Henry, Astrid. *Not My Mother's Sister: Generational Conflict and Third-Wave Feminism*. Bloomington: Indiana University Press, 2004.

Herndl, Diane Price. *Invalid Women: Figuring Feminine Illness in American Fiction and Culture, 1840—1940*. Chapel Hill: University of North Carolina Press, 1993.

Herrera-Sobek, Maria and Viramontes, Helena Maria. *Chicana Creativity and Criticism*. Albuquerque, NM: Arte Público Press, 1988.

Heywood, Leslie, and Jennifer Drake, eds. *Third Wave Agenda: Being Feminist, Doing Feminism*. Minneapolis: University of Minnesota Press, 1997.

Hilfer, T. *American Fiction Since 1940*. London: Longman, 1992.

Hirsch, Marianne. *The Mother/Daughter Plot: Narrative, Psychoanalysis, Feminism*. Bloomington: Indiana University Press, 1989.

Hirsch, Marianne, and Evelyn Fox Keller, eds. *Conflicts in Feminism*. New York: Routledge, 1990.

Hite, Molly. *The Other Side of the Story: Structures and Strategies of Contemporary Feminist Narrative*. Ithaca: Cornell University Press, 1989.

Hogeland, Lisa Maria. *Feminism and Its Fictions: The Consciousness-Raising Novel and the Women's Liberation Movement*. Philadelphia: University of Pennsylvania Press, 1998.

Hogue, W. Lawrence. *Race, Modernity, Postmodernity: A Look at the History and the Literature of People of Color Since the 1960s* . New York: SUNY Press, 1996.

Holloway, Karla F. C. *Moorings and Metaphors: Figures of Culture and Gender in Black Women's Literature*. New Brunswick, NJ: Rutgers University Press, 1992.

hooks, bell. *Ain't I a Woman: Black Women and Feminisms*. Boston: South End Press, 1981.

——. *Feminism Is for Everybody: Passionate Politics*. Cambridge, MA: South End Press, 2000.

——. *Feminist Theory: From Margin to Center*. Boston: South End Press, 1984.

——. *Outlaw Culture: Resisting Representations*. New York: Routledge, 1994.

——. *Talking Back: Thinking Feminist, Thinking Black*. Boston: South End Press, 1989.

——. *Yearning: Race, Gender and Cultural Politics*. Boston: South End Press, 1990.

Hoving, Isabel. *In Praise of New Travelers: Reading Caribbean Migrant Women's Writing*. Stanford: Stanford University Press, 2001.

Howe, Florence, ed. *Tradition and the Talents of Women*. Urbana: University of Illinois Press, 1991.

Huhndorf, Shari. "Literature and the Politics of Native American Studies." *PMLA* 120. 5 (Oct., 2005): 1618—1627.

Hull, Gloria. *Color, Sex, and Poetry: Three Women Writers of the Harlem Renaissance*. Bloomington: University of Indiana Press, 1987.

Hull, Gloria, Patricia Bell Scott and Barbara Smith, eds. *All the Women Are White, All the Blacks Are Men, but Some of Us Are Brave*. Old Westbury, NY: The Feminist Press, 1982.

Humm, Maggie. *Feminist Criticism: Women as Contemporary Critics*. New York: St. Martin's Press, 1986.

——. *A Reader's Guide to Contemporary Feminist Literary Criticism*. London: Harvester Wheatsheaf, 1994.

Hutcheon, Linda. *A Poetics of Postmodernism: History, Theory, Fiction*. London and New York: Routledge, 1988.

Hutchinson, George. *The Harlem Renaissance in Black and White*. Cambridge: Harvard University Press, 1995.

Irigaray, Luce. "The Bodily Encounter with the Mother," in Margaret Whitford, ed. *The Irigaray Reader*. Trans. David Macey. Cambridge: Blackwell, 1991.

——. *This Sex Which Is Not One*. Trans. Catherine Porter & Carolyn Burke. Ithaca: Cornell University Press, 1985.

Jablon, Madelyn. *Black Metafiction: Self-Consciousness in African American Literature*. Iowa City: University of Iowa Press, 1997.

Jackson, Rosemary. *Fantasy: The Literature of Subversion*. London: Methuen, 1981.

Jacobus, Mary. *Reading Woman: Essays in Feminist Criticism*. New York: Columbia University, 1986.

——. ed. *Women Writing and Writing About Women*. London: Croom Helm, 1979.

Jagose, Annamarie. *Queer Theory: An Introduction*. New York: New York University Press, 1996.

Jameson, Fredric. *Postmodernism: Or the Cultural Logic of Late Capitalism*. Durham: Duke University Press, 1991.

Jardine, Alice. *Gynesis: Configurations of Woman and Modernity*. Ithaca: Cornell University Press, 1985.

Jay, Karla, and Joanne Glasgow, eds. *Lesbian Texts and Contexts: Radical Revisions*. New York: New York University Press, 1990.

Jelinek, Estelle C., ed. *Women's Autobiographies: Essays in Criticism*. Bloomington: Indiana University Press, 1980.

Johnson, Barbara Ellen. *The Feminist Difference: Literature, Psychoanalysis, Race and Gender*. Cambridge: Harvard University Press, 1998.

——. *A World of Difference*. Baltimore: The Johns Hopkins University Press, 1987.

Johnston, Carolyn. *Sexual Power: Feminism and the Family in America*. Tuscaloosa: The University of Alabama Press, 1992.

Jones, Anne Goodwyn. *Tomorrow Is Another Day: The Woman Writer in the South, 1859—1936*. Baton Rough: Louisiana State University Press, 1981.

Karl, Frederick R. *American Fictions, 1940—1980: A Comprehensive History and Critical Evaluation*. New York: Harper & Row, 1983.

Kauffman, Linda S., ed. *American Feminist Thought: At Century's End*. Oxford: Blackwell, 1993.

——, ed. *Feminism and Institutions: Dialogues on Feminist Theory*. New York: Blackwell, 1989.

——, ed. *Gender and Theory: Dialogues on Feminist Criticism*. New York: Blackwell, 1989.

Kazin, Alfred. *On Native Grounds: An Interpretation of Modern American Prose Literature*. New York: Reynal & Hitchcock, 1942.

Kelley, Mary. *Private Woman, Public Stage: Literary Domesticity in Nineteenth-Century America*. New York, Oxford: Oxford University Press, 1984.

——. "The Sentimentalists: Promised and Betrayal in the Home." *Signs* 4. 3 (Spring 1979): 434—446.

Kemp, Sandra, and Judith Squires, eds. *Feminisms*. Oxford: Oxford University Press, 1997.

Kessler, Carol Farley, ed. *Daring to Dream: Utopian Stories by United States Women, 1836—1919*. Boston: Pandora Press, 1984.

Kim, Elaine H. *Asian American Literature: An Introduction to the Writings and Their Social Context*. Philadelphia: Temple University Press, 1982.

——. *Making Waves: Writings By and About Asian American Women*. Boston: Beacon Press, 1989.

Klein, Marcus. *After Alienation: American Novels in Mid-Century*. Chicago: University of Chicago Press, 1978.

Knopf, Marcy. *The Sleeper Wakes: Harlem Renaissance Stories by Women*. New Brunswick: Rutgers University Press, 1993.

Koedt, Anne, Ellen Levine and Anita Rapone, eds. *Radical Feminism*. New York: Quadrangle, 1973.

Kolmar, Wendy K. and Frances Bartkowski. *Feminist Theory: A Reader*. 2nd ed. New York: McGraw, 2005.

Kolodny, Annette. "Dancing Through the Minefield: Some Observations on the Theory, Practice and Politics of a Feminist Literary Criticism." *Feminist Studies* 6.1 (Spring 1980): 1—25.

——. *The Lay of the Land: Metaphor as Experience and History*. Chapel Hill: University of North Carolina Press, 1975.

——. "A Map for Rereading: Or, Gender and the Interpretation of Literary Texts." *New Literary History* 11.3 (1980): 451—467.

——. "Some Notes on Defining a 'Feminist Literary Criticism.'" *Critical Inquiry* (1975): 75—92.

Kowalewski, Michael, ed. *Reading the West: New Essays on the Literature of the American West*. Cambridge: Cambridge University Press, 1996.

Kristeva, Julia. *Desire in Language: A Semiotic Approach to Literature and Art*. Ed. Leon S. Roudiez. Trans. Alice Jardine. New York: Columbia University Press, 1980.

——. *Language the Unknown: an Initiation into Linguistics*. Trans. Anne M. Menke. New York: Columbia University Press, 1989.

——. "Women's Time." Trans. Alice Jardine and Harry Blake. *Signs* 7.1 (Autumn 1981): 13—35.

Krupat, Arnold. *The Voice in the Margin: Native American Literature and the Canon*. Berkeley: University of California Press, 1989.

Kubitschek, Missy Dehn. *Claiming the Heritage: African-American Women Novelists and History*. Jackson, Miss.: University Press of Mississippi, 1991.

Lauret, Maria. *Liberating Literature: Feminist Fiction in America*. New York: Routledge, 1994.

Lauter, Paul. *Canons and Contexts*. New York: Oxford University Press, 1991.

Lefanu, Sarah. *In the Chinks of the World Machine: Feminism and Science Fiction*. London: Women's Press, 1988.

Le Guin, Ursula K. *Dancing at the Edge of the World: Thoughts on Words, Women, Places*. New York: Harper & Row, 1989.

Lee, Rachel C. *The Americas of Asian American Literature: Gendered Fictions of Nation and Transnation*. Princeton, NJ: Princeton University Press, 1999.

Lerner, Gerda. *The Majority Finds Its Past: Placing Women in History*. New York: Oxford University Press, 1979.

Lichtenstein, Diane. *Writing Their Nations: The Tradition of Nineteenth-Century American Jewish Women Writers*. Bloomington: Indiana University Press, 1992.

Lim, Shirley Geok-Lin. "Asians in Anglo-American Feminism: Reciprocity and Resistance," in

Changing Subjects: The Making of Feminist Literary Criticism. Eds. Crayle Green and Coppelia Kahn. London: Routledge, 1993. 240—252.

Lim, Shirley Geok-Lin and Amy Ling, eds. *Reading the Literatures of Asian America*. Philadelphia: Temple University Press, 1992.

Limon, Jose E. *Mexican Ballads, Chicano Poems: History and Influence in Mexican-American Social Poetry*. Berkeley: University of California Press, 1992.

Lincoln, Kenneth. *Native American Renaissance*. Berkeley: University of California Press, 1983.

Ling, Amy. *Between Worlds: Women Writers of Chinese Ancestry*. New York: Pergamon Press, 1990.

Ling, Amy and Shirley Lim, eds. *Reading the Literatures of Asian American*. Philadelphia: Temple University Press, 1992.

Lorde, Audre. *I Am Your Sister: Collected and Unpublished Writings of Audre Lorde*. Eds. Rudolph P. Byrd, et al. New York: Oxford University Press, 2009.

——. *Sister Outsider: Essays and Speeches*. Trumansburg: Crossing, 1984.

——. *Zami: A New Spelling of My Name*. Trumansburg: Crossing, 1982.

Lovell, Terry, ed. *British Feminist Thought: A Reader*. London: Basil Blackwell, 1990.

Lucy, N. *Postmodern Literary Theory*. Oxford: Oxford University Press, 1997.

Lunardini, Christine A. *Women's Rights. Social Issues in American History Series*. Phoenix: The Oryx Press, 1996.

MacKethan, Lucinda H. *Daughters of Time: Creating Woman's Voice in Southern Story*. Athens: University of Georgia Press, 1990.

Mackinnon, Catherine. *Toward a Feminist Theory of the State*. London: Harvard University Press, 1989.

Madsen, Deborah L. *Feminist Theory and Literary Practice*. London: Pluto Press, 2000.

Magnarelli, Sharon. *The Lost Rib: Female Characters in the Spanish-American Novel*. London: Associated University Presses, 1985.

Manning, Carol, ed. *Female Tradition in Southern Literature*. Urbana: University of Illinois Press, 1993.

Maracle, Lee. *I Am Woman: A Native Perspective on Sociology and Feminism*. Vancouver: Press Gang, 1996.

Mardberg, Maria. *Envisioning American Women: The Roads to Communal Identity in Novels by Women of Color*. Uppsala: Uppsala University Library, 1998.

Marks, Elaine and Isabelle de Courtivron, eds. *New French Feminisms: An Anthology*. New York: Schocken Books, 1981.

Martin-Rodriguez, Manuel M. *Life in Search of Readers: Reading (in) Chicano/a Literature*. Albuquerque: University of New Mexico Press, 2003.

Marting, Diane E. *The Sexual Woman in Latin American Literature: Dangerous Desires*. Gainesville: University Press of Florida, 2001.

Marx, Leo. *The Machine in the Garden: Technology and the Pastoral Idea in America*. 1964. Reprint. New York: Galaxy, 1967.

McClare, Heather, ed. *Women Writers of the Short Story: A Collection of Critical Essays*. Englewood Cliffs, NJ: Prentice-Hall, 1980.

McDowell, Deborah E. "New Directions for Black Feminist Criticism." *Black American Literature Forum* 14.4 (1980): 153—159.

——. *"The Changing Same": Black Women's Literature, Criticism, and Theory*. Bloomington: Indiana University, 1995.

McNall, Sally Allen. *Who Is in the House? A Psychological Study of Two Centuries of Women's Fiction in America, 1795 to the Present*. New York: Elsevier North Holland, 1981.

Meese, Elizabeth. *Crossing the Double-Cross: The Practice of Feminist Criticism*. Chapel Hill: University of North Carolina Press, 1986.

Meese, Elizabeth and Alice Parker, eds. *The Difference Within: Feminism and Critical Theory*. Amsterdam: John Benjamins, 1989.

Mendoza, Louis Gerard. *Historia: The Literary Making of Chicana and Chicano History*. College Station: Texas A&M University Press, 2001.

Merchant, Carolyn. *Radical Ecology: The Search for the Liveable World*. New York: Routledge, 1992.

Meyer, Doris, ed. *Reinterpreting the Spanish American Essay: Women Writers of the 19th and 20th Centuries*. Austin: University of Texas Press, 1995.

Michie, Helena. *Sororophobia: Differences among Women in Literature and Culture*. Oxford: Oxford University Press, 1992.

Middlebrook, Diane Wood and Marilyn Yalom, eds. *Coming to Light: American Women Poets in the Twentieth Century*. Ann Arbor: University of Michigan Press, 1985.

Millard, Kenneth. *Contemporary American Fiction: The Introduction to American Fiction Since 1970*. 2000.

Miller, Nancy K. *Subject to Chance: Reading Feminist Writing*. New York: Columbia University Press, 1988.

Millett, Kate. *Sexual Politics*. London: Abacus, 1977.

Miner, Madonne M. *Insatiable Appetites: Twentieth-Century American Women's Bestsellers*. Westport: Greenwood Press, 1984.

Mintz, Stephen, and Kellogg, *Susan. Domestic Revolutions: A Social History of American Family Life*. New York: Free Press, 1988.

Mitchell, Juliet. *Psychoanalysis and Feminism*. New York: Random House, 1975.

Modleski, Tania. *Feminism Without Women*. New York and London: Routledge, 1991.

Moers, Ellen. *Literary Women*. London: The Women's Press, 1978.

Mohanty, Chandra T., Ann Russo and Lourdes Torres, eds. *Third World Women and the Politics of Feminism*. Bloomington and Indianapolis: Indiana University Press, 1991.

Moi, Toril, ed. *French Feminist Thought: A Reader*. Oxford: Blackwell, 1987.

——, ed. *The Kristeva Reader*. Oxford: Blackwell, 1986.

——. *Sexual/Textual Politics: Feminist Literary Theory*. London: Methuen, 1985.

——. *Simone de Beauvoir: The Making of an Intellectual Woman*. Oxford: Blackwell, 1994.

Moraga, Cherrie and Gloria Anzaldua, eds. *This Bridge Called My Back: Writings of Radical Women of Color*. Watertown, MA: Persephone Press, 1981.

Morey, Ann-Janine. *Religion and Sexuality in American Literature*. New York: Cambridge University Press, 1992.

Morrison, Toni. *Playing in the Dark: Whiteness and the Literary Imagination*. Cambridge, MA and London: Harvard University Press, 1992.

Mujcinovic, Fatima. *Postmodern Cross-Culturalism and Politicization in U. S. Latina Literature: From Ana Castillo to Julia Alvarez*. New York: Peter Lang, 2004.

Munt, Sally, ed. *New Lesbian Criticism: Literary and Cultural Readings*. New York: Columbia University Press, 1992.

Mussell, Kay. *Fantasy and Reconciliation: Contemporary Formulas of Women's Romance Fiction*. Westport, CT: Greenwood Press, 1984.

Nasta, Susheila, ed. *Motherlands: Black Women's Writing from Africa, the Caribbean, and South Asia*. New Brunswick: Rutgers University Press, 1991.

Nelson, Robert M. *Place and Vision: The Function of Landscape in Native American Fiction*. New York: Peter Lang, 1995.

Nelson, Shirley Garner, Claire Kahane, and Madelon Sprengnether, eds. *The (M)other Tongue: Essays in Feminist Psycholanalytic Interpretation*. Ithaca: Cornell University Press, 1985.

Newton, Judith and Deborah Rosenfelt, eds. *Feminist Criticism and Social Change: Sex, Class and Race in Literature and Culture*. London: Methuen, 1985.

Nickerson, Catherine Ross. *The Web of Iniquity: Early Detective Fiction by American Women*. Durham: Duke University Press, 1998.

Nicholson, Linda. *Feminism/Postmodernism*. New York and London: Routledge, 1990.

North, Michael. *The Dialect of Modernism: Race, Language, and Twentieth-Century Literature*. New York: Oxford University Press, 1994.

Norwood, Vera. *Made from This Earth: American Women and Nature*. Chapel Hill: University of North Carolina Press, 1993.

Norwood, Vera and Janice Monk, eds. *The Desert Is No Lady: Southwestern Landscapes in Women's Writing and Art*. New Heaven: Yale University Press, 1987.

Nunez, Elizabeth, and Brenda M. Green, eds. *Defining Ourselves: Black Writers in the 1990s*. New York: Peter Lang, 1999.

Olsen, Tillie. *Silences*. London: Virago, 1980.

Oliver, Kelly. *Reading Kristeva: Unraveling the Double-Bind*. Bloomington: Indiana University Press, 1993.

Owens, Louis. *Other Destinies: Understanding the American Indian Novel*. Norman: University of Oklahoma Press, 1992.

Parker, Rovert Dale. *The Invention of Native American Literature*. Ithaca: Cornell University Press, 2003.

Payant, Katherine B. *Becoming and Bonding: Contemporary Feminism and Popular Fiction by American Women Writers*. Westport, Conn.: Greenwood Press, 1993.

Pearlman, Mickey, ed. *American Women Writing Fiction: Memory, Identity, Family, Space.* Lexington: University of Kentucky, 1989.

Perkins, George et al., eds. *The American Tradition in Literature.* 6th ed. New York: Random House, 1985.

Pizer, Donald. *Twentieth-Century American Literary Naturalism: An Interpretation.* Carbondale: Southern Illinois University Press, 1982.

Plant, Judith, ed. *Healing the Wounds: The Promise of Ecofeminism.* Santa Cruz: New Society Publishers, 1989.

Podnieks, Elizabeth and Andrea O'Reilly, eds. *Textual Mothers / Maternal Texts: Motherhood in Contemporary Women's Literatures.* Waterloo: Wilfrid Laurier University Press, 2010.

Pope, Deborah. *A Separate Vision: Isolation in Contemporary Women's Poetry.* Baton Rouge: Louisiana State University Press, 1984.

Pratt, Annis. *Archetypal Patterns in Women's Fiction.* Bloomington: Indiana University Press, 1981.

Prenshaw, Peggy Whitman, ed. *Women Writers of the Contemporary South.* Jackson: University Press of Mississippi, 1984.

Pryse, Marjorie, and Hortense J. Spillers, *Conjuring: Black Women, Fiction, and Literary Tradition.* Bloomington: Indiana University Press, 1985.

Pulitano, Elvira. *Toward a Native American Critical Theory.* Lincoln: University of Nebraska Press, 2003.

Quintana, Alvina E. ed. *Reading U. S. Latina Writers: Remapping American Literature.* New York: Palgrave Macmillan, 2003.

Rabinnowitz, Paula. *Labor and Desire: Women's Revolutionary Fiction in America.* Chapel Hill: University of North Carolina Press, 1991.

Radway, Janice A. *Reading the Romance: Women, Patriarchy, and Popular Literature.* Chapel Hill: University of North Carolina Press, 1984.

Rainwater, Catherine and William J. Scheick, eds. *Contemporary American Women Writers: Narrative Strategies.* Lexington: University Press of Kentucky, 1985.

Rebolledo, Tey Diana. *The Chronicles of Panchita Villa and Other Guerrilleras: Essays on Latina / Chicana Literature and Criticism.* Austin: University of Texas Press, 2005.

——. *Women Singing in the Snow: A Cultural Analysis of Chicana Literature.* Tuscon: University of Arizona Press, 1995.

Reynolds, Guy. *Twentieth-Century American Women's Fiction: A Critical Introduction.* London: Macmillan, 1999.

Rich, Adrienne. "Compulsory Heterosexuality and Lesbian Existence." *Signs* 5.4 (Summer 1980): 631—660.

——. *Of Woman Born: Motherhood as Experience and Institution.* New York: Norton, 1976.

——. *On Lies, Secrets, and Silence: Selected Prose 1966—1978.* New York: Norton, 1979.

——. "When We Are Dead Awaken: Writing as Re-Vision." *College English* 34.1 (1972): 18—30.

Robbins, Ruth. *Literary Feminisms.* Basingstoke: Palgrave, 2000.

Robinson, Lillian S. *Sex, Class and Culture*. Bloomington: Indiana State Press, 1978.

——. "Treason Our Text: Feminist Challenges to the Literary Canon." *Tulsa Studies in Women's Literature* 2.1 (1983): 83—98.

——. *Wonder Women: Feminisms and Superheroes*. New York: Routledge, 2004.

——, ed. *Modern Women Writers*. New York: Continuum, 1996.

Robinson, Sally. *Engendering the Subject: Gender and Self-Representation in Contemporary Women's Fiction*. SUNY series in Feminist Criticism and Theory. Albany: State University of New York Press, 1991.

Rodriguez, Maria Cristina. *What Women Lose: Exile and the Construction of Imaginary Homelands in Novels by Caribbean Writers*. New York: Peter Lang, 2005.

Roller, Judi M. *The Politics of the Feminist Novel*. Westport, CT: Greenwood Press, 1986.

Romines, Ann. *The Home Plot: Women, Writing and Domestic Ritual*. Amherst: University of Massachusetts Press, 1992.

Rooney, Ellen, ed. *The Cambridge Companion to Feminist Literary Theory*. Cambridge: Cambridge University Press, 2006.

Rosinsky, Natalie M. *Feminist Futures: Contemporary Women's Speculative Fiction*. Ann Arbor: University of Michigan Research Press, 1984.

Rosowski, Susan J. *Birthing a Nation: Gender, Creativity, and the West in American Literature*. Lincoln: University of Nebraska Press, 1999.

Rubenstein, Roberta. *Boundaries of the Self: Gender, Culture, Fiction*. Champaign: University of Illinois Press, 1987.

Ruland, Richard and Malcolm Bradbury. *From Puritanism to Postmodernism: A History of American Literature*. New York: Penguin, 1992.

Ruoff, A. LaVonne Brown and Jerry W. Ward, eds. *Redefining American Literary History*. New York: MLA, 1990.

Ruppert, James. *Mediation in Contemporary Native American Fiction*. Norman: University of Oklahoma Press, 1995.

Russ, Joanna. *To Write Like a Woman: Essays in Feminism and Science Fiction* Bloomington: Indiana University Press, 1995.

Ruthven, K. K. *Feminist Literary Studies: An Introduction*. Cambridge: Cambridge University Press, 1984.

Sage, L. *Women in the House of Fiction: Post-War Women Novelists*. Basingstoke: Macmillan, 1992.

Samuels, Shirley. *The Culture of Sentiment: Race, Gender, and Sentimentality in 19th-Century America*. New York: Oxford, 1992.

——. *Facing America: Iconography and the Civil War*. New York: Oxford University Press, 2004.

——. *Romances of the Republic: Women, the Family, and Violence in the Literature of the Early American Nation*. New York: Oxford University Press, 1996.

Sanchez, Marta Ester. *Contemporary Chicana Poetry: A Critical Approach to An Emerging*

Literature. Berkeley: University of California Press, 1985.

Sandoval, Chela. "U. S. Third World Feminism: The Theory and Method of Oppositional Consciousness in the Postmodern World." *Genders* 10 (1991): 1—24.

Sarris, Greg. *Keeping Slug Woman Alive: A Holistic Approach to American Indian Texts.* Berkeley: University of California Press, 1993.

Schaub, Thomas Hill. *American Fiction in the Cold War.* Madison: University of Wisconsin Press, 1991.

Sellers, Susan, ed. *The Helene Cixous Reader*, London: Routledge, 1994.

Shockley, Ann Allen, ed. *Afro-American Women Writers, 1746—1933: An Anthology and Critical Guide.* Boston: G. K. Hall, 1988.

Showalter, Elaine. *A Literature of Their Own: British Women Novelists from Bronte to Lessing.* London: Virage, 1978.

——. "Feminist Criticism in the Wilderness." *Critical Inquiry* 8 (1981): 179—206.

——. *Inventing Herself: Claiming a Feminist Intellectual Heritage.* New York: Simon & Schuster, 2001.

——, ed. *Modern American Women Writers.* New York: Maxwell MacMillan, 1993.

——, ed. *The New Feminist Criticism: Essays on Women, Literature, Theory.* New York: Pantheon Books, 1985.

——. *Sexual Anarchy: Gender and Culture at the Fin de Siecle.* London: Virago, 1992.

——. *Sister's Choice: Traditions and Change in American Women's Writing.* Oxford: Clarendon Press, 1991.

——, ed. *These Modern Women: Autobiographies from the Twenties.* Old Westbury, N. Y.: Feminist Press, 1989.

——. "Toward a Feminist Poetics," in *Women Writing and Writing About Women.* Mary Jacobus, ed. London: Croom Helm, 1979. 22—41.

Smith, Barbara, "The Combahee River Collective Statement," in *But Some of Us Are Brave: All the Women Are White, All the Blacks Are Men: Black Women's Studies.* Eds. Gloria T. Hull, et al. New York: The Feminist Press, 1982. 13—22.

——. "Establishing Black Feminism." *Souls* (Fall, 2000): 50—54.

——, ed. *Home Girls: A Black Feminist Anthology.* New York: Kitchen Table: Women of Color, 1983.

——. "Toward a Black Feminist Criticism," *Conditions: Two* 1. 2 (Oct., 1977): 25—44.

——, ed. *Yours in Struggle: Three Feminist Perspectives on Anti-Semitism and Racism.* Ithaca: Firebrand Books, 1984.

Smith, Barbara Herrnstein. *On the Margins of Discourse: The Relation of Literature to Language.* Chicago: University of Chicago Press, 1979.

Smith, Henry Nash. *Virgin Land: The American West as Symbol and Myth.* Cambridge: Harvard University Press, 1950.

Smith, Stephanie. *Conceived by Liberty: Maternal Figures and Nineteenth-Century American Literature.* Ithaca: Cornell University Press, 1994.

Smith, Sidonie. *A Poetics of Women's Autobiography: Marginality and the Fictions of Self-Representation*. Bloomington: Indiana University Press, 1987.

——. *Subjectivity, Identity, and the Body: Women's Autobiographical Practices in the Twentieth Century*. Bloomington: Indiana University Press, 1993.

Smith, Valerie. *Self-Discovery and Authority in Afro-American Narrative*. Cambridge: Harvard University Press, 1987.

Solomon, Barbara Miller. *In the Company of Educated Women: A History of Women and Higher Education in America*. New Haven: Yale University Press, 1985.

Spacks, p. Meyer. *The Female Imagination: A Literary and Psychological Investigation of Women's Writing*. London: Allen & Unwin, 1976.

Spivack, Charlotte. *Merlin's Daughters: Contemporary Women Writers of Fantasy*. Westport: Greenwood Press, 1987.

Spivak, Gayatri Chakravorty. "French Feminism in an International Frame." *Yale French Studies* 62 (1981): 154—184.

——. *In Other Worlds: Essays in Cultural Politics*. London: Methuen, 1987.

Staicar, Tom, ed. *The Feminine Eye: Science Fiction and the Women Who Write It*. New York: Frederick Ungar, 1982.

Stanley, Sandra Kumamoto, ed. *Other Sisterhoods: Literary Theory and U. S. Women of Color*. Urbana: University of Illinois Press, 1998.

Stern, Julia A. *The Plight of Feeling: Sympathy and Dissent in the Early American Novel*. Chicago: University of Chicago Press, 1997.

Talpode, Chandra, Ann Russon and Lourdes Torres, eds. *Third World Women and the Politics of Feminism*. Bloomington: Indiana University Press, 1991.

Tanner, Tony. *City of Words: American Fiction, 1950—1970*. London: Jonathan Cape, 1971.

Tate, Claudia, ed. *Black Women Writers at Work*. New York: Continuum, 1983.

——. *Domestic Allegories of Political Desire: The Black Heroine's Texts at the Turn of the Century*. New York: Oxford University Press, 1992.

——. *Psychoanalysis and Black Novels: Desire and Protocols of Race*. New York: Oxford University Press, 1998.

Todd, Janet. *Feminist Literary History: A Defence*. Cambridge: Polity Press, 1988.

Tompkins, Jane. *Sensational Design: The Cultural Work of American Fiction, 1790—1860*. New York: Oxford University Press, 1985.

Tong, Rosemarie. *Feminist Thought: A Comprehensive Introduction*. Boulder: Westview Press, 1989.

Trilling, Lionel. *The Liberal Imagination*. New York: Harcourt Brace Jovanovich, 1978.

Trinh, T. Minh-ha. *Woman, Native, Other: Writing Postcoloniality and Feminism*. Indiana: Indiana University Press, 1989.

Tuana, Nancy and Rosemarie Tone, eds. *Feminism and Philosophy: Essential Readings in Theory, Reinterpretation, and Application*. Boulder, CO: Westview Press, 1995.

Virgillo, Carmelo and Naomi Lindstrom, eds. *Woman as Myth and Metaphor in Latin American*

Literature. Columbia: University of Missouri Press, 1985.

Vizenor, Gerald, ed. *Narrative Chance: Postmodern Discourse on Naïve American Indian Literatures*. Albuquerque: University of New Mexico Press, 1989.

Wagner-Martin, Linda. *The Mid-Century American Novel*, 1935—1965. New York: Twayne, 1997.

——. *The Modern American Novel, 1914—1945*. Boston: Twayne, 1989.

——, and Cathy N. Davidson, eds. *The Oxford Book of Women's Writing in the United States*. Oxford: Oxford University Press, 1995.

——, and Cathy N. Davidson, eds. *The Oxford Companion to Women's Writing in the United States*. Oxford: Oxford University Press, 1995.

——. *Telling Women's Lives, The New Biography*. New Brunswick: Rutgers University Press, 1994.

Walker, Alice. *In Search of Our Mothers' Gardens: Womanist Prose*. San Diego: Harcourt, Brace, Jovanovich, 1983.

Walker, Margaret Ubran. *Moral Understandings: A Feminist Study in Ethics*. 2nd ed. New York: Oxford University Press, 2007.

Walker, Melissa. *Down from the Mountaintop: Black Women's Novels in the Wake of the Civil Rights Movement, 1966—1989*. New Haven: Yale University Press, 1991.

Walker, Nancy A. *Feminist Alternatives: Irony and Fantasy in the Contemporary Novel by Women*. Jackson: University Press of Mississippi, 1990.

Walker, Rebecca, ed. *To Be Real: Telling the Truth and Changing the Face of Feminism*. New York: Anchor, 1995.

Wall, Cheryl, ed. *Changing Our Own Words: Essays on Criticism, Theory and Writing by Black Women*. New Brunswick: Rutgers University Press, 1989.

——. *Women of the Harlem Renaissance*. Bloomington: Indiana University Press, 1995.

——. *Worrying the Line: Black Women Writers, Lineage, and Literary Tradition*. Chapel Hill: University of North Carolina Press, 2005.

Walsh, Jeffrey. *American War Literature: 1914 to Vietnam*. London: MacMillan, 1982.

Wandersee, Winifred D. *On the Move: American Women in the 1970s*. Boston: Twayne, 1988.

Warhol, Robyn R. and Diane Price Herndl, eds. *Feminisms: An Anthology of Literary Theory and Criticism*. New Brunswick: Rutgers University Press, 1991.

Warren, Joyce. *The American Narcissus: Individualism and Women in Nineteenth-Century American Fiction*. New Brunswick: Rutgers University Press, 1984.

——, ed. *The (Other) American Traditions: Nineteenth-Century Women Writers*. New Brunswick, NJ: Rutgers University Press, 1993.

——, and Margaret Dickie, eds. *Challenging Boundaries: Gender and Periodization*. Athens: University of Georgia Press, 2000.

Warren, Karen J. and Duane L. Cady, eds. *Bringing Peace Home: Feminism, Violence, and Nature*. Bloomington: Indiana University Press, 1996.

Washington, Mary Helen. *Invented Lives: Narratives of Black Women, 1860—1960*. Garden

City, NY: Anchor Press, 1987.

Watson, Carole McAlphine. *Prologue: The Novels of Black American Women, 1891—1965*. Westport: Greenwood Press, 1985.

Waugh, Patricia. *Feminine Fictions: Revisiting the Modern*. New York: Rutledge, 1989.

Waxman, Barbara Frey, ed. *Multicultural Literatures through Feminist/Post-structuralist Lenses*. Knoxville: University of Tennessee Press, 1993.

Weaver, Jace. *That the People Might Live: Native American Literatures and Native American Community*. New York: Oxford University, 1997.

Weed, Elizabeth, ed. *Coming to Terms: Feminism, Theory, Politics*. New York: Routledge, 1990.

Weedon, Chris. *Feminist Practice & Poststructuralism Theory*. New York and London: Routledge, 1992.

White, Barbara A. *Growing Up Female: Adolescent Girlhood in American Fiction*. Westport: Greenwood Press, 1985.

Whitford, Margaret, ed. *The Irigaray Reader*. Oxford: Blackwell, 1991.

Williams, Deborah Lindsay. *Not in Sisterhood: Edith Wharton, Willa Cather, Zona Gale, and the Politics of Female Authorship*. New York: Palgrave, 2001.

Willis, Susan. *Specifying: Black Women Writing the American Experience*. Madison: University of Wisconsin Press, 1987.

Wirth-Nesher, Hana. *Call It 'English': The Languages of Jewish American Literature*. Princeton: Princeton University Press, January 2006.

——. *City Codes: Reading the Modern Urban Novel*. Cambridge: Cambridge University Press, 1996.

Wisker, Gina. *Post-Colonial and African American Women's Writing: A Critical Introduction*. New York: St. Martin's Press, 2000.

Warhol, Robyn and Price Herndl, Diane, eds. *Feminism: An Anthology of Literary Theory and Criticism*. New Brunswick: Rutgers University Press, 1991.

Wolmark, Jenny. *Aliens and Others: Science Fiction, Feminism and Postmodernism*. New York; London: Harvester Wheatsheaf, 1993.

Wong, Sau-ling Cynthia. *Reading Asian American Literature: From Necessity to Extravagance*. Princeton: Princeton University Press, 1993.

—— and Stephen H. Sumida, eds. *A Resource Guide to Asian American Literature*. New York: Modern Language Association of America, 2001.

Woolf, Virginia. *A Room of One's Own*. Harmondsworth, Middlesex: Penguin, 1929.

Wyatt, Jean. *Reconstructing Desire: The Role of the Unconscious in Women's Reading and Writing*. Chapel Hill: University of North Carolina Press, 1990.

Yalom, Marilyn, ed. *Women Writers of the West Coast: Speaking of Their Lives and Careers*. Santa Barbara: Capra Press, 1983.

Yin, Xiao-huang. *Chinese American Literature since the 1850s*. Urbana: University of Illinois Press, 2000.

Yntema, Sharon K. *More Than 100: Women Science Fiction Writers*. Freedom, CA:

Crossing, 1988.

Young, Mary E. *Mules and Dragons: Popular Culture Images in the Selected Writings of African-American and Chinese-American Women Writers*. Westport, CT: Greenwood Press, 1993.

Yu, Yi-Lin. *Mother, She Wrote: Matrilineal Narratives in Contemporary Women's Writing*. New York: Peter Lang, 2005.

Zamora, Lois Parkinson, ed. *Contemporary American Women Writers: Gender, Class, Ethnicity*. London: Longman, 1998.

Zimmerman, Bonnie. "The New Tradition." *Sinister Wisdom* 2 (Fall 1976): 34—41.

——. *The Safe Sea of Women: Lesbian Fiction, 1969—1989*. Boston: Beacon Press, 1990.

——. "What Has Never Been: An Overview of Lesbian Feminist Criticism." *Feminist Studies* 7. 3 (Autumn, 1981): 451—475.

鲍晓兰主编,《西方女性主义研究评介》,北京:三联书店,1995 年。

何念,《20 世纪 60 年代美国激进女权主义研究》,北京:知识产权出版社, 2010 年。

黄华,《权力,身体与自我:福柯与女性主义文学批评》,北京:北京大学出版社,2005 年。

康正果,《女权主义与文学》,北京:中国社会科学出版社,1994 年。

李银河,《女性主义》,济南:山东人民出版社,2005 年。

林道明,《多维视野中的女性主义文学批评》,北京:中国社会科学出版社,2004 年。

刘慧英,《走出女权传统的樊篱》,北京:三联书店, 1995 年。

罗列,《女性形象与女权话语:20 世纪初叶中国西方文学女性形象评价研究》,成都:四川辞书出版社,2008 年。

孟鑫,《西方女权主义研究》,北京:经济日报出版社,2010 年。

闵冬潮,《全球化与理论旅行:跨国女性主义的知识生产》,天津:天津人民出版社,2009 年。

苏红军,柏棣主编,《西方后学语境中的女权主义》,桂林:广西师范大学出版社, 2006 年。

盛宁,《20 世纪美国文论》, 北京:北京大学出版社,1994 年。

王赳,《激进的女权主义》,上海:三联书店, 2008 年。

魏天真、梅兰,《女性主义文学批评导论》,武汉:华中师范大学出版社,2011 年。

吴童,《美在女性视界:西方女性文学形象及作家作品研究》,巴蜀书社,2010 年。

西慧玲,《西方女性主义与中国女作家批评》,上海:上海社会科学院出版社,2003 年。

于东晔,《女性视野:西方女性主义与中国文学女性话语》,北京:中国社会科学出版社,2006 年。

张广利,《后现代女权理论与女性发展》,天津:天津人民出版社,2005 年。

张京媛主编,《当代女性主义文学批评》,北京:北京大学出版社,1992 年。

张岩冰,《女权主义文论》,济南:山东教育出版社,1998 年。

周春,《美国黑人女性主义批评研究》,成都:四川大学出版社,2007 年。

左春梅等,《西方女性主义文学批评》,青岛:中国海洋大学出版社,2007 年。

后　记

20世纪后半叶兴起的女权主义文学批评，成功地把性别向度引入了传统文学批评模式，并且因其无畏的批评精神、对于女性自身存在的关注和反思、跨学科跨国别的多维视角，以及与其他理论的互动和对话，成为西方文学批评中最具旺盛活力的批评流派，也是美国学界极为令人瞩目的学科领域。

笔者多年来关注美国女性文学的研究和美国女权主义批评的发展，曾在2004年出版《文学女性与女性文学：19世纪美国女性小说家及作品》一书，第一次以专著形式为国内读者评介了19世纪美国女性作家和她们创作的小说。在拙著中我将19世纪美国女性小说的发展分为四个阶段，探讨了美国女性作家与作品、美国女性小说与美国小说、美国女性与美国社会之间的关系。该书中所涉及的多数作品当时属于在美国女权文学批评中被重新挖掘出来的“被忽视和遗忘”的作品，其中许多作品迄今为止已经在女权文学批评的推动下进入了经典殿堂。该书还分析了这些作品是如何在传统文学批评标准下如何因不符合“美国文学特质”而被排除在文学经典之外的原因。2011年，我与三名博士弟子经过几年的努力，又发表了专著《20世纪美国女性小说研究》。作为国内第一部此类著作，这本书的批评对象涵盖20世纪25位女性作家，较全面地展示了20世纪美国女性文学的全景，尤其是20世纪后半叶的女权主义运动以来美国女性文学所取得的辉煌成就。

在多年来对于美国女性主义文学的研究中，笔者一直关注着美国文学批评的发展，对于美国女权文学批评的多维视野和丰富内容，甚至是显示其活力的内部矛盾和观点冲突深感兴趣。但目前为止，国内还未曾看到一部专门介绍当代美国女权文学批评家的论著，而更多的是对于女权文学批评和文学理论的评介，或是把女权文学批评作为西方文学批评体系的组成部分的诠释。有鉴于此，我在多年的教学和研究实践中，产生了要做这一课题的念头，并且开始了该课题的策划。从所收录的当代女权文学批评家名单的确定，直到这一著作的最终收笔，我们得到了许多学者的支持和鼓励，我在此表示深切的谢意。

《当代美国女权文学批评家研究》一书的出版，首先得益于北京市优秀博士论文指导教师项目的资助，得以斯、用以斯，我与本门弟子师徒通力合作、共襄大计，历经三年，完成了这一项目。感谢美国伊利诺伊大学国际学者论坛主任简·德斯蒙德(Jane Desmond)教授，邀请我去该大学访学一个月，使我得以与美国同行充分交流这一课题的创作宗旨，一个月的访学也为我收集美国女性文学批评的最新资料提供了极好的机会，在此期间获得的大量资料为回国后本书的撰写提供了极大的便利。在此也感谢该大学编撰过《剑桥美国女性文学史》(*The Cambridge History of American Women's Literature*)的戴尔·鲍尔(Dale Bauer)教授，她对于这一项目的高度评价和中肯建议为我极大增强了信心，并最终帮助我确立了入选批评家名单。

参与此项目撰写的都是我的博士和博士后弟子，其中多名毕业后已经成为高校的中青年学术骨干。其中韩颖撰写了格洛丽亚·安扎杜尔、阿德里安娜·里奇、克劳迪娅·泰特、乔伊丝·沃伦部分，李保杰撰写了艾伦·莫尔斯部分，李芳撰写了约瑟芬·多诺万、陶丽·莫伊部分，刘晶撰写了玛琳·巴尔、贝尔·胡克斯、芭芭拉·约翰逊、艾丽斯·沃克部分，刘哲撰写了林英敏部分，吕慧撰写了葆拉·艾伦、海瑟尔·卡比、金惠经、黄秀玲、特伊·戴安娜·雷沃列多部分，沈非撰写了芭芭拉·克里斯琴、奥德丽·洛德、芭芭拉·史密斯、谢丽尔·沃尔部分，汪涟撰写了安妮特·克罗德尼、帕特里夏·迈耶·斯帕克斯部分、杨纪平撰写了简·安妮·盖洛普、凯特·米利特、琳达·瓦格纳-马丁部分，于娟撰写了安·德赛尔部分，于倩撰写了卡西·戴维森、卡罗林·海尔布伦、雪莉·塞缪尔斯部分，尹星撰写了玛丽·凯利和劳伦·布兰特部分，张生珍撰写了桑德拉·吉尔伯特和苏珊·古芭以及丽莲·鲁滨逊部分，周铭撰写了伊丽莎白·埃蒙斯、苏珊·哈里斯、简·汤普金斯部分，我自己撰写了尼娜·贝姆、朱迪斯·菲特里、伊莱恩·肖沃尔特部分以及绪论和参考书目，并对全文进行统稿。

感谢北京大学出版社外语部张冰主任对我的充分信任，此项目从一开始就得到她的大力支持，感谢出版社的编辑同志对于稿件的精心审阅与批评建议。当然，限于作者水平，本书中难免具有各种疏漏甚至错误之处，对此作者当担负所有文责。恳请学界各位专家学者不吝批评指正，在此作者表示衷心的谢意。

金 莉

2014 年 5 月